简体字本二十六史

U0216130

汉书

卷二一〇——卷三七

（二）

〔汉〕班固　撰

〔唐〕颜师古　注

宋超等　标点

汉书卷二〇
表第八

古今人

师古曰："但次古人而不表今人者，其书未毕故也。"

自书契之作，先民可得而闻者，经传所称，唐虞以上，帝王有号谥，辅佐不可得而称矣，①而诸子颇言之，虽不考虖孔氏，然犹著在篇籍，归乎显善昭恶，劝戒后人，故博采焉。孔子曰："若圣与仁，则吾岂敢?"②又曰："何事于仁，必也圣乎!"③"未知，焉得仁?"④"生而知之者，上也;学而知之者，又其次也;困而不学，民斯为下矣。"⑤又曰："中人以上，可以语上也。"⑥"唯上智与下愚不移。"⑦传曰：譬如尧舜、禹稷、卨、皋，譬犹龙逢、比干欲与之为善则行，⑧鲧、讙兜欲与之为恶则诛。⑨可与为善，不可与为恶，是谓上智。桀纣、龙逢、比干欲与之为善则行，⑩于莘、崇侯与之为恶，不可与为善，是谓下愚。管仲相之则霸，与之为善则行，⑪可与为恶，不可与为善，是谓下愚。齐桓公、管仲相之则霸，坚貂辅之则乱。⑫可与为善，可与为恶，是谓中人。因兹以列九等之序，究极经传，继世相次，总备古今之略要云。⑬

① 文颖曰："言远，经传不复称序也。"师古曰："契，谓刻木以记事。自唐虞以上帝王有号见于经典，而其臣佐不可得而称记也。"

② 师古曰："此孔子自谦，不敢当圣与也。"

③ 师古曰："言能博施于人而济众者，非止称仁，乃为圣人也。"

④ 师古曰："言智者虽能利物，犹不及仁者所济远也。"

⑤ 师古曰："困，谓有所不通也。"

⑥ 师古曰："言中庸之人渐于训诲，可以知及上智之所也。"

⑦ 师古曰："言上智不染于恶，下愚虽教无成。自此已上智及智愚之次，皆依于孔子者也。"

⑧ 师古曰："传，谓解说经义者也。"

⑨ 师古曰："鲧，恃机也。讙兜，浑敦也。"

⑩ 师古曰："夬先逢，桀之臣也；王子比干，纣之良臣也；曾直谏而死也。"

⑪ 师古曰："干莘、桀之勇人也。崇侯，纣之佞臣也。"

⑫ 师古曰："竖貂、即寺人貂也。"

⑬ 张晏曰："老子玄默，仲尼所师，虽孔在圣，要为大贤，文伯之母达于礼典，动为圣人所叹，言为后世所则，而在第四。田单以即墨孤城复强齐之大，鲁连之博通，怨于荣利，蔺子申威素王，退让廉颇，而在第五。大姬亚怪、好祭鬼神，陈人化之，国多淫祀，幸人孟子逆于大雅，以保其身，既被官刑，怨刺而作，而在第三。缪毒上烝，昏乱礼度，恶不忍闻，乃在第七。其余莘奉逐纷错不少，略举扬款，以起本谬。独驰骛于数千岁之中，旁贯诸子，劳其业未充，而寻窦氏之难，坚貂辅之则乱，盖班氏自述所表先圣后及智愚之

使之然乎？"师古曰："六家之论，经重不同；百行所存，趣舍难壹。张氏辄申所见，犹据《班史》，然其所见，又自差错。且年代久远，坟典隳亡，学者舛驳，师论分异，是以表载古人名氏，或与诸书不同。今则特有发明，用物厥旨。自女娲以下，帝鸿以前，诸子传记，互有舛驳，叙说不同，无所取正，大要知其古帝之号而已。诸人士见于史传，彰灼可知者，无传解释，其同幽昧者，时复及焉。"

上上圣人	上中仁人	上下智人	中上	中中	中下	下上	下中	下下愚人
太昊帝宓羲氏 张晏曰："大昊有天下号也。以备牺牲。下故曰宓羲氏。"师古	**女娲氏** 师古曰："娲，音古蛙反。又音瓜。" **共工氏** 师古曰："共，读曰恭。下皆类此。" **容成氏**							

大廷氏 师古曰：“庭，
读曰庭。”
曰：“宓，音
伏，字本作
庭，其音同
耳。”

柏皇氏

中央氏

栗陆氏

骊连氏

赫胥氏

尊卢氏

浑浑氏 师古曰：“沌，
音大本反。
浑，音胡本
反。”

昊英氏

有巢氏

朱襄氏

葛天氏

阴康氏

亡怀氏
师古曰："亡，读曰无。下皆类此。"

朱庭氏

帝鸿氏

恖诸　炎帝师。

炎帝神农氏
张晏曰："以火德王，故号曰炎帝。"

少典　炎帝妃，生黄帝。

蚩尤

列山氏
作耒耜，故
曰神农。"

归藏氏

方雷氏
黄帝妃，生

**黄帝轩
辕氏**
张晏曰："以玄器，是为
土德王，故
号黄帝。作**累祖**
轩冕之服，黄帝妃，生**黄帝史**
故谓之轩昌意。
辕。" 师古曰："累，
力追反。"

彤鱼氏
黄帝妃，生
夷鼓。
嫘母

鬼臾区

风后

力牧

黄帝师。

大山稽

黄帝师。

大填

黄帝师。

封钜

师古曰："悔，音诲，字从巾。即嫘母也。"

黄帝妃，生仓林。

五鸠　五天氏

五鸟　金天氏　少昊帝

师古曰:"音零纶。"

伶沦氏　服虔曰:"沦,音螺,始造十二律者。"

岐伯

孔甲

封胡

师古曰:"即鬼容区也。臾、容声相近。"

九黎

張晏曰："以金德王，故號曰金天。"

昌仆　昌意妃，生顓頊。

顓頊帝　高陽氏

女祿　顓頊妃，生老童。

老童

嬌極　老童妃，生重黎。

重黎

吳回

后土

噎收

玄冥

熙

柱

帅味

允格

台骀

师古曰:"始,音胎。"

穷婵

颛顼子,生敬康。

大款

颛顼师。

柏夷亮

父

颛顼师。

师古曰:"父,读曰甫。下

皆同。"

缘图　顓頊师。

侨极　玄嚣子，生帝喾。

姜原　帝喾妃，生弃。

简逖　帝喾妃，生禹。

帝喾高辛氏　张晏曰："少昊以前天下之号象其德；顓頊以来，天下之号因其名。"师古曰："逻，音叱历反，高阳，即简狄也。"

陈丰　帝喾妃，生尧。师古曰："即陈锋是也。"
高辛，皆所兴地名也。皆以字为号，上古质，故也。

娵訾　帝喾妃，生挚。

祝融　陆终。祝融子。

女溃　陆终妃，生六子：一曰昆吾，二曰

参胡,三曰

彭祖,四曰

会乙,五曰

曹姓,六曰

季连。

廖叔安

师古曰:"

《左氏传》

作廖,同音

力周反,又

力援反。"

丹人

赤松子

帝喾师。

柏招

共工

驩兜

三苗

朱　尧子。

閼伯

实沈

帝喾师。

句望　敬康子，生蟜牛。师古曰："句，音钩。蟜，音矫。"

帝挚

女皇　尧妃，散宜氏女。

羲仲

羲叔

和仲

和叔

帝尧

陶唐氏　张晏曰："翼善传圣曰尧。"

鲧

女志

鲧妃，有莘
氏女，生禹。
师古曰："莘，
音所巾反。"

仓舒
陨歧
师古曰："陨，
音殒。歧，
音五来反。"
桥敕
师古曰："音
畴演。"
大临
尨降
师古曰："降，
音下江反。"
昝鲧
仲容
叔达

柏奋

仲堪

叔献

季仲

柏虎

仲熊

叔豹

季熊

师古曰："即

《左氏传》所

谓季狸者

也。"

尹寿

兑师。

被衣

鼓叟　娇牛子，生舜。

师古曰："被，音披。"

方回

王倪

师古曰："兒，音五奚反。"

齧缺

许繇

师古曰："即许由也。"

巢父

子州支父

敤手　舜妹。

帝舜有虞氏

娥皇

张晏曰："仁舜妃。"

象 舜弟。

商均 舜子。

女菅　師古曰："菅，音口果反。俗书本作菅，古字者误。"

舜妃。　師古曰："即流俗书本作女英也。菅，古字者误。"

音于耕反。"　董父

石户之农　姑人

北人亡择　莽妃。　師古曰："姑，音其乙反。"

雏陶　续身　身

柏阳　芮

东不誉　垂

秦不虚　朱斯

師古曰："誰　柏誉　師古曰："誉，陶已下皆舜之友也。身

師古曰："誉，音七于反。"

圣盛明曰舜，舜之言充也。

有扈氏
师古曰："即与
启战于甘者
也。"

昌若
相土子。

柏益 或作繄。虚
或作字。并
见《尸子》。

龙夔

昭明
呙子。

女嬉 禹妃,涂山奚仲
氏女,生启。
师古曰:"趫
音丘遥反。"

相土
昭明子。

六卿

柏益

龙夔

帝禹 夏后氏

启
禹子。

羿
师古曰："有
穷君也。"

韩浞
师古曰："羿

太康
启子，昆弟
五人，号五
观。

羲和
师古曰："即废
时乱日，胤往
征之者也。"

逢门子

后夔玄妻

中康
大康弟。
师古曰："中，
读曰仲。下皆
类此。"

相
中康子。

后缗
相妃，生少
康。

根圉
昌若子。

有扔君
师古曰："扔，
音仍。"

武罗

胤

不窋
弃子。

之相也。泥，
音七角反。"
昪
师古曰："音五
到反。《楚词》
所谓浇者也。"

殪
师古曰："殪，
音许裔反。"

斟灌氏

斟寻氏
师古曰："二国，
夏同姓诸侯，
为羿所灭也。"

柏因

熊髡

庞圉
师古曰："武罗
以下四人皆界
之贤臣也。
庞，音逢。"

女艾

虞后氏

杼少康子
师古曰："杼，
音大吕反。"

麋

根圉子。

浇
冥子。

少康
相子。

二姚
少康妃。

孔甲
不降子。

皋
师古曰："皋在
敖者也。"

槐
柠子。
师古曰："音
纷。"

芬
师古曰："音
纷。"

微
垓子。

老
槐子。

报丁
微子。

鞠
不岦子。

泄
不降

报乙
不岦子。

扃
师古曰："扃
音工交反。"

报丙
不降弟。

刘案
师古曰："音
累字。"

廑
师古曰："音
勤，又音觐。"

主壬

公刘
鞠子。

癸　发子,是为桀。

韦　师古曰："豕韦国彭姓。"

末喜　桀妃。

鼓　师古曰："即顾国己姓。"

于辛

昆吾　师古曰："即昆吾国也。三者皆汤所诛者也。"

雅修

葛伯　师古曰："汤所征。"

尹谐　师古曰："汤所诛。"

主癸

关龙逄

帝汤殷商氏

有娀氏

仲虺

虞公遂

庆节

诔，见《孔子家语》。

皇仆
庆节子。

公刘子。

终古
夏大史令。

外丙
大丁弟。

中壬
外丙弟。

师古曰："禹、汤皆字。三王去唐之文，从高古之质，故夏殷之王皆以名为号也。"

汤中妃，生大丁。
师古曰："汤省字。"

大丁

逢公柏陵

费昌
师古曰："费，音扶味反。"

老彭
义伯
中伯
师古曰："义、仲，汤之二臣。"

老彭
师古曰："娄与孳同。"

伊尹

卞随

务光

咎单
师古曰："汤臣，主土地。"

差弗
皇仆子。
师古曰："差，音楚宜友。"

毁隃
差弗子。
师古曰："隃，

沃丁
畜子。

大庚
沃丁弟。

小甲
大庚弟。

雍己
小甲弟。

孟獻
益后。

伊陟
师古曰："伊尹子也。"

大戊
雍己弟。

之官也。单音善。下皆类此。"

大甲
大丁子。

音逾。”

公非
毁隃子。

辟方
公非子。
师古曰:“辟,
音璧。”

中衍

中丁
大戊弟。

外壬
中丁弟。

河亶甲
外壬弟。

祖辛
祖乙子。

巫咸
师古曰:“大戊之臣也。”
臣扈
师古曰:“亦
汤臣。”

外壬
中丁弟。

巫贤

祖乙
河亶甲弟。

高圉　辟方子。

夋　高圉子。师古曰："夋，与俊同。"

亚圉　高圉子。

云都　亚圉弟。

公祖

沃甲　祖辛弟。

祖丁　祖辛子。

南庚　沃甲子。

大彭　豕韦

阳甲　祖丁子。

小辛　盘庚子。

盘庚　阳甲弟。

亚圉子。

刘娃

家韦

祖庚
武丁子。

祖己

小乙
小辛弟。

武丁
小乙子。

傅说
师古曰："说，读曰悦。武丁相也。"

甘盘

孝己
师古曰："武丁子也。"

大王亶父 **祖伊**
公祖子。
姜女

武乙
庚丁子。

大丁
武乙子。

乙

甲
祖庚弟。

冯辛
甲子。

庚丁
冯辛弟。

大王妃。

大伯

中雍

王季

大任
王季妃。生

辛

乙子,是为

为纣。

姐己

纣妃。

师古曰："妲,

音丁葛反。"

费中

师古曰："费,

音扶味反。"

飞廉

恶来

大丁子。

胶鬲

微中

大师挚

亚饭干

文王。

微子

纣兄。

箕子

比干

伯夷

叔齐

左强

商容
师涓
师古曰："饭，音扶晚反。"

三饭缭
师古曰："缭，音末瞎反。"

梅伯
邢侯
鬼侯

四饭缺
鼓方叔
播鼗武
师古曰："鼗，音徒马反。"

少师阳
击磬襄
师古曰："伯达"

		孝 文王子。		
		楚熊丽 鬻子。 师古曰："鬻， 读与粥同。"		
师挚以下八 人，皆纣时 奔走分散而 去。郑玄以 为周平王时 人，非也。	伯适 师古曰："适， 音千阔反。"			
	伯邑	中突	魏中	
		中智 师古曰："智， 与怨同。"	魏叔 师古曰："中、 叔二人皆文 王弟也。"	大妣 文王妣。
		叔夜		
		叔夏	大颠	文王周 氏

闳夭

散宜生
师古曰:"文颠以下,文王之四友也。"

鬻熊
师古曰:"王师也,师古曰:'伯达以下,周之八士也,音瓜。'"

南宫适
师古曰:"大王师也。音七六反。"

季随

季骝
师古曰:"伯达以下,周之八士也。音瓜。"

辛甲
周任

虞侯

芮侯
师古曰:"二国讼田质于文王者。"

史扁
师古曰:"扁,音鞭。"

向挚
殷大史

吴周章
中雍曾孙。

成叔武
文王子。

祭公
师古曰:"祭,音侧介反。"

霍叔处
文王子。

芮伯
师古曰:"周同姓之国在圻内者,当武王时作《旅巢命》。"

巢伯
师古曰:"南方……"

远国,武王克商而来朝。"				恶来弟。	秦女

	杜伯	虞中　周章弟。	季胜
	楚熊	纪东　楼公　禹后。	
丽子。	狂	邶侯	武王子。

檀伯达　武王妃。	邑姜　武王妃。	武王
师古曰:"武王臣。"	大姬　武王妃。	文王子。
苏忿生	武王妃。	
师古曰:"武王司寇苏公。"	曹叔振铎　文王子。	师尚父
丽子。	毛叔　郑　文王子。	毕公
滕叔　绣　文王子。	文王子。	文王子。
原公　文王子。	虞阏父	大师疵
郐公	陈胡　公满　公满	少师强
文王子。		

禄父　纣子。

管叔鲜　文王子。

蔡叔　文王子。

妨　恶来子。

韩侯　武王子。

楚子绎　狂子。

齐丁公伋　师尚父子。

孟会　季胜子。

鲁公伯禽　周公子。

舜后。师古曰:"邬,音告。"

卫康叔封　文王子。

雍子　文王子。

邘侯　文王子。

鄎季载　文王子。

郇侯　文王子。师古曰:"郇,音荀。"

凡伯

成王诵　武王子。

召公　周同姓。

史佚

君陈

芮伯

唐叔虞

周公　文王子。

蔡中
胡
叔度子。

周公子。
蒋侯
周公子。
邢侯

茅侯
周公子。
胙侯
周公子。
祭侯
周公子。
师古曰："祭，音侧介反。"

师古曰："周司徒也。"
武王子。
师伯
应侯
武王子。
师古曰："周宗伯也。《尚书》作彤伯。"
毛公
师古曰："周司空也。"
右史
戎夫
祝雍
师氏
师古曰："周大夫也。"
邘叔
龙臣
商子
师古曰："周

蔡公
辛讎麛

蔡侯宫

卫康叔
封子。

晋侯燮
虞子。

陈申公
满子。

秦旁皋
女防子。

楚熊艾
绎子。

蔡伯
胡子。

宋微中
启子。

鲁孝公。

武贲氏也。"
《尚书》作武
臣。"

中桓

南宫毛

师古曰:"二
人亦周大夫
也。桓、毛,
皆其名也。
自苪伯以下,
皆见《周书·
顾命》。"

康王钊
成王子。

昭王瑕
康王子。

房后
师古曰："昭后也。"

师古曰："繇，读与由同。"

伯子。

衡父
孟增子。

楚熊疆
艾子。

宋公稽
仲子。

卫孝伯
康伯子。

陈柏公
申公弟。

陈孝公

造父
衡父子
师古曰："造，

伯禽子。

齐乙公
丁公子。

晋武公
燮子。

秦大儿
旁皋子。

鲁杨公
孝公子。
师古曰："杨，音式向反。"

齐癸公

师古曰："钊，音之遥反，又音工迳反。"

音千到反。”

徐隐王
师古曰:“即
偃王也。”

铅陵卓子

楚熊锡
盘子。

乙子。

秦大雒
大乙子。

楚熊盘
艾子。

卫嗣伯
孝伯子。

卫连

穆王满
昭王子。

吕侯
师古曰:“穆王
司徒也。”

君牙
师古曰:“穆王
司徒也。”

伯熙
师古曰:“穆王
大仆也。仆
也。熙,音居
永反。”

宋厉公

楚熊挚
渠子。

孝王辟方
共王弟。
师古曰："辟，音璧。"

鲁魏公
幽公弟。
师古曰："戎遂逼之，既衰，怨刺之诗始作也。"

齐胡公
哀公弟。
诗

宋炀公
厉公弟。

齐哀公
癸公子。

杨公子。

鲁幽公
炀公子。

晋厉侯

魏厉侯
宣侯子。

鲁厉公
魏公子。

蔡厉侯
宣侯子。

陈慎侯
孝侯子。

晋成侯
武侯子。

密康公
懿王子。诗作。

懿王坚
穆王子。

共王伊扈
穆王子。

卫贞伯
靖伯子。

楚挚红
渠子。

卫靖伯
共公子。

宋愍公
共公子。

秦嬴
非子子。

秦非子
大雒子。

嗣伯子。

密母

祭公谋父
师古曰："祭，音侧介反。"

宋厉公

憖公子。

齐献公
胡公弟。

夷王燮
懿王子。
师古曰："燮，音燮。"

齐武公
献公子。

卫顷侯
贞伯子。

成侯子。

楚熊延
挚弟。

鲁献公
厉公弟。

蔡武侯
厉侯子。

燕惠公
邵公九世。

厉王胡
夷王子。

曹幽伯

卫釐侯
厉侯子。

杞题公
东楼子。

宋釐公
厉公子。
师古曰："釐
读曰僖。下皆
类此。"

曹夷伯

秦侯
嬴子。

共伯和
师古曰："共，
国名也。伯，
爵也。和，其
名也。"

宋弗父何
憖公子。

芮良夫

卫釐公

曹幽伯

卫巫

楚熊严
勇子。

伯御
鲁懿公兄
子。

夷伯子。

陈幽公
慎公子。

齐厉公
武公子。

鲁懿公
武公子。

叔术旰

顷公子。

楚熊勇
延子。

晋靖侯
厉侯子。

邾颜

夏父

蔡夷侯
武侯子。

楚熊咢
纲子。

振铎六世。

鲁慎公
献公子。

齐文公
厉公弟。

晋釐侯
靖侯子。

楚熊绚
严弟。
师古曰:"绚,
音巡。"

伯之名也。共
音恭。而《迁
史》以为周召
二公行政,号
曰共和,无所
据也。

史伯

宋父
何子。

秦中
伯子。

鲁武公
慎公弟。

秦严公
仲子。

嘉父

楚熊霸
严子。

谭大夫

卫共伯 釐公子。					晋殇公
					曹戴伯
陈釐公 幽子。	卫武公 釐公子。		寺人孟子	召虎	
晋献侯 釐侯子。	宋惠公 釐公子。	宋世子士	伯阳父	方叔	
晋缪侯 献侯子。	燕釐侯 十世。	蔡夷侯	史伯	南中	
齐成公 文公子。	宋戴公 惠公子。	奄父 造父六世孙。	师服	中山父 周宣王靖厉王子。	
鲁孝公 懿公子。		郑桓公友		申伯	
陈武公 懿公子。				尹吉父	
				韩侯	
				蹶父 师古曰："蹶，音居卫反。"	
				张中	
				程伯	

繆公弟。

幽王官湼
宣王子。

褒姒

魏石父

皇父卿士
司徒皮
师古曰："即《十月之交》诗所谓'番维司徒'是也。"

大宰冢伯

膳夫中木
师古曰："即所

幽子。

曹惠伯

戴伯子。

薑公子。

蔡釐侯
夷侯子。

燕顷侯
十一世。

齐严侯
成侯子。

陈夷公
武公子。

陈平公
夷公弟。

魏文公

休父
师古曰："休，音许虯反。"

谓中允膳夫也。"

内史叔子
师古曰："叔，音侧流反。"

蟿马瞯
师古曰："瞯，音千后反。瞯，音居卫反。"

师氏萬
师古曰："萬，读与祸同。音九禹反。"

申侯

鲁惠公
孝公子。

秦文公
襄公子。

楚若敖
厉子。

晋文侯仇
穆侯子。

秦襄公
严子。

文子

平王宜臼

曹缪公　惠公子。

曲沃桓叔　晋文侯弟。

晋孝侯　昭侯子。

曹桓公　缪公子。

晋昭侯　文侯子。

潘父

蔡戴侯　侯公子。

蔡共侯　蔡公子。

楚宁敖　若敖子。

郑武公　桓公子。

燕哀侯

十二世。

燕郑侯

十三世。

赵叔带　奄父子。

宋武公　戴公子。

卫严公　武公子。

陈文公　平公子。

宋宣公　武公子。

齐釐公　严公子。

楚蚡冒　宁子。

师古曰："蚡，音扶粉反。"

辛有

宋大金 考父子。	宋缪公和 宣公弟。	燕缪侯 十四世。	蔡宣侯 戴侯子。	曲沃严伯 桓叔子。
	蔡桓侯 封人 宣侯子。	陈桓侯鲍 文侯子。 展亡骇		鲁隐公 惠公子。
臧釐伯	邾仪父	郑严公庸 生 武公子。		公子翚 师古曰："翚， 音晖。"
	颍考叔		叔段 晋鄂侯 孝侯子。	卫桓公完 严公子。
石碏 师古曰："碏， 音千若反。"	郑公子吕	宋司徒皇 父 司空牛父		公子州吁

芮伯	宰咺 师古曰："喧，音许远反。"	公子穀生	曹严公亦姑 桓公子。师古曰："即射姑也。"	楚武王 蚡冒弟。		宋孔父 大金子。
	宋殇公 宣公子。	郜班 师古曰："彤，音而。"	秦宪公 文公子。	邓曼 楚武王夫人。	臧哀伯	卫太子伋
鲁桓公 惠公子。	华督 师古曰："华，音下化反。"	桓王林 平王孙，泄父子。		鲁施父		公子寿
夫人文姜 彭生	蔡哀侯 桓侯弟。	卫宣公晋 桓公弟。	宋严公冯 缪公子。			
陈历公 桓公弟。	晋哀侯 鄂侯子。	虞公		鬬伯比		
	晋小子侯 晋哀侯子。	虞叔 虞公弟。				

					长狄侨如
		郑厉公突 严公子。		秦出公曼 哀侯子。	夫人哀姜
	郑昭公忽		楚瑕丘 随少师	鲁严公同 桓公子。	
公子黔牟	卫惠公朔 宣公子。	邓祁侯	严王佗 桓王子。	遗章 师古曰:"遗，音于诡反。"	燕宣公 十五世。 观丁父
	谢丘章	养甥	聃甥 师古曰:"聃，音乃甘反。"	雕甥	楚文王 武王子。	郑祭足	熊率且比 师古曰:"率，音力出反。且，子余反。"

王子成父　　楚保申　　鲁申繻　　随季良

齐襄公儿
公子亡知

周公黑肩
连称
管至父
雍人廪
鲋里乙
宋闵公捷
严公子。

厉公公兄。
高渠弥
郑子亹
昭公弟。
右公子职
王子克
纪侯
纪季

左公子泄
潘和
秦武公
出公兄。
燕桓侯
十六世。
齐公子纠
襄公弟。

辛甲
石之纷如
师古曰:"纷，音扶云反。"
齐桓公小白
鲁公孙隐

齐寺人费
师古曰:"即徒人费也。费，音秘。"
王青二友
高傒
师古曰:"傒，音奚。"

南宫万
齐伯氏
颛孙
师古曰:"颛，音上专反。"
萧叔大心
石祁子

子游
寺人貂
曹羁公夷
猛获
易牙
石祁子

鲍叔牙

召忽
师古曰:"召，读曰邵。"
隰朋

宁戚	王子成父	原繁	严公子 宋桓公御说 慜公弟。 师古曰："说， 读曰悦。"	常之巫	南宫牛
宋仇牧	宾须亡 麦丘人。		秦德公 武公弟。	卫公子开方 傅瑕	晋殇侯
鲁曹刿 师古曰："刿， 音居卫反。"	轮边 师古曰："轮扁 也。扁，音 翻。"		秦宣公 德公子。	釐王胡齐 严王子。	曲沃武公
楚鬻拳	平陵老 公 陈公子完 佗子。 虢史嚣	息妫 虢叔	燕严侯 十七世。 郑文公捷	陈宣公杵臼 严公子。 息侯 惠王母凉 郑高克	王子颓芴国 边柏 楚杜敖 文王子。

			周内史过		厉公子。	公孙素	师古曰："即堵	
							敖。"	
				鲁御孙	彊鉏	陈辕涛涂	陈太子御寇	
		宰孔					鲁公子牙	
		鲁公子	召伯	廖	秦成公	楚申侯		
		季友	楚屈桓		宣公弟。	鲁公子般	圉人荦	
			师古曰："屈，	齐仲孙湫	曹昭公班	鲁闵公启	公子庆父	
		鲁公子	音九勿反。"	师古曰："湫，	釐公子，作	严公子。	卜齮	
		奚斯		音子小反。"	诗。		师古曰："齮，	
				许夫人			音蚁。"	
					卫戴公		卫懿公	
		卫弘夤		先丹木	黔牟子。		惠公子。	
		师古曰："夤，	卜偃	羊舌大夫	赵夙		晋献公	
		音演。"	辛廖			史华龙滑	武公子。	
		荀息	师古曰："廖，	史苏	毕万			晋骊姬

				音聊。"	
宋公子 目夷	梁余子养 罕夷	鲁釐公		梁余子养	优施 梁五
	申生 狐突	楚鬻伯	毕公后。		东关五
宫之奇		卫宁严子	士芳 臣猛足	奚齐 卓子 师古曰："卓，音敕角反。"	嬖公 为晋所灭，大王五后。
百里奚	秦缪公 成公弟。	富辰 晋襄苪	井伯 卫文公 戴公弟。	赵孟 凤子，生衰。师古曰："衰，音楚危反。"	虢公 为晋所灭，王季后。
	秦缪夫人	庆郑	宋襄公 桓公子。	蔡缪公	
奄息	公孙枝	韩简	蔡严侯	许釐公	郑子华

		中行 师古曰："行，音户郎反。"	繇余 师古曰："即由余。"	郑叔詹	穆侯子。	襄王郑	曹共公 昭公子。	
			蹇叔	皇武子	燕襄公		惠后	王子带
		萿虎 师古曰："萿，音其炎反。"	烛之武	鳌负羁妻	十八世。	晋惠公		
					梁卜招父	献公子。		
			内史叔兴	曹竖侯獳 师古曰："獳，音乃侯反。"	师古曰："招，上遥反。"	里克	梁伯	
			卜徒父					
					卫元咺 师古曰："咺，许远反。"	虢射		楚成王恽 师古曰："《左传》作頵，音于伦反。"
			禽息	楚子玉				
			王廖 师古曰："廖，聊。	鬬宜申		宋襄公 成公子。	晋怀公 惠公子。	
					叔武			潘崇
	宁武子		晋文公	成大心	鍼严子	齐孝公	卫成公	

文公子。

桓公子。

曹共公
昭公子。
郑子臧

齐公子无诡
师古曰:"《左传》作无亏。"

齐昭公
孝公子。

仓葛
郑缪公兰
文公子。

石癸
师古曰:"癸,音丑癸反。"
陈缪公
宣公子。

栾悼子
晋李离
寺人披
曹文公寿
共公子。
燕桓公
十九世。
秦康公

献公子
夫人姜氏
魏犨
毕万子。
颠颉
胥臣
贾佗
师古曰:"佗,音徒何反。"
董因
竖头须
齐国严子

狐偃
赵衰
师古曰:"衰,音楚危反。"
衰妻
介子推
推母
邾娄
舟之侨
荀林父

楚穆王商臣

周顷王王臣

夏父不忌

宋昭公

胥申文

狐射姑 师古曰:"射,音夜。"

鲁宣公

缪公子。

陈共公 缪公子。

鲁文公

周匡王班

齐君舍 昭公子。

单伯

缪公子。

晋襄公 文公子。

宋文公

宋子哀

邾子貜且 师古曰:"貜,音居碧反。且,音子余反。"

鲁公孙敖

周内史叔服

孟明视

西乞术

士会

绕朝

石癸

公孙寿

荡意诸

先蔑

狼瞫 师古曰:"瞫,音审。"

阳处父

宁嬴

臾骈 师古曰:"骈,音步千反。"

郑泄高

叔仲惠伯

宋方叔

齐懿公商人	郿歇 师古曰:"歇,触。" 陶职		鲁叔孙得臣 秦共公 康公子。	蔡文公 严公子。	公申务人 卜楚丘	嘉子。
晋灵公夷皋 襄公子。	晋赵穿		晋成公黑臀 灵公弟。	单襄子	晋赵盾 衰子。	乐豫
		周定王瑜		灵輙 祁弥明 师古曰:"祁,音上尸反。"	鉏麑 宋伯夏 叔子。	董狐
陈灵公	郑灵公		秦桓公 共公子。	郑子良 士良子	鬭伯比	
		宋文公鲍 昭公弟。	卫穆公速		楚严王 穆王子。	
夏姬 孔宁	公子 子公		逄大夫	泄冶 孔达	令尹子文	

仪行父						
	晋先縠					
	楚子越					
	翟丰舒	召伯 师古曰:"召,读曰邵。"	王札子	王子伯廖 师古曰:"廖,音聊。"	王孙满	楚蘧贾
		毛伯	鲁公子归生	晋解阳 荀尹	箴尹克黄	申叔时
		少师庆	申舟	箕郑	魏颗 师古曰:"颗,音苦□果反。"	孙叔敖
		土童	齐惠公 鳜公弟。	公子雍	五参 陈应	
		郑襄公坚 灵公子。	陈成公 灵公子。	秦景公 桓公子。	申公申培 师古曰:"培,音陪。"	
		卫缪公 成公子。	燕宣公 二十世。	楚郿公	乐伯	

上	中（诸侯、卿大夫）	下
谷阳竖	周简王夷 定王子。	优孟
	曹宣公庐 文公子。	郑公子弃疾
钟仪	楚共王 严王子。	子反
郑公子班	鲁成公 宣公子。	逢丑父
	吴寿梦 中雍后，十五世。 师古曰："梦，音莫凤反。"	宾媚人
	晋郤克 辟司徒妻 师古曰："辟，读曰壁。"	范文子 士燮。
	齐顷公 惠公子。	荀罃
曹成公负刍 宣公弟。	郑悼公 襄公子。	申公巫臣
	卫定公 缪公子。	郑贾人
	卫子良夫	臧宣叔
	中叔于奚	
屠颜贾	宋共公瑕 文公子。	曹刿时
	王孙阅	
	伯宗	

韩献子厥	伯宗妻	燕昭公 二十一世。	晋景公 成公子。	宋汤子
程婴	秦医缓	赵朔 盾子。	宋平公 成公子。	晋厉公 景公子。
羊舌	桑田巫	郤犨 郤锜 师古曰："锜音鱼绮反。"	叔孙侨如 公子偃	
公孙杵臼	吕相	中行偃	长鱼矫	
刘康公	郤至	胥童　栾书		
	姚句耳 师古曰："句，			

师古曰："即屠岸贾也。音工下反。"

师古曰："即曹欣时也。许其制，音许其反。"

		宋鱼石		庆克 国佐

羊鱼	音钩。”	单襄公
鲍严子牵 向子	吕锜	苗贲皇
郑成公纶	养由基	叔婴齐
师古曰：“纶， 音工顷反，《左 传》作肬，音工 顷反。”	叔山舟	宋华元
	匡句须	孟献子
	师古曰：“音 其午反。”	
燕武公 二十二世。	鲍国	乐正求
郑廖	晋解狐	牧中
杨干	郄午	晋悼公周
子服佗	韩亡忌	
	铜鞮伯华	郑唐

					程郑
楚工尹襄	鲁匠庆	叔梁纥 师古曰："纥，音下结反。"	灵王泄 心 简王子。	楚公子申	
祁奚	卫柳庄 师古曰："壮，读曰庄。"	秦堇父	鲁襄公	公子壬夫	
羊舌职		狄斯弥	齐灵公环 顷公子。	郑釐公 成公子。	
魏绛	吴诸樊	士鲂			
张老	齐晏桓子		卫献公衍	子朝	西鉏吾
籍偃	楚子囊	尹公佗	卫献公衍	孙蒯	
汝齐	郑师慧	庾公差	卫殇公燊 献公弟。	朱庶其	
宋子罕		公孙丁	定公子。	郑尉止	
白成		无终子嘉父			
范宣子 士丐。					

卫宁喜

孙文子
林父。

楚令尹
子南
观起
师古曰："观音
工唤反。"

福阳子
妘姓。
师古曰："阳也。妘，音
云。"

楚屈建

鲁臧坚

姜戎驹
支

燕文公
二十三世。

卫大叔仪

公子鱄

曹武公胜
成公子。

郑简公嘉
釐公子。

晋阳

字
鲁国归
父

晋邢蒯
师古曰："《春
秋》焱作剌。"

齐殖绰
郑游贩
师古曰："贩，
音板反。"

齐杞梁
殖妻

华州
师古曰："即华行人子员

鲁季文子

范武子
师古曰："据
今《春秋》说

巢牛臣

宋伊戾

吴余祭　师古曰:"祭,音侧介反。"

景王贵　灵王子。

宋华臣

晋叔鱼　齐崔杼

庆封　庆嗣　吴遏　寿梦子。　晋平公彪　悼公子。

郑公孙夏

燕懿公　二十四世。

楚康王　共王子。

师古曰:"员,音云。"

子朱　楚掩举　师古曰:"即椒举。"

楚熊虔　赵武　朔子。　臷簋

周。"

祝佗父　师古曰:"佗,音徒何反。"

申鲋

陈不占

士鞅　卫右宰谷臣　遽篨武

臷簋　师古曰:"簋,音子公反。"

泛武子即士会也,而此重见,已别人乎?未详其说。"

乐王鲋

楚申叔豫

晋叔向　向母　师古曰:"向读曰蠁。"　籧伯玉

南史氏

吴季札

陈文子

三人

厚成子

卫公子荆

齐庄公光 灵公子。	鲁昭公稠 师古曰："稠，音直流反。"	齐陈桓子	晋亥唐	郑子皮	绛老人	卞庄子	郑子产
楚夹敖 康王子。	晋昭公夷 平公子。	卫襄公恶 献公子。	秦医和		史赵	臧文仲	晏平仲
蔡景侯	燕惠公 二十五世。	武公子。	晋舩人固来 师古曰："即固囿来也。"		士文伯	宰我	仲尼
蔡灵侯		北燕伯款	舟人清涓 师古曰："涓，音工玄反。"		郑卑湛 师古曰："卑，音髀。湛，音湛。"	子贡	太子晋
陈哀公弱 成公子。	陈公子招	陈惠公	鲁谢息		行人子羽	冉有	左丘明
吴余眛	周儋桓伯				冯简子		颜渊
					子大叔	季路	闵子骞

				卫北宫文子	余祭弟。师古曰:"眛,音眜。"
冉伯牛	子游		鲁南蒯	刘定公	宋寺人柳
	子夏	郑定公 简公子。	哀公子。 郑孔张	公孙楚	晋子庚舆
	曾子	燕悼公 二十六世。	周原伯鲁	公孙黑	晋顷公 昭公子。
仲弓	子张	遘启强		韩宣子子赊	宋元公佐 平公子。
	曾皙	申子蕈		鲁叔孙昭子 申子蕈	蔡平侯 景侯子。
	子贡	左史倚相		楚遗罢 师古曰:"罢,读曰疲。"	樊顷子
	南容 师古曰:"南宫绦也,字"				司徒丑

观从 师古曰："观，音工唤反。"	子虒	申亥 亡字子。	南宫敬叔 师古曰："南宫适。"	公冶长 子容。"
周悼王猛 景王子。	宾猛 师古曰："即孟也。"	吴厥由 师古曰："即晋厥由。"	邻子	公西华
	蔡悼侯 灵侯孙。	卫史虒	老子	有若
	齐景公杵臼 梁丘据 严公弟。	子鉏商	师卽 屠蒯	漆雕启
		周史大弢	南荣趎 师古曰："即南荣趎也。趎，音直俱反。"	澹台灭明 师古曰："澹，音大甘反。"
	曹桓公 平公公子。	娟子 师古曰："娟，音一充反。"	子服惠伯	樊迟
		孝成子	晋荀吴	巫马期

司马牛	公伯寮	禅灶	齐虞人		南宫极	敬王丐 景王子，悼王兄。
子羔		里析			顿子	
原宪	公肩子	柠慎	越石父	裔款	胡子髡	
颜路 商瞿 师古曰："瞿，音劬。"		申须	柏常骞	许男	沈子逞	楚平王弃疾 灵王弟。
	子石	林既	燕子子		陈夏啮	
季次 公良	隰成子 琴牢	北郭骚	魏献子 绛孙。		鲁季平子	费亡极
颜刻		逢于何		燕共公	宋乐大心	曹声公

悼公弟。	季公鸟	二十七世。	司马弥牟	司马犨苴
吴僚	公叔务人	楚太子建	司马笃	师古曰:"襄,音人羊反。苴,音子余反。"
余眛子。	寺人僚柤	燕平公	魏戊	楚伍奢
师古曰:"僚,音聊。"	师古曰:"柤,音侧加反。"	二十八世。	智徐吾	伍尚
曹隐公通	臧昭伯	专诸	孟丙	鲁师已
平公弟。	厚昭伯		成鱄	
	师古曰:即郎		师古曰:"音上宪反。"	
			阖没	

吴夫概 师古曰:"夫,音扶。概,音工代反。"	昭伯也。"		汝宽	子家羁	楚子西
徐子章禹	吴王阖庐	秦哀公 景公子。	楚司马子期	吴孙武	公子阖
卫灵公元 襄公子。	楚郤宛	楚昭王 平王子。	沈尹戍	申包胥	伍子胥
南子	越王允常 夏少康后。	钟建	卫彪傒 师古曰:"傒,音奚。"	蔡墨	江上丈人
蒯聩 师古曰:"蒯	阚止 师古曰:"且,音子余反。"	郑献公虿 定公子。	苌弘	楚史皇	史鱼
	鲁景公裦鲁定公	宋景公兜栾	员公辛	王孙由于	公叔文子

音五怪反。
宋朝
弥子瑕
雍渠
黎且子。
师古曰："且，音子余反。"

宋昭公
郳严公
夷射姑
师古曰："射，音夜。"
楚囊瓦
唐成公
季桓子

师古曰："贯读元公子。"
宋中儿
齐高张
荣驾鹅
师古曰："驾，音加。"

王孙章
楚石奢
刘文公卷
师古曰："卷，音其专反。"
季康子

镶金
师古曰："镶，音虑。"
屠羊说
师古曰："说，读曰悦。"
莫敖大心
蒙谷
陈逢滑
司马狗

中叔圉
祝佗
师古曰："佗，音徒何反。"
王孙贾
公父文伯母
卫公子邋

曹靖公路 声公子。	蔡昭侯 悼侯弟。	秦惠公 哀公孙。	公父文伯	师古曰："卫宣公臣也，见《鲁连子》。" 颜雠由	观射父 师古曰："观，音工唤反。"
	晋定公 顷公子。			大夫逢	
	陈怀公 惠公子。	郑声公胜 献公子。	东野毕	陈司城贞子	
	滕悼公			颜蠋邹 师古曰："即颜涿聚子也。"	
	许幼				
	莒郊公	赵简子	周舍	郈亡恤	
范吉射 师古曰："射，音食亦反。"					

中行黃 师古曰:"行,音户郎反。"	郳悼公	武子孙。	田果	王良	鸣犊	范蠡
紀隱公 悼公子。	顿子	韩悼子 宣子子。	行人烛过	柏乐	篓犟	
紀躋公 隐公子。	胡子	齐国夏	燕简公 二十九世。	阳城胥渠	越句践 允常子。师古曰:"句,音钩。"	
曹伯阳 为宋所灭。	薛襄子	桑掩胥	严先生 师古曰:"即杀陶朱公儿者"	扁鹊	大夫种	
	小邾子			童安子	后肤	
				田饶		
				仇沇		

公孙强	齐悼公阳生	鲁哀公		荣声期	
				师古曰:"即荣 启期也。声或 作启。"	诸稽郢
田乞		齐晏孺子	秦悼公	楚芊尹文	苦成
完六世孙。	鲍牧	师古曰:"即安 孺子也。"	惠公弟。	师古曰:"芊, 音千。具反。"	皋如
	田恒	高昭子	燕献公	隰斯弥	
齐简公壬	陈乞子。		二十世。		计然
	诸御鞅	楚惠王章	市南熊宜僚楚白公胜		
子我	卫太叔遗	昭王子。	屈固		叶公子高
子行	卫出公	申鸣 孔文子	大陆子方		

辄	大叔疾	檀弓	严善	仪封人	达巷党人
浑良夫 师古曰:"浑,音下昆反。"			鲁太师		
孔悝	陈辕颇	公仪仲子	公明贾	长沮 师古曰:"沮,音子余反。"	
石气			陈亢 师古曰:"音冈,又音抗。"		朱张
狐黡 师古曰:"即孟黡。"	蔡成公 昭公子。	皋鱼		桀溺	
卫简公蒯瞶	齐平公骜 简公子。	颜亡父	子服景伯		少连
		颜阶伦	林放	丈人	

				原壤	石圉	卫侯起
	陈司败	颜夷	欧党童子 师古曰："即 党童子也。"	叔服 师古曰："即阙 武叔	阳虎	
何蒉 师古曰："蒉， 音匮。"						
	陈子禽	陈牟疾	革子成 师古曰："即 子成也。"	卫公孙朝		
楚狂接舆						
	阳肤	工尹商阳	周元王赤 敬王子。	尾生喘 师古曰："即微 古喘字。"		
师襄子	尾生高 师古曰："即 微生高也。"	齐禽散 师古曰："即 黔敖也。"	晋出公 定公子。			
				互乡童子		
师己	申枨 师冕 师古曰：	馁者 陈子亢 师古曰："即师子亢		弗胇		
孟之反						
	大连					

陈愍公 为楚所灭。	师古曰:"即佛肸也。弗音废。"	公山不狃 师古曰:"即公山不扰也。音人九反。"	公之鱼		
吴王夫差	杞愍公 釐公子。	宋伯魋	匡人	杞釐公 师古曰:"此当言釐公,字当言釐公,字。"	贞定王 元王子。
			秦厉共公 悼公子。	陈尊己	郑共公子 哀公弟。
颜丁	颜柳	周丰	采桑羽	乐正子春	
宾牟贾	公肩假 师古曰:"即公肩假也。"	卫视夷 师古曰:"即式夷也。见《吕氏春秋》。"	史留	豫让	菁茅子 师古曰:"茅,吴行人仪。"
郑戴胜之 免。"	南郭惠子	姑布子卿	宋子韦	离朱	陈太宰嚭

太宰嚭

误也。”
郑哀公易
声公子。

蔡声侯产
成侯子。

杞简公春

晋哀公忌

智伯

齐宣公
平公子。

蔡侯齐
为楚所灭。

蔡元侯

晋定公

郑酆魋累
师古曰：“郑人昭
所俘也。酆，音携。魋，口
贿反。累，音磊。”

燕孝公
三十一世。

魏桓子
献子曾孙。

音步丁反。”

赵襄子
简子子。

知过
师古曰：“即知
果。”

鲍焦
墨翟

禽屈釐

石鲋

子服子

惠子

公房皮

为楚所灭。
声侯子。

思王叔袭
定王子。
卫悼公
出公叔子。
田襄子
悼子子。

周考哲王嵬
思王弟。
卫敬公
悼公子。
鲁悼公
出公子。

西周桓公
考王弟。
燕成公
三十二世。

秦怀公
躁公子。
秦躁公
厉公子。
师古曰:"躁,音干到反。"

卫怀公
敬公弟。
鲁元公
悼公子。

高赫

原过

任章

中山武公
周桓公子。

韩武子
康子子。

公季成

师古曰:"即禽
滑釐者是也。

韩康子
贞子子。
屈,音其勿反。
又音丘勿反。"

我子

田俅子
师古曰:"俅,
音求。"

随巢子

胡非子

周威烈王
考王子。

周威公
桓公子。

赵献侯
襄子兄孙。

司马庚

魏文侯
桓子孙。

段干木

郑幽公
共公子。

东周惠公
威公子。

赵桓子
襄子弟。

司马喜

李克

田子方

宋昭公
景公子。

秦灵公
怀公孙。

楚简王
惠王子。

宁越

李悝

太史屠黍

魏成子

晋幽公
懿公子。

燕愍公
三十三世。

司马期

翟黄

赵公中达

任座
师古曰:"座,牛畜
音才卧反。"

乐阳
师古曰:"即乐

田大公和

郑相駟子阳

楚声王
简王子。

元安王骄
威烈王子。

郑繻公骀
师古曰："繻，
音聊。骀，音
合。"

卫慎公
敬公子。

晋列侯
幽公子。

宋悼公
昭公子。
楚悼王

羊也。"
赵烈侯
献侯子。

燕釐公
三十四世。

秦惠公
简公子。

赵武公
列侯弟。

秦简公
厉公子。

韩景侯虔
武侯子。

孙子
南宫边

列子

师古曰："惺，
音口回反。" 荀诉

赵仓唐

徐越

屈侯鲋
西门豹

鲁穆公
元公子。

公仪休

费惠公
师古曰："费，
音秘。"
颜敢
王慎

泄柳

申详

子思

晋靖公	郑康公乙 为韩所灭。							齐康公 为田氏所灭。	
楚肃王 悼王子。		秦出公 惠公子。	韩哀侯 文侯子。	晋孝公 列公子。		宋休公 悼公子。	韩相侠累		声王子。
赵成侯		齐桓侯 和子。		魏惠王 武王子。	赵敬侯 列侯子。	韩文侯	吴起		韩列侯 景侯子。
齐威王	徐子		大监荽		阳成君		魏武侯 文侯子。		
邹忌	白圭	徐弱	孟胜			聂政姊	严仲子 聂政	长息 公明高	
孟子									

				周夷烈王喜 元安王子。	任伯 为韩魏所灭。
		孙膑 师古曰:"膑,音频忍反。"	田桓侯子。	敬侯子。	韩懿侯 哀侯子。
				燕桓公 三十五世。	鲁共公 缪公子。
	田忌		章子		庞涓 师古曰:"渭音工亥反。"
				秦献公 灵公子。	宋辟公 休公子。
	大史儋		大成午	赵肃侯 成侯子。	卫声公 慎公子。
				秦孝公 献公子。	
赵良	商鞅 申子		甘龙	韩昭侯	楚唐蔑

周显圣王扁　夷烈王子。师古曰:"扁音篇。"	卫成公　声公子。	懿侯子。 燕文公　桓公子,三十六世。	杜挚 子桑子	屈宜咎
	楚宣王　肃王子。	安陵缠　师古曰:"缠即缠字也。"	被雍 昭奚恤	铎椒 郑散子华
宋剔成君　辟公子。	鲁康公	苏秦 张仪 齐宣王辟强　威王子。	江乙 沈尹华	史举
严蹻　师古曰:"蹻音居略反。"	鲁景公		冯赫 淳于髡	闾丘光

慎靓王
显王子。

卫平公
成公子。

宣嗣君
平公子。

楚威王

於陵子中
秦惠王
孝王子。

魏襄王
惠王子。

韩宣王
师古曰："即薄昭王子。"

康公子。

唐尚

靖郭君

昆辩
师古曰："齐人也。靖郭君所著，见《战国策》。而《吕览》作剧貌辩。"

司马错

犀首

公中用
史起

荡疑

闾丘卭
颜歜
师古曰："歜音触。"

夫人郑袖				
越王无强　句践十世。为楚所灭。				
	鲁平公　景公子。	燕易王　三十七世。	魏哀王　襄王子。　疑也。"	王升　尹文子
	燕王哙　三十八世。	周昭文君	韩襄王　宣王子。	番君　唐易子
	子之	赧王延　慎静王子。	苏代	如耳
	楚怀王　威王子。	马犯　周景	苏厉	西周武公
	靳尚	令尹子椒	宋遗	陈轸
	魏昭王	子兰	上官大夫	占尹
				应坚
				昭廷
			屈原	渔父

宋君偃	赵武灵王 肃侯子。	哀王子。	孟说 师古曰："说，读曰悦。"	乌获	秦武王 惠王子。		
		鲁愍公 平公子。		轧子		樗里子 师古曰："樗，音丑于反。"	
	李兑		臧子 师古曰："鲁人根牟子也。善《春秋》。"	聚子 师古曰："絫字读曰悦。"	任鄙		
	田不礼	楚顷襄王 怀王子。		沈子	公羊子		
					谷梁子		
			申子	北宫子	万章	甘戊	
	代君章	卫怀君 嗣君子。	慎子	鲁子	告子		
	齐愍王 宣王子。		严周	公扈子	薛居州		
		齐襄王	惠施				
	淖齿		公孙龙	尸子	乐丑子	滕文公	
							肥义

为齐所灭。					
	师古曰："淖，音女教反，字或作卓。"	骑劫			
愍王子。	燕惠王 四十世，昭王子。	魏公子牟	捷子	高子	公孙丑
	韩鳖王 襄王子。	狐爰 师古曰："即狐咺也，齐人。见《战国策》。"	邹衍	仲梁子	
		唐勒	田骈	孔穿 子思玄孙。	
		景瑳 师古曰："瑳，音子何反，即景差也。"	惠盎	王歜 师古曰："歜，音触。"	
		秦昭襄王 武王弟。	王孙贾	燕昭王 三十九世，哙子。	
		叶阳君	宋玉	郭隗	乐毅
			严辛		
			范雎		
			苏不释		
			叶阳君		

赵王迁	韩王安（为秦所灭。）	赵括					
	魏安釐王（昭王子。）／燕武成王（惠王子。）／燕孝王（四十二世。）	赵孝成王（惠王子。）					
	穰侯	赵惠文王（武灵王弟。）	陈筮	雍门周	范座（师古曰："座，音才卧反。"）	左师触龙	庞煖（师古曰："煖，音许元反，又"）
秦孝文王（昭襄王子。）	春申君	朱亥	魏公子	孟尝君	庸睢	安陵君	泾阳君
白起	田单	赵奢	缩高	公孙弘（师古曰："齐人也，孟尝君所使。见《战国策》。"）	侯嬴	平原君	毛遂／蒙恬
朱英			虞卿		廉颇		
		鲁仲连					
			蔺相如				

			晋卒远反。”	华阳夫人		王翦	孙卿
楚王负刍 为秦所灭。	为秦所灭。	李园	楚考烈王 顷襄王子。	秦严襄王 文王子。	韩非		
燕王喜 为秦所灭。	楚幽王 考烈王子。	鲁顷公 为楚所灭。	楚考烈王	吕不韦	燕将渠		
	燕栗腹	魏景湣王 安釐王子。	韩桓惠王 釐王子。	淳于越	乐间		
魏王假 为秦所灭。	剧辛	赵悼襄王 孝成王子。	卫元君 怀君弟。	李牧	高渐离		
	代王嘉 为秦所灭。		秦始皇	燕太子丹			
齐王建			李斯	鞠武			
			秦武阳				

为秦所灭。

赵高

阎乐

秦二世

胡亥

卫君角

为秦所灭。

董翳

司马欣

项梁

秦子婴

项羽

陈胜

吴广

师古曰："鞫，音居六反。"

荆轲

樊於期

孔鲋

孔穿孙。

项梁

孔襄

孔鲋弟子。

汉书卷二一上
志第一上

律历上

师古曰："志，记也，积记其事也。《春秋左氏传》曰'前志有之'。"

《虞书》曰"乃同律度量衡"，①所以齐远近立民信也。自伏羲画八卦，由数起，②至黄帝、尧、舜而大备。三代稽古，法度章焉。③周衰官失，孔子陈后王之法，曰："谨权量，审法度，修废官，举逸民，四方之政行矣。"④汉兴，北平侯张苍首律历事，⑤孝武帝时乐官考正。⑥至元始中王莽秉政，欲耀名誉，征天下通知钟律者百余人，使羲和刘歆等典领条奏，言之最详。故删其伪辞，取正义，著于篇。⑦

①师古曰："《虞书》，《舜典》也。同，谓齐等。"

②师古曰："言万物之数，因八卦而起也。"

③师古曰："三代，夏、殷、周也。稽，考也。考于古事，而法度益明。"

④师古曰："此《论语》载孔子述古帝王之政，以示后世。权，谓斤两也。量，斗斛也。法度，丈尺也。逸民，谓有德而隐处者。"

⑤师古曰："首，谓始定也。"

⑥师古曰："更质正其事。"

⑦师古曰："班氏自云作志取刘歆之义也。自此以下，讫于'用竹为引者，事之宜也'，则其辞焉。"

一曰备数，二曰和声，三曰审度，四曰嘉量，五曰权衡。参五以变，错综其数，稽之于古今，效之于气物，和之于心耳，考之于经传，咸得其实，靡不协同。

数者，一、十、百、千、万也，所以算数事物，顺性命之理也。《书》曰："先其算命。"①本起于黄钟之数，始于一而三之，三三积之，②历十二辰之数，十有七万七千一百四十七，而五数备矣。③其算法用竹，径一分，长六寸，二百七十一枚而成六觚，为一握。④径象乾律黄钟之一，而长象坤吕林钟之长。⑤其数以《易》大衍之数五十，其用四十九，成阳六爻，得周流六虚之象也。⑥夫推历生律⑦制器，规圜矩方，权重衡平，准绳嘉量，⑧探赜索隐，钩深致远，莫不用焉。⑨度长短者不失豪氂，⑩量多少者不失圭撮，⑪权轻重者不失黍絫。⑫纪于一，协于十，长于百，大于千，衍于万，其法在算术。宣于天下，小学是则。职在太史，羲和掌之。

①师古曰："《逸书》也。言王者统业，先立算数以命百事也。"

②孟康曰："黄钟，子之律也。子数一。泰极元气合三为一，是以一数变而为三也。"

③孟康曰："初以子一乘丑三，余则转因其成数以三乘之，历十二辰，得是积数也。五行阴阳变化之数备于此也。"

④苏林曰："六觚，六角也。度角至角，其度一寸，面容二分，算九枚，相因之数有十，正面之数实九，其表六九五十四，算中积凡得二百七十一枚。"

⑤张晏曰："林钟长六寸。"韦昭曰："黄钟管九寸，十分之一，得其一分也。"

⑥孟康曰："以四十九成阳六爻为乾，乾之策数二百一十六，以成六爻，是为周流六虚之象也。"

⑦张晏曰："推历十二辰以生律吕也。"

⑧张晏曰："准，水平。量知多少，故曰嘉。"

⑨师古曰："赜，亦深也。索，求也。"

⑩孟康曰："豪，兔豪也。十豪为氂。"师古曰："度，音大各反。"

⑪应劭曰："圭，自然之形，阴阳之始也。四圭曰撮，三指撮之也。"孟康曰："六十四黍为圭。"师古曰："撮，音仓括反。"

⑫孟康曰："絫，音蠡。"应劭曰："十黍为絫，十絫为一铢。"师古曰："絫，孟

音来戈反,此字读亦音累绁之累。"

声者,宫、商、角、徵、羽也。所以作乐者,谐八音,荡涤人之邪意,全其正性,移风易俗也。八音:土曰埙,①匏曰笙,②皮曰鼓,③竹曰管,④丝曰弦,石曰磬,金曰钟,木曰柷。⑤五声和,八音谐,而乐成。商之为言章也,物成孰可章度也。⑥角,触也,物触地而出,戴芒角也。宫,中也,居中央,畅四方,唱始施生,为四声纲也。徵,祉也,物盛大而繁祉也。羽,宇也,物聚臧宇覆之也。夫声者,中于宫,触于角,祉于徵,章于商,宇于羽,故四声为宫纪也。协之五行,则角为木,五常为仁,五事为貌。商为金为义为言,徵为火为礼为视,羽为水为智为听,宫为土为信为思。以君臣民事物言之,则宫为君,商为臣,角为民,徵为事,羽为物。唱和有象,故言君臣位事之体也。

①应劭曰:"《世本》暴辛公作埙。"师古曰:"烧土为之,其形锐上而平底,六孔吹之。埙,音许元反,字或作壎,其音同耳。"

②应劭曰:"《世本》随作笙。"师古曰:"匏,瓠也。列管瓠中,施簧管端。"

③师古曰:"鼓者,廓也,言廓张皮而为之。"

④孟康曰:"《礼乐器记》:管,漆竹,长一尺,六孔。《尚书大传》:西王母来献白玉琯。汉章帝时,零陵文学奚景于泠道舜祠下得白玉琯。古以玉作,不但竹也。"

⑤师古曰:"柷,与俶同。俶,始也。乐将作,先鼓之,故谓之柷。状如漆桶,中有椎,连底动之,令左右击。音昌六反。"

⑥师古曰:"度,音大各反。"

五声之本,生于黄钟之律。九寸为宫,或损或益,以定商、角、徵、羽。九六相生,阴阳之应也。律十有二,阳六为律,阴六为吕。律以统气类物,一曰黄钟,二曰太族,①三曰姑洗,四曰蕤宾,五曰夷则,六曰亡射。②吕以旅阳宣气,一曰林钟,二曰南吕,三曰应钟,四曰大吕,五曰夹钟,六曰中吕。③有三统之义焉。其传曰,黄帝之所作也。黄帝使泠纶,④自大夏之西,⑤昆仑之阴,取竹之解谷⑥生,其窍厚均者,⑦断两节间而吹之,以为黄钟之中。⑧制十二筒以听凤之鸣,⑨其雄鸣为六,雌鸣亦六,比黄钟之宫,而皆可以生之,是为律本。⑩至治之世,天地之气合以生风;天地之风气正,十二律定。⑪黄钟:黄者,中之色,君之服也;钟者,种也。天之中数五,⑫五为声,声上宫,五声莫大焉。地之中数六,⑬六为律,律有形有色,色上黄,五色莫盛焉。故阳气施种于黄泉,孳萌万物,⑭为六气元也。以黄色名元气律者,著宫声也。宫以九唱六,⑮变动不居,周流六虚。始于子,在十一月。大吕:吕,旅也,言阴大,旅助黄钟宣气而牙物也。位于丑,在十二月。太族:族,奏也,言阳气大,奏地而达物也。⑯位于寅,在正月。夹钟,言阴夹助太族宣四方之气而出种物也。位于卯,在二月。姑洗:洗,洁也,言阳气洗物辜洁之也。⑰位于辰,在三月。中吕,言微阴始起未成,著于其中旅助姑洗宣气齐物也。位于巳,在四月。蕤宾:蕤,继也,宾,导也,言阳始导阴气使继养物也。位于午,在五月。林钟:林,君也,言阴气受任,助蕤宾君主种物使长大楙盛也。⑱位于未,在六月。夷则:则,法也,言阳气正法度而使阴气夷当伤之物也。⑲位于申,在七月。南吕:南,任也,言阴气旅助夷则任成万物也。位于酉,在八月。亡射:射,厌也,言阳气究物而使阴气毕剥落之,终而复始,亡厌已也。位于戌,在九月。应钟,有阴气应亡射,该臧万物而杂阳阂种也。⑳位于亥,在十月。

①师古曰:"族,音千豆反。其下并同。"

②师古曰:"亡,读曰无。射,音亦石反。"

③师古曰:"中,读曰仲。"

④师古曰:"泠,音零。纶,音伦也。"

⑤应劭曰:"大夏,西戎之国也。"

⑥孟康曰:"解,脱也。谷,竹沟也。取竹之脱无沟节者也。一说,昆仑之北谷名也。"晋灼曰:"谷名是也。"

⑦应劭曰:"生者,治也。窍,孔也。"孟康曰:"竹孔与肉薄厚等也。"晋灼曰:"取谷中之竹,生而孔外内厚薄自然均者,截以为筒,不复加削刮也。"师古曰:"晋说是也。"

⑧师古曰:"黄钟之宫,律之最长者。"

⑨师古曰:"筒,音大东反。"

⑩师古曰:"比,合也。可以生之,谓上下相生也,故谓之律本。比,音频寐

反。"

⑪孟康曰:"律得风气而成声,风和乃律调也。"臣瓒曰:"风气正则十二月
之气各应其律,不失其序。"

⑫韦昭曰:"一三在上,七九在下。"

⑬韦昭曰:"二四在上,八十在下。"

⑭师古曰:"孳,读与滋同。滋,益也。萌,始生。"

⑮孟康曰:"黄钟阳九,林钟阴六,言阳唱阴和。"

⑯师古曰:"奏,进也。"

⑰孟康曰:"辜,必也,必使之洁也。"

⑱师古曰:"种物,种生之物。楙,古茂字也。种,音之勇反。"

⑲师古曰:"夷,亦伤。"

⑳孟康曰:"阂,臧塞也,阴杂阳气,臧塞为万物作种也。"晋灼曰:"外闭曰
阂。"师古曰:"阂,音胡待反。下言'该于亥',音训并同也。"

三统者,天施,地化,人事之纪也。①十一月,《乾》之初九,阳气
伏于地下,始著为一,万物萌动,钟于太阴,故黄钟为天统,律长九
寸。九者,所以究极中和,为万物元也。《易》曰:"立天之道,曰阴与
阳。"②六月,《坤》之初六,阴气受任于太阳,继养化柔,万物生长,
楙之于未,令种刚强大,故林钟为地统,律长六寸。六者,所以含阳
之施,楙之于六合之内,令刚柔有体也。"立地之道,曰柔与刚。"③
"《乾》知太始,《坤》作成物。"④正月,《乾》之九三,万物棣通,⑤族
出于寅,人奉而成之,仁以养之,义以行之,令事物各得其理。寅,木
也,为仁;其声,商也,为义。故太族为人统,律长八寸,象八卦,宓戏
氏之所以顺天地,通神明,类万物之情也。⑥"立人之道,曰仁与
义。"⑦"在天成象,在地成形。"⑧"后以裁成天地之道,辅相天地之
宜,以左右民。"⑨此三律之谓矣,是为三统。

①李奇曰:"统,绪也。"

②师古曰:"《易·说卦》之辞也。"

③师古曰:"此亦《说卦》之辞也。"

④师古曰:"此《上系》之辞。"

⑤孟康曰:"棣,谓通意也。"师古曰:"棣,音替。"

⑥师古曰:"宓,读与伏同。"

⑦师古曰:"此《说卦》之辞。"

⑧师古曰:"此《上系》之辞。"

⑨师古曰:"此《泰卦》象辞也。后,君也,谓王者也。左右,助也。左,读曰佐。右,读曰佑。"

其于三正也,黄钟子为天正,①林钟未之冲丑为地正,太族寅为人正。三正正始,是以地正适其始纽于阳东北丑位。《易》曰"东北丧朋,乃终有庆",②答应之道也。及黄钟为宫,则太族、姑洗、林钟、南吕皆以正声应,无有忽微,③不复与它律为役者,同心一统之义也。非黄钟而它律,虽当其月自宫者,则其和应之律有空积忽微,④不得其正。此黄钟至尊,亡与并也。

①师古曰:"正,音之成反。下皆类此。"

②孟康曰:"未在西南,阳也,阴而入阳,为失其类也。"师古曰:"此《坤卦》象辞。"

③孟康曰:"忽微,若有若无,细于发者也。谓正声无有残分也。"

④孟康曰:"十二月之气各以其月之律为宫,非五音之正,则声有高下差降也。空积,若郑氏分一寸为数千。"

《易》曰:"参天两地而倚数。"①天之数始于一,终于二十有五。其义纪之以三,故置一得三又二十五分之六,凡二十五置,终天之数得八十一,以天地五位之合终于十者乘之,为八百一十分,应历一统②千五百三十九岁之章数,黄钟之实也。繇此之义,③起十二律之周径。④地之数始于二,终于三十。其义纪之以两,故置一得二,凡三十置,终地之数得六十,以地中数六乘之,为三百六十分,当期之日,林钟之实。⑤人者,继天顺地,序气成物,统八卦,调八风,理八政,正八节,谐八音,舞八佾,监八方,被八荒,以终天地之功,故八八六十四。其义极天地之变,以天地五位之合终于十者乘之,为六百四十分,以应六十四卦,大族之实也。⑥《书》曰:"天功人其代之。"⑦天兼地,人则天,故以五位之合乘焉,"唯天为大,唯尧则之"之象也。⑧地以中数乘者,阴道理内,在中馈之象也。⑨三统相通,故黄钟、林钟、太族律长皆全寸而亡余分也。

①师古曰:"《易·说卦》之辞也。倚,立也。参,谓奇也。两,谓耦也。七九阳数,六八阴数。"

②孟康曰:"十九岁为一统,一统凡八十一章。"

③师古曰:"繇,读与由同。由,用也。"

④孟康曰:"律孔径三分,参天之数也;围九分,终天之数也。"

⑤孟康曰:"林钟长六寸,围六分,以围乘长,得积三百六十分也。"师古曰:"期,音基。谓十二月为一期也。"

⑥孟康曰:"大族长八寸,围八分,为积六百四十分也。"

⑦师古曰:"《虞书·咎繇谟》也。言圣人禀天造化之功代而行之。"

⑧师古曰:"则,法也。《论语》称孔子曰'大哉尧之为君也,唯天为大,唯尧则之',美帝尧能法天而行化。"

⑨师古曰:"馈字与馈同。《易·家人卦》六二爻辞曰'无攸遂,在中馈',言妇人之道,取象于阴,无所必遂,但居中主馈食而已,故云然。"

天之中数五,地之中数六,而二者为合。六为虚,五为声,周流于六虚。虚者,爻律夫阴阳,登降运行,列为十二,而律吕和矣。太极元气,函三为一。①极,中也。元,始也。行于十二辰,始动于子。参之于丑,得三。又参之于寅,得九。又参之于卯,得二十七。又参之于辰,得八十一。又参之于巳,得二百四十三。又参之于午,得七百二十九。又参之于未,得二千一百八十七。又参之于申,得六千五百六十一。又参之于酉,得万九千六百八十三。又参之于戌,得五万九千四十九。又参之于亥,得十七万七千一百四十七。此阴阳合德,气钟于子,化生万物者也。故孳萌于子,纽牙于丑,引达于寅,冒茆于卯,②振美于辰,已盛于巳,咢布于午,③昧菱于未,④申坚于申,留孰于酉,毕入于戌,该阂于亥。出甲于甲,奋轧于乙,⑤明炳于丙,大盛于丁,丰楙于戊,理纪于己,敛更于庚,悉新于辛,怀任于壬,陈揆于癸。故阴阳之施化,万物之终始,既类旅于律吕,又经历于日辰,而变化之情可见矣。

①孟康曰:"元气始起于子,未分之时,天地人混合为一,故子数独一也。"师古曰:"函,读与含同。后皆类此。"

②师古曰:"茆,谓丛生也,音莫保反。"

③苏林曰："咢,音愕。"

④师古曰："蒌,蔽也,音爱。"

⑤师古曰："轧,音于黠反。"

玉衡杓建,天之纲也;①日月初躔,星之纪也。②纲纪之交,以原始造设,合乐用焉。律吕唱和,以育生成化,歌奏用焉。指顾取象,然后阴阳万物靡不条鬯该成。③故以成之数忊该之积,④如法为一寸,则黄钟之长也。⑤参分损一,下生林钟。⑥参分林钟益一,上生太族。参分太族损一,下生南吕。参分南吕益一,上生姑洗。参分姑洗损一,下生应钟。参分应钟益一,上生蕤宾。参分蕤宾损一,下生大吕。参分大吕益一,上生夷则。参分夷则损一,下生夹钟。参分夹钟益一,上生亡射。参分亡射损一,下生中吕。阴阳相生,自黄钟始而左旋,八八为伍。⑦其法皆用铜。职在大乐,太常掌之。

①如淳曰："杓,柄也,斗端星也。"孟康曰："斗在天中,周制四方,犹宫声处中,为四声纲也。"师古曰："杓,音必遥反。"

②孟康曰："躔,舍也。二十八舍列在四方,日月行焉,起于星纪,而又周之,犹四声之为宫纪也。"晋灼曰："下言斗纲之端连贯营室,织女之纪指牵牛之初,以纪日月,故曰星纪。五星起其初,日月起其中。是谓天之纲纪也。"师古曰："躔,践也,音直连反。"

③师古曰："条,达也。鬯,与畅同。"

④孟康曰："成之数者,谓黄钟之法数。该之积,为黄钟变生十二辰积实之数也。忊,除也。言以法数除积得九寸,即黄钟之长也。言该者,该众律之数也。"师古曰："忊,音千本反。"

⑤孟康曰："得一寸,则所谓得九寸也。言一者,张法辞。"

⑥张晏曰："黄钟长九寸,以二乘九得十八,以三除之,得林钟六寸。其法率如此,推当算乃解。"晋灼曰："蔡邕《律历记》'凡阳生阴曰下,阴生阳曰上'也。"

⑦孟康曰："从子数辰至未得八,下生林钟。数未至寅得八,上生太族。律上下相生,皆以此为率。伍,耦也,八八为耦。"

度者,分、寸、尺、丈、引也,所以度长短也。①本起黄钟之长。以子谷秬黍中者,②一黍之广,度之九十分,黄钟之长。一为一分,十分为寸,十寸为尺,十尺为丈,十丈为引,而五度审矣。其法用铜,高一寸,广二寸,长一丈,而分寸尺丈存焉。用竹为引,高一分,广六分,长十丈,其方法矩,高广之数,阴阳之象也。③分者,自三微而成著,可分别也。寸者,忖也。尺者,蒦也。④丈者,张也。引者,信也。⑤夫度者,别于分,忖于寸,蒦于尺,张于丈,信于引。引者,信天下也。职在内官,⑥廷尉掌之。⑦

①师古曰:"度,音大各反。下皆类此。"

②孟康曰:"子北方,北方黑,谓黑黍也。"师古曰:"此说非也。子谷犹言谷子耳,秬即黑黍,无取北方为号也。中者,不大不小也。言取黑黍谷子大小中者,率为分寸也。秬音巨。"

③孟康曰:"高一分,广六分。一为阳,六为阴也。"

④师古曰:"蒦,音约。"

⑤师古曰:"信,读曰伸,言其长。"

⑥师古曰:"内官,署名也。《百官表》云'内官长丞,初属少府,中属主爵,后属宗正'。"

⑦师古曰:"法度所起,故属廷尉也。"

　　量者,龠、合、升、斗、斛也,①所以量多少也。②本起于黄钟之龠,用度数审其容,③以子谷秬黍中者千有二百实其龠,以井水准其概。④十龠为合,十合为升,十升为斗,十斗为斛,而五量嘉矣。⑤其法用铜,方尺而圆其外,旁有庣焉。⑥其上为斛,其下为斗。⑦左耳为升,右耳为合龠。其状似爵,以縻爵禄。⑧上三下二,参天两地,圆而函方,左一右二,阴阳之象也。其圆象规,其重二钧,备气物之数,合万有一千五百二十。⑨声中黄钟,始于黄钟而反覆焉,⑩君制器之象也。龠者,黄钟律之实也,跃微动气而生物也。合者,合龠之量也。升者,登合之量也。斗者,聚升之量也。斛者,角斗平多少之量也。夫量者,跃于龠,合于合,登于升,聚于斗,角于斛也。职在太仓,大司农掌之。⑪

①师古曰:"龠,音籥。合,音阁。"

②师古曰:"量,音力张反。"

③师古曰："因度以生量也。其容,谓其中所容受之多少也。"

④孟康曰："概欲其直,故以水平之。井水清,清则平也。"师古曰："概所以概平斗斛之上者也,音工代反,又音工内反。"

⑤师古曰："嘉,善也。"

⑥郑氏曰："庣,音条桑之条。庣,过也。算方一尺,所受一斛,过九氂五豪,然后成斛。今尚方有王莽时铜斛,制尽与此同。"师古曰："庣,不满之处也,音吐雕反。"

⑦孟康曰："其上谓仰斛也,其下谓覆斛之底,受一斗。"

⑧晋灼曰："糜,散也。"

⑨孟康曰："三十斤为钧,钧万一千五百二十铢。"

⑩孟康曰："反斛声中黄钟,覆斛亦中黄钟之宫,宫为君也。"臣瓒曰："仰斛受一斛,覆底受一斗,故曰反覆焉。"师古曰："覆,音芳目反。"

⑪师古曰："米粟之量,故在太仓也。"

衡权者,衡,平也,权,重也,衡所以任权而均物平轻重也。其道如底,①以见准之正,绳之直,左旋见规,右折见矩。其在天也,佐助旋机,斟酌建指,以齐七政,②故曰玉衡。《论语》云:"立则见其人参于前也,③在车则见其倚于衡也。"又曰:"齐之以礼。"此衡在前居南方之义也。

①师古曰："底,平也,谓以底石厉物令平齐也。底,音指。"

②师古曰："七政,日、月、五星也。"

③孟康曰："权、衡、量,三等为参。"

权者,铢、两、斤、钧、石也,所以称物平施,知轻重也。本起于黄钟之重。一龠容千二百黍,重十二铢,两之为两。二十四铢为两。十六两为斤。三十斤为钧。四钧为石。忖为十八,《易》十有八变之象也。①五权之制,以义立之,以物钧之,其余小大之差,以轻重为宜。圜而环之,令之肉倍好者,②周旋无端,终而复始,无穷已也。铢者,物繇忽微始,至于成著,可殊异也。③两者,两黄钟律之重也。④二十四铢而成两者,二十四气之象也。斤者,明也,三百八十四铢,《易》二篇之爻,阴阳变动之象也。十六两成斤者,四时乘四方之象也。钧者,均也,阳施其气,阴化其物,皆得其成就平均也。权与物均,重万一千五百二十铢,当万物之象也。四百八十两者,六旬行八节之象也。⑤三十斤成钧者,一月之象也。石者,大也,权之大者也。始于铢,两于两,明于斤,均于钧,终于石,物终石大也。四钧为石者,四时之象也。重百二十斤者,十二月之象也。终于十二辰而复于子,黄钟之象也。⑥千九百二十两者,阴阳之数也。三百八十四爻,五行之象也。四万六千八十铢者,万一千五百二十物历四时之象也。而岁功成就,五权谨矣。

①孟康曰:"忖,度也,度其义有十八也。黄钟、龠、铢、两、钧、斤、石凡七,与下十一象为十八也。"张晏曰:"象《易》三揲蓍而成一爻,十八变具六爻而成卦。"

②孟康曰:"谓为锤之形如环也。"如淳曰:"体为肉,孔为好。"师古曰:"锤者,称之权也,音直垂反,又音直睡反。"

③师古曰:"繇,读与由同。由,从也。"

④李奇曰:"黄钟之管重十二铢,两十二得二十四也。"

⑤孟康曰:"六甲为六旬,一岁有八节,六甲周行成岁,以六乘八节得之。"

⑥孟康曰:"称之数始于铢,终于石。石重百二十斤,象十二月。铢之重本取于子。律,黄钟一龠容千二百黍,为十二铢,故曰复于子,黄钟之象也。"

　权与物钧而生衡,①衡运生规,规圆生矩,矩方生绳,绳直生准,②准正则平衡而钧权矣。是为五则。规者,所以规圆器械,令得其类也。矩者,矩方器械,令不失其形也。规矩相须,阴阳位序,圆方乃成。准者,所以揆平取正也。绳者,上下端直,经纬四通也。准绳连体,衡权合德,百工繇焉,以定法式,③辅弼执玉,以翼天子。④《诗》云:"尹氏大师,秉国之钧,四方是维,天子是毗,俾民不迷。"⑤咸有五象,其义一也。以阴阳言之,大阴者,北方。北,伏也,阳气伏于下,于时为冬。冬,终也,物终臧,乃可称。水润下。知者谋,谋重,故为权也。大阳者,南方。南,任也。阳气任养物,于时为夏。夏,假也,物假大,乃宣平。火炎上。礼者者齐也。齐者平,故为衡也。少阴者,西方。西,迁也,阴气迁,落物于时为秋。秋,揫也,⑥物揫敛,乃成孰。金从革,改更也。义者成,成者方,故为矩也。少阳者,东方。东,动也,阳气动物,于时为春。春,蠢也,物蠢生,乃动运。木曲直。仁者生,生者圜,故为规也。中央者,阴阳之内,四方之中,经纬通达,乃能端直,于时为四季。土稼啬蕃。⑦信者诚,诚者直,故为绳也。五则揆物,有轻重圜方平直阴阳之义,四方四时之体,五常五行之象。厥法有品,各顺其方而应其行。职在大行,鸿胪掌之。⑧

①孟康曰:"谓锤与物钧,所称适停,则衡平也。"

②韦昭曰:"立准以望绳,以水为平。"

③师古曰:"繇,读与由同。由,用也。"

④师古曰:"翼,助也。"

⑤师古曰:"《小雅·节南山》之诗也。言尹氏居太师之官,执持国之权量,维制四方,辅翼天子,使下无迷惑也。"

⑥师古曰:"揆,音子由反。"

⑦师古曰:"蕃,多也。息,生也。蕃,音扶元反。"

⑧师古曰:"平均曲直,齐一远近,故在鸿胪。"

《书》曰:"予欲闻六律、五声、八音、七始咏,以出内五言,女听。"①予者,帝舜也。言以律吕和五声,施之八音,合之成乐。七者,天地四时人之始也。顺以歌咏五常之言,听之则顺乎天地,序乎四时,应人伦,本阴阳,原情性,风之以德,感之以乐,②莫不同乎一。唯圣人为能同天下之意,故帝舜欲闻之也。今广延群儒,博谋讲道,修明旧典,同律,审度,嘉量,平衡,钧权,正准,直绳,立于五则,备数和声,以利兆民,贞天下于一,同海内之归。③凡律度量衡用铜者,名自名也,④所以同天下,齐风俗也。铜为物之至精,不为燥湿寒暑变其节,不为风雨暴露改其形,介然有常,有似于士君子之行,⑤是以用铜也。用竹为引者,事之宜也。⑥

①师古曰:"《虞书·益稷篇》所载舜与禹言。"

②师古曰:"以德化之,以乐动之。《诗序》曰'上以风化下'。"

③师古曰:"贞,正也。《易·下系》之辞曰'天下之动,贞夫一者也',言皆以一为正也。又曰'天下同归而殊途,一致而百虑',言途虽殊其归则同,虑虽百其致则一也,故志引之云尔。"

④师古曰:"取铜之名,以合于同也。"

⑤师古曰:"介然,特异之意。"

⑥李奇曰:"引长十丈,高一分,广六分,唯竹箴柔而坚为宜耳。"

　　历数之起上矣。传述颛顼命南正重司天,火正黎司地,①其后三苗乱德,二官咸废,②而闰余乖次,③孟陬殄灭④摄提失方。⑤尧复育重、黎之后,使纂其业,故《书》曰:"乃命羲、和,钦若昊天,历象日月星辰,敬授民时。""岁三百有六旬有六日,以闰月定四时成岁,允厘百官,众功皆美。"⑥其后以授舜曰:"咨尔舜,天之历数在尔躬。""舜亦以命禹。"⑦至周武王访箕子,⑧箕子言大法九章,而五纪明历法。⑨故自殷周,皆创业改制,咸正历纪,服色从之,顺其时气,以应天道。三代既没,五伯之末史官丧纪,畴人子弟分散,⑩或在夷狄,故其所记,有《黄帝》、《颛顼》、《夏》、《殷》、《周》及《鲁历》。战国扰攘,秦兼天下,未皇暇也,亦颇推五胜,⑪而自以获水德,乃以十月为正,色上黑。⑫

①臣瓒曰:"南正司天,则北正当司地,不得言火正也。古文火字与北相似,故遂误耳。"师古曰:"此说非也。班固《幽通赋》云'玄黎醇耀于高辛',是则黎为火正也。"

②师古曰:"三苗,国名,缙云氏之后为诸侯者,即饕餮也。二官,重、黎也。"

③孟康曰:"以岁之余日为闰,故曰闰余。次,十二次也。史推历失闰,则斗建与月差错也。"

④孟康曰:"正月为孟陬。历纪废绝,闰余乖错,不与正岁相值,谓之殄灭也。"

⑤孟康曰:"摄提,星名,随斗柄所指建十二月,若历误,春三月当指辰而乃指巳,是为失方也。"

⑥师古曰:"此皆《虞书·尧典》之辞也。钦,敬;若,顺也。昊天,言天气广大也。星,四方之中星也。辰,日月所会也。羲氏、和氏,重、黎之后,以其继掌天地,故尧命之,使敬顺昊天,历象星辰之分节,敬记天时,以授下人也。匝四时凡三百六十六日,而定一岁。十二月月三十日,正三百六十日,则余六日矣。又除小月六日,是为岁有余十二日,未盈三岁,便

得一月,则置闰焉,以定四时之气节,成一岁之历象,则能信理百官,众
　功皆美也。"

⑦师古曰:"事见《论语·尧曰篇》。"

⑧师古曰:"访箕子,谓灭殷之后。"

⑨孟康曰:"岁月日星辰,是谓五纪也。"师古曰:"大法九章,即《洪范》九
　畴也。其四曰协用五纪也。"

⑩李奇曰:"同类之人俱明历者也。"如淳曰:"家业世世相传为畴。"师古
　曰:"如说是也。"

⑪孟康曰:"五行相胜,秦以周为火,用水胜之。"

⑫师古曰:"获水德,谓有黑龙之瑞。"

　　汉兴,方纲纪大基,庶事草创,袭秦正朔。以北平侯张苍言,用
《颛顼历》,比于六历,疏阔中最为微近。然正朔服色,未睹其真,而
朔晦月见,弦望满亏,多非是。

　　至武帝元封七年,汉兴百二岁矣,大中大夫公孙卿、壶遂、太史
令司马迁等言"历纪坏废,宜改正朔"。是时御史大夫儿宽明经
术,①上乃诏宽曰:"与博士共议,今宜何以为正朔? 服色何上?"宽
与博士赐等议,皆曰:"帝王必改正朔,易服色,所以明受命于天也。
创业变改,制不相复,②推传序文,则今夏时也。臣等闻学褊陋,不
能明。陛下躬圣发愤,昭配天地,③臣愚以为三统之制,后圣复前圣
者,二代在前也。今二代之统绝而不序矣,唯陛下发圣德,宣考天地
四时之极,则顺阴阳以定大明之制,为万世则。"于是乃诏御史曰:
"乃者有司言历未定,广延宣问,以考星度,未能雠也。④盖闻古者
黄帝合而不死,名察发敛,定清浊,起五部,建气物分数。⑤然则上
矣。书缺乐弛,朕甚难之。⑥依违以惟,未能修明。⑦其以七年为元
年。"⑧遂诏卿、遂、迁与侍郎尊、大典星射姓等⑨议造《汉历》。乃定
东西,立晷仪,下漏刻,以追二十八宿相距于四方,举终以定朔晦分
至,躔离弦望。⑩乃以前历上元泰初四千六百一十七岁,至于元封
七年,复得阏逢摄提格之岁,中冬⑪十一月甲子朔旦冬至,日月在

建星，⑫太岁在子，已得太初本星度新正。姓等奏不能为算，⑬愿募治历者，更造密度，各自增减，以造汉《太初历》。乃选治历邓平及长乐司马可、酒泉候宜君、⑭侍郎尊及与民间治历者，凡二十余人，方士唐都、巴郡落下，闳与焉。⑮都分天部。⑯而闳运算转历。其法以律起历，曰："律容一龠，积八十一寸，则一日之分也。⑰与长相终。律长九寸，百七十一分而终复。⑱三复而得甲子。夫律阴阳九六，爻象所从出也。故黄钟纪元气之谓律。律，法也，莫不取法焉。"与邓平所治同。于是皆观新星度、日月行，更以算推，如闳、平法。法，一月之日二十九日八十一分日之四十三。先籍半日，名曰阳历；不籍，名曰阴历。所谓阳历者，先朔月生；阴历者，朔而后月乃生。平曰："阳历朔皆先旦月生，以朝诸侯王群臣便。"乃诏迁用邓平所造八十一分律历，罢废尤疏远者十七家，复使校历律昏明。宦者淳于陵渠复覆《太初历》晦朔弦望，皆最密，日月如合璧，五星如连珠。⑲陵渠奏状，遂用邓平历，以平为太史丞。

①师古曰："儿音五奚反。"

②师古曰："复，重也，因也，音扶目反。次下亦同。"

③师古曰："躬圣者，言身有圣德也。发愤，谓念正朔未定也。昭，明也。"

④师古曰："雠，相当。"

⑤应劭曰："言黄帝造历得仙，名节会，察寒暑，致启分，发敛至，定清浊，起五部。五部，金、木、水、火、土也。建气物分数，皆叙历之意也。"孟康曰："合，作也。黄帝作历，历终而复始，无穷已也，故曰不死。名春夏为发，秋冬为敛。清浊，谓律声之清浊也。五部，谓五行也。天有四时，分为五行也。气，二十四气也。物，万物也。分，历数之分也。"晋灼曰："蔡邕《天文志》'浑天名察发敛，以行日月，以步五纬'。臣瓒曰："黄帝圣德，与神灵合契，升龙登仙，故曰合而不死。题名宿度，候察进退。《史记》曰'名察宿度'，谓三辰之度，吉凶之验也。"

⑥师古曰："弛，废也，音式尔反。"

⑦师古曰："依违，不决之意也。惟，思也。"

⑧李奇曰："改元封七年为太初元年。"

⑨师古曰："姓射，名姓也。"

⑩应劭曰:"躔,径也。离,远也。"臣瓒曰:"案离,历也,日月之所历也。"邓
　展曰:"日月践历度次。"

⑪孟康曰:"言复得者,上元泰初时亦是阏逢之岁。岁在甲曰阏逢,在寅曰
　摄提格,此为甲寅之岁也。"师古曰:"中,读曰仲。"

⑫李奇曰:"古以建星为宿,今以牵牛为宿。"孟康曰:"建星在牵牛间。"晋
　灼曰:"贾逵论《太初历》冬至日在牵牛初者,牵牛中星也。古历皆在建
　星。建星即斗星也。《太初历》四分法在斗二十六度。史官旧法,冬夏至
　常不及《太初历》五度。《四分法》在斗二十一度,与行事候法天度相
　应。"

⑬师古曰:"姓,即射姓也。"

⑭师古曰:"可者,司马之名也。宣君,亦候之名也。候,官号也。故曰东南
　一尉,西北一候。"

⑮晋灼曰:"三人姓名也。《史记·历书》'唐都分天部,而巴郡落下阂运算
　推历'。"师古曰:"姓唐,名都,方术之士也。姓落下,名阂,巴郡人也。都
　与阂凡二人,言三人,非也。与,读曰豫。"

⑯孟康曰:"谓分部二十八宿为距度。"

⑰孟康曰:"黄钟律长九寸,围九分,以围乘长,得积八十一寸也。"

⑱师古曰:"复,音扶且反。"

⑲孟康曰:"谓太初上元甲子夜半朔旦冬至时,七曜皆会聚斗、牵牛分度,
　夜尽如合璧连珠也。"师古曰:"言其应候不差也。"

　　后二十七年,元凤三年,太史令张寿王上书言:"历者天地之大
纪,上帝所为。传黄帝《调律历》,汉元年以来用之。今阴阳不调,宜
更历之过也。"①诏下主历使者鲜于妄人诘问,寿王不服。妄人请与
治历大司农中丞麻光等二十余人杂候日月晦朔弦望、八节二十四
气,钧校诸历用状。奏可。诏与丞相、御史、大将军、右将军史各一
人杂候上林清台,课诸历疏密,凡十一家。以元凤三年十一月朔旦
冬至,尽五年十二月,各有第。寿王课疏远。案汉元年不用黄帝《调
历》,寿王非汉历,逆天道,非所宜言,大不敬。有诏勿劾。复候,尽
六年。《太初历》第一,即墨徐万且、长安徐禹治《太初历》亦第一。②
寿王及待诏李信治黄帝《调历》,课皆疏阔,又言黄帝至元凤三年六
千余岁。丞相属宝、长安单安国、安陵桮育治《终始》,③言黄帝以来

三千六百二十九岁,不与寿王合。寿王又移《帝王录》,舜、禹年岁不合人年。寿王言化益为天子代禹,④骊山女亦为天子,在殷周间,皆不合经术。寿王历乃太史官《殷历》也。寿王猥曰安得五家历,⑤又妄言《太初历》亏四分日之三,去小余七百五分,以故阴阳不调,谓之乱世。劾寿王吏八百石,古之大夫,服儒衣,诵不祥之辞,作妖言欲乱制度,不道。奏可。寿王候课,比三年下,⑥终不服。再劾死,更赦勿劾,⑦遂不更言,诽谤益甚,竟以下吏。故历本之验在于天,自汉历初起,尽元凤六年,三十六岁,而是非坚定。

①师古曰:"更,改也。"

②师古曰:"且,音子余反。"

③苏林曰:"栘,音布回反。"师古曰:"姓栘,名育也。单,音善。"

④师古曰:"化益。即伯益。"

⑤师古曰:"猥,曲也。"

⑥师古曰:"比,频也。下,下狱也,音胡稼反。"

⑦师古曰:"更,经也,音工衡反。"

　　至孝成世,刘向总六历,列是非,作《五纪论》。向子歆究其微眇,①作《三统历》及《谱》以说《春秋》,推法密要,故述焉。②

①师古曰:"眇,细也,音莫小反,又读曰妙。`他皆类此。"

②师古曰:"自此以下,皆班氏所述刘歆之说也。"

　　夫历《春秋》者,天时也,列人事而固以天时。传曰:"民受天地之中以生,所谓命也。①是故有礼谊动作威仪之则以定命也,能者养以之福,不能者败以取祸。"②故列十二公二百四十二年之事,以阴阳之中制其礼。故春为阳中,万物以生;秋为阴中,万物以成。是以事举其中,礼取其和,历数以闰正天地之中,以作事厚生,皆所以定命也。《易》金火相革之卦曰"汤武革命,顺乎天而应乎人",③又曰"治历明时",④所以和人道也。

①师古曰:"此《春秋左传》周大夫刘康公之言也。中,谓中和之气也。"

②师古曰:"之,往也,往就福也。自此以上,皆刘康公辞。"

③师古曰:"《离》下《兑》上,故云金火相革。此《革卦》彖辞。"

④师古曰:"此《革卦》象辞。"

周道既衰,幽王既丧,天子不能班朔,鲁历不正,以闰余一之岁为蔀首。①故《春秋》刺"十一月乙亥朔,日有食之"。于是辰在申,②而司历以为在建戌,史书建亥。哀十二年,亦以建申流火之月为建亥,③而怪蛰虫之不伏也。自文公闰月不告朔,至此百有余年,莫能正历数。故子贡欲去其饩羊,孔子爱其礼,④而著其法于《春秋》。经曰:"冬十月朔,日有食之。"传曰:"不书日,官失之也。天子有日官,诸侯有日御,日官居卿以厎日,礼也。⑤日御不失日以授百官于朝。"言告朔也。⑥元典历始曰元。传曰:"元,善之长也。"共养三德为善。⑦又曰:"元,体之长也。"合三体而为之原,故曰元。于春三月,每月书王,元之三统也。三统合于一元,故因元一而九三之以为法,⑧十一三之以为实。⑨实如法得一。黄钟初九,律之首,阳之变也。因而六之,以九为法,得林钟⑩初六,吕之首,阴之变也。皆参天两地之法也。⑪上生六而倍之,下生六而损之,皆以九为法。九六,阴阳夫妇子母之道也。⑫律娶妻⑬而吕生子,⑭天地之情也。六律六吕,而十二辰立矣。五声清浊,而十日行矣。⑮传曰"天六地五",数之常也。天有六气,⑯降生五味。⑰夫五六者,天地之中合,⑱而民所受以生也。故日有六甲,辰有五子,⑲十一而天地之道毕,言终而复始。太极中央元气,故为黄钟,其实一龠,以其长自乘,故八十一为日法,所以生权衡度量,礼乐之所繇出也。⑳经元一以统始,《易》太极之首也。春秋二以目岁,㉑《易》两仪之中也。于春每月书王,《易》三极之统也。于四时虽亡事,必书时月,《易》四象之节也。时月以建分至启闭之分,《易》八卦之位也。㉒象事成败,《易》吉凶之效也。朝聘会盟,《易》大业之本也。故《易》与《春秋》,天人之道也。传曰:"龟,象也。筮,数也。物生而后有象,象而后有滋,滋而后有数。"㉓

①孟康曰:"当以闰尽岁为蔀首,今失正,未尽一岁便以为蔀首也。"师古曰:"蔀,音剖,又音部。"

②孟康曰:"辰,谓斗建。"臣瓒曰:"日月之会为辰。"师古曰:"事在襄二十

七年。"

③张晏曰:"周之十二月,夏之十月也。再失闰,当为八月建酉,而云建申,误也。仲尼曰:'火犹西流,司历过也。'刘歆徒以《诗》'七月流火'为喻,不知八月火犹西流也。"

④师古曰:"饩,生牲也。礼,人君每月告朔于庙,有祭事,故用牲。子贡见其礼废而欲去其羊,孔子曰:'赐也,汝爱其羊,我爱其礼。'事见《论语》。"

⑤苏林曰:"氐,致也。"师古曰:"音之履反。"

⑥师古曰:"刘家本有此语。"

⑦孟康曰:"谓三统之微气也,当施育万物,故谓之德。"师古曰:"共,读曰供。"

⑧孟康曰:"辰有十二,其三为天地人之统。《老子》曰'三生万物',是以余九。辰得三气,乃能施化。故每辰者,以三统之数乘之,是谓九三之法,得积万九千六百八十三。"

⑨孟康曰:"以子数一乘丑三,余次辰,亦每三乘之,周十一辰,得十七万七千一百四十七。"

⑩孟康曰:"以六乘黄钟之九,得五十四。"

⑪孟康曰:"三三而九,二三而六,参两之义也。"

⑫孟康曰:"异类为子母,谓黄钟生林钟也。同类为夫妇,谓黄钟以大吕为妻也。"

⑬如淳曰:"黄钟生林钟。"

⑭如淳曰:"林钟生大族。"

⑮李奇曰:"声一清一浊,合为二,五声凡十,合于十日,从甲至癸也。"孟康曰:"谓东方甲乙、南方丙丁之属,分在五方,故五声属焉。"

⑯张晏曰:"六气,阴、阳、风、雨、晦、明也。"

⑰孟康曰:"《月令》五方之味,酸咸是也。"

⑱孟康曰:"天阳数奇,一三五七九,五在其中。地阴数耦,二四六八十,六在其中。故曰天地之中合。"

⑲孟康曰:"六甲之中唯甲寅无子,故有五子。"

⑳师古曰:"絫,读与由同。"

㉑邓展曰:"春秋则为二以矣。"孟康曰:"春为阳中,万物以生;秋为阴中,万物以成。举春秋以目一岁。"

㉒张晏曰："二至、二分、立春、立夏、立秋、立冬。"

㉓师古曰："《左氏传》载韩简之言也。物生则有象,有象而滋益,滋益乃数
　　起。龟以象告吉凶,筮以数示祸福。"

　　是故元始有象一也,春秋二也,三统三也,四时四也,合而为
十,成五体。以五乘十,大衍之数也,而道据其一,其余四十九,所当
用也,故蓍以象两两之,又以象三三之,又以象四四之,又归奇象闰
十九①及所据一加之,因以再扐两之,②是为月法之实。如日法得
一,则一月之日数也,而三辰之会交矣,是以能生吉凶。③故《易》
曰:"天一地二,天三地四,天五地六,天七地八,天九地十。天数五,
地数五,五位相得而各有合。天数二十有五,地数三十,凡天地之数
五十有五,此所以成变化而行鬼神也。"④并终数为十九,《易》穷则
变,故为闰法。⑤参天九,两地十,是为会数。参天数二十五,两地数
三十,是为朔望之会。以会数乘之,则周于朔旦冬至,是为会月。⑥
九会而复元,⑦黄钟初九之数也。经于四时,虽亡事必书时月。时所
以记启闭也,月所以纪分至也。启闭者,节也。分至者,中也。节不
必在其月,故时中必在正数之月。故传曰:"先王之正时也,履端于
始,举正于中,归余于终。履端于始,序则不愆;举正于中,民则不
惑;归余于终,事则不悖。"⑧此圣王之重闰也。以五位乘会数,而朔
旦冬至,是为章月。四分月法为周至,是乘月法,以其一乘章月,是
为中法。参分闰法为周至,以乘月法,以减中法而约之,则六扐之
数,为一月之闰法,其余七分。此中朔相求之术也。朔不得中,是谓
闰月,言阴阳虽交,不得中不生。故日法乘闰法,是为统岁。三统,
是为元岁。元岁之闰,阴阳灾,三统闰法。《易》九厄曰:初入元,百
六,阳九;次三百七十四,阴九;⑨次四百八十,阳九;⑩次七百二
十,阴七;⑪次七百二十,阳七;⑫次六百,阴五;次六百,阳五;⑬次
四百八十,阴三;次四百八十,阳三。⑭凡四千六百一十七岁,与一
元终。经岁四千五百六十,灾岁五十七。⑮是以《春秋》曰:"举正于
中。"又曰:"闰月不告朔,非礼也。闰以正时,时以作事,事以厚
生,⑯生民之道于是乎在矣。不告闰朔,弃时正也,何以为民?"⑰故

善僖"五年春王正月辛亥朔，日南至，公既视朔，遂登观台以望，而书，礼也。凡分至启闭，必书云物，为备故也"。至昭二十年二月己丑，日南至，失闰，至在非其月。梓慎望氛气而弗正，不履端于始也。故传不曰冬至，而曰日南至。极于牵牛之初，日中之时景最长，以此知其南至也。斗纲之端连贯营室，织女之纪指牵牛之初，以纪日月，故曰星纪。五星起其初，日月起其中，凡十二次。日至其初为节，至其中斗建下为十二辰。视其建而知其次。故曰"制礼上物，不过十二，天之大数也"。经曰春王正月，传曰周正月"火出，于夏为三月，商为四月，周为五月，夏数得天"，[18]得四时之正也。三代各据一统，明三统常合，而迭为首，[19]登降三统之首，周还五行之道也。[20]故三五相包而生。天统之正，始施于子半，[21]日萌色赤。地统受之于丑初，日肇化而黄，至丑半，日牙化而白。人统受之于寅初，日孳成而黑，至寅半，日生成而青。天施复于子，地化自丑毕于辰，[22]人生自寅成于申。[23]故历数三统，天以甲子，[24]地以甲辰，[25]人以甲申。[26]孟仲季迭用事为统首。三微之统既著，而五行自青始，其序亦如之。五行与三统相错。传曰"天有三辰，地有五行"，然则三统五星可知也。《易》曰："参五以变，错综其数。通其变，遂成天下之文；极其数，遂定天下之象。"[27]太极运三辰五星于上，而元气转三统五行于下。其于人，皇极统三德五事。故三辰之合于三统也，日合于天统，月合于地统，斗合于人统。五星之合于五行，水合于辰星，火合于荧惑星，金合于太白，木合于岁星，土合于镇星。三辰五星而相经纬也。天以一生水，地以二生火，天以三生木，地以四生金，天以五生土。五胜相乘，以生小周，以乘《乾》《坤》之策，而成大周。阴阳比类，交错相成，故九六之变登降于六体。三微而成著，三著而成象，二象十有八变而成卦，四营而成易，为七十二，参三统两四时相乘之数也。参之则得《乾》之策，两之则得《坤》之策。[28]以阳九九之，为六百四十八，以阴六六之，为四百三十二，凡一千八十，阴阳各一卦之微算策也。八之，为八千六百四十，而八卦小成。引而信之，[29]又八之，为六万九千一百二十，天地再之，为十三万八千二百四十，然后大成。

五星会终，触类而长之，以乘章岁，为二百六十二万六千五百六十，而与日月会。三会为七百八十七万九千六百八十，而与三统会。三统二千三百六十三万九千四十，而复于太极上元。九章岁而六之为法，太极上元为实，实如法得一，阴一阳各万一千五百二十，当万物气体之数，天下之能事毕矣。

①孟康曰："岁有闰分七，分满十九，则为闰也。"师古曰："奇，音居宜反。"

②师古曰："扐，音勒。"

③孟康曰："三辰，日月星也。轨道相错，故有交会。即阴阳有干陵胜负，故生吉凶也。"

④师古曰："皆《上系》之辞也。"

⑤孟康曰："天终数九，地终数十。穷，终也，言闰亦日之穷余，故取二终之数以为义。"

⑥孟康曰："会月，二十七章之月数也，得朔旦冬至日与岁复。"

⑦孟康曰："谓四千六百一十七岁之月数也，所谓元月。"

⑧师古曰："自此以上，《左氏传》之辞也。履端于始，谓步历之始，以为术之端首也。举正于中，谓分一期为十二月，举中气以正月也。归余于终，谓有余日，则归于终，积而成闰也。悖，乖也，音布内反。"

⑨孟康曰："《易传》也。所谓阳九之厄，百六之会者也。初入元百六岁有厄者，则前元之余气也，若余分为闰也。《易》爻有九六七八，百六与三百七十四，六乘八之数也，六八四十八，合为四百八十岁也。"

⑩孟康曰："亦六乘八之数也。于《易》爻六有变，故再数也。"如淳曰："六八四十八，为四百八十岁，有九年旱。"

⑪孟康曰："亦九乘八之数也。八九七十二，为七百二十岁。"

⑫孟康曰："亦九乘八之数也。于《易》爻九变，故再数也。"如淳曰："八十岁纪一甲子冬至。以八乘九，八九七十二，故七百二十岁，乃有灾也。"

⑬孟康曰："七八爻乘八之数也。七乘八得五百六十岁，八乘八得六百四十岁，合千二百岁也。于《易》爻七八不变，气不通，故合而数之，各得六百岁也。"如淳曰："爻有七八，八八六十四，七八五十六，二爻之数，合千二百。满纯阴七八不变，故通其气，使各六百岁，乃有灾。"

⑭孟康曰："此六乘八之数也。六既有变，又阴爻也，阳奇阴偶，故九再数，而六四数，七八不变，又无偶，各一数。一元之中，有五阳四阴，阳旱阴

水,九七五三,皆阳数也,故曰阳九之厄。"如淳曰:"九六者,阳奇阴偶。
偶,故重出,覆取上六八四十八,故同四百八十岁。正以九七五三为灾
者,从天奇数也。《易》天之数曰:'立天之道,曰阴与阳。'系天故取其奇
为灾岁数。八十岁则甲子冬至,一甲子六十日,一岁三百六十日,八十
岁,得四百八十甲子又五日。五八四十,为四十日又四分日之一。八十
岁有八十分,八十分为二十日,凡四百八十,得七十甲子。八十岁合
四百八十七甲子,余分皆尽,故八十岁则一甲子冬至也。"

⑮孟康曰:"经岁,从百六终阳三也,得灾岁五十七,合为一元,四千六百
　一十七岁。"

⑯师古曰:"言四时渐差,则置闰以正之,因顺时而命事,事得其序,则年
　谷丰孰。"

⑰师古曰:"自此以上,皆《左氏传》之辞也。为,治也。"

⑱师古曰:"自此以上,《左传》之辞。"

⑲师古曰:"迭,互也,音大结反。此下亦同。"

⑳师古曰:"还,读曰旋。"

㉑苏林曰:"子之西,亥之东,其中间也。或曰,于子半曰地统,受于丑初。"
　臣瓒曰:"谓分十二辰,各有上中下,言半,谓在中也,又受于寅初,此谓
　上也。"

㉒如淳曰:"地以十二月生万物,三月乃毕。"

㉓如淳曰:"人功自正月至七月乃毕。"

㉔李奇曰:"夏正月朔日。"

㉕韦昭曰:"殷正月朔日"

㉖李奇曰:"周正月朔日。"

㉗师古曰:"《易·上系》之辞。"

㉘苏林曰:"策,数也。"

㉙师古曰:"信,读曰伸。"

汉书卷二一下
志第一下

律历下

统母

日法八十一。①元始黄钟初九自乘，一龠之数，得日法。

①孟康曰："分一日为八十一分，为三统之本母也。"

闰法十九，因为章岁。合天地终数，得闰法。

统法一千五百三十九。以闰法乘日法，得统法。

元法四千六百一十七。参统法，得元法。

会数四十七，参天九，两地十，得会数。

章月二百三十五。五位乘会数，得章月。

月法二千三百九十二。推大衍象，得月法。

通法五百九十八。四分月法，得通法。

中法十四万五百三十。以章月乘通法，得中法。

周天五十六万二千一百二十。以章月乘月法，得周天。

岁中十二。以三统乘四时，得岁中。

月周二百五十四。以章月加闰法，得月周。

朔望之会百三十五。参天数二十五，两地数三十，得朔望之会。

会月六千三百四十五。以会数乘朔望之会，得会月。

统月一万九千三十五。参会月，得统月。

元月五万七千一百五。参统月，得元月。

章中二百二十八。以闰法乘岁中，得章中。

统中一万八千四百六十八。以日法乘章中,得统中。

元中五万五千四百四。参统中,得元中。

策余八千八十。什乘元中,以减周天,得策余。

周至五十七。参闰法,得周至。

统母。

木金相乘为十二,是为岁星小周。小周乘《巛》策,为千七百二十八,是为岁星岁数。

见中分二万七百三十六。

积中十三,中余百五十七。

见中法一千五百八十三。见数也。

见闰分万二千九十六。

积月十三,月余一万五千七十九。

见月法三万七十七。

见中日法七百三十万八千七百一十一。

见月日法二百四十三万六千二百三十七。

金火相乘为八,又以火乘之为十六而小复。小复乘《乾》策,为三千四百五十六,是为太白岁数。

见中分四万一千四百七十二。

积中十九,中余四百一十三。

见中法二千一百六十一。复数。

见闰分二万四千一百九十二。

积月十九,月余三万二千二十九。

见月法四万一千五十九。

晨中分二万三千三百二十八。

积中七,中余千七百一十八。

夕中分一万八千一百四十四。

积中八,中余八百五十六。

晨闰分万三千六百八。

积月十一,月余五千一百九十一。

夕闰分万五百八十四。

积月八,月余二万六千八百四十八。

见中日法九百九十七万七千三百三十七。

见月日法三百三十二万五千七百七十九。

土木相乘而合经纬为三十,是为镇星小周。小周乘《〓》策,为四千三百二十,是为镇星岁数。

见中分五万一千八百四十。

积中十二,中余一千七百四十。

见中法四千一百七十五。见数也。

见闰分三万二百四十。

积月十二,月余六万三千三百。

见月法七万九千三百二十五。

见中日法一千九百二十七万五千九百七十五。

见月日法六百四十二万五千五百三十二十五。

火经特成,故二岁而过初,三十二过初为六十四岁而小周。小周乘《乾》策,则太阳大周,为一万三千八百二十四岁,是为荧惑岁数。

见中分十六万五千八百八十八。

积中二十五,中余四千一百六十三。

见中法六千四百六十九。见数也。

见闰分九万六千七百六十八。

积月二十六,月余五万二千九百五十四。

见月法一十二万二千九百一十一。

见中日法二千九百八十六万七千三百七十三。

见月日法九百九十五万五千七百九十一

水经特成,故一岁而及初,六十四及初而小复。小复乘《〓》策,则太阴大周,为九千二百一十六岁,是为辰星岁数。

见中分十一万五百九十二。

积中三,中余二万三千四百六十九。

　　见中法二万九千四十一。复数也。

　　见闰分六万四千五百一十二。

　　积月三,月余五十一万四百二十三。

　　见月法五十五万一千七百七十九。

　　晨中分六万二千二百八。

　　积中二,中余四千一百二十六。

　　夕中分四万八千三百八十四。

　　积中一,中余一万九千三百四十三。

　　晨闰分三万六千二百八十八。

　　积月二,月余十一万四千六百八十二。

　　夕闰分二万八千二百二十四。

　　积月一,月余三十九万五千七百四十一。

　　见中日法一亿三千四百八十万二千二百九十七。

　　见月日法四千四百六十九万四千九十九。

　　合太阴太阳之岁数而中分之,各万一千五百二十。阳施其气,阴成其物。

　　以星行率减岁数,余则见数也。

　　东九西七乘岁数,并九七为法,得一,金、水晨夕岁数。

　　以岁中乘岁数,是为星见中分。

　　星见数,是为见中法。

　　以岁闰乘岁数,是为星见闰分。

　　以章岁乘见数,是为见月法。

　　以元法乘见数,是为见中日法。

　　以统法乘见数,是为见月日法。

五步

　　木,晨始见,去日半次。顺,日行十一分度,二百二十一日。始留,二十五日而旋。逆,日行七分度一,八十四日。复留,二十四日三分而旋。复顺,日行十一分度二,百一十一日有百八十二万八千三百六十二分而伏。凡见三百六十五日有百八十二万八千三百六十五分,除逆,定行星三十度百六十六万一千二百八十六分。凡见一岁,行一次而后伏。日行不盈十一分度一。伏三十三日三百三十三万四千七百三十七分,行星三度百六十七万三千四百五十一分。壹见,三百九十八日五百一十六万三千一百二分,行星三十三度三百三十三万四千七百三十七分。通其率,故曰日行千七百二十八分度之百四十五。

金,晨始见,去日半次。逆,日行二分度一,六日。始留,八日而旋。始顺,日行四十六分度三十三,四十六日。顺,疾,日行一度九十二分度十五,百八十四日而伏。凡见二百四十四日,除逆,定行星二百四十四度。伏,日行一度九十二分度三十三有奇。①伏八十三日,行星百一十三度四百三十六万五千二百二十分。凡晨见、伏三百二十七日,行星三百五十七度四百三十六万五千二百二十分。夕始见,去日半次。顺,日行一度九十二分度十五,百八十一日百七分日四十五。顺,迟,日行四十六分度四十三,四十六日。始留,七日百七分日六十二分而旋。逆,日行二分度一,六日而伏。凡见二百四十一日,除逆,定行星二百四十一度。伏,逆,日行八分度七有奇。伏十六日百二十九万五千三百五十二分,行星十四度三百六万九千八百六十八分。一凡夕见伏,二百五十七日百二十九万五千三百五十一分,行星二百二十六度六百九十万七千四百六十九分。壹复,五百八十四日百二十九万五千三百五十二分。行星亦如之,故曰日行一度。

①师古曰:"奇,音居宜反。下皆类此。"

土,晨始见,去日半次。顺,日行十五分度一,八十七日。始留,三十四日而旋。逆,日行八十一分度五,百一日。复留,三十三日八十六万二千四百五十五分而旋。复顺,日行十五分度一,八十五日而伏。凡见三百四十日八十六万二千四百五十五分,除逆,定余行星五度四百四十七万三千九百三十分。伏,日行不盈十五分度三。三十七日千七百一十七万一百七十分,行星十度八百七十三万六千五百七十分。壹见,三百七十七日千八百三万二千六百二十五分,行星十二度千三百二十一万五百分。通其率,故曰日行四千三百二十分度之百四十五。

火,晨始见,去日半次。顺,日行九十二分度五十三,二百七十六日。始留,十日而旋。逆,日行六十二分度七十,六十二日。复留,十日而旋。复顺,日行九十二分度五十三,二百七十六日而伏。凡见六百三十四日,除逆,定行星三百一度。伏,日行不盈九十二分度七十三分,伏百四十六日千五百六十八万九千七百分,行星百一十四度八百二十一万八千五分。壹见,七百八十日千五百六十八万九千七百分,凡行星四百一十五度八百二十一万八千五分。通其率,故曰日行万三千八百二十四分度之七千三百五十五。

水,晨始见,去日半次。逆,日行二度,一日。始留,二日而旋。顺,日行七分度六,十七日。顺,疾,日行一度三分度一,十八日而伏。凡见二十八日,除逆,定行星二十八度。伏,日行一度九分度七有奇,三十七日亿二千二百二万九千六百五分,行星六十八度四千六百六十一万一百二十八分。凡晨见、伏,六十五日亿二千二百二万九千六百五分,行星九十六度四千六百六十一万一百二十八分。夕始见,去日半次。顺,疾,日行一度三分度一,十六日二分日一。顺,迟,日行七分度六,七日。留,一日二分日一而旋。逆,日行二度,一日而伏。凡见二十六日,除逆,定行星二十六度。伏,逆,日行十五分度四有奇,二十四日,行星六度五千八百六十六万二千八百二十分。凡夕见伏,五十日,行星十九度七千五百四十一万九千四百七十七分。壹复,百一十五日亿二千二百二万九千六百五分。行星亦如之,故曰日行一度。

统术

推日月元统,置太极上元以来,外所求年,盈元法除之,余不盈统者,则天统甲子以来年数也。盈统,除之,余则地统甲辰以来年数也。又盈统,除之,余则人统甲申以来年数也。各以其统首日为纪。

推天正，以章月乘人统岁数，盈章岁得一，名曰积月，不盈者名曰闰余。闰余十二以上，岁有闰。求地正，加积月一；求人正，加二。

推正月朔，以月法乘积月，盈日法得一，名曰积日，不盈者名曰小余。小余三十八以上，其月大。积日盈六十，除之，不盈者名曰大余。数从统首日起，算外，则朔日也。求其次月，加大余二十九，小余四十三。小余盈日法得一，从大余，数除如法。求弦，加大余七，小余三十一。求望，倍弦。

推闰余所在，以十二乘闰余，加十得一。盈章中，数所得，起冬至，算外，则中至终闰盈。中气在朔若二日，则前月闰也。

推冬至，以算余乘人统岁数，盈统法得一，名曰大余，不盈者名曰小余。除数如法，则所求冬至日也。

求八节，另大余四十五，小余千一十。求二十四气，三其小余，加大余十五，小余千一十。

推中部二十四气，皆以元为法。

推五行，其四行各七十三日，统岁分之七十七。中央各十八日，统法分之四百四。冬至后，中央二十七日六百六分。

推合晨所在星，置积日，以统法乘之，以十九乘小余而并之。盈周天，除去之；不盈者，令盈统法得一度。数起牵牛，算外，则合晨所入星度也。

推其日夜半所在星，以章岁乘月小余，以减合晨度。小余不足者，破全度。

推其月夜半所在星，以月周乘月小余，盈统法得一度，以减合晨度。

推诸加时，以十二乘小余为实，各盈分母为法，数起于子，算外，则所加辰也。

推月食，置会余岁积月，以二十三乘之，盈百三十五，除之。不盈者，加二十三得一月，盈百三十五，数所得，起其正，算外，则食月也。加时，在望日冲辰。

纪术

推五星见复，置太极上元以来，尽所求年，乘大终见复数，盈岁数得一，则定见复数也。不盈者名曰见复余。见复余盈其见复数，一以上见在往年，倍一以上，又在前往年，不盈者在今年也。

推星所见中次，以见中分乘定见复数，盈见中法得，则积中法也。不盈者名曰中余。以元中除积中，余则中元余也。以章中除之，余则入章中数也。以十二除之，余则星见中次也。中数从冬至起，次数从星纪起，算外，则星所见中次也。

推星见月，以闰分乘定见，以章岁乘中余从之，盈见月法得一，并积中，则积月也。不盈者名曰月中余。以元月除积月余，名曰月元余。以章月除月元余，则入章月数也。以十二除之，至有闰之岁，除十三入章。三岁一闰，六岁二闰，九岁三闰，十一岁四闰，十四岁五闰，十七岁六闰，十九七闰。不盈者数起于天正，算外，则星所见月也。

推至日，以中法乘中元余，盈元法得一，外曰积日，不盈者名曰小余。小余盈二千五百九十七以上，中大。数除积日法，算外，则冬至也。

推朔日，以月法乘月元余，盈日法得一，名曰积日，余名曰小余。小余三十八以上，月大数除积日法，算外，则星见月朔日也。

推入中次日度数，以中法乘中余，以见中法乘其小余并之，盈见中日法得一，则入中日入次度数也。中次至日数，次以次初数，算外，则星所见及日所在度数也。求夕，在日后十五度。

推入月日数，以月法乘月余，以见月法乘其小余并之，盈见月日法得一，则入月日数也。并之大余，数除如法，则见日也。

推后见中，加积中于中元余，加后余于中余，盈中其法得一，从中元余，数除如法，则见中也。

推后见月，加积月于月元余，加后月余于月余，盈其法得一，从月元余，除数如法，则后见月也。

推至日及入中次度数，如上法。

推朔日及入月数,如上法。

推晨见加夕,夕见加晨,皆如上法。

推五步,置始见以来日数,至所求日,各以其行度数乘之。其星若日有分者,分子乘全为实,分母为法。其两有分者,分母分度数乘全,分子从之,令相乘为法实,分母相乘为法,实如法得一,名曰积度。数起星初见星宿所在宿度,算外,则星所在宿度也。

岁术

推岁所在,置上元以来,以外所求年,盈岁数,除去之,不盈者以百四十五乘之,以百四十四为法,如法得一,外曰积次,不盈者名曰次余。积次盈十二,除去之,不盈者名曰定次。数从星纪起,算尽之外,则所在次也。欲知太岁,以六十除余积次,余不盈者,数从丙子起,算尽之外,则太岁日也。

赢缩。传曰:“岁弃其次,而旅于明年之次,以害鸟帑,①周楚恶之。”五星之赢缩不是过也。过次者殃大,过舍者灾小,不过者亡咎。次度。六物者,岁时数日月星辰也。辰者,日月之会而建所指也。

①师古曰:“帑,与奴同。”

星纪,初斗十二度,大雪。中牵牛初,冬至。于夏为十一月,商为十二月,周为正月。终于婺女七度。

玄枵,初婺女八度,小雪。中危初,大寒。于夏为十二月,商为正月,周为二月。终于危十五度。

诹訾,初危十六度,立春。中营室十四度,惊蛰。今日雨水,于夏为正月,商为二月,周为三月。终于奎四度。

降娄,初奎五度,雨水。今日惊蛰。中娄四度,春分。于夏为二月,商为三月,周为四月。终于胃六度。

大梁,初胃七度,谷雨。今日清明。中昴八度,清明。今日谷雨,于夏为三月,商为四月,周为五月。终于毕十一度。

实沈,初毕十二度,立夏。中井初,小满。于夏为四月,商为五月,周为六月。终于井十五度。

鹑首,初井十六度,芒种。中井三十一度,夏至。于夏为五月,商为六月,周为七月。终于柳八度。

鹑火,初柳九度,小暑。中张三度,大暑。于夏为六月,商为七月,周为八月。终于张十七度。

鹑尾,初张十八度,立秋。中翼十五度,处暑。于夏为七月,商为八月,周为九月。终于轸十一度。

寿星,初轸十二度,白露。中角十度,秋分。于夏为八月,商为九月,周为十月。终于氐四度。

大火,初氐五度,寒露。中房五度,霜降。于夏为九月,商为十月,周为十一月。终于尾九度。

析木,初尾十度,立冬。中箕七度,小雪。于夏为十月,商为十一月,周为十二月。终于斗十一度。

角十二。亢九。氐十五。房五。心五。尾十八。箕十一。
东七十五度。

斗二十六。牛八。女十二。虚十。危十七。营室十六。壁九。
北九十八度。

奎十六。娄十二。胃十四。昴十一。毕十六。觜二。参九。
西八十度。

井三十三。鬼四。柳十五。星七。张十八。翼十八。轸十七。
南百一十二度。

九章岁为百七十一岁,而九道小终。九终千五百三十九岁而大终。三终而与元终。进退于牵牛之前四度五分。九会。阳以九终,故日有九道。阴兼而成之,故月有十九道。阳名成功,故九会而终。四营而成易,故四岁中余一,四章而朔余一,为篇首,八十一章而终一统。

一,甲子元首。太初元年。十,辛酉。十九,己未。二十八,丁巳。三十七,乙卯。四十六,壬子。五十五,庚戌。六十四,戊申。七十三,丙午,中。

甲辰二统。辛丑。己亥。丁酉。乙未。壬辰。庚寅。戊子。丙戌，季。

甲申三统。辛巳。己卯。丁丑。文王三十二年。乙亥。壬申。微二十六年。庚午。戊辰。丙寅孟。愍二十二年。

二，癸卯。十一，辛丑。二十，己亥。二十九，丁酉。三十八，甲午。四十七，壬辰。五十六，庚寅。六十五，戊午。七十四，乙酉，中。

癸未。辛巳。己卯。丁丑。甲戌。壬申。庚午。戊辰。乙丑，季。

癸亥。辛酉。乙未。丁酉。周公五年。甲寅。壬子。庚戌。戊申。元四年。乙巳，孟。

三，癸未。十二，辛巳。二十一，己卯。三十，丙子。三十九，甲戌。四十八，壬申。五十七，庚午。六十六，丁卯。七十五，乙丑，中。

癸亥。辛酉。己未。丙辰。甲寅。壬子。庚戌。丁未。乙巳，季。

癸卯。辛丑。己亥。丙申。甲午。壬申。庚寅。成十一年。丁亥。乙酉，孟。

四，癸亥。十三，辛酉。二十二，戊午。三十一，丙辰。四十，甲寅。四十九，壬子。五十八，己酉。六十七，丁未。七十六，乙巳，中。

癸卯。辛丑。戊戌。丙申。甲午。壬辰。己丑。丁亥。乙酉，季。

癸未。辛巳。戊寅。丙子。甲戌。壬申。己巳。丁卯。乙丑，孟。

五，癸卯。河平元年。十四，庚子。二十三，戊戌。三十二，丙申。四十一，甲午。五十，辛卯。五十九，己丑。六十八，丁亥。七十七，乙酉，中。

癸未。庚辰。戊寅。丙子。甲戌。辛未。己巳。丁卯。乙丑，季。

癸亥。庚申。戊午。丙辰。甲寅。献十五年。辛亥。己酉。乙巳，孟。商太甲元年。楚元年。

六，壬午。十五，庚辰。二十四，戊寅。三十三，丙子。四十二，癸酉。五十一,辛未。六十,己巳。六十九,丁卯。七十八,甲子,中。

壬戌。庚申。戊午。丙辰。癸丑。辛亥。己酉。丁未。甲辰,季。

壬寅。庚子。戊戌。丙申。炀二十四年。癸巳。辛卯。康四年。甲申,孟。

七,壬戌。始建国三年。十六,庚申。二十五,戊午。三十四,乙卯。四十三,癸丑。五十二,辛巳。六十一,己酉。七十,丙午。七十九,甲辰,中。

壬寅。庚子。戊戌。乙未。癸巳。辛卯。己丑。丙戌。甲申,季。

壬午。庚辰。戊寅。乙亥。癸酉。辛未。己巳。定十一年。丙寅。甲子,孟。

八,壬寅。十七,庚子。二十六,丁酉。三十五,乙未。四十四,癸巳。五十三,辛卯。六十二,戊子。七十一,丙戌。八十,甲申,中。

壬午。庚辰。丁丑。乙亥。癸酉。辛未。戊辰。丙寅。甲子,季。

壬戌。庚申。丁巳。乙卯。癸丑。辛亥。僖五年。戊申。丙午。甲辰,孟。

九,壬午。十八,己卯。二十七,丁丑。三十六,乙亥。四十五,癸酉。五十四,庚午。六十三,戊辰。七十二。丙寅。八十一,甲子,中。

壬戌。己未。丁巳。乙卯。癸丑。庚戌。戊申。丙午。甲辰,季。

壬寅。己亥。丁酉。乙酉。癸巳。鬷九年。庚寅。戊子。丙戌。甲申,孟。元朔六年。

推章首朔旦冬至日,置大余三十九,小余六十一,数除如法,各从其统首起。求其后章,当加大余三十九,小余六十一,各尽其八十一章。

推篇,大余亦如之,小余加一。求周至,加大余五十九,小余二十一。

世经

《春秋》昭公十七年"郯子来朝",传曰昭子问少昊氏鸟名何故,①对曰:"吾祖也,我知之矣。昔者,黄帝氏以云纪,故为云师而云名;炎帝氏以火纪,故为火师而火名;共工氏以水纪,故为水师而水名;②太昊氏以龙纪。故为龙师而龙名。我高祖少昊挚之立也,凤鸟适至,故纪于鸟,为鸟师而鸟名。"言郯子据少昊受黄帝,黄帝受炎帝,炎帝受共工,共工受太昊,故先言黄帝,上及太昊。稽之于《易》,炮牺、神农、黄帝相继之世可知。③

> ①师古曰:"郯,国名;子,其君之爵也。郯国即东海郯县是也。朝,朝于鲁也。昭子,鲁大夫叔孙昭子也,名婼。"
>
> ②师古曰:"共,读曰龚。下皆类此。"
>
> ③师古曰:"炮,与庖同也。"

太昊帝 《易》曰:"炮牺氏之王天下也。"言炮牺继天而王,为百王先,首德始于木,故为帝太昊。作罔罟以田渔,取牺牲,①故天下号曰炮牺氏。《祭典》曰:"共工氏伯九域。"②言虽有水德,在火木之间,非其序也。任知刑以强,故伯而不王。秦以水德,在周、汉火之间。③周人嬖其行序,故《易》不载。④

> ①师古曰:"罟,音古。"
>
> ②师古曰:"《祭典》,即《礼经·祭法》也。伯,读与霸同。下亦类此。"
>
> ③师古曰:"志言秦为闰位,亦犹共工不当五德之字。"
>
> ④邓展曰:"嬖,去也,以其非次故去之。"师古曰:"此指谓共工也。嬖,古迁字。其下并同。"

炎帝 《易》曰:"炮牺氏没,神农氏作。"言共工伯而不王,虽有水德,非其序也。以火承木,故为炎帝。教民耕农,故天下号曰神农氏。

黄帝 《易》曰:"神农氏没,黄帝氏作。"火生土,故为土德。与炎帝之后战于阪泉,遂王天下。始垂衣裳,有轩冕之服,①故天下号曰轩辕氏。

①邓展曰："凡冠，前卑后高，故曰轩冕也。"师古曰："此说非也。轩，轩车也。冕，冕服也。《春秋左氏传》曰'服冕乘轩'。"

少昊帝 《考德》曰，少昊曰清。①清者，黄帝之子清阳也，是其子孙名挚立。土生金，故为金德，天下号曰金天氏。周迁其乐，故《易》不载，序于行。

①师古曰："《考德》者，考五帝德之书也。"

颛顼帝 《春秋外传》曰，少昊之衰，九黎乱德，颛顼受之，乃命重黎。苍林昌意之子也。金生水，故为水德。天下号曰高阳氏。周迁其乐，故《易》不载，序于行。

帝喾 《春秋外传》曰，颛顼之所建，帝喾受之。清阳玄嚣之孙也。水生木，故为木德。天下号曰高辛氏。帝挚继之，不知世数。周迁其乐，故《易》不载。周人禘之。

唐帝 《帝系》曰，帝喾四妃，陈丰生帝尧，封于唐。盖高辛氏衰，天下归之。木生火，故为火德。天下号曰陶唐氏。让天下于虞，使子朱处于丹渊为诸侯。即位七十载。

虞帝 《帝系》曰，颛顼生穷蝉，五世而生瞽叟，瞽叟生帝舜，处虞之妫汭，①尧嬗以天下。②火生土，故为土德。天下号曰有虞氏。让天下于禹，使子商均为诸侯。即位五十载。

①师古曰："妫，水名也。水曲曰汭，音人锐反。"

②师古曰："嬗，古禅让字也。其下并同。"

伯禹 《帝系》曰，颛顼五世而生鲧，鲧生禹，虞舜嬗以天下。土生金，故为金德。天下号曰夏后氏。继世十七王，四百三十二岁。

成汤 《书经·汤誓》，汤伐夏桀。金生水，故为水德。天下号曰商，后曰殷。①

①孟康曰："初契封商，汤居殷而受命，故二号。"

《三统》，上元至伐桀之岁，十四万一千四百八十岁，岁在大火房五度，故传曰："大火，阏伯之星也，实纪商人。"后为成汤，方即世崩没之时，为天子用事十三年矣。商十二月乙丑朔旦冬至，故《书序》曰："成汤既没，太甲元年，使伊尹作《伊训》。"《伊训》篇曰："惟太甲元年十有二月乙丑朔，伊尹祀于先王，诞资有牧方明。"言虽有成汤、太丁、外丙之服，以冬至越弗祀先王于方明①以配上帝，是朔旦冬至之岁也。后九十五岁，商十二月甲申朔旦冬至，亡余分，是为孟统。自伐桀至武王伐纣，六百二十九岁，故传曰殷"载祀六百"。

①如淳曰："觐礼，诸侯觐天子，为坛十有二寻，加方明于其上。"孟康曰："方明者，神明之象也，以木为之，方四尺，画六采，东青，西白，南赤，北黑，上玄，下黄。"

《殷历》曰，当成汤方即世用事十三年，十一月甲子朔旦冬至，终六府首。①当周公五年，则为距伐桀四百五十八岁，少百七十一岁，不盈六百。又以夏时乙丑为甲子，计其年乃孟统后五章，癸亥朔旦冬至也。以为甲子府首，皆非是。凡殷世继嗣三十一王，六百二十九岁。

①师古曰："府首，即蔀首。"

《四分》，上元至伐桀十三万二千一百一十三岁，其八十八纪，甲子府首，入伐桀后百二十七岁。

《春秋历》，周文王四十二年十二月丁丑朔旦冬至，孟统之二会首也。后八岁而武王伐纣。

武王　《书经·牧誓》，武王伐商纣。水生木，故为木德。天下号曰周室。

《三统》，上元至伐纣之岁，十四万二千一百九岁，岁在鹑火张十三度。文王受命九年而崩，再期，在大祥而伐纣，故《书序》曰："惟十有一年，武王伐纣，《太誓》。"八百诸侯会。还归二年，乃遂伐纣克殷，以箕子归，十三年也。故《书序》曰："武王克殷，以箕子归，作《洪范》。"《洪范》篇曰："惟十有三祀，王访于箕子。"自文王受命而至此十三年，岁亦在鹑火，故传曰："岁在鹑火，则我有周之分野也。"师初发，以殷十一日戊子，日在析木箕七度，故传曰："日在析木。"是夕也，月在房五度。房为天驷，故传曰："月在天驷。"后三日得周正月辛卯朔，合辰在斗前一度，斗柄也，故传曰："辰在斗柄。"明日壬辰，晨星始见。①癸巳武王始发，丙午还师，戊午度于孟津。孟津去周九百里,师行三十里,故三十一日而度,明日己未冬至,晨星与婺女伏,历建星及牵牛,至于婺女天黿之首,故传曰:"星在天黿。"《周书·武成》篇:"惟一月壬辰,旁死霸,②若翌日癸巳,武王乃朝步自周,于征伐纣。"序曰:"一月戊午,师度于孟津。"至庚申,二月朔日也。四日癸亥,至牧野,夜陈,甲子昧爽而合矣。故《外传》曰:"王以二月癸亥夜陈。"《武成》篇曰:"粤若来三月,既死霸,粤五日甲子,咸刘商王纣。"③是岁也,闰数余十八,正大寒中,在周二月己丑晦。明日闰月庚寅朔。三月二日庚申惊蛰。四月己丑朔死霸。死霸,朔也。生霸,望也。是月甲辰望,乙巳,旁之。故《武成》篇曰:"惟四月既旁生霸,粤六日庚戌,武王燎于周庙。翌日辛亥,祀于天位。粤五日乙卯,乃以庶国祀馘于周庙。"④文王十五而生武王,受命九年而崩,后四年而武王克殷。克殷之岁八十六矣,后七岁而崩。故《礼记·文王世子》曰:"文王九十七而终,武王九十三而终。"凡武王即位十一年,周公摄政五年,正月丁巳朔旦至冬,《殷历》以为六年戊午,距炀公七十六岁,入孟统二十九章首也。后二岁,得周公七年"复子明辟"之岁。是岁二月乙亥朔,庚寅望,后六日得乙未。故《召诰》曰:"惟二月既望,粤六日乙未。"又其三月甲辰朔,三日丙午。《召诰》曰:"惟三月丙午朏。"⑤古文《月采》篇曰:"三日曰朏。"⑥是岁十二月戊辰晦,周公以反政。故《洛诰》篇曰:"戊辰,王在新邑,烝祭岁,命作策,惟周公诞保文武受命,惟七年。"

①师古曰:"晨,古晨字也。其字从曰。曰,音居玉反。"

②孟康曰:"月二日以往,月生魄死,故言死魄。魄,月质也。"师古曰:"霸,古魄字同。"

③师古曰:"今文《尚书》之辞。刘,杀也。"

④师古曰:"亦今文《尚书》也。祀馘,献于庙而告祀也。截耳曰馘,音居获反。"

⑤孟康曰:"朏,月出也,音敷尾反。"

⑥师古是:"《月采》说月之光彩,其书则亡。"

　　成王元年正月己巳朔,此命伯禽俾侯于鲁之岁也。①后三十年四月庚戌朔,十五日甲子哉生霸。②故《顾命》曰"惟四月哉生霸,王

有疾不豫,甲子,王乃洮沫水",作《顾命》。③翌日乙丑,成王崩。康
王十二年六月戊辰朔,三日庚午,故《毕命丰刑》曰:"惟十有二年六
月庚午朏,王命作策《丰刑》。"④

①师古曰:"俾,使也。封之使为诸侯。"

②师古曰:"哉,始也。"

③师古曰:"洮,盥手也。沫,洗面也。洮,音徒高反。沫,即頮字也,音呼内
反。"

④孟康曰:"《逸书》篇名。"

《春秋》、《殷历》皆以殷,鲁自周昭王以下亡年数,故据周公、伯
禽以下为纪。鲁公伯禽,推即位四十六年,至康王十六年而薨。故
传曰"燮父、禽父并事康王",①言晋侯燮、鲁公伯禽俱事康王也。子
考公就立,酋。②考公,《世家》即位四年,及炀公熙立。③炀公二十
四年正月丙申朔旦冬至,《殷历》以为丁酉,距微公七十六岁。④

①师古:"燮父,晋唐叔虞之子。禽父,即伯禽也。父,读曰甫。甫者,男子
之美称。"

②师古曰:"又记此酋者,诸说不同,而名字或异也。下皆放此。酋,音有由
反。"

③师古曰:"及者,兄弟相及,非子继父也。下皆类此。"

④师古曰:"炀,音弋向反。"

《世家》,炀公即位十六年,子幽公宰立。幽公,《世家》即位十四
年,及微公弗立,溃。①微公二十六年正月乙亥朔旦冬至,《殷历》以
为丙子,距献公七十六岁。

①师古曰:"弗,音弗。溃,古沸字也。"

《世家》,微公即位五十年,子厉公擢立,櫂。厉公,《世家》即位
三十七年,及献公具立。献公十五年正月甲辰朔旦冬至,《殷历》以
为乙卯,距懿公七十六岁。

《世家》,献公即位五十年,子慎公执立,嚊。①慎公,《世家》即
位三十年,及武公敖立。武公,《世家》即二年,子懿公被立,戏。②懿
公九年正月癸巳朔旦冬至,《殷历》以为甲午,距惠公七十六岁。

①师古曰:"嚊,音皮秘反,又音许器反。"

②师古曰:"戏,音许宜反。"

《世家》,懿公即位九年,子柏御立。柏御,《世家》即位十一年,叔父孝公称立。孝公,《世家》即位二十七年,子惠公皇立。惠公三十八年正月壬申朔旦冬至,《殷历》以为癸酉,距釐公七十六岁。①

①师古曰:"釐读曰僖。下皆类此。"

《世家》,惠公即位四十六年,子隐公息立。

凡伯禽至春秋,三百八十六年。

春秋　隐公,《春秋》即位十一年,及桓公轨立。此元年上距伐纣四百岁。

桓公,《春秋》即位十八年,子庄公同立。

庄公,《春秋》即位三十二年,子愍公启方立。

愍公,《春秋》即位二年,及釐公申立。釐公五年正月辛亥朔旦冬至,《殷历》以为壬子,距成公七十六岁。

是岁距上元十四万二千五百七十七岁,得孟统五十三章首。故传曰:"五年春王正月辛亥朔,日南至。""八月甲午,晋侯围上阳。"童谣云:"丙子之辰,龙尾伏辰,袀服振振,取虢之旗。①鹑之贲贲,天策焞焞,火中成军,虢公其奔。"②卜偃曰:"其九月十月之交乎?丙子旦,日在尾,月在策,鹑火中,必是时也。"冬十二月丙子灭虢。言历者以夏时,故周十二月,夏十月也。是岁,岁在大火。故传曰:晋侯使寺人披伐蒲,重耳奔狄。③董因曰:"君之行,岁在大火。"④后十二年,釐之十六岁,岁在寿星。故传曰:重耳处狄十二年而行,过卫五鹿,乞食于野人,野人举凷而与之。子犯曰:"天赐也,后十二年,必获此土。岁复于寿星,必获诸侯。"后八岁,釐之二十四年也,岁在实沈,秦伯纳之。故传曰董因云:"君以辰出,而以参入,必获诸侯。"

①师古曰:"袀,音均,又弋均反。振,音之人反。"

②师古曰:"贲,音奔。焞,音徒门反,又土门反。"

③师古曰:"晋侯,谓献公也。寺人,奄人也。披,其名也。蒲,晋邑也,公子重耳之所居。献公用骊姬之谗,故令披伐之,而重耳惧罪出奔也。事见

《春秋左氏传》及《国语》。"

④师古曰:"董因,晋史也。本周太史辛有之后,以董主史官,故为董氏,因其名也。"

《春秋》,釐公即位三十三年,子文公兴立。文公元年,距辛亥朔且冬至二十九岁。是岁闰余十三,正小雪,闰当在十一月后,而在三月,故传曰"非礼也"。后五年,闰余十,是岁亡闰,而置闰。闰,所以正中朔也。亡闰而置闰,又不告朔,故经曰"闰月不告朔",言亡此月也。传曰:"不告朔,非礼也。"

《春秋》,文公即位十八年,子宣公倭立。①

①师古曰:"倭,音于危反。"

宣公,《春秋》即位十八年,子成公黑肱立。成公十二年正月庚寅朔旦冬至,《殷历》以为辛卯,距定公七年七十六岁。

《春秋》,成公即位十八年,子襄公午立。襄公二十七年,距辛亥百九岁。九月乙亥朔,是建申之月也。鲁史书:"十二月乙亥朔,日有食之。"传曰:"冬十一月乙亥朔,日有食之,于是辰在申,司历过也,再失闰矣。"言时实行以为十一月也,不察其建,不考之于天也。二十八年距辛亥百一十岁,岁在星纪,故经曰:"春无冰。"传曰:"岁在星纪,而淫于玄枵。"三十年岁在娵訾。三十一年岁在降娄。是岁距辛亥百一十三年,二月有癸未,上距文公十一年会于承匡之岁夏正月甲子朔凡四百四十有五甲子,奇二十日,为日二万六千六百有六旬。故传曰绛县老人曰:"臣生之岁,正月甲子朔,四百四十有五甲子矣。其季于今,三之一也。"师旷曰:"郤成子会于承匡之岁也,七十三年矣。"史赵曰:"亥有二首六身,下二如身,则其日数也。"①士文伯曰:"然则二万六千六百有六旬也。"

①孟康曰:"下二画使就身也。"师古曰:"杜预云'亥字二画在上,并三六为身,如算之六也。下亥上二画,竖置身旁'。"

《春秋》,襄公即位三十一年,子昭公稠立。昭公八年岁在析木,十年岁在颛顼之虚,玄枵也。十八年距辛亥百三十一岁,五月有丙子、戊寅、壬午,火始昏见,宋、卫、陈、郑火。二十年春王正月,距辛

亥百三十三岁,是辛亥后八章首也。正月己丑朔旦冬至,失闰。故
传曰:"二月己丑,日南至。"三十二年,岁在星纪,距辛亥百四十五
岁,盈一次矣。故传曰:"越得岁,吴伐之,必受其咎。"

《春秋》,昭公即位三十二年,及定公宋立。定公七年,正月己巳
朔旦冬至,《殷历》以为庚午,距元公七十六岁。

《春秋》,定公即位十五年,子哀公将立。哀公十二年冬十二月
流火,非建戌之月也。是月也螽,故传曰:"火伏而后蛰者毕,今火犹
西流,司历过也。"《诗》曰:"七月流火。"

《春秋》,哀公即位二十七年。自《春秋》尽哀十四年,凡二百四
十二年。

六国　《春秋》,哀公后十三年逊于邾,子悼公曼立,宁。悼公,
《世家》即位三十七年,子元公嘉立。元公四年正月戊申朔旦冬至,
《殷历》以为己酉,距康公七十六岁。元公,《世家》即位二十一年,子
穆公衍立,显。穆公,《世家》即位三十三年,子恭公奋立。恭公,《世
家》即位二十二年,子康公毛立。康公四年正月丁亥朔旦冬至,《殷
历》以为戊子,距缗公七十六岁。①康公,《世家》即位九年,子景公
偃立。景公,《世家》即位二十九年,子平公旅立。平公,《世家》即位
二十年,子缗公贾立。缗公二十一年正月丙寅朔旦冬至,《殷历》以
为丁卯,距楚元七十六岁。缗公,《世家》即位二十三年,子顷公雠
立。顷公,《表》十八年,秦昭王之五十一年也,秦始灭周。周凡三十
六王,八百六十七岁。

①师古曰:"缗,读与愍同。下皆类此。"

秦伯①昭公,《本纪》无天子五年。孝文王,《本纪》即位一年。元
年,楚考烈王灭鲁顷公为家人,周灭后六年也。庄襄王,《本纪》即位
三年。始皇,《本纪》即位三十七年。二世,《本纪》即位三年。凡秦
伯五世,四十九岁。

①师古曰:"伯,读曰霸。其下亦同。"

汉高祖皇帝,著《纪》,伐秦继周。木生火,故为火德。天下号曰
汉。距上元年十四万三千二十五岁,岁在大棣之东井二十二度,鹑

首之六度也。故《汉志》曰岁在大棣,名曰敦牂,太岁在午。八年十一月乙巳朔旦冬至,楚元三年也。故《殷历》以为丙午,距元朔七十六岁。著《纪》,高帝即位十二年。

惠帝,著《纪》即位七年。

高后,著《纪》即位八年。

文帝,前十六年,后七年,著《纪》即位二十三年。

景帝,前七年,中六年,后三年,著《纪》即位十六年。

武帝建元、元光、元朔各六年。元朔六年十一月甲申朔旦冬至,《殷历》以为乙酉,距初元七十六岁。元狩、元鼎、元封各六年。汉历太初元年,距上元十四万三千一百二十七岁。前十一月甲子朔旦冬至,岁在星纪婺女六度,故《汉志》曰岁名困敦,①正月岁星出婺女。太初、天汉、太始、征和各四年,后元二年,著《纪》即位五十四年。

①师古曰:"敦,音顿。"

昭帝始元、元凤各六年,元平一年,《纪》即位十三年。

宣帝本始、地节、元康、神爵、五凤、甘露各四年,黄龙一年,著《纪》即位二十五年。

元帝初元二年十一月癸亥朔旦冬至,《殷历》以为甲子,以为纪首。是岁也,十月日食,非合辰之会,不得为纪首。距建武七十六岁。初元、永元、建昭各五年,竟宁一年,著《纪》即位十六年。

成帝建始、河平、阳朔、鸿嘉、永始、元延各四年,绥和二年,著《纪》即位二十六年。

哀帝建平四年,元寿二年,著《纪》即位六年。

平帝,著《纪》位元始五年,以宣帝玄孙婴为嗣,谓之孺子。孺子,著《纪》新都侯王莽居摄三年,王莽居摄,盗袭帝位,窃号曰新室。始建国五年,天凤六年,地皇三年,著《纪》盗位十四年。更始帝,著《纪》以汉宗室灭王莽,即位二年。赤眉贼立宗室刘盆子,灭更始帝。自汉元年讫更始二年,凡二百三十岁。

光武皇帝,著《纪》以景帝后高祖九世孙受命中兴复汉,改元曰建武,岁在鹑尾之张度。建武三十一年,中元二年,即位三十三年。

汉书卷二二
志第二

礼　乐

　　六经之道同归，而《礼》《乐》之用为急。①治身者斯须忘礼，则
暴嫚入之矣；②为国者一朝失礼，则荒乱及之矣。人函天地阴阳之
气，有喜怒哀乐之情。③天禀其性而不能节也，④圣人能为之节而
不能绝也，故象天地而制礼乐，所以通神明，立人伦，⑤正情性，节
万事者也。

　　①师古曰："六经谓《易》、《诗》、《书》、《春秋》、《礼》、《乐》也。"

　　②师古曰："斯须，犹须臾。"

　　③师古曰："函，包容也，读与含同。它皆类此。"

　　④师古曰："禀，谓给授也。"

　　⑤师古曰："伦，理也。"

　　人性有男女之情，妒忌之别，为制婚姻之礼；有交接长幼之序，
为制乡饮之礼；有哀死思远之情，为制丧祭之礼；有尊尊敬上之心，
为制朝觐之礼。哀有哭踊之节，乐有歌舞之容，①正人足以副其诚，
邪人足以防其失。②故婚姻之礼废，则夫妇之道苦，而淫辟之罪
多；③乡饮之礼废，则长幼之序乱，而争斗之狱蕃；④丧祭之礼废，
则骨肉之恩薄，而背死忘先者众；⑤朝聘之礼废，则君臣之位失，而
侵陵之渐起。故孔子曰："安上治民，莫善于礼；移风易俗，莫善于
乐。"⑥礼节民心，乐和民声，政以行之，刑以防之。礼乐政刑四达而
不悖，则王道备矣。⑦

①师古曰:"踊,跳也。哀甚则踊。"

②师古曰:"副,称也。"

③孟康曰:"苦,音盬。夫妇之道行盬不固也也。"师古曰:"苦,恶也,不当假借。辟,读曰僻。"

④师古曰:"蕃,亦多也,音扶元反。他皆类此。"

⑤师古曰:"先者,先人,谓祖考。"

⑥师古曰:"此《孝经》载孔子之言也。蕭,古善字。"

⑦师古曰:"悖,乖也,音布内反。"

乐以治内而为同,①礼以修外而为异;②同则和亲,异则畏敬;和亲则无怨,畏敬则不争。揖让而天下治者,礼乐之谓也。二者并行,合为一体。敬之意难见,则著之于享献辞受;登降跪拜;③和之说难形,则发之于诗歌咏言,钟石筦弦。④盖嘉其敬意而不及其财贿,美其欢心而不流其声音。⑤故孔子曰:"礼云礼云,玉帛云乎哉?乐云乐云,钟鼓云乎哉?"⑥此礼乐之本也。故曰:"知礼乐之情者能作,识礼乐之文者能述;作者之谓圣,述者心谓明。明圣者,述作之谓也。"⑦

①李奇曰:"同于和乐也。"

②李奇曰:"尊卑为异也。"

③师古曰:"见,谓彰显也。"

④师古曰:"说,读曰悦。形,亦见也。筦字与管同。"

⑤师古曰:"流,移也。心不移溢于音声也。"

⑥师古曰:"《论语》载孔子之言也。谓礼以节人为贵,乐以和人为本,玉帛钟鼓乃其末事。"

⑦师古曰:"作,谓有所兴造也。述,谓明辨其义而循行也。"

王者必因前王之礼,顺时施宜,有所损益,即民之心,稍稍制作,①至太平而大备。周监于二代,礼文尤具,②事为之制,曲为之防,③故称礼经三百,威仪三千。于是教化浃洽,④民用和睦,灾害不生,祸乱不作,囹圄空虚,四十余年。⑤孔子美之曰:"郁郁乎文哉!吾从周。"⑥及其衰也,诸侯逾越法度,恶礼制之害己,去其篇籍。遭秦灭学,遂以乱亡。

①师古曰："即,就也。"

②师古曰："监,观也。二代,夏、殷也。言周观夏、殷之礼,而增损之也。"

③师古曰："言每事立制,委曲防闲也。"

④师古曰："浃,彻也。洽,沾也。浃,音子僺反。"

⑤应劭曰："囹圄,周狱名也。"师古曰："囹,狱也。圄,守也。故总言囹圄,无系于周。囹,音来丁反。圄,音牛吕反。"

⑥师古曰："《论语》载孔子之言也。郁郁,文章貌。"

　　汉兴,拨乱反正,日不暇给,①犹命叔孙通制礼仪,以正君臣之位。高祖说而叹曰:②"吾乃今日知为天子之贵也!"以通为奉常,遂定仪法,③未尽备而通终。

①师古曰："拨去乱俗而还于正道也。给,足也。言事务殷多,日日修造,尚不能足,故无暇也。"

②师古曰："说,读曰悦。"

③师古曰："奉常,则太常也。解在《百官公卿表》。"

　　至文帝时,贾谊以为"汉承秦之败俗,废礼义,捐廉耻,今其甚者杀父兄,盗者取庙器,而大臣特以簿书不报期会为故,①至于风俗流溢,恬而不怪,②以为是适然耳。③夫移风易俗,使天下回心而乡道,④类非俗吏之所能为也。夫立君臣,等上下,使纲纪有序,六亲和睦,⑤此非天之所为,人之所设也。人之所设,不为不立,不修则坏。⑥汉兴至今二十余年,宜定制度,兴礼乐,然后诸侯轨道,百姓素朴,狱讼衰息"。⑦乃草具其义,⑧天子说焉。⑨而大臣绛、灌之属害之,故其议遂寝。⑩

①师古曰："特,但也。簿,文簿也。故,谓大事也。言公卿但以文案簿书报答为事也。簿,音步户反。"

②师古曰："恬,安也,谓心以为安。"

③师古曰："言正当如此,非失道也。"

④师古曰："乡,读曰向。"

⑤如淳曰："六亲,贾谊以为父也,子也,从父昆弟也,从祖昆弟也,曾祖昆弟也,族昆弟也。"

⑥师古曰："为,作也。"

⑦师古曰："轨道,言遵道,犹车行之依轨辙也。"

⑧师古曰："草,谓创立其事也。它皆类此。"

⑨师古曰："说,读曰悦。"

⑩师古曰："旧说以为绛谓绛侯周勃也,灌谓灌婴也。而《楚汉春秋》高祖
　　之臣别有绛灌,疑昧之文,不可明也。此既言大臣,则当谓周勃、灌婴
　　也。"

至武帝即位,进用英俊,议立明堂,制礼服,以兴太平。①会窦
太后好黄老言,不说儒术,②其事又废。后董仲舒对策言:"王者欲
有所为,宜求其端于天。天道大者,在于阴阳。阳为德,阴为刑。天
使阳常居大夏而以生育长养为事,阴常居大冬而积于空虚不用之
处,以此见天之任德不任刑也。阳出布施于上而主岁功,阴入伏臧
于下而时出佐阳。阳不得阴之助,亦不能独成。王者承天意以从事,
故务德教而省刑罚。刑罚不可任以治世,犹阴之不可任以成岁也。
今废先王之德教,独用执法之吏治民,而欲德化被四海,故难成也。
是故古之王者莫不以教化为大务,立大学以教于国,设庠序以化于
邑。③教化以明,习俗以成,天下尝无一人之狱矣。至周末世,大为
无道,以失天下。秦继其后,又益甚之。自古以来,未尝以乱济乱,
大败天下如秦者也。④习俗薄恶,民人抵冒。⑤今汉继秦之后,虽欲
治之,无可奈何。法出而奸生,令下而诈起,一岁之狱以万千数,如
以汤止沸,沸俞甚而无益。⑥辟之琴瑟⑦不调,甚者必解而更张之,
乃可鼓也。为政而不行,甚者必变而更化之,乃可理也。故汉得天
下以来,常欲善治,而至今不能胜残去杀者,失之当更化而不能更
化也。古人有言:'临渊羡鱼,不如归而结网。'今临政而愿治七十余
岁矣,不如退而更化。更化则可善治,而灾害日去,福禄日来矣。"是
时,上方征讨四夷,锐志武功,⑧不暇留意礼文之事。

①师古曰："服,谓衣服之色也。"

②师古曰："说,读曰悦。"

③师古曰："庠序,行礼养老之处也。"

④师古曰："济,益也。"

⑤师古曰："抵,忤也。冒,犯也。言无廉耻,不畏惧也。抵,音丁礼反。"

⑥师古曰："俞,进也,音逾,又音愈。它皆类此。"

⑦师古曰:"辟,读曰譬。"

⑧师古曰:"锐,利也。言一意进求,若兵刃之锐利。"

至宣帝时,琅邪王吉为谏大夫,又上疏言:"欲治之主不世出,①公卿幸得遭遇其时,未有建万世之长策,举明主于三代之隆者也。其务在于簿书,断狱听讼而已,此非太平之基也。今俗吏所以牧民者,非有礼义科指可世世通行者也,以意穿凿,各取一切。②是以诈伪萌生,刑罚无极,质朴日消,恩爱寖薄。③孔子曰'安上治民,莫善于礼',非空言也。愿与大臣延及儒生,述旧礼,明王制,驱一世之民,济之仁寿之域,④则俗何以不若成康? 寿何以不若高宗?"⑤上不纳其言,吉以病去。

①师古曰:"言时时而一出,难常遇。"

②师古曰:"苟顺一时,非正道。"

③师古曰:"寖,古浸字。浸,渐也。"

④师古曰:"言以仁道治之,皆得其性,则寿考也。域,界也。"

⑤师古曰:"成康,周之二王,太平之时也。高宗,殷王武丁也。有德可尊,故曰高宗。享国五十九年,故云寿。"

至成帝时,犍为郡于水滨得古磬十六枚,①议者以为善祥。刘向因是说上:"宜兴辟雍,设痒序,陈礼乐,隆雅颂之声,盛揖攘之容,②以风化天下。如此而不治者,未之有也。或曰,不能具礼。③礼以养人为本,如有过差,是过而养人也。④刑罚之过,或至死伤。今之刑,非皋陶之法也,而有司请定法,削则削,笔则笔,⑤救时务也。至于礼乐,则曰不敢,是敢于杀人不敢于养人也。为其俎豆管弦之间小不备,因是绝而不为,是去小不备而就大不备。大不备,或莫甚焉。⑥夫教化之比于刑法,刑法轻,是舍所重而急所轻也。⑦且教化所恃以为治也,刑法所以助治也。今废所恃而独立其所助,非所以致太平也。自京师有悖逆不顺之子孙,⑧至于陷大辟受刑戮者不绝,縣不习五常之道也。⑨夫承千岁之衰周,继暴秦之余敝,民渐渍恶俗,贪饕险诐,不闲义理,⑩不示以大化,而独欧以刑罚,终已不改。⑪故曰:'导之以礼乐,而民和睦。'⑫初,叔孙通将制定礼仪,见非于齐鲁之士,然卒为汉儒宗,业垂后嗣,斯成法也。"成帝以向言下公卿议,会向病卒,丞相大司空奏请立辟雍。案行长安城南,⑬营表未作,遭成帝崩,群臣引以定谥。⑭

①师古曰:"滨,水涯也,音宾。"

②师古曰:"攘,古让字。"

③师古曰:"或曰者,刘向设为难者之言,而后答释也。"

④师古曰:"过差,犹失错也。"

⑤服虔曰:"言随君意也。"师古曰:"削者,谓有所删去,以刀削简牍也。笔者,谓有所增益,以笔就而书也。"

⑥师古曰:"大不备者,事之亏失,莫甚于此。"

⑦师古曰:"舍,废也。"

⑧师古曰:"悖,乖也,音布内反。"

⑨师古曰:"繇,与由同。五常,仁、义、礼、智、信,人性所常有之也。"

⑩师古曰:"贪甚曰饕。言行险曰诐。饕,音吐高反。诐,音彼义反。"

⑪师古曰:"欧,与驱同。"

⑫师古曰:"《孝经》著孔子之言也。"

⑬师古曰:"行,音下更反。"

⑭孟康曰:"谥法曰'安民立政曰成'。帝欲立辟雍,未就而崩,群臣议,引为美,谓之成。"

及王莽为宰衡,欲耀众庶,遂兴辟雍,因以篡位,海内畔之。世祖受命中兴,拨乱反正,①改定京师于土中。②即位三十年,四夷宾服,百姓家给,政教清明,③乃营立明堂、辟雍。显宗即位,④躬行其礼,宗祀光武皇帝于明堂,养三老五更于辟雍,⑤威仪既美矣。然德化未流洽者,礼乐未具,群下无所诵说,而庠序尚未设之故也。孔子曰:"辟如为山,未成一匮,止,吾止也。"⑥今叔孙通所撰礼仪,与律令同录,臧于理官,⑦法家又复不传。汉典寝而不著,民臣莫有言者。⑧又通没之后,河间献王采礼乐古事,稍稍增辑,至五百余篇。⑨今学者不能昭见,但推士礼以及天子,说义又颇谬异,故君臣长幼交接之道浸以不章。⑩

①师古曰:"谓后汉光武帝也。"

②师古曰:"谓都洛阳。"

③师古曰:"给,足也,言家家皆足。"

④李奇曰:"明帝曰显宗。"

⑤李奇曰:"王者父事三老,兄事五更。《诗》云'三寿作朋'。"邓展曰:"汉直以一公为三老,用大夫为五更,每常大行礼乃置。"师古曰:"郑玄说云三老五更谓老人更知三德五事者也。更,音工衡反。蔡邕以为更当为叟。叟,老人之称也。"

⑥师古曰:"《论语》云孔子之言。匮者,织草为器,所以盛土也。言为山欲成,尚少一匮之土,止而不为,则其功终已不就。如斯之人,吾所不教喻也。辟,读曰譬。"

⑦师古曰:"古书怀藏之字本皆作臧,《汉书》例为臧耳。理官,即法官也。"

⑧师古曰:"寝,息也。"

⑨师古曰:"辑,与集同也。"

⑩师古曰:"浸,渐也。"

　　乐者,圣人之所乐也,而可以善民心。其感人深,移风易俗,故先王著其教焉。①

①师古曰:"著,明也。"

　　夫民有血气心知之性,而无哀乐喜怒之常,应感而动,然后心术形焉。①是以纤微憔瘁(一作"衰")之音作,而民思忧;②啴谐嫚易之音作,而民康乐;③粗厉猛奋之音作,而民刚毅;④廉直正诚之音作,而民肃敬;宽裕和顺之音作,而民慈爱;⑤流辟邪散之音作,而民淫乱。⑥先王耻其乱也,故制雅颂之声,本之情性,稽之度数,制之礼仪,⑦合生气之和,导五常之行,⑧使之阳而不散,阴而不集,⑨刚气不怒,柔气不慑,⑩四畅交于中而发作于外,⑪皆安其位而不相夺,足以感动人之善心也,不使邪气得接焉,是先王立乐之方也。

①师古曰:"言人之性感物则动也。术,道径也。心术,心之所由也。形,见也。"

②师古曰:"憔瘁,谓减缩也,音子笑反。"

③师古曰:"闿,广也。谐,和也。嫚易,言不急刻也。易,音弋豉反。"

④师古曰:"粗厉,抗厉也。猛奋,发扬也。粗作麁字,非是。"

⑤师古曰:"裕,饶也。"

⑥师古曰:"辟,读曰僻。"

⑦师古曰:"稽,考也。"

⑧师古曰:"气,阴阳之气。导,引也。"

⑨师古曰:"集,谓聚滞也。"

⑩师古曰:"慑,恐也,音之涉反。"

⑪师古曰:"畅,通达也。"

王者未作乐之时,因先王之乐以教化百姓,说乐其俗,①然后改作,以章功德。《易》曰:"先王以作乐崇德,殷荐之上帝,以配祖考。"②昔黄帝作《咸池》,颛顼作《六茎》,帝喾作《五英》,③尧作《大章》,舜作《招》,④禹作《夏》,汤作《濩》,⑤武王作《武》,周公作《勺》。《勺》,言能勺先祖之道也。⑥《武》,言以功定天下也。《濩》,言救民也。《夏》,大承二帝也。⑦《招》,继尧也。⑧《大章》,章之也。⑨《五英》,英茂也。《六茎》,及根茎也。⑩《咸池》,备矣。⑪自夏以往,其流不可闻已,⑫《殷颂》犹有存者,⑬《周诗》既备,⑭而其器用张陈,《周官》具焉。⑮典者自卿大夫师瞽以下,皆选有道德之人,⑯朝夕习业,以教国子。国子者,卿大夫之子弟也,皆学歌九德,⑰诵六诗,⑱习六舞、五声、八音之和。⑲故帝舜命夔曰:"女典乐,教胄子,⑳直而温,㉑宽而栗,㉒刚而无虐,㉓简而无敖。㉔诗言志,歌咏言,㉕声依咏,律和声,㉖八音克谐。"㉗此之谓也。又以外赏诸侯德盛而教尊者。其威仪足以充目,音声足以动耳,诗语足以感心,故闻其音而德和,省其诗而志正,㉘论其数而法立。是以荐之郊庙则鬼神飨,作之朝廷则群臣和,立之学官则万民协。听者无不虚己竦神,说而承流,㉙是以海内遍知上德,被服其风,㉚光辉日新,化上迁善,而不知所以然,至于万物不夭,天地顺而嘉应降。故《诗》曰:"钟鼓锽锽,磬管锵锵,降福穰穰。"㉛《书》云:"击石拊石,百兽率舞。"㉜鸟兽且犹感应,而况于人乎?况于鬼神乎?故乐者,圣人之所

以感天地,通神明,安万民,成性类者也。然自《雅》《颂》之兴,而所
承衰乱之音犹在,㉝是谓淫过凶嫚之声,为设禁焉。世衰民散,小人
乘君子,㉞心耳浅薄,则邪胜正。故《书》序"殷纣断弃先祖之乐,乃
作淫声,用变乱正声,以说妇人。"㉟乐官师瞽抱其器而奔散,或适
诸侯,或入河海。㊱夫乐本情性,浃肌肤而臧骨髓,虽经乎千载,其
遗风余烈尚犹不绝。至春秋时,陈公子完奔齐。㊲陈,舜之后,《招
乐》存焉。故孔子适齐闻《招》,三月不知肉味,曰:"不图为乐之至于
斯!"美之甚也。㊳

①师古曰:"说乐其俗,使和说而安乐也。说,读曰悦。乐,音来各反。"

②师古曰:"此《豫卦》象辞也。殷,盛大也。上帝,天也。言王者作乐,崇表
　其德,大荐于天,而以祖考配飨之也。"

③师古曰:"营,音酷。"

④师古曰:"招,读曰韶。下皆类此。"

⑤师古曰:"濩,音护。"

⑥师古曰:"勺,读曰酌。酌,取也。"

⑦师古曰:"夏,大也。二帝,谓尧、舜也。"

⑧师古曰:"韶之言绍,故曰继尧也。"

⑨师古曰:"章,明也。"

⑩师古曰:"泽及下。"

⑪师古曰:"咸,皆也。池,言其包容浸润也。故云备矣。"

⑫师古曰:"言歌颂皆亡也。已,语终辞。"

⑬师古曰:"谓正考甫所得《那》以下是。"

⑭师古曰:"谓《雅》《颂》皆得其所。"

⑮师古曰:"谓大司乐以下诸官所掌。"

⑯师古曰:"师,乐工。瞽,无目者。"

⑰师古曰:"水、火、金、木、土、谷,谓之六府。正德、利用、厚生,谓之三事。
　六府三事,谓之九功。九功之德皆可歌也,故言九德也。"

⑱应劭曰:"六诗者,诗有六义,一曰风,二曰赋,三曰比,四曰兴,五曰雅,
　六曰颂。"

⑲师古曰:"六舞,谓帗舞、羽舞、皇舞、旄舞、干舞、旌舞、人舞也。五声,
　宫、商、角、徵、羽也。八音,金、石、丝、竹、匏、土、革、木。帗,音弗。皇,

音皇。”

⑳师古曰:"《虞书·舜典》所载也。夔,舜臣名。胄子,即国子也。"

㉑师古曰:"正直温和也。"

㉒师古曰:"宽大而敬栗。"

㉓师古曰:"刚毅而不害虐也。"

㉔师古曰:"简约而无傲慢。敖,读曰傲。"

㉕师古曰:"咏,古詠字也。在心为志,发言为诗。咏,永也。永,长也,歌所以长言之。"

㉖师古曰:"依,助也。五声所以助歌也,六律所以和声也。"

㉗师古曰:"谐,亦和也。自此以上,皆帝舜之言。"

㉘师古曰:"省,视也。"

㉙师古曰:"棟,敬也。说,读曰悦。"

㉚师古曰:"被,音皮义反。言蒙其风化,若被而服之。"

㉛师古曰:"此《周颂·执竞》之诗也。锽锽,和也。锵锵,盛也。穰穰,多也。言周王祭祖考之庙,奏乐而八音和盛,则神降之福至多也。锽音皇。穰,音人羊反。"

㉜师古曰:"《虞书·舜典》也。石,谓磬也。言乐之和谐也,击拊磬石,则百兽相率而舞也。"

㉝师古曰:"言若周时尚有殷纣之余声。"

㉞师古曰:"乘,陵也。"

㉟师古曰:"今文《周书·泰誓》之辞也。说,读曰悦。"

㊱师古曰:"犇,古奔字。《论语》云:'太师挚适齐,亚饭干适楚,三饭缭适蔡,四饭缺适秦,鼓方叔入于河,播鼗武入于汉,少师阳、击磬襄入于海。'此志所云及《古今人表》所叙,皆谓是也。云诸侯者,追系其地,非为当时已有国名。而说《论语》者乃以为鲁哀公时礼坏乐崩,乐人皆去,斯亦未允也。夫六经残缺,学者异师,文义舛驳,各守所见。而马、郑群儒,皆在班、杨之后,向、歆博学,又居王、杜之前,校其是非,不可偏据。其《汉书》所引经文,与近代儒家往往乖别,既自成义指,即就而通之,庶免守株,以申贤达之意。非苟越异,理固然也。它皆类此。"

㊲师古曰:"完,陈厉公子,即敬仲也,庄二十二年遇难出奔齐也。"

㊳师古曰:"事见《论语》。"

周道始缺,怨刺之诗起。王泽既竭,而诗不能作。王官失业,

《雅》《颂》相错，①孔子论而定之，故曰："吾自卫反鲁，然后乐正，《雅》《颂》各得其所。"②是时，周室大坏，诸侯恣行，设两观，乘大路。③陪臣管仲、季氏之属，④三归《雍》彻，八佾舞廷。⑤制度遂坏，陵夷而不反，⑥桑间、濮上，郑、卫、宋、赵之声并出，⑦内则致疾损寿，外则乱政伤民。巧伪因而饰之，以营乱富贵之耳目。⑧庶人以求利，列国以相间。⑨故秦穆遗戎而由余去，⑩齐人馈鲁而孔子行。⑪至于六国，魏文侯最为好古，⑫而谓子夏曰："寡人听古乐则欲寐，及闻郑、卫，余不知倦焉。"子夏辞而辨之，终不见纳，⑬自此礼乐丧矣。

①师古曰："错，杂也。"

②师古曰："事亦见《论语》。"

③应劭曰："观，阙两门边两观也。礼，诸侯一观。大路，天子之车。"

④师古曰："陪，重也。诸侯者，天子之臣，故其臣称重也。季氏，鲁桓公子季友之后，专执国政而奢僭也。"

⑤师古曰："三归，取三姓女也。妇人谓嫁曰归。盖谓管仲耳。《雍》，乐诗也，彻馔奏之。八佾，八列之舞。皆僭天子礼也。此谓季氏耳。"

⑥师古曰："陵夷，渐颓替也。解在《成帝纪》及《诸侯王表》。"

⑦应劭曰："桑间，卫地。濮上，濮水之上。皆好新声。"师古曰："郑、卫、宋、赵诸国，亦皆有淫声。"

⑧师古曰："营，犹回绕也。"

⑨师古曰："间，音居苋反。"

⑩应劭曰："戎，西戎也。由余，其贤臣也。秦欲兼之，遗以女乐，由余谏而不听，遂去入秦。"

⑪师古曰："馈，亦馈字。《论语》云'齐人馈女乐，季桓子受之，三日不朝，孔子行'也。"

⑫师古曰："魏文侯本晋大夫毕万之后，僭诸侯者。"

⑬师古曰："事见《礼》之《乐记》。"

汉兴，乐家有制氏，①以雅乐声律世世在大乐官，但能纪其铿锵鼓舞，而不能言其义。②高祖时，叔孙通因秦乐人制宗庙乐。大祝迎神于庙门，奏《嘉至》，③犹古降神之乐也。皇帝入庙门，奏《永至》,以为行步之节,犹古《采荠》、《肆夏》也。④乾豆上,奏《登歌》,⑤独上歌,不以管弦乱人声,欲在位者遍闻之,犹古《清庙》之歌也。《登歌》再终,下奏《休成》之乐,⑥美神明既飨也。皇帝就酒东箱,坐定,奏《永安》之乐,美礼已成也。又有《房中祠乐》,高祖唐山夫人所作也。⑦周有《房中乐》,至秦名曰《寿人》。凡乐,乐其所生,礼不忘本。高祖乐楚声,故《房中乐》楚声也。孝惠二年,使乐府令夏侯宽备其箫管,更名曰《安世乐》。

①服虔曰:"鲁人也,善乐事也。"

②师古曰:"铿锵,金石之声也。铿,音丘耕反。锵,音七羊反。其下亦同。"

③李奇曰:"嘉,善也,善神之至也。"

④刘德曰:"歌乐,在逸《诗》。"师古曰:"荠,音才私反,礼经或作蒺,又作茨,音并同耳。"

⑤师古曰:"乾豆,脯羞之属。"

⑥服虔曰:"叔孙通所奏乐作也。"

⑦服虔曰:"高帝姬也。"韦昭曰:"唐山,姓也。"

　　高庙奏《武德》、《文始》、《五行》之舞;孝文庙奏《昭德》、《文始》、《四时》、《五行》之舞;孝武庙奏《盛德》、《文始》、《四时》、《五行》之舞。《武德舞》者,高祖四年作,以象天下乐己行武以除乱也。《文始舞》者,曰本舜《招舞》也,高祖六年更名曰《文始》,以示不相袭也。《五行舞》者,本周舞也,秦始皇二十六年更名《五行》也。《四时舞》者,孝文所作,以示天下之安和也。盖乐己所自作,明有制也;①乐先王之乐,明有法也。②孝景采《武德舞》以为《昭德》,以尊大宗庙。至孝宣,采《昭德舞》为《盛德》,以尊世宗庙。诸帝庙皆常奏《文始》、《四时》、《五行舞》云。高祖六年又作《昭容乐》、《礼容乐》。《昭容》者,犹古之《昭夏》也,主出《武德舞》。③《礼容》者,主出《文始》、《五行舞》。舞入无乐者,将至至尊之前不敢以乐也;出用乐者,言舞不失节,能以乐终也。大氐皆因秦旧事焉。④

①师古曰:"言自制作也。"

②师古曰:"遵前代之法。"

③苏林曰:"言《昭容乐》生于《武德舞》。"

④师古曰:"氐,归也,音丁礼反。其后字或作抵,音义并同。"

初,高祖既定天下,过沛,与故人父老相乐,醉酒欢哀,作"风起"之诗,令沛中僮儿百二十人习而歌之。至孝惠时,以沛宫为原庙,①皆令歌儿习吹以相和,常以百二十人为员。文、景之间,礼官肄业而已。②至武帝定郊祀之礼,祠太一于甘泉,就乾位也;③祭后土于汾阴,泽中方丘也。④乃立乐府,⑤采诗夜诵,⑥有赵、代、秦、楚之讴。以李延年为协律都尉,多举司马相如等数十人造为诗赋,略论律吕,以合八音之调,作十九章之歌。以正月上辛用事甘泉圆丘,⑦使童男女七十人俱歌,昏祠至明。夜常有神光如流星止集于祠坛,天子自竹宫而望拜,⑧百官侍祠者数百人皆肃然动心焉。

①师古曰:"原,重也。言已有正庙,更重立也。"

②师古曰:"肄,习也,音弋二反。"

③师古曰:"言在京师之西北也。"

④师古曰:"汾水之旁,土特堆起,是泽中方丘也。祭地,以方象地形。"

⑤师古曰:"始置之也。乐府之名盖起于此,哀帝时罢之。"

⑥师古曰:"采诗,依古遒人徇路,采取百姓讴谣,以知政教得失也。夜诵
者,其言辞或秘不可宣露,故于夜中歌诵也。"

⑦师古曰:"用上辛,用《周礼》郊天日也。辛,取齐戒自新之义也。为圆丘
者,取象天形也。"

⑧韦昭曰:"以竹为宫,天子居中。"师古曰:"《汉旧仪》云:竹宫去坛三
里。"

《安世房中歌》十七章,其诗曰:

　　大孝备矣,休德昭清。高张四县,乐充宫廷。①芬树羽林,
云景杳冥。②金支秀华,庶旄翠旌。③

①晋灼曰:"四县,乐四县也,天子宫县。"师古曰:"谓设宫县而高张之。
县,古悬字。"

②师古曰:"言所树羽葆,其盛若林,芬然众多,仰视高远,如云日之杳冥
也。"

③张晏曰:"金支,百二十支。秀华,中主有华艳也。旄,钟之旄也。"文颖

曰:"析羽为旌,翠羽为之也。"臣瓒曰:"乐上众饰,有流溯羽葆,以黄金为支,其首敷散,若草木之秀华也。"师古曰:"金支秀华,瓒说是也。庶,众也。庶旌翠旌,谓析五采羽,注翠旌之首而为旌耳。"

《七始华始》,肃倡和声。①神来宴娭,庶几是听。②鬻鬻音送,细齐人情。③忽乘青玄,熙事备成。④清思眑眑,经纬冥冥。⑤

①孟康曰:"七始,天地四时人之始。华始,万物英华之始也。以为乐名,如《六英》也。"师古曰:"肃,敬也。言歌者敬而唱谐和之声。"

②师古曰:"娭,戏也。言庶几神来宴戏听此乐也。娭,音许其反。"

③晋灼曰:"鬻鬻,敬惧貌也。细,微也。以乐送神,微感人情,使之齐肃也。"师古曰:"鬻,音弋六反。"

④师古曰:"还神礼毕,忽登青天而去,福熙之事皆备成也。熙,与禧同。"

⑤苏林曰:"眑,音窈。"师古曰:"眑眑,幽静也。经纬,谓经纬天地。"

我定历数,人告其心。①敕身齐戒,施教申申。②乃立祖庙,敬明尊亲。大矣孝熙,四极爰臻。③

①师古曰:"言臣下各竭其心,致诚悫也。"

②应劭曰:"敕,谨敬之貌。"师古曰:"齐,读曰斋。"

③师古曰:"熙,亦福也。四极,四方极远之处也。《尔雅》曰:'东至于泰远,西至于邠国,南至于濮铅,北至于祝栗,谓之四极。'邠,音彬。臻字与臻同。"

王侯秉德,其邻翼翼,①显明昭式。清明鬯矣,皇帝孝德。②竟全大功,抚安四极。

①师古曰:"邻,言德不孤,必有邻也。翼翼,恭敬也。"

②师古曰:"鬯,古畅字。畅,通也。"

海内有奸,纷乱东北。①诏抚成师,武侯承德。②行乐交逆,《箫》、《勺》群慝。③肃为济哉,盖定燕国。④

①师古曰:"谓匈奴。"

②师古曰:"成师,言各置部校,师出以律也。《春秋左氏传》曰'成师以出'。"

③晋灼曰:"《箫》,舜乐也。《勺》,周乐也。言以乐征伐也。"师古曰:"言制定新乐,教化流行,则逆乱之徒尽交欢也。慝,恶也。勺,读曰酌。"

④师古曰:"匈奴服从,则燕国安静无寇难也。"

　　大海荡荡水所归,高贤愉愉民所怀。①大山崔,百卉殖。民何贵?贵有德。②

①李奇曰:"愉愉,怿也。"师古曰:"荡荡,广大貌也。愉愉,和乐貌也。怀,思也。言海以广大之故,众水归之;王者有和乐之德,则人皆思附也。"

②师古曰:"言大山以崔嵬之故,能生养百卉;明君以崇高其德,故为万姓所尊也。崔,音才回反。"

　　安其所,乐终产。①乐终产,世继绪。②飞龙秋,游上天。③高贤愉,乐民人。④

①师古曰:"万物各安其所,而乐终其生也。"

②师古曰:"言传祚无穷。"

③苏林曰:"秋,飞貌也。"师古曰:"《庄子》有秋驾之法者,亦言驾马腾骧,秋秋然也。杨雄赋曰'秋秋跄跄入西园',其义亦同。读者不晓秋义,或改此秋字为秌稷之秌,失之远矣。"

④师古曰:"言王者有愉愉之德,故使众人皆安乐。"

　　丰草葽,女萝施。①善何如,谁能回!②大莫大,成教德;长莫长,被无极。③

①孟康曰:"葽,音'四月秀葽'。葽,盛貌也。"应劭曰:"女萝,兔丝也,延于松之上。异类而犹戴之,况同姓,言族亲不可不覆遇也。"

②师古曰:"回,乱也。言至德之善,上古帝皇皆不如之,而不可干乱。"

③师古曰:"被,音皮义反。次下亦同。"

　　雷震震,电耀耀。明德乡,治本约。①治本约,泽弘大。②加被宠,咸相保。③德施大,世曼寿。④

①服虔曰:"与臣民之约。"师古曰:"乡,方也。言王者之威,取象雷电,明示德义之方,而治政本之约。约,读曰要。"

②师古曰:"政教有常,则恩惠溥洽。"

③师古曰:"言德政所加,人被宠渥,则室家老幼皆相保也。"

④师古曰:"曼,延也。"

　　都荔遂芳,窅窕桂华。①孝奏天仪,若日月光。②乘玄四龙,回驰北行。羽旄殷盛,芬哉芒芒。③孝道随世,我署文章。④《桂华》。

①苏林曰："窅，音窅脁之窅。窊，音窊下之窊。"孟康曰："窅，出；窊，入。都
良薜荔之香，鼓动桂华也。"晋灼曰："桂华似殿名，次下言'桂华冯冯翼
翼，承天之则'，言树此香草以洁齐其芳气，乃达于宫殿也。"臣瓒曰：
"《茂陵中书》歌《都娴》、《桂英》、《美芳》、《鼓行》，如此复不得为殿名。"
师古曰："诸家说皆未尽也。此言都良薜荔俱有芬芳，桂华之形窅窊然
也。皆谓神宫所有耳。窅音一交反。窊，音一瓜反。"

②师古曰："言以孝道进承于天，天神下降，故有光。"

③师古曰："芬，亦谓众多。芒芒，广远之貌。"

④师古曰："署，犹分部也，一曰表也。"

　　冯冯翼翼，承天之则。①吾易久远，烛明四极。②慈惠所
爱，美若休德。③杳杳冥冥，克绰永福。④《美芳》。

①师古曰："冯冯，盛满也。翼翼，众貌也。"

②晋灼曰："易，疆易也。久，固也。武帝自言拓境广远安固也。"师古曰：
"此说非也。久犹长也，自言疆易远大耳。非武帝时也，不得云拓境。"

③师古曰："若，顺也。休，亦美也。"

④师古曰："绰，缓也，亦谓延长也。"

　　嵑嵑即即，师象山则。①乌呼孝哉，案抚戎国。蛮夷竭欢，
象来致福。②兼临是爱，终无兵革。③

①孟康曰："嵑嵑，崇积也。即即，充实也。师，众也。则，法也。积实之盛
众类于山也。"师古曰："嵑，音五回反。"

②李奇曰："象，译也。蛮夷遣译致福贡也。"

③师古曰："兼临，言在上位者普包容。"

　　嘉荐芳矣，告灵飨矣。告灵既飨，德音孔臧。①惟德之臧，
建侯之常。承保天休，令问不忘。②

①师古曰："飨字合韵皆音乡。孔，甚也。臧，善也。"

②师古曰："建侯，封建诸侯也。《易·屯卦》曰'利建侯'。休，美也。令，善
也。问，名也。"

　　皇皇鸿明，荡侯休德。①嘉承天和，伊乐厥福。②在乐不
荒，惟民之则。③

①服虔曰："侯，惟也。"臣瓒曰："天下荡平，惟帝之休德。"

②师古曰："伊，是也。"

③师古曰:"则,法也。"

　　浚则师德,下民咸殖。令问在旧,孔容翼翼。①

①师古曰:"浚,深也。师,众也。则,法也。殖,生也。旧,久也。翼,敬也。
　言有深法众德,故能生育群黎,久有善名,其容甚敬也。"

　　孔容之常,承帝之明。①下民之乐,子孙保光。②承顺温
良,受帝之光。嘉荐令芳,寿考不忘。③

　　①师古曰:"帝,谓天也。下皆类此。"

　　②师古曰:"言永保其光宠也。"

　　③师古曰:"不忘,言长久也。"

　　承帝明德,师象山则。①云施称民,永受厥福。②承容之
常,承帝之明。下民安乐,受福无疆。③

①师古曰:"众象山而为法,言不骞不崩。"

②师古曰:"言称物平施,其泽如云也。称,音尺孕反。"

③师古曰:"疆,竟也。下皆类此。"

　　《郊祀歌》十九章,其诗曰:

　　练时日,侯有望,①炳膋萧,延四方。②九重开,灵之斿,③
垂惠恩,鸿祜休。④灵之车,结玄云,驾飞龙,羽旄纷。⑤灵之
下,若风马,⑥左仓龙,右白虎。⑦灵之来,神哉沛,⑧先以雨,
般裔裔。⑨灵之至,庆阴阴,⑩相放㷊,震澹心。⑪灵已坐,五音
饬,⑫虞至旦,承灵亿。⑬牲茧栗,粢盛香,尊桂酒,宾八乡。⑭
灵安留,吟青黄,⑮遍观此,眺瑶堂。⑯众嫭并,绰奇丽,⑰颜如
荼,兆逐靡。⑱被华文,厕雾縠,曳阿锡,佩珠玉。⑲侠嘉夜,芷
兰芳,⑳澹容与,献嘉觞。㉑

　　《练时日》一

①师古曰:"练,选也。"

②李奇曰:"膋,肠间脂也。萧,香蒿也。"师古曰:"以萧炳脂合馨香也。四
　方,四方之神也。膋,音来雕反。炳,音人说反。"

③师古曰:"天有九重,言皆开门而来降厥福。"

④师古曰:"鸿,大也。祜,福也。休,美也。祜,音怙。"

⑤师古曰:"纷纷,言其多。"

⑥师古曰:"言速疾。"

⑦师古曰:"以为卫。"

⑧师古曰:"沛,疾貌,音补盖反。"

⑨师古曰:"先以雨,言神欲行,令雨先驱也。般,读与班同。班,布也。裔裔,飞流之貌。"

⑩师古曰:"言垂阴覆遍于下。"

⑪师古曰:"放怨,犹仿佛也。澹,动也。放,音昉。怨,音沸。澹,音大滥反。"

⑫师古曰:"饬,读与敕字同,谓整也。"

⑬师古曰:"虞,乐也。亿,安。"

⑭应劭曰:"桂酒,切桂置酒中也。"晋灼曰:"尊,大尊也。元帝时大宰丞李元记云'以水渍桂,为大尊酒'。"师古曰:"茞栗,言角之小如茞及栗之形也。八乡,八方之神。"

⑮服虔曰:"吟,音含。"师古曰:"服说非也。吟,谓歌诵也。青黄,谓四时之乐也。"

⑯应劭曰:"眺,望也。瑶,石而似玉者也。"师古曰:"以瑶饰堂。瑶,音遥。"

⑰孟康曰:"嫭,音互。嫭,好也。"如淳曰:"嫭,美目貌。"晋灼曰:"嫭,音坼镈之镈。"师古曰:"孟说是也。谓供神女乐,并好丽也。"

⑱应劭曰:"荼,野菅白华也。言此奇丽,白如荼也。"孟康曰:"兆逐靡者,兆民逐观而猗靡也。"师古曰:"菅,茅也。言美女颜貌如茅荼之柔也。荼者,今俗所谓兼锥也。荼,音涂。菅,音奸。靡,合韵音武义反。"

⑲如淳曰:"阿,细缯。锡,细布也。"师古曰:"厕,杂也。雾縠,言其轻细若云雾也。"

⑳如淳曰:"佳、侠,皆美人之称也。嘉夜,芳草也。"师古曰:"侠与挟同,言怀挟芳草也。茝,即今白芷。茝,音昌改反。"

㉑师古曰:"澹,安也。容与,言闲舒也。澹,音大滥反。"

　　帝临中坛,四方承宇,①绳绳意变,备得其所。②清和六合,制数以五。③海内安宁,兴文匽武。④后土富媪,昭明三光。⑤穆穆优游,嘉服上黄。⑥

　　《帝临》二

①师古曰:"言天神尊者来降中坛,四方之神各承四宇也。坛字或作禅,读

亦曰坛字。加示者,神灵之耳。下言紫坛、嘉坛,其义并同。"

②应劭曰:"绳绳,谨敬更正意也。"孟康曰:"众多也。"臣瓒曰:"《尔雅》'绳绳,戒也'。"师古曰:"瓒说是也。"

③张晏曰:"此后土之歌也。土数五。"

④师古曰:"匽,古偃字。"

⑤张晏曰:"媪,老母称也。坤为母,故称媪。海内安定,富媪之功耳。"

⑥孟康曰:"土色上黄也。"

青阳开动,根荄以遂,①膏润并爱,跂行毕逮。②霆声发荣,坲处顷听,③枯槁复产,乃成厥命。④众庶熙熙,施及夭胎,⑤群生啿啿,惟春之祺。⑥

《青阳》三　邹子乐。

①臣瓒曰:"春为青阳。"师古曰:"草根曰荄。遂者,言皆生出也。荄,音该。"

②孟康曰:"跂,音岐。"师古曰:"并,兼也。逮,及也。凡有足而行者,称跂行也。"

③晋灼曰:"坲,穴也。谓蛰虫惊听也。"师古曰:"坲,与岩同。言雷霆始发,草木舒荣,则蛰虫处岩崖者,莫不倾听而起。顷,读曰倾。"

④师古曰:"枯槁,谓草木经冬零落者也。槁,音口老反。"

⑤师古曰:"熙熙,和乐貌也。施,延也。少长曰夭,在孕曰胎。施,音弋豉反。夭,音乌老反。"

⑥服虔曰:"啿,音'湛湛露斯'。"如淳曰:"祺,福也。"师古曰:"啿啿,丰厚之貌也,音徒感反。祺,音其。"

朱明盛长,旉与万物,①桐生茂豫,靡有所诎。②敷华就实,既阜既昌,③登成甫田,百鬼迪尝。④广大建祀,肃雍不忘,神若宥之,传世无疆。⑤

《朱明》四　邹子乐。

①臣瓒曰:"夏为朱明。"师古曰:"旉,古敷字也。敷与,言开舒也。与,音弋于反。"

②师古曰:"桐,读为通。茂豫,美盛而光悦也。言草木皆通达而生,美悦光泽,各无所诎,皆申遂也。诎,音丘物反。"

③师古曰:"敷,布也。就,成也。阜,大也。昌,盛也。"

④师古曰:"甫田,大田也。百鬼,百神也。迪,进也。尝,谓歆飨之也。言
　此粢盛,皆因大田而登成,进于祀所,而为百神所歆飨也。迪,音大历
　反。"

⑤师古曰:"若,善也。宥,佑也。"

　　西颢沆砀,秋气肃杀,①含秀垂颖,续旧不废。②奸伪不
萌,妖孽伏息,隅辟越远,四貉咸服。③既畏兹威,惟慕纯德,附
而不骄,正心翊翊。④

　　《西颢》五　邹子乐。

①韦昭曰:"西方少昊也。"师古曰:"沆,音胡浪反。砀,音荡。沆砀,白气之
　貌也。"

②师古曰:"五谷百草,秀颖成实,皆因旧苗,无废绝也。不荣而实曰秀,叶
　末曰颖。废,合韵音发。"

③师古曰:"四貉,犹言四夷。辟,读曰僻。貉,音莫客反。"

④师古曰:"纯,大也。言畏威怀德,皆来宾附,无敢骄怠,尽虔敬。"

　　玄冥陵阴,蛰虫盖臧,①屮木零落,抵冬降霜。②易乱除
邪,革正异俗,③兆民反本,抱素怀朴。条理信义,望礼五岳。④
籍敛之时,掩收嘉谷。⑤

　　《玄冥》六　邹子乐。

①师古曰:"玄冥,北方之神也。"

②孟康曰:"抵,至也,至冬而降霜,音底。"师古曰:"屮,古草字。"

③师古曰:"易,变;革,改也。"

④师古曰:"条,分也,畅也。"

⑤师古曰:"籍敛,谓收籍田也。"

　　惟泰元尊,媪神蕃釐,①经纬天地,作成四时。精建日月,
星辰度理,阴阳五行,周而复始。云风雷电,降甘露雨,百姓蕃
滋,咸循厥绪。②继统共勤,顺皇之德,③鸾路龙鳞,罔不肸
饰。④嘉笾列陈,庶几宴享,⑤灭除凶灾,烈腾八荒。⑥钟鼓竽
笙,云舞翔翔,招摇灵旗,九夷宾将。⑦

　　《惟泰元》七　建始元年,丞相匡衡奏罢"鸾路龙鳞",更定
诗曰"涓选休成。"⑧

①李奇曰："元尊，天也。媪神，地也。祭天燔燎，祭地瘗埋也。"师古曰："李
　说非也。泰元，天也。蕃，多也。釐，福也。言天神至尊，而地神多福也。
　蕃，音扶元反。釐，读曰禧。"

②师古曰："蕃，多也。滋，益也。循，顺也。绪，业也。"

③师古曰："共，读曰恭。皇，皇天也。此言天子继承祖统，恭勤为心而顺天
　也。"

④苏林曰："胗，音堊涂之堊。堊，饰也。"师古曰："罔，无也。胗，振也。谓
　皆振整而饰之也。胗，音许乙反。"

⑤师古曰："嘉笾，祭祀之笾实也。木曰豆，竹曰笾。享字合韵宜音乡。"

⑥师古曰："言威烈之盛，逾于八荒。"

⑦师古曰："画招摇于旗以征伐，故称灵旗。将犹从。"

⑧臣瓒曰："涓，除也。除恶选取美成者也。"

　　天地并况，惟予有慕，①爰熙紫坛，思求厥路。②恭承禋
祀，缊豫为纷，③黼绣周张，承神至尊。④千童罗舞成八溢，⑤
合好效欢虞泰一。⑥九歌毕奏斐然殊，鸣琴竽瑟会轩朱。⑦璆
磬金鼓，灵其有喜，⑧百官济济，各敬其事。盛牲实俎进闻
膏，⑨神奄留，临须摇。⑩长丽前掞光耀明，⑪寒暑不忒况皇
章。⑫展诗应律铱玉鸣，⑬函宫吐角激徵清。发梁扬羽申以
商，⑭造兹新音永久长。声气远条凤鸟翔，⑮神夕奄虞盖孔
享。⑯

　　《天地》八　丞相匡衡奏罢"黼绣周张"，更定诗曰"肃若旧
典"。⑰

①师古曰："况，赐也。"

②师古曰："熙，兴也。紫坛，坛紫色也。思求降神之路也。"

③孟康曰："积聚修饰，为此纷华也。"师古曰："缊，音于粉反。"

④师古曰："白与黑画为斧形谓之黼。"

⑤师古曰："溢，与佾同。佾，列也。"

⑥师古曰："虞，与娱同。"

⑦师古曰："轩朱，即朱轩也。总合音乐，会于轩槛之前。"

⑧师古曰："璆，美玉名，以为磬也。喜，合韵音许吏反。"

⑨师古曰："言以牲实俎，以萧焫脂，则其芬馨达于神所，故曰盛牲实俎进闻膏。"

⑩晋灼曰："须摇，须臾也。"师古曰："奄，读曰淹。"

⑪孟康曰："欲令神宿留，言日虽暮，长更星在前扶助，常有光明也。掞或作扶。"晋灼曰："掞即光炎字也。"臣瓒曰："长丽，灵鸟也。故相如赋曰'前长丽而后柔皇'。旧说云鸾也。张衡《思玄赋》亦曰'前长丽使拂羽'。"师古曰："晋、瓒二说是也。丽，音离。掞，音艳。"

⑫晋灼曰："况，赐也。皇，君也。章，明也。言长更星终始不改其光，神永以此明赐君也。"臣瓒曰："忒，差也。寒暑不差，言阴阳和也，以此赐君，章贤德也。"师古曰："瓒说是也。"

⑬晋灼曰："铜，鸣玉声也。"师古曰："铜，音火玄反。"

⑭晋灼曰："下有'梁黄鼓员四人'，似新造音乐者姓名也。"师古曰："晋说非也。自函宫吐角以下，总言五声之备耳。申，重也。发梁，歌声绕梁也。函，与含同。"

⑮师古曰："条，达也。鸦，古翔字。"

⑯师古曰："虞，乐也。盖，语辞也。孔，甚也。享，合韵音乡。"

⑰师古曰："肃，敬也。若，顺也。"

日出入安穷？时世不与人同。①故春非我春，夏非我夏，秋非我秋，冬非我冬。泊如四海之池，遍观是邪谓何？②吾知所乐，独乐六龙，六龙之调，使我心若。③訾黄其何不徕下！④

《日出入》九

①晋灼曰："日月无穷，而人命有终，世长而寿短。"

②晋灼曰："言人寿不能安固如四海，遍观是，乃知命甚促。谓何，当如之何也。"师古曰："泊，水貌也，音步各反，又音魄。"

③应劭曰："《易》曰'时乘六龙以御天'。武帝愿乘六龙，仙而升天，曰'吾所乐独乘六龙然，御六龙得其调，使我心若'。"

④应劭曰："訾黄一名乘黄，龙翼而马身，黄帝乘之而仙。武帝意欲得之，曰：'何不来邪？'"师古曰："訾，嗟叹之辞也。黄，乘黄也。叹乘黄不来下也。訾，音咨也。"

太一况，天马下，①沾赤汗，沬流赭。②志俶傥，精权奇，籋浮云，晻上驰。③体容与，迣万里，④今安匹，龙为友。⑤ 元狩三年,马生渥洼水中作。

① 师古曰:“言此天马乃太一所赐,故来下也。”

② 应劭曰:“大宛马汗血沾濡也,流沫如赭。”李奇曰:“沫,音醮面之醮。”
晋灼曰:“沫,古醮字也。”师古曰:“沫、沫两通。沫者,言被面如颒也,字
从水傍午未之未,音呼内反。沫者,言汗流沫出也,字从水傍本末之
末,音亦如之。然今书字多作沫面之沫也。”

③ 苏林曰:“厹,音蹴。言天马上蹴浮云也。”师古曰:“晻,音乌感反。言晻
然而上驰。”

④ 孟康曰:“逝,音逝。”如淳曰:“逝,趋蹴也。”晋灼曰:“迣字。”师古曰:
“孟音非也。逝读与厉同,言能厉渡万里也。”

⑤ 师古曰:“言今更无与匹者,唯龙可为之友耳。”

　　天马徕,从西极,涉流沙,九夷服。① 天马徕,出泉水,虎脊
两,化若鬼。② 天马徕,历无草,径千里,循东道。③ 天马徕,执
徐时,④ 将摇举,谁与期?⑤ 天马徕,开远门,竦予身,逝昆
仑。⑥ 天马徕,龙之媒,⑦ 游阊阖,观玉台。⑧ 　　太初四年,诛宛
王获宛马作。

　　《天马》十

① 师古曰:“言九夷皆服,故此马远来也。徕,古往来字也。”

② 应劭曰:“马毛色如虎脊者有两也。”师古曰:“言其变化若鬼神。”

③ 张晏曰:“马从西而来东也。”师古曰:“言马从西来,经行碛卤之地无草
者,凡千里而至东道。”

④ 应劭曰:“太岁在辰曰执徐。言得天马时岁在辰也。”孟康曰:“东方震为
龙,又青龙宿。言以其方来也。”师古曰:“应说是也。”

⑤ 如淳曰:“遥,远也。摇,或作遥。”师古曰:“如说非也。言当奋摇高举,不
可与期也。”

⑥ 应劭曰:“言天马虽去人远,当豫开门以待之也。”文颖曰:“言武帝好
仙,常庶几天马来,当乘之往登昆仑也。”师古曰:“文说是也。”

⑦ 应劭曰:“言天马者乃神龙之类,今天马已来,此龙必至之效也。”

⑧ 应劭曰:“阊阖,天门。玉台,上帝之所居。”

　　天门开,诛荡荡,① 穆并骋,以临飨。② 光夜烛,德信著,③
灵浸平而鸿,长生豫。④ 太朱涂广,夷石为堂,⑤ 饰玉梢以舞

歌,体招摇若永望。⑥星留俞,塞陨光,⑦照紫幄,珠焜黄。⑧幡
比翅回集,贰双飞常羊。⑨月穆穆以金波,日华耀以宣明。⑩假
清风轧忽,激长至重觞。⑪神裴回若留放,殣冀亲以肆章。⑫函
蒙祉福常若期,⑬寂漻上天知厥时。⑭泛泛滇滇从高斿,⑮殷
勤此路胪所求。⑯佻正嘉吉弘以昌。⑰休嘉砰隐溢四方。⑱专
精厉意逝九阂,⑲纷云六幕浮大海。⑳

　　《天门》十一

①如淳曰:"诀,读如逖。诀荡荡,天体坚清之状也。"师古曰:"诀,音大结
　　反。"

②师古曰:"言众神穆然方驾驰骋而临祠祭。"

③师古曰:"神光夜照,应诚而来,是德信著明。"

④师古曰:"神灵德泽所浸,溥博无私,其福甚大,故我得长生之道而安豫
　　也。"

⑤师古曰:"涂,道路也。夷,平也。言通神之路,饰以朱丹,又其广大。平
　　夷密石,累以为堂。"

⑥师古曰:"梢,竿也,舞者所持。玉梢,以玉饰之也。招摇,申动之貌。永,
　　长也。梢,音所交反。招,音韶。望,合韵音亡。"

⑦师古曰:"俞,答也。言众星留,答我飨荐,降其光耀,四面充塞也。俞,音
　　逾。"

⑧如淳曰:"焜,音殒,黄貌也。"师古曰:"紫幄,飨神之幄也。帐上四下而
　　覆曰幄。言光照紫幄,故其珠色焜然而黄也。焜,音云。"

⑨文颖曰:"舞者骨腾肉飞,如鸟之回翅而双集也。"师古曰:"常羊,犹逍
　　遥也。"

⑩师古曰:"言月光穆穆,若金之波流也。宣,遍也。"

⑪师古曰:"轧忽,长远之貌也。重觞,谓累献也。"

⑫孟康曰:"殣,音觐。"师古曰:"言神灵裴回,留而不去,故我得觐见,冀
　　以亲附而陈诚意,遂章明之。"

⑬师古曰:"函,包也。蒙,被也。言为神所飨,故能包函蒙被,祉福应诚而
　　至,有常期也。"

⑭应劭曰:"言天虽寂漻高远,而知我飨荐之时也。漻,音来朝反。"

⑮应劭曰:"泛泛,上浮之意也。滇滇,盛貌也。"晋灼曰:"滇,音'振旅阗

阑'。"师古曰:"音徒千反。"

⑯应劭曰:"胪,陈也。言所以殷勤此路,乃欲陈所求也。"师古曰:"胪,音
　　力于反。"

⑰如淳曰:"佻,读曰肇。肇,始也。"

⑱师古曰:"休,美也。嘉,庆也。砰,音普萌反。砰隐,盛意。"

⑲如淳曰:"阂,亦陔也。《淮南子》曰:若上者谓卢敖曰'吾与汗漫期乎九
　　陔之上'。陔,重也。谓九天之上也。"师古曰:"阂,合韵音改,又音亥。"

⑳师古曰:"纷云,兴作之貌。六幕,犹言六合也。"

　　景星显见,信星彪列。①象载昭庭,日亲以察。②参侔开
阖,爰推本纪,③汾脽出鼎,皇祜元始。④五音六律,依韦飨
昭,⑤杂变并会,雅声远姚。⑥空桑琴瑟结信成,⑦四兴递代八
风生。⑧殷殷钟石羽籥鸣,⑨河龙供鲤醇牺牲。⑩百末旨酒布
兰生。⑪泰尊柘浆析朝醒,⑫微感心攸通修名,⑬周流常羊思
所并。⑭穰穰复正直往宁,⑮冯蠵切和疏写平。⑯上天布施后
土成,穰穰丰年四时荣。

　　《景星十二》　元鼎五年,得鼎汾阴作。

①如淳曰:"景星者,德星也,见无常,常出有道之国。镇星为信星,居国益
　　地。"师古曰:"谓彰著而为行列也。"

②师古曰:"象,谓县象也。载,事也。县象秘事,昭显于庭,日来亲近,甚明
　　察也。"

③应劭曰:"参,三也。言景星光明也开阖,乃三于日月也。"晋灼曰:"侔,
　　等也。开阖,犹开辟也。言今之鼎瑞,参等于上世。"师古曰:"晋说是。"

④师古曰:"皇,大也。祜,福也。脽,音谁。祜,音怙。"

⑤师古曰:"依韦,谐和不相乖离也。飨,读曰向。明也。言声向之明也。"

⑥师古曰:"姚,嫖姚,言飞扬也。"

⑦张晏曰:"传曰'空桑为瑟,一弹三叹',祭天质故也。"师古曰:"空桑,地
　　名也,出善木,可为琴瑟也。"

⑧应劭曰:"四时递代成阴阳,八风以生也。"臣瓒曰:"舞者四县代奏也。
　　《左氏传》曰'夫舞者,所以节八音而行八风'也。"师古曰:"瓒说是也。
　　八方之风,谓东北曰条风,东方曰明庶风,东南曰清明风,南方曰景风,
　　西南曰凉风,西方曰阊阖风,西北曰不周风,北方曰广莫风。"

⑨师古曰："殷殷,声盛也。石,谓磬也。羽龠,《韶舞》所持者也。殷,音隐。"

⑩晋灼曰："河龙,夏之所赐者也。供鲤,给厨祭也。"师古曰："醇,谓色不杂也。牺牲,牛羊全体者也。"

⑪张晏曰："百末,末作之末也。"晋灼曰："百日之末酒也,芬香布列,若兰之生也。"师古曰："百末,百草华之末也。旨,美也。以百草华末杂酒,故香且美也。事见《春秋繁露》。"

⑫应劭曰："柘浆,取甘柘汁以为饮也。酲,病酒也。析,解也。言柘浆可以解朝酲也。"

⑬师古曰："言精微所应,其心攸远,故得通达成长久之名。"

⑭师古曰："周流,犹周行也。常羊,犹逍遥也。思所并,思与神道合也,下言合所思是也。"

⑮师古曰："穰穰,多也。复,犹归也。直,当也。宥,愿也。言获福既多,归于正道,克当往日所愿也。复,音扶目反,宥,合韵音宁也。"

⑯晋灼曰："冯,冯夷,河伯也。蠵,觜蠵,龟属也。"师古曰："言冯夷命灵蠵,使切厉谐和水神,令之疏导川潦,写散平均,无灾害也。蠵,音弋随反,又音携。"

　　齐房产草,九茎连叶,①宫童效异,披图案谍。②玄气之精,回复此都,③蔓蔓日茂,芝成灵华。④

　　《齐房》十三　元封二年,芝生甘泉齐房作。

①师古曰："齐,读曰斋。其下并同。"

②臣瓒曰："宫之童竖致此异瑞也。"苏林曰："谍,谱弟之也。"

③师古曰："玄,天也。言天气之精,回旋反复于此云阳之都,谓甘泉也。"

④师古曰："蔓蔓,言其长久,日以茂盛也。"

　　后皇嘉坛,立玄黄服,①物发冀州,兆蒙祉福。②沇沇四塞,假狄合处,③经营万亿,咸遂厥宇。④

　　《后皇》十四

①师古曰："坛,祭坛也。服,祭服也。"

②晋灼曰："得宝鼎于汾阴也。"臣瓒曰："汾阴属冀州。"

③晋灼曰："沇,音兖。"师古曰："沇沇,流行之貌也。假狄,远夷也。合处,内附也。假即退字耳,其字从彳。彳,音丑益反。"

④师古曰："宇,居也。言我经营万万亿兆,故得咸遂其居也。"

华烨烨,固灵根。神之旄,过天门,车千乘,敦昆仑。①神之
出,排玉房,周流杂,拔兰堂。②神之行,旌容容,骑沓沓,般纵
纵。③神之徕,泛翊翊,甘露降,庆云集。④神之揄,临坛宇,⑤
九疑宾,夔龙舞。⑥神安坐,翔吉时,⑦共翊翊,合所思。⑧神嘉
虞,申贰觞,⑨福滂洋,迈延长。⑩沛施佑,汾之阿,⑪扬金光,
横泰河,⑫莽若云,增阳波。⑬遍胪欢,腾天歌。⑭

《华烨烨》十五

①师古曰:"敦,读曰屯。屯,聚也。"

②师古曰:"拔,舍止也,音步曷反。"

③孟康曰:"纵,音总。"晋灼曰:"音人相纵勇作恶。"师古曰:"容容,飞扬
　之貌。沓沓,疾行也。般,相连也。纵纵,众也。空,音勇。纵,音总。一
　曰:容,读如本字;纵,音才公反。"

④如淳曰:"《天文志》云'若烟非烟,若云非云,郁郁纷纷,是谓庆云'。"师
　古曰:"翊,音弋入反,又音立。"

⑤师古曰:"揄,引也。坛宇,谓祭祠坛场及宫室。言神引来降临之也。揄,
　音逾。"

⑥如淳曰:"九疑,舜所葬。言以舜为宾客也。夔典乐,龙管纳言,皆随舜而
　来,舞以乐神。"

⑦师古曰:"翔,古翔字也。言神安坐回翔,皆趣吉时也。"

⑧师古曰:"共,读曰恭。翊翊,敬也。"

⑨师古曰:"虞,乐也。贰觞,犹重觞也。"

⑩师古曰:"滂洋,饶广也。滂,音普郎反。洋,音羊,又音祥。"

⑪师古曰:"沛,音普大反。沛然泛貌也。阿,水之曲隈。"

⑫师古曰:"横,充满也。泰河,大河也。"

⑬师古曰:"莽,云貌。言光明之盛,莽莽然如云也。"

⑭师古曰:"胪,陈也。腾,升也。言陈其欢庆,令歌上升于天。"

五神相,包四邻,①土地广,扬浮云。挖嘉坛,椒兰芳,②璧
玉精,垂华光。③益亿年,美始兴,④交于神,若有承。⑤广宣
延,咸毕觞,⑥灵舆位,偃蹇骧。⑦卉汩胪,析奚遗?⑧淫渌泽,
汪然归。⑨

《五神》十六

①如淳曰："五帝为太一相也。"师古曰："包，含也。四邻，四方。"

②孟康曰："挖，摩也。"师古曰："音公忽反。谓摩拭其坛，加以椒兰之芳。"

③师古曰："言礼神之璧乃玉之精英，故有光华也。"

④师古曰："言福庆方兴起也。"

⑤师古曰："言神来降临，故尽其肃恭。"

⑥师古曰："言遍延诸神，咸歆祭祀，毕尽觞爵也。"

⑦师古曰："神既毕飨，则严驾灵舆，引其侍从之位偃蹇高骧也。蹇，音居偃反。"

⑧师古曰："卉汩，疾意也。胪，陈也。析，分也。奚，何也。言速自陈列分散而归，无所留也。汩，音于笔反。"

⑨师古曰："淹，久也。渌泽，泽名。言我飨神之后，久在渌泽，乃汪然而归也。渌，音绿。汪，音乌黄反。"

朝陇首，览西垠，①雷电寮，获白麟。②爰五止，显黄德，③图匈虐，熏鬻殛。④辟流离，抑不详，⑤宾百僚，山河飨。⑥掩回辕，鬗长驰，⑦腾雨师，洒路陂。⑧流星陨，感惟风，笮归云，抚怀心。⑨

《朝陇首》十七　元狩元年，行幸雍获白麟作。

①臣瓒曰："谓朝于陇首而览西北也。"师古曰："陇坻之首也。垠，崖也。坻，音丁礼反。"

②臣瓒曰："寮祭五畤，皆有报应，声若雷，光若电也。"师古曰："寮，古燎字。"

③师古曰："爰，曰也，发语辞也。止，足也。时白麟足有五蹄。"

④应劭曰："熏鬻，匈奴本号也。"师古曰："殛，穷也。一曰：殛，诛也，音居力反。"

⑤师古曰："流离不得其所者，为开道路，使之安集。违道不详善者，则抑黜之，以申惩劝也。"

⑥师古曰："百僚，百神之官也。飨，合韵音乡。"

⑦如淳曰："鬗音横。鬗鬗，长貌也。"师古曰："音母元反。"

⑧师古："洒，灑也。路陂，路傍也。言使雨师洒道也。洒，音灑，又音山刃反。"

⑨师古曰:"怀心,怀柔之心也。桼,音躞。"

　　象载瑜,白集西,①食甘露,饮荣泉。②赤雁集,六纷员,③殊翁杂,五采文。④神所见,施祉福,登蓬莱,结无极。⑤

　《象载瑜》十八　太始三年,行幸东海获赤雁作。

①服虔曰:"象载,鸟名也。"师古曰:"此说非也。象载,象舆也。山出象舆,瑞应车也。瑜,美貌也。言此瑞车瑜然色白而出西方也。西,合韵音先。"

②师古曰:"驾舆者之所饮食也。荣泉,言泉有光华。"

③师古曰:"言六者,所获赤雁之数也。纷员,多貌也。言西获象舆,东获赤雁,祥瑞多也。员,音云。"

④孟康曰:"翁,雁颈也。言其文采殊异也。"

⑤师古曰:"见,显示也。蓬莱,神山也,在海中。结,成也。"

　　赤蛟绥,黄华盖,①露夜零,昼晻薀。②百君礼,六龙位,③勺椒浆,灵已醉。④灵既享,锡吉祥,芒芒极,降嘉觞。⑤灵殷殷,烂扬光,⑥延寿命,永未央。杳冥冥,塞六合,泽汪涉,辑万国。⑦灵禔禔,象舆爱,⑧票然逝,旗逶蛇。⑨礼乐成,灵将归,托玄德,长无衰。⑩

　《赤蛟》十九

①师古曰:"绥绥,赤蛟貌。黄华盖,言其上有黄气,状若盖也。"

②师古曰:"晻,音乌感反。薀音蕴。晻薀,云气之貌。"

③师古曰:"百君,亦谓百神也。"

④师古曰:"勺,读曰酌。"

⑤师古曰:"芒芒,广大貌,音莫郎反。"

⑥师古曰:"殷殷,盛也。烂,光貌。殷,音隐。"

⑦师古曰:"塞,满也。辑,和也。天地四方谓之六合。汪,言饶多也。涉,音于废反,又音乌外反。辑,与集同。"

⑧孟康曰:"禔禔,音近泉,不安欲去也。爱,待也。"如淳曰:"爱,仆人严驾待发之意也。"师古曰:"禔,孟音是也。爱,如说是也。爱,音蚁。"

⑨师古曰:"票然,轻举意也。逶蛇,旗貌也。票,音匹遥反。蛇,音移。"

⑩师古曰:"言托恃天德,冀获长生,无衰竭也。"

其余巡狩福应之事,不序郊庙,故弗论。

　　是时，河间献王有雅材，亦以为治道非礼乐不成，因献所集雅乐。天子下大乐官，常存肄之，①岁时以备数，然不常御，常御及郊庙皆非雅声。然诗乐施于后嗣，犹得有所祖述。昔殷周之《雅》《颂》，乃上本有娀、姜原，②禼、稷始生，玄王、公刘、古公、大伯、王季、姜女、大任、太姒之德，③乃及成汤、文、武受命，武丁、成、康、宣王中兴，④下及辅佐阿衡、周、召、太公、申伯、召虎、仲山甫之属，⑤君臣男女有功德者，靡不褒扬。功德既信美矣，褒扬之声盈乎天地之间，是以光名著于当世，遗誉垂于无穷也。今汉郊庙诗歌，未有祖宗之事，八音调均，又不协于钟律，而内有掖庭材人，外有上林乐府，皆以郑声施于朝廷。

　　①师古曰："肄，习也。音弋二反。"

　　②应劭曰："简狄，有娀之女，吞燕卵而生契。"师古曰："姜原，后稷之母也。"

　　③师古曰："禼，殷之始祖。稷，周之始祖。玄王，亦殷之先祖，承黑帝之后，故曰玄王。公刘，后稷之曾孙也。古公亶甫，即齮公也。大伯，大王之子，王季之兄也。王季，文王之父也。姜女，亶甫之妃也。大任，文王之母也。太姒，文王之妃，武王之母也。《毛诗》郑说，以玄王即禼也。此志既言禼，又有玄王，则玄王非禼一人矣。"

　　④师古曰："武丁，殷王高宗也。成王，武王之子也。康王，成王之子也。宣王，厉王之子也。"

　　⑤师古曰："阿衡，伊尹职号也。周，周公旦也。召，召公奭也。太公，师尚父也。申伯、召虎、仲山甫，皆周宣王臣也。"

　　至成帝时，谒者常山王禹世受河间乐，能说其义，其弟子宋晔等上书言之，①下大夫博士平当等考试。当以为"汉承秦灭道之后，赖先帝圣德，博受兼听，修废官，立大学，河间献王聘求幽隐，修兴雅乐以助化。时大儒公孙弘、董仲舒等，皆以为音中正雅，立之大乐。春秋乡射，作于学官，希阔不讲。②故自公卿大夫观听者，但闻铿锵，不晓其意，而欲以风谕众庶，其道无由。③是以行之百有余年，德化至今未成。晔等守习孤学，大指归于兴助教化。衰微之学，兴废在人。宜领雅乐，以继绝表微。④孔子曰：'人能弘道，非道弘

人．'⑤河间区区，小国藩臣，⑥以好学修古，能有所存，⑦民到于今
称之，况于圣主广被之资，⑧修起旧文，放郑近雅，述而不作，信而
好古，于以风示海内，扬名后世，诚非小功小美也。"事下，公卿以为
久远难分明，当议复寝。

①师古曰："晔，音于辄反。"

②师古曰："讲，谓论习也。"

③师古曰："风，化也。"

④师古曰："表，显也。"

⑤师古曰："《论语》载孔子之言。"

⑥师古曰："区区，小貌也。"

⑦师古曰："存意于礼乐。"

⑧师古曰："被，犹覆也，音皮义反。"

是时，郑声尤甚。黄门名倡丙强、景武之属富显于世，贵戚五
侯、定陵、富平、外戚之家①淫侈过度，至与人主争女乐。哀帝自为
定陶王时，疾之，又性不好音，及即位，下诏曰："惟世俗奢泰文巧，
而郑卫之声兴。夫奢泰则下不孙而国贫，②文巧则趋末背本者
众，③郑卫之声兴则淫辟之化流，④而欲黎庶敦朴家给，犹浊其源
而求其清流，⑤岂不难哉！孔子不云乎？'放郑声，郑声淫。'⑥其罢
乐府官。郊祭乐及古兵法武乐，在经非郑卫之乐者，条奏，别属他
官。"丞相孔光、大司马何武奏："郊祭乐人员六十二人，给祠南北
郊。大乐鼓员六人，《嘉至》鼓员十人，邯郸鼓员二人，骑吹鼓员三
人，江南鼓员二人，淮南鼓员四人，巴俞鼓员三十六人，⑦歌鼓员二
十四人，楚严鼓员一人，梁皇鼓员四人，临淮鼓员二十五人，兹邡鼓
员三人，⑧凡鼓十二，员百二十八人，朝贺置酒，陈殿下，应古兵法。
外郊祭员十三人，诸族乐人兼《云招》给祠南郊用六十七人，⑨兼给
事雅乐用四人，夜诵员五人，刚、别柎员二人，给《盛德》⑩主调箎员
二人，⑪听工以律知日冬夏至一人，钟工、磬工、箫工员各一人，仆
射二人主领诸乐人，皆不可罢。竽工员三人，一人可罢。⑫琴工员五
人，三人可罢。柱工员二人，一人可罢。⑬绳弦工员六人，四人可

罢。⑭郑四会员六十二人,一人给事雅乐,六十一人可罢。张瑟员八
人,七人可罢。《安世乐》鼓员二十人,十九人可罢。沛吹鼓员十二
人,族歌鼓员二十七人,陈吹鼓员十三人,商乐鼓员十四人,东海鼓
员十六人,长乐鼓员十三人,缦乐鼓员十三人,⑮凡鼓八,员百二十
八人,朝贺置酒,陈前殿房中,不应经法。治竽员五人,楚鼓员六人,
常从倡三十人,常从象人四人,⑯诏随常从倡十六人,秦倡员二十
九人,秦倡象人员三人,诏随秦倡一人,雅大人员九人,朝贺置酒为
乐。楚四会员十七人,巴四会员十二人,铫四会员十二人,⑰齐四会
员十九人,蔡讴员三人,齐讴员六人,竽瑟钟磬员五人,皆郑声,可
罢。师学百四十二人,其七十二人给大官桐马酒,⑱其七十人可罢。
大凡八百二十九人,其三百八十八人不可罢,可领属大乐,其四百
四十一人不应经法,或郑卫之声,皆可罢。"奏可。然百姓渐渍日久,
又不制雅乐有以相变,豪富吏民湛沔自若,⑲陵夷坏于王莽。

①师古曰:"五侯,王凤以下也。定陵,淳于长也。富平,张放。"

②师古曰:"孙,读曰逊。"

③师古曰:"趋,读曰趣。趣,向也。"

④师古曰:"辟,读曰僻也。"

⑤师古曰:"源,水泉之本。"

⑥师古曰:"《论语》载孔子之言。"

⑦师古曰:"巴,巴人也。俞,俞人也。当高祖初为汉王,得巴俞人,并趫捷
   善斗,与之定三秦灭楚,因存其武乐也。巴俞之乐因此始也。巴即今之
   巴州,俞即今之渝州,各其本地。"

⑧晋灼曰:"邡,音方。"

⑨师古曰:"招,读与翘同。"

⑩师古曰:"刚及别柎皆鼓名也。柎,音肤。"

⑪师古曰:"篪,以竹为之,七孔,亦笛之类也,音池。"

⑫师古曰:"竽,笙类也,三十六簧,音于。"

⑬师古曰:"柱工,主筝瑟之柱者。"

⑭师古曰:"弦,琴瑟之弦。绳,言主纠合作之也。"

⑮师古曰:"缦乐,杂乐也,音漫。"

⑯孟康曰:"象人,若今戏暇鱼师子者也。"韦昭曰:"著假面者也。"师古曰:"孟说是。"

⑰李奇曰:"疑是鼗。"韦昭曰:"铫,国名,音鵶。"师古曰:"韦说是也。铫,音姚。"

⑱李奇曰:"以马乳为酒,撞桐乃成也。"师古曰:"桐,音动。马酪味如酒,而饮之亦可醉,故呼马酒也。"

⑲师古曰:"湛,读曰沈,又读曰耽。自若,言自如故也。"

今海内更始,民人归本,户口岁息,①平其刑辟,牧以贤良,至于家给,既庶且富,则须庠序礼乐之教化矣。②今幸有前圣遗制之威仪,诚可法象而补备之,经纪可因缘而存著也。孔子曰:"殷因于夏礼,所损益,可知也;周因于殷礼,所损益,可知也;其或继周者,虽百世,可知也。"③今大汉继周,久旷大仪,未有立礼成乐,此贾谊、仲舒、王吉、刘向之徒所为发愤而增叹也。④

①师古曰:"今,谓班氏撰书时也。息,生也。"

②师古曰:"家给,解已在前。庶,众也。《论语》云孔子曰:'庶矣哉!'冉有曰:'既庶矣,又何加焉?'曰:'富之。'曰:'既富矣,又何加焉?'曰:'教之。'故班氏引之也。"

③师古曰:"《论语》载孔子对子张之言也。"

④师古曰:"感叹也。"

汉书卷二三
志第三

刑　法

　　夫人宵天地之貌，①怀五常之性，②聪明精粹，③有生之最灵
者也。爪牙不足以供耆欲，趋走不足以避利害，④无毛羽以御寒暑，
必将役物以为养，用仁智而不恃力，此其所以为贵也。故不仁爱则
不能群，不能群则不胜物，不胜物则养不足。群而不足，争心将作，
上圣卓然先行敬让博爱之德者，众心说而从之。⑤从之成群，是为
君矣；归而往之，是为王矣。⑥《洪范》曰："天子作民父母，为天下
王。"⑦圣人取类以正名，而谓君为父母，明仁爱德让，王道之本也。
爱待敬而不败，德须威而久立，故制礼以崇敬，作刑以明威也。圣人
既躬明哲之性，⑧必通天地之心，制礼作教，立法设刑，动缘民情，
而则天象地。⑨故曰先王立礼，"则天之明，因地之性"也。⑩刑罚威
狱，以类天之震曜杀戮也；⑪温慈惠和，以效天之生殖长育也。《书》
云"天秩有礼"，"天讨有罪"。⑫故圣人因天秩而制五礼，⑬因天讨
而作五刑。⑭大刑用甲兵，⑮其次用斧钺；⑯中刑用刀锯，⑰其次用
钻凿；⑱薄刑用鞭扑，⑲大者陈诸原野，⑳小者致之市朝，㉑其所繇
来者上矣。㉒

　　①应劭曰："宵，类也。头圜象天，足方象地。"孟康曰："宵，化也，言裹天地
　　　气化而生也。"师古曰："宵义与肖同，应说是也。故庸妄之人谓之不肖，
　　　言其状貌无所象似也。貌，古貌字。"
　　②师古曰："五常，仁、义、礼、智、信。"

③师古曰:"精,细也,言其识性细密也。粹,淳也,音先遂反。"

④师古曰:"耆,读曰嗜。"

⑤师古曰:"说,读曰悦。"

⑥师古曰:"言争往而归之也。"

⑦师古曰:"《洪范》,《周书》也。"

⑧师古曰:"躬,谓身亲有之。"

⑨师古曰:"则,法也。"

⑩师古曰:"《春秋左氏传》载郑大夫子太叔之辞也。"

⑪师古曰:"震,谓雷电也。"

⑫师古曰:"此《虞书·皋繇谟》之辞也。秩,叙也。言有礼者天则进叙之。
　　有罪者天则讨治之。"

⑬师古曰:"五礼,吉、凶、宾、军、嘉。"

⑭师古曰:"其说在下也。"

⑮张晏曰:"以六师诛暴乱。"

⑯韦昭曰:"斩刑也。"

⑰韦昭曰:"刀,割刑也。锯,刖刑也。"

⑱韦昭曰:"钻,髌刑也。凿,黥刑也。"师古曰:"钻,钻去其髌骨也。钻,音
　　子端反。髌,音频忍反。"

⑲师古曰:"扑,杖也,音普木反。"

⑳师古曰:"谓征讨所杀也。"

㉑应劭曰:"大夫已上尸诸朝,士已下尸诸市。"

㉒师古曰:"繇,读与由同。"

　　自黄帝有涿鹿之战以定火灾,①颛顼有共工之陈以定水害。②
唐虞之际,至治之极,犹流共工,放谨兜,窜三苗,殛鲧,然后天下
服。③夏有甘扈之誓,④殷、周以兵定天下矣。⑤天下既定,戢臧干
戈,教以文德,⑥而犹立司马之官,设六军之众,⑦因井田而制军
赋。地方一里为井,井十为通,通十为成,成方十里;成十为终,终十
为同,同方百里;同十为封,封十为畿,畿方千里。有税有赋。⑧税以
足食,赋以足兵。故四井为邑,四邑为丘。丘,十六井也,有戎马一
匹,牛三头。四丘为甸。甸,六十四井也,有戎马四匹,兵车一乘,牛
十二头,甲士三人,卒七十二人,干戈备具,是谓乘马之法。⑨一同

百里,提封万井,⑩除山川沈斥,城池邑居,园囿术路,三千六百井,⑪定出赋六千四百井,戎马四百匹,兵车百乘,此卿大夫采地之大者也,⑫是谓百乘之家。一封三百一十六里,提封十万井,定出赋六万四千井,戎马四千匹,兵车千乘,此诸侯之大者也,是谓千乘之国。天子畿方千里,提封百万井,定出赋六十四万井,戎马四万匹,兵车万乘,故称万乘之主。戎马车徒干戈素具,春振旅以搜,夏拔舍以苗,秋治兵以狝,冬大阅以狩,⑬皆于农隙以讲事焉。⑭五国为属,属有长;十国为连,连有帅;⑮三十国为卒,卒有正;二百一十国为州,州有牧。连帅比年简车,⑯卒正三年简徒,⑰群牧五载大简车徒,此先王为国立武足兵之大略也。

①郑氏曰:"涿鹿在彭城南。与炎帝战,炎帝火行,故云火灾。"李奇曰:"黄帝与炎帝战于阪泉,今言涿鹿,地有二名也。"文颖曰:"《国语》云:黄帝,炎帝弟也。炎帝号神农,火行也,后子孙暴虐,黄帝伐之,故言以定火灾。《律历志》云'与炎帝后战于阪泉'。涿鹿在上谷,今见有阪泉地黄帝祠。"师古曰:"文说是也。彭城者,上谷北别有彭城,非宋之彭城也。"

②文颖曰:"共工,主水官也,少昊氏衰,秉政作害,颛顼伐之。本主水官,因为水行也。"师古曰:"共,读曰龚。次下亦同"

③师古曰:"舜受尧禅而流共工于幽州,放谨兜于崇山,窜三苗于三危,殛鲧于羽山也。殛,诛也,音居力反。"

④师古曰:"谓启与有扈战于甘之野,作《甘誓》,事见《夏书》。扈国,今鄠县是也。甘即甘水之上。"

⑤师古曰:"谓汤及武王。"

⑥师古曰:"戢,敛也。"

⑦师古曰:"司马,夏官卿,掌邦政,军旅属焉。万二千五百人为军,王则六军也。"

⑧师古曰:"税者,田租也。赋,谓发敛财也。"

⑨郑氏曰:"甲士在车上也。"师古曰:"乘,音食证反。其下并同。"

⑩苏林曰:"提,音祇。陈留人谓举田为祇。"李奇曰:"提,举也,举四封之内也。"师古曰:"李说是也。提,读如本字,苏音非也。说者或以为积土而封谓之堤封,既改文字,又失义也。"

⑪臣瓒曰:"沈斥,水田舄卤也。"如淳曰:"术,大道也。"师古曰:"川,谓水

之通流者也。沈,谓居深水之下也。斥,咸卤之地。"

⑫师古曰:"采,官也。因官食地,故曰采地。《尔雅》曰'采,寀,官也'。说者不晓采地之义,因谓菜地,云以种菜,非也。"

⑬师古曰:"振旅,整众也。搜,搜择不任孕者。拔舍,草止,不妨农也。苗,为苗除害也。治兵,观威武也。狝,应杀气也。大阅,简车马也。狩,火田。一曰:狩也,围守而取之。拔,音步末反。"

⑭师古曰:"隙,空闲也。讲,和习也。"

⑮师古曰:"长,音竹两反。帅,音所类反。"

⑯师古曰:"比年,频年也。"

⑰师古曰:"徒,人众。"

周道衰,法度墯,①至齐桓公任用管仲,而国富民安。公问行伯用师之道,②管仲曰:"公欲定卒伍,修甲兵,大国亦将修之,而小国设备,则难以速得志矣。"于是乃作内政而寓军令焉,③故卒伍定乎里,而军政成乎郊。连其什伍,④居处同乐,死生同忧,祸福共之,故夜战则其声相闻,昼战则其目相见,缓急足以相死。其教已成,外攘夷狄,内尊天子,以安诸夏。⑤齐桓既没,晋文接之,亦先定其民,作被庐之法,⑥总帅诸侯,迭为盟主。⑦然其礼已颇僭差,又随时苟合以求欲速之功,故不能充王制。二伯之后,浸以陵夷,⑧至鲁成公作丘甲,⑨哀公用田赋,⑩搜狩治兵大阅之事皆失其正。《春秋》书而讥之,以存王道。于是师旅亟动,百姓罢敝,⑪无伏节死难之谊。孔子伤焉,曰:"以不教民战,是谓弃之。"⑫故称子路曰:"由也,千乘之国,可使治其赋也。"而子路亦曰:"千乘之国,摄乎大国之间,加之以师旅,因之以饥馑,由也为之,比及三年,可使有勇,且知方也。"⑬治其赋兵教以礼谊之谓也。

①师古曰:"墯即堕字。堕,毁也,音火规反。"

②师古曰:"伯,读曰霸。"

③师古曰:"寓,寄也,寄于内政而修军令也。"

④师古曰:"五人为伍,二伍为什。"

⑤师古曰:"攘,却也。诸夏,中国之诸侯也。夏,大也,言大于四夷也。攘,音人羊反。"

⑥应劭曰:"搜于被庐之地,作执秩以为六官之法,因以名之也。"师古曰:"被庐,晋地也。被,音皮义反。"

⑦师古曰:"迭,互也,音大结反。"

⑧师古曰:"浸,渐也。陵夷,颓替也。二伯,齐桓公、晋文公也。伯,读曰霸。"

⑨师古曰:"丘,十六井也,止出戎马一匹,牛三头。四丘为甸,甸,六十四井也,乃出戎马四匹,兵车一乘,牛十二头,甲士三人,卒七十二人耳。今乃使丘出甸赋,违常制也。一说:别令人为丘作甲也。士农工商四类异业,甲者非凡人所能为,而令作之,讥不正也。"

⑩师古曰:"田赋者,别计田亩及家财各为一赋。言不依古制,役烦敛重也。"

⑪师古曰:"亟,屡也,音丘吏反。罢,读曰疲。"

⑫师古曰:"《论语》载孔子之言也,非其不素习。"

⑬师古曰:"皆《论语》所载也。方,道也。比,音必寐反。"

春秋之后,灭弱吞小,并为战国,稍增讲武之礼,以为戏乐,用相夸视。①而秦更名角抵,②先王之礼没于淫乐中矣。雄桀之士因势辅时,作为权诈以相倾覆,吴有孙武,齐有孙膑,③魏有吴起,秦有商鞅,皆禽敌立胜,垂著篇籍。当此之时,合从连衡,④转相攻伐,代为雌雄。⑤齐愍以技击强,⑥魏惠以武卒奋,⑦秦昭以锐士胜。⑧世方争于功利,而驰说者以孙、吴为宗。时唯孙卿明于王道,⑨而非之曰:"彼孙、吴者,上势利而贵变诈;施于暴乱昏嫚之国,君臣有间,⑩上下离心,政谋不良,故可变而诈也。夫仁人在上,为下所卬,⑪犹子弟之卫父兄,若手足之捍头目,何可当也?⑫邻国望我,欢若亲戚,芬若椒兰,顾视其上,犹焚灼仇雠。人情,岂肯为其所恶而攻其所好哉?故以桀攻桀,犹有巧拙;以桀诈尧,若卵投石,夫何幸之有?⑬《诗》曰:'武王载旆,有虔秉钺,如火烈烈,则莫我敢遏。'⑭言以仁谊绥民者,无敌于天下也。若齐之技击,得一首则受赐金。事小敌脆,则媮可用也;⑮事巨敌坚,则涣然离矣。⑯是亡国之兵也。魏氏武卒,衣三属之甲,⑰操十二石之弩,负矢五十个,置戈其上,冠胄带剑,赢三日之粮,⑱日中而趋百里,⑲中试,则复其户,利其田宅。^⑳如此,则其地虽广,其税必寡,其气力数年而衰。是危国之兵也。秦人,其生民也狭隘,其使民也酷烈。^㉑劫之以势,隐之以隘,^㉒狃之以赏庆,道之以刑罚,^㉓使其民所以要利于上者,非战无由也。功赏相长,五甲首而隶五家,^㉔是最为有数,故能四世有胜于天下。然皆干赏蹈利之兵,庸徒鬻卖之道耳,^㉕未有安制矜节之理也。^㉖故虽地广兵强,鳃鳃常恐天下之一合而共轧己也。^㉗至乎齐桓、晋文之兵,可谓入其域而有节制矣,^㉘然犹未本仁义之统也。故齐之技击不可以遇魏之武卒,魏之武卒不可以直秦之锐士,^㉙秦之锐士不可以当桓、文之节制,桓、文之节制不可以敌汤、武之仁义。"

①师古曰:"视,读曰示。"

②师古曰:"抵,音丁礼反。解在《武纪》。"

③师古曰:"膑,音频忍反。"

④师古曰:"衡,横也。战国时,齐、楚、韩、魏、燕、赵为从,秦国为衡。从,音子容反。谓其地形南北从长也。秦地形东西横长,故为衡也。"

⑤师古曰:"代,亦迭也。"

⑥孟康曰:"兵家之技巧。技巧者,习手足,便器械,积机关,以立攻守之胜。"

⑦师古曰:"奋,盛起也。"

⑧师古曰:"锐,勇利也。"

⑨师古曰:"孙卿,楚人也,姓荀名况,避汉宣帝之讳,故改曰孙卿。"

⑩师古曰:"言有间隙不谐和。"

⑪师古曰:"卬,读曰仰。"

⑫师古曰:"捍,御难也,音下旦反。"

⑬师古曰:"言往必破碎。"

⑭师古曰:"《殷颂·长发》之诗也。武王谓汤也。虔,敬也。遏,止也。言汤建号兴师,本犹仁义,虽执戚钺,以敬为先,故得如火之盛,无能止也。"

⑮师古曰:"媮,与偷同,谓苟且。"

⑯师古曰:"巨,大也。涣然,散貌。"

⑰服虔曰:"作大甲三属,竟人身也。"苏林曰:"兜鍪也,盆领也,髀裈也。"

如淳曰："上身一，髀褌一，踁缴一，凡三属也。"师古曰："如说是也。属，联也，音之欲反。髀，音陛。踁，即胫字。"

⑱师古曰："个，读曰箇。箇，枚也。胄，兜鍪也。冠胄带剑者，著兜鍪而又带剑也。赢，谓担负也，音盈。"

⑲师古曰："中，一日之中。"

⑳师古曰："中试，试之而中科条也。复，谓免其赋税也。利田宅者，给其便利之处也。中，音竹仲反。复，音方目反。"

㉑师古曰："狭，地小也。隘，险固也。酷，重厚也。烈，猛威也。"

㉒郑氏曰："秦地多隘，臧隐其民于隘中也。"臣瓒曰："秦政急峻，隐括其民于隘狭之法。"师古曰："郑说是也。"

㉓师古曰："狃，串习也，音女救反。道，读曰导。"

㉔服虔曰："能得著甲者五人首，使得隶役五家也。"如淳曰："役隶五家，是为相君长。"

㉕师古曰："鬻，音育。"

㉖师古曰："矜，持也。"

㉗苏林曰："鰓，音慎而无礼则葸之葸。鰓，惧貌也。张晏曰："轧，践轹也。"师古曰："鰓，音先祀反。轧，音于黠反。"

㉘孟康曰："入王兵之域，而未尽也。"

㉙师古曰："直，亦当也。"

故曰："善师者不陈，①善陈者不战，善战者不败，善败者不亡。"若夫舜修百僚，咎繇作士，②命以"蛮夷猾夏，寇贼奸轨"，③而刑无所用，所谓善师不陈者也。汤、武征伐，陈师誓众，而放禽桀、纣，④所谓善陈不战者也。齐桓南服强楚，使贡周室，⑤北伐山戎，为燕开路，⑥存亡继绝，功为伯首，⑦所谓善战不败者也。楚昭王遭阖庐之祸，国灭出亡，⑧父老送之。王曰："父老反矣！何患无君？"父老曰："有君如是其贤也！"⑨相与从之。或犇走赴秦，号哭请救，⑩秦人为之出兵。⑪二国并力，遂走吴师，⑫昭王返国，⑬所谓善败不亡者也。若秦因四世之胜，据河山之阻，任用白起、王翦豺狼之徒，奋其爪牙，禽猎六国，以并天下。⑭穷武极诈，士民不附，卒隶之徒，还为敌仇，⑮焱起云合，果共轧之。⑯斯为下矣。凡兵，所以存亡继绝,救乱除害也。故伊、吕之将,子孙有国,与商周并。⑰至于末世,苟任诈力,以快贪残,争城杀人盈城,争地杀人满野。孙、吴、商、白之徒,皆身诛戮于前,而国灭亡于后。⑱报应之势,各以类至,其道然矣。

①师古曰:"战陈之义本因陈列为名,而音变耳,字则作陈,更无别体。而末代学者辄改其字旁从车,非经史之本文也。今宜依古,不从流俗也。"

②师古曰:"士师,理官,谓司寇之职也。"

③师古曰:"《虞书·舜典》舜命咎繇之文也。猾,乱也。夏,诸夏也。寇谓攻剽,贼谓杀人。在外为奸,在内为轨。"

④师古曰:"谓《汤誓》、《泰誓》、《牧誓》是也。"

⑤师古曰:"谓僖四年伐楚,次于陉,责包茅不入,王祭不供也。"

⑥师古曰:"谓庄三十年伐山戎,以其病燕故也。"

⑦师古曰:"谓存三亡国,卫、邢、鲁也。伯,读曰霸。"

⑧师古曰:"谓定四年吴入郢,楚子出,涉睢济江,入于云中也。"

⑨师古曰:"言无有如此君者。"

⑩师古曰:"谓申包胥如秦乞师也。犇,古奔字。"

⑪师古曰:"谓秦子蒲、子武帅车五百乘以求楚也。"

⑫师古曰:"谓子蒲大败夫概王于沂,蓮射之子子西败吴师于军祥。"

⑬师古曰:"吴师已归,楚子入郢。"

⑭师古曰:"言如猎之取兽。"

⑮师古曰:"谓陈胜、吴广、英布之徒也。"

⑯师古曰:"猋,疾风也。如猋之起,言其速也。如云之合,言其盛也。猋,音必遥反。"

⑰师古曰:"言其同盛衰也。"

⑱师古曰:"孙武、孙膑、吴起、商鞅、白起也。"

汉兴,高祖躬神武之材,行宽仁之厚,总揽英雄,以诛秦、项。任萧、曹之文,用良、平之谋,骋陆、郦之辩,明叔孙通之仪,文武相配,大略举焉。天下既定,蹑秦置材官于郡国,①京师有南北军之屯。至武帝平百粤,内增七校,②外有楼船,皆岁时讲肄,修武备云。③至元帝时,以贡禹议,始罢角抵,而未正治兵振旅之事也。

①师古曰:"蹑,因也。"

②晋灼曰："《百官表》中垒、屯骑、步兵、越骑、长水、胡骑、射声、虎贲，凡八校尉，胡骑不常置，故此言七也。"

③师古曰："肄，习也，音弋二反。"

古人有言："天生五材，民并用之，①废一不可，谁能去兵？"鞭扑不可弛于家，②刑罚不可废于国，征伐不可偃于天下；用之有本末，行之有逆顺耳。孔子曰："工欲善其事，必先利其器。"③文德者，帝王之利器；威武者，文德之辅助也。夫文之所加者深，则武之所服者大；德之所施者博，则威之所制者广。三代之盛，至于刑错兵寝者，其本末有序，帝王之极功也。④

①师古曰："五材，金、木、水、火、土也。"

②师古曰："弛，放也，音式尔反。"

③师古曰："《论语》载孔子之言。"

④师古曰："刑错兵寝，皆谓置而弗用也。"

昔周之法，建三典以刑邦国，诘四方：①一曰，刑新邦用轻典；②二曰，刑平邦用中典；③三曰，刑乱邦用重典。④五刑，墨罪五百，劓罪五百，宫罪五百，刖罪五百，杀罪五百，所谓刑平邦用中典者也。⑤凡杀人者踣诸市，⑥墨者使守门，⑦劓者使守关，⑧宫者使守内，⑨刖者使守囿，⑩完者使守积。⑪其奴，男子入于罪隶，⑫女子入舂槁。⑬凡有爵者，与七十者，与未龀者，皆不为奴。⑭

①师古曰："诘，责也，音口一反。字或作诂，音工到反。诂，谨也，以刑治之令谨敕也。"

②师古曰："新辟地立君之国，其人未习于教，故用轻法。"

③师古曰："承平守成之国，则用中典常行之法也。"

④师古曰："篡杀畔逆之国，化恶难移，则用重法诛杀之也。自此以上，大司寇所职也。"

⑤师古曰："墨，黥也，凿其面以墨涅之。劓，截鼻也。宫，淫刑也，男子割腐，妇人幽闭。刖，断足也。杀，死刑也。自此以上，司刑所职也。劓，音牛冀反。刖，音五刮反，又音月。"

⑥师古曰："踣，谓毙之也，音妨付反。"

⑦师古曰："黥面之人,不妨禁卫也。"

⑧师古曰："以其貌毁,故远之。"

⑨师古曰："人道既绝,于事便也。"

⑩师古曰："驱御禽兽,无足可也。"

⑪师古曰："完,谓不亏其体,但居作也。积,积聚之物也。自此以上,掌戮所职也。"

⑫李奇曰："男女徒总名为奴。"

⑬孟康曰："主暴燥舂之也。"韦昭曰："舂,舂人;槁,槁人也。给此二官之役。"师古曰："槁,音古老反。"

⑭师古曰："有爵,谓命士以上也。龀,毁齿,男子八岁,女子七岁,而毁齿矣。自此以上,司厉所职也。"

周道既衰,穆王眊荒,命甫侯度时作刑,以诘四方。①墨罚之属千,劓罚之属千,膑罚之属五百,宫罚之属三百,大辟之罚其属二百。②五刑之属三千,③盖多于平邦中典五百章,所谓刑乱邦用重典者也。

①师古曰："穆王,昭王之子也,享国既百年,而王眊乱荒忽,乃命甫侯为司寇,商度时宜而作刑之制,以治四方也。甫,国名也。眊,音莫报反。度,音大各反。"

②师古曰："膑罚,去膝头骨。大辟,死刑也。膑,音频忍反。"

③师古曰："五者之刑凡三千。"

春秋之时,王道浸坏,教化不行,①子产相郑而铸刑书。②晋叔向非之曰：③"昔先王议事以制,不为刑辟。④惧民之有争心也,犹不可禁御,是故闲之以谊,纠之以政,⑤行之以礼,守之以信,奉之以仁。⑥制为禄位以劝其从,⑦严断刑罚以威其淫。⑧惧其未也,故诲之以忠,慑之以行,⑨教之以务,⑩使之以和,⑪临之以敬,莅之以强,⑫断之以刚。犹求圣哲之上,明察之官,忠信之长,慈惠之师。⑬民于是乎可任使也,而不生祸乱。民知有辟,则不忌于上,并有争心,以征于书,而徼幸以成之,弗可为矣。⑭夏有乱政而作禹刑,商有乱政而作汤刑,周有乱政而作九刑。⑮三辟之兴,皆叔世也。⑯今吾子相郑国,制参辟,铸刑书,⑰将以靖民,不亦难乎!⑱

《诗》曰：'仪式刑文王之德，日靖四方。'⑲又曰：'仪刑文王，万邦作孚。'⑳如是，何辟之有？㉑民知争端矣，将弃礼而征于书。㉒锥刀之末，将尽争之，㉓乱狱滋丰，货赂并行。㉔终子之世，郑其败乎！"子产报曰："若吾子之言，侨不材，不能及子孙，吾以救世也。"㉕偷薄之政，自是滋矣。孔子伤之，曰："导之以德，齐之以礼，有耻且格；导之以政，齐之以刑，民免而无耻。"㉖"礼乐不兴，则刑罚不中；刑罚不中，则民无所错手足。"㉗孟氏使阳肤为士师，㉘问于曾子，㉙亦曰："上失其道，民散久矣。如得其情，则哀矜而勿喜。"㉚

①师古曰："浸，渐也。"

②师古曰："子产，郑大夫公孙侨也。铸刑法于鼎，事在昭六年。"

③师古曰："叔向，晋大夫羊舌肸也。遗其书以非之。向，音许两反。"

④李奇曰："先议其犯事，议定然后乃断其罪，不为一成之刑著于鼎也。"

　师古曰："虞舜则象以典刑，流宥五刑。《周礼》则三典五刑，以诘邦国。非不豫设，但弗宣露使人知之。"

⑤师古曰："闲，防也。纠，举也。"

⑥师古曰："奉，养也。"

⑦师古曰："劝其从教之心也。"

⑧师古曰："淫，放也。"

⑨晋灼曰："懱，古竦字也。"师古曰："懱，谓奖也，又音所项反。"

⑩师古曰："时所急。"

⑪师古曰："悦以使人也。"

⑫师古曰："莅，谓监视也。

⑬师古曰："上，谓公侯也。官，卿佐也。长、师，皆列职之首也。"

⑭师古曰："辟，法也。为，治也。权移于法，故人不畏上，因危文以生诈妄，徼幸而成巧，则弗可治也。"

⑮韦昭曰："谓正刑五，及流、赎、鞭、扑也。"

⑯师古曰："叔世，言晚时也。"

⑰孟康曰："谓夏、殷、周乱政所制三辟也。"

⑱师古曰："靖，安也，一曰治也。"

⑲师古曰："《周颂·我将》之诗也。言法象文王之德，以为仪式，则四方日以安靖也。"

⑳师古曰："《大雅·文王》诗也。孚,信也。又言法象文王,则万国皆信顺也。"

㉑师古曰："若《诗》所言,不宜制刑辟。"

㉒师古曰："取证于刑书。"

㉓师古曰："喻微细。"

㉔师古曰："滋,益也。"

㉕师古曰："言虽非长久之法,且救当时之敝。"

㉖师古曰："《论语》载孔子之言也。格,正也。言用德礼,则人有耻而自正;尚政刑,则下苟免而无耻。"

㉗师古曰："亦《论语》所载孔子之言。礼以治人,乐以易俗,二者不兴,则刑罚滥矣。错,置也。"

㉘师古曰："亦《论语》所载。阳肤,曾子弟子也。士师,狱官。"

㉙师古曰："问何以居此职也。"

㉚师古曰："此曾子对辞。言萌俗浇离,轻犯于法,乃由上失其道,非下之过。今汝虽得狱情,当哀矜之,勿喜也。"

陵夷至于战国,韩任申子,秦用商鞅,连相坐之法,造参夷之诛,①增加肉刑、大辟,有凿颠、抽胁、镬亨之刑。②

①师古曰："参夷,夷三族。"

②师古曰："鼎大而无足曰镬,以煮人也。"

至于秦始皇,兼吞战国,遂毁先王之法,灭礼谊之官,专任刑罚,躬操文墨,①昼断狱,夜理书,自程决事,日县石之一。②而奸邪并生,赭衣塞路,囹圄成市,天下愁怨,溃而叛之。

①师古曰："躬,身也。操,执持也,音千高反。"

②服虔曰："县,称也。石,百二十斤也。始皇省读文书,日以百二十斤为程。"

汉兴,高祖初入关,约法三章曰："杀人者死,伤人及盗抵罪。"蠲削烦苛,兆民大说。①其后四夷未附,兵革未息,三章之法不足以御奸,②于是相国萧何捃摭秦法,③取其宜于时者,作律九章。

①师古曰："说,读曰悦。"

②师古曰："御,止也。"

③师古曰："捃摭,谓收拾也。捃,音九问反。摭,音之石反。"

当孝惠、高后时，百姓新免毒蠚，人欲长幼养老。①萧、曹为相，填以无为，②从民之欲，而不扰乱，是以衣食滋殖，刑罚用稀。

①师古曰："蠚，音呼各反。"

②师古曰："言以无为之法填安百姓也。填，音竹刃反。"

及孝文即位，躬修玄默，劝趣农桑，减省租赋。而将相皆旧功臣，少文多质，惩恶亡秦之政，论议务在宽厚，耻言人之过失。化行天下，告讦之俗易。①吏安其官，民乐其业，畜积岁增，户口浸息。②风流笃厚，禁罔疏阔。选张释之为廷尉，罪疑者予民，③是以刑罚大省，至于断狱四百，④有刑错之风。

①师古曰："讦，面相斥罪也，音居谒反。"

②师古曰："畜，读曰蓄。浸，益也。息，生也。"

③师古曰："从轻断。"

④师古曰："谓普天之下重罪者也。"

即位十三年，太仓令淳于公有罪当刑，诏狱逮系长安。①淳于公无男，有五女，当行会逮，骂其女曰："生子不生男，缓急非有益！"其少女缇萦，自伤悲泣，②乃随其父至长安，上书曰："妾父为吏，齐中皆称其廉平，今坐法当刑。妾伤夫死者不可复生，刑者不可复属，③虽后欲改过自新，其道亡繇也。④妾愿没入为官婢，以赎父刑罪，使得自新。"书奏天子，天子怜悲其意，遂下令曰："制诏御史：盖闻有虞氏之时，画衣冠异章服以为戮，而民弗犯，何治之至也！今法有肉刑三，⑤而奸不止，其咎安在？非乃朕德之薄，而教不明与！⑥吾甚自愧。故夫训道不纯而愚民陷焉。⑦《诗》曰：'恺弟君子，民之父母。'⑧今人有过，教未施而刑已加焉，或欲改行为善，而道亡繇至，⑨朕甚怜之。夫刑至断支体，刻肌肤，终身不息，⑩何其刑之痛而不德也！岂为民父母之意哉？其除肉刑，有以易之；及令罪人各以轻重，不亡逃，有年而免。⑪具为令。"⑫

①师古曰："逮，及也。辞之所及，则追捕之，故谓之逮。一曰，逮者，在道将送，防御不绝，若今之传送囚也。"

②师古曰："缇萦，女名也。缇，音他弟反。"

③师古曰:"属,联也,音之欲反。"

④师古曰:"繇,读与由同。由,从也。"

⑤孟康曰:"黥、劓二,刖左右趾合一,凡三也。"

⑥师古曰:"与,读曰欤。"

⑦师古曰:"道,读曰导。"

⑧师古曰:"《大雅泂酌》之诗也。言君子有和乐简易之德,则其下尊之如父,亲之如母也。"

⑨师古曰:"繇,读与由同。"

⑩师古曰:"息,生也。"

⑪孟康曰:"其不亡逃者,满其年数,得免为庶人。"

⑫师古曰:"使更为条制。"

丞相张仓、御史大夫冯敬奏言:"肉刑所以禁奸,所由来者久矣。陛下下明诏,怜万民之一有过被刑刑者终身不息,及罪人欲改行为善而道亡繇至,于盛德,臣等所不及也。臣谨议请定律曰:诸当完者,完为城旦舂;①当黥者,髡钳为城旦舂;当劓者,笞三百;当斩左止者,笞五百;当斩右止,及杀人先自告,及吏坐受赇枉法,守县官财物而即盗之,已论命复有籍笞罪者,皆弃市。②罪人狱已决,完为城旦舂,满三岁为鬼薪白粲。鬼薪白粲一岁,为隶臣妾。隶臣妾一岁,免为庶人。③隶臣妾满二岁,为司寇。司寇一岁,及作如司寇二岁,皆免为庶人。④其亡逃及有耐罪以上,不用此令。⑤前令之刑城旦舂岁而非禁锢者,完为城旦舂岁数以免。⑥臣昧死请。"制曰:"可。"是后,外有轻刑之名,内实杀人。斩右止者又当死。斩左止者笞五百,当劓者笞三百,率多死。⑦

①臣瓒曰:"文帝除肉刑,皆有以易之,故以完易髡,以笞代劓,以钛左右止代刖。今髡曰完矣,不复云以完代完也。此当言髡者完也。"

②李奇曰:"命,逃亡也。复于论命中有罪也。"晋灼曰:"命者,名也,成其罪也。"师古曰:"止,足也。当斩右足者,以其罪次重,故从弃市也。杀人先自告,谓杀人而自首,得免罪者也。吏受赇枉法,谓曲公法而受赂者也。守县官财物而即盗之,即今律所谓主守自盗者也。杀人害重,受赇盗物,赃污之身,故此三罪已被论名而又犯笞,亦皆弃市也。今流俗书本'笞五百'之上及'劓者'之下有'籍笞'字,'复有笞罪'亦云'复有籍

笞罪',皆后人妄加耳,旧本无也。"

③师古曰:"男子为隶臣,女子为隶妾。鬼薪白粲满三岁为隶臣,隶臣一岁免为庶人。隶妾亦然也。"

④如淳曰:"罪降为司寇,故一岁。正司寇,故二岁也。"

⑤师古曰:"于本罪中又重犯者也。"

⑥李奇曰:"谓文帝作此令之前有刑者。"

⑦师古曰:"斩右止者弃市,故人多死。以笞五百代斩左止,笞三百代劓,笞数既多,亦不活也。"

景帝元年,下诏曰:"加笞重罪无异,①幸而不死,不可为人。②其定律:笞五百曰三百,笞三百曰二百。"犹尚不全。至中六年,又下诏曰:"加笞者,或至死而笞未毕,朕甚怜之。其减笞三百曰二百,笞二百曰一百。"又曰:"笞者,所以教之也,其定箠令。"③丞相刘舍、御史大夫卫绾请:"笞者,箠长五尺,其本大一寸,其竹也,末薄半寸,皆平其节。当笞者笞臀。④毋得更人,⑤毕一罪,乃更人。"自是笞者得全,然酷吏犹以为威。死刑既重,而生刑又轻,民易犯之。

①孟康曰:"重罪,谓死刑。"

②师古曰:"谓不能自起居也。"

③师古曰:"箠,策也,所以击者也。音止蕊反。"

④如淳曰:"然则先时笞背也。"师古曰:"臀,音徒门反。"

⑤师古曰:"谓行笞者不更易人也。"

及至孝武即位,外事四夷之功,内盛耳目之好,征发烦数,百姓贫耗,①穷民犯法,酷吏击断,奸轨不胜。于是招进张汤、赵禹之属,条定法令,作见知故纵、监临部主之法,②缓深故之罪,③急纵出之诛。④其后奸猾巧法,转相比况,禁罔浸密。⑤律令凡三百五十九章,大辟四百九条,千八百八十二事,死罪决事比万三千四百七十二事。⑥文书盈于几阁,典者不能遍睹。是以郡国承用者驳,⑦或罪同而论异。奸吏因缘为市,⑧所欲活则傅生议,所欲陷则予死比,⑨议者咸冤伤之。

①师古曰:"耗,损也,音呼到反。"

②师古曰:"见知人犯法不举告为故纵,而所监临部主有罪并连坐也。"

③孟康曰:"孝武欲急刑,吏深害及故入人罪者,皆宽缓。"

④师古曰:"吏释罪人,疑以为纵出,则急诛之。亦言尚酷。"

⑤师古曰:"浸,渐也。其下亦同。"

⑥师古曰:"比,以例相比况也。"

⑦师古曰:"不晓其指,用意不同也。"

⑧师古曰:"弄法而受财,若市买之交易。"

⑨师古曰:"傅,读曰附。"

宣帝自在闾阎而知其若此,及即尊位,廷史路温舒上疏,言秦有十失,其一尚存,治狱之吏是也。语在《温舒传》。上深愍焉,乃下诏曰:"间者吏用法,巧文浸深,是朕之不德也。夫决狱不当,使有罪兴邪,不辜蒙戮,①父子悲恨,朕甚伤之。今遣廷史与郡鞫狱,任轻禄薄,②其为置廷平,秩六百石,员四人。其务平之,以称朕意。"于是选于定国为廷尉,求明察宽恕黄霸等以为廷平,季秋后请谳时,上常幸宣室,斋居而决事,③狱刑号为平矣。时涿郡太守郑昌上疏言:"圣王置谏争之臣者,非以崇德,防逸豫之生也;立法明刑者,非以为治,救衰乱之起也。今明主躬垂明听,虽不置廷平,狱将自正;若开后嗣,不若删定律令。④律令一定,愚民知所避,奸吏无所弄矣。今不正其本,而置廷平以理其末也,政衰听怠,则延平将招权而为乱首矣。"⑤宣帝未及修正。

①晋灼曰:"当重而轻,使有罪者起邪恶之心也。"师古曰:"有罪者更兴邪恶,无辜者反陷罪刑,是决狱不平故。"

②如淳曰:"廷史,廷尉史也。以囚辞决狱事为鞫,谓疑狱也。"李奇曰:"鞫,谓穷狱也,事穷竟也。"师古曰:"李说是也。"

③如淳曰:"宣室,布政教之室也。重用刑,故斋戒以决事。"晋灼曰:"未央宫中有宣室殿。"师古曰:"晋说是也。《贾谊传》亦云受釐坐宣室,盖其殿在前殿之侧也,斋则居之。"

④师古曰:"删,刊也。有不便者,则刊而除之。"

⑤苏林曰:"招,音翘。翘,举也,犹卖弄也。"孟康曰:"招,求也。招致权著己也。"师古曰:"孟说是也。"

元帝初立,乃下诏曰:"夫法令者,所以抑暴扶弱,欲其难犯而易避也。今律令烦多而不约，自典文者不能分明，而欲罗元元之不逮，①斯岂刑中之意哉！②其议律令可蠲除轻减者，条奏，惟在便安万姓而已。"

①师古曰："罗，网也。不逮，言意识所不及。"

②师古曰："中，当也。"

至成帝河平中，复下诏曰："《甫刑》云'五刑之属三千，大辟之罚其属二百'，①今大辟之刑千有余条，律令烦多，百有余万言，奇请它比，日以益滋，②自明习者不知所由，③欲以晓喻众庶，不亦难乎！于以罗元元之民，天绝亡辜，岂不哀哉！其与中二千石、二千石、博士及明习律令者议减死刑及可蠲除约省者，令较然易知，条奏。《书》不云乎？'惟刑之恤哉！'④其审核之，务准古法，⑤朕将尽心览焉。"有司无仲山父将明之材，⑥不能因时广宣主恩，建立明制，为一代之法，而徒钩撩微细，毛举数事，以塞诏而已。⑦是以大议不立，遂以至今。议者或曰，法难数变，此庸人不达，疑塞治道，圣智之所常患者也。⑧故略举汉兴以来，法令稍定而合古便今者。

①师古曰："《甫刑》，即《周书·吕刑》。初为吕侯，号曰《吕刑》，后为甫侯，又称《甫刑》。"

②师古曰："奇请，谓常文之外，主者别有所请以定罪也。它比，谓引它类以比附之，稍增律条也。奇，音居宜反。"

③师古曰："由，从也"

④师古曰："《虞书·舜典》之辞。恤，忧也，言当忧刑也。"

⑤师古曰："核，究其实也"

⑥师古曰："有司以下，史家之言也。《大雅·蒸人》之诗曰：'肃肃王命，仲山父将之；邦国若否，仲山父明之。'将，行也。否，不善也。言王有诰命，则仲山父行之；邦国有不善之事，则仲山父明之。故引以为美，伤今不能然也。"

⑦师古曰："毛举，言举毫毛之事，轻小之甚。塞犹当者也。"

⑧师古曰："塞，谓不通也。"

汉兴之初，虽有约法三章，网漏吞舟之鱼，①然其大辟，尚有夷三族之令。令曰："当三族者，皆先黥，劓，斩左右止，笞杀之，枭其首,菹其骨肉于市。②其诽谤詈诅者,又先断舌。"故谓之具五刑。彭越、韩信之属皆受此诛。至高后元年,乃除三族罪、妖言令。孝文二年,又诏丞相、太尉、御史:"法者,治之正,所以禁暴而卫善人也。今犯法者已论,而使无罪之父母妻子同产坐之及收,朕甚弗取。其议。"左右丞相周勃、陈平奏言:"父母妻子同产相坐及收,所以累其心,使重犯法也。③收之之道,所由来久矣。臣之愚计,以为如其故便。"文帝复曰:"朕闻之,法正则民悫,罪当则民从。④且夫牧民而道之以善者,吏也;⑤既不能道,又以不正之法罪之,是法反害于民,为暴者也。⑥朕未见其便,宜孰计之。"平、勃乃曰:"陛下幸加大惠于天下,使有罪不收,无罪不相坐,甚盛德,臣等所不及也。臣等谨奉诏,尽除收律相坐法。"其后,新垣平谋为逆,复行三族之诛。由是言之,风俗移易,人性相近而习相远,信矣。⑦夫以孝文之仁,平、勃之知,犹有过刑谬论如此甚也,而况庸材溺于末流者乎?

①师古曰:"言疏阔。吞舟,谓大鱼也。"
②师古曰:"菹,谓醢也。菹,音侧于反。"
③师古曰:"重,难也。累,音力瑞反。"
④师古曰:"悫,谨也,音丘角反。"
⑤师古曰:"道,读曰导。以善导之也。"
⑥师古曰:"法害于人,是法为暴。"
⑦师古曰:"《论语》云孔子曰'性相近,习相远,也,言人同禀五常之性,其所取舍本相近也,但所习各异,渐渍而移,则相远矣。"

《周官》有五听、八议、三刺、三宥、三赦之法。①五听:一曰辞听,②二曰色听,③三曰气听,④四曰耳听,⑤五曰目听。⑥八议:一曰议亲,⑦二曰议故,⑧三曰议贤,⑨四曰议能,⑩五曰议功,⑪六曰议贵,⑫七曰议勤,⑬八曰议宾。⑭三刺:一曰讯群臣,再曰讯群吏,三曰讯万民。⑮三宥:一曰弗识,二曰过失,三曰遗忘。⑯三赦:一曰幼弱,二曰老眊,三曰惷愚。⑰凡囚,"上罪梏拲而桎,中罪梏桎,下罪梏;王之同族拲,有爵者桎,以待弊。"⑱高皇帝七年,制诏御史:"狱之疑者,吏或不敢决,有罪者久而不论,无罪者久系不决。自今以来,县道官狱疑者,各谳所属二千石官,二千石官以其罪名当报。⑲所不能决者,皆移廷尉,廷尉亦当报之。廷尉所不能决,谨具为奏,傅所当比律令以闻。"⑳上恩如此,吏犹不能奉宣。故孝景中五年复下诏曰:"诸狱疑,虽文致于法而于人心不厌者,辄谳之。"其后,狱吏复避微文,遂其愚心。至后元年,又下诏曰:"狱,重事也。人有愚智,官有上下。狱疑者谳,有令谳者已报谳而后不当,谳者不为失。"㉑自此之后,狱刑益详,近于五听、三宥之意。三年,复下诏曰:"高年老长,人所尊敬也;鳏寡不属逮者,人所哀怜也。㉒其著令:年八十以上,八岁以下,及孕者未乳,㉓师、朱儒㉔当鞠系者,颂系之。"㉕至孝宣元康四年,又下诏曰:"朕念夫耆老之人,发齿堕落,血气既衰,亦无暴逆之心,今或罗于文法,执于囹圄,不得终其年命,朕甚怜之。自今以来,诸年八十非诬告杀伤人,它皆勿坐。"至成帝鸿嘉元年,定令:"年未满七岁,贼斗杀人及犯殊死者,上请廷尉以闻,得减死。"合于三赦幼弱老眊之人。此皆法令稍近古而便民者也。㉖

①师古曰:"刺,杀也。讯而有罪,则杀之也。宥,宽也。赦,舍也,谓释置也。"

②师古曰:"观其出言,不直则烦。"

③师古曰:"观其颜色,不直则变。"

④师古曰:"观其气息,不直则喘。"

⑤师古曰:"观其听聆,不直则惑。"

⑥师古曰:"观其瞻视,不直则乱。"

⑦师古曰:"王之亲族也。"

⑧师古曰:"王之故旧也。"

⑨师古曰:"有德行者也。"

⑩师古曰:"有道艺者。"

⑪师古曰:"有大勋力者。"

⑫师古曰:"爵位高者也。"

⑬师古曰:"谓尽悴事国者也。"

⑭师古曰:"谓前代之后,王所不臣者也。自五听以下至此,皆小司寇所职

也。"

⑮师古曰："讯,问也,音信。"

⑯师古曰："弗识,不审也。过失,非意也。遗忘,忽忘也。"

⑰师古曰："幼弱,谓七岁以下。老眊,谓八十以上。惷愚,生而痴呆者。自三刺以下至此,皆司刺所职也。眊,读与耄同。惷,音丑江反。"

⑱师古曰："械在手曰梏,两手同械曰拳,在足曰桎。弊,断罪也。自此以上,掌囚所职也。梏,音古笃反。拳,即拱字也。桎,音之日反。弊,音蔽也。"

⑲师古曰："当,谓处断也。"

⑳师古曰："傅,读曰附。"

㉑师古曰："解并在《景纪》。"

㉒师古曰："属,音之欲反。"

㉓师古曰："乳,产也,音人喻反。"

㉔如淳曰："师,乐师盲瞽者。朱儒,短人不能走者。"

㉕师古曰："颂,读曰容。容,宽容之,不桎梏。"

㉖师古曰："近,音其靳反。"

　　孔子曰："如有王者,必世而后仁;善人为国百年,可以胜残去杀矣。"①言圣王承衰拨乱而起,被民以德教,②变而化之,必世然后仁道成焉;至于善人,不入于室,然犹百年胜残去杀矣。③此为国者之程式也。今汉道至盛,历世二百余载,④考自昭、宣、元、成、哀、平六世之间,断狱殊死,率岁千余口而一人,⑤耐罪上至右止,三倍有余。⑥古人有言曰:"满堂而饮酒,有一人乡隅而悲泣,⑦则一堂皆为之不乐。"王者之于天下,譬犹一堂之上也,故一人不得其平,为之凄怆于心。今郡国被刑而死者岁以万数,天下狱二千余所,其冤死者多少相覆,狱不减一人,此和气所以未洽者也。

①师古曰："《论语》载孔子之言。此谓若有受命之王,必三十年仁政乃成也。胜残,谓胜残暴之人,使不可为恶。去杀,不行杀戮也。"

②师古曰："被,加也,音皮义反。"

③师古曰："《论语》称子张问善人之道,子曰:'不践迹,亦不入于室也。'言善人不但修践旧迹而已,固少自创制,然亦不能入圣人之室。"

④师古曰："今,谓撰志时。"

⑤如淳曰："率天下犯罪者千口而有一人死。"

⑥李奇曰："耐从司寇以上至右止，为千口三人刑。"

⑦师古曰："乡，读曰向。"

原狱刑所以蕃若此者，①礼教不立，刑法不明，民多贫穷，豪桀务私，奸不辄得，狱犴不平之所致也。②《书》云"伯夷降典，哲民惟刑"，③言制礼以止刑，犹堤之防溢水也。今堤防陵迟，礼制未立；死刑过制，生刑易犯，饥寒并至，穷斯滥溢；豪桀擅私，为之囊橐，④奸有所隐，则狃而浸广；⑤此刑之所以蕃也。孔子曰："古之知法者能省刑，本也；今之知法者不失有罪，末矣。"⑥又曰："今之听狱者，求所以杀之；古之听狱者，求所以生之。"与其杀不辜，宁失有罪。今之狱吏，上下相驱，以刻为明，深者获功名，平者多患害。谚曰："鬻棺者欲岁之疫。"⑦非憎人欲杀之，利在于人死也。今治狱吏欲陷害人，亦犹此矣。凡此五疾，狱刑所以尤多者也。

①师古曰："蕃，多也，音扶元反。"

②服虔曰："乡亭之狱曰犴。"臣瓒曰："狱岸，狱讼也。"师古曰："《小雅·小宛》之诗云'宜岸宜狱'。瓒说是也。"

③师古曰："《周书·甫刑》之辞也。哲，知也。言伯夷下礼法以道人，人习知礼，然后用刑也。"

④师古曰："有底曰囊，无底曰橐。言容隐奸邪，若囊橐之盛物。"

⑤师古曰："狃，串习也。浸，渐也。狃，音女救反。"

⑥师古曰："省，谓减除之，绝于未然，故曰本也。不失有罪，事止听讼，所以为末。"

⑦师古曰："鬻，卖也。疫，疠病也。鬻，音育。疫，音役。"

自建武、永平，民亦新免兵革之祸，人有乐生之虑，与高、惠之间同，而政在抑强扶弱，朝无威福之臣，邑无豪桀之侠。以口率计，断狱少于成、哀之间什八，可谓清矣。①然而未能称比隆于古者，以其疾未尽除，而刑本不正。

①师古曰："十少其八也。"

善乎！孙卿之论刑也，曰："世俗之为说，以为治古者无肉刑，①有象刑墨黥之属，菲履赭衣而不纯，②是不然矣。以为治古，则人莫

触罪邪,岂独无肉刑哉,亦不待象刑矣。③以为人或触罪矣,而直轻
其刑,是杀人者不死,而伤人者不刑也。罪至重而刑轻,民无所畏,
乱莫大焉。凡制刑之本,将以禁暴恶,且惩其末也。④杀人者不死,
伤人者不刑,是惠暴而宽恶也。故象刑非生于治古,方起于乱今
也。⑤凡爵列官职,赏庆刑罚,皆以类相从者也。一物失称,乱之端
也。⑥德不称位,能不称官,赏不当功,刑不当罪,不祥莫大矣。夫征
暴诛悖,治之威也。杀人者死,伤人者刑,是百王之所同也,未有知
其所由来者也。故治则刑重,乱则刑轻,⑦犯治之罪固重,犯乱之罪
固轻也。《书》云'刑罚世重世轻',此之谓也。"⑧所谓"象刑惟明"
者,言象天道而作刑,⑨安有菲履赭衣者哉?

①师古曰:"治古,谓上古至治之时也。治,音丈吏反。"

②师古曰:"菲,草履也。纯,缘也。衣不加缘,示有耻也。菲,音扶味反。纯,
音之允反。"

③师古曰:"人不犯法,则象刑无所施也。"

④师古曰:"惩,止也。"

⑤如淳曰:"古无象刑也,所有象刑之言者,近起今人恶刑之重,故遂推言
古之圣君但以象刑,天下自治。"

⑥师古曰:"称,宜也,音尺孕反。"

⑦李奇曰:"世所以治者,乃刑重也;所以乱者,乃刑轻也。"

⑧师古曰:"《周书·甫刑》之辞也。言刑轻重,各随其时。"

⑨师古曰:"《虞书·益稷》曰'咎繇方祗厥叙,方施象刑惟明',言敬其次
叙,施其法刑皆明白也。"

孙卿之言既然,又因俗说而论之曰:禹承尧舜之后,自以德衰
而制肉刑,汤武顺而行之者,以俗薄于唐虞故也。今汉承衰周暴秦
极敝之流,俗已薄于三代,而行尧舜之刑,是犹以鞿而御駻突,①违
救时之宜矣。且除肉刑者,本欲以全民也,今去髡钳一等,转而入于
大辟。以死罔民,失本惠矣。②故死者岁以万数,刑重之所致也。至
乎穿窬之盗,忿怒伤人,男女淫佚,吏为奸臧,③若此之恶,髡钳之
罚又不足以惩也。故刑者岁十万数,民既不畏,又曾不耻,刑轻之所
生也。故俗之能吏,公以杀盗为威,专杀者胜任,奉法者不治,乱名

伤制,不可胜条。是以罔密而奸不塞,刑蕃而民愈嫚,④必世而未
仁,百年而不胜残,诚以礼乐阙而刑不正也。岂宜惟思所以清原正
本之论,删定律令,纂二百章,以应大辟。⑤其余罪次,于古当生,今
触死者,皆可募行肉刑。⑥及伤人与盗,吏受赇枉法,男女淫乱,皆
复古刑,为三千章。诋欺文致微细之法,悉蠲除。⑦如此,则刑可畏
而禁易避,吏不专杀,法无二门,轻重当罪,民命得全,合刑罚之中,
殷天人之和,⑧顺稽古之制,成时雍之化。成康刑错,虽未可致;孝
文断狱,庶几可及。《诗》云"宜民宜人,受禄于天"。⑨《书》曰"立功
立事,可以永年"。⑩言为政而宜于民者,功成事立,则受天禄而永
年命,所谓"一人有庆,万民赖之"者也。⑪

①孟康曰:"以绳缚马口之谓靰。"晋灼曰:"靰,古羁字也。"如淳曰:"骍,
　音捍。突,恶马也。"师古曰:"马络头曰羁也。"

②师古曰:"罔,谓罗网也。"

③师古曰:"佚,读与逸同。"

④师古曰:"塞,止也。蕃,多也,音扶元反。嫚,与慢同。"

⑤孟康曰:"纂,音撰。"

⑥李奇曰:"欲死邪,欲腐邪?"

⑦师古曰:"诋,谓诬也,音丁礼反。"

⑧李奇曰:"殷,亦中。"

⑨师古曰:"《大雅·假乐》之诗也。盖嘉成王之德云。"

⑩师古曰:"今文《泰誓》之辞也。永,长也。"

⑪师古曰:"《吕刑》之辞也。一人,天子也。言天子用刑详审,有福庆之惠,
　则众庶咸赖之也。"

汉书卷二四上
志第四上

食货上

　　《洪范》八政,一曰食,二曰货。食谓农殖嘉谷可食之物,①货谓
布帛可衣,②及金刀龟贝,所以分财布利通有无者也。③二者,生民
之本,兴自神农之世。"斲木为耜,煣木为耒,耒耨之利以教天下",
而食足;④"日中为市,致天下之民,聚天下之货,交易而退,各得其
所",而货通。⑤食足货通,然后国实民富,而教化成。黄帝以下"通
其变,使民不倦"。⑥尧命四子以"敬授民时",⑦舜命后稷以"黎民
祖饥",⑧是为政首。禹平洪水,定九州,⑨制土田,各因所生远近,
赋入贡棐,⑩楙迁有无,万国作乂。⑪殷周之盛,《诗》《书》所述,要
在安民,富而教之。故《易》称"天地之大德曰生,圣人之大宝曰位;
何以守位曰仁,何以聚人曰财。"⑫财者,帝王所以聚人守位,养成
群生,奉顺天德,治国安民之本也。故曰:"不患寡而患不均,不患贫
而患不安;盖均亡贫,和亡寡,安亡倾。"⑬是以圣王域民,⑭筑城郭
以居之,制庐井以均之,⑮开市肆以通之,⑯设庠序以教之;⑰士农
工商,四人有业。学以居位曰士,辟土殖谷曰农,作巧成器曰工,通
财鬻货曰商。⑱圣王量能授事,四民陈力受职,故朝亡废官,邑亡敖
民,地亡旷土。⑲

　　①师古曰:"殖,生也。嘉,善也。"
　　②师古曰:"衣,音于既反。"
　　③师古曰:"金,谓五色之金也。黄者曰金,白者曰银,赤者曰铜,青者曰

铅,黑者曰铁。刀,谓钱币也。龟以卜占,贝以表饰,故皆为宝货也。"

④师古曰:"骈,斫也。燥,屈也。耒,手耕曲木也。耜,耒端所以施金也。耨,耘田也。耜,音似。燥,音人九反。耒,音来内反。耨,音乃构反。"

⑤师古曰:"自'斫木为耜'以至于此,事见《易·上系辞》。"

⑥李奇曰:"器币有不便于时,则变更通利之,使民乐其业而不倦也。"

⑦师古曰:"四子,谓羲仲、羲叔、和仲、和叔也。事见《虞书·尧典》也。"

⑧孟康曰:"祖,始也。黎民始饥,命弃为稷官也。古文言阻。"师古曰:"事见《虞书·舜典》。"

⑨师古曰:"九州,谓冀、兖、青、徐、扬、荆、豫、梁、雍。"

⑩应劭曰:"棐,竹器也,所以盛。方曰筐,隋曰棐。"师古曰:"棐,读与匪同。《禹贡》所谓'厥贡漆丝,厥筐织文'之类是也。隋,圆而长也。隋,音他果反。"

⑪师古曰:"楙,与茂同,勉也。言劝勉天下,迁易有无,使之交足,则万国皆治。"

⑫师古曰:"《下系》之辞。"

⑬师古曰:"《论语》载孔子之言。"

⑭师古曰:"为邦域。"

⑮师古曰:"井田之中为屋庐。"

⑯师古曰:"肆,列也。"

⑰师古曰:"庠序,礼官养老之处。"

⑱师古曰:"鬻,卖也。鬻,音弋六反。"

⑲师古曰:"敖,谓逸游也。旷,空也。"

理民之道,地著为本。①故必建步立晦,正其经界。②六尺为步,步百为亩,亩百为夫,夫三为屋,屋三为井,井方一里,是为九夫。八家共之,各受私田百亩,公田十亩,是为八百八十亩,余二十亩以为庐舍。③出入相友,守望相助,疾病相救,民是以和睦,而教化齐同,力役生产可得而平也。

①师古曰:"地著,谓安土也,音直略反。"

②师古曰:"晦,古亩字也。"

③师古曰:"庐,田中屋也。春夏居之,秋冬即去。"

民受田,上田夫百亩,中田夫二百亩,下田夫三百亩。岁耕种者为不易上田;休一岁者为一易中田;休二岁者再为易下田,三岁更耕之,自爰其处。①农民户人己受田,其家众男为余夫,亦以口受田如比。②士工商家受田,五口乃当农夫一人。此谓平土可以为法者也。若山林薮泽原陵淳卤之地,③各以肥硗多少为差。④有赋有税。税谓公田什一及工商衡虞之入也。⑤赋共车马兵甲士徒之役,⑥充实府库赐予之用。税给郊社宗庙百神之祀,天子奉养百官禄食庶事之费。民年二十受田,六十归田。七十以上,上所养也;十岁以下,上所长也;十一以上,上所强也。⑦种谷必杂五种,以备灾害。⑧田中不得有树,用妨五谷。力耕数耘,收获如寇盗之至。⑨还庐树桑,⑩菜茹有畦,瓜瓠果蓏⑪殖于疆易。⑫鸡豚狗彘毋失其时,⑬女修蚕织,则五十可以衣帛,七十可以食肉。

①孟康曰:"爰,于也。"师古曰:"更,互也,音工衡反。"

②师古曰:"比,例也,音必寐反。"

③晋灼曰:"淳,尽也,舄卤之田不生五谷也。"

④师古曰:"硗,硗确也,谓瘠薄之田也,音口交反。"

⑤师古曰:"赋,谓计口发财。税,谓收其田入也。什一,谓十取一也。工、商、衡、虞虽不垦殖,亦取其税者,工有技巧之作,商有行贩之利,衡、虞取山泽之材产也。"

⑥师古曰:"徒,众也。共,读曰供。"

⑦师古曰:"勉强劝之,令习事也。强,音其两反。"

⑧师古曰:"岁月有宜,及水旱之利也。种即五谷,谓黍、稷、麻、麦、豆也。"

⑨师古曰:"力,谓勤作之也。如寇盗之至,谓促遽之甚,恐为风雨所损。"

⑩师古曰:"还,绕也。"

⑪应劭曰:"木实曰果,草实曰蓏。"张晏曰:"有核曰果,无核曰蓏。"臣瓒曰:"按木上曰果,地上曰蓏也。"师古曰:"茹,所食之菜也。畦,区也。茹,音人豫反。畦,音胡圭反。蓏,音来果反。"

⑫张晏曰:"至此易主,故曰易。"师古曰:"《诗·小雅·信南山》云'中田有庐,疆场有瓜',即谓此也。"

⑬师古曰:"彘,即豕。"

在野曰庐,在邑曰里。①五家为邻,五邻为里,四里为族,五族为党,五党为州,五州为乡。乡,万二千五百户也。邻长位下士,自此以上,稍登一级,至乡而为卿也。于是里有序而乡有庠。序以明教,庠则行礼而视化焉。②春令民毕出在野,冬则毕入于邑。其《诗》曰:"四之日举止,同我妇子,馌彼南亩。"③又曰:"十月蟋蟀,入我床下,嗟我妇子,聿为改岁,入此室处。"④所以顺阴阳,备寇贼,习礼文也。春,将出民,里胥平旦坐于右塾,邻长坐于左塾,⑤毕出,然后归,夕亦如之。⑥入者必持薪樵,轻重相分,班白不提挈。⑦冬,民既入,妇人同巷,相从夜绩,女工一月得四十五日。⑧必相从者,所以省费燎火,同巧拙而合习俗也。⑨男女有不得其所者,因相与歌咏,各言其伤。⑩

①师古曰:"庐各在其田中,而里聚居也。"

②师古曰:"视,读为示也。"

③师古曰:"此《豳诗·七月》之章也。馌,馈也。四之日,周之四月,夏之二月也。农人无不举足而耕也,则其妇与子同以食来至南亩治田之处而馈之也。馌,音于辄反。"

④师古曰:"亦《七月》之章也。蟋蟀,蟊也,今谓之促织。聿,曰也。言寒气既至,蟋蟀渐来,则妇子皆曰岁将改矣,而去田中入室处也。蟊,音拱。"

⑤孟康曰:"里胥,如今里吏也。"师古曰:"门侧之堂曰塾。坐于门侧者,督促劝之,知其早晏,防怠惰也。塾,音孰。"

⑥师古曰:"言里胥、邻长亦待入毕,然后归也。"

⑦师古曰:"班白者,谓发染色也。不提挈者,所以优老人也。"

⑧服虔曰:"一月之中,又得夜半为十五日,凡四十五日也。"

⑨师古曰:"省费燎火,省燎火之费也。燎所以为明,火所以为温也。燎,音力召反。"

⑩师古曰:"怨刺之诗也。"

是月,余子亦在于序室。①八岁入小学,学六甲五方书计之事,②始知室家长幼之节。十五入大学,学先圣礼乐,而知朝庭君臣之礼。其有秀异者,移乡学于庠序;庠序之异者,移国学于少学。诸侯岁贡少学之异者于天子,学于大学,命曰造士。③行同能偶,则别之以射,④然后爵命焉。

①苏林曰:"余子,庶子也。或曰:未任役为余子。"师古曰:"未任役者是
　也。幼童皆当受业,岂论嫡庶乎?"
②苏林曰:"五方之异书,如今秘书学外国书也。"臣瓒曰:"辨五方之名及
　书艺也。"师古曰:"瓒说是也。"
③李奇曰:"造,成也。"
④师古曰:"以射试之。"

　　孟春之月,群居者将散,①行人振木铎徇于路,以采诗,②献之
大师,比其音律,以闻于天子。③故曰王者不窥牖户而知下天下。

①师古曰:"谓各趣农亩也。"
②师古曰:"行人,遒人也,主号令之官。铎,大铃也,以木为舌,谓之木铎。
　徇,巡也。采诗,采取怨刺之诗也。"
③师古曰:"大师,掌音律之官,教六诗以六律为之音者。比,谓次之也。
　比,音频二反。"

　　此先王制土处民富而教之之大略也。故孔子曰:"道千乘之国,
敬事而信,节用而爱人,使民以时。"①故民皆欢功乐业,先公而后
私。其《诗》曰:"有渰凄凄,兴云祁祁,雨我公田,遂及我私。"②民三
年耕,则余一年之畜。③衣食足而知荣辱,廉让生而争讼息,故三载
考绩。④孔子曰"苟有用我者,期月而已可也,三年有成",成此功
也。⑤三考黜陟,余三年食,进业曰登;⑥再登曰平,余六年食;三登
曰泰平,二十七岁,遗九年食。然后至德流洽,礼乐成焉。故曰"如
有王者,必世而后仁",⑦繇此道也。⑧

①师古曰:"《论语》载孔子之言。道,治也。举事必敬,施令必信,不为奢
　侈,爱养其萌,无夺农时。"
②师古曰:"《小雅·大田》之诗也。渰,阴云也。凄凄,云起貌也。祁祁,徐
　也。言阴阳和,风雨时,萌庶庆悦,喜其先雨公田,乃及私也。"
③师古曰:"畜,读曰蓄。其下并同。"
④师古曰:"绩,功也。言主治萌者,三年一考其功也。"
⑤师古曰:"《论语》载孔子之言也。用谓使为政,期月可以易俗,三年乃得
　成功也。"
⑥郑氏曰:"进上百工之业也。或曰:进上农工诸事业名曰登。"
⑦师古曰:"亦孔子之言也。解在《刑法志》。"

⑧师古曰："繇,读与由同。由,用也,从也。"

周室既衰,暴君污吏慢其经界,①繇役横作,②政令不信,上下相诈,公田不治。故鲁宣公"初税亩",《春秋》讥焉。③于是上贪民怨,灾害生而祸乱作。

①师古曰："污,谓贪秽也。"

②师古曰："繇,读曰徭。横,音胡孟反。"

③孟康曰："《春秋》谓之履亩,履践民所种好者而取之,讥其贪也。"

陵夷至于战国,贵诈力而贱仁谊,先富有而后礼让。是时,李悝为魏文侯作尽地力之教,①以为地方百里,提封九万顷,除山泽邑居参分去一,为田六百万亩,治田勤谨则亩益三升,②不勤则损亦如之。地方百里之增减,辄为粟百八十万石矣。又曰籴甚贵伤民,③甚贱伤农;民伤则离散,农伤则国贫。故甚贵与甚贱,其伤一也。善为国者,使民毋伤而农益劝。今一夫挟五口,治田百亩,岁收亩一石半,为粟百五十石,除十一之税十五石,余百三十五石。食,人月一石半,五人终岁为粟九十石,余有四十五石。石三十,为钱千三百五十,除社闾尝新春秋之祠,用钱三百,余千五十。衣,人率用钱三百,五人终岁用千五百,不足四百五十。④不幸疾病死丧之费,及上赋敛,又未与此。⑤此农夫所以常困,有不劝耕之心,而令籴至于甚贵者也。是故善平籴者,必谨观岁有上中下孰。上孰其收自四,余四百石;⑥中孰自三,余三百石;⑦下孰自倍,余百石。⑧小饥则收百石,⑨中饥七十石,⑩大饥三十石。⑪故大孰则上籴三而舍一,中孰则籴二,下熟则籴一,使民适足,贾平则止。⑫小饥则发小孰之所敛,⑬中饥则发中孰之所敛,大饥则发大孰之所敛,而粜之。故虽遇饥馑水旱,粜不贵而民不散,取有余以补不足也。行之魏国,国以富强。

①师古曰："李悝,文侯臣也。悝,音恢。"

②服虔曰："与之三升也。"臣瓒曰："当言三斗。谓治田勤,则亩加三斗也。"师古曰："计数而言,字当为斗。瓒说是也。"

③韦昭曰："此民谓士工商也。"

④师古曰:"少四百五十,不足也。"

⑤师古曰:"与,读曰豫。"

⑥张晏曰:"平岁百亩收百五十石,今大孰四倍,收六百石,计民食终岁长四百石,官籴三百石,此为籴三舍一也。"

⑦张晏曰:"自三,四百五十石也。终岁长三百石,官籴二百石,此为籴二而舍一也。"

⑧张晏曰:"自倍,收三百石。终岁长百石,官籴其五十石,云下孰籴一,谓中分百石之一。"

⑨张晏曰:"平岁百亩之收,收百五十石。今小饥收百石,收三分之二也。"

⑩张晏曰:"收二分之一。"

⑪张晏曰:"收五分之一也。以此准之,大小中饥之率也。"

⑫师古曰:"贾,读曰价。"

⑬师古曰:"官以敛藏出粜也。"

　及秦孝公用商君,坏井田,开仟伯,①急耕战之赏,虽非古道,犹以务本之故,倾邻国而雄诸侯。然王制遂灭,僭差亡度。庶人之富者累巨万,②而贫者食糟糠;有国强者兼州域,而弱者丧社稷。至于始皇,遂并天下,内兴功作,外攘夷狄,收泰半之赋,③发闾左之戍。④男子力耕不足粮饟,⑤女子纺绩不足衣服。竭天下之资财以奉其政,犹未足以澹其欲也。⑥海内愁怨,遂用溃畔。⑦

①师古曰:"仟伯,田间之道也。南北曰仟,东西曰伯。伯,音莫白反。"

②师古曰:"巨,大也。大万,谓万万也。累者兼数,非止一也。言其赀财积累万万也。"

③师古曰:"泰半,三分取其二。"

④应劭曰:"秦时以適发之,名谪戍。先发吏有过及赘婿、贾人,后以尝有市籍者发,又后以大父母、父母尝有市籍者。戍者曹辈尽,复入闾,取其左发之,未及取右而秦亡。"师古曰:"闾,里门也。言居在里门之左者,一切发之。此闾左之释,应最得之,诸家之义烦秽舛错,故无所取也。"

⑤师古曰:"饟,古饷字也。"

⑥师古曰:"澹,古赡字也。赡,给也。其下并同。"

⑦师古曰:"下逃其上曰溃。"

　汉兴,接秦之敝,诸侯并起,民失作业,而大饥馑。凡米石五千,人相食，死者过半。高祖乃令民得卖子，就食蜀汉。天下既定，民亡盖臧，①自天子不能具醇驷，②而将相或乘牛车。③上于是约法省禁，轻田租，什五而税一，量吏禄，度官用，以赋于民。④而山川园池市肆租税之入，自天子以至封君汤沐邑，皆各为私奉养，不领于天子之经费。⑤漕转关东粟以给中都官，岁不过数十万石。⑥孝惠、高后之间，衣食滋殖。文帝即位，躬修俭节，思安百姓。时民近战国，皆背本趋末，贾谊说上曰：

①苏林曰："无物可盖臧。"

②师古曰："醇，不杂也。无醇色之驷，谓四马杂色也。"

③师古曰："以牛驾车也。"

④师古曰："才取足。"

⑤师古曰："言各收其所赋税以自供，不入国朝之仓廪府库也。经，常也。"

⑥师古曰："中都官，京师诸官府也。"

　　筦子曰"仓廪实而知礼节"。①民不足而可治者，自古及今，未之尝闻。古之人曰："一夫不耕，或受之饥；一女不织，或受之寒。"生之有时，而用之亡度，则物力必屈。②古之治天下，至孅至悉，③故其畜足恃。今背本而趋末，食者甚众，是天下之大残也；④淫侈之俗，日日以长，是天下之大贼也。残贼公行，莫之或止；大命将泛，⑤莫之振救。⑥生之者甚少而靡之者甚多，⑦天下财产何得不蹶！⑧汉之为汉几四十年矣，⑨公私之积犹可哀痛。⑩失时不雨，民且狼顾；⑪岁恶不入，请卖爵、子。⑫既闻耳矣，⑬安有为天下阽危者若是而上不惊者！⑭

①师古曰："筦，与管同。《管子》，管仲之书也。"

②师古曰："屈，尽也，音其勿反。"

③师古曰："孅，细也。悉，尽其事也。孅，与纤同。"

④师古曰："本，农业也。末，工商也。言人已弃农而务工商矣，其食米粟者又甚众。残，谓伤害也。"

⑤孟康曰："泛，音方勇反。泛，覆也。"师古曰："字本作覂，此通用也。"

⑥师古曰："振，举也。"

⑦师古曰："靡，散也，音糜。"

⑧应劭曰："蹶,倾竭也。"师古曰："蹶,音厥。"

⑨师古曰："几,近也,音巨衣反。"

⑩师古曰："言年载已多,而无储积。"

⑪郑氏曰："民欲有畔意,若狼之顾望也。"李奇曰："狼性怯,走喜还顾。言
　　民见天不雨,今亦恐也。"师古曰："李说是也。"

⑫如淳曰："卖爵级,又卖子也。"

⑬如淳曰："闻于天子之耳。"

⑭师古曰："阽危,欲坠之意也。音阎,又音丁念反。"

世之有饥穰,天之行也,①禹、汤被之矣。②即不幸有方二
三千里之旱,国胡以相恤?③卒然边境有急,数十百万之众,国
胡以馈之?④兵旱相乘,天下大屈,⑤有勇力者聚徒而衡击,⑥
罢夫羸老易子咬其骨。⑦政治未毕通也,远方之能疑者并举而
争起矣,⑧乃骇而图之,岂将有及乎?"⑨

①李奇曰："天之行气,不能常孰也。或曰,行,道也。"师古曰："穰,丰也,
　　音人常反。"

②师古曰："谓禹遭水,而汤遭旱也。"

③师古曰："胡,何也。"

④师古曰："卒,读曰猝。馈,亦馈字也。"

⑤师古曰："屈,音其勿反。"

⑥师古曰："衡,横也。"

⑦师古曰："罢,读曰疲。咬,啮也,音五巧反。"

⑧师古曰："疑,读曰拟。拟,僭也,谓于天子相比拟。"

⑨师古曰："图,谓谋也。"

夫积贮者,天下之大命也。苟粟多而财有余,何为而不成?
以攻则取,以守则固,以战则胜。怀敌附远,何招而不至?①今
殴民而归之农,皆著于本,②使天下各食其力,末技游食之民
转而缘南亩,③则畜积足而人乐其所矣。可以为富安天下,而
直为此廪廪也,④窃为陛下惜之!

①师古曰："怀,来也,安也。"

②师古曰："殴,亦驱字。著,音直略反。"

③师古曰："言皆趋农作也。"

④李奇曰:"廪廪,危也。"师古曰:"言务耕农,厚畜积,则天下富安,何乃不为,而常不足廪廪若此。"

于是上感谊言,始开藉田,躬耕以劝百姓。晁错复说上曰:

圣王在上而民不冻饥者,非能耕而食之,织而衣之也,①为开其资财之道也。故尧、禹有九年之水,汤有七年之旱,而国亡捐瘠者,②以畜积多而备先具也。今海内为一,土地人民之众不避汤、禹,加以亡天灾数年之水旱,而畜积未及者,何也?地有遗利,民有余力,生谷之土未尽垦,山泽之利未尽出也,游食之民未尽归农也。民贫,则奸邪生。贫生于不足,不足生于不农,不农则不地著,不地著则离乡轻家。民如鸟兽,虽有高城深池,严法重刑,犹不能禁也。

①师古曰:"食,读曰饲。衣,音于既反。"

②孟康曰:"肉腐为瘠。捐,骨不埋者。或曰,捐,谓民有饥相弃捐者;或谓贫乞者为捐。"苏林曰:"瘠,音渍。"师古曰:"瘠,瘦病也。言无相弃捐而瘦病者耳。不当音渍也。贫乞之释,尤疏僻焉。"

夫寒之于衣,不待轻暖;①饥之于食,不待甘旨;②饥寒至身,不顾廉耻。人情,一日不再食则饥,终岁不制衣则寒。夫腹饥不得食,肤寒不得衣,虽慈父不能保其子,君安能以有其民哉!明主知其然也,故务民于农桑,薄赋敛,广畜积,以实仓廪,备水旱,故民可得而有也。

①师古曰:"苟御风霜,不求靡丽也。暖,音乃短反。"

②师古曰:"旨,美也。"

民者,在上所以牧之,趋利如水走下,四方亡择也。①夫珠玉金银,饥不可食,寒不可衣,然而众贵之者,以上用之故也。其为物轻微易臧,在于把握,可以周海内而亡饥寒之患。②此令臣轻背其主,而民易去其乡,盗贼有所劝,亡逃者得轻资也。粟米布帛生于地,长于时,聚于力,非可一日成也;数石之重,中人弗胜,③不为奸邪所利,一日弗得而饥寒至。是故明君贵五谷而贱金玉。

①师古曰:"走,音奏。"

②师古曰:"周,谓周遍而游行。"

③师古曰:"中人者,处强弱之中也。"

　　今农夫五口之家,其服役者不下二人,①其能耕者不过百
亩,百亩之收不过百石。春耕夏耘,秋获冬臧,伐薪樵,治官府,
给繇役;春不得避风尘,夏不得避暑热,秋不得避阴雨,冬不得
避寒冻,四时之间亡日休息;又私自送往迎来,吊死问疾,养孤
长幼在其中。勤苦如此,尚复被水旱之灾,急政暴赋,赋敛不
时,朝令而暮改。当具有者半贾而卖,②亡者取倍称之息,③于
是有卖田宅,鬻子孙以偿责者矣。而商贾大者积贮倍息,小者
坐列贩卖,④操其奇赢,日游都市,⑤乘上之急,所卖必倍。⑥
故其男不耕耘,女不蚕织,衣必文采,食必粱肉;⑦亡农夫之
苦,有仟伯之得。⑧因其富厚,交通王侯,力过吏势,以利相倾;
千里游敖,冠盖相望,乘坚策肥,履丝曳缟。⑨此商人所以兼并
农人,农人所以流亡者也。

①师古曰:"服,事也,给公事之役也。"

②师古曰:"本直千钱者,止得五百也。贾,读曰价。"

③如淳曰:"取一偿二为倍称。"师古曰:"称,举也,今俗所谓举钱者也。"

④师古曰:"行卖曰商,坐贩曰贾。列者,若今市中卖物行也。贾,音古。"

⑤师古曰:"奇赢,谓有余财而畜聚奇异之物也。一说,奇,谓残余物也,音
　　居宜反。"

⑥师古曰:"上所急求,则其价倍贵。"

⑦师古曰:"粱,好粟也,即今之粱米。"

⑧师古曰:"仟,谓千钱;伯,谓百钱也。伯,音莫白反。今俗犹谓百钱为一
　　伯。"

⑨师古曰:"坚,谓好车也。缟,皓素也,缯之精白者也。"

　　今法律贱商人,商人已富贵矣;尊农夫,农夫已贫贱矣。故
俗之所贵,主之所贱也;吏之所卑,法之所尊也。上下相反,好
恶乖迕,①而欲国富法立,不可得也。方今之务,莫若使民务农
而已矣。欲民务农,在于贵粟;贵粟之道,在于使民以粟为赏
罚。今募天下入粟县官,得以拜爵,得以除罪。如此,富人有爵,

农民有钱,粟有所渫。②夫能入粟以受爵,皆有余者也;取于有余以供上用,则贫民之赋可损,③所谓损有余补不足,令出而民利者也。顺于民心,所补者三:一曰主用足,二曰民赋少,三曰劝农功。今令民有车骑马一匹者,复卒三人。④车骑者,天下武备也,故为复卒。⑤神农之教曰:"有石城十仞,⑥汤池百步,⑦带甲百万,而亡粟,弗能守也。"以是观之,粟者,王者大用,政之本务。令民入粟受爵至五大夫以上,乃复一人耳。⑧此其与骑马之功相去远矣。爵者,上之所擅,出于口而亡穷;⑨粟者,民之所种,生于地而不乏。夫得高爵与免罪,人之所甚欲也。使天下人入粟于边,以受爵免罪,不过三岁,塞下之粟必多矣。

①师古曰:"近,违也。好,音呼到反。恶,音一故反。近,音五故反。"

②师古曰:"渫,散也,音先列反。此下亦同也。"

③师古曰:"损,减也。"

④如淳曰:"复三卒之算钱也。或曰,除三夫不作甲卒也。"师古曰:"当为卒者,免其三人;不为卒者,复其钱耳。复,音方目反。"

⑤师古曰:"为,音于伪反。"

⑥应劭曰:"仞,五尺六寸也。"师古曰:"此说非也。八尺曰仞,取人申臂之一寻也。"

⑦师古曰:"池,城边池也。以沸汤为池,不可辄近,喻严固之甚。"

⑧师古曰:"五大夫,第九等爵也。复,音方目反。"

⑨师古曰:"擅,专也。"

于是文帝从错之言,令民入粟边,六百石爵上造,①稍增至四千石为五大夫,②万二千石为大庶长,③各以多少级数为差。错复奏言:"陛下幸使天下入粟塞下拜爵,甚大惠也。窃恐塞卒之食不足用大渫天下粟。边食足以支五岁,可令入粟郡县矣;④足支一岁以上,可时赦,勿收农民租。如此,德泽加于万民,民俞勤农。⑤时有军役,若遭水旱,民不困乏,天下安宁;岁孰且美,则民大富乐矣。"上复从其言,乃下诏赐民十二年租税之半。明年,遂除民田之租税。

①师古曰:"上造,第二等爵也。"

②师古曰："五大夫，第九等爵。"

③师古曰："大庶长，第十八等爵也。"

④师古曰："入诸郡县，以备凶灾也。"

⑤师古曰："俞，进也，音逾，又音愈也。"

后十三岁，孝景二年，令民半出田租，三十而税一也。其后，上郡以西旱，复修卖爵令，而裁其贾以招民；①及徒复作，得输粟于县官以除罪。②始造苑马以广用，③宫室列馆车马益增修矣。然娄敕有司以农为务，④民遂乐业。至武帝之初七十年间，国家亡事，非遇水旱，则民人给家足，都鄙廪庾尽满，而府库余财。京师之钱累百巨万，贯朽而不可校。⑤太仓之粟陈陈相因，⑥充溢露积于外，腐败不可食。众庶街巷有马，仟伯之间成群，⑦乘牸牝者摈而不得会聚。⑧守闾阎者食粱肉；为吏者长子孙；⑨居官者以为姓号。⑩人人自爱而重犯法，⑪先行谊而黜愧辱焉。⑫于是罔疏而民富，役财骄溢，或至并兼豪党之徒以武断于乡曲。⑬宗室有土，公卿大夫以下争于奢侈，⑭室庐车服僭上亡限。物盛而衰，固其变也。

①师古曰："贾，读曰价。裁，谓减省之也。"

②师古曰："复，音房目反。解在《宣纪》。"

③师古曰："苑马，谓为苑以牧马。"

④师古曰："娄，古屡字。"

⑤师古曰："累百巨万，谓数百万万也。校，谓计数也。"

⑥师古曰："陈，谓久旧也。"

⑦师古曰："谓田中之仟伯也。"

⑧孟康曰："皆乘父马，有牝马间其间则踶啮，故斥出不得会同。"师古曰："言时富饶，故耻乘牸牝，不必以其踶啮也。踶，蹋也，音大奚反。"

⑨如淳曰："时无事，吏不数转，至于生长子孙而不转职也。"

⑩如淳曰："《货殖传》仓氏、庾氏是也。"

⑪师古曰："重，难也。"

⑫师古曰："以行谊为先，以愧辱相黜也。行，音下更反。"

⑬师古曰："恃其饶富，则擅行威罚也。断，音丁唤反。"

⑭师古曰："有土，谓国之宗姓受封邑土地者也。"

是后,外事四夷,内兴功利,役费并兴,而民去本。董仲舒说上曰:"《春秋》它谷不书,至于麦禾不成则书之,以此见圣人于五谷最重麦与禾也。今关中俗不好种麦,是岁失《春秋》之所重,而损生民之具也。愿陛下幸诏大司农,使关中民益种宿麦,令毋后时。"①又言:"古者税民不过什一,其求易共;②使民不过三日,其力易足。民财内足以养老尽孝,外足以事上共税,下足以畜妻子极爱,故民说从上。③至秦则不然,用商鞅之法,改帝王之制,除井田,民得卖买,富者田连仟伯,贫者亡立锥之地。又颛川泽之利,管山林之饶,④荒淫越制,逾侈以相高;邑有人君之尊,里有公侯之富,小民安得不困?又加月为更卒,已,复为正,一岁屯戍,一岁力役,三十倍于古;⑤田租口赋,盐铁之利,二十倍于古。⑥或耕豪民之田,见税什五。⑦故贫民常衣牛马之衣,而食犬彘之食。重以贪暴之吏,刑戮妄加,⑧民愁亡聊,亡逃山林,转为盗贼,赭衣半道,断狱岁以千万数。汉兴,循而未改。古井田法虽难卒行,宜少近古,⑨限民名田,以澹不足,⑩塞并兼之路。盐铁皆归于民。去奴婢,除专杀之威。⑪薄赋敛,省繇役,以宽民力。然后可善治也。"仲舒死后,功费愈甚,天下虚耗,人复相食。⑫

①师古曰:"宿麦,谓其苗经冬。"

②师古曰:"共,读曰供。次下亦同也。"

③师古曰:"说,读曰悦也。"

④师古曰:"颛,与专同。管,主也。"

⑤师古曰:"更卒,谓给郡县一月而更者也。正卒,谓给中都官者也。率计今人一岁之中,屯戍及力役之事三十倍多于古也。更,音工衡反。"

⑥如淳曰:"秦卖盐铁贵,故下民受其困也。"师古曰:"既收田租,又出口赋,而官更夺盐铁之利。率计今人一岁之中,失其资产,二十倍多于古也。"

⑦如淳曰:"十税其五。"师古曰:"言下户贫人,自无田而耕豪富家田,十分之中,以五输本田主也。"

⑧师古曰:"重,音直用反。"

⑨师古曰:"卒,读曰猝。近,音其靳反。"

⑩师古曰:"名田,占田也。各为立限,不使富者过制,则贫弱之家可足也。"

⑪服虔曰:"不得专杀奴婢也。"

⑫师古曰:"耗,音呼到反。"

武帝末年,悔征伐之事,乃封丞相为富民侯。①下诏曰:"方今之务,在于力农。"以赵过为搜粟都尉。过能为代田,一亩三甽。②岁代处,故曰代田,③古法也。后稷始甽田,以二耜为耦,④广尺深尺曰甽,长终亩。一亩三甽,一夫三百甽,而播种于甽中。⑤苗生叶以上,稍耨陇草,⑥因隤其土以附苗根。⑦故其《诗》曰:"或芸或芓,黍稷儗儗。"⑧芸,除草也。芓,附根也。言苗稍壮,每耨辄附根,比盛暑,陇尽而根深,⑨能风与旱,⑩故儗儗而盛也。其耕耘下种田器,皆有便巧。率十二夫为田一井一屋,故亩五顷,⑪用耦犁,二牛三人,一岁之收常过缦田亩一斛以上,⑫善者倍之。⑬过使教田太常、三辅,⑭大农置工巧奴与从事,为作田器。二千石遣令长、三老、力田及里父老善田者受田器,学耕种养苗状。⑮民或苦少牛,亡以趋泽,⑯故平都令光教过以人挽犁。⑰过奏光以为丞,教民相与庸挽犁。⑱率多人者田日三十亩,少者十三亩,以故田多垦辟。过试以离宫卒田其宫壖地,⑲课得谷皆多其旁田亩一斛以上。令命家田三辅公田,⑳又教边郡及居延城。㉑是后,边城、河东、弘农、三辅、太常民皆便代田,用力少而得谷多。

①韦昭曰:"沛蕲县也。"师古曰:"欲百姓之殷实,故取其嘉名也。"

②师古曰:甽,垄也,音工犬反,字或作畎。"

③师古曰:"代,易也。"

④师古曰:"并两耜而耕。"

⑤师古曰:"播,布也。种,谓谷子也。"

⑥师古曰:"耨,锄也。"

⑦师古曰:"隤,谓下之也,音颓。"

⑧师古曰:"《小雅·甫田》之诗。儗儗,盛貌。芸,音云。芓,音子。儗,音拟。"

⑨师古曰:"比,音必寐反。"

⑩师古曰:"能,读曰耐也。"

⑪邓展曰:"九夫为井,三夫为屋。夫百亩,于古为十二顷。古百步为亩,汉时二百四十步为亩,古千二百亩,则得今五顷。"

⑫师古曰:"缦田,谓不为甽者也。缦,音莫干反。"

⑬师古曰:"善为甽者,又过缦田二斛以上也。"

⑭苏林曰:"太常主诸陵,有民,故亦谓田种。"

⑮苏林曰:"为法意状也。"

⑯师古曰:"趋,读曰趣。趣,及也。泽,雨之润泽也。"

⑰师古曰:"挽,引也,音晚。"

⑱师古曰:"庸,功也,言换功共作也。义亦与庸赁同。"

⑲师古曰:"离宫,别处之宫,非天子所常居也。堧,余也。宫堧地,谓外垣之内,内垣之外也。诸缘河堧地,庙垣堧地,其义皆同。守离宫卒,闲而无事,因令于堧地为田也。堧,音而缘反。"

⑳李奇曰:"令,使也。命者,教也。令离宫卒教其家田公田也。"韦昭曰:"命,谓爵命者。命家,谓受爵命一爵为公士以上,令得田公田,优之也。"师古曰:"令,音力成反。"

㉑韦昭曰:"居延,张掖县也。时有甲卒也。"

　　至昭帝时,流民稍还,田野益辟,颇有畜积。宣帝即位,用吏多选贤良,百姓安土,岁数丰穰,①谷至石五钱,农人少利。时大司农中丞耿寿昌以善为算能商功利得幸于上,②五凤中奏言:"故事,岁漕关东谷四百万斛以给京师,③用卒六万人。宜籴三辅、弘农、河东、上党、太原郡谷,足供京师,可以省关东漕卒过半。"又白增海租三倍,天子皆从其计。御史大夫萧望之奏言:"故御史属徐宫④家在东莱,言往年加海租,鱼不出。长老皆言,武帝时县官尝自渔,海鱼不出,后复予民,鱼乃出。夫阴阳之感,物类相应,万事尽然。今寿昌欲近籴漕关内之谷,筑仓治船,费直二万万余,⑤有动众之功,恐生旱气,民被其灾。寿昌习于商功分铢之事,其深计远虑,诚未足任,宜且如故。"上不听。漕事果便,寿昌遂白令边郡皆筑仓,以谷贱时增其贾而籴,以利农,谷贵时减贾而粜,名曰常平仓。⑥民便之。上乃下诏,赐寿昌爵关内侯。而蔡癸以好农使劝郡国,至大官。⑦

①师古曰:"数,音所角反。穰,音人常反。"
②师古曰:"商,度也。"
③师古曰:"漕,水运。"
④李奇曰:"御史大夫属。"
⑤服虔曰:"万万,亿也。"
⑥师古曰:"贾,并读曰价。"
⑦师古曰:"为使而劝郡国也。使,音山吏反。"

元帝即位,天下大水,关东郡十一尤甚。二年,齐地饥,谷石三百余,民多饿死,琅邪郡人相食。在位诸儒多言盐铁官及北假田官、常平仓可罢,①毋与民争利。上从其议,皆罢之。又罢建章、甘泉宫卫,角抵,齐三服官,省禁苑以予贫民,减诸侯王庙卫卒半。又减关中卒五百人,转谷振贷穷乏。其后用度不足,独复盐铁官。

①孟康曰:"北假,地名也。"

成帝时,天下亡兵革之事,号为安乐,然俗奢侈,不以畜聚为意。永始二年,梁国、平原郡比年伤水灾,①人相食,刺史守相坐免。

①师古曰:"比,频也。"

哀帝即位,师丹辅政,建言:"古之圣王莫不设井田,然后治乃可平。①孝文皇帝承亡周乱秦兵革之后,天下空虚,故务劝农桑,帅以节俭,民始充实。未有并兼之害,故不为民田及奴婢为限。②今累世承平,豪富吏民訾数巨万,而贫弱俞困。盖君子为政,贵因循而重改作,③然所以有改者,将以救急也。亦未可详,宜略为限。"④天子下其议。丞相孔光、大司空何武奏请:"诸侯王、列侯皆得名田国中。列侯在长安,公主名田县道,及关内侯、吏民名田皆毋过三十顷。诸侯王奴婢二百人,列侯、公主百人,关内侯、吏民三十人。期尽三年,犯者没入官。"时田宅奴婢贾为减贱,丁、傅用事,董贤隆贵,皆不便也。⑤诏书且须后,⑥遂寝不行。宫室苑囿府库之臧已侈,百姓訾富虽不及文景,然天下户口最盛矣。

①师古曰:"建,立也,立其议也。"
②师古曰:"不为作限制。上为,音于伪反。"
③师古曰:"重,难也。"

④师古曰："详,谓悉尽也。"

⑤师古曰："丁、傅及董贤之家,皆不便此事也。"

⑥师古曰："须,待也。"

平帝崩,王莽居摄,遂篡位。王莽因汉承平之业,匈奴称藩,百蛮宾服,舟车所通,尽为臣妾,府库百官之富,天下晏然。莽一朝有之,其心意未满,①狭小汉家制度,以为疏阔。②宣帝始赐单于印玺,与天子同,而西南夷钩町称王。③莽乃遣使易单于印,贬钩町王为侯。二方始怨,侵犯边境。莽遂兴发三十万众,欲同时十道并出,一举灭匈奴;募发天下囚徒、丁男、甲卒,转委输兵器,自负海江淮而至北边,④使者驰传督趣,⑤海内扰矣。又动欲慕古,不度时宜,⑥分裂州郡,改职作官,下令曰:"汉氏减轻田租,三十而税一,常有更赋,罢癃咸出,⑦而豪民侵陵,分田劫假,⑧厥名三十,实什税五也。富者骄而为邪,贫者穷而为奸,俱陷于辜,刑用不错。⑨今更名天下田曰王田,奴婢曰私属,皆不得卖买。其男口不满八,而田过一井者,分余田与九族乡党。"犯令,法至死,制度又不定,吏缘为奸,天下謷謷然,陷刑者众。⑩

①师古曰："谓爱惜之意未厌饱也。"

②师古曰："莽以汉家制度为泰疏阔,而更之令狭小。"

③师古曰："钩,音巨于反。町,音大鼎反。"

④如淳曰："负,背也。"

⑤师古曰："传,音张恋反。趣,读曰促。"

⑥师古曰："度,音大各反。"

⑦晋灼曰："虽老病者,皆复出口算。"师古曰："更,音工衡反。罢,读曰疲。"

⑧师古曰："分田,谓贫者无田而取富人田耕种,共分其所收也。假,亦谓贫人赁富人之田也。劫者,富人劫夺其税,侵欺之也。"

⑨师古曰："错,置也。"

⑩师古曰："謷謷,众口愁声也,音敖。"

后三岁,莽知民愁,下诏诸食王田及私属皆得卖买,勿拘以法。然刑罚深刻,它政悖乱。①边兵二十余万人仰县官衣食,②用度不足,数横赋敛,③民俞贫困。常苦枯旱,亡有平岁,谷贾翔贵。④

①师古曰:"悖,乖也,音布内反。"

②师古曰:"仰,音牛向反。"

③师古曰:"数,音所角反。横,音胡孟反。"

④晋灼曰:"翔,音常。"师古曰:"晋说非也。翔言如鸟之回翔,谓不离于贵也。若暴贵,称腾踊也。"

　末年,盗贼群起,发军击之,将吏放纵于外。北边及青徐地人相食,雒阳以东米石二千。莽遣三公将军开东方诸仓振贷穷乏,又分遣大夫谒者教民煮木为酪;①酪不可食,重为烦扰。②流民入关者数十万人,置养澹官以禀之,吏盗其禀,③饥死者什七八。莽耻为政所致,乃下诏曰:"予遭阳九之陀,百六之会,④枯旱霜蝗,饥馑荐臻,蛮夷猾夏,寇贼奸轨,百姓流离。予甚悼之,害气将究矣。"⑤岁为此言,以至于亡。

①服虔曰:"煮木实。或曰:如今饵术之属也。"如淳曰:"作杏酪之属也。"师古曰:"如说是也。"

②师古曰:"重,音直用反。"

③师古曰:"禀,给也。盗其禀者,盗所给之物。禀,音彼甚反。"

④师古曰:"此历法应有灾岁之期也。事在《律历志》。"

⑤师古曰:"究,竟尽也。"

汉书卷二四下
志第四下

食货下

　　凡货，金钱布帛之用，夏殷以前其详靡记云。太公为周立九府圜法：①黄金方寸，而重一斤；钱圜函方，②轻重以铢；③布帛广二尺二寸为幅，长四丈为匹。故货宝于金，利于刀，④流于泉，⑤布于布，⑥束于帛。⑦

　　①李奇曰："圜即钱也。圜一寸，而重九两。"师古曰："此说非也。《周官》太府、玉府、内府、外府、泉府、天府、职内、职金、职币皆掌财币之官，故以九府圜谓均而通也。"

　　②孟康曰："外圜而内孔方也。"

　　③师古曰："言黄金以斤为名，钱则以铢为重也。"

　　④如淳曰："名钱为刀者，以其利于民也。"

　　⑤如淳曰："流行如泉也。"

　　⑥如淳曰："布于民间。"

　　⑦李奇曰："束，聚也。"

　　太公退，又行之于齐。至管仲相桓公，通轻重之权，曰："岁有凶穰，故谷有贵贱；①令有缓急，故物有轻重。②人君不理，则畜贾游于市，③乘民之不给，百倍其本矣。④故万乘之国必有万金之贾，千乘之国必有千金之贾者，利有所并也。计本量委则足矣，⑤然而民有饥饿者，谷有所臧也。⑥民有余则轻之，故人君敛之以轻；民不足则重之，故人君散之以重。⑦凡轻重敛散之以时，即准平。守准平，使万室之邑必有万钟之臧，臧镪千万；⑧千室之邑必有千钟之臧，臧镪百万。春以奉耕,夏以奉耘,⑨耒耜器械,种饟粮食,必取澹焉。⑩故大贾畜家不得豪夺吾民矣。"⑪桓公遂用区区之齐合诸侯,显伯名。⑫

①师古曰:"穰,音人常反。"

②李奇曰:"上令急于求米则民重米,缓于求米则民轻米。"

③师古曰:"畜,读曰蓄。蓄贾,谓贾人之多蓄积者。"

④师古曰:"给,足也。"

⑤李奇曰:"委,积也。"

⑥师古曰:"言富人多臧谷,故令贫者食不足也。"

⑦李奇曰:"民轻之时,为敛籴之;重之时,官为散也。"

⑧李奇曰:"镪,落也。"孟康曰:"六斛四斗为钟。镪,钱贯。《管子》曰'凶岁籴,釜十镪'。"师古曰:"孟说是也。镪,音居两反。"

⑨师古曰:"奉,谓供事也。"

⑩师古曰:"种,五谷之种也。饟字与饷同,谓饷田之具也。"

⑪师古曰:"畜,读曰蓄。豪,谓轻侮之也,字本作势,盖通用耳。"

⑫师古曰:"伯,读曰霸。"

其后百余年,周景王时患钱轻,将更铸大钱,①单穆公曰:"不可。②古者天降灾戾,③于是乎量资币,权轻重,以救民。④民患轻,则为之作重币以行之,于是有母权子而行,民皆得焉。⑤若不堪重,则多作轻而行之,亦不废重,于是乎有子权母而行,小大利之。⑥今王废轻而作重,民失其资,能无匮乎? 民若匮,王用将有所乏;乏将厚取于民,⑦民不给,将有远志,是离民也。⑧且绝民用以实王府,犹塞川原为潢洿也,⑨竭亡日矣。王其图之。"弗听,卒铸大钱,文曰"宝货",肉好皆有周郭,⑩以劝农澹不足,百姓蒙利焉。⑪

①应劭曰:"大于旧钱,其价重也。"

②师古曰:"单穆公,周大夫单旗。单,音善。"

③师古曰:"戾,恶气也。一曰:戾,至也。"

④应劭曰:"资,财也。量资币多少有无,平其轻重也。"师古曰:"凡言币者,皆所以通货物,易有无也。故金之与钱,皆名为币也。"

⑤应劭曰:"母,重也,其大倍,故为母也。子,轻也,其轻少半,故为子也。

民患币之轻而物贵,为重币以平之,权时而行,以废其轻。故曰母权子,犹言重权轻也。民皆得者,本末有无皆得其利也。"孟康曰:"重为母,轻为子,若市八十钱物,以母当五十,以子三十续之。"

⑥应劭曰:"民患币重,则多作轻钱而行之,亦不废去重者。言重者行其贵,轻者行其贱也。"

⑦师古曰:"厚,犹多也,重也。"

⑧师古曰:"远志,谓去其本居而散亡也。"

⑨师古曰:"原,谓水泉之本也。潢洿,停水也。潢,音黄。洿,音一胡反。"

⑩韦昭曰:"肉,钱形也。好,孔也。"

⑪孟康曰:"单穆公曰'竭无日矣',不得复云百姓蒙利焉。"臣瓒曰:"但自不听不铸大钱耳,犹自从其不废轻,此言母子并用,故蒙其利也。"师古曰:"二说皆非也。单旗虽有此言,王终自铸钱,果有便,故百姓蒙其利也。"

秦兼天下,币为二等:黄金以溢为名,上币;①铜钱质如周钱,②文曰"半两",重如其文。而珠玉龟贝银锡之属为器饰宝臧,不为币,然各随时而轻重无常。

①孟康曰:"二十两为溢。"师古曰:"改周一斤之制,更以溢为金之名数也。高祖初赐张良金百溢,此尚秦制也。上币者,二等之中黄金为上而钱为下也。"

②臣瓒曰:"言钱之形质如周钱,唯文异耳。"

汉兴,以为秦钱重难用,更令民铸荚钱。①黄金一斤。②而不轨逐利之民畜积余赢以稽市物,痛腾跃,③米至石万钱,马至匹百金。天下已平,高祖乃令贾人不得衣丝乘车,重税租以困辱之。④孝惠、高后时,为天下初定,复弛商贾之律,⑤然市井子孙亦不得为官吏。孝文五年,为钱益多而轻,乃更铸四铢钱,其文为"半两"。除盗铸钱令,使民放铸。⑥贾谊谏曰:

①如淳曰:"如榆荚也。"师古曰:"荚,音颊。"

②师古曰:"复周之制,更以斤名金。"

③李奇曰:"稽,贮滞也。"晋灼曰:"痛,甚也。言计市物贱,豫益畜之,物贵而出卖,故使物甚腾跃也。"师古曰:"不轨,谓不循轨度者也。言以其赢余之财蓄积群货,使物稽滞在己,故市价甚腾贵。今书本痛字或作踊

者，误耳。踊、腾一也，不当重累言之。畜，读曰蓄。"

④师古曰："欲令务农。"

⑤师古曰："弛，解也。"

⑥师古曰："恣其私铸。"

　　法使天下公得顾租铸铜锡为钱，敢杂以铅铁为它巧者，其罪黥。①然铸钱之情，非淆杂为巧，则不可得赢；②而淆之甚微，为利甚厚。③夫事有召祸而法有起奸，今令细民人操造币之势，④各隐屏而铸作，因欲禁其厚利微奸，虽黥罪日报，其势不止。⑤乃者，民人抵罪，多者一县百数，及吏之所疑，榜笞奔走者甚众。夫县法以诱民，⑥使入陷阱，孰积于此！⑦曩禁铸钱，死罪积下；⑧今公铸钱，黥罪积下。为法若此。上何赖焉？⑨

①师古曰："顾租，谓顾庸之直，或租其本。"

②师古曰："淆，谓乱杂也。赢，余利也。言不杂铅铁，则无利也。淆，音爻。"

③师古曰："微，谓精妙也。言淆杂铅铁，其术精妙，不可觉知，而得利甚厚，故令人轻犯之，奸不可止也。"

④师古曰："操，持也。人人皆得铸钱也。操，音千高反。"

⑤郑氏曰："报，论。"

⑥师古曰："县，谓开立之。"

⑦师古曰："阱，穿地以陷兽也。积，多也。阱，音才性反。"

⑧苏林曰："下，报也，积累下报论之也。"张晏曰："死罪者多，委积于下也。"师古曰："苏说是也。下，音胡亚反。次后亦同。"

⑨师古曰："赖，利也。一曰：恃也。"

　　又民用钱，郡县不同：或用轻钱，百加若干；①或用重钱，平称不受。②法钱不立，③吏急而壹之虖，则大为烦苛，而力不能胜；纵而弗呵虖，则市肆异用，钱文大乱。④苟非其术，何乡而可哉！⑤

①应劭曰："时钱重四铢，法钱百枚，当重一斤十六铢，轻则以钱足之若干枚，令满平也。"师古曰："若干，且设数之言也。干，犹个也，谓当如此个数耳。而胡广云'若，顺也；干，求也，合也'。当顺所求而与之矣。"

②应劭曰："用重钱，则平称有余，不能受也。"臣瓒曰："秦钱重半两，汉初
　铸荚钱，文帝更铸四铢钱。秦钱与荚钱皆当废，而故与四铢并行。民以
　其见废，故用轻钱，则百加若干；用重钱，虽以一当一，犹复不受之。是
　以郡县不同也。"师古曰："应说是也。称，音尺孕反。"

③师古曰："法钱，依法之钱也。"

④师古曰："呵，责怒也，音火何反。"

⑤师古曰："乡，读曰向。"

今农事弃捐而采铜者日蕃，①释其耒耨，冶熔炊炭，②奸
钱日多，五谷不为多。③善人怵而为奸邪，④愿民陷而之刑
戮，⑤刑戮将甚不详，奈何而忽！⑥国知患此，吏议必曰禁之。
禁之不得其术，其伤必大。令禁铸钱，则钱必重；⑦重则其利
深，盗铸如云而起，⑧弃市之罪又不足以禁矣。奸数不胜而法
禁数溃，铜使之然也。⑨故铜布于天下，其为祸博矣。⑩

①师古曰："蕃，多也，音扶元反。其下亦同。"

②应劭曰："熔，形容也，作钱模朴也。"师古曰："熔，音容。"

③师古曰："言皆采铜铸钱，废其农业，故五谷不多也。为，音于伪反。不为
　多，犹言为之不多也。"

④李奇曰："怵，诱也，动心于奸邪也。"师古曰："怵，音先律反，又音黜。"

⑤师古曰："愿，谨也。"

⑥师古曰："详，平也。忽，忽忘也。"

⑦师古曰："令，谓法令也。"

⑧师古曰："言其多。"

⑨师古曰："数，并音所角反。"

⑩师古曰："博，大也。"

今博祸可除，而七福可致也。何谓七福？上收铜勿令布，
则民不铸钱，黥罪不积，一矣。伪钱不蕃，民不相疑，二矣。采
铜铸作者反于耕田，三矣。铜毕归于上，上挟铜积以御轻重，①
钱轻则以术敛之，重则以术散之，货物必平，四矣。以作兵器，
以假贵臣，多少有制，用别贵贱，五矣。②以临万货，以调盈虚，
以收奇羡，③则官富实而末民困，六矣。④制吾弃财，以与匈奴

逐争其民，则敌必怀，七矣。⑤故善为天下者，因祸而为福，转
败而为功。今久退七福而行博祸，臣诚伤之。

①师古曰："铜积，谓多积铜也。"

②如淳曰："古者以铜为兵，秦销锋锒铸金人十二，是也。"

③师古曰："调，平均也。奇，残余也。羡，饶溢也。奇，音居宜反。羡，音弋
　战反。"

④师古曰："末，谓工商之业也。"

⑤师古曰："末业既困，农人敦本，仓廪积实，布帛有余，则招胡人，多来降
　附。故言制吾弃财，逐争其人也。弃财者，可弃之财。逐，竟也。"

上不听。是时，吴以诸侯即山铸钱，富埒天子，①后卒叛逆。邓通，大
夫也，以铸钱财过王者。故吴、邓钱布天下。

①师古曰："即，就也。埒，等也。"

　　武帝因文、景之畜，忿胡、粤之害，①即位数年，严助、朱买臣等
招徕东瓯，事两粤，江淮之间萧然烦费矣。②唐蒙、司马相如始开西
南夷，凿山通道千余里，以广巴蜀，巴蜀之民罢焉。③彭吴穿秽貊、
朝鲜，置沧海郡，④则燕齐之间靡然发动。及王恢谋马邑，匈奴绝和
亲，侵扰北边，兵连而不解，天下共其劳。⑤干戈日滋，行者赍，居者
送，⑥中外骚扰相奉，百姓㧖敝以巧法，⑦财赂衰耗而不澹。⑧入物
者补官，出货者除罪，选举陵夷，廉耻相冒，⑨武力进用，法严令具。
兴利之臣自此而始。⑩

①师古曰："畜，读曰蓄。"

②师古曰："萧然，犹骚然，劳动之貌。"

③师古曰："罢，读曰疲。"

④师古曰："彭吴，人姓名也。本皆荒梗，始开通之也，故言穿也。"

⑤师古曰："共，犹同。"

⑥师古曰："赍，谓将衣食之具以自随也，音子奚反。"

⑦师古曰："㧖，訧也，谓摧挫也。巧法，为巧诈以避法也。㧖，音五官反。"

⑧师古曰："耗，减也。澹，足也。"

⑨师古曰："冒，蒙也。"

⑩师古曰："谓桑弘羊、东郭咸阳、孔仅之属也。"

其后,卫青岁以数万骑出击匈奴,遂取河南地,筑朔方。时又通西南夷道,作者数万人,千里负担馈饟,①卒十余钟致一石,②散币于邛僰以辑之。③数岁而道不通,蛮夷因以数攻,吏发兵诛之。悉巴蜀租赋不足以更之,④乃募豪民田南夷,入粟县官,而内受钱于都内。⑤东置沧海郡,人徒之费疑于南夷。⑥又兴十余万人筑卫朔方,⑦转漕甚远,自山东咸被其劳,费数十百巨万,⑧府库并虚。乃募民能入奴婢得以终身复,为郎增秩,⑨及入羊为郎,始于此。"

①师古曰:"馈,亦馈字。饟,古饷字。"

②师古曰:"言其劳费用功重。"

③应劭曰:"邛属临邛,僰属犍为。"晋灼曰:"僰,音蒲贼反。"师古曰:"本西南夷两种也。邛,今邛州也。僰,今僰道县也。辑,与集同,谓安定也。"

④李奇曰:"不足用,终更其事也。"韦昭曰:"更,续也。"师古曰:"二说并非也。悉,尽也。更,偿也。虽尽租赋不足偿其功费也。更,音庚。"

⑤服虔曰:"入谷于外县官,而受粟钱于内府也。"师古曰:"此说非也。都内,京师主臧者也。《百官公卿表》大司农属官有都内令丞也。"

⑥师古曰:"疑,读曰拟。拟,谓比也。"

⑦师古曰:"既筑其城,又守卫之。"

⑧师古曰:"数十万乃至百万。"

⑨师古曰:"庶人入奴婢则复终身,先为郎者就增其秩也。一曰:入奴婢少者复终身,多者得为郎,旧为郎更增秩也。"

此后四年,卫青比岁十余万众击胡,①斩捕首虏之士受赐黄金二十余万斤,而汉军士马死者十余万,兵甲转漕之费不与焉。②于是大司农陈臧钱经用,赋税既竭,不足以奉战士。③有司请令民得买爵及赎禁锢免臧罪;请置赏官,名曰武功爵。④级十七万,凡直三十余万金。诸买武功爵官首者试补吏,先除;千夫如五大夫;⑤其有罪又减二等;爵得至乐卿,⑥以显军功。军功多用超等,大者封侯卿大夫,小者郎。吏道杂而多端,则官职耗废。⑦

①师古曰:"比岁,频岁也。"

②师古曰:"与,读曰豫。"

③师古曰:"陈,谓列奏之。经,常也。既,尽也。言常用之钱及诸赋税并竭

尽也。"

④臣瓒曰:"《茂陵中书》有武功爵,一级曰造士,二级曰闲舆卫,三级曰良士,四级曰元戎士,五级曰官首,六级曰秉铎,七级曰千夫,八级曰乐卿,九级曰执戎,十级曰政戾庶长,十一级曰军卫。此武帝所制,以宠军功。"师古曰:"此下云级十七万,凡直三十余万金,今瓒所引《茂陵中书》止于十一级,则计数不足,与本文乖矣。或者《茂陵书》说之不尽也。"

⑤师古曰:"五大夫,旧二十等爵之第九级也。至此以上,始免徭役,故每先选以为吏。千夫者,武功十一等爵之第七也,亦得免役,今则先除为吏,比于五大夫也。"

⑥师古曰:"乐卿者,武功爵第八等也。言买爵唯得至第八也。此文止论武功爵级,而作注者乃以旧二十等爵解之,失其本意,故删而不取。"

⑦师古曰:"耗,乱也,音莫报反。"

自公孙弘以《春秋》之义绳臣下取汉相,张汤以峻文决理为廷尉,于是见知之法生,而废格沮诽穷治之狱用矣。①其明年,淮南、衡山、江都王谋反迹见,②而公卿寻端治之,竟其党与,坐而死者数万人,吏益惨急而法令察。③当是时,招尊方正贤良文学之士,或至公卿大夫。公孙弘以宰相,布被,食不重味,为下先,然而无益于俗,稍务于功利矣。

①张晏曰:"吏见知不举劾为故纵,官有所作,废格沮败诽谤,则穷治之也。"如淳曰:"废格天子文法不行。诽,谓非上所行,若颜异反唇之此也。"师古曰:"沮,止坏之,音材汝反。"

②师古曰:"踪迹显见也。"

③师古曰:"惨,毒也。察,微视也。"

其明年,票骑仍再出击胡,大克获。①浑邪王率数万众来降,②于是汉发车三万两迎之。③既至,受赏,赐及有功之士。是岁费凡百余巨万。

①师古曰:"仍,频也。"

②师古曰:"浑,音胡昆反。"

③师古曰:"一两,一乘。"

先是十余岁,河决,灌梁、楚地,固已数困,而缘河之郡堤塞河,辄坏决,费不可胜计。其后番系欲省底柱之漕,①穿汾、河渠以为溉田;郑当时为渭漕回远,凿漕直渠自长安至华阴;②而朔方亦穿溉渠。作者各数万人,历二三期而功未就,费亦各以巨万十数。③

①师古曰:"番,姓;系,名也。番,音普安反。系,音工系反。"
②师古曰:"回,绕也,音胡内反。"
③师古曰:"谓十万万也。"

天子为伐胡,故盛养马,马之往来食长安者数万匹,①卒掌者关中不足,乃调旁近郡。②而胡降者数万人皆得厚赏衣食,仰给县官,③县官不给,④天子乃损膳,解乘舆驷,出御府禁臧以澹之。

①师古曰:"食,读曰饲。"
②师古曰:"调,谓选发之也。调,音徒钓反。"
③师古曰:"仰,音牛向反。次下亦同。"
④师古曰:"给,足也。"

其明年,山东被水灾,民多饥乏,于是天子遣使虚郡国仓廪以振贫。犹不足,又募豪富人相假贷。①尚不能相救,乃徙贫民于关以西,及充朔方以南新秦中,②七十余万口,衣食皆仰给于县官。数岁,贷与产业,使者分部护,③冠盖相望,费以亿计,县官大空。而富商贾或滞财役贫,④转毂百数,⑤废居邑,⑥封君皆氐首仰给焉。⑦冶铸煮盐,财或累万金,而不佐公家之急,黎民重困。⑧

①师古曰:"贷,音土戴反。次下亦同。"
②应劭曰:"秦始皇遣蒙恬攘却匈奴,得其河南造阳之北千里地甚好,于是为筑城郭,徙民充之,名曰新秦。四方杂错,奢俭不同,今俗名新富贵者为'新秦',由是名也。"
③师古曰:"分,音扶问反。"
④孟康曰:"滞,停也。"晋灼曰:"滞,音直吏反。"
⑤李奇曰:"毂,车也。"
⑥服虔曰:"居谷于邑也。"如淳曰:"居贱物于邑中,以待贵也。"师古曰:"二说皆未尽也。此言或有所废置,有所居蓄,而居于邑中,以乘时射利也。"
⑦晋灼曰:"氐,音抵距之抵。"服虔曰:"仰给于商贾,言百姓好末作也。"

师古曰:"二说皆非也。封君,受封邑者,谓公主及列侯之属也。氏首,犹俯首也。时公主、列侯虽有国邑而无余财,其朝夕所须皆俯首而取给于富商大贾,后方以邑入偿之。氏,音丁奚反。"

⑧师古曰:"重,音直用反。"

于是天子与公卿议,更钱币以澹用,①而摧浮淫并兼之徒。是时,禁苑有白鹿而少府多银锡。自孝文更造四铢钱,至是岁四十余年,从建元以来,用少,县官往往即多铜山而铸钱,②民亦盗铸,不可胜数。钱益多而轻,③物益少而贵。④有司言曰:"古者皮币,诸侯以聘享。金有三等,黄金为上,白金为中,赤金为下。⑤今半两钱法重四铢,⑥而奸或盗摩钱质而取镕,⑦钱益轻薄而物贵,则远方用币烦费不省。"乃以白鹿皮方尺,缘以缋,为皮币,⑧直四十万。王侯宗室朝觐聘享,必以皮币荐璧,然后得行。

①师古曰:"更,改也。"

②师古曰:"就多铜之山而铸钱也。"

③臣瓒曰:"铸钱者多,故钱轻。轻,亦贱也。"

④如淳曰:"民但铸钱,不作余物故也。"

⑤孟康曰:"白金,银也。赤金,丹阳铜也。"

⑥郑氏曰:"其文为半两,实重四铢也。"

⑦如淳曰:"钱一面有文,一面幕,幕为质。民盗摩漫面而取其镕,以更铸作钱也。"臣瓒曰:"许慎云'镕,铜屑也'。摩钱漫面以取其屑,更以铸钱。《西京黄图叙》曰'民摩钱取屑'是也。"师古曰:"镕,音浴。瓒说是也。"

⑧师古曰:"缋,绣也,绘五彩而为之。"

又造银锡白金。①以为天用莫如龙,地用莫如马,人用莫如龟,故白金三品:其一曰重八两,圜之,其文龙,名"白撰",直三千;二曰以重差小,方之,其文马,直五百;②三曰复小,椭之,其文龟,直三百。③令县官销半两钱,更铸三铢钱,重如其文。盗铸诸金钱罪皆死,而吏民之犯者不可胜数。

①如淳曰:"杂铸银锡为白金。"

②晋灼曰:"以平半斤之重差为三品,此重六两,则下品重四两也。"

③师古曰："椭，圜而长也，音佗果反。"

于是以东郭咸阳、孔仅为大农丞，①领盐铁事，而桑弘羊贵幸。咸阳，齐之大煮盐，孔仅，南阳大冶，皆致产累千金，故郑当时进言之。弘羊，洛阳贾人之子，以心计，②年十三侍中。故三人言利事析秋豪矣。

①师古曰："二人也，姓东郭名咸阳，姓孔名仅。仅，音巨刃反。"

②师古曰："不用筹算。"

法既益严，吏多废免。兵革数动，民多买复①及五大夫、千夫、征发之士益鲜。②于是除千夫、五大夫为吏，不欲者出马；③故吏皆適令伐棘上林，作昆明池。④

①师古曰："入财于官，以取优复。复，音方目反。"

②师古曰："鲜，少也，音先浅反。"

③如淳曰："千夫、五大夫不欲为吏者，令之出马也。"

④师古曰："適，读曰谪。谪，责罚也，以其久为奸利。"

其明年，大将军、票骑大出击胡，赏赐五十万金，军马死者十余万匹，转漕车甲之费不与焉。①是时财匮，②战士颇不得禄矣。

①师古曰："与，读曰豫。"

②师古曰："匮，空也。"

有司言三铢钱轻，轻钱易作奸诈，乃更请郡国铸五铢钱，周郭其质，令不可得摩取镕。①

①孟康曰："周市为郭，文漫皆有。"

大农上盐铁丞孔仅、咸阳言：①"山海，天地之臧，宜属少府，陛下弗私，以属大农佐赋。愿募民自给费，因官器作煮盐，官与牢盆。②浮食奇民欲擅斡山海之货，③以致富羡，役利细民。④其沮事之议，不可胜听。敢私铸铁器煮盐者，钛左趾，⑤没入其器物。郡不出铁者，置小铁官，⑥使属在所县。"使仅、咸阳乘传举行天下盐铁，⑦作官府，⑧除故盐铁家富者为吏。吏益多贾人矣。

①师古曰："奏上其言也。"

②苏林曰："牢，价直也。今世人言顾手牢。"如淳曰："牢，廪食也。古者名廪为牢。盆，煮盐盆也。"师古曰："牢，苏说是也。鬻，古煮字也。"

③师古曰："幹，谓主领也，读与管同。

④师古曰："羡，饶也，音弋战反。"

⑤师古曰："钛，足钳也，音徒计反。"

⑥郑展曰："铸故铁。"

⑦师古曰："举，皆也，普天之下皆行之也。音下更反。"

⑧师古曰："主煮铸及出纳之处也。"

商贾以币之变，多积货逐利。于是公卿言："郡国颇被灾害，贫民无产业者，募徙广饶之地。陛下损膳省用，出禁钱以振元元，宽贷，而民不齐出南亩，①商贾滋众。贫者畜积无有，皆仰县官。②异时，算轺车贾人之缗钱皆有差小，③请算如故。诸贾人末作贳贷卖买，居邑贮积诸物，④及商以取利者，虽无市籍，各以其物自占，⑤率缗钱二千而算一。⑥诸作有租及铸，⑦率缗钱四千算一。非吏比者、三老、北边骑士，轺车一算；⑧商贾人轺车二算；⑨船五丈以上一算。匿不自占，占不悉，戍边一岁，没入缗钱。⑩有能告者，以其半畀之。⑪贾人有市籍及家属，皆无得名田，⑫以便农。敢犯令，没入田货。"

①师古曰："言农人尚少，不皆务耕种也。"

②师古曰："畜，读曰蓄。仰，音牛向反。"

③师古曰："异时，言往时也。轺，小车也。缗，谓钱贯也。轺，音弋昭反。缗，音武巾反。"

④师古曰："贳，赊也。贷，假与也。贳，音式制反。贷，音土戴反。"

⑤师古曰："占，隐度也，各隐度其财物多少，而为名簿送之于官也。占，音之赡反。"

⑥师古曰："率计有二千钱者则出一算。"

⑦如淳曰："以手力所作而卖之者。"

⑧师古曰："比，例也。身非为吏之例，非为三老，非为北边骑士，而有轺车，皆令出一算。比，音必寐反。"

⑨如淳曰："商贾人有轺车，又使多出一算，重其赋。"

⑩师古曰："悉，尽也。"

⑪师古曰："畀，与也，音必寐反。"

⑫师古曰："一人有市籍，则身及家内皆不得有田也。"

是时,豪富皆争匿财,唯卜式数求入财以助县官,天子乃超拜式为中郎,赐爵左庶长,田十顷,布告天下,以风百姓。①初,式不愿为官,上强拜之,稍迁至齐相。语自在其传。孔仅使天下铸作器,三年中至大司农,列于九卿。而桑弘羊为大司农中丞,管诸会计事,稍稍置均输以通货物。始令吏得入谷补官,郎至六百石。②

①师古曰:"风,读曰讽。"

②师古曰:"吏迁补高官,郎又就增其秩,得至六百石也。"

自造白金五铢钱后五岁,而赦吏民之坐盗铸金钱死者数十万人。其不发觉相杀者,不可胜计。赦自出者百余万人。然不能半自出,天下大氐无虑皆铸金钱矣。①犯法者众,吏不能尽诛,于是遣博士褚大、徐偃等分行郡国,②举并兼之徒,守、相为利者。③而御史大夫张汤方贵用事,减宣、杜周等为中丞,④义纵、尹齐、王温舒等用惨急苛刻为九卿,直指夏兰之属始出。⑤而大农颜异诛矣。初,异为济南亭长,以廉直稍迁至九卿。上与汤既造白鹿皮币,问异。异曰:"今王侯朝贺以苍璧,直数千,而其皮荐反四十万,本末不相称。"天子不说。⑥汤又与异有隙,及人有告异以它议,事下汤治异。异与客语,客语初令下有不便者,⑦异不应,微反唇。⑧汤奏当异九卿见令不便,不入言而腹非,⑨论死。自是后有腹非之法比,⑩而公卿大夫多谄谀取容。

①师古曰:"氐,读曰抵。抵,归也。大归,犹言大凡也。无虑,亦谓大率无小计虑耳。"

②师古曰:"行,音下更反。"

③师古曰:"守,郡守也。相,诸侯相。"

④师古曰:"减,姓也,音减省之减。"

⑤苏林曰:"夏兰,人姓名。"

⑥师古曰:"说,读曰悦。"

⑦李奇曰:"异与客语,道诏令初下有不便处。"

⑧师古曰:"盖非也。"

⑨师古曰:"当,谓处断其罪。"

⑩师古曰:"比,则例也,读如字,又音必寐反。"

天子既下缗钱令而尊卜式,百姓终莫分财佐县官,于是告缗钱纵矣。①

①师古曰:"纵,放也,放令相告言也。"

郡国铸钱,民多奸铸,①钱多轻,而公卿请令京师铸官赤仄,②一当五,赋官用非赤仄不得行。③白金稍贱,民费宝用,县官以令禁之,无益,岁余终废不行。是岁,汤死而民不思。其后二岁,赤仄钱贱,民巧法用之,不便,又废。于是悉禁郡国毋铸钱,专令上林三官铸。钱既多,而令天下非三官钱不得行,诸郡国前所铸钱皆废销之,输入其铜三官。而民之铸钱益少,计其费不能相当,④唯真工大奸乃盗为之。⑤

①师古曰:"谓巧铸之,杂铅锡。"

②应劭曰:"所谓子绀钱也。"如淳曰:"以赤铜为其郭也。今钱郭见有赤者,不知作法云何也。"

③师古曰:"充赋及给官用,皆令以赤仄。"

④师古曰:"言无利。"

⑤师古曰:"其术巧妙,故得利。"

杨可告缗遍天下,①中家以上大氐皆遇告。杜周治之,狱少反者。②乃分遣御史廷尉正监分曹,③往往即治郡国缗钱,④得民财物以亿计,奴婢以千万数,田大县数百顷,小县百余顷,宅亦如之。于是商贾中家以上大氐破,民偷甘食好衣,不事畜臧之业,⑤而县官以盐铁缗钱之故,用少饶矣。益广开置左右辅。

①如淳曰:"告缗令杨可所告言也。"师古曰:"此说非也。杨可据令而发动之,故天下皆被告。"

②如淳曰:"治匿缗之罪,其狱少有反者。"苏林曰:"音幡。"师古曰:"幡,谓从轻而出。"

③服虔曰:"分曹职案行也。"师古曰:"服说非也。曹,辈也,分辈而出为使也。"

④师古曰:"就其所在而治也。"

⑤师古曰:"偷,苟且也。"

初,大农干盐铁官布多,置水衡,欲以主盐铁;用杨可告缗,上林财物众,乃令水衡主上林。上林既充满,益广。是时,粤欲与汉用船战逐,①乃大修昆明池,列馆环之。②治楼船,高十余丈,旗织加其上,③甚壮。于是天子感之,乃作柏梁台,高数十丈。宫室之修,繇此日丽。

①孟康曰:"水战相逐也。"

②师古曰:"环,绕也。"

③师古曰:"织,读曰炽,音昌志反。"

乃分缗钱诸官,而水衡、少府、太仆、大农各置农官,往往即郡县比没入田田之。①其没入奴婢,分诸苑养狗马禽兽,及与诸官。官益杂置多,②徒奴婢众,而下河漕度四百万石,及官自籴乃足。③

①师古曰:"即,就也。比,谓比者所没入也。"

②如淳曰:"水衡、少府、太仆、司农皆有农官,是为多也。"师古曰:"此说非也。谓杂置官员分掌众事耳,非农官也。"

③师古曰:"度,计也,音大各反。"

所忠言:"世家子弟富人或斗鸡走狗马,弋猎博戏,乱齐民。"①乃征诸犯令,相引数千人,名曰"株送徒"。入财者得补郎,郎选衰矣。②

①如淳曰:"世家,谓世世有禄秩家也。齐,等也。无有贵贱,谓之齐民,若今言平民矣。"晋灼曰:"中国被教齐整之民也。"师古曰:"所,姓也,忠,名也,武帝之近臣。《郊祀志》云'公孙卿因所忠言宝鼎',《石庆传》云'欲请诏近臣所忠',《广川王传》云'言汉公卿及幸臣所忠',《司马相如传》云'所忠往取书'。考其踪迹,此并一人也。而说者或以为所忠信之人,此释大谬。齐等之义,如说是也。"

②应劭曰:"株,根本也。送,致也。"如淳曰:"株,蒂也。诸坐博戏事决为徒者,能入钱,得补郎。"李奇曰:"先至者为魁株也。"师古曰:"言被率引者为其根株所送,当充徒役,而能入财者,即当补郎。"

是时,山东被河灾,及岁不登数年,人或相食,方二三千里。天子怜之,令饥民得流,就食江淮间,欲留,留处。①使者冠盖相属于道护之,②下巴蜀粟以振焉。

①师古曰:"流,谓恣其行移,若水之流。至所在,有欲住者,亦留而处也。"

②师古曰："属,联续也,音之欲反。"

明年,天子始出巡郡国。东度河,河东守不意行至,不辩,自杀。行西逾陇,卒,①从官不得食,陇西守自杀。于是上北出萧关,从数万骑行猎新秦中,以勒边兵而归。新秦中或千里无亭徼,②于是诛北地太守以下。而令民得畜边县,③官假马母,三岁而归,及息什一,以除告缗,用充入新秦中。④

①孟康曰："逾,度也。卒,仓卒也。"

②晋灼曰："徼,塞也。"臣瓒曰："既无亭候,又不徼循,无御边之备,故诛北地太守。"师古曰："晋说是也。"

③孟康曰："令得畜牧于边县。"

④李奇曰："边有官马,今令民能畜官母马者,满三岁归之,十母马还官一驹,此为息什一也。"师古曰："官得母马之息,以给用度,得充实秦中人,故除告缗之令也。"

既得宝鼎,立后土、泰一祠,公卿白议封禅事,而郡国皆豫治道,修缮故宫,及当驰道县,县治宫储,设共具,①而望幸。

①师古曰："共,音居用反。"

明年,南粤反,西羌侵边。天子为山东不澹,赦天下囚,因南方楼船士二十余万人击粤,发三河以西骑击羌,又数万人度河筑令居。①初置张掖、酒泉郡,而上郡、朔方、西河、河西开田,官斥塞卒六十万人戍田之。②中国缮道馈粮,远者三千,近者千余里,皆仰给大农。③边兵不足,乃发武库工官兵器以澹之。车骑马乏,县官钱少,买马难得,乃著令,令封君以下至三百石吏以上差出牡马天下亭,亭有畜字马,岁课息。

①师古曰："令,音零。"

②师古曰："开田,始开屯田也。斥塞,广塞令却。初置二郡,故塞更广也。以开田之官广塞之卒戍而田也。"

③师古曰："仰,音牛向反。此下并同。"

齐相卜式上书,愿父子死南粤。天子下诏褒扬,赐爵关内侯,黄金四十斤,田十顷。布告天下,天下莫应。列侯以百数,皆莫求从军。至饮酎,少府省金,①而列侯坐酎金失侯者百余人。乃拜卜式为御

史大夫。式既在位，见郡国多不便县官作盐铁器，苦恶，②贾贵，③
或强令民买之。而船有算，商者少，物贵，乃因孔仅言船算事。上不
说。④

①李奇曰："省，视也。至尝酎饮宗庙时，少府视其金多少。"

②如淳曰："苦，或作盬。盬，不攻严也。"臣瓒曰："谓作铁器，民患苦其不
　　好也。"师古曰："二说非也。盐既味苦，器又脆恶，故总云苦恶也。"

③师古曰："盐铁并贵也。贾，读曰价。"

④师古曰："说，音悦。"

汉连出兵三岁，诛羌，灭两粤，番禺以西至蜀南者置初郡十
七，①且以其故俗治，赋税。南阳、汉中以往，各以地比给初郡吏卒
奉食币物，传车马被具。②而初郡又时时小反，杀吏，汉发南方吏卒
往诛之，间岁万余人，③费仰大农。大农以均输调盐铁助赋，故能澹
之。然兵所过县，县以为訾给毋乏而已，不敢言轻赋法矣。

①晋灼曰："元鼎六年定越地以为南海、苍梧、郁林、合浦、交趾、九真、日
　　南、珠崖、儋耳郡，定西南夷以为武都、牂柯、越巂、沈黎、汶山郡，及《地
　　理志》、《西南夷传》所置犍为、零陵、益州郡，凡十七。"

②师古曰："地比，谓依其次弟，自近及远也。比，音频寐反。传，音张恋反。
　　被，音皮义反。"

③师古曰："间岁，隔一岁。"

其明年，元封元年，卜式贬为太子太傅。而桑弘羊为治粟都尉，
领大农，尽代仅斡天下盐铁。①弘羊以诸官各自市相争，物以故腾
跃，而天下赋输或不偿其僦费，②乃请置大农部丞数十人，分部主
郡国，各往往置均输盐铁官，令远方各以其物如异时商贾所转贩者
为赋而相灌输。置平准于京师，都受天下委输。召工官治车诸器，
皆仰给大农。大农诸官尽笼天下之货物，贵则卖之，贱则买之。如
此，富商大贾亡所牟大利，③则反本，而万物不得腾跃。故抑天下之
物，名曰"平准"。天子以为然而许之。于是天子北至朔方，东封大
山，巡海上，旁北边以归。④所过赏赐，用帛百余万匹，钱金以巨万
计，皆取足大农。

①师古曰："代孔仅。"

②师古曰:"僦,顾也,言所输赋物不足偿其余顾庸之费也。僦,音子就反。"

③如淳曰:"牟,取也。"

④师古曰:"旁,音步浪反。"

弘羊又请令民得入粟补吏,及罪以赎。令民入粟甘泉各有差,以复终身,①不复告缗。它郡各输急处,而诸农各致粟,山东漕益岁六百万石。一岁之中,太仓、甘泉仓满。边余谷,诸均输帛五百万匹。民不益赋而天下用饶。于是弘羊赐爵左庶长,②黄金者再百焉。③

①师古曰:"复,音方目反。"

②师古曰:"第十等爵。"

③师古曰:"凡再赐百金。"

是岁小旱,上令百官求雨。卜式言曰:"县官当食租衣税而已,①今弘羊令吏坐市列贩物求利。②亨弘羊,天乃雨。"③久之,武帝疾病,拜弘羊为御史大夫。

①师古曰:"衣,音于既反。"

②师古曰:"市列,谓列肆。"

③师古曰:"亨,煮也,音普庚反。"

昭帝即位六年,诏郡国举贤良文学之士,问以民所疾苦,教化之要。皆对愿罢盐铁酒榷均输官,毋与天下争利,视以俭节,①然后教化可兴。弘羊难,②以为此国家大业,所以制四夷,安边足用之本,不可废也。乃与丞相千秋共奏罢酒酤。弘羊自以为国兴大利,伐其功,欲为子弟得官,怨望大将军霍光,遂与上官桀等谋反,诛灭。

①师古曰:"视,读曰示。"

②师古曰:"诘难议者之言也。"

宣、元、成、哀、平五世,亡所变改。元帝时尝罢盐铁官,三年而复之。贡禹言:"铸钱采铜,一岁十万人不耕,民坐盗铸陷刑者多。富人臧钱满室,犹无厌足。民心动摇,弃本逐末,耕者不能半,奸邪不可禁,原起于钱。疾其末者绝其本,宜罢采珠玉金银铸钱之官,毋复以为币,除其贩卖租铢之律,①租税禄赐皆以布帛及谷,使百姓壹意农桑。"议者以为交易待钱,布帛不可尺寸分裂。禹议亦寝。

①师古曰:"租铢,谓计其所卖物价,平其锱铢而收租也。"

自孝武元狩五年,三官初铸五铢钱,至平帝元始中,成钱二百八十亿万余云。

王莽居摄,变汉制,以周钱有子母相权,于是更造大钱,径寸二分,重十二铢,文曰"大钱五十"。又造契刀、错刀。契刀其环如大钱,身形如刀,长二寸,文曰"契刀五百"。错刀,以黄金错其文,曰"一刀直五千"。①与五铢钱凡四品,并行。

①张晏曰:"案今所见契刀、错刀,形质如大钱,而肉好轮厚异于此。大钱
　形如大刀环矣,契刀身形园,不长二寸也。其文左曰'契',右曰'刀',无
　'五百'字也。错刀则刻之作字也,以黄金填其文,上曰'一',下曰'刀'。
　二刀泉甚不与志相应也,似扎单差错,文字磨灭故耳。"师古曰:"张说
　非也。王莽钱刀今并尚在,形质及文与志相合,无差错。"

莽即真,以为书"刘"字有金刀,乃罢错刀、契刀及五铢钱,而更作金、银、龟、贝、钱、布之品,名曰"宝货"。

小钱径六分,重一铢,文曰"小钱直一"。次七分,三铢,曰"幺钱一十"。①次八分,五铢,曰"幼钱二十"。次九分,七铢,曰"中钱三十"。次一寸,九铢,曰"壮钱四十"。因前"大钱五十",是为钱货六品,直各如其文。

①师古曰:"幺,小也,音一尧反。"

黄金重一斤,直钱万。朱提银重八两为一流,直一千五百八十。①它银一流直千。是为银货二品。

①师古曰:"朱提,县名,属犍为,出善银。朱,音殊。提,音上支反。"

元龟岠冉长尺二寸,①直二千一百六十,为大贝十朋。②公龟九寸,直五百,为壮贝十朋。侯龟七寸以上,直三百,为幺贝十朋。子龟五寸以上,百,为小贝十朋。是为龟宝四品。

①孟康曰:"冉,龟甲缘也。岠,至也。度背两边缘尺二寸也。"臣瓒曰:"元,
　大也。"

②苏林曰:"两贝为朋。朋直二百一十六,元龟十朋,故二千一百六十也。"

大贝四寸八分以上,二枚为一朋,直二百一十六。壮贝三寸六

分以上,二枚为一朋,直五十。幺贝二寸四分以上,二枚为一朋,直三十。小贝寸二分以上,二枚为一朋,直十。不盈寸二分,漏度不得为朋,率枚直钱三。是为贝货五品。

　　大布、次布、弟布、壮布、中布、差布、厚布、幼布、幺布、小布。小布长寸五分,重十五铢,文曰“小布一百”。自小布以上,各相长一分,相重一铢,文各为其布名,直各加一百。上至大布,长二寸四分,重一两,而直千钱矣。是为布货十品。①

　　①师古曰:“布,亦钱耳。谓之布者,言其分布流行也。”

　　凡宝货五物,六名,二十八品。

　　铸作钱布皆用铜,淆以连锡,①文质周郭放汉五铢钱云。②其金银与它物杂,色不纯好,龟不盈五寸,贝不盈六分,皆不得为宝货。元龟为蔡,非四民所得居,③有者,入大卜受直。

　　①孟康曰:“连,锡之别名也。”李奇曰:“铅锡璞名曰连。”应劭曰:“连似铜。”师古曰:“孟、李二说皆非也。许慎云‘链,铜属也’,然则以连及锡杂铜而为钱也。此下又云能采金银铜连锡,益知连非锡矣。”

　　②师古曰:“放,依也,音甫往反。”

　　③如淳曰:“臧文仲居蔡,谓此也,说谓蔡国出大龟也。”臣瓒曰:“是大龟之名也。《书》曰‘九江纳锡大龟’,大龟又不出蔡国也。若龟出楚,亦名龟为楚邪?”师古曰:“瓒说非也。本以蔡出善龟,故因名大龟为蔡耳。”

　　百姓愦乱,其货不行,民私以五铢钱市买。莽患之,下诏:“敢非井田挟五铢钱者为惑众,投诸四裔以御魑魅。”于是农商失业,食货俱废,民涕泣于市道。坐卖买田宅奴婢铸钱抵罪者,自公卿大夫至庶人,不可称数。莽知民愁,乃但行小钱,直一,与大钱五十,二品并行,龟贝布属且寝。

　　莽性躁扰,不能无为,每有所兴造,必欲依古得经文。国师公刘歆言周有泉府之官,收不雠,与欲得,①即《易》所谓“理财正辞,禁民为非”者也。②莽乃下诏曰:“夫《周礼》有赊贷,③《乐语》有五均,④传记各有斡焉。今开赊贷,张五均,设诸斡者,所以齐众庶,抑并兼也。”遂于长安及五都立五均官,更名长安东西市令及洛阳、邯

郸、临甾、宛、成都市长皆为五均司市称师。东市称京，西市称畿，洛
阳称中，余四都各用东西南北为称，皆置交易丞五人，钱府丞一人。
工商能采金银铜连锡登龟取贝者，⑤皆自占司市钱府，顺时气而取
之。⑥

①师古曰："雠，读曰售。言卖不售者，官收取之；无而欲得者，官出与之。"

②师古曰："《易·下系辞》曰：'理财正辞，禁人为非曰义。'言财货辞讼
正，乃得人不为非，合事宜。"

③师古曰："《周礼》泉府之职曰：'凡赊者，祭祀无过旬日，丧纪无过三月。
凡人之贷者，与其有司辨而授之，以国服为之息。'谓人以祭祀、丧纪故
从官赊买物，不过旬日及三月而偿之。其从官贷物者，以共其所属吏定
价而后与之。各以其国服事之税而输息，谓若受园廛之田而贷万钱者，
一期之月，出息五百。贷，音土戴反。"

④邓展曰："《乐语》、《乐元语》，河间献王所传，道五均事。"臣瓒曰："其文
云：'天子取诸侯之土以立五均，则市无二贾，四民常均，强者不得困
弱，富者不得要贫，则公家有余，恩及小民矣。'"

⑤如淳曰："登，进也。龟有灵，故言登。"

⑥师古曰："各以其所采取之物，自隐实于市钱府也。占，音之渐反。其下
并同。"

又以《周官》税民：凡田不耕为不殖，出三夫之税；城郭中宅不
树艺者为不毛，①出三夫之布；民浮游无事，出夫布一匹。其不能出
布者，冗作，县官衣食之。②诸取众物鸟兽鱼鳖百虫于山林水泽及
畜牧者，嫔妇桑蚕织纴纺绩补缝，③工匠医巫卜祝及它方技商贩贾
人坐肆列里区谒舍，④皆各自占所为于其所之县官。除其本，计其
利，十一分之，而以其一为贡。敢不自占，自占不以实者，尽没入所
采取，而作县官一岁。

①师古曰："树艺，谓种树果木及菜蔬。"

②师古曰："冗，散也，音人勇反。衣，音于既反。食，读曰饲。"

③师古曰："机缕曰纴，音人禁反。"

④如淳曰："居处所在为区。谒舍，今之客舍也。"

诸司市常以四时中月实定所掌，①为物上中下之贾，②各自用

为其市平,毋拘它所。众民卖买五谷布帛丝绵之物,周于民用而不
雠者,③均官有以考检厥实,用其本贾取之,毋令折钱。④万物卬
贵,过平一钱,则以平卖与民。⑤其贾氏贱减平者,听民自相与
市,⑥以防贵庾者。⑦民欲祭祀、丧纪而无用者,钱府以所入工商之
贡但赊之,⑧祭祀毋过旬日,丧纪毋过三月。民或乏绝,欲贷以治产
业者,均授之,除其费,计所得受息,毋过岁什一。⑨

　　①师古曰:“中,读曰仲。”

　　②师古曰:“贾,读曰价。其下并同。”

　　③师古曰:“雠,读曰售。下亦类此也。”

　　④师古曰:“折,音上列反。”

　　⑤师古曰:“卬,物价起,音五刚反,亦读曰仰也。”

　　⑥师古曰:“贵既为卬,贱则为氏,音丁奚反。”

　　⑦师古曰:“庾,积也。以防民积物待贵也。”

　　⑧师古曰:“但,空也,徒也。言空赊与之,不取息利也。”

　　⑨师古曰:“均,谓各依先后之次。除其费,谓衣食之费已用者也。”

　　羲和鲁匡言:“名山大泽,盐铁钱布帛,五均赊贷,斡在县官,①
唯酒酤独未斡。酒者,天之美禄,帝王所以颐养天下,享祀祈福,扶
衰养疾。百礼之会,非酒不行。故《诗》曰‘无酒酤我’,②而《论语》曰
‘酤酒不食’,③二者非相反也。夫《诗》据承平之世,酒酤在官,和旨
便人,可以相御也。④《论语》孔子当周衰乱,酒酤在民,薄恶不诚,
是以疑而弗食。今绝天下之酒,则无以行礼相养;放而亡限,则费财
伤民。请法古,令官作酒,以二千五百石为一均,率开一卢以卖,⑤
雠五十酿为准。一酿用粗米二斛,曲一斛,得成酒六斛六斗。各以
其市月朔米曲三斛,并计其贾而参分之,⑥以其一为酒一斛之平。
除米曲本贾,计其利而什分之,以其七入官,其三及醩𧅙灰炭⑦给
工器薪樵之费。”

　　①师古曰:“斡,谓主领也。”

　　②师古曰:“《小雅·伐木》之诗也。酤,买也。言王于族人恩厚,要在燕饮,
　　　无酒则买而饮之。”

　　③师古曰:“《乡党》所说孔子在齐之时也。”

④师古曰："旨，美也。御，进。"

⑤如淳曰："酒家开肆待客，设酒炉，故以炉名肆。"臣瓒曰："卢，酒瓮也。言开一瓮酒也。赵广汉入丞相府破卢瓮。"师古曰："二说皆非也。卢者，卖酒之区也，以其一边高，形如锻家卢，故取名耳，非即谓火卢及酒瓮。此言雠五十酿为准，岂一瓮乎？广汉所破卢及罂卢，亦谓所居罂瓮之处耳。"

⑥师古曰："参，三也。"

⑦师古曰："㦲，酢浆也，音才代反。"

　　羲和置命士督五均六斡，郡有数人，皆用富贾。洛阳薛子仲、张长叔、临菑姓伟等，①乘传求利，交错天下。②因与郡县通奸，多张空簿，③府臧不实，百姓俞病。莽知民苦之，复下诏曰："夫盐，食肴之将；④酒，百药之长，嘉会之好；铁，曰农之本，名山大泽，饶衍之臧；五均赊贷，百姓所取平，卬以给澹；⑤铁布铜冶，通行有无，备民用也。此六者，非编户齐民所能家作，⑥必卬于市，虽贵数倍，不得不买。豪民富贾，即要贫弱，先圣知其然也，故斡之。每一斡为设科条防禁，犯者罪至死。"奸吏猾民并侵，众庶各不安生。

①如淳曰："姓姓，名伟也。"

②师古曰："传，音张恋反。"

③师古曰："簿，计簿也，音步户反。"

④师古曰："将，大也。一说：为食肴之将帅。"

⑤师古曰："卬，音牛向反。其下并同。"

⑥师古曰："家，谓家家自作也。"

　　后五岁，天凤元年，复申下金银龟贝之货，颇增减其贾直。而罢大小钱，改作货布，长二寸五分，广一寸，首长八分有奇，①广八分，其圜好径二分半，②足枝长八分，间广二分，其文右曰"货"，左曰"布"，重二十五铢，直货泉二十五。货泉径一寸，重五铢，文右曰"货"，左曰"泉"，枚直一，与货布二品并行。又以大钱行久，罢之，恐民挟不止，乃令民且独行大钱，与新货泉俱枚直一，并行尽六年，毋得复挟大钱矣。每壹易钱，民用破业，而大陷刑。莽以私铸钱死，及非沮宝货投四裔，犯法者多，不可胜行，乃更轻其法：私铸作泉布者,与妻子没入为官奴婢;吏及比伍,知而不举告,与同罪;③非沮宝货,民罚作一岁,吏免官。犯者愈众,及五人相坐皆没入,郡国槛车铁琐,传送长安钟官,④愁苦死者什六七。

①师古曰:"奇,音居宜反,谓有余也。"

②师古曰:"好,孔也。"

③师古曰:"比,音频寐反。"

④师古曰:"钟官,主铸钱者。"

作货布后六年,匈奴侵寇甚,莽大募天下囚徒人奴,名曰猪突豨勇,①壹切税吏民,訾三十而取一。又令公卿以下至郡县黄绶吏,皆保养军马,②吏尽复以与民。③民摇手触禁,不得耕桑,繇役烦剧,④而枯旱蝗虫相因。又用制作未定,上自公侯,下至小吏,皆不得奉禄,而私赋敛,货赂上流,狱讼不决。吏用苛暴立威,旁缘莽禁,侵刻小民。⑤富者不得自保,贫者无以自存,起为盗贼,依阻山泽,吏不能禽而覆蔽之,浸淫日广,⑥于是青、徐、荆楚之地往往万数。战斗死亡,缘边四夷有所系虏,陷罪,饥疫,人相食,及莽未诛,而天下户口减半矣。

①服虔曰:"猪性触突人,故取以喻。"师古曰:"东方名豕曰豨。一曰,豨,豕走也,音许岂反。"

②师古曰:"保者,不许其死伤。"

③师古曰:"转令百姓养之。"

④师古曰:"繇,读曰徭也。"

⑤师古曰:"旁,依也,音步浪反。"

⑥师古曰:"浸淫,犹渐染也。它皆类此。"

自发猪突豨勇后四年,而汉兵诛莽。后二年,世祖受命,荡涤烦苛,复五铢钱,与天下更始。

赞曰:《易》称"裒多益寡,称物平施",①《书》云"楙迁有无",②周有泉府之官,③而《孟子》亦非"狗彘食人之食不知敛,④野有饿莩而弗知发"。⑤故管氏之轻重,⑥李悝之平籴,弘羊均输,寿昌常平,亦有从徕。⑦顾古为之有数,吏良而令行,⑧故民赖其利,万国作乂。⑨及孝武时,国用饶给,而民不益赋,其次也。至于王莽,制度失中,奸轨弄权,官民俱竭,亡次矣。

①师古曰:"《谦卦》象辞。裒,取也。言取于多者以益少者,故万物皆称而施与平也。裒,音薄侯反。"

②应劭曰:"楙,勉也。迁,徙也。言天下食货有无相通足也。"师古曰:"《虞书·益稷》之辞。言劝勉天下迁徙有无,使相通也。"

③师古曰:"司徒之属官也,掌市之征布,敛市货之不雠,货之滞于人用者,以其价买之。"

④应劭曰:"养狗彘者使食人之食,而不知以法度敛之也。"师古曰:"《孟子》,孟轲之书。言岁丰孰,菽粟饶多,狗彘食人之食,此时可敛之也。"

⑤郑氏曰:"蔆,音'薁有梅'之薁。蔆,零落也。人有饿死零落者,不知发仓廪贷之也。"师古曰:"蔆,音频小反。诸书或作孛字,音义亦同。"

⑥服虔曰:"作轻重货,在《管子》书。"

⑦师古曰:"言所从来久矣。"

⑧师古曰:"顾,思念。"

⑨师古曰:"乂,治也。"

汉书卷二五上
志第五上

郊祀上

　　《洪范》八政,三曰祀。①祀者,所以昭孝事祖,通神明也。旁及四夷,莫不修之;下至禽兽,豺獭有祭。②是以圣王为之典礼。民之精爽不贰,齐肃聪明者,神或降之,③在男曰觋,在女曰巫,④使制神之处位,为之牲器。使先圣之后,能知山川,敬于礼仪,明神之事者,以为祝;能知四时牺牲,坛场上下,民姓所出者,以为宗。⑤故有神民之官,各司其序,不相乱也。民神异业,敬而不黩,⑥故神降之嘉生,⑦民以物序,⑧灾祸不至,所求不匮。⑨

　　①师古曰:"祀,谓祭祀也。"

　　②师古曰:"《礼记·月令》:'季秋之月,豺祭兽。''孟春之月,獭祭鱼。'豺,挚搏之兽,形似狗。獭,水居而食鱼。祭者,谓杀之而布列,以祭其先也。豺,音仕皆反。獭,音吐曷反。"

　　③师古曰:"爽,明也。齐,读曰斋。斋肃,庄敬也。"

　　④师古曰:"巫觋亦通称耳。觋,音下狄反。"

　　⑤应劭曰:"上下,谓天地之属神也。氏姓,王族之别也。宗,大宗也。"臣瓒曰:"宗,宗伯也。"师古曰:"二说皆非也。祝,谓主祭之赞词者。积土为坛,平地为场。氏姓,谓神本所出,及见所当为主者也。宗,宗人,主神之列位尊卑者也。《春秋左氏传》曰'虢公使祝应宗区享神'也,又云'祝宗用马于四墉',并非宗伯及大宗也。"

　　⑥师古曰:"黩,污渫也。黩,音读。"

　　⑦应劭曰:"嘉谷也。"师古曰:"嘉生,谓众瑞。"

⑧孟康曰："各有分叙也。"

⑨师古曰："匮,乏也。"

及少昊之衰,九黎乱德,①民神杂扰,不可放物。②家为巫史,享祀无度,民黷齐明,而神弗蠲。③嘉生不降,祸灾荐臻,莫尽其气。④颛顼受之,乃命南正重司天以属神,命火正黎司地以属民,⑤使复旧常,亡相侵黷。

①孟康曰："少昊时诸侯作乱者也。"韦昭曰："黎氏九人也。"

②师古曰："放,依也。物,事也。放,音甫往反。"

③师古曰："齐,读曰斋。蠲,洁也。"

④师古曰："言不究其性命也。"

⑤应劭曰："黎,阴官也。火数二,二,地数也。故火正司地以属万民。"师古曰："属,委也,以其事委之也。属,音之欲反。"

自共工氏霸九州,其子曰句龙,能平水土,死为社祠。①有烈山氏王天下,其子曰柱,能殖百谷,死为稷祠。②故郊祀社稷,所从来尚矣。③

①师古曰："共工氏在太昊、炎帝之间。无禄而王,故谓之霸。句,读曰钩。"

②师古曰："烈山氏,炎帝。"

③师古曰："尚,上也。谓起于上古。"

《虞书》曰,舜在璇玑玉衡,以齐七政。①遂类于上帝,禋于六宗,②望秩于山川,遍于群神。③揖五瑞,④择吉月日,见四岳诸牧,班瑞。⑤岁二月,东巡狩,至于岱宗。⑥岱宗,泰山也。柴,望秩于山川。⑦遂见东后。东后者,诸侯也。⑧合时月正日,同律度量衡,⑨修五礼五乐,⑩三帛二生一死为贽。⑪五月,巡狩至南岳。南岳者,衡山也。八月,巡狩至西岳。西岳者,华山也。十一月,巡狩至北岳。北岳者,恒山也。皆如岱宗之礼。中岳,嵩高也。五载一巡狩。⑫

①师古曰："《虞书·舜典》也。在,察也。璇,美玉也。玑转而衡平。以玉为玑衡,谓浑天仪也。七政,日、月、五星也。言舜观察玑衡,以齐同日、月、五星之政,度合天意。"

②孟康曰："六宗,星、辰、风伯、雨师、司中、司命。一说云乾坤六子。又一说,天宗三,日、月、星辰;地宗三,太山、河、海。或曰:天地间游神也。"

师古曰："类，以类祭也。上帝，天也。洁精以祀谓之禋。六宗之义，说者多矣。乾坤六子，其最通乎。"

③师古曰："望，谓在远者望而祭之。秩，次也。群神，丘陵坟衍之属。"

④师古曰："揖，与辑同。揖，合也。五瑞，公、侯、伯、子、男之瑞玉。"

⑤师古曰："四岳诸牧，谓四方诸侯也。班，布也。"

⑥师古曰："狩，守也。诸侯为天子守土，故巡行。"

⑦师古曰："柴，积柴而焚之。"

⑧师古曰："后，君也。东方诸侯，故谓之东后也。"

⑨师古曰："时，四时也。月，十二月也。日，三百六十日。律，六律也。度，尺丈也。量，斛斗也。衡，斤两也。"

⑩师古曰："五礼，吉、凶、宾、军、嘉也。五乐，谓春则琴瑟，夏则笙竽，季夏则鼓，秋则钟，冬则磬也。五乐，《尚书》作五玉，今志亦有作五玉者。五玉，即五瑞。"

⑪师古曰："三帛，玄、纁、黄也。二牲，羔、雁也。一死，雉也。贽者，所执以为礼也。"

⑫师古曰："此以上皆《舜典》所载。"

禹遵之。后十三世，至帝孔甲，淫德好神，神黩，二龙去之。①其后十三世，汤伐桀，欲罢夏社，不可，作《夏社》。②乃迁烈山子柱，而以周弃代为稷祠。后八世，帝太戊有桑穀生于廷，一暮大拱，③惧。伊陟曰："妖不胜德。"④太戊修德，桑穀死。伊陟赞巫咸。⑤后十三世，帝武丁得傅说为相，⑥殷复兴焉，称高宗。有雉登鼎耳而雊，⑦武丁惧。祖己曰："修德。"武丁从之，位以永宁。⑧后五世，帝乙嫚神而震死。⑨后三世，帝纣淫乱，武王伐之。由是观之，始未尝不肃祗，后稍怠嫚也。

①应劭曰："夏帝孔甲，天赐之乘龙，河汉各二，其后媟黩嫚神，故龙去之。"

②应劭曰："遭大旱七年，明德以荐，而旱不止，故迁社，以弃代为稷。欲迁句龙，德莫能继，故作《夏社》，说不可迁之义也。"师古曰："罢，古迁字。《夏社》、《尚书》篇名，今则序在而书亡。"

③师古曰："穀，即今之楮树也，其字从木。合两手曰拱。"

④师古曰："伊陟，太戊臣，伊尹之子。"

⑤孟康："巫咸，殷贤臣。赞，说也，谓伊陟说其意也。"师古曰："因此作《咸乂》四篇。事见《商书·序》，其篇亦亡逸也。"

⑥师古曰："说，读曰悦。"

⑦师古曰："雊，雉鸣，音工豆反。"

⑧师古曰："事见《商书·说命》及《高宗肜日》。祖己，殷之贤臣。"

⑨师古曰："帝乙，武乙也，为韦囊盛血，仰而射之，号曰射天，后遇雷震而死也。"

周公相成王，王道大洽，制礼作乐，天子曰明堂辟雍，①诸侯曰泮宫。②郊祀后稷以配天，宗祀文王于明堂以配上帝。③四海之内各以其职来助祭。天子祭天下名山大川，怀柔百神，咸秩无文。④五岳视三公，四渎视诸侯。⑤而诸侯祭其疆内名山大川，⑥大夫祭门、户、井、灶、中霤五祀，⑦士、庶人祖考而已。各有典礼，而淫祀有禁。

①师古曰："明堂辟雍，解在《平纪》。"

②师古曰："泮之言半也。制度半于天子之辟雍也。泮，音普半反。"

③师古曰："郊祀，祀于郊也。后稷，周之始祖也。宗，尊也。文王，周始受命之王。上帝，太微五帝也。"

④师古曰："怀，来也。柔，安也。言招来百神而安处之也。称百者，言其多也。秩，序也。旧无礼文者，皆以次序而祭之也。"

⑤师古曰："江、河、淮、济为四渎。渎者，发源而注海者也。视，谓其礼物之数也。"

⑥师古曰："疆，境也。"

⑦韦昭曰："古者穴居，故名室中为中霤。"

后十三世，世益衰，礼乐废。幽王无道，为犬戎所败，平王东徙雒邑。秦襄公攻戎救周，列为诸侯，而居西，自以为主少昊之神，作西畤，祠白帝，其牲用骝驹、黄牛、羝羊各一云。①

①师古曰："骝，赤马黑鬣尾也。羝，牡羊也。骝，音留。羝，音丁奚反。"

其后十四年，秦文公东猎汧渭之间，①卜居之而吉。文公梦黄蛇自天下属地，②其口止于鄜衍。③文公问史敦，④敦曰："此上帝之征，君其祠之。"于是作鄜畤，用三牲郊祭白帝焉。

①师古曰："汧渭，二水名。汧，音牵。"

②师古曰："属，著也，音之欲反。"

③李奇曰："鄜，音孚。三辅谓山陵间为衍。"晋灼曰："左冯翊鄜县之衍也。"师古曰："今之鄜州盖取名于此也。"

④师古曰："秦之太史也。敦，其名也。"

自未作鄜畤时，而雍旁故有吴阳武畤，①雍东有好畤，皆废无祀。或曰："自古以雍州积高，神明之隩，②故立畤郊上帝，诸神祠皆聚云。盖黄帝时尝用事，晚周亦郊焉。"③其语不经见，缙绅者弗道。④

①李奇曰："于旁有吴阳地也。"

②师古曰："土之可居者曰隩，音于六反。"

③师古曰："晚，谓末时也。"

④李奇曰："缙，插也，插笏于绅。绅，大带也。"臣瓒曰："缙，赤白色也。绅，大带也。《左氏传》有缙云氏。"师古曰："李云缙插是也。字本作搢，插笏于大带与革带之间耳，非插于大带也。或作荐绅者，亦谓荐笏于绅带之间，其义同。"

作鄜畤后九年，文公获若石云，于陈仓北阪城祠之。①其神或岁不至，或岁数来也常以夜，光辉若流星，从东方来，集于祠城，若雄雉，其声殷殷云，野鸡夜鸣。②以一牢祠之，名曰陈宝。③

①苏林曰："质如石，似肝。"师古曰："陈仓之北阪上城中也。云，语辞也。"

②师古曰："殷殷，声也。云，传声之乱也。野鸡，亦雉也，避吕后讳，故曰野鸡。言陈宝若来而有声，则野鸡皆鸣以应之也。上言雄雉，下言野鸡，史驳文也。殷，音隐。"

③臣瓒曰："陈仓县有宝夫人祠，或一岁二岁与叶君合。叶君神来时，天为之殷殷雷鸣，雉为之雊也。"

作陈宝祠后七十一年，秦德公立，卜居雍。①子孙饮马于河，遂都雍。雍之诸祠自此兴。用三百牢于鄜畤。作伏祠。②磔狗邑四门，以御蛊灾。

①师古曰："即今之雍县。"

②师古曰："六月伏日也。周时无，至此乃有之。"师古曰："伏者，谓阴气将起，迫于残阳而未得升，故为臧伏，因名伏日也。立秋之后，以金代火，金畏于火，故至庚日必伏。庚，金也。"

后四年,秦宣公作密畤于渭南,祭青帝。

后十三年,秦穆公立,病卧五日不寤;①寤,乃言梦见上帝,②上帝命穆公平晋乱。史书而臧之府。③而后世皆曰上天。

①师古曰:“寤,觉也。觉,音公孝反。”

②师古曰:“上帝,谓天也。”

③师古曰:“府,臧书之处。”

穆公立九年,齐桓公既霸,会诸侯于葵丘,而欲封禅。①管仲曰:“古者封泰山禅梁父者七十二家,②而夷吾所记者十有二焉。昔无怀氏封泰山,禅云云;③虙羲封泰山,禅云云;④神农氏封泰山,禅云云;炎帝封泰山,禅云云;⑤黄帝封泰山,禅亭亭;⑥颛顼封泰山,禅云云;帝喾封泰山,禅云云;尧封泰山,禅云云;舜封泰山,禅云云;禹封泰山,禅会稽;汤封泰山,禅云云;周成王封泰山,禅于社首;⑦皆受命然后得封禅。”桓公曰:“寡人北伐山戎,过孤竹;⑧西伐,束马县车,上卑耳之山;⑨南伐至召陵,⑩登熊耳山,以望江汉。⑪兵车之会三,乘车之会六,九合诸侯,一匡天下,⑫诸侯莫违我。昔三代受命,亦何以异乎?”于是管仲睹桓公不可穷以辞,因设之以事,曰:“古之封禅,鄗上黍,北里禾,所以为盛;⑬江淮间一茅三脊,所以为藉也。⑭东海致比目之鱼,⑮西海有比翼之鸟。⑯然后物有不召而自至者十有五焉。今凤皇麒麟不至,嘉禾不生,而蓬蒿藜莠茂,鸱枭群翔,⑰而欲封禅,无乃不可乎?”于是桓公乃止。

①师古曰:“葵丘会在僖九年。葵丘在陈留外黄县东。封禅者,封土于山而禅祭于地也。禅,音上战反,解在《武纪》。”

②师古曰:“父,音甫。”

③郑氏曰:“无怀,古之王者,在伏羲前,见《庄子》。”服虔曰:“云云在梁父东,山名也。”晋灼曰:“云云山在蒙阴县故城东北,下有云云亭。”

④师古曰:“虙,读曰伏。”

⑤李奇曰:“炎帝,神农后。”

⑥服虔曰:“亭亭山在牟阴。”晋灼曰:“《地理志》巨平有亭亭山。”师古曰:“晋说是也。”

⑦应劭曰:“山名,在博县。”晋灼曰:“在巨平南十二里。”师古曰:“晋说是

也。"

⑧应劭曰:"伯夷国也,在辽西令支。"师古曰:"令,音郎定反。支,音神祇之祇。"

⑨韦昭曰:"将上山,缠束其马,县钩其车也。卑耳,即《齐语》所谓辟耳。"

⑩师古曰:"召陵,楚地也,在汝南。召,读曰劭。"

⑪师古曰:"熊耳山在颍阳北益阳县东,非《禹贡》所云'导洛自熊耳'者也。其山两峰,状亦若熊耳,因以为名也。"

⑫师古曰:"兵车之会三,谓庄十三年会于北杏以平宋乱,僖四年侵蔡,蔡溃,遂伐楚,次于陉,六年伐郑围新城也。乘车之会六,谓庄十四年会于鄄,十五年又会于鄄,十六年同盟于幽,僖五年会于首止,八年盟于洮,九年会于葵丘也。匡,正也。一匡天下,谓定襄王为天子之位也。一说谓阳谷之会令诸侯云'无障谷,无贮粟,无以妾为妻',天下皆从,故云一匡者也。"

⑬应劭曰:"鄐,音臛。"苏林曰:"鄐,上、北里,皆地名也。"师古曰:"盛,谓以实箪簋。"

⑭服虔曰:"茅草有三脊也。"张晏曰:"谓灵茅也。"师古曰:"藉,以藉地也,音才夜反。"

⑮师古曰:"《尔雅》云'东方有比目鱼焉,不比不行,其名谓之鲽',音土盍反。"

⑯师古曰:"《山海经》云'崇吾之山有鸟,状如凫,而一翼一目,相得乃飞,其名蛮'。《尔雅》曰'南方有比翼鸟焉,不比不飞,其名谓之鹣鹣'。而管仲乃云西海,其说异也。"

⑰师古曰:"蓬蒿藜莠,皆秽恶之草。枭,不祥之鸟也。鸱,盖今所谓角鸱也。枭,土枭也。"

是岁,秦穆公纳晋君夷吾。其后三置晋国之君,平其乱。①穆公立三十九年而卒。

①师古曰:"三立其君,谓惠公、怀公、文公。"

后五十年,周灵王即位。时诸侯莫朝周,苌弘乃明鬼神事,①设射不来。不来者,诸侯之不来朝者也。依物怪,欲以致诸侯。诸侯弗从,而周室愈微。后二世,至敬王时,晋人杀苌弘。②

①师古曰:"苌弘,周大夫。"

②李奇曰:"周为晋杀之也。"师古曰:"《春秋左氏传》哀公三年传称'刘
　　氏、范氏世为婚姻,苌弘事刘文公,故周与范氏。赵鞅以为讨,周人杀
　　苌弘'也。"

　　是时,季氏专鲁,旅于泰山,仲尼讥之。①

①师古曰:"旅,陈也,陈礼物而祭之也。陪臣祭泰山,僭诸侯之礼。孔子非
　　之曰:'鸣乎,曾谓泰山不如林放乎!'事见《论语》。"

　　自秦宣公作密畤后二百五十年,而秦灵公于吴阳作上畤,祭黄
帝;作下畤,祭炎帝。

　　后四十八年,周太史儋见秦献公①曰:"周始与秦国合而别,别
五百载当复合,②合七十年而伯王出焉。"③儋见后七年,栎阳雨
金,献公自以为得金瑞,故作畦畤栎阳,而祀白帝。④

①孟康曰:"太史儋,谓老子也。"师古曰:"此亦周之太史名,非必老聃。老
　　聃非秦献公时。儋,音丁甘反,又吐甘反。"

②应劭曰:"秦,伯翳之后也。始周孝王封非子为附庸,邑诸秦。平王东迁
　　洛邑,襄公以兵卫之,嘉其勋力,列为侯伯,与周别五百载矣。昭王时,
　　西周君自归受罪,尽献其邑三十六城,此复合也。"孟康曰:"谓周封秦
　　为别,秦并周为合。此襄王为霸,始皇为王也。"韦昭曰:"周封秦为始
　　别,谓秦仲也。五百岁,从秦仲至孝公强大,显王致伯,与之亲合也。"师
　　古曰:"诸家之说皆非也。自非子至西周献邑,凡六百五十三岁,自仲至
　　显王二十六年孝公称伯,止有四百二十六岁,皆不合五百之数也。按
　　《史记·秦本纪》及《年表》,并云周平王封襄公,始列为诸侯,于是始与
　　诸侯通。又《周本纪》及吴、齐、晋、楚诸《系家》皆言幽王为犬戎所杀,秦
　　始列为诸侯,正与此志符会,是乃为别。至昭襄王五十二年,西周君自
　　归献邑,凡五百一十六年,是为合也。言五百者,举其成数也。"

③韦昭曰:"武王、昭王皆伯,至始皇而王天下。"师古曰:"七十当为十七,
　　今《史记》旧本作十七字。伯王者,指谓始皇。始皇初立,政在太后、嫪
　　毒,未得称伯。自昭王灭周后,至始皇九年诛嫪毒,止十七年。《本纪》、
　　《年表》其义显,而韦氏乃合武王、昭王为数,失之远矣。伯,读曰霸。"

④师古曰:"畦畤者,如种韭畦之形,而于畦中各为一土封也。畦,音下圭
　　反。"

　　后百一十岁,周赧王卒,九鼎入于秦。或曰,周显王之四十二

年,宋犬丘社亡,①而鼎沦没于泗水彭城下。

> ①师古曰:"《尔雅》云'左陵泰丘',谓丘左有陵者其名泰丘也。郭璞云'宋
> 　有泰丘',盖以丘名此地也。"

自赧王卒后七年,秦庄襄王灭东周,周祀绝。后二十八年,秦并天下,称皇帝。

秦始皇帝既即位,或曰:"黄帝得土德,黄龙地螾见。①夏得木德,青龙止于郊,草木畅茂。②殷得金德,银自山溢。③周得火德,有赤鸟之符。④今秦变周,水德之时。昔文公出猎,获黑龙,此其水德之瑞。"于是秦更名河曰"德水",以冬十月为年首,色上黑,度以六为名,⑤音上大吕,⑥事统上法。⑦

> ①应劭曰:"螾,丘蚓也。黄帝土德,故地见其神,蚓大五六围,长十余丈。"
> 　如淳曰:"《吕氏春秋》云黄帝之时天先见大蝼大螾,黄帝曰土气胜,故
> 　其色尚黄。"师古曰:"螾,音蚓。蝼,音楼,谓蝼蛄也。"
> ②师古曰:"畅与畅同。"
> ③苏林曰:"流出也。"
> ④师古曰:"谓武王伐纣,师渡孟津之时也。《尚书·中候》曰'有火自天止
> 　于王屋,流为赤鸟,五至,以谷俱来'。"
> ⑤张晏曰:"水北方黑,终数六,故以方六寸为符,六尺为步。"
> ⑥师古曰:"大吕,阴律之始也。"
> ⑦服虔曰:"政尚法令也。"臣瓒曰:"水阴,阴主刑杀,故上法。"

即帝位三年,东巡狩郡县,祠驺峄山,①颂功业。②于是从齐鲁之儒生博士七十人,至于泰山下。诸儒生或议曰:"古者封禅为蒲车,恶伤山之土石草木;③扫地而祠,席用苴秸,④言其易遵也。"始皇闻此议各乖异,难施用,由此黜儒生。⑤而遂除车道,上自泰山阳至颠,立石颂德,明其得封也。从阴道下,⑥禅于梁父。其礼颇采泰祝之祀雍上帝所用,而封臧皆秘之,世不得而记。

> ①苏林曰:"驺,鲁县也。"臣瓒曰:"峄山在北。"师古曰:"峄,音亦。"
> ②师古曰:"谓刻石自著功业。"
> ③师古曰:"蒲车,以蒲裹轮。"

④应劭曰:"秸,稿本也,去皮以为席。"如淳曰:"苴,读如租。秸,读如戛。"
晋灼曰:"苴,藉也。"师古曰:"茅藉也。苴字本作菹,假借用。"

⑤师古曰:"黜,退也。"

⑥师古曰:"山南曰阳,山北曰阴。"

　　始皇之上泰山,中阪遇暴雨,休于大树下。诸儒既黜,不得与封禅,①闻始皇遇风雨,即讥之。

①师古曰:"与,读曰豫也。"

　　于是始皇遂东游海上,行礼祠名山川及八神,求僊人羡门之属。①八神将自古而有之;或曰太公以来作之。齐所以为齐,以天齐也。②其祀绝,莫知起时。八神,一曰天主,祠天齐。天齐渊水,居临菑南郊山下下者。③二曰地主,祠泰山梁父。盖天好阴,祠之必于高山之下畤,命曰'畤';④地贵阳,祭之必于泽中圜丘云。三曰兵主,祠蚩尤。蚩尤在东平陆监乡,齐之西竟也。⑤四曰阴主,祠三山;⑥五曰阳主,祠之罘山;⑦六曰月主,祠之莱山:⑧皆在齐北,并勃海。⑨七曰日主,祠盛山。盛山斗入海,⑩最居齐东北阳,以迎日出云。八曰四时主,祠琅邪。琅邪在齐东北,盖岁之所始。⑪皆各用牢具祠,而巫祝所损益,圭币杂异焉。⑫

①应劭曰:"羡门名子高,古仙人也。"师古曰:"古亦以僊为仙字。下皆类此。"

②苏林曰:"即当天中央齐也。"师古曰:"谓其众神异,如天之腹齐也。"

③师古曰:"下下,谓最下者。临菑城南有天齐水,五泉并出,盖谓此也。"

④师古曰:"名其祭处曰畤也。"

⑤师古曰:"东平陆,县名也。监,其县之乡名也。"

⑥师古曰:"三山,即下所谓三神山。"

⑦韦昭曰:"之罘山在东莱腄县。"师古曰:"罘,音浮。腄,音直瑞反。"

⑧韦昭曰:"在东莱长广也。"

⑨师古曰:"并,音步浪反。"

⑩韦昭曰:"盛山在东莱不夜县,斗入海也。"师古曰:"斗,绝也。盛,音成。"

⑪师古曰:"《山海经》云琅邪台在勃海间,谓临海有山形如台也。"

⑫师古曰:"言八神牲牢皆同,而圭币各异也。"

　　自齐威、宣时,驺子之徒论著终始五德之运,①及秦帝而齐人奏之,故始皇采用之。而宋毋忌、正伯侨、元尚、羡门高最后,皆燕人,为方仙道,②形解销化,③依于鬼神之事。驺衍以阴阳主运④显于诸侯,而燕齐海上之方士传其术不能通,然则怪迂阿谀苟合之徒自此兴,不可胜数也。⑤

　　①如淳曰:"今其书有《五德终始》。五德各以所胜为行。秦谓周为火德,灭火者水,故自谓水德。"师古曰:"驺子即驺衍。"

　　②韦昭曰:"皆慕古人之名,效为神仙者也。"师古曰:"自宋毋忌至最后,皆其人姓名也,凡五人。"

　　③服虔曰:"尸解也。"张晏曰:"人老而解去,故骨如变化也。今山中有龙骨,世人谓之龙解骨化去。"应劭曰:"《列仙传》曰:崔文子学仙于王子乔,王子乔化为白蜺,文子惊,引戈击之,俯而见之,王子乔之尸也,须臾则为大鸟飞而去。"师古曰:"服、张二说是也。"

　　④晋灼曰:"燕昭王筑宫师之,故作《主运》之篇也。"如淳曰:"今其书有《主运》。五行相次转用事,随方面为服也。"

　　⑤师古曰:"迂,谓回远也,音于。"

　　自威、宣、燕昭使人入海求蓬莱、方丈、瀛洲。此三神山者,其传在勃海中,①去人不远。盖尝有到者,诸仙人及不死之药皆在焉。其物禽兽尽白,而黄金银为宫阙。未至,望之如云;及到,三神山反居水下,水临之,患且至,则风辄引船而去,终莫能至云。世主莫不甘心焉。②

　　①服虔曰:"其传书云尔。"臣瓒曰:"世人曰传云尔。"师古曰:"瓒说是也。"

　　②师古曰:"甘心,言贪嗜之心不能已也。"

　　及秦始皇至海上,则方士争言之。始皇如恐弗及,使人赍童男女入海求之。船交海中,皆以风为解,①曰未能至,望见之焉。其明年,始皇复游海上,至琅邪,过恒山,从上党归。后三年,游碣石,考入海方士,②从上郡归。后五年,始皇南至湘山,遂登会稽,并海上,③几遇海中三神山之奇药。④不得,还到沙丘崩。⑤

①师古曰："自解说云为风不得至。"

②师古曰："考,校其虚实也。"

③师古曰："附海而上也。并,音步浪反。上,音时掌反。"

④师古曰："几,读曰冀。"

⑤臣瓒曰："沙丘在巨鹿县东北也。"

二世元年,东巡碣石,并海,①南历泰山,至会稽,皆礼祠之,而胡亥刻勒始皇所立石书旁,以章始皇之功德。②其秋,诸侯叛秦。三年而二世弑死。

①师古曰："并,音步浪反。"

②师古曰："今此诸山皆有始皇所刻石及胡亥重刻,其文并具存焉。"

始皇封禅之后十二年而秦亡。诸儒生疾秦皇焚《诗》《书》,诛灭文学,百姓怨其法,天下叛之,皆说曰："始皇上泰山,为风雨所击,不得封禅云。"此岂所谓无其德而用其事者邪?

昔三代之居皆河洛之间,①故嵩高为中岳,而四岳各如其方,四渎咸在山东。至秦称帝,都咸阳,则五岳、四渎皆并在东方。自五帝以至秦,迭兴迭衰,②名山大川或在诸侯,或在天子,其礼损益世殊,不可胜记。③及秦并天下,令祠所常奉天地名山大川鬼神可得而序也。

①师古曰："谓夏都安邑,殷都朝歌,周都洛阳。"

②师古曰："迭,互也,音大结反。"

③师古曰："代代殊异,故不可尽记。"

于是自崤以东,名山五,大川祠二。①曰太室。太室,嵩高也。恒山,泰山,会稽,湘山。水曰泲,曰淮。②春以脯酒为岁祷,因泮冻;③秋涸冻;④冬塞祷祠。⑤其牲用牛犊各一,牢具圭币各异。自华以西,名山七,名川四。曰华山,薄山。薄山者,襄山也。⑥岳山,岐山,吴山,鸿冢,渎山。渎山,蜀之岷山也。⑦水曰河,祠临晋;⑧沔,祠汉中;⑨湫渊,祠朝那;⑩江水,祠蜀。亦春秋泮涸祷塞如东方山川;而牲亦牛犊牢具圭币各异。而四大冢鸿、岐、吴、岳,皆有尝禾。⑪陈宝节来祠,⑫其河加有尝醪。此皆雍州之域,近天子都,故加车一乘,骊驹四。霸、产、丰、涝、泾、渭、长水,皆不在大山川数,⑬以近咸阳,尽得比山川祠,而无诸加。⑭汧、洛二渊,鸣泽、蒲山、岳婿山之属,⑮为小山川,亦皆祷塞泮涸祠,礼不必同。而雍有日、月、参、辰、南北斗、荧惑、太白、岁星、填星、辰星、二十八宿、风伯、雨师、四海、九臣、十四臣、诸布、诸严、诸逐之属,百有余庙。⑯西亦有数十祠。于湖有周天子祠。于下邽有天神。丰、镐有昭明、天子辟池。于杜、亳有五杜主之祠、寿星祠;⑰而雍、菅庙祠亦有杜主。⑱杜主,故周之右将军,⑲其在秦中最小鬼之神者也。⑳各以岁时奉祠。

①师古曰:"崤即今之陕州二崤也。"

②师古曰:"沛,音子礼反,此本济水之字。"

③服虔曰:"解冻也。"师古曰:"泮,音普半反。"

④师古曰:"涸,读与沍同,凝也,音下故反。春则解之,秋则凝之。《春秋左氏传》曰'固阴沍寒'。《礼记·月令》曰'孟冬行春令则冻闭不密'。"

⑤师古曰:"塞,谓报其所祈也,音先代反。下并同也。"

⑥师古曰:"说者云薄山在河东,一曰在潼关北十余里,而此志云自华以西者,则今闻乡之南山连延西出,并得华山之名。"

⑦师古曰:"《周礼》职方氏:'雍州,其山曰岳。'《尔雅》亦云'河西曰岳'。说者咸云岳即吴岳也。今志有岳,又有吴山,则吴岳非一山之名,但未详岳之所在耳。徐广云:'岳山在武功。'据《地理志》,武功但有垂山,无岳山也。岐山即今之岐山县,其山两岐,俗呼为箭括岭。吴山在今陇州吴山县。鸿冢,释在下。岷山在湔氐道。"

⑧师古曰:"即今之同州朝邑县界。"

⑨师古曰:"沔,汉水之上名也。汉中,今梁州是也。沔,音弥善反。"

⑩苏林曰:"湫渊在安定胡郡县,方四十里,停水不流,冬夏不增不减,不生草木。音将蓼。涿郡道县。"师古曰:"此水今在泾州界,清澈可爱,不容秽浊,或喧污,辄兴云雨。土俗亢旱,每于此求之,相传云龙之所居也。而天下山川隈曲,亦往往有之。湫,音子由反。"

⑪孟康曰:"以新谷祭之。"

⑫服虔曰:"陈宝神应节来也。"

⑬师古曰:"霸、产出蓝田。丰、涝出鄠。长水者,言其源流长也。涝,音劳。"

⑭师古曰:"加,谓车及骊驹之属。"

⑮苏林曰:"婿,音胥。"韦昭曰:"音苏计反。"师古曰:"韦说是也。"

⑯师古曰："风伯,飞廉也。雨师,屏翳也,一曰屏号。而说者乃谓风伯箕星也,雨师毕星也。此志既言二十八宿,又有风伯、雨师,则知非箕、毕也。九臣、十四臣,不见名数所出。诸布、诸严、诸逐,未闻其义。逐字或作述,音求。屏,并音步丁反。"

⑰韦昭曰:"亳,音薄,汤所都也。"臣瓒曰:"济阴薄县是也。"师古曰:"杜即京兆杜县也。此亳非汤都也,不在济阴。徐广云京兆杜县有薄亭,斯近之矣。"

⑱李奇曰:"菅,茅也。"师古曰:"菅,音奸。"

⑲师古曰:"《墨子》云:周宣王杀杜伯不以罪,后宣王田于圃田,见杜伯执弓矢射,宣王伏弓衣而死。故周人尊其鬼而右之,盖谓此。"

⑳师古曰:"其鬼虽小而有神灵也。"

　　唯雍四畤上帝为尊,其光景动人民唯陈宝。故雍四畤,春以为岁祷,因泮冻,秋涸冻,冬塞祠,五月尝驹,及四中之月祠,若月祠,①陈宝节来一祠。春夏用骍,秋冬用驹。②畤驹四匹,③木寓龙一驷,④木寓车马一驷,各如其帝色。黄犊羔各四,圭币各有数,皆生瘗埋,无俎豆之具。三年一郊。秦以十月为岁首,故常以十月上宿郊见,⑤通权火,⑥拜于咸阳之旁,而衣上白,其用如经祠云。⑦西畤、畦畤,祠如其故,上不亲往。诸此祠皆太祝常主,以岁时奉祠之。至如它名山川诸神及八神之属,上过则祠,去则已。郡县远方祠者,民各自奉祠,不领于天子之祝官。祝官有秘祝,即有灾祥,辄祝祠移过于下。

①师古曰:"中,读曰仲。谓四时之仲月皆祠之。"

②师古曰:"骍,纯赤色也,音先营反。"

③师古曰:"每畤用驹四匹,而春秋异色。"

④李奇曰:"寓,寄也,寄生龙形于木也。"师古曰:"一驷,亦四龙也。"

⑤李奇曰:"上宿,月上旬也。"

⑥张晏曰:"权火,烽火也,状若井挈皋矣。其法类称,故谓之权火。欲令光明远照,通于祀所也。汉祀五畤于雍,五十里一烽火。"如淳曰:"权,举也。"师古曰:"凡祭礼通举火者,或以天子不亲至祠所而望拜,或以众祠各处,欲其一时荐飨,宜知早晏,故以火为之节度也。它皆类此。"

⑦服虔曰:"经,常也。"

汉兴，高祖初起，杀大蛇，有物曰："蛇，白帝子，而杀者赤帝子也。"①及高祖祷丰枌榆社，②徇沛，为沛公，则祀蚩尤，衅鼓旗。遂以十月至霸上，立为汉王。因以十月为年首，色上赤。

①师古曰："物，谓鬼神也。"

②郑氏曰："枌榆，乡名也。社在枌榆。"晋灼曰："枌，白榆也。社在丰东北十五里。"师古曰："以此树为社神，因立名也。枌，音符云反。"

二年，东击项籍而还入关，问："故秦时上帝祠何帝也？"对曰："四帝，有白、青、黄、赤帝之祠。"高祖曰："吾闻天有五帝，而四，何也？"莫知其说，于是高祖曰："吾知之矣，乃待我而具五也。"乃立黑帝祠，名曰北畤。有司进祠，上不亲往。悉召故秦祀官，复置太祝、太宰，如其故仪礼。因令县为公社，①下诏曰："吾甚重祠而敬祭。今上帝之祭及山川诸神当祠者，各以其时礼祠之如故。"

①李奇曰："犹官社。"

后四岁，天下已定，诏御史令丰治枌榆社，常以时，春以羊彘祠之，令祝立蚩尤之祠于长安。置祠祀官、女巫。其梁巫祠天、地、天社、天水、房中、堂上之属；晋巫祠五帝、东君、云中君、巫社、巫祠、族人炊之属；①秦巫祠杜主、巫保、族累之属；②荆巫祠而堂下、巫先、司命、施糜之属；③九天巫祠九天；④皆以岁时祠宫中。其河巫祠河于临晋，而南山巫祠南山、秦中。秦中者，二世皇帝也。⑤各有时日。

①服虔曰："东君以下皆神名也。"师古曰："东君，日也。云中君，谓云神也。巫社、巫祠，皆古巫之神也。族人炊，古主炊母之神也。炊，谓馈爨也。"

②师古曰："杜主，即上所云五杜主。保、族累，二神名。累，音力追反。"

③师古曰："堂下，在堂之下，巫先，巫之最先者也。司命，说者云文昌第四星也。施糜，其先常施设糜鬻者也。"

④师古曰："九天者，谓中央钧天，东方苍天，东北昊天，北方玄天，西北幽天，西方浩天，西南朱天，南方炎天，东南阳天也。其说见《淮南子》。一说云东方旻天，东南阳天，南方赤天，西南朱天，西方成天，西北幽天，

北方玄天，东北变天，中央钧天也。"

⑤张晏曰："以其强死，魂魄为厉，故祠之。成帝时，匡衡奏罢之。"

其后二岁，或言曰周兴而邑立后稷之祠，①至今血食天下。②于是高祖制诏御史："其令天下立灵星祠，③常以岁时祠以牛。"

①师古曰："以其有播种之功，故令天下诸邑皆祠之。"

②师古曰："祭有牲牢，故言血食遍天下也。"

③张晏曰："龙星左角曰天田，则农祥也。晨见而祭之。"

高祖十年春，有司请令县常以春二月及腊祠稷以羊彘，民里社各自裁以祠。①制曰："可。"

①师古曰："随其祠具之丰俭也。"

文帝即位十三年，下诏曰："秘祝之官移过于下，朕甚弗取，其除之。"

始名山大川在诸侯，诸侯祝各自奉祠，天子官不领。及齐、淮南国废，令太祝尽以岁时致礼如故。

明年，以岁比登，①诏有司增雍五畤路车各一乘，驾被具；②西畤、畦畤寓车各一乘，寓马四匹，驾被具；河、湫、汉水，玉加二；及诸祀皆广坛场，圭币俎豆以差加之。

①师古曰："年谷频孰也。"

②师古曰："驾车被马之饰皆具也。被，音皮义反。下亦同。"

鲁人公孙臣上书曰："始秦得水德，及汉受之，推终始传，①则汉当土德，土德之应黄龙见。宜改正朔，服色上黄。"时丞相张苍好律历，以为汉乃水德之时，河决金堤，其符也。年始冬十月，色外黑内赤，②与德相应。公孙臣言非是，罢之。明年，黄龙见成纪。③文帝召公孙臣，拜为博士，与诸生申明土德，草改历服色事。④其夏，下诏曰："有异物之神见于成纪，毋害于民，岁以有年。朕几郊祀上帝诸神，⑤礼官议，毋讳以朕劳。"⑥有司皆曰："古者天子夏亲郊，祀上帝于郊，故曰郊。"⑦于是夏四月，文帝始幸雍，郊见五畤祠，衣皆上赤。

①郑氏曰："音亭传。"师古曰："音张恋反，谓转次之。"

②服虔曰:"十月阴气在外,故外黑;阳气尚伏在地,故内赤也。或曰,十月
　　百草外黑内赤也。"

③师古曰:"天水之县也。"

④师古曰:"草。谓创造之。后例皆同也。"

⑤师古曰:"几,读曰冀。"

⑥师古曰:"无讳以朕为劳,自言不以为劳也。"晋灼曰:"讳,忌难也。"

⑦师古曰:"邑外谓之郊。"

　　赵人新垣平以望气见上,言:"长安东北有神气,成五采,若人
冠冕焉。或曰东北神明之舍,西方神明之墓也。①天瑞下,宜立祠上
帝,以合符应。"于是作渭阳五帝庙,同宇。②帝一殿,面五门,各如
其帝色。祠所用及仪亦如雍五畤。

①张晏曰:"神明,日也。日出东北,舍谓阳谷。日没于西,故曰墓。墓,蒙
　　谷也。"师古曰:"此说非也。盖总言凡神明以东北为居,西方为冢墓之
　　所,故立庙于渭阳者也。"

②师古曰:"宇,谓屋之覆也。言同一屋之下而别为五庙,各立门室也。《庙
　　记》云五帝庙在长安东北也。"

　　明年夏四月,文帝亲拜霸渭之会,①以郊见渭阳五帝。五帝庙
临渭,其北穿薄池沟水。②权火举而祠,若光辉然属天焉。③于是贵
平至上大夫,赐累千金。而使博士诸生刺六经中作《王制》,④谋议
巡狩封禅事。

①如淳曰:"二水之合也。"

②师古曰:"蒲池,为池而种蒲。蒲字或作满,言其水满也。"

③师古曰:"属,联也,音之欲反。"

④师古曰:"刺,采取之也,音千赐反。"

　　文帝出长门,①若见五人于道北,遂因其直立五帝坛,②祠以
五牢。

①如淳曰:"亭名也。"

②郑氏曰:"因其所立处以立祠也。"师古曰:"直,犹当也,当其处。"

　　其明年,平使人持玉杯,上书阙下献之。平言上曰:"阙下有宝
玉气来者。"已视之,果有献玉杯者,刻曰"人主延寿"。平又言"臣候
日再中"。居顷之,日却复中。于是始更以十七年为元年,令天下大

醮。平言曰："周鼎亡在泗水中,今河决通于泗,臣望东北汾阴直有
金宝气,①意周鼎其出乎?兆见不迎则不至。"于是上使使治庙汾阴
南,临河,欲祠出周鼎。人有上书告平所言皆诈也。下吏治,诛夷
平。②是后,文帝怠于改正服鬼神之事,③而渭阳、长门五帝使祠官
领,以时致礼,不往焉。

①师古曰："汾阴直,谓正当汾阴也。"

②师古曰："夷者,平也,谓尽平除其家室宗族。"

③师古曰："正,正朔也。服,服色也。正,音之成反。"

明年,匈奴数入边,①兴兵守御。后岁少不登。数岁而孝景即
位,十六年,祠官各以岁时祠如故,无有所兴。

①师古曰："数,音所角反。"

武帝初即位,尤敬鬼神之祀。汉兴已六十余岁矣,天下艾安,①
缙绅之属皆望天子封禅改正度也。②而上乡儒术,③招贤良。赵绾、
王臧等以文学为公卿,欲议古立明堂城南,以朝诸侯,草巡狩封禅
改历服色事未就。④窦太后不好儒术,使人微伺赵绾等奸利事,按
绾、臧,绾、臧自杀,诸所兴为皆废。六年,窦太后崩。其明年,征文
学之士。

①师古曰："艾,读曰乂。乂,治也。《汉书》皆以艾为乂,其义类此也。"

②师古曰："正亦正朔。度,度量也。服色度量,互言之耳。"

③师古曰："乡,读曰向也。"

④师古曰："就,成也。"

明年,上初至雍,郊见五畤。后常三岁一郊见。是时上求神君,
舍之上林中蹏氏馆。①神君者,长陵女子,以乳死,见神于先后宛
若。②宛若祠之其室,民多往祠。平原君亦往祠,其后子孙以尊
显。③及上即位,则厚礼置祠之内中。闻其言,不见其人云。

①如淳曰："蹏,音蹄。"郑氏曰："音斯。"师古曰："郑音是也。其字从石从
虒。"

②孟康曰："产乳而死也。兄弟妻相谓先后。宛若,字也。"师古曰："先,音
苏见反。后,音胡构反。古谓之娣姒,今关中俗呼为先后,吴楚俗呼之为

　　妯娌，音轴里。"
　③应劭曰："平原君，武帝外祖母也。"

　　是时，李少君亦以祠灶、谷道、却老方见上，①上尊之。少君者，故深泽侯人，主方。②匿其年及所生长。③常自谓七十，能使物，却老。④其游以方遍诸侯。无妻子。人闻其能使物及不死，更馈遗之⑤常余金钱衣食。人皆以为不治产业而饶给，⑥又不知其何所人，愈信，争事之。少君资好方，善为巧发奇中。⑦常从武安侯宴，坐中有年九十余老人，少君乃言与其大父游射处，老人为儿从其大父，识其处，⑧一坐尽惊。少君见上，上有故铜器，问少君。少君曰："此器齐桓公十年陈于柏寝。"⑨已而按其刻，果齐桓公器。⑩一宫尽骇，以为少君神，数百岁人也。少君言上："祠灶皆可致物，⑪致物而丹沙可化为黄金，黄金成以为饮食器则益寿，益寿而海中蓬莱仙者乃可见之，以封禅则不死，黄帝是也。臣尝游海上，见安期生，⑫安期生食臣枣，大如瓜。⑬安期生仙者，通蓬莱中，合则见人，不合则隐。"⑭于是天子始亲祠灶，遣方士入海求蓬莱安期生之属，而事化丹沙诸药齐为黄金矣。⑮久之，少君病死。天子以为化去不死也，使黄锤史宽舒受其方，⑯而海上燕齐怪迂之方士多更来言神事矣。⑰

　①如淳曰："祠灶可以致福。"李奇曰："谷道，辟谷不食之道也。"
　②如淳曰："侯家人，主方药也。"
　③师古曰："生长，谓其郡县所属及居止处。"
　④如淳曰："物，谓鬼物也。"
　⑤师古曰："更，音工衡反。"
　⑥师古曰："给，足也。"
　⑦如淳曰："时时发言有所中。"师古曰："中，音竹仲反。"
　⑧师古曰："识，记也，音式志反。"
　⑨臣瓒曰："《晏子书》柏寝，台名也。"师古曰："以柏木为寝室于台之上。"
　⑩师古曰："刻，谓器上所铭记。"
　⑪师古曰："物，亦谓鬼物。"
　⑫服虔曰："古之真人也。"师古曰："《列仙传》云：安期生琅邪人，卖药东海边，时人皆言千岁也。"

⑬师古曰："食,读曰饲。"

⑭师古曰："合,谓道相合。"

⑮师古曰："齐,药之分齐也,音才计反。"

⑯孟康曰："二人皆方士也。"师古曰："锤,音直垂反。"

⑰师古曰："更,音工衡反。"

亳人谬忌奏祠泰一方,①曰："天神贵者泰一,泰一佐曰五帝。②古者天子以春秋祭泰一东南郊,日一太牢,七日,③为坛开八通之鬼道。"于是天子令太祝立其祠长安城东南郊,常奉祠如忌方。其后,人上书言:"古者天子三年一用太牢祠三一:天一、地一、泰一。"天子许之,令太祝领祠之于忌泰一坛上,如其方。后人复有言:"古天子常以春解祠,祠黄帝用一枭、破镜,④冥羊用羊祠;马行用一青牡马;泰一、皋山山君用牛;武夷君用乾鱼;阴阳使者以一牛。"⑤令祠官领之如其方,而祠泰一于忌泰一坛旁。

①如淳曰："亳,亦薄也,下所谓薄忌也。"晋灼曰："济阴薄县人也。"

②师古曰："谓青帝灵威仰,赤帝赤熛怒,白帝白招矩,黑帝叶光纪,黄帝含枢纽也。一说:苍帝名灵符,赤帝名文祖,白帝名显纪,黑帝名玄矩,黄帝名神斗。"

③师古曰："每日以一太牢,凡七日祭也。"

④张晏曰："黄帝,五帝之首也,岁之始也。枭,恶逆之鸟。方士虚诞,云以岁始袚除凶灾,令神仙之帝食恶逆之物,使天下为逆者破灭讫竟,无有遗育也。"孟康曰："枭,鸟名,食母。破镜,兽名,食父。黄帝欲绝其类,使百吏祠皆用之。破镜如貙而虎眼。"如淳曰："汉使东郡送枭,五月五日作枭羹以赐百官。以其恶鸟,故食之也。"师古曰："解祠者,谓祠祭以解罪求福。"

⑤孟康曰："阴阳之神也。"

后二年,郊雍,获一角兽,若麃然,①有司曰："陛下肃祇郊祀,上帝报享,锡一角兽,盖麟云。"于是以荐五畤,畤加一牛以燎。赐诸侯白金,以风符应合于天也。②于是济北王以为天子且封禅,上书献泰山及其旁邑,天子以它县偿之。常山王有罪,罍,③天子封其弟真定,以续先王祀,而以常山为郡。然后五岳皆在天子之郡。

①师古曰："麜,鹿属也,形似獐,牛尾,一角,音蒲交反。"

②晋灼曰："符,瑞也。"臣瓒曰："风示诸侯以此符瑞之应也。"

③师古曰："礜,与迁同也。"

明年,齐人少翁以方见上。上有所幸李夫人,夫人卒,少翁以方盖夜致夫人及灶鬼之貌云,天子自帷中望见焉。乃拜少翁为文成将军,赏赐甚多,以客礼礼之。文成言："上即欲与神通,宫室被服非象神,神物不至。"乃作画云气车,及各以胜日①驾车辟恶鬼。又作甘泉宫,中为台室,画天地泰一诸鬼神,而置祭具以致天神。居岁余,其方益衰,神不至。乃帛书以饭牛,②阳不知,言此牛腹中有奇。杀视得书,书言甚怪。天子识其手,③问之,果为书。于是诛文成将军,隐之。

①服虔曰："甲乙五行相克之日。"如淳曰："如火胜金,用丙丁日,不用庚辛也。"

②师古曰："谓杂草以饭牛也,音扶晚反。"

③师古曰："手,谓所书手迹。"

其后又作柏梁、铜柱、承露仙人掌之属矣。①

①苏林曰："仙人以手掌擎盘承甘露。"师古曰："《三辅故事》云:建章宫承露盘高二十丈,大七围,以铜为之,上有仙人掌承露,和玉屑饮之。盖张衡《西京赋》所云'立修茎之仙掌,承云表之清露,屑琼蕊以朝餐,必性命之可度'也。"

文成死明年,天子病鼎湖甚,①巫医无所不致。游水发根言上郡有巫,病而鬼下之。②上召置祠之甘泉。及病,使人问神君,神君言曰："天子无忧病。病少愈,强与我会甘泉。"于是上病愈,遂起,幸甘泉,病良已。③大赦,置寿宫神君。④神君最贵者曰太一,其佐曰太禁、司命之属,皆从之。非可得见,闻其言,言与人音等。时去时来,来则风肃然。居室帷中,时昼言,然常以夜。天子祓,然后入。⑤因巫为主人,关饮食,所欲言,行下。⑥又置寿宫、北宫,张羽旗,设共具,⑦以礼神君。神君所言,上使受书,其名曰"画法"。⑧其所言,世俗之所知也,无绝殊者,而天子心独喜。其事秘,世莫知也。⑨

①晋灼曰："《黄图》宫名,在京兆。《地理志》湖本在京兆,后分属弘农也。"

②服虔曰:"游水,县名。发根,人姓名。"晋灼曰:"《地理志》游水,水名,在
　临淮淮浦也。"师古曰:"二说皆非也。游水,姓也。发根,名也。盖因水
　为姓也。本尝遇病,而鬼下之,故为巫也。"

③孟康曰:"良己,善已,谓愈也。"

④孟康曰:"更立此宫也。"臣瓒曰:"寿宫,奉神之宫也。《楚辞》曰'蹇将憺
　兮寿宫'也。"

⑤孟康曰:"崇洁自除祓,然后入也。"师古曰:"祓,音发勿反。"

⑥李奇曰:"神所欲言,上辄为下之也。"晋灼曰:"神君所言行下于巫。"师
　古曰:"晋说是也。"

⑦师古曰:"共,读曰供,音居用反。"

⑧孟康曰:"策画之法也。"

⑨师古曰:"喜,读曰喜。喜,好也,音许吏反。"

　　后三年,言元宜以天瑞,不宜以一二数。①一元曰"建"②二元
以长星曰"光",③今郊得一角兽曰"狩"云。④

①苏林曰:"得诸瑞以名年。"

②苏林曰:"建元元年是。"

③苏林曰:"以有长星之光,故曰元光元年。"

④如淳曰:"改元狩元年。"

　　其明年,天子郊雍,曰:"今上帝朕亲郊,而后土无祀则礼不答
也。"①有司与太史令谈、祠官宽舒议:②"天地牲,角茧栗。③今陛
下亲祠后土,后土宜于泽中圜丘为五坛,坛一黄犊牢具。已祠尽瘞,
而从祠衣上黄。"④于是天子东幸汾阴。汾阴男子公孙滂洋等见汾
旁有光如绛,⑤上遂立后土祠于汾阴脽上。⑥如宽舒等议。上亲望
拜,如上帝礼。礼毕,天子遂至荥阳。还过雒阳,下诏封周后,令奉
其祀。诏在《武纪》。上始巡幸郡县,浸寻于泰山矣。⑦

①师古曰:"答,对也。郊天而不祀地,失对偶之义。一曰:阙地祇之祀,故
　不为神所答应也。"

②师古曰:"谈,即司马谈也。"

③师古曰:"牛角之形或如茧,或如栗,言其小。"

④师古曰:"侍祠之人皆著黄衣也。"

⑤师古曰:"滂,音普郎反。洋,音羊也。"

⑥师古曰:"腄,音谁,解在《武纪》。"

⑦郑玄曰:"寻,用也。"晋灼曰:"寻,遂往之意也。"师古曰:"二说皆非也。浸,渐也。寻,就也。"

其春,乐成侯登上书言栾大。栾大,胶东宫人,①故尝与文成将军同师,已而为胶东王尚方。②而乐成侯姊为康王后,③无子。王死,它姬子立为王,而康后有淫行,与王不相中,相危以法。④康后闻文成死,而欲自媚于上,乃遣栾大入,因乐成侯求见言方。⑤天子既诛文成,后悔其方不尽,及见栾大,大说。⑥大为人长美,⑦言多方略,而敢为大言,处之不疑。大言曰:"臣常往来海中,见安期、羡门之属,顾以臣为贱,不信臣。⑧又以为康王诸侯耳,不足与方。臣数以言康王,康王又不用臣。臣之师曰:'黄金可成,而河决可塞,不死之药可得,仙人可致也。'然臣恐效文成,则方士皆掩口,恶敢言方哉!"⑨上曰:"文成食马肝死耳。子诚能修其方,我何爱乎!"大曰:"臣师非有求人,人者求之。陛下必欲致之,则贵其使者,令为亲属,以客礼待之,勿卑,使各佩其印,乃可使通言于神人,神人尚肯邪不邪,尊其使然后可致也。"于是上使验小方,斗棋,棋自相触击。

①服虔曰:"王家人。"

②师古曰:"主方药。"

③孟康曰:"胶东王后也。"

④师古曰:"不相可也。相危以法,谓以罪法相欲倾危也。中,音竹仲反。"

⑤师古曰:"言神仙之方。"

⑥师古惠:"说,读曰悦也。"

⑦师古曰:"善为甘美之言也。"

⑧师古曰:"顾,念也。"'

⑨师古曰:"恶,音乌,谓于何也。"

是时上方忧河决而黄金不就,①乃拜大为五利将军。居月余,得四印,得天士将军、地士将军、大通将军印。制诏御史:"昔禹疏九河,决四渎。间者,河溢皋陆堤繇不息。②朕临天下二十有八年,天若遗朕士是大通焉,"乾"称'飞龙''鸿渐于般'。③朕意庶几与焉。④其以二千户封地士将军大为乐爱侯。"赐列侯甲第,童音千人

乘舆斥车马帷帐器物以充其家,⑤又以卫长公主妻之,⑥齐金十万
斤,更名其邑曰当利公主。天子亲如五利之弟,使者存问共给,相属
于道。⑦自大主将相以下,皆置酒其家,⑧献遗之,天子又刻玉印曰
"天道将军。"使使衣羽衣,夜立白茅上,五利将军亦衣羽衣,立白茅
上受印,以示不臣也。⑨而佩"天道"者,且为天子道天神也。⑩于是
五利常夜祠其家,欲以下神,后装治行,东入海求其师云。大见数
月,佩六印,贵震天下,而海上燕齐之间,莫不扼掔。⑪而自言有禁
方能神仙矣。

①师古曰:"铸黄金不成。"

②师古曰:"皋,水旁地。广平曰陆,言水泛溢,自皋及陆,而筑作堤防,徭
　　役甚多,不暇休息。"

③孟康曰:"般,水涯堆也。渐,进也,武帝云得栾大如鸿进于般,一举千
　　里。得道若飞龙在天。"师古曰:"飞龙在天,乾卦九五爻辞也。鸿渐于
　　般,渐卦六二爻辞也。般,山石之安者。"

④师古曰:"与读曰豫。"

⑤师古曰:"斥不用者也。"

⑥孟康曰:"卫太子妹。"如淳曰:"卫太子姊也。"师古曰:"《外戚传》云子
　　夫生三女,元朔三年生男据。是则太子之姊也,孟说非也。"

⑦师古曰:"共读曰供:"供属,及也,音之谷反。"

⑧韦昭曰:"大主,武帝姑,窦太后之女也。"

⑨师古曰:"羽衣,以鸟羽为衣,取其神仙飞翔之意也视读曰示。"

⑩师古曰:"为音于伪反。道天神,道读曰导。"

⑪师古曰:"扼,捉持也。掔,古手腕之字也。扼,音厄。"

　　其夏六月,汾阴巫锦①为民祠魏脽后土营旁,②见地如钩状,
搰视得鼎。③鼎大异于众鼎,文镂无款识,④怪之,言吏。吏告河东
太守胜,胜以闻。天子使验问巫得鼎无奸诈,乃以礼祠,迎鼎至甘
泉,从上行,荐之。⑤至中山,晏温,⑥有黄云焉。有鹿过,上自射之,
因之以祭云。至长安,公卿大夫皆议尊宝鼎。天子曰:"间者河溢,
岁数不登,故巡祭后土,祈为百姓育谷。今年丰穰未报,鼎曷为出
哉?"⑦有司皆言:"闻昔泰帝兴神鼎一,⑧一者,一统,天地万物所

系象也。黄帝作宝鼎三,象天地人。禹收九牧之金,⑨铸九鼎,象九州。皆尝鬺享上帝鬼神。⑩其空足曰鬲,⑪以象三德,⑫飨承天祜,⑬夏德衰,鼎迁于殷;殷德衰,鼎迁于周;周德衰,鼎迁于秦;秦德衰,宋之社亡,鼎乃沦伏而不见。《周颂》曰:'自堂徂基,自羊徂牛,鼐鼎及鼒;不吴不敖,胡考之休。'⑭今鼎至甘泉,以光润龙变,承休无疆。合兹中山,有黄白云降,⑮盖若兽之为符,⑯路弓乘矢,集获坛下,⑰报祠大亨。唯受命而帝者心知其意而合德焉。⑱鼎宜视宗祢庙,臧于帝庭,以合明应。"⑲制曰:"可。"

①应劭曰:"锦,巫名。"

②应劭曰:"魏,故魏国也。"师古曰:"汾脽本魏地之境,故云魏脽也。营,谓祠之兆域也。"

③师古曰:"掊,谓手杷土也,音蒲沟反。杷,音蒲巴反,其字从木。"

④韦昭曰:"款,刻也。"师古曰:"识,记也,音式志反。其下美阳鼎亦同也。"

⑤如淳曰:"以鼎从行上甘泉,将荐之于天。"师古曰:"上,音时掌反。"

⑥如淳曰:"三辅谓日出清济为晏。晏而温,乃有黄云,故为异也。"师古曰:"中,读曰仲。即今云阳之中山也。下云'合兹中山',亦同也。"

⑦师古曰:"楸,美也,言稼穑美也。未报者,获年丰而未报赛也。一曰:虽祈谷而未获年丰之报也。其下张敞引此诏文云'谷糅未报',糅者,少也。"

⑧师古曰:"泰帝者,即泰昊伏羲氏也。"

⑨师古曰:"九牧,九州之牧也。"

⑩服虔曰:"以享祀上帝也。"师古曰:"鬺,煮也。鬺享,煮而祀也。《韩诗·采苹》曰:'于以鬺之,唯锜及釜。'亨,音普庚反。"

⑪苏林曰:"鬲,音历。是中空不实者,名曰鬲也。"

⑫如淳曰:"鼎有三足故也。三德,三正之德。"师古曰:"如说非也。三德,一曰正直,二曰刚克,三曰柔克。事见《周书·洪范》。"

⑬师古曰:"祜,福也,音怙。"

⑭师古曰:"《周颂·丝衣》之诗也。基,门塾之基。鼎绝大者谓之鼐,圜弇上谓之鼒。吴,谨哗也。敖,慢也。考,寿也。休,美也。言执祭事者,或升堂室,或之门塾,视羊牛之牲,及举大小之鼎,告其致洁,神降之福,

故获寿考之美,曰何寿之美!何寿之美者,叹之言也。㒟,音乃代反。蕬,
　　音兹。敖,读曰傲。"

⑮师古曰:"言鼎至甘泉之后,光润变见,若龙之神,能幽能明,能小大,乘
　　此休福,无穷竟也。有黄白云降,与初至仲山黄云之瑞相合也。"

⑯服虔曰:"云若兽在车盖也。"晋灼曰:"盖,辞也。符,谓鹿也。"师古曰:
　　"二说非也。盖,发语辞也。言甘泉之云又若兽形,以为符瑞也。"

⑰李奇曰:"宜言卢弓。"韦昭曰:"路,大也。四矢曰乘。"师古曰:"韦说是
　　也。又于坛下获弓矢之应。"

⑱服虔曰:"高祖受命知之,宜见鼎于其庙也。"师古曰:"合德,谓与天合
　　德。"

⑲师古曰:"视,读曰示。宗,谓先帝有德可尊者也。祢,父庙也。帝庭,甘
　　泉天神之庭。"

　　入海求蓬莱者,言蓬莱不远而不能至者,殆不见其气。上乃遣
望气佐候其气云。

　　其秋,上雍,且郊。①或曰"五帝,泰一之佐也,宜立泰一而上亲
郊之"。上疑未定。

　　①师古曰:"雍地形高,故云上也,音时掌反。"

　　齐人公孙卿曰:"今年得宝鼎,其冬辛巳朔旦冬至,与黄帝时
等。"①卿有札书②曰:"黄帝得宝鼎冕侯,问于鬼臾区,③鬼臾区对
曰:'黄帝得宝鼎神策,是岁己酉朔旦冬至,得天之纪,终而复始。'
于是黄帝迎日推策,④后率二十岁复朔旦冬至,凡二十推,三百八
十年,黄帝仙登于天。"卿因所忠欲奏之。⑤所忠视其书不经,⑥疑
其妄言,谢曰:"宝鼎事已决矣。尚何以为!"⑦卿因嬖人奏之。上大
说,⑧乃召问卿。对曰:"受此书申公,申公已死。"上曰:"申公何人
也?"卿曰:"齐人,与安期生通,受黄帝言,无书,独有此鼎书。曰'汉
兴复当黄帝之时。'曰'汉之圣者,在高祖之孙且曾孙也。宝鼎出而
与神通,封禅。封禅七十二王,唯黄帝得上泰山封。'申公曰:'汉帝
亦当上封,上封则能仙登天矣。黄帝万诸侯,而神灵之封君七千。⑨
天下名山八,而三在蛮夷,五在中国。中国华山、首山、太室山、泰
山、东莱山,此五山黄帝之所常游,与神会。黄帝且战且学仙,患百

姓非其道,乃断斩非鬼神者。百余岁然后得与神通。黄帝郊雍上帝,
宿三月。鬼臾区号大鸿,死葬雍,故鸿冢是也。⑩其后黄帝接万灵明
庭。明庭者,甘泉也。所谓寒门者,谷口也。⑪黄帝采首山铜,铸鼎于
荆山下。⑫鼎既成,有龙垂胡髯下迎黄帝。⑬黄帝上骑,群臣后宫从
上龙七十余人,龙乃上去。余小臣不得上,乃悉持龙髯,龙髯拔,堕,
堕黄帝之弓,百姓卬望,⑭黄帝既上天,乃抱其弓与龙髯号,故后世
因名其处曰鼎湖,其弓乌号。'"于是天子曰:"嗟呼!诚得如黄帝,吾
视去妻子如脱屣耳。"⑮拜卿为郎,使东候神于太室。

①师古曰:"等,同也。"

②师古曰:"札,木简之薄小者也。"

③师古曰:"鬼臾区,黄帝臣也。《艺文志》云鬼容区,而此志作臾区。臾,容
　声相近,盖一也。今流俗书本臾字作申,非也。"

④晋灼曰:"迎,数之也。"臣瓒曰:"日月朔望未来而推之,故曰迎日。"

⑤师古曰:"所忠,人姓名也。解在《食货志》。"

⑥师古曰:"不合经典也。"

⑦师古曰:"谓不须更言之。"

⑧师古曰:"说,读曰悦。"

⑨应劭曰:"黄帝时,诸侯会封禅者七千人也。"李奇曰:"说仙道得封者七
　千国也。"张晏曰:"神灵之封,谓山川之守也。"师古曰:"张说是也。山
　川之守,谓尊山川之神令主祭祀也,即《国语》所云'汪芒氏之君守封嵎
　之山'也。"

⑩苏林曰:"今雍有鸿冢。"

⑪服虔曰:"黄帝升仙之处也。"师古曰:"谷口,仲山之谷口也。汉时为县,
　今呼之治谷是也。以仲山之北寒凉,故谓此谷为寒门也。"

⑫晋灼曰:"《地理志》首山属河东蒲阪,荆山在冯翊怀德县也。"

⑬师古曰:"胡,谓颈下垂肉也。髯,其毛也,音人占反。"

⑭师古曰:"卬,读曰仰。"

⑮师古曰:"屣,小屧。脱屣者,言其便易,无所顾也。屣,音山尔反。"

上遂郊雍,至陇西,登空桐,幸甘泉。令祠官宽舒等具泰一祠
坛,祠坛放亳忌泰一坛,三陔。①五帝坛环居其下,各如其方。黄帝
西南,除八通鬼道②泰一所用,如雍一畤物,而加醴枣脯之属,杀

一牦牛，③以为俎豆牢具。而五帝独有俎豆醴进，④其下四方地，为
腏，食群神从者及北斗云，⑤已祠，胙余皆燎之。⑥其牛色白，白鹿
居其中，麃在鹿中，鹿中水而酒之。⑦祭日以牛，祭月以羊麃特，⑧
泰一祝宰则衣紫及绣。五帝各如其色，日赤，月白。

①师古曰："陔，重也。三陔，三重坛也。音该。"

②服虔曰："坤位在未，黄帝从土位。"

③李奇曰："音狸。"师古曰："西南夷长尾髦之牛也，一音茅。"

④师古曰："具俎豆酒醴而进之。一曰，进，谓杂物之具，所以加礼也。"

⑤师古曰："腏字与缀同，谓联续而祭也，音竹芮反。食，读曰饲。"

⑥师古曰："胙，谓祭余酒肉也。"

⑦服虔曰："水，玄酒。酒，真酒也。"晋灼曰："此言合牲物而燎之也。"师古
　　曰："言以白鹿内牛中，以麃内鹿中，又以水及酒合内鹿中。"

⑧师古曰："若牛，若羊，若麃，止一牲也。"

十一月辛巳朔旦冬至，昒爽，①天子始郊拜泰一。朝朝日，夕夕
月，②则揖；而见泰一如雍郊礼。其赞飨曰："天始以宝鼎神策授皇
帝，朔而又朔，终而复始，皇帝敬拜见焉。"③而衣上黄，其祠列火满
坛，坛旁亨炊具。有司云"祠上有光"。公卿言"皇帝始郊见泰一云
阳，有司奉瑄玉④嘉牲荐飨，⑤是夜有美光，及昼，黄气上属天"。⑥
太史令谈、祠官宽舒等曰："神灵之休，祐福兆祥，宜因此地光域立
泰畤坛以明应。⑦令太祝领，秋及腊间祠。三岁天子壹郊见。"

①师古曰："昒爽，谓日尚冥，盖未明之时也。昒，音忽。"

②师古曰："以朝旦拜日为朝。下朝，音丈昭反。"

③师古曰："赞飨，谓祝辞。"

④孟康曰："璧大六寸谓之瑄。"

⑤师古曰："《汉旧仪》云祭天养牛五岁，至三千斤也。"

⑥师古曰："属，音之欲反。"

⑦师古曰："明著美光及黄气之祥应。"

其秋，为伐南越，告祷泰一，以牡荆画幡日月北斗登龙，以象太
一三星，为泰一锋，①命曰"灵旗"。为兵祷，则太史奉以指所伐国。
而五利将军使不敢入海，之泰山祠。上使人随验，实无所见。五利

妄言见其师,其方尽,多不雠。②上乃诛五利。

①李奇曰:"牡荆作幡柄也。"如淳曰:"牡荆,荆之无子者,皆洁斋之道。"晋灼曰:"牡,节间不相当也,月量刻之为券以畏病者。《天文志》:'天极星,其一明者,太一也;旁三星,三公也。'画一星在后,三星在前,为泰一锋也。"师古曰:"李、晋二说是也。以牡荆为幡竿,而画为日月龙及星。"

②师古曰:"雠,应当也。不雠,无验也。"

其冬,公孙卿候神河南,言见仙人迹缑氏城上,有物如雉,往来城上。天子亲幸缑氏视迹,问卿:"得毋效文成、五利乎?"卿曰:"仙者非有求人主,人主者求之。其道非少宽暇,神不来。言神事,如迂诞,①积以岁,乃可致。"于是郡国各除道,缮治宫馆名山神祠所,以望幸矣。

①师古曰:"迂,回远也。诞,大言也。"

其春,既灭南越,嬖臣李延年以好音见。上善之,下公卿议,曰:"民间祠有鼓舞乐,今郊祀而无乐,岂称乎?"公卿曰:"古者祠天地皆有乐,而神祇可得而礼。"或曰:"泰帝使素女鼓五十弦瑟,悲,帝禁不止,①故破其瑟为二十五弦。"于是塞南越,祷祠泰一、后土,始用乐舞。益召歌儿,②作二十五弦及坎侯瑟自此起。③

①师古曰:"泰帝,亦谓泰昊也。不止,谓不能自止也。"

②师古曰:"益,多也。"

③苏林曰:"作空侯与瑟。"

其来年冬,上议曰:"古者先振兵释旅,然后封禅。"乃遂北巡朔方,勒兵十余万骑,还祭黄帝冢桥山,释兵凉如。①上曰:"吾闻黄帝不死,有冢何也?"或对曰:"黄帝以仙上天,群臣葬其衣冠。"既至甘泉,为且用事泰山,先类祠泰一,②

①李奇曰:"地名也。"

②师古曰:"且,犹将也。类祠,谓以事类而祭也。"

自得宝鼎,上与公卿诸生议封禅。封禅用希旷绝,莫知其仪体,而群儒采封禅《尚书》、《周官》、《王制》之望祀射牛事。①齐人丁公年九十余,曰:"封禅者,古不死之名也。秦皇帝不得上封。陛下必

欲上,稍上②即无风雨,遂上封矣。"上于是乃令诸儒习射牛,草封
禅仪。数年,至且行。天子既闻公孙卿及方士之言,黄帝以上封禅
皆致怪物与神通,欲放黄帝③以接神人蓬莱,高世比德于九皇,④
而颇采儒术以文之。群儒既已不能辩明封禅事,又拘于《诗》《书》古
文而不敢骋。上为封祠器视群儒,⑤群儒或曰"不与古同",徐偃又
曰"太常诸生行礼不如鲁善",⑥周霸属图封事,⑦于是上黜偃、霸,
而尽罢诸儒弗用。

①师古曰:"天子有事,宗庙必自射牲,示亲杀也。事见《国语》也。"

②师古曰:"稍,渐也。"

③师古曰:"放,依也,音甫往反。"

④张晏曰:"三皇之前有人皇,九首。"韦昭曰:"上古有人皇者九人。"师古
　曰:"韦说是也。"

⑤师古曰:"视,读曰示。"

⑥师古曰:"徐偃,博士姓名。"

⑦服虔曰:"属,会也,会诸儒图封事也。"师古曰:"周霸,亦人姓名也。属,
　音之欲反。"

三月,乃东幸缑氏,礼登中岳太室。从官在山上闻若有言"万
岁"云。问上,上不言;问下,下不言。乃令祠官加增太室祠,禁毋伐
其山木,以山下户凡三百封崈高,为之奉邑,①独给祠,复,无有所
与。②上因东上泰山,③泰山草木未生,乃令人上石立之泰山颠。④

①师古曰:"崈,古崇字耳。以崇奉嵩高之山,故谓之崈高奉邑。奉,音扶用
　反。"

②师古曰:"复,音方目反。与,读曰预。"

③如淳曰:"言易上也。泰山从南面直上,步道三十里,车道百里。"

④师古曰:"从山下转石而上。"

上遂东巡海上,行礼祠八神。齐人之上疏言神怪奇方者以万
数,乃益发船,令言海中神山者数千人求蓬莱神人。公孙卿持节常
先行候名山,至东莱,言夜见大人,长数丈,就之则不见,见其迹甚
大,类禽兽云。群臣有言见一老父牵狗,言"吾欲见钜公",①已忽不
见。上既见大迹,未信,及群臣又言老父,则大以为仙人也。宿留海

上，②与方士传车③及间使求神仙人以千数。④

①郑氏曰："天子也。"张晏曰："天子为天下父，故曰钜公也。"师古曰：
"钜，大也。"

②师古曰："宿留，谓有所须待也。宿，音先就反。留，音力就反。它皆类
此。"

③师古曰："传，音张恋反。"

④师古曰："间，微也，随间隙而行也。"

　　四月，还至奉高。上念诸儒及方士言封禅人殊，不经，难施
行。①天子至梁父，礼祠地主。至乙卯，令侍中儒者皮弁缙绅，射牛
行事。封泰山下东方，如郊祠泰一之礼。封广丈二尺，高九尺，其下
则有玉牒书，书秘。礼毕，天子独与侍中奉车子侯上泰山，②亦有
封。其事皆禁。明日，下阴道。丙辰，禅泰山下址东北肃然山，③如
祭后土礼。天子皆亲拜见，衣上黄而尽用乐焉。江淮间一茅三脊为
神藉。五色土益杂封。纵远方奇兽飞禽及白雉诸物，颇以加祠。兕
牛象犀之属不用。皆至泰山，然后去。封禅祠，其夜若有光，昼有白
云出封中。④

①师古曰："人人殊异，又不合经，故难以施行。"

②服虔曰："子侯，霍去病子也。"

③师古曰："址者，山之基足，音止。"

④师古曰："云出于所封之中。"

　　天子从禅还，坐明堂，群臣更上寿。①下诏改元为元封元年。语
在《武纪》。又曰："古者天子五载一巡狩，用事泰山，诸侯有朝宿地。
其令诸侯各治邸泰山下。"

①师古曰："更，互也，音工衡反。"

　　天子既已封泰山，无风雨，而方士更言蓬莱诸神①若将可得，
于是上欣然庶几遇之，复东至海上望焉。奉车子侯暴病，一日死。上
乃遂去，并海上，②北至碣石，巡自辽西，历北边至九原。五月，乃至
甘泉，周万八千里云。

①师古曰："更，音工衡反。"

②师古曰："并，音步浪反。上，音时掌反。"

其秋,有星孛于东井。后十余日,有星孛于三能。①望气王朔言:"候独见填星出如爪,食顷,复入。"有司皆曰:"陛下建汉家封禅,天其报德星云。"②

①师古曰:"能,读曰台。"

②师古曰:"德星,即填星也。言天以德星报于帝。"

其来年冬,郊雍五帝。还,拜祝祠泰一。①赞飨曰:"德星昭衍,厥维休祥。②寿星仍出,渊耀光明。信星昭见,皇帝敬拜泰祝之享。"

①师古曰:"拜而祠之,加祝辞。"

②师古曰:"昭,明。衍,大。休,美也。"

其春,公孙卿言见神人东莱山,若云"欲见天子"。天子于是幸缑氏城,拜卿为中大夫。遂至东莱,宿留之数日,毋所见,见大人迹云。复遣方士求神人采药以千数。是岁旱。天子既出亡名,乃祷万里沙,①过祠泰山。②还至瓠子,自临塞决河,留二日,湛祠而去。③

①应劭曰:"万里沙,神祠也,在东莱曲城,"如淳曰:"故祷万里沙以为名也。"

②郑氏曰:"泰山东自复有小泰山。"臣瓒曰:"即今之泰山也。"师古曰:"瓒说是也。"

③师古曰:"湛,读曰沈,谓沈祭具于水中也。《尔雅》曰'祭川曰浮沈'。"

汉书卷二五下
志第五下

郊祀下

　　是时既灭两奥，粤人勇之乃言："粤人俗鬼，①而其祠皆见鬼，数有效。昔东瓯王敬鬼，寿百六十岁，后世怠嫚，故衰耗。"②乃命粤巫立粤祝祠，安台无坛，亦祠天神帝百鬼，③而以鸡卜。④上信之，粤祠鸡卜自此始用。⑤

　　①师古曰："勇之，越人名也。俗鬼，言其土俗尚鬼神之事。"

　　②师古曰："耗，减也，音火到反。"

　　③师古曰："天帝之神及百鬼。"

　　④李奇曰："持鸡骨卜，如鼠卜。"

　　⑤师古曰："言国家始用。"

　　公孙卿曰："仙人可见，上往常遽，以故不见。①今陛下可为馆如缑氏城，②置脯枣，神人宜可致。且仙人好楼居。"于是上令长安则作飞廉、桂馆，③甘泉则作益寿、延寿馆，④使卿持节设具而候神人。乃作通天台，⑤置祠具其下，将招来神仙之属。于是甘泉更置前殿，始广诸宫室。夏，有芝生甘泉殿房内中。天子为塞河，兴通天，若有光云，⑥乃下诏："甘泉房中生芝九茎，赦天下。毋令复作。"

　　①师古曰："遽，速也，音其庶反。"

　　②师古曰："依其制度也。"

　　③师古曰："飞廉馆及桂馆二名也。"

　　④师古曰："益寿、延寿，亦二馆名。"

　　⑤师古曰："《汉旧仪》云：台高三十丈，望见长安城。"

⑥师古曰:"为塞河及造通天台而有神光之应,故赦天下也。"

其明年,伐朝鲜。夏,旱。公孙卿曰:"黄帝时封则天旱,干封三年。"①上乃下诏:"天旱,意干封乎?②其令天下尊祠灵星焉。"

①师古曰:"三岁不雨,暴所封之土令干也。"

②郑氏曰:"言适新封则致天旱,欲干我所封乎?"

明年,上郊雍五畤,通回中道,遂北出萧关,历独鹿、鸣泽,①自西河归,幸河东,祠后土。

①师古曰:"解并在《武纪》。"

明年冬,上巡南郡,至江陵而东。登礼潜之天柱山,号曰南岳。①浮江,自浔阳出枞阳,②过彭蠡,礼其名山川。北至琅邪,并海上。③四月,至奉高修封焉。

①师古曰:"潜,庐江县也,天柱山在焉。武帝以天柱山为南岳。潜,音潜。"

②师古曰:"枞,音千庸反。"

③师古曰:"并,音步浪反。上,音时掌反。"

初,天子封泰山,泰山东北址古时有明堂处,处险不敞。①上欲治明堂奉高旁,未晓其制度。济南人公玉带上黄帝时明堂图。②明堂中有一殿,四面无壁,以茅盖,通水,水圜宫垣,③为复道,上有楼,从西南入,④名曰昆仑,天子从之入,以拜祀上帝焉。于是上令奉高作明堂汶上,如带图,⑤及是岁修封,则祠泰一、五帝于明堂上坐,⑥合高皇帝祠坐对之。⑦祠后土于下房,以二十太牢。天子从昆仑道入,始拜明堂如郊礼。毕,燎堂下。而上⑧又上泰山,自有秘祠其颠。而泰山下祠五帝,各如其方,黄帝拜赤帝所,⑨有司侍祠焉。山上举火,下悉应之。还幸甘泉,郊泰畤,春幸汾阴,祠后土。

①师古曰:"言其阻厄不显敞。"

②师古曰:"公玉,姓也。带,名也。《吕氏春秋》齐有公玉丹,此盖其旧族。而说者读公玉为宿,非也。单姓玉者,后汉司徒玉况,自音宿耳。"

③师古曰:"圜,绕也,"

④师古曰:"复,读曰复也。"

⑤师古曰:"汶,水名也,出琅邪朱虚。作明堂于汶水之上也。带图,公玉带所上明堂图。汶,音问。"

⑥师古曰："坐,音才卧反。"

⑦服虔曰："汉是时未以高祖配天,故言对。光武以来乃配之。"

⑧师古曰："尞,古燎字也。"

⑨师古曰："与赤帝同处。"

明年,幸泰山,以十一月甲子朔旦冬至日祀上帝于明堂,毋修封。其赞飨曰:"天增授皇帝泰元神策,周而复始。皇帝敬拜泰一。"①东至海上,考入海及方士求神者,莫验,然益遣,几遇之。②乙酉,柏梁灾。十二月甲午朔,上亲禅高里,③祠后土。临勃海,将以望祀蓬莱之属,几至殊庭焉。④

①师古曰："自此以上,赞祝者辞。"

②师古曰："益,多也。几,读曰冀。言更遣人求之,冀必遇也。"

③师古曰："高里,山名。解在《武纪》。"

④师古曰："殊庭,蓬莱中仙人庭也。几,读曰冀。"

上还,以柏梁灾故,受计甘泉。公孙卿曰:"黄帝就青灵台,十二日烧,①黄帝乃治明庭。明庭,甘泉也。"方士多言古帝王有都甘泉者。其后天子又朝诸侯甘泉,甘泉作诸侯邸。勇之乃曰:"粤俗有火灾,复起屋,必以大,用胜服之。"于是作建章宫,度为千门万户。前殿度高未央。②其东则凤阙,高二十余丈。③其西则商中,数十里虎圈。④其北治大池,渐台高二十余丈,名曰泰液,⑤池中有蓬莱、方丈、瀛州、壶梁,象海中神山龟鱼之属。⑥其南有玉堂、璧门、大鸟之属。⑦立神明台、井幹楼,高五十丈,辇道相属焉。⑧

①师古曰："就,成也,造台适成,经十二日即遇火烧。"

②师古曰："度,并音大各反。"

③师古曰："《三辅故事》云其阙圈上有铜凤凰。"

④如淳曰："商中,商庭也。"师古曰："商,金也。于序在秋,故谓西方之庭为商庭,言广数十里。於菟亦西方之兽,故于此置其圈也。"

⑤师古曰："渐,浸也。台在池中,为水所浸,故渐台。一音子廉反。《三辅黄图》或为瀸字,瀸亦浸耳。"

⑥师古曰："《三辅故事》云:池北岸有石鱼,长二丈,高五尺,西岸有石鳖三枚,长六尺。"

⑦师古曰:"立大鸟象也。"

⑧师古曰:"《汉宫阁疏》云神明台高五十丈,上有九室,恒置九天道士百人。然则神明、井幹俱高五十丈也。井幹楼积木而高,为楼若井幹之形也。井幹者,井上木栏也,其形或四角,或八角。张衡《西京赋》云'井幹叠而百层',即谓此楼也。幹或作韩,其义亦同。"

夏,汉改历,以正月为岁首,而色上黄,官更印章以五字,①因为太初元年。是岁,西伐大宛,蝗大起。丁夫人、雒阳虞初等②以方祠诅匈奴、大宛焉。

①师古曰:"解在《武纪》。"

②应劭曰:"丁夫人,其先丁复,本越人,封阳都侯。夫人其后,以诅军为功。"韦昭曰:"丁,姓;夫人,名也。"

明年,有司言雍五畤无牢孰具,芬芳不备。乃令祠官进畤犊牢具,色食所胜,①而以木寓马代驹云。及诸名山川用驹者,悉以木寓马代。独行过亲祠,乃用驹,它礼如故。

①孟康曰:"若火胜金,则祠赤帝以白牲也。"

明年,东巡海上,考神仙之属,未有验者。方士有言黄帝时为五城十二楼,①以候神人于执期,②名曰迎年。③上许作之如方,名曰明年。④上亲礼祠,上犊黄焉。

①应劭曰:"昆仑玄圃五城十二楼,仙人之所常居。"

②郑氏曰:"地名也。"

③师古曰:"迎年,若云祈年。"

④师古曰:"言明其得延年也。"

公玉带曰:"黄帝时虽封泰山,然风后、封钜、岐伯令黄帝封东泰山,①禅几山,②合符,然后不死。"天子既令设祠具,至东泰山,卑小,不称其声,乃令祠官礼之,而不封焉。其后令带奉祠候神物。复还泰山,修五年之礼如前,而加禅祠石闾。石闾者,在泰山下址南方。③方士言仙人闾也,故上亲禅焉。

①韦昭曰:"风后、封钜、岐伯皆黄帝臣也。"臣瓒曰:"东泰山在琅邪朱虚界,中有小泰山是。"

②师古曰:"几山在朱虚县,见《地理志》也。"

③师古曰:"下基之南面。"

其后五年,复至泰山修封,还过祭恒山。

自封泰山后,十三岁而周遍于五岳、四渎矣。

后五年,复至泰山修封。东幸琅邪,礼日成山,登之罘,浮大海,用事八神延年。①又祠神人于交门宫,若有乡坐拜者云。②

①师古曰:"解并在《武纪》。延年,即上所谓迎年者。"

②师古曰:"如有神人景象向祠坐而拜也。事具在《武纪》。乡,读曰向同。"

后五年,上复修封于泰山。东游东莱,临大海。是岁,雍县无云如靁者三,①或如虹气苍黄,若飞鸟集棫阳宫南,②声闻四百里。陨石二,黑如黳,有司以为美祥,以荐宗庙。而方士之候神入海求蓬莱者终无验,公孙卿犹以大人之迹为解。③天子犹羁縻不绝,④几遇其真。⑤

①师古曰:"靁,古雷字也。空有雷声也。"

②师古曰:"棫,音域。"

③师古曰:"言见大人之迹,以自解说也。"

④师古曰:"羁縻,系联之意。马络头曰羁也。牛靷曰縻。"

⑤师古曰:"几,读曰冀。"

诸所兴,如薄忌泰一及三一、冥羊、马行、赤星,五床,宽舒之祠官①以岁时致礼。凡六祠,皆大祝领之。至如八神,诸明年、几山它名祠,行过则祠,去则已。方士所兴祠,各自主,其人终则已,祠官不主。它祠皆如故。甘泉泰一、汾阴后土,三年亲郊祠,而泰山五年一修封。武帝凡五修封。昭帝即位,富于春秋,未尝亲巡祭云。

①李奇曰:"皆祠名。"

宣帝即位,由武帝正统兴,故立三年,尊孝武庙为世宗,行所巡狩郡国皆立庙。告祠世宗庙日,有白鹤集后庭。以立世宗庙告祠孝昭寝,有雁五色集殿前。西河筑世宗庙,神光兴于殿旁,有鸟如白鹤,前赤后青。神光又兴于房中,如烛状。广川国世宗庙殿上有钟音,门户大开,夜有光,殿上尽明。上乃下诏赦天下。

时,大将军霍光辅政,上共己正南面,①非宗庙之祀不出。十二年,乃下诏曰:"盖闻天子尊事天地,修祀山川,古今通礼也。间者,上帝之祠阙而不亲十有余年,朕甚惧焉。朕亲饬躬齐戒,亲奉祀,为百姓蒙嘉气,获丰年焉。"

①师古曰:"共,读曰恭。"

明年正月,上始幸甘泉,郊见泰畤,数有美祥。修武帝故事,盛车服,敬齐祠之礼,颇作诗歌。

其三月,幸河东,祠后土,有神爵集,改元为神爵。制诏太常:"夫江海,百川之大者也,今阙焉无祠。其令祠官以礼为岁事,①以四时祠江海雒水,祈为天下丰年焉。"自是五岳、四渎皆有常礼。东岳泰山于博,中岳泰室于嵩高,南岳灊山于灊,②西岳华山于华阴,北岳常山于上曲阳,③河于临晋,④江于江都,⑤淮于平氏,⑥济于临邑界中,⑦皆使者持节侍祠。唯泰山与河岁五祠,江水四,余皆一祷而三祠云。

①师古曰:"言每岁常祠之。"

②师古曰:"灊,与潜同也。"

③师古曰:"上曲阳,常山郡之县也。"

④师古曰:"冯翊之县也,临河西岸。"

⑤师古曰:"广陵之县也。"

⑥师古曰:"南阳之县也。"

⑦师古曰:"东郡之县也。"

时,南郡获白虎,献其皮牙爪,上为立祠。又以方士言,为随侯、剑宝、玉宝璧、周康宝鼎立四祠于未央宫中。又祠太室山于即墨,三户山于下密,①祠天封苑火井于鸿门。②又立岁星、辰星、太白、荧惑、南斗祠于长安城旁。又祠参山八神于曲城,③蓬山石社石鼓于临朐。④之罘山于腄,成山于不夜,莱山于黄。⑤成山祠日,莱山祠月。又祠四时于琅邪,蚩尤于寿良。⑥京师近县鄠,则有劳谷、五床山、日月、五帝、仙人、玉女祠。云阳有径路神祠,祭休屠王也。⑦又立五龙山仙人祠及黄帝、天神、帝原水,凡四祠于肤施。⑧

①师古曰:"即墨、下密皆胶东之县也。"

②如淳曰："《地理志》西河鸿门县有天封苑火井祠,火从地中出。"

③师古曰："东莱之县也。"

④师古曰："临朐,齐郡县也。朐,音劬。《地理志》蓬山作达山也。"

⑤应劭曰："腄,音甄。"晋灼曰："腄、不夜、黄县皆属东莱。"师古曰："腄,音丈瑞反。"

⑥师古曰："东郡之县也。"

⑦师古曰："休屠,匈奴王号也。径路神,本匈奴之祠也。休,音许虬反。屠,音除。"

⑧师古曰："肤施,上郡之县也。"

　　或言益州有金马碧鸡之神,①可醮祭而致,于是遣谏大夫王褒使持节而求之。

①如淳曰："金形似马,碧形似鸡。"

　　大夫刘更生献淮南枕中洪宝苑秘之方,①令尚方铸作。事不验,更生坐论。京兆尹张敞上疏谏曰："原明主时忘车马之好,斥远方士之虚语,②游心帝王之术,太平庶几可兴也。"后尚方待诏皆罢。

①师古曰："洪,大也。苑秘者,言秘术之苑囿也。"

②师古曰："远,音于万反。"

　　是时,美阳得鼎,献之。①下有司议,多以为宜荐见宗庙,如元鼎故事。张敞好古文字,案鼎铭勒而上议曰："臣闻周祖始乎后稷,后稷封于斄,②公刘发迹于豳,③大王建国于郊梁,④文武兴于酆镐。⑤由此言之,则郊梁丰镐之间周旧居也,固宜有宗庙坛场祭祀之臧。今鼎出于郊东,中有刻书曰:'王命尸臣:"官此栒邑,⑥赐尔旂鸾黼黻雕戈。"⑦尸臣拜手稽首曰:"敢对扬天子丕显休命。"'⑧臣愚不足以迹古文,⑨窃以传记言之,此鼎殆周之所以褒赐大臣,大臣子孙刻铭其先功,臧之于宫庙也。昔宝鼎之出于汾脽也,河东太守以闻,诏曰:'朕巡祭后土,祈为百姓蒙丰年,⑩今谷嗛未报,⑪鼎焉为出哉?'博问耆老,意旧臧与?⑫诚欲考得事实也。有司验脽上非旧臧处,鼎大八尺一寸,高三尺六寸,殊异于众鼎。今此鼎细小,又有款识,⑬不宜荐见于宗庙。"制曰："京兆尹议是。"

①师古曰："美阳,扶风之县也。"

②师古曰："斄,读与邰同,今武功故城是。"

③师古曰："今醴州是也。"

④师古曰："梁山在岐山之东,九嵕之西,非夏阳之梁山也。邖,古岐字。"

⑤师古曰："酆,今长安城西丰火上也。镐在昆明池北。"

⑥师古曰："尸臣,主事之臣也。枸邑,即醴地是也。枸,音荀。"

⑦师古曰："交龙为旂。鸾,谓有鸾之车也。黼黻,冕服也。雕戈,刻镂之戈
　　也。雕,与凋同。"

⑧师古曰："拜手,首至于手也。"

⑨师古曰："寻其文迹。"

⑩师古曰："为,音于伪反。"

⑪师古曰："嗛,少意也。言谷稼尚少,未获丰年也。嗛,音苦簟反。"

⑫服虔曰："言鼎岂旧臧于此地。"师古曰："与,读曰欤也。"

⑬师古曰："款,刻也。识,记也,音式志反。"

上自幸河东之明年正月,凤皇集祋祤,①于所集处得玉宝,起
步寿宫,乃下诏赦天下。后间岁,凤皇神爵甘露降集京师,②赦天
下。其冬,凤皇集上林,乃作凤皇殿,以答嘉瑞。③明年正月,复幸甘
泉,郊泰畤,改元曰五凤。明年幸雍,祠五畤。其明年春,幸河东,祠
后土,赦天下。后间岁,改元为甘露。正月,上幸甘泉,郊泰畤。其
夏,黄龙见新丰。建章、未央、长乐宫钟虡铜人皆生毛,长一寸所,④
时以为美祥。后间岁正月,上郊泰畤,因朝单于于甘泉宫。后间岁,
改元黄龙,正月,复幸甘泉畤,又朝单于于甘泉宫。至冬而崩。凤皇
下郡国凡五十余所。

①师古曰："祋祤,冯翊之县也。祋,音丁活反,又丁外反。祤,音况矩反。"

②师古曰："间岁,隔一岁也。"

③师古曰："答,应也。"

④师古曰："虡,神兽名也,县钟之木刻饰为之,因名曰虡也。"

元帝即位,遵旧仪,间岁正月,一幸甘泉郊泰畤,又东至河东祠
后土,西至雍祠五畤。凡五奉泰畤、后土之祠。亦施恩泽,时所过毋

出田租，赐百户牛酒，①或赐爵，赦罪人。

　　①师古曰："言有时如此，不常然也。"

　　元帝好儒，贡禹、韦玄成、匡衡等相继为公卿。禹建言汉家宗庙祭祀多不应古礼，上是其言。后韦玄成为丞相，议罢郡国庙，自太上皇、孝惠帝诸园寝庙皆罢。后元帝寝疾，梦神灵谴罢诸庙祠，上遂复焉。后或罢或复，至哀、平不定。语在《韦玄成传》。

　　成帝初即位，丞相衡、御史大夫谭①奏言："帝王之事莫大乎承天之序，承天之序莫重于郊祀，故圣王尽心极虑以建其制。祭天于南郊，就阳之义也；瘗地于北郊，即阴之象也。②天之于天子也，因其所都而各飨焉。往者，孝武皇帝居甘泉宫，即于云阳立泰畤，祭于宫南。今行常幸长安，郊见皇天反北之泰阴，祠后土反东之少阳，事与古制殊。又至云阳，行溪谷中，陿陕且百里，汾阴则渡大川，有风波舟楫之危，③皆非圣主所宜数乘。郡县治道共张，吏民困苦，④百官烦费。劳所保之民，行危险之地，⑤难以奉神灵而祈福祐，殆未合于承天子民之意。昔者周文武郊于丰鄗，成王郊于雒邑。由此观之，天随王者所居而飨之，可见也。甘泉泰畤、河东后土之祠宜可徙置长安，合于古帝王。愿与群臣议定。"奏可。大司马车骑将军许嘉等八人以为所从来久远，宜如故。右将军王商、博士师丹、议郎翟方进等五十人以为《礼记》曰"燔柴于太坛，祭天也；瘗埋于大折，祭地也"。⑥兆于南郊，所以定天位也。⑦祭地于大折，在北郊，就阴位也。郊处各在圣王所都之南北。《书》曰"越三日丁巳，用牲于郊，牛二"。⑧周公加牲，告徙新邑，定郊礼于雒。明王圣主，事天明，事地察。天地明察，神明章矣。天地以王者为主，故圣王制祭天地之礼必于国郊。长安，圣主之居，皇天所观视也。甘泉、河东之祠非神灵所飨，宜徙就正阳大阴之处。违俗复古，循圣制，定天位，如礼便。于是衡、谭奏议曰："陛下圣德，忽明上通，⑨承天之大，典览群下，使各悉心尽虑，议郊祀之处，天下幸甚。臣闻广谋从众，则合于天心，故《洪范》曰'三人占，则从二人言'，⑩言少从多之义也。论当往古，宜于万民,则依而从之;⑪违道寡与,则废而不行。今议者五十八人,其五十人言当徙之义,皆著于经传,同于上世,便于吏民;八人不案经艺,考古制,而以为不宜,无法之议,难以定吉凶。《太誓》曰:'正稽古立功立事,可以永年,丕天之大律。'⑫《诗》曰'毋曰高高在上,陟降厥士,日监在兹',⑬言天之日监王者之处也。又曰'乃眷西顾,此维予宅',⑭言天以文王之都为居也。宜于长安定南北郊,为万世基。"天子从之。

①师古曰:"衡,匡衡。谭,张谭。"

②师古曰:"祭地曰瘗埋,故云瘗地也。即,就也。"

③师古曰:"楫,音集。其字从木。"

④师古曰:"共,读曰供,音居用反。张,音竹亮反。下皆类此。"

⑤师古曰:"保,养也。"

⑥韦昭:"大折,谓为坛于昭晰地也。"师古曰:"折,曲也。言方泽之形,四曲折也。"

⑦邓展曰:"除地为营,将有形兆也。"

⑧师古曰:"《周书·洛诰》之辞。"

⑨师古曰:"忽,与聪同。"

⑩师古曰:"《洪范》,《周书》也。"

⑪师古曰:"论,议也,音来顿反。"

⑫师古曰:"今文《泰誓》,《周书》也。稽,考也。永,长也。丕,奉也。律,法也。言正考古道而立事,则可长年享有天下,是则奉天之大法也。"

⑬师古曰:"《诗·周颂·敬之》诗也。陟,升也。士,事也。言无谓天之高而又高,远在上而不加敬,天乃上下升降,日日监观于此,视人之所为者耳。"

⑭师古曰:"《大雅·皇矣》之诗也。宅,居也。言天眷然西顾,以周国为居也。纣在东,谓周为西也。"

既定,衡言:"甘泉泰畤紫坛,八觚宣通象八方。①五帝坛周环其下,又有群神之坛。以《尚书》禋六宗、望山川、遍群神之义,紫坛有文章采镂黼黻之饰及玉、女乐,②石坛、仙人祠,瘗鸾路、骍驹、寓龙马,不能得其象于古。臣闻郊柴飨帝之义,埽地而祭,上质也。歌大吕舞《云门》以俟天神,歌太蔟舞《咸池》以俟地祇,③其牲用犊,其席槀秸,其器陶匏,④皆因天地之性,贵诚上质,不敢修其文也。
以为神祇功德至大,虽修精微而备庶物,犹不足以报功,唯至诚为
可,故上质不饰,以章天德。紫坛伪饰、女乐、鸾路、驺驹、龙马、石坛
之属,宜皆勿修。"

①服虔曰:"八觚,如今社坛也。"师古曰:"觚,角也。"

②师古曰:"《汉旧仪》云:祭天用六彩绮席六重,用玉几、玉饰器凡七十。
女乐,即《礼乐志》所云'使童男童女俱歌'也。"

③师古曰:"此《周礼》也。大吕合于黄钟。黄钟,阳声之首也。《云门》,黄
帝乐也。太蔟,阳声次二者也。《咸池》,尧乐也。"

④师古曰:"陶,瓦器。匏,瓟也。秸,音戛。"

衡又言:"王者各以其礼制事天地,非因异世所立而继之。①今
雍鄜、密、上下畤,②本秦侯各以其意所立,非礼之所载术也。汉兴
之初,仪制未及定,即且因秦故祠,复立北畤。今既稽古,建定天地
之大礼,郊见上帝,青赤白黄黑五方之帝皆毕陈,各有位馔,祭祀备
具。诸侯所妄造,王者不当长遵。及北畤,未定时所立,③不宜复
修。"天子皆从焉。及陈宝祠,由是皆罢。

①师古曰:"异世,谓前代。"

②师古曰:"秦文公、宣公所立畤也。"

③师古曰:"谓高祖之初,礼仪未定。"

明年,上始祀南郊,赦奉郊之县及中都官耐罪囚徒。①是岁,
衡、谭复条奏:"长安厨官县官给祠郡国候神方士使者所祠,凡六百
八十三所,其二百八所应礼,及疑无明文,可奉祠如故。其余四百七
十五所不应礼,或复重,②请皆罢。"奏可。本雍旧祠二百三所,唯山
川诸星十五所为应礼云。若诸布、诸严、诸逐,皆罢。杜主有五祠,
置其一。又罢高祖所立梁、晋、秦、荆巫、九天、南山、莱中之属,及孝
文渭阳、孝武薄忌泰一、三一、黄帝、冥羊、马行、泰一、皋山山君、武
夷、夏后启母石、万里沙、八神、延年之属,及孝宣泰山、蓬山、之罘、
成山、莱山、四时、蚩尤、劳谷、五床、仙人、玉女、径路、黄帝、天神、
原水之属,皆罢。候神方士使者副佐、本草待诏七十余人,皆归
家。③

①师古曰："中都官，京师诸官府也。"
②师古曰："复，音扶目反。重，音丈庸反。"
③师古曰："本草待诏，谓以方药本草而待诏者。"

明年，匡衡坐事免官爵。众庶多言不当变动祭祀者。又初罢甘泉泰畤作南郊日，大风坏甘泉竹宫，折拔畤中树木十围以上百余。天子异之，以问刘向。对曰："家人尚不欲绝种祠，①况于国之神宝旧畤！且甘泉、汾阴及雍五畤始立，皆有神祇感应，然后营之，非苟而已也。武、宣之世，奉此三神，礼敬敕备，②神光尤著。祖宗所立神祇旧位，诚未易动。及陈宝祠，自秦文公至今七百余岁矣，汉兴世世常来，光色赤黄，长四五丈，直祠而息，音声砰隐，野鸡皆雊。③每见雍太祝祠以太牢，遣候者乘传驰诣行在所，④以为福祥。高祖时五来，文帝二十六来，武帝七十五来，宣帝二十五来，初元元年以来亦二十来，此阳气旧祠也。及汉宗庙之礼，不得擅议，皆祖宗之君与贤臣所共定。古今异制，经无明文，至尊至重，难以疑说正也。前始纳贡禹之义，后人相因，多所动摇。《易大传》曰：'诬神者殃及三世。'恐其咎不独止禹等。"上意恨之。⑤

①师古曰："家人，谓庶人之家也。种祠，继嗣所传祠也。"
②师古曰："敕，整也。"
③师古曰："直，当也。息，止也。当祠处而止也。砰，音普萌反。"
④师古曰："报神之来也。传，音张恋反。"
⑤师古曰："恨，悔也。"

后上以无继嗣故，令皇太后诏有司曰："盖闻王者承事天地，交接泰一，尊莫著于祭祀。孝武皇帝大圣通明，始建上下之祠，①营泰畤于甘泉，定后土于汾阴，而神祇安之，飨国长久，子孙蕃滋，②累世遵业，福流于今。今皇帝宽仁孝顺，奉循圣绪，靡有大愆，而久无继嗣。思其咎职，殆在徙南北郊，③违先帝之制，改神祇旧位，失天地之心，以妨继嗣之福。春秋六十，未见皇孙，④食不甘味，寝不安席，朕甚悼焉。《春秋》大复古，善顺祀。⑤其复甘泉泰畤、汾阴后土如故，及雍五畤、陈宝祠在陈仓者。"天子复亲郊礼如前。又复长安、雍及郡国祠著明者且半。

①师古曰:"上下,谓天地。"
②师古曰:"蕃,音扶元反。"
③师古曰:"职,主也,咎过主于此也。"
④师古曰:"皇太后自谓。"
⑤师古曰:"以复古为大,以顺祀为善也。"

　　成帝末年颇好鬼神,亦以无继嗣故,多上书言祭祀方术者,皆得待诏,祠祭上林中长安城旁,费用甚多,然无大贵盛者。谷永说上曰:"臣闻明于天地之性,不可或以神怪;知万物之情,不可罔以非类。①诸背仁义之正道,不遵五经之法言,而盛称奇怪鬼神,广崇祭祀之方,求报无福之祠,及言世有仙人,服食不终之药,遥兴轻举,②登遐倒景,③览观县圃,浮游蓬莱,④耕耘五德,朝种暮获,⑤与山石无极,⑥黄冶变化,⑦坚冰淖溺,⑧化色五仓之术者,⑨皆奸人惑众,挟左道,怀诈伪,以欺罔世主。⑩听其言,洋洋满耳,若将可遇;⑪求之,荡荡如系风捕景,终不可得。⑫是以明王距而不听,圣人绝而不语。⑬昔周史苌弘欲以鬼神之术辅尊灵王会朝诸侯,而周愈微,诸侯愈叛。楚怀王隆祭祀,事鬼神,欲以获福助,却秦师,⑭而兵挫地削,身辱国危。秦始皇初并天下,甘心于神仙之道,遣徐福、韩终之属多赍童男童女入海求神采药,因逃不还,天下怨恨。汉兴,新垣平、齐人少翁、公孙卿、栾大等,皆以仙人、黄冶、祭祠、事鬼使物、入海求神采药贵幸,赏赐累千金。大尤尊盛,至妻公主,爵位重絫,震动海内。⑮元鼎、元封之际,燕齐之间方士瞋目扼腕,言有神仙祭祀致福之术者以万数。其平等皆以术穷诈得,诛夷伏罪。⑯至初元中,有天渊玉女、巨鹿神人、轑阳侯师张宗之奸,纷纷复起。⑰夫周秦之末,三五之隆,⑱已尝专意散财,厚爵禄,竦精神,举天下以求之矣。旷日经年,靡有毫氂之验,足以揆今。经曰:'享多仪,仪不及物,惟曰不享。'⑲《论语》说曰:'子不语怪神。'⑳唯陛下距绝此类,毋令奸人有以窥朝者。"上善其言。

①师古曰:"罔,犹蔽。"
②如淳曰:"遥,远也。兴,举也。"师古曰:"遥,古遥字也。兴,起也。谓起

而远去也。"

③如淳曰:"在日月之上,反从下照,故其景倒。"师古曰:"遐,亦远也。"

④李奇曰:"昆仑九成,上有县圃,县圃即阆阖天门。"

⑤晋灼曰:"翼氏《风角》,五德东方甲,南文丙,西方庚,北方壬,中央戊,种五色禾于此地而耕耘也。"

⑥师古曰:"言获长寿,比于山石无穷也。"

⑦晋灼曰:"黄者,铸黄金也。道家言冶沙令变化,可铸作黄金也。"

⑧晋灼曰:"方士诈以药石若陷冰丸投之冰上,冰即消液,因假为神仙道使然也。或曰:谓冶金令可饵也。"师古曰:"或说非也。淖,濡甚也,音女教反。"

⑨李奇曰:"思身中有五色,腹中有五仓神;五色存则不死,五仓存则不饥。"

⑩师古曰:"左道,邪僻之道,非正义也。"

⑪师古曰:"洋洋,美盛之貌也。洋,音羊,又音祥。"

⑫师古曰:"潒潒空旷之貌也。潒,音荡。"

⑬师古曰:"谓孔子不语怪神。"

⑭师古曰:"却,退。音丘略反。"

⑮师古曰:"絫,古累字。"

⑯师古曰:"诈得,谓主上得其诈伪之情。"

⑰师古曰:"辕阳侯,江仁也,元帝时坐使家丞上印绶随宗学仙免官。辕,音辽。"

⑱师古曰:"三,谓三皇。五,谓五帝也。"

⑲师古曰:"《周书·洛诰》之辞也。言祭享之道,唯以洁诚,若多其容仪,而不及名粉,则不为神所享也。"

⑳师古曰:"说,谓《论语》之说也。"

后成都侯王商为大司马卫将军辅政,杜邺说商曰:"'东邻杀牛,不如西邻之瀹祭',①言奉天之道,贵以诚质大得民心也。行秽祀丰,犹不蒙佑;德修荐薄,吉必大来。古者坛场有常处,燎禋有常用,②赞见有常礼;牺牲玉帛虽备而财不匮,车舆臣役虽动而用不劳。是故每举其礼,助者欢说,③大路所历,黎元不知。④今甘泉、河东天地郊祀,咸失方位,违阴阳之宜。及雍五畤皆旷远,奉尊之役休而复起,缮治共张无解已时,皇天著象殆可略知。前上甘泉,先殴失道,⑤礼月之夕,奉引复迷。⑥祠后土还,临河当渡,疾风起波,船不可御。又雍大雨,坏平阳宫垣。乃三月甲子,震电灾林光宫门。⑦祥瑞未著,咎征仍臻。迹三郡所奏,皆有变故。⑧不答不飨,何以甚此!⑨《诗》曰'率由旧章'。⑩旧章,先王法度,文王以之,交神于祀,子孙千亿。宜如异时公卿之议,复还长安南北郊。"

①师古曰:"此《易·既济》九五爻辞也。东邻,谓纣也。西邻,周文王也。瀹祭,谓瀹煮新菜以祭。言祭祀之道莫盛修德,故纣之牛牲,不如文王之苹藻也。瀹,音蒲。"

②师古曰:"尞,古燎字。"

③师古曰:"助,谓助祭也。说,读曰悦。"

④师古曰:"大路,天子祭天所乘之车也。黎元不知,言无徭费,不劳于下也。"

⑤师古曰:"殴,与驱字同。"

⑥韦昭曰:"奉引,前导引车。"

⑦孟康曰:"甘泉,一名林光。"师古曰:"林光,秦离宫名也。汉又于其旁起甘泉宫,非一名也。"

⑧师古曰:"迹,谓观其事迹也。"

⑨师古曰:"不答,不当天意。不飨,不为天所飨也。"

⑩师古曰:"《大雅·假乐》之诗也。率,循也。由,用也。循用旧典之文章也。"

后数年,成帝崩,皇太后诏有司曰:"皇帝即位,思顺天心,遵经义,定郊礼,天下说憙。①惧未有皇孙,故复甘泉泰畤、汾阴后土,庶几获福。皇帝恨难之,卒未得其佑。其复南北郊长安如故,以顺皇帝之意也。"

①师古曰:"说,读曰悦。"

哀帝即位,寝疾,博征方术士,京师诸县皆有侍祠使者,尽复前世所常兴诸神祠官,凡七百余所,一岁三万七千祠云。

明年,复令太皇太后诏有司曰:"皇帝孝顺,奉承圣业,靡有解怠,①而久疾未瘳。夙夜唯思,殆继体之君不宜改作。共复甘泉泰時、汾阴后土祠如故。”上亦不能亲至,遣有司行事而礼祠焉。后三年,哀帝崩。

　　①师古曰:“解,读曰懈。”

　　平帝元始五年,大司马王莽奏言:“王者父事天,故爵称天子。孔子曰:‘人之行莫大于孝,孝莫大于严父,严父莫大于配天。’①王者尊其考,欲以配天,缘考之意,欲尊祖,推而上之,遂及始祖。是以周公郊祀后稷以配天,宗祀文王于明堂以配上帝。《礼记》天子祭天地及山川,岁遍。《春秋谷梁传》以十二月下辛卜,正月上辛郊。②高皇帝受命,因雍四畤起北畤,而备五帝,未共天地之祀。③孝文十六年用新垣平,初起渭阳五帝庙,祭泰一、地祇,以太祖高皇帝配。日冬至祠泰一,夏至祠地祇,皆并祠五帝,而共一特,上亲郊拜。后平伏诛,乃不复自亲,而使有司行事。孝武皇帝祠雍,曰:‘今上帝朕亲郊,而后土无祠,则礼不答也。’于是元鼎四年十一月甲子始立后土祠于汾阴。或曰,五帝,泰一之佐,宜立泰一。五年十一月癸未,始立泰一祠于甘泉,二岁一郊,与雍更祠,④亦以高祖配,不岁事天,皆未应古制。建始元年,徙甘泉泰畤、河东后土于长安南北郊。永始元年三月,以未有皇孙,复甘泉、河东祠。绥和二年,以卒不获佑,复长安南北郊。建平三年,惧孝哀皇帝之疾未瘳,复甘泉、汾阴祠,竟复无福。臣谨与太师孔光、长乐少府平晏、大司农左咸、中垒校尉刘歆、太中大夫朱阳、博士薛顺、议郎国由等六十七人议,皆曰宜如建始时丞相衡等议,复长安南北郊如故。”

　　①师古曰:“《孝经》载孔子之言。”
　　②师古曰:“豫卜郊之日。”
　　③师古曰:“共,读曰恭。”
　　④师古曰:“更,音工衡反。”

　　莽又颇改其祭礼,曰:“《周官》天墬之祀,①乐有别有合。其合乐曰‘以六律、六钟、五声、八音、六舞大合乐’,祀天神,祭祇,祀四望,祭山川,享先妣先祖。②凡六乐,奏六歌,而天地神祇之物皆至。③四望,盖谓日月星海也。三光高而不可得亲,海广大无限界,故其乐同。祀天则天文从,祭地则理从。三光,天文也。山川,地理也。天地合祭,先祖配天,先妣配地,其谊一也。天地合精,夫妇判合。祭天南郊则以地配,一体之谊也。天地位皆南乡,同席,④地在东,共牢而食。高帝、高后配于坛上,西乡,后在北,亦同席共牢。牲用茧栗,⑤玄酒陶匏。《礼记》曰天子籍田千畮以事天地,⑥繇是言之,宜有黍稷。天地用牲一,燔燎瘗埋用牲一,高帝、高后用牲一。天用牲左,及黍稷燔燎南郊;地用牲右,及黍稷瘗于北郊。其旦,东乡再拜朝日;其夕,西乡再拜夕月。然后孝弟之道备,而神祇嘉享,万福降辑。⑦此天地合祀,以祖妣配者也。其乐曰:'冬日至,于地上之圜丘奏乐六变,则天神皆降;夏日至,于泽中之方丘奏乐八变,则地祇皆出。'⑧天地有常位,不得常合,此其各特祀者也。阴阳之别于日冬夏至,其会也以孟春正月上辛若丁。天子亲合祀天地于南郊,以高帝、高后配。阴阳有离合,《易》曰'分阴分阳,迭用柔刚'。⑨以日冬至使有司奉祠南郊,高帝配而望群阳,日夏至使有司奉祭北郊,高后配而望群阴,皆以助致微气,通道幽弱。⑩当此之时,后不省方,⑪故天子不亲而遣有司,所以正承顺天地,复圣王之制,显太祖之功也。渭阳祠勿复修。群望未悉定,定复奏。"奏可。三十余年间,天地之祠五徙焉。

①师古曰:"墬,古地字也。下皆类此。"

②师古曰:"此《周礼》春官大司乐之职也。六律,合阳声者。六钟,以六律六钟之均也。五声,宫、商、角、徵、羽。八音,金、石、丝、竹、匏、土、革、木。六舞,《云门》、《咸池》、《大韶》、《大夏》、《大护》、《大武》也。大合乐者,遍作之也。先妣,姜嫄也。先祖,大王也。"

③师古曰:"谓一变而致羽物及川泽之祇,再变而致臝物及山林之祇,三变而致鳞物及丘陵之祇,四变而致毛物及坟衍之祇,五变而致介物及地祇,六变而致象物及天神。"

④师古曰:"乡,读曰向。其下并同。"

⑤师古曰:"谓牛角如茧及栗者,牛之小也。"

⑥师古曰:"畮,古亩字也。"

⑦师古曰:"辑,与集同。"

⑧师古曰:"此亦春官大司乐之职也。天神之乐:圜钟为宫,黄钟为角,太蔟为徵,姑洗为羽,雷鼓雷鼗,孤竹之管,云和之琴瑟,《云门》之舞。地祇之乐:函钟为宫,太蔟为角,姑洗为徵,南吕为羽,灵鼓灵鼗,孙竹之管,空桑之琴瑟,《咸池》之舞。先奏是乐,以致其神,礼之以玉,然后合乐而祭。"

⑨师古曰:"《易·说卦》之辞也。阳为刚,阴为柔,阴阳既分,则刚柔迭用也。迭,互也,音大结反。"

⑩师古曰:"道,读曰导。"

⑪师古曰:"谓冬夏日至之时。后,君也。方,常也。不亲常务。"

后莽又奏言:"《书》曰'类于上帝,禋于六宗'。①欧阳、大小夏侯三家说六宗,皆曰上不及天,下不及地,旁不及四方,在六者之间,助阴阳变化,实一而名六,名实不相应。《礼记》祀典,功施于民则祀之。天文日月星辰,所昭仰也;地理山川海泽,所生殖也。易有八卦,乾坤六子,水火不相逮,靁风不相悖,山泽通气,然后能变化,既成万物也。②臣前奏徙甘泉泰畤、汾阴后土皆复于南北郊。谨案《周官》'兆五帝于四郊',山川各因其方,③今五帝兆居在雍五畤,不合于古。又日月雷风山泽,《易》卦六子之尊气,所谓六宗也。星辰水火沟渎,皆六宗之属也。今或未特祀,或无兆居。谨与太师光、大司徒宫、羲和歆等八十九人议,皆曰天子父事天,母事地,今称天神曰皇天上帝,泰一兆曰泰畤,而称地祇曰后土,与中央黄灵同,又兆北郊未有尊称。宜令地祇称皇地后祇,兆曰广畤。《易》曰'方以类聚,物以群分'。④分群神以类相从为五部,兆天地之别神:中央帝黄灵后土畤及日庙、北辰、北斗、填星、中宿中宫于长安城之未地兆;东方帝太昊青灵句芒畤及雷公、风伯庙、岁星、东宿东宫于东郊兆;南方帝炎帝赤灵祝融畤及荧惑星、南宿南宫于南郊兆;西方帝少皞白灵蓐收畤及太白星、西宿西宫于西郊兆;北方帝颛顼黑灵玄冥畤及月庙、雨师庙、辰星、北宿北宫于北郊兆。"奏可。于是长安旁诸庙兆畤甚盛矣。

①师古曰:"《虞书·舜典》也。并已解于上。"

②师古曰:"乾为父,坤为母,震为长男,巽为长女,坎为中男,离为中女,
　　艮为少男,兑为少女,故云六子也。水火,坎离也。雷风,震巽也。山泽,
　　艮兑也。逮,及。悖,乱也。既,尽也。靁,古雷字也。悖,音布力反。"

③师古曰:"春官小宗伯之职也。兆,谓为坛之营域也。五帝于四郊,谓青
　　帝于东郊,赤帝及黄帝于南郊,白帝于西郊,黑帝于北郊也。各因其方,
　　谓顺其所在也。"

④师古曰:"《易·上系》之辞也。方,谓所向之地。"

　莽又言:"帝王建立社稷,百王不易。社者,土也。宗庙,王者所
居。稷者,百谷之主,所以奉宗庙,共粢盛,①人所食以生活也。王者
莫不尊重亲祭,自为之主,礼如宗庙。《诗》曰'乃立冢土'。②又曰
'以御田祖,以祈甘雨'。③《礼记》曰'唯祭宗庙社稷,为越绋而行
事'。④圣汉兴,礼仪稍定,已有官社,未立官稷。"⑤遂于官社后立
官稷,以夏禹配食官社,后稷配食官稷。稷种穀树。⑥徐州牧岁贡五
色土各一斗。

①师古曰:"共,读与供同。"

②师古曰:"《大雅·绵》之诗也。冢,大也。土,土神,谓太社也。"

③师古曰:"《小雅·甫田》诗也。田祖,稷神也。言设乐以御祭于神,为农
　　求甘雨也。"

④李奇曰:"引棺车谓之绋。当祭天地五祀,则越绋而行事,不以私丧废公
　　祀。"师古曰:"绋,引车索也,音弗。"

⑤臣瓒曰:"高帝除秦社稷,立汉社稷,《礼》所谓太社也。时又立官社,配
　　以夏禹,所谓王社也。见《汉祀令》。而未立官稷,至此始立之。世祖中
　　兴,不立官稷,相承至今也。"

⑥师古曰:"穀树,楮树也。其子类谷,故于稷种。"

　莽篡位二年,兴神仙事,以方士苏乐言,起八风台于宫中。台成
万金,①作乐其上,顺风作液汤。②又种五梁禾于殿中,③各顺色置
其方面,先鬻鹤髓、毒冒、犀玉二十余物渍种,④计粟斛成一金,言
此黄帝谷仙之术也。以乐为黄门郎,令主之。莽遂嚣鬼神淫祀,⑤至
其末年,自天地六宗以下至诸小鬼神,凡千七百所,用三牲鸟兽三
千余种。后不能备,乃以鸡当鹜雁,犬当麋鹿。数下诏自以当仙,语

在其传。

①师古曰:"费直万金也。"

②如淳曰:"《艺文志》有《液汤经》,其义未闻也。"

③师古曰:"五色禾也,谷永所谓耕耘五德也。"

④师古曰:"鬻,古煮字也。髓古髓字也。谓鬻取汁以渍谷子也。毒,音代,冒,音莫内反。"

⑤师古曰:"崈,古崇字。"

　　赞曰:汉兴之初,庶事草创,唯一叔孙生略定朝廷之仪。若乃正朔、服色、郊望之事,数世犹未章焉。至于孝文,始以夏郊,而张仓据水德,公孙臣、贾谊更以为土德,卒不能明。孝武之世,文章为盛,太初改制,而兒宽、司马迁等犹从臣、谊之言,①服色数度,遂顺黄德。彼以五德之传从所不胜,②秦在水德,故谓汉据土而克之。刘向父子以为帝出于《震》,故包羲氏始受木德,③其后以母传子,终而复始,自神农、黄帝下历唐虞三代而汉得火焉。故高祖始起,神母夜号,著赤帝之符,旗章遂赤,自得天统矣。④昔共工氏以水德间于木火,⑤与秦同运,皆非其次序,故皆不永。由是言之,祖宗之制盖有自然之应,顺时宜矣。究观方士祠官之变,谷永之言,不亦正乎! 不亦正乎!

①李奇曰:"公孙臣、贾谊。"

②服虔曰:"音亭传之传。五帝相承代,常以金木水火相胜之法,若火灭金,便以火代金,"师古曰:"传,音张恋反。"

③师古曰:"包,读曰庖也。"

④邓展曰:"向父子虽有此议,时不施行。至光武建武二年,乃用火德,色尚赤耳。"

⑤师古曰:"共,读曰龚。间,音工苋反。"

汉书卷二六
志第六

天 文

　　凡天文在图籍昭昭可知者,经星常宿中外官凡百一十八名,积
数七百八十三星,皆有州国官宫物类之象。其伏见早晚,邪正存亡,
虚实阔狭,①及五星所行,合散犯守,陵历斗食,②彗孛飞流,日月
薄食,③晕適背穴,抱珥蜺霓,④迅雷风妖,怪云变气,此皆阴阳之
精,其本在地,而上发于天者也。政失于此,则变见于彼,犹景之象
形,乡之应声。⑤是以明君睹之而寤,饬身正事,思其咎谢,则祸除
而福至,自然之符也。

　　①孟康曰:“伏见早晚,谓五星也。日月五星下道为邪。存,谓列宿不亏也。
亡,谓恒星不见。虚实,若天牢星实则囚多,虚则开出之属也。阔狭,若
三台星相去远近也。”

　　②孟康曰:“合,同舍也。散,五星有变则其精散为妖星也。犯,七寸以内光
芒相及也。凌,相冒过也。食,星月相凌,不见者则所蚀也。”韦昭曰:“自
下往触之曰犯,居其宿曰守,经之为历,突掩为凌,星相击为斗也。”

　　③张晏曰:“彗所以除旧布新也。孛气似彗。飞流,谓飞星、流星也。”孟康
曰:“飞,绝迹而去也。流,光迹相连也。日月无光曰薄。京房《易传》曰:
日月赤黄为薄。或曰:不交而食曰薄。”韦昭曰:“气往迫之为薄,亏毁日
食也。”

　　④孟康曰:“皆日旁气也。適,日之将食,先有黑之变也。背,形如背字也。
穴,多作镝,其形如玉镝也。抱,气向日也。珥,形点黑也。”如淳曰:“晕,
读曰运。蚳,或作虹。霓,读曰啮。螮蝀谓之蚳。《表》云雄为蚳,雌为霓。”

　　凡气在日上为冠为戴,在旁直对为珥,在旁如半镮向日为抱,向外为
背,有气刺日为镮。镮,抉伤也。"
　　⑤师古曰:"乡,读曰响。"

　　中宫天极星,其一明者,泰一之常居也,旁三星三公,或曰子
属。后句四星,末大星正妃,余三星后宫之属也。环之匡卫十二星,
藩臣。皆曰紫宫。
　　前列直斗口三星,随北端锐,若见若不见,曰阴德,或曰天一。
紫宫左三星曰天枪,右四星曰天棓。①后十七星绝汉抵营室,曰阁
道。
　　①苏林曰:"音棓打之棓。"师古曰:"棓,音白讲反。"
　　北斗七星,所谓"旋、玑、玉衡以齐七政"。杓携龙角,①衡殷南
斗,魁枕参首。②用昏建者杓;杓,自华以西南。③夜半建者衡;衡,
殷中州河、济之间。④平旦建者魁;魁,海岱以东北也。⑤斗为帝车,
运于中央,临制四海。分阴阳,建四时,均五行,移节度,定诸纪,皆
系于斗。
　　①孟康曰:"杓,斗柄也。龙角,东方宿也。携,连也。"
　　②晋灼曰:"衡,斗之中央。殷,中也。"
　　③孟康曰:"传曰'斗弟七星法太白,主杓,斗之尾也。'尾为阴,又其用昏,
　　　昏阴,位在西方,故主西南。"
　　④孟康曰:"假令杓昏建寅,衡夜半亦建寅也。"
　　⑤孟康曰:"传曰'斗魁弟一星法为日,主齐'。魁,斗之首;首,阳也,又其
　　　用在明。阳与明,德在东方,故主东北方。"
　　斗魁戴筐六星,曰文昌宫:①一曰上将,二曰次将,三曰贵相,
四曰司命,五曰司禄,六曰司灾。在魁中,贵人之牢。②魁下六星两
两而比者,曰三能。③三能色齐,君臣和;不齐,为乖戾。柄辅星,④
明近,辅臣亲强;斥小,疏弱。⑤
　　①晋灼曰:"似筐,故曰戴筐。"
　　②孟康曰:"传曰'天理四星在斗魁中'。贵人牢名曰天理也。"
　　③苏林曰:"能,音台。"

④孟康曰：“在北斗第六星旁。”

⑤苏林曰：“斥，远也。”

　　杓端有两星：一内为矛，招摇；①一外为盾，天蜂。②有句圜十五星，属杓，曰贱人之牢。牢中星实则囚多，虚则开出。

　　①孟康曰：“近北斗者招摇，招摇为天矛。”晋灼曰：“梗河三星，天矛、锋、招摇，一星耳。”

　　②晋灼曰：“外，远北斗也。在招摇南，一名天蜂。”

　　天一、枪、棓矛、盾动摇，角大，兵起。①

　　①李奇曰：“角，芒角。”

　　东宫苍龙，房、心。心为明堂，大星天王，前后星子属。不欲直；直，王失计。房为天府，曰天驷。其阴，右骖。旁有两星曰衿。衿北一星曰羣。①东北曲十二星曰旗。旗中四星曰天市。天市中星众者实，其中虚则耗。房南众星曰骑官。

　　①晋灼曰：“羣，古辖字。”

　　左角，理；右角，将。大角者，天王帝坐廷。其两旁各有三星，鼎足句之，曰摄提。①摄提者，直斗杓所指，以建时节，故曰“摄提格”。亢为宗庙，主疾。其南北两大星，曰南门。氐为天根，主疫。尾为九子，曰君臣；斥绝，不和。箕为敖客，后妃之府，曰口舌。火犯守角，则有战。房、心，王者恶之。

　　①晋灼曰：“如鼎足之句曲也。”

　　南宫朱鸟，权、衡。①衡，太微，三光之廷。筐卫十二星，藩臣：西，将；东，相；南四星，执法；中，端门；左右，掖门。掖门内六星，诸侯。其内五星，五帝坐。后聚十五星，曰哀乌郎位；旁一大星，将位也。月、五星顺入，轨道，司其出，所守，天子所诛也。其逆入，若不轨道，以所犯名之；中坐，成形，②皆群下不从谋也。金、火尤甚。廷藩西有随星四，名曰少微，士大夫。权，轩辕，黄龙体。③前大星，女主象；旁小星，御者后宫属。月、五星守犯者，如衡占。

　　①孟康曰：“轩辕为权，太微为衡也。”

②晋灼曰:"中坐,犯帝坐也。成形,祸福之形见。"

③孟康曰:"形如腾龙。"

东井为水事。火入之,一星居其左右,天子且以火为败。东井西曲星曰戍;北,北河;南,南河;两河、天阙间为关梁。舆鬼,鬼祠事;中白者为质。①火守南北河,兵起,谷不登。故德成衡,观成潢,②伤成钺,③祸成井,④诛成质。⑤

①晋灼曰:"舆鬼五星,其中白者为质。"

②晋灼曰:"日、月、五星不轨道也。衡,太微廷也。观,占也。潢,五潢,五帝车舍也。"

③晋灼曰:"贼伤之占,先成形于钺。"

④晋灼曰:"东井主水事,火入,一星居其旁,天子且以火败,故曰祸也。"

⑤晋灼曰:"荧惑入舆鬼、天质,占曰大臣有诛。"

柳为鸟喙,主木草。七星,颈,为员宫,主急事。张,嗉,为厨,主觞客。翼为羽翮,主远客。

轸为车,主风。其旁有一小星,曰长沙,星星不欲明;明与四星等,若五星入轸中,兵大起。轸南众星曰天库,库有五车。车星角,若益众,及不具,亡处车马。

西宫咸池,曰天五潢。五潢,五帝车舍。火入,旱;金,兵;水,水。中有三柱;柱不具,兵起。

奎曰封豨,为沟渎。娄为聚众,胃为天仓。其南众星曰廥积。①

①如淳曰:"刍稿积为廥也。"

昴曰旄头,胡星也,为白衣会。毕曰罕车,为边兵,主弋猎。其大星旁小星为附耳。附耳摇动,有谗乱臣在侧。昴、毕间为天街。其阴,阴国;阳,阳国。①

①孟康曰:"阴,西南,象坤维,河山已北国也。阳,河山已南国也。"

参为白虎。三星直者,是为衡石。①下有三星,锐,曰罚,②为斩艾事。其外四星,左右肩股也。小三星隅置,曰觜觿,为虎首,主葆旅事。③其南有四星，曰天厕。天厕下一星，曰天矢。矢黄则吉；青、白、黑，凶。其西有句曲九星，三处罗列：一曰天旗，二曰天苑，三曰九斿。其东有大星曰狼，狼角变色，多盗贼。下有四星曰弧，直狼。比地有大星，曰南极老人。④老人见，治安；不见，兵起。常以秋分时候之南郊。

①孟康曰："参三星者，白虎宿中，东西直，似称衡也。"

②孟康曰："在参间，上小下大，故曰锐。"晋灼曰："三星小，邪列，无锐形也。"

③如淳曰："关中俗谓桑榆蘖生为葆。"晋灼曰："禾野生曰旅，今之饥民采旅也。"宋均曰："葆，守也。旅，军众也。言佐参伐斩艾除凶也。"

④晋灼曰："比地，近地也。"

　　北宫玄武，虚、危。危为盖屋；①虚为哭泣之事。②其南有众星，曰羽林天军。③军西为垒，或曰钺。旁一大星，北落。北落若微亡，军星动角益稀，及五星犯北落，入军，军起。火、金、水尤甚。火入，军忧；水，水患；木、土，军吉。④危东六星，两两而比，曰司寇。

①宋均曰："危上一星高，旁两星下，似盖屋也。"

②宋均曰："盖屋之下中无人，但空虚，似乎殡宫，故主哭泣也。"

③宋均曰："虚、危、营室，阴阳终始之处，际会之间，恒多奸邪，故设羽林为军卫。"

④孟康曰："木星、土星入北落，军则吉也。"

　　营室为清庙，曰离宫、阁道。汉中四星，曰天驷。旁一星，曰王梁。王梁策马，车骑满野。旁有八星，绝汉，曰天横。天横旁，江星。江星动，以人涉水。

　　杵、臼四星，在危南。匏瓜，有青黑星守之，鱼盐贵。

　　南斗为庙，其北建星。建星者，旗也。牵牛为牺牲，其北河鼓。河鼓，大星，上将；左，左星；右，右将。婺女，其北织女。织女，天女孙也。

　　岁星①曰东方春木，于人五常仁也，五事貌也。仁亏貌失，逆春

令,伤木气,罚见岁星。岁星所在,国不可伐,可以伐人。超舍而前
为赢,退舍为缩赢。其国有兵不复;缩,其国有忧,其将死,国倾败。
所去,失地;所之,得地。一曰,当居不居,国亡;所之,国昌;已居之,
又东西去之,国凶,不可举事用兵。安静中度,吉。出入不当其次,
必有天妖见其舍也。

　　①晋灼曰:"太岁在四仲,则岁行三宿;太岁在四孟、四季,则岁行二宿。二
　　　八十六,三四十二,而行二十八宿。十二岁而周天。"

　　岁星赢而东南,①《石氏》"见彗星",《甘氏》"不出三月乃生彗,
本类星,末类彗,长二丈"。赢东北,《石氏》"见觉星",《甘氏》"不出
三月乃生天欃,本类星,末锐,长四尺"。缩西南,②《石氏》"见欃云,
如牛"。③《甘氏》"不出三月乃生天枪,左右锐,长数丈"。缩西北,
《石氏》"见枪云如马",《甘氏》"不出三月乃生天欃,本类星,末锐,
长数丈"。《石氏》"枪、欃、棓、彗异状,其殃一也,必有破国乱君,伏
死其辜,余殃不尽,为旱、凶、饥、暴疾"。至日行一尺,出二十余日乃
入,《甘氏》"其国凶,不可举事用兵"。出而易,"所当之国,是受其
殃"。又曰"妖星,不出三年,其下有军,及失地,若国君丧"。

　　①孟康曰:"五星东行,天西转。岁星晨见东方,行疾则不见,不见则变为
　　　妖星。"
　　②孟康曰:"岁星当伏西方,行迟早没,变为妖星也。"
　　③韦昭曰:"欃,音参差之参。"

　　荧惑①曰南方夏火,礼也,视也。礼亏视失,逆夏令,伤火气,罚
见荧惑。逆行一舍二舍为不祥,居之三月国有殃,五月受兵,七月国
半亡地,九月地大半亡。因与俱出入,国绝祀。荧惑为乱为贼,为疾
为丧,为饥为兵,所居之宿国受殃。殃还至者,虽大当小;居之久殃
乃至者,当小反大。已去复还居之,若居之而角者,若动者,绕环之,
及乍前乍后,乍左乍右,殃愈甚。一曰,荧惑出则有大兵,入则兵散。
周还止息,乃为其死丧。寇乱在其野者亡地,以战不胜。东行疾则
兵聚于东方,西行疾则兵聚于西方;其南为丈夫丧,北为女子丧。荧

惑，天子理也，故曰虽有明天子，必视荧惑所在。

①晋灼曰："常以十月入太微，受制而出，行列宿，司无道，出入无常也。"

太白①曰西方秋金，义也，言也。义亏言失，逆秋令，伤金气，罚见太白。日方南太白居其南，日方北太白居其北，为赢，侯王不宁，用兵进吉退凶。日方南太白居其北，日方北太白居其南，为缩，侯王有忧，用兵退吉进凶。当出不出，当入不入，为失舍，不有破军，必有死王之墓，有亡国。一曰，天下匽兵，野有兵者，所当之国大凶。当出不出，未当入而入，天下匽兵，兵在外，入。未当出而出，当入而不入，天下起兵，有至破国。未当出而出，未当入而入，天下举兵，所当之国亡。当期而出，其国昌。出东为东方，入为北方；出西为西方，入为南方。所居久，其国利；易，其乡凶。②入七日复出，将军战死。入十日复出，相死之。入又复出，人君恶之。已出三日而复微入，三日乃复盛出，是为奭而伏，③其下国有军，其众败将北。已入三日，又复微出，三日乃复盛入，其下国有忧，帅师虽众，敌食其粮，用其兵，虏其帅。出西方，失其行，夷狄败；出东方，失其行，中国败。一曰，出蚤为月食，晚为天妖及彗星，将发于亡道之国。

①晋灼曰："常以正月甲寅与荧惑晨出东方，二百四十日而入。入四十日又出西方，二百四十日而入。入三十五日而复出东方。出以寅戌，入以丑未也。"

②苏林曰："疾，过也。一说，易乡而出入也。"晋灼曰："上言易而出易，言疾过是也。"

③晋灼曰："奭，退也。不进而伏，伏不见也。"

太白出而留桑榆间，疾其下国。①上而求，未尽期日过参天，病其对国。②太白经天，天下革，民更王，③是为乱纪，人民流亡。昼见与日争明，强国弱，小国强，女主昌。

①晋灼曰："行迟而下也。正出，举目平正。出桑榆上，余二千里也。"

②晋灼曰："三分天过其一，此戌酉之间也。"

③孟康曰："谓出东入西，出西入东也。太白，阴星，出东当伏东，出西当伏西，过午为经天。"晋灼曰："日，阳也。日出则星亡。昼见午上为经天。"

太白,兵象也。出而高,用兵深吉浅凶;埤,浅吉深凶。行疾,用兵疾吉迟凶;行迟,用兵迟吉疾凶。角,敢战吉,不敢战凶;击角所指吉,逆之凶。进退左右,用兵进退左右吉,静凶。圜以静,用兵静吉趮凶。出则兵出,入则兵入。象太白吉,反之凶。赤角,战。

太白者,犹军也,而荧惑,忧也。故荧惑从太白,军忧;离之,军舒。出太白之阴,有分军;出其阳,有偏将之战。当其行,太白还之,破军杀将。

辰星,杀伐之气,战斗之象也。与太白俱出东方,皆赤而角,夷狄败,中国胜;与太白俱出西方,皆赤而角,中国败,夷狄胜。

五星分天之中,积于东方,中国大利;积于西方,夷狄用兵者利。

辰星不出,太白为客;辰星出,太白为主人。辰星与太白不相从,虽有军不战。辰星出东方,太白出西方。若辰星出西方,太白出东方,为格,野虽有兵,不战。辰星入太白中,五日乃出,及入而上出,破军杀将,客胜;下出,客亡地。辰星来抵,太白不去,将死。正其上出,破军杀将,客胜;下出,客亡地。视其所指,以名破军。辰星绕环太白,若斗,大战,客胜,主人吏死。辰星过太白,间可械剑,小战,客胜;[1]居太白前旬三日,军罢;出太白左,小战;历太白右,数万人战,主人吏死;出太白右,去三尺,军急约战。

[1]苏林曰:“械,音函。函,容也。其间可容一剑也。”

凡太白所出所直之辰,其国为得位,得位者战胜。所直之辰顺其色而角者胜,其色害者败。[1]太白白比狼,赤比心,黄比参右肩,青比参左肩,黑比奎大星。色胜位,[2]行胜色,[3]行得尽胜之。[4]

[1]晋灼曰:“郑色黄,而赤苍,小败;宋色黄,而赤黑,小败;楚色赤,黑小败;燕色黑,黄小败。皆大角胜也。”

[2]晋灼曰:“有色胜得位也。”

[3]晋灼曰:“太白行得度,胜有色也。”

[4]晋灼曰:“行应天度,虽有色得位,行尽胜之,行重而色位轻。《星经传》得字作德。”

辰星①曰北方冬水,知也,听也。知亏听失,逆冬令,伤水气,罚见辰星。出蚤为月食,晚为彗星及天妖。一时不出,其时不和;四时不出,天下大饥。失其时而出,为当寒反温,当温反寒。当出不出,是谓击卒,兵大起。与它星遇而斗,天下大乱。②出于房、心间,地动。

①晋灼曰:"常以二月春分见奎、娄,五月夏至见东井,八月秋分见角、亢,十一月冬至见牵牛。出以辰戌,入以丑未,二旬而入,晨候之东方,夕候之西方也。"

②晋灼曰:"妖星彗孛之属也,一曰五星。"

填星①曰中央季夏土,信也,思心也。仁义礼智以信为主,貌言视听以心为正,故四星皆失,填星乃为之动。填星所居国吉。未当居而居之,若已去而复还居之,国得土,不乃得女子。当居不居,既已居之,又东西去之,国失土,不乃失女,不,有土事若女之忧。居宿久,国福厚;易,福薄。当居不居,为失填,其下国可伐;得者,不可伐。其赢,为王不宁;缩,有军不复。一曰,既已居之又东西去之,其国凶,不可举事用兵。失次而上一舍三舍,有王命不成,不乃大水;失次而下二舍,有后戚,其岁不复,不乃天裂若地动。

①晋灼曰:"常以甲辰元始建斗之岁填行一宿,二十八岁而周天也。"

凡五星,岁与填合则为内乱,与辰合则为变谋而更事,与荧惑合则为饥,为旱,与太白合则为白衣之会,为水。太白在南,岁在北,名曰牝牡,①年谷大孰。太白在北,岁在南,年或有或亡。荧或与太白合则为丧,不可举事用兵;与填合则为忧,主孽卿,与辰合则为北军,用兵举事大败。填与辰合则将有覆军下师;与太白合则为疾,为内兵。辰与太白合则为变谋,为兵忧。凡岁、荧惑、填、太白四星与辰斗,皆为战,兵不在外,皆为内乱。一曰,火与水合为淬,②与金合为铄,不可举事用兵。土与金合国亡地,与木合则国饥,与水合为雍沮,③不可举事用兵。木与金合斗,国有内乱。同舍为合,相陵为斗。

二星相近者其殃大,二星相远者殃无伤也,从七寸以内必之。④

①晋灼曰:"岁,阳也,太白,阴也,故曰牝牡。"

②晋灼曰:"火入水,故曰淬也。"

③晋灼曰:"沮,音沮湿之沮。水性雍而潜上,故曰雍沮。一曰,雍,填也。"

④韦昭曰:"必有祸也。"

凡月食五星,其国皆亡;①岁以饥,荧惑以乱,填以杀,太白强国以战,辰以女乱。月食大角,王者恶之。

①李奇曰:"谓其分野之国。"

凡五星所聚宿,其国王天下:从岁以义,从荧惑以礼,从填以重,①从太白以兵,从辰以法。以法者,以法致天下也。三星若合,是谓惊立绝行,②其国外内有兵与丧,民人乏饥,改立王公。四星若合,是谓大汤,③其国兵丧并起,君子忧,小人流。五星若合,是谓易行:有德受庆,改立王者,掩有四方,子孙蕃昌;亡德受罚,离其国家,灭其宗庙,④百姓离去,被满四方。五星皆大,其事亦大;皆小,其事亦小也。

①韦昭曰:"谓以威重得。"

②晋灼曰:"有兵丧,故惊。改王,故曰绝也。"

③晋灼曰:"汤,犹荡涤也,"

④晋灼曰:"宗祖庙也。"

凡五星色:皆圜,白为丧为旱,赤中不平为兵,青为忧为水,黑为疾为多死,黄吉;皆角,赤犯我城,黄地之争,白哭泣之声,青有兵忧,黑水。五星同色,天下偃兵,百姓安宁,歌舞以行,不见灾疾,五谷蕃昌。

凡五星,岁,缓则不行,急则过分,逆则占。荧惑,缓则不出,急则不入,违道则占。填,缓则不建,急则过舍,逆则占。太白,缓则不出,急则不入,逆则占。辰,缓则不出,急则不入,非时则占。五星不失行,则年谷丰昌。

凡以宿星通下变者,维星散,句星信,则地动。①有星守三渊,天下大水,地动,海鱼出。纪星散者山崩,不即有丧。龟、鳖星不居汉中,川有易者。辰星入五车,大水。荧惑入积水,水,兵起;入积薪,旱,兵起;守之,亦然。极后有四星,名曰句星。斗杓后有三星,名曰维星。散者,不相从也。②三渊,盖五车之三柱也。③天纪属贯索。积薪在北戍西北。积水在北戍东北。

①孟康曰:"散在尾北。"韦昭曰:"信,音申。"

②孟康曰:"谓不复行列而聚也。"

③晋灼曰:"柱,音注解之注。"

角、亢、氐,沇州。房、心,豫州。尾、箕,幽州。斗、江、湖。牵牛、婺女,杨州。虚、危,青州。营室、东壁,并州。奎、娄、胃,徐州。昴、毕,冀州。觜觿、参,益州。东井、舆鬼,雍州。柳、七星、张,三河。翼、轸,荆州。

甲乙,海外,日月不占。①丙丁,江、淮、海、岱。戊己,中州河、济。庚辛,华山以西。壬癸,常山以北。一曰,甲齐,乙东夷,丙楚,丁南夷,戊魏,己韩,庚秦,辛西夷,壬燕、赵,癸北夷。子周,丑翟,寅赵,卯郑,辰邯郸,巳卫,午秦,未中山,申齐,酉鲁,戌吴、越,亥燕、代。

①晋灼曰:"海外远,甲乙日时,不以占之。"

秦之疆,候太白,占狼、弧。吴、楚之疆,候荧惑,占鸟、衡。燕、齐之疆,候辰星,占虚、危。宋、郑之疆,候岁星,占房、心。晋之疆,亦候辰星,占参、罚。及秦并吞三晋、燕、代,自河山以南者中国。中国于四海内则在东南,为阳,阳则日、岁星、荧惑、填星,占于街南,毕主之。其西北则胡、貊、月氏旃裘引弓之民,为阴,阴则月、太白、辰星,占于街北,昴主之。故中国山川东北流,其维,首在陇、蜀,尾没于勃海碣石。是以秦、晋好用兵,①复占太白。太白主中国,而胡、貊数侵掠,独占辰星。辰星出趣疾,常主夷狄,其大经也。

①孟康曰:"秦、晋西南维之北为,与胡、貊引弓之民同,故好用兵。"

凡五星,早出为赢,赢为客;晚出为缩,缩为主人。五星赢缩,必有天应见杓。

太岁在寅曰摄提格。岁星正月晨出东方,《石氏》曰名监德,在斗、牵牛。失次,杓,早水,晚旱。《甘氏》在建星、婺女。《太初历》在营室、东壁。

在卯曰单阏。二月出,《石氏》曰名降入,在婺女、虚、危。《甘氏》在虚、危。失次,杓,有水灾。《太初》在奎、娄。

在辰曰执徐。三月出,《石氏》曰名青章,在营室、东壁。失次,杓,早旱,晚水。《甘氏》同。《太初》在胃、昴。

在巳曰大荒落。四月出,《石氏》曰名路踵,在奎、娄。《甘氏》同。《太初》在参、罚。

在午曰敦牂。五月出,《石氏》曰名启明,在胃、昴、毕。失次,杓,早旱,晚水。《甘氏》同。《太初》在东井、舆鬼。

在未曰协洽。六月出,《石氏》曰名长烈,在觜觿、参。《甘氏》在参、罚。《太初》在注、张、七星。

在申曰涒滩。七月出,《石氏》曰名天晋,在东井、舆鬼。《甘氏》在弧。《太初》在翼、轸。

在酉曰作诺。(《尔雅》作作噩。)八月出,《石氏》曰名长壬,在柳、七星、张。失次,杓,有女丧、民疾。《甘氏》在注、张。失次,杓,有火。《太初》角、亢。

在戌曰掩茂。九月出,《石氏》曰名天睢,在翼、轸。失次,杓,水。《甘氏》在七星、翼。《太初》在氐、房、心。

在亥曰大渊献。十月出,《石氏》曰名天皇,在角、亢始。《甘氏》在轸、角、亢。《太初》在尾、箕。

在子曰困敦。十一月出,《石氏》曰名天宗,在氐、房始。《甘氏》同。《太初》在建星、牵牛。

在丑曰赤奋若。十二月出,《石氏》曰名天昊,在尾、箕。《甘氏》在心、尾。《太初》在婺女、虚、危。

《甘氏》、《太初历》所以不同者,以星赢缩在前,各录后所见也。其四星亦略如此。

古历五星之推,亡逆行者,至甘氏、石氏《经》,以荧惑、太白为有逆行。夫历者，正行也。古人有言曰："天下太平，五星循度，亡有逆行。日不食朔，月不食望。"夏氏《日月传》曰："日月食尽，主位也；不尽，臣位也。"《星传》曰："日者德也，月者刑也，故曰日食修德，月食修刑。"然而历纪推月食，与二星之逆亡异。荧惑主内乱，太白主兵，月主刑。自周室衰，乱臣贼子师旅数起，刑罚失中，虽其亡乱臣贼子师旅之变，内臣犹不治，四夷犹不服，兵革犹不寝，刑罚犹不错，故二星与月为之失度，三变常见；及有乱臣贼子伏尸流血之兵，大变乃出。甘、石氏见其常然，因以为纪，皆非正行也。《诗》云："彼月而食，则惟其常；此日而食，于何不臧？"《诗传》曰："月食非常也，比之日食犹常也，日食则不臧矣。"谓之小变，可也；谓之正行，非也。故荧惑必行十六舍，去日远而颛恣。太白出西方，进在日前，气盛乃逆行。及月必食于望，亦诛盛也。

国皇星，大而赤，状类南极。所出，其下起兵。兵强，其冲不利。①

①孟康曰："岁星之精散所为也。五星之精散为六十四变，志记不尽也。"

昭明星，大而白，无角，乍上乍下。所出国，起兵多变。①

①孟康曰："形如三足几，几上有九彗上向，荧惑之精也。"

五残星，出正东，东方之星。其状类辰，去地可六丈，大而黄。①

①孟康曰："星表有青气如晕，有毛，填星之精。"

六贼星，出正南，南方之星。去地可六丈，大而赤，数动，有光。①

①孟康曰："形如彗，芒九角，太白之精。"

司诡星，出正西，西方之星。去地可六丈，大而白，类太白。①

①孟康曰："星大而有尾，两角，荧惑之精也。"

咸汉星，出正北，北方之星。去地可六丈，大而赤，数动，察之中青。①

①孟康曰："一名狱汉星，青中赤表，下有三彗从横，亦填星之精也。"

此四星所出非其方,其下有兵,冲不利。

四填星,出四隅,去地可四丈。地维臧光,亦出四隅,去地可二丈,若月始出。所见下,有乱者亡,有德者昌。

烛星,状如太白,其出也不行,见则灭。所烛,城邑乱。[1]

①孟康曰:"星上有三彗上出,亦填星之精也。"

如星非星,如云非云,名曰归邪。[1]归邪出,必有归国者。

①李奇曰:"邪,音蛇。"孟康曰:"星有两赤彗上向,上有盖状气,下连星。"

星者,金之散气,其本曰人。[1]星众,国吉,少则凶。汉者,亦金散气,其本曰水。星多,多水,少则旱,[2]其大经也。

①孟康曰:"星,石也,金石相生,人与星气相应也。"

②孟康曰:"汉,河汉也。水生于金。多少,谓汉中星也。"

天鼓,有音如雷非雷,音在地而下及地。其所住者,兵发其下。

天狗,状如大流星,[1]有声,其下止地,类狗。所坠及、望之如火光炎炎中天。其下圜,如数顷田处,上锐,见则有黄色,千里破军杀将。

①孟康曰:"星有尾,旁有彗,下有如狗形者,亦太白之精。"

格泽者,如炎火之状,黄白,起地而上,下大上锐。其见也,不种而获。不有土功,必有大客。

蚩尤之旗,类彗而后曲,象旗。[1]见则王者征伐四方。

①孟康曰:"荧惑之精也。"晋灼曰:"《吕氏春秋》云其色黄上白下也。"

旬始,出于北斗旁,状如雄鸡。其怒,青黑色,象伏鳖。[1]

①李奇曰:"怒,当言笴。"晋灼曰:"笴,雌也。或曰,怒则色青。"宋均曰:"怒,谓芒角刺出。"

枉矢,状类大流星,蛇行而仓黑,望如有毛目然。

长庚,广如一匹布著天。此星见,起兵。

星碌至地,则石也。[1]

①如淳曰:"碌亦坠也。"

天暒而见景星。[1]景星者,德星也,其状无常,常出于有道之国。

①孟康曰:"暒,精明也。有赤方气与青方气相连,赤方中有两黄星,青方

中有一黄星,凡三星合为景星也。"

日有中道,月有九行。

中道者,黄道,一曰光道。光道北至东井,去北极近;南至牵牛,去北极远;东至角,西至娄,去极中。夏至至于东井,北近极,故晷短;立八尺之表,而晷景长尺五寸八分。冬至至于牵牛,远极,故晷长;立八尺之表,而晷景长丈三尺一寸四分。春秋分日至娄、角,去极中,而晷中;立八尺之表,而晷景长七尺三寸六分。此日去极远近之差,晷景长短之制。去极远近难知,要以晷景。晷景者,所以知日之南北也。日,阳也。阳用事则日进而北,昼进而长,阳胜,故为温暑;阴用事则日退而南,昼退而短,阴胜,故为凉寒也。故日进为暑,退为寒。若日之南北失节,晷过而长为常寒,退而短为常燠。此寒燠之表也,故曰为寒暑。一曰,晷,长为潦,短为旱,奢为扶。①扶者,邪臣进而正臣疏,君子不足,奸人有余。

①郑氏曰:"扶,当为幡,齐鲁之间声如酺。酺、扶声近。幡,止不行也。"苏林曰:"景形奢大也。"晋灼曰:"扶,附也。小臣佞媚附近君子之侧也。"

月有九行者:黑道二,出黄道北;赤道二,出黄道南;白道二,出黄道西;青道二,出黄道东。立春、春分,月东从青道;立秋、秋分,西从白道;立冬、冬至,北从黑道;立夏、夏至,南从赤道。然用之,一决房中道。青赤出阳道,白黑出阴道,若月失节度而妄行,出阳道则旱风,出阴道则阴雨。

凡君行急则日行疾,君行缓则日行迟。日行不可指而知也,故以二至二分之星为候。日东行,星西转。冬至昏,奎八度中;夏至,氐十三度中;春分,柳一度中;秋分,牵牛三度七分中:此其正行也。日行疾,则星西转疾,事势然也。故过中则疾,君行急之感也;不及中则迟,君行缓之象也。

至月行,则以晦朔决之。日冬则南,夏则北;冬至于牵牛,夏至于东井。日之所行为中道,月、五星皆随之也。

箕星为风,东北之星也。东北地事,天位也。①故易曰"东北丧朋"。及《巽》在东南，为风；风，阳中之阴，大臣之象也，其星，轸也。月去中道，移而东北入箕，若东南入轸，则多风。西方为雨；雨，少阴之位也。月失中道，移而西入毕，则多雨。故《诗》云"月离于毕，俾滂沱矣"，言多雨也。《星传》曰"月入毕则将相有以家犯罪者"，言阴盛也。《书》曰"星有好风，星有好雨，月之从星，则以风雨"，言失中道而东西也。故《星传》曰："月南入牵牛南戒，民间疾疫；月北入太微，出坐北，若犯坐，则下人谋上。"

①孟康曰："东北阳，日、月、五星起于牵牛，故为天位。坤在西南，纽于阳，为地统，故为地事也。"

一曰，月为风雨，日为寒温。冬至日南极，晷长，南不极则温为害；夏至日北极，晷短，北不极则寒为害。故《书》曰"日月之行，则有冬有夏"也。政治变于下，日月运于上矣。月出房北，为雨为阴，为乱为兵；出房南，为旱为夭丧。水旱至冲而应，及五星之变，必然之效也。

两军相当，日晕等，力均；厚长大，有胜；薄短小，亡胜。重抱大破亡。抱为和，背为不和，为分离相去。直为自立，立兵破军，若曰杀将。抱且戴，有喜。围在中，中胜；在外，外胜。青外赤中，以和相去；赤外青中，以恶相去。气晕先至而后去，居军胜。先至先去，前有利，后有病；后至后去，前病后利；后至先去，前后皆病，居军不胜。见而去，其后发疾，虽胜亡功。见半日以上，功大。白虹屈短，上下锐，①有者下大流血。日晕制胜，近期三十日，远期六十日。

①李奇曰："屈或为尾。"韦昭曰："短而直者也。或曰，短屈之虹。"

其食，食所不利；复生，生所利；不然，食尽为主位。以其直及日所躔加日时，用名其国。

凡望云气，仰而望之，三四百里；平望，在桑榆上，千余里，二千里；登高而望之，下属地者居三千里。云气有战居上者，胜。

自华以南，气下黑上赤。嵩高、三河之郊，气正赤。常山以北，气下黑上青。勃、碣、海、岱之间，气皆黑。江、淮之间，气皆白。

徒气白。土功气黄。车气乍高乍下，往往而聚。骑气卑而布。
卒气抟。①前卑而后高者，疾；前方而后高者，锐；后锐而卑者，却。
其气平者其行徐。前高后卑者，不止而反。气相遇者，卑胜高，锐胜
方。气来卑而循车道者，不过三四日，去之五六里见。气来高七八
尺者，不过五六日，去之十余二十里见。气来高丈余二丈者，不过三
四十日，去之五六十里见。

①如淳曰："抟，专也。抟，音徒端反。"

捎云精白者，其将悍，①其士怯。其大根而前绝远者，战。精白，
其芒低者，战胜；其前赤而印者，战不胜。陈云如立垣。杼云类杼。
柚云抟而端锐。杓云如绳者，居前竟天，其半半天。霓云者，类斗旗
故。锐钩云句曲。诸此云见，以五色占。而泽抟密，其见动人，乃有
占；兵必起，占斗其直。

①晋灼曰："捎，音霄，"韦昭曰："音髫。"

王朔所候，决于日旁。日旁云气，人主象。皆如其形以占。

故北夷之气如群畜穹闾，南夷之气类舟船幡旗。大水处，败军
场，破国之虚，下有积泉，金宝上，皆有气，不可不察。海旁蜃气象楼
台，广野气成宫阙然。云气各象其山川人民所聚积。故候息耗者，
入国邑，视封畺田畴之整治，①城郭室屋门户之润泽，次至车服畜
产精华。实息者吉，虚耗者凶。

①如淳曰："蔡邕云麻田曰畴。"

若烟非烟，若云非云，郁郁纷纷，萧索轮囷，是谓庆云。庆云见，
喜气也。若雾非雾，衣冠不濡，见则其城被甲而趋。

夫雷电、椒蚒、辟历、夜明者，阳气之动者也，春夏则发，秋冬则
藏，故候书者亡不司。

天开县物，①地动坼绝。山崩及陁，川塞溪埱；②水澹地长，泽
竭见象。城郭门闾，润息榍枯；宫庙廊弟，人民所次。谣俗车服，观
民饮食。五谷草木，观其所属。仓府厩车，四通之路。六畜禽兽，所
产去就；鱼鳖鸟鼠，观其所处。鬼哭若呼，与人逢遻。讹言，诚然。

①孟康曰："谓天裂而见物象也。天开示县象。"

②孟康曰："垅,音罗薠,谓溪垅崩也。"苏林曰："垅,音伏。伏流也。"如淳
　曰："垅,填塞不通也。"

　　凡候岁美恶,谨候岁始。岁始或冬至日,产气始萌。腊明日,人
众卒岁,壹会饮食,发阳气,故曰初岁。正月旦,王者岁首;立春,四
时之始也。四始者,候之日。

　　而汉魏鲜集腊明正月旦决八风。①风从南,大旱;西南,小旱;
西方,有兵;西北,戎叔为,②小雨,趣兵;北方,为中岁;东北,为上
岁;③东方,大水;东南,民有疾疫,岁恶。故八风各与其冲对,课多
者为胜。多胜少,久胜亟,疾胜徐。旦至食,为麦,食至日昳,为稷。
昳至晡,为黍;晡至下晡,为叔;下晡至日入,为麻。欲终日有云,有
风,有日,当其时,深而多实;亡云,有风、日,当其时,浅而少实;有
云、风,亡日,当其时,深而少实;有日,亡云,不风,当其时者稼有
败。如食顷,小败;孰五斗米顷,大败。风复起,有云,其稼复起。各
以其时用云色占种所宜。雨雪,寒,岁恶。

①孟康曰："魏鲜,人姓名,作占候者也。"

②孟康曰："戎叔,胡豆也。为,成也。"

③韦昭曰："上岁,大穰。"

　　是日光明,听都邑人民之声。声宫,则岁美,吉;商,有兵;徵,
旱;羽,水;角,岁恶。

　　或从正月旦比数雨。率日食一升,至七升而极;①过之,不占,
数至十二日,直其月,占水旱。②为其环域千里内占,即为天下候,
竟正月。③月所离列宿,日、风、云,占其国。然必察太岁所在。金,
穰;水,毁;木,饥;火,旱。此其大经也。

①孟康曰："正月一日雨而民有一升之食,二日雨民有二斗之食,如此至
　七日已来验也。"

②孟康曰："一日雨,正月水也。"

③孟康曰："月三十日周天历二十八宿,然后可占天下。"

　　正月上甲,风从东方来,宜蚕;从西方来,若旦有黄云,恶。

冬至短极，县土炭，①炭动，麋鹿解角，兰根出，泉水踊，略以知日至，要决晷景。

①孟康曰："先冬至三日，县土炭于衡两端，轻重适均，冬至而阳气至则炭重，夏至阴气至则土重。"晋灼曰："蔡邕《律历记》'候钟律权土炭，冬至阳气应黄钟通，土炭轻而衡仰，夏至阴气应蕤宾通，土炭重而衡低。进退先后，五日之中'。"

夫天运三十岁一小变，百年中变，五百年大变，三大变一纪，三纪而大备，此其大数也。春秋二百四十二年间，日食三十六，彗星三见，夜常星不见，夜中星陨如雨者各一。当是时，祸乱辄应，周室微弱，上下交怨，杀君三十六，亡国五十二，诸侯奔走不得保其社稷者不可胜数。自是之后，众暴寡，大并小。秦、楚、吴、粤，夷狄也，为强伯。田氏篡齐，三家分晋，并为战国，争于攻取，兵革递起，城邑数屠，因以饥馑疾疫愁苦，臣主共忧患，其察机祥候星气尤急。①近世十二诸侯七国相王，言从横者继踵，而占天文者因时务论书传，故其占验鳞杂米盐，亡可录者。

①如淳曰："《吕氏春秋》'荆人鬼，越人礼'，今之巫祝祷祠淫祀之比也。"
　晋灼曰："礼，音珠玑之玑。"

周卒为秦所灭。始皇之时，十五年间彗星四见，久者八十日，长或竟天。后秦遂以兵内兼六国，外攘四夷，死人如乱麻。又荧惑守心，及天市芒角，色赤如鸡血。始皇既死，適庶相杀，二世即位，残骨肉，戮将相，太白再经天。因以张楚并兴，兵相跆籍，①秦遂以亡。

①苏林曰："跆，音台，登蹑也，或作蹈。"

项羽救巨鹿，枉矢西流。枉矢所触，天下之所伐射，灭亡象也。物莫直于矢，今蛇行不能直而枉者，执矢者亦不正，以象项羽执政乱也。羽遂合从，坑秦人，屠咸阳。凡枉矢之流，以乱伐乱也。

汉元年十月，五星聚于东井，以历推之，从岁星也。①此高皇帝受命之符也。故客谓张耳曰："东井，秦地。汉王入秦，五星从岁星聚，当以义取天下。"秦王子婴降于枳道，汉王以属吏，宝器妇女亡所取,闭宫封门,还军次于霸上,以候诸侯。与秦民约法三章,民亡不归心者,可谓能行义矣,天之所予也。五年遂定天下,即帝位。此明岁星之崇义,东井为秦之地明效也。

> ①李奇曰:"岁星得其正度,其四星随比常正行,故曰从也。"孟康曰:"岁星先至,先至为主也。"

三年秋,太白出西方,有光几中,①乍北乍南,过期乃入。辰星出四孟。②是时,项羽为楚王,而汉已定三秦,与相距荥阳。太白出西方,有光几中,是秦地战将胜,而汉国将兴也。辰星出四孟,易王之表也。后二年,汉灭楚。

> ①晋灼曰:"几中,近逾身。"
>
> ②韦昭曰:"法当出四仲,出四孟,为易主之象也。"

七年,月晕,围参、毕七重。占曰:"毕、昴间,天街也;街北,胡也;街南,中国也。昴为匈奴,参为赵,毕为边兵。"是岁,高皇帝自将兵击匈奴,至平城,为冒顿单于所围,七日乃解。

十二年春,荧惑守心。①四月,宫车晏驾。②

> ①李奇曰:"心为天王也。"
>
> ②应劭曰:"天子当晨起早作,而方崩殒,故称晏驾云。"韦昭曰:"凡初崩为晏驾者,臣子之心犹谓宫车当驾而出耳。"

孝惠二年,天开东北,广十余丈,长二十余丈。地动,阴有余;天裂,阳不足:皆下盛强将害上之变也。其后有吕氏之乱。

孝文后二年正月壬寅,天欃夕出西南。①占曰:"为兵丧乱。"其六年十一月,匈奴入上郡、云中,汉起三军以卫京师。其四月乙巳,水、木、火三合于东井。占曰:"外内有兵与丧,改立王公。东井,秦也。"八月,天狗下梁野。是岁,诛反者周殷长安市。其七年六月,文帝崩。其十一月戊戌,土、水合于危。占曰:"为雍沮,所当之国不可举事用兵,必受其殃。一曰将覆军。危,齐也。"其七月,火东行,行毕阳,环毕东北,出而西,逆行至昴,即南乃东行。占曰:"为丧死寇乱。毕、昴,赵也。"

> ①孟康曰:"岁星之精。"

孝景元年正月癸酉,金、水合于婺女,占曰:"为变谋,为兵忧。

婺女,粤也,又为齐。"其七月乙丑,金、木、水三合于张。占曰:"外内有兵与丧,改立王公。张,周地,今之河南也,又为楚。"其二年七月丙子,火与水晨出东方,因守斗。占曰:"其国绝祀。"至其十二月,水、火合于斗。占曰:"为淬,不可举事用兵,必受其殃。"一曰:"为北军,用兵举事大败。斗,吴也,又为粤。"是岁,彗星出西南。其三月,立六皇子为王,王淮阳、汝南、河间、临江、长沙、广川。其三年,吴、楚、胶西、胶东、淄川、济南、赵七国反。吴、楚兵先至攻梁,胶西、胶东、淄川三国攻围齐。汉遣大将军周亚夫等戍止河南,以候吴楚之敝,遂败之。吴王亡走粤,粤攻而杀之。平阳侯败三国之师于齐,咸伏其辜。齐王自杀。汉兵以水攻赵城,城坏,王自杀。六月,立皇子二人、楚元王子一人为王,王胶西、中山、楚。徙济北为淄川王,淮阳为鲁王,汝南为江都王。七月,兵罢。天狗下,占为:"破军杀将。狗又守御类也,天狗所降,以戒守御。"吴、楚攻梁,梁坚城守,遂伏尸流血其下。

三年,填星在娄,几入,还居奎。奎,鲁也。占曰:"其国得地为得填。"是岁,鲁为国。

四年七月癸未,火入东井,行阴,又以九月己未入舆鬼,戊寅出。占曰:"为诛罚,又为火灾。"后二年,有栗氏事。其后未央东阙灾。

中元三年,填星当在觜觿、参,去居东井。占曰:"亡地,不乃有女忧。"其二年正月丁亥,金、木合于觜觿,为白衣之会。三月丁酉,彗星夜见西北,色白,长丈,在觜觿,且去益小,十五日不见。占曰:"必有破国乱君,伏死其辜。觜觿,梁也。"其五月甲午,金、木俱在东井。钺,金去木留,守之二十日。占曰:"伤成于钺。木为诸侯,诛将行于诸侯也。"其六月壬戌,蓬星见西南,在房南,去房可二丈;大如二斗器,色白;癸亥,在心东北,可长丈所;甲子,在尾北,可六丈;丁卯,在箕北,近汉,稍小,且去时,大如桃。壬申去,凡十日。占曰:"蓬星出,必有乱臣。房、心间,天子宫也。"是时梁王欲为汉嗣,使人杀汉争臣袁盎。汉案诛梁大臣,斧钺用。梁王恐惧,布车入关,伏斧钺谢罪，然后得免。

中三年十一月庚午夕，金、火合于虚，相去一寸。占曰："为铄，为丧。虚，齐也。"

四年四月丙申，金、木合于东井。占曰："为白衣之会。井，秦也。"其五年四月乙巳，水、火合于参。占曰："国不吉。参，梁也。"其六年四月，梁孝王死。五月，城阳王、济阴王死。六月，成阳公主死。出入三月，天子四衣白，临邸第。

后元元年五月壬午，火、金合于舆鬼之东北，不至柳，出舆鬼北可五寸。占曰："为铄，有丧。舆鬼，秦也。"丙戌，地大动，铃铃然，民大疫死，棺贵，至秋止。

孝武建元三年三月，有星孛于注、张，历太微，干紫宫，至于天汉。《春秋》"星孛于北斗，齐、鲁、晋之君皆将死乱"。今星孛历五宿，其后济东、胶西、江都王皆坐法削黜自杀，淮阳、衡山谋反而诛。

三年四月，有星孛于天纪，至织女。占曰："织女有女变，天纪为地震。"至四年十月而地动，其后陈皇后废。

六年，荧惑守舆鬼。占曰："为火变，有丧。"是岁，高园有火灾，窦太后崩。

元光元年六月，客星见于房。占曰："为兵起。"其二年十一月，单于将十万骑入武州，汉遣兵三十余万以待之。

元光中，天星尽摇，上以问候星者。对曰："星摇者，民劳也。"后伐四夷，百姓劳于兵革。

元鼎五年，太白入于天苑。占曰："将以马起兵也。"一曰："马将以军而死耗。"其后以天马故诛大宛，马大死于军。

元鼎中，荧惑守南斗。占曰："荧惑所守，为乱贼丧兵；守之久，其国绝祀。南斗，越分也。"其后越相吕嘉杀其王及太后，汉兵诛之，灭其国。

元封中，星孛于河戍。占曰："南戍为越门，北戍为胡门。"其后汉兵击拔朝鲜，以为乐浪、玄菟郡。朝鲜在海中，越之象也；居北方，胡之域也。

太初中，星孛于招摇。《星传》曰："客星守招摇，蛮夷有乱，民死君。"其后汉兵击大宛，斩其王。招摇，远夷之分也。

孝昭元始中，汉宦者梁成恢及燕王候星者吴莫如见蓬星出西方天市东门，行过河鼓，入营室中。恢曰："蓬星出六十日，不出三年，下有乱臣戮死于市。"后太白出西方，下行一舍，复上行二舍而下去。太白主兵，上复下，将有戮死者。后太白出东方，入咸池，东下入东井。人臣不忠，有谋上者。后太白入太微西藩第一星，北出东藩第一星，北东下去。太微者，天廷也，太白行其中，宫门当闭，大将被甲兵，邪臣伏诛。荧惑在娄，逆行至奎，法曰："当有兵。"后太白入昴。莫如曰："蓬星出西方，当有大臣戮死者。太白星入东井、太微廷，出东门，汉有死将。"后荧惑出东方，守太白。兵当起，主人不胜。后流星下燕万载宫极，东去，①法曰："国恐，有诛。"其后左将军桀、票骑将军安与长公主、燕刺王谋作乱，咸伏其辜。兵诛乌桓。

①李奇曰："极，屋梁也，三辅间名为极。或曰：极，栋也，三辅间名栋为极。寻栋东去也。延笃谓之堂前阑楯也。"

元凤四年九月，客星在紫宫中斗枢极间。占曰："为兵。"其五年六月，发三辅郡国少年诣北军。五年四月，烛星见奎、娄间。占曰："有土功，胡人死，边城和。"其六年正月，筑辽东、玄菟城。二月，度辽将军范明友击乌桓还。

元平元年正月庚子，日出时有黑云，状如焱风乱鬊，①转出西北，东南行，转而西，有顷亡。占曰："有云如众风，是谓风师，法有大兵。"其后兵起乌孙，五将征匈奴。

①"音舜。"

二月甲申，晨有大星如月，有众星随而西行。乙酉，牂云如狗，赤色，长尾三枚，夹汉西行。大星如月，大臣之象，众星随之，众皆随从也。天文以东行为顺，西行为逆，此大臣欲行权以安社稷。占曰："太白散为天狗，为卒起。卒起见，祸无时，臣运柄。牂云为乱君。"到其四月，昌邑王贺行淫辟，立二十七日，大将军霍光白皇太后废贺。

三月丙戌，流星出翼、轸东北，干太微，入紫宫。始出小，且入大，有光。入有顷，声如雷，三鸣止。占曰："流星入紫宫，天下大凶。"其四月癸未，宫车晏驾。

孝宣本始元年四月壬戌甲夜，辰星与参出西方。其二年七月辛亥夕，辰星与翼出，皆为蚤。占曰："大臣诛。"其后荧惑守房之钩钤。钩钤，天子之御也。①占曰："不太仆，则奉车，不黜即死也。房、心，天子宫也。房为将相，心为子属也。其地宋，今楚彭城也。"四年七月甲辰，辰星在翼，月犯之。占曰："兵起，上卿死，将相也。"是日，荧惑入舆鬼天质。占曰："大臣有诛者，名曰天贼在大人之侧。"

　①晋灼曰："上言房为天驷，其阴右骖，旁有二星曰钤，故曰天子御也。"

地节元年正月戊午乙夜，月食荧惑，①荧惑在角、亢。占曰："忧在宫中，非贼而盗也。有内乱，谗臣在旁。"其辛酉，荧惑入氐中。氐，天子之宫，荧惑入之，有贼臣。其六月戊戌甲夜，客星又居左右角间，东南指，长可二尺，色白。占曰："有奸人在宫廷间。"其丙寅，又有客星见贯索东北，南行，至七月癸酉夜入天市，芒炎东南指，其色白。占曰："有戮卿。"一曰："有戮王。期皆一年，远二年。"是时，楚王延寿谋逆自杀。四年，故大将军霍光夫人显、将军霍禹、范明友、奉车霍山及诸昆弟宾婚为侍中、诸曹、九卿、郡守皆谋反，咸伏其辜。

　①孟康曰："凡星入月，见月中，为星食月；月奄星，星灭，为月食星。"

黄龙元年三月，客星居王梁东北可九尺，长丈余，西指，出阁道间，至紫宫。其十二月，宫车晏驾。

元帝初元元年四月，客星大如瓜，色青白，在南斗第二星东可四尺。占曰："为水饥。"其五月，勃海水大溢。六月，关东大饥。民多饿死，琅邪郡人相食。

二年五月，客星见昴分，居卷舌东可五尺，青白色，炎长三寸。占曰："天下有妄言者。"其十二月，巨鹿都尉谢君男诈为神人，论死，父免官。①

　①孟康曰："姓谢，名君。男者儿也，不记其名，直言男耳。"

五年四月，彗星出西北，赤黄色，长八尺所，后数日长丈余，东北指，在参分。后二岁余，西羌反。

孝成建始元年九月戊子，有流星出文昌，色白，光烛地，长可四丈，大一围，动摇如龙蛇形。有顷，长可五六丈，大四围所，诎折委曲，贯紫宫西，在斗西北子亥间。后诎如环，北方不合，留二刻所。占曰："文昌为上将贵相。"是时，帝舅王凤为大将军，其后宣帝舅子王商为丞相，皆贵重任政。凤妒商，谮而罢之。商自杀，亲属皆废黜。

四年七月，荧惑隔岁星，居其东北半寸所如连李。时岁星在关星西四尺所，荧惑初从毕口大星东东北往，数日至，往疾去迟。占曰："荧惑与岁星斗，有病君饥岁。"至河平元年三月，旱，伤麦，民食榆皮。二年十二月壬申，太皇太后避时昆明东观。①

①如淳曰："《食货志》武帝修昆明池，列观环之。或曰，即病谢君男，故避其时。"

十一月乙卯，月食填星，星不见，时在舆鬼西北八九尺所。占曰："月食填星，流民千里。"河平元年三月，流民入函谷关。

河平二年十月下旬，填星在东井轩辕南端大星尺余，岁星在其西北尺所，荧惑在其西北二尺所，皆从西方来。填星贯舆鬼，先到岁星次，荧惑亦贯舆鬼。十一月上旬，岁星、荧惑西去填星，皆西北逆行。占曰："三星若合，是谓惊位，是谓绝行，外内有兵与丧，改立王公。"其十一月丁巳，夜郎王歆大逆不道，群柯太守立捕杀歆。三年九月甲戌，东郡庄平男子侯母辟兄弟五人群党为盗，攻燔官寺，缚县长吏，盗取印绶，自称将军。三月辛卯，左将军千秋卒，右将军史丹为左将军。四年四月戊申，梁王贺薨。

阳朔元年七月壬子，月犯心星。占曰："其国有忧，若有大丧。房、心为宋，今楚地。"十一月辛未，楚王友薨。

四年闰月庚午，飞星大如缶，出西南，入斗下。占曰："汉使匈奴。"明年，鸿嘉元年正月，匈奴单于雕陶莫皋死。五月甲午，遣中郎将杨兴使吊。

永始二年二月癸未夜，东方有赤色，大三四围，长二三丈，索索如树，南方有大四五围，下行十余丈，皆不至地灭。占曰："东方客之变气，状如树木，以此知四方欲动者。"明年十二月己卯，尉氏男子樊并等谋反，贼杀陈留太守严普及吏民，出囚徒，取库兵，劫略令丞，自称将军，皆诛死。庚子，山阳铁官亡徒苏令等杀伤吏民，篡出囚徒，取库兵，聚党数百人为大贼，逾年经历郡国四十余。一日有两气同时起，并见，而并、令等同月俱发也。

元延元年四月丁酉日餔时，天暒晏，殷殷如雷声，有流星头大如缶，长十余丈，皎然赤白色，从日下东南去。四面或大如盂，或如鸡子，耀耀如雨下，至昏止。郡国皆言星陨。《春秋》星陨如雨为王者失势诸侯起伯之异也。其后王莽遂颛国柄。王氏之兴萌于成帝时，是以有星陨之变。后莽遂篡国。

绥和元年正月辛未，有流星从东南入北斗，长数十丈，二刻所息。占曰："大臣有系者。"其年十一月庚子，定陵侯淳于长坐执左道下狱死。

二年春，荧惑守心。二月乙丑，丞相翟方进欲塞灾异，自杀。三月丙戌，宫车晏驾。

哀帝建平元年正月丁未日出时，有著天白气，广如一匹布，长十余丈，西南行，谣如雷，西南行一刻而止，名曰天狗。传曰："言之不从，则有大祸诗妖。"到其四年正月、二月、三月，民相惊动，讙哗奔走，传行诏筹祠西王母，又曰"从目人当来"。建平元年十二月，白气出西南，从地上至天，出参下，贯天厕，广如一匹布，长十余丈，十余日去。占曰："天子有阴病。"其三年十一月壬子，太皇太后诏曰："皇帝宽仁孝顺，奉承圣绪，靡有解息，而久病未瘳。夙夜惟思，殆继体之君不宜改作。《春秋》大复古，其复甘泉泰畤、汾阴后土如故。"

二年二月，彗星出牵牛七十余日。传曰："彗所以除旧布新也。牵牛、日、月、五星所从起，历数之元，三正之始。彗而出之，改更之象也。其出久者，为其事大也。"其六月甲子，夏贺良等建言当改元易号，增漏刻。诏书改建平二年为太初元年，号曰陈圣刘太平皇帝，刻漏以百二十为度。八月丁巳，悉复蠲除之，贺良及党与皆伏诛流放。其后卒有王莽篡国之祸。

元寿元年十一月,岁星入太微,逆行干右执法。占曰:"大臣有忧,执法者诛,若有罪。"二年十月戊寅,高安侯董贤免大司马位,归弟自杀。

汉书卷二七上
志第七上

五行上

《易》曰:"天垂象,见吉凶,圣人象之;河出图,洛出书,圣人则之。"①刘歆以为虙羲氏继天而王,②受《河图》,则而画之,八卦是也;③禹治洪水,赐《雒书》,法而陈之,《洪范》是也。④圣人行其道而宝其真。降及于殷,箕子在父师位而典之。⑤周既克殷,以箕子归,武王亲虚己而问焉。故经曰:"惟十有三祀,王访于箕子,⑥王乃言曰:'乌呼,箕子!惟天阴骘下民,相协厥居,我不知其彝伦迪叙。'⑦箕子乃言曰:'我闻在昔,鲧堙洪水,汩陈其五行,⑧帝乃震怒,弗畀《洪范》九畴,彝伦迪敦。⑨鲧则殛死,禹乃嗣兴,⑩天乃锡禹《洪范》九畴,彝伦迪叙。'"⑪此武王问《雒书》于箕子,箕子对禹得《雒书》之意也。

①师古曰:"《上系》之辞也。则,效也。"
②师古曰:"虙,读与伏同。"
③师古曰:"放效《河图》而画八卦也。"
④师古曰:"取法《雒书》而陈《洪范》也。"
⑤师古曰:"父师,即太师,殷之三公也。箕子,纣之诸父而为太师,故曰父师。"
⑥师古曰:"祀,年也。商曰祀。自此以下皆《周书·洪范》之文。"
⑦服虔曰:"骘,音陟也。"应劭曰:"阴,覆也。陟,升也。相,助也。协,和也。伦,理也。攸,所也。言天覆下民,王者当助天居,我不知居天常理所次序也。"师古曰:"骘,音质。骘,定也。协,和也。天不言而默定下人,助

合其居。”

⑧应劭曰：“堙，塞也。汩，乱也。水性流行，而鲧障塞之，失其本性，其余所陈列皆乱，故曰乱陈五行也。”师古曰：“汩，音骨。”

⑨师古曰：“帝，谓上帝，即天也。震，动也。畀，与也。畴，类也。九类，即九章也。敦，败也，音丁故反。”

⑩师古曰：“殛，诛也，见诛而死。殛，音居力反。”

⑪师古曰：“自此以上《洪范》之文。”

“初一曰五行；①次二曰羞用五事；②次三曰农用八政；③次四曰叶用五纪；④次五曰建用皇极；⑤次六曰艾用三德；⑥次七曰明用稽疑；⑦次八曰念用庶征；⑧次九曰向用五福，畏用六极。”⑨凡此六十五字，皆《雒书》本文，所谓天乃锡禹大法九章常事所次者也。以为《河图》、《雒书》相为经纬，八卦、九章相为表里。昔殷道绝，文王演《周易》；⑩周道敝，孔子述《春秋》。则《乾》《坤》之阴阳，效《洪范》之咎征，天人之道粲然著矣。

①师古曰：“谓之行者，言顺天行气。”

②师古曰：“羞，进也。”

③张晏曰：“农，食之本，食为八政首，故以农为名也。”师古曰：“此说非也。农，厚也。羞用义例皆同，非田农之义也。”

④应劭曰：“叶，合也。合成五行，为之条纪也。”师古曰：“叶，读曰协，和也。”

⑤应劭曰：“皇，大；极，中也。”

⑥应劭曰：“艾，治也。治大中之道用三德也。”师古曰：“艾，读曰乂。”

⑦应劭曰：“疑事明考之于著龟。”

⑧师古曰：“念，思也。庶，众也。征，应也。”

⑨应劭曰：“天所以向乐人，用五福；所以畏惧人，用六极。”

⑩师古曰：“演，广也，更广其文也。演，音弋善反。”

汉兴，承秦灭学之后，景、武之世，董仲舒治《公羊春秋》，始推阴阳，为儒者宗。宣、元之后，刘向治《谷梁春秋》，数其祸福，传以《洪范》，①与仲舒错。②至向子歆治《左氏传》，其《春秋》意亦已乖矣；言《五行传》，又颇不同。是以揽仲舒，别向、歆，③传载眭孟、夏侯胜、京房、谷永、李寻之徒所陈行事，④讫于王莽，举十二世，以傅

《春秋》,著于篇。⑤

①师古曰:"瓾,古文祸字。以《洪范》义传而说之。传字或作傅,读曰附,谓附著。"

②师古曰:"错,互不同也。"

③师古曰:"擥字与揽同,谓引取之。擥,音来敢反。"

④师古曰:"睚,音息规反。说在《睚孟传》。"

⑤师古曰:"傅,读曰附,谓比附其事。"

经曰:"初一曰五行。五行:一曰水,二曰火,三曰木,四曰金,五曰土。水曰润下,火曰炎上,①木曰曲直,②金曰从革,③土爰稼穑。"④

①师古曰:"皆水火自然之性也。"

②师古曰:"言可揉而曲,可矫而直。"

③张晏曰:"革,更也,可更销铸也。"

④师古曰:"爰,亦曰也。一说,爰,于也,可于其上稼穑也。种之曰稼。收聚曰穑。"

传曰:"田猎不宿,①饮食不享,②出入不节,夺民农时,及有奸谋,③则木不曲直。"

①服虔曰:"不得其时也。或曰:不豫戒曰不宿,不戒以其时也。"

②师古曰:"不行享献之礼也。"

③李奇曰:"奸谋,增赋履亩之事也。"臣瓒曰:"奸谋,邪谋也。"师古曰:"即下所谓作为奸诈以夺农时。李说是。"

说曰:"木,东方也。于《易》,地上之木为《观》。①其于王事,威仪容貌亦可观者也。故行步有佩玉之度,②登车有和鸾之节,③田狩有三驱之制,④饮食有享献之礼,⑤出入有名,使民以时,务在劝农桑,谋在安百姓。如此,则木得其性矣。若乃田猎驰骋不反宫室,饮食沈湎不顾法度,⑥妄兴徭役以夺民时,作为奸诈以伤民财,则木失其性矣。盖工匠之为轮矢者多伤败,⑦及木为变怪,⑧是为木不曲直。

①师古曰:"《坤》下《巽》上,《观》。《巽》为木,故云地上之木也。"

②师古曰：“玉佩上有双衡，下有双璜，琚瑀以杂之，冲牙蚌珠以纳其间。右徵角而左宫羽，进则掩之，退则扬之，然后玉锵鸣焉。是为行步之节度也。璜，音黄。琚，音居。瑀，音禹。蚌，音步千反。”

③师古曰：“和，铃也，以金为之，施于衡上。鸾，亦以金为鸾鸟而衡铃焉，施于镳上。动皆有声，以为舒疾之节也。”

④师古曰：“谓田猎三驱也。三驱之礼，一为乾豆，二为宾客，三为充君之庖也。”

⑤师古曰：“以礼饮食谓之享，进爵于前谓之献。”

⑥师古曰：“沈湎，谓溺于酒食。湎，音弥善反。”

⑦如淳曰：“揉轮不曲，矫矢不直也。”

⑧臣瓒曰：“梓柱更生及变为人形是也。”

《春秋》成公十六年“正月，雨，木冰”。刘歆以为上阳施不下通，下阴施不上达，故雨，而木为之冰，氛气寒，①木不曲直也。刘向以为冰者阴之盛而水滞者也，木者少阳，贵臣卿大夫之象也。此人将有害，则阴气胁木，木先寒，故得雨而冰也。是时叔孙乔如出奔，公子偃诛死。②一曰，时晋执季孙行父，又执公，此执辱之异。③或曰，今之长老名木冰为“木介”。介者，甲。甲，兵象也。是岁晋有鄢陵之战，楚王伤目而败。④属常雨也。

①师古曰：“氛，音纷。”

②师古曰：“叔孙乔如，叔孙宣伯也，通于宣公夫人穆姜，谋欲作乱，不克而出奔齐。公子偃，宣公庶子，成公弟也，豫乔如之谋，故见诛。事并在十六年冬。”

③师古曰：“行父，季文子也。十六年秋，公会晋侯于沙随，晋受乔如之潜而止公。是年九月，又信乔如之谮而执行父也。”

④师古曰：“晋楚战于鄢陵，吕锜射恭王中目。鄢陵，郑地。”

传曰：“弃法律，逐功臣，杀太子，以妾为妻，则火不炎上。”

说曰：“火，南方，扬光辉为明者也。其于王者，南面乡明而治。①《书》云：“知人则哲，能官人。”②故尧舜举群贤而命之朝，③远四佞而放诸埜。④孔子曰：“浸润之谮，肤受之诉不行焉，可谓明矣。"⑤贤佞分别,官人有序,帅由旧章,⑥敬重功勋,殊别適庶。⑦如此,则火得其性矣。若乃信道不笃,⑧或耀虚伪,谗夫昌,邪胜正,则火失其性矣。自上而降,及滥炎妄起,⑨灾宗庙,烧宫馆,虽兴师众,弗能救也,是为火不炎上。

①师古曰:"乡,读曰向。"

②师古曰:"《虞书·咎繇谟》之辞。哲,智也。能知其材则能官之,所以为智也。"

③师古曰:"谓稷、卨以下。"

④师古曰:"四佞,即四凶也。远,离也。壄,古野字。"

⑤师古曰:"《论语》载孔子之言也。浸润,言积渐也。肤受,谓初入皮肤以至骨髓也。"

⑥师古曰:"帅,循也。由,从也,用也。"

⑦师古曰:"適读曰嫡。"

⑧师古曰:"笃,厚也。"

⑨师古曰:"炎,读曰焰。"

《春秋》桓公十四年"八月壬申,御廪灾"。董仲舒以为先是四国共伐鲁,大破之于龙门。①百姓伤者未瘳,怨咎未复,而君臣俱惰,内急政事,外侮四邻,非能保守宗庙终其天年者也,故天灾御廪以戒之。刘向以为御廪,夫人八妾所春米之臧以奉宗庙者也,②时夫人有淫行,③挟逆心,④天戒若曰,夫人不可以奉宗庙。桓不寤,与夫人俱会齐,⑤夫人谮桓公于齐侯,⑥齐侯杀桓公。⑦刘歆以为御廪,公所亲耕藉田以奉粢盛者也,⑧弃法度亡礼之应也。

①韦昭曰:"鲁郭门。"

②师古曰:"一娶九女,正嫡一人,余者妾也,故云八妾。"

③师古曰:"谓通于齐侯。"

④师古曰:"谓欲弒桓公。"

⑤师古曰:"十八年春,公会齐侯于泺,公与夫人姜氏遂如齐也。"

⑥师古曰:"言世子同非吾子,齐侯之子。"

⑦师古曰:"齐侯享公,公醉,使公子彭生乘公,拉其干而杀之。公薨于车。"

⑧师古曰:"黍稷曰粢,在器曰盛也。"

严公二十年"夏，齐大灾"。①刘向以为齐桓好色，听女口，以妾为妻，適庶数更，②故致大灾。桓公不寤，及死，適庶分争，九月不得葬。③《公羊传》曰，大灾，疫也。董仲舒以为鲁夫人淫于齐，齐桓姊妹不嫁者七人。国君，民之父母；夫妇，生化之本。本伤则末夭，故天灾所子也。④

①师古曰："严公，谓庄公也，避明帝讳，故改曰严。凡《汉书》载谥姓为严者，皆类此。"

②师古曰："更，改也。桓公之夫人三，王姬、徐嬴、蔡姬，皆无子。而桓公好内多宠，内嬖如夫人者六人：长卫姬，生公子无亏，即武孟也；少卫姬，生惠公；郑姬，生孝公；葛嬴，生昭公；密姬，生懿公；宋华子，生公子雍。公与管仲属孝公于宋襄公，以为太子。易牙有宠于卫恭姬，因寺人貂以荐羞于公，请立武孟。公许之。管仲卒，五公子皆求立。適读曰嫡。下亦同。数，音所角反。"

③师古曰："鲁僖十七年，齐桓公卒，易牙入，因内宠以杀群吏，立无亏。孝公奔宋。十八年，齐立孝公，不胜四公子之徒，遂与宋人战，败齐师于甗，立孝公而还。八月，葬桓公，是为过于九月乃得葬也。"

④李奇曰："以为疫杀其民人。"

釐公二十年"五月乙巳，西宫灾"。①《谷梁》以为愍公宫也，以谥言之则若疏，故谓之西宫。刘向以为釐立妾母为夫人以入宗庙，②故天灾愍宫。若曰，去其卑而亲者，将害宗庙之正礼。③董仲舒以为釐娶于楚，而齐媵之，胁公使立以为夫人。④西宫者，小寝，夫人之居也。若曰，妾何为此宫！诛去之意也。以天灾之，故大之曰西宫也。《左氏》以为西宫者，公宫也。言西，知有东。东宫，太子所居，言宫，举区皆灾也。

①师古曰："釐，读曰喜。后皆类此。"

②师古曰："僖公之母，谓成风也。本非正嫡，僖既为君，而母遂同夫人礼。文四年经书'夫人风氏薨'，五年'王使荣叔归含且赗'，是也。"

③师古曰："愍公于僖公为弟，故云卑。"

④师古曰："僖公初聘楚女为嫡，齐女为媵。时齐先致其女，胁鲁使立为夫人。事见《公羊》、《谷梁传》。"

　　宣公十六年"夏，成周宣榭火"。①榭者，所以臧乐器。宣，其名
也。董仲舒、刘向以为十五年王札子杀召伯、毛伯，②天子不能诛。
天戒若曰，不能行政令，何以礼乐为而臧之？《左氏经》曰："成周宣
榭火，人火也。人火曰火，天火曰灾。"榭者，讲武之坐屋。

　　①师古曰："《公羊经》也。成周，洛阳也。"

　　②师古曰："王札子，即王子捷也。召伯、毛伯，周二大夫也。召，读曰邵。后
　　　皆类此。"

　　成公三年"二月甲子，新宫灾"。《谷梁》以为宣宫，不言谥，恭
也。刘向以为时鲁三桓子孙始执国政，宣公欲诛之，恐不能，使大夫
公孙归父如晋谋。未反，宣公死。三家谮归父于成公。成公父丧未
葬，听谗而逐其父之臣，使奔齐，①故天灾宣宫，明不用父命之象
也。一曰，三家亲而亡礼，犹宣公杀子赤而立。②亡礼而亲，天灾宣
庙，欲示去三家也。董仲舒以为成居丧亡哀戚心，数兴兵战伐，③故
天灾其父庙，示失子道，不能奉宗庙也。一曰，宣杀君而立，不当列
于群祖也。

　　①师古曰："三桓，谓孟孙、叔孙、季孙三家，俱出桓公之子也。公孙归父，
　　　东门襄仲之子也。归父欲去三桓以张公室，与宣公谋，而聘于晋，欲以
　　　晋人去之。而宣公薨，成公即位，季文子及臧宣叔乃逐东门氏。归父还，
　　　复命于介，遂出奔齐。"

　　②师古曰："赤，文公太子，即子恶也。宣公，文公之庶子。襄仲杀赤而立宣
　　　公。"

　　③师古曰："谓元年作丘甲，二年季孙行父帅师会晋却克及齐侯战于鞍，
　　　三年叔孙侨如帅师围棘。"

　　襄公九年"春，宋灾"。刘向以为先是宋公听谗，逐其大夫华弱，
出奔鲁。①《左氏传》曰，宋灾，乐喜为司城，②先使火所未至彻小
屋，③涂大屋，④陈畚挶，⑤具绠缶，⑥备水器，⑦畜水潦，积土涂，⑧
缮守备，⑨表火道，⑩储正徒。⑪郊保之民，使奔火所。⑫又饬众官，
各慎其职。⑬晋侯闻之，问士弱曰：⑭"宋灾，于是乎知有天道，何
故？"对曰："古之火正，或食于心，或食于咮，以出入火。⑮是故咮为
鹑火，心为大火。陶唐氏之火正阏伯，居商丘，祀大火，而火纪时焉。

相土因之,故商主大火。商人阅其祸败之衅必始于火,是以知有天道。"公曰:"可必乎?"对曰:"在道。国乱亡象,不可知也。⑯说曰:古之火正,谓火官也,掌祭火星,行火政。季春昏,心星出东方,而啄、七星、鸟首正在南方,则用火;季秋,星入,则止火,以顺天时,救民疾。帝喾则有祝融,尧时有阏伯,民赖其德,死则以为火祖,配祭火星,故曰"或食于心,或食于咮也"。相土,商祖契之曾孙,⑰代阏伯后主火星。宋,其后也,世司其占,故先知火。贤君见变,能修道以除凶;乱君亡象,天不谴告,故不可必也。

①师古曰:"华弱,华耦之孙也,与乐辔少相狎,长相优,又相谤。辔以弓梏弱于朝,宋平公怒,逐之,遂来奔。事在襄六年。"

②师古曰:"司城,本司空,避武公之讳,故改其官为司城。"

③师古曰:"恐火及之,故彻去。"

④师古曰:"大屋难彻,故以泥涂之,令火至不可焚。"

⑤应劭曰:"畚,草笼也,读与本同。輂,所以舆土也。"师古曰:"輂,音居玉反。"

⑥师古曰:"綆,汲索也。缶,即盎也。綆,音工杏反。"

⑦师古曰:"罃甃之属也。许氏《说文解字》曰'罃,备火,今之长颈瓶也'。"

⑧师古曰:"潦,行潦也。畜,读曰蓄。蓄,谓障遏聚之也。涂,泥也。"

⑨师古曰:"缮,谓补修之也。修守御之备,恐因火有它故也。"

⑩师古曰:"火之所起之道皆立标记也。"

⑪师古曰:"储,偫也。正徒,役徒也。偫,音丈纪反。"

⑫师古曰:"郊保之人,谓郊野之外保聚者也。使奔火所,共救灾也。"

⑬师古曰:"饬,读与敕同。"

⑭师古曰:"士弱,晋大夫士庄伯。"

⑮师古曰:"咮,音竹救反。"

⑯韦昭曰:"大乱之君,天不复告,故无象。"

⑰师古曰:"契,读曰偰,音先列反。字或作禼,其用同耳。据诸典籍,相土即禼之孙,今云曾孙,未详其意。"

三十年"五月甲午,宋灾"。董仲舒以为伯姬如宋五年,宋恭公卒,①伯姬幽居守节三十余年,又忧伤国家之患祸,积阴生阳,故火生灾也。刘向以为先是宋公听谗而杀太子痤,②应火不炎上之罚也。

①师古曰："伯姬，鲁宣公女恭姬也。成九年归于宋，十五年而宋公卒。今云如宋五年，则是转写误。"

②师古曰："痤，宋平公太子也。寺人惠墙伊戾谮太子，云与楚客盟，平公杀之。事在襄二十六年。痤，音在戈反。"

《左氏传》昭公六年"六月丙戌，郑灾"。是春三月，郑人铸刑书。士文伯曰："火见，郑其火乎？①火未出而作火以铸刑器，臧争辟焉。②火而象之，不火何为？"说曰：火星生出于周五月，而郑以三月作火铸鼎，刻刑辟书，以为民约，是为刑器争辟。故火星出，与五行之火争明为灾，其象然也，又弃法律之占也。不书于经，时不告鲁也。

①师古曰："士文伯，晋大夫伯瑕也。"

②师古曰："著刑于鼎，故称刑器。法设下争，故云争辟。"

九年"夏四月，陈火"。①董仲舒以为陈夏徵舒杀君，楚严王托欲为陈讨贼，陈国辟门而待之，至因灭陈。②陈臣子尤毒恨甚，极阴生阳，故致火灾。刘向以为先是陈侯弟招杀陈太子偃师，③皆外事，不因其宫馆者，略之也。八年十月壬午，楚师灭陈，④《春秋》不与蛮夷灭中国，故复书陈火也。⑤《左氏经》曰"陈灾"。传曰："郑裨灶曰：'五年，陈将复封，⑥封五十二年而遂亡。'子产问其故，对曰：'陈，水属也。火，水妃也，而楚所相也。今火出而火陈，逐楚而建陈也。妃以五成，故曰五年。岁五及鹑火，而后陈卒亡。楚克有之，天之道也。'"说曰：颛顼以水王，陈其族也。⑦今兹岁在星纪，后五年在大梁。大梁，昴也。金为水宗，得其宗而昌，故曰"五年陈将复封"。楚之先为火正，故曰"楚所相也"。天以一生水，地以二生火，天以三生木，地以四生金，天以五生土。五位皆以五而合，而阳阳易位，故曰"妃以五成"。成然则水之大数六，火七，木八，金九，土十。故水以天一为火二牡，木以天三为土十牡，土以天五为水六牡，火以天七为金四牡，金以天九为木八牡。阳奇为牡，阴耦为妃。⑧故曰"水，火之牡也；火，水妃也"。于《易》，《坎》为水，为中男，《离》为火，为中女,盖取诸此也。自大梁四岁而及鹑火,四周四十八岁,凡五及鹑火,五十二年而陈卒亡。火盛水衰,故曰"天之道也"。哀公十七年七月己卯,楚灭陈。

①师古曰:"《公羊经》。"

②师古曰:"夏徵舒,陈卿夏南,即少西氏也。徵之母通于灵公,灵公饮酒于夏氏,徵舒射而杀之。楚子为夏氏乱故伐陈,谓陈人无动,将讨于少西氏,遂入陈,杀夏徵舒,轘诸栗门,因县陈。事在宣公十年、十一年。"

③师古曰:"招,谓陈哀公之弟。偃师,即哀公子也。哀公有废疾,招杀太子而立公子留。事在昭八年。招,音韶。"

④师古曰:"庄王初虽县陈,纳申叔时之谏,乃复封陈,至此时陈又为楚灵王所灭。"

⑤师古曰:"九年火时,陈已为楚县,犹追书陈国者,以楚蛮夷,不许其灭中夏之国。"

⑥师古曰:"裨灶,郑大夫。"

⑦师古曰:"陈,舜后也。舜本出颛顼。"

⑧师古曰:"奇,音居宜反。"

昭十八年"五月壬午,宋、卫、陈、郑灾"。董仲舒以为象王室将乱,天下莫救,故灾四国,言亡四方也。又宋、卫、陈、郑之君皆荒淫于乐,不恤国政,与周室同行。阳失节则火灾出,是以同日灾也。刘向以为宋、陈,王者之后,①卫、郑,周同姓也。②时周景王老,刘子、单子事王子猛,③尹氏、召伯、毛伯事王子朝。④子朝,楚之出也。⑤及宋、卫、陈、郑亦皆外附于楚,亡尊周室之心。后二年,景王崩,王室乱,故天灾四国。天戒若曰,不救周,反从楚,废世子,立不正,以害王室,明同罪也。

①师古曰:"宋微子启本出殷,陈胡公满有虞苗裔,皆王者之后。"

②师古曰:"卫康叔,文王之子。郑桓公,宣王之弟。"

③师古曰:"刘子,刘献公挚也。单子,穆公旗也。皆周大夫也。猛,景王太子。单,音善。"

④师古曰:"尹氏,文公固也。召伯,庄公奂也。毛伯,毛得也。皆周大夫也。子朝,景王庶子也。朝,古朝字。"

⑤师古曰:"姊妹之子曰出。"

定公二年"五月，雉门及两观灾"。①董仲舒、刘向以为此皆奢僭过度者也，先是，季氏逐昭公，昭公死于外。②定公即位，不能诛季氏，又用其邪说，淫于女乐，而退孔子。③天戒若曰，去高显而奢僭者。一曰，门阙，号令所由出也，今舍大圣而纵有罪，亡以出号令矣。京房《易传》曰："君不思道，厥妖火烧宫。"

①师古曰："雉门，公宫南门也。两观，谓阙。"

②师古曰："谓薨于乾侯。"

③师古曰："齐人归女乐，季桓子劝定公受之，君臣相与观之，废朝礼三日，孔子乃行。"

哀公三年"五月辛卯，桓、釐宫灾"。董仲舒、刘向以为此二宫不当立，违礼者也。哀公又以季氏之故不用孔子。孔子在陈闻鲁灾，曰："其桓、釐之宫乎！"以为桓，季氏之所出，釐，使季氏世卿者也。

四年"六月辛丑，亳社灾"。①董仲舒、刘向以为亡国之社，所以为戒也。②天戒若曰，国将危亡，不用戒矣。《春秋》火灾，屡于定、哀之间，不用圣人而纵骄臣，将以亡国，不明甚也。一曰，天生孔子，非为定、哀也，盖失礼不明，火灾应之，自然象也。

①师古曰："亳社，殷社也。"

②师古曰："存其社者，欲使君常思敬慎，惧危亡也。"

高后元年五月丙申，赵丛台灾。刘向以为是时吕氏女为赵王后，嫉妒，将为谗口以害赵王。王不寤焉，卒见幽杀。

惠帝四年十月乙亥，未央宫凌室灾；①丙子，织室灾。②刘向以为元年吕太后杀赵王如意，残戮其母戚夫人。是岁十月壬寅，太后立帝姊鲁元公主女为皇后。其乙亥，凌室灾。明日，织室灾。凌室所以供养饮食，织室所以奉宗庙衣报，与《春秋》御廪同义。天戒若曰，皇后亡奉宗庙之德，将绝祭祀。其后，皇后亡子，后宫美人有男，太后使皇后名之，而杀其母。惠帝崩，嗣子立，有怨言，太后废之，更立吕氏子弘为少帝。赖大臣共诛诸吕而立文帝，惠后幽废。

①师古曰："藏冰之室也。"

②师古曰："织作之室。"

文帝七年六月癸酉，未央宫东阙罘罳灾。①刘向以为东阙所以朝诸侯之门也，罘思在其外，诸侯之象也。汉兴，大封诸侯王，连城数十。文帝即位，贾谊等以为违古制度，必将叛逆。先是，济北、淮南王皆谋反；其后，吴楚七国举兵而诛。

①师古曰："罘思，阙之屏也。解具在《文纪》。"

景帝中五年八月己酉，未央宫东阙灾。先是，栗太子废为临江王，①以罪征诣中尉，自杀。丞相条侯周亚夫以不合旨称疾免，后二年下狱死。

①师古曰："景帝太子，栗姬所生，谓之栗太子。"

武帝建元六年六月丁酉，辽东高庙灾。四月壬子，高园便殿火。董仲舒对曰："《春秋》之道，举往以明来。是故天下有物，视《春秋》所举与同比者，①精微眇以存其意，通伦类以贯其理，天地之变，国家之事，粲然皆见，亡所疑矣。案《春秋》鲁定公、哀公时，季氏之恶已孰，②而孔子之圣方盛。夫以盛圣而易孰恶，季孙虽重，鲁君虽轻，其势可成也。故定公二年五月两观灾。两观，僭礼之物，③天灾之者，若曰，僭礼之臣可以去。已见罪征，而后告可去，此天意也。定公不知省。④至哀公三年五月，桓宫、釐宫灾。二者同事，所为一也，若曰，燔贵而去不义云尔。⑤哀公未能见，故四年六月亳社灾。两观、桓、釐庙、亳社，四者皆不当立，天皆燔其不当立者以示鲁，欲其去乱臣而用圣人也。季氏亡道久矣，前是，天不见灾者，鲁未有贤圣臣，虽欲去季孙，其力不能，昭公是也。⑥至定、哀乃见之，其时可也。不时不见，天之道也。今高庙不当居辽东，高园殿不当居陵旁，于礼亦不当立，与鲁所灾同。其不当立久矣，至于陛下时天乃灾之者，殆亦其时可也。昔秦受亡周之敝，而亡以化之；汉受亡秦之敝，又亡以化之。夫继二敝之后，承其下流，兼受其猥，难治甚矣。⑦又多兄弟亲戚骨肉之连，骄扬奢侈，⑧恣睢者众，⑨所谓重难之时者也。陛下正当大敝之后，又遭重难之时，甚可忧也。故天灾若语陛下：'当今之世，虽敝而重难，非以大平至公，不能治也。视亲戚贵属在诸侯远正最甚者，忍而诛之，⑩如吾燔辽东高庙乃可；视近臣在国中处旁仄及贵而不正者，忍而诛之，⑪如吾燔高园殿乃可'云尔。

在外而不正者,虽贵如高庙犹灾燔之,况诸侯乎!在内不正者,虽贵如高园殿犹燔灾之,况大臣乎!此天意也。罪在外者天灾外,罪在内者天灾内,燔甚罪当重,燔简罪当轻,承天意之道也。"

①师古曰:"比,类也,音必寐反。"

②师古曰:"孰,成也。"

③师古曰:"两观,天子之制也。"

④师古曰:"省,察也。"

⑤师古曰:"燔,音烦。"

⑥师古曰:"前是,谓此时之前也。见,显示也,音胡电反。次下并同。"

⑦师古曰:"猥,积也,谓积敝也。"

⑧师古曰:"扬,谓振扬张大也。"

⑨服虔曰:"自恣意怒貌也。"师古曰:"睢,音呼季反。"

⑩师古曰:"远,离也,谓离正道者也。"

⑪师古曰:"仄,古侧字。"

先是,淮南王安入朝,始与帝舅太尉武安侯田蚡有逆言。其后、胶西于王、赵敬肃王、常山宪王皆数犯法,或至夷灭人家,药杀二千石,而淮南、衡山王遂谋反。胶东、江都王皆知其谋,阴治兵弩,欲以应之。至元朔六年,乃发觉而伏辜。时田蚡已死,不及诛。上思仲舒前言,使仲舒弟子吕步舒持斧钺治淮南狱,以《春秋》谊颛断于外,不请。①既还奏事,上皆是之。

①师古曰:"颛,与专同。不请者,不奏待报。"

太初元年十一月乙酉,未央宫柏梁台灾。先是,大风发其屋,夏侯始昌先言其灾日。后有江充巫蛊卫太子事。

征和二年春,涿郡铁官铸铁,铁销,皆飞上去,此火为变使之然也。其三月,涿郡太守刘屈氂为丞相。后月,巫蛊事兴,帝女诸邑公主、阳石公主、①丞相公孙贺、子太仆敬声、平阳侯曹宗等皆下狱死。七月,使者江充掘蛊太子宫,太子与母皇后议,恐不能自明,乃杀充,举兵与丞相刘屈氂战,死者数万人,太子败走,至湖自杀。②明年,屈氂复坐祝诅要斩,③妻枭首也。成帝河平二年正月,沛郡铁官铸铁,铁不下,隆隆如雷声,又如鼓音,工十三人惊走。音止,还视地,地陷数尺,炉分为十,一炉中销铁散如流星,皆上去,与征和二年同象。其夏,帝舅五人封列侯,号五侯。④元舅王凤为大司马大将军秉政。后二年,丞相王商与凤有隙,凤谮之,免官,自杀。明年,京兆尹王章讼商忠直,言凤颛权,凤诬章以大逆罪,下狱死,妻子徙合浦。后许皇后坐巫蛊废,而赵飞燕为皇后,妹为昭仪,贼害皇子,成帝遂亡嗣。皇后、昭仪皆伏辜。一曰,铁飞属金不从革。

①师古曰:"诸,琅邪之县也。公主所食曰邑,故谓之诸邑。阳石,北海之县,字亦作羊。"

②师古曰:"湖,县名也。即今阌乡、湖城二县界。"

③师古曰:"褆,古诅字也,音侧据反。"

④师古曰:"谭、商、立、根、逢时,凡五人。"

昭帝元凤元年,燕城南门灾。刘向以为时燕王使邪臣通于汉,为谗贼,谋逆乱。南门者,通汉道也。天戒若曰,邪臣往来,为奸谗于汉,绝亡之道也。燕王不寤,卒伏其辜。

元凤四年五月丁丑,孝文庙正殿灾。刘向以为孝文,太宗之君,与成周宣榭火同义。先是,皇后父车骑将军上官安、安父左将军桀谋为逆,大将军霍光诛之。皇后以光外孙,年少不知,居位如故。光欲后有子,因上侍疾医言,禁内后宫皆不得进,唯皇后颛寝。皇后年六岁而立,十三年而昭帝崩,遂绝继嗣。光执朝政,犹周公之摄也。是岁正月,上加元服,①通《诗》、《尚书》,有明哲之性。光亡周公之德,秉政九年,久于周公,上既已冠,而不归政,将为国害。故正月加元服,五月而灾见。古之庙皆在城中,孝文庙始出居外,天戒若曰,去贵而不正者。宣帝既立,光犹摄政,骄溢过制,至妻显杀许皇后,光闻而不讨,后遂诛灭。

①师古曰:"谓冠也。"

宣帝甘露元年四月丙申,太上皇庙灾。甲辰,孝文庙灾。元帝初元三年四月乙未,孝武园白鹤馆灾。刘向以为先是前将军萧望之、光禄大夫周堪辅政,为佞臣石显、许章等所谮,望之自杀,堪废黜。明年,白鹤馆灾。园中五里驰逐走马之馆,①不当在山陵昭穆之地。天戒若曰，去贵近逸游不正之臣，将害忠良。后章坐走马上林下烽驰逐，免官。②

　①师古曰："五里者，言其周回五里。"

　②孟康曰："夜于上林苑下举火驰射也。烽或作逢。"晋灼曰："冠首曰烽。竞走曰逐。"师古曰："孟说是。"

　　永光四年六月甲戌，孝宣杜陵园东阙南方灾。刘向以为先是上复征用周堪为光禄勋，及堪弟子张猛为太中大夫，石显等复谮毁之，皆出外迁。是岁，上复征堪领尚书，猛给事中，石显等终欲害之。园陵小于朝廷，阙在司马门中，内臣石显之象也。孝宣，亲而贵；阙，法令所从出也。天戒若曰，去法令，内臣亲而贵者，必为国害。后堪希得进见，因显言事，事决显口。堪病不能言。显诬告张猛，自杀于公车。成帝即位，显卒伏辜。

　　成帝建始元年正月乙丑，皇考庙灾。初，宣帝为昭帝后而立父庙，于礼不正。是时，大将军王凤颛权擅朝，甚于田蚡，将害国家，故天于元年正月而见象也。其后寖盛，①五将世权，遂以亡道。②

　①师古曰："寖，古浸字。浸，渐也。"

　②孟康曰："谓王五大司马也。"师古曰："谓凤、音、商、根、莽也。"

　　鸿嘉三年八月乙卯，孝景庙北阙灾。十一月甲寅，许皇后废。

　　永始元年正月癸丑，大官凌室灾。戊午，戾后园南阙灾。是时，赵飞燕大幸，许后既废，上将立之，故天见象于凌室，与惠帝四年同应。戾后，卫太子妾，遭巫蛊之祸，宣帝既立，追加尊号，于礼不正。又戾后起于微贱，与赵氏同应。天戒若曰，微贱亡德之人，不可以奉宗庙，将绝祭祀，有凶恶之祸至。其六月丙寅，赵皇后遂立，姊妹骄妒，贼害皇子，卒皆受诛。

　　永始四年四月癸未，长乐宫金华殿及未央宫东司马门灾。六月甲午，孝文霸陵园东阙南方灾。长乐宫，成帝母王太后之所居也。未央宫，帝所居也。霸陵，太宗盛德园也。是时，太后三弟相续秉政，①举宗居位，充塞朝廷，两宫亲属将害国家，②故天象仍见。③明年，成都侯商薨，弟曲阳侯根代为大司马秉政。后四年，根乞骸骨，荐兄子新都侯莽自代,遂覆国焉。

①师古曰:"谓阳平侯凤、安阳侯音、成都侯商相代为大司马。"

②师古曰:"谓太后家王氏,皇后家赵氏,故云两宫亲属。"

③师古曰:"仍,重也。"

哀帝建平三年正月癸卯,桂宫鸿宁殿灾,帝祖母傅太后之所居也。时,傅太后欲与成帝母等号齐尊,大臣孔光、师丹等执政,以为不可,太后皆免官爵,遂称尊号。后三年,帝崩,傅氏诛灭。

平帝元始五年七月己亥,高皇帝原庙殿门灾尽。①高皇帝庙在长安城中,后以叔孙通讯复道,故复起原庙于渭北,非正也。是时平帝幼,成帝母王太后临朝,委任王莽,将篡绝汉,堕高祖宗庙,②故天象见也。其冬,平帝崩。明年,莽居摄,因以篡国,后卒夷灭。

①师古曰:"原庙,重庙也。"

②师古曰:"堕,毁也,音火规反。"

传曰:"治宫室,饰台榭,①内淫乱,犯亲戚,侮父兄,则稼穑不成。"

①师古曰:"台有室曰榭。"

说曰:土,中央,生万物者也。其于王者,为内事。宫室、夫妇、亲属,亦相生者也。古者天子诸侯,宫庙大小高卑有制,后夫人媵妾多少进退有度,九族亲疏长幼有序。孔子曰:"礼,与其奢也,宁俭。"①故禹卑宫室,②文王刑于寡妻,③此圣人之所以昭教化也。④如此则土得其性矣。若乃奢淫骄慢,则土失其性。亡水旱之灾而草木百谷不孰,是为稼穑不成。

①师古曰:"《论语》载孔子之言也。若不得礼之中而失于奢,则不如俭。"

②师古曰:"《论语》载孔子曰:'禹,吾无间然矣,卑宫室而尽力乎沟洫。'谓勤于治水而所居狭陋也。"

③师古曰:"《大雅·思齐》之诗云:'刑于寡妻,至于兄弟,以御于家邦。'刑,法也。寡妻,谓正嫡也。御,治也。此美文王以礼法接待其妻,旁及兄弟宗族,又广以政教治家邦。"

④师古曰:"昭,明也。"

严公二十八年"冬,大亡麦禾"。董仲舒以为夫人哀姜淫乱,①逆阴气,故大水也。刘向以为水旱当书,不书水旱而曰"大亡麦禾"者,土气不养,稼穑不成者也。是时,夫人淫于二叔,内外亡别,②又因凶饥,一年而三筑台,③故应是而稼穑不成,饰台榭内淫乱之罚云。遂不改寤,四年而死④,祸流二世,⑤奢淫之患也。

①师古曰:"哀姜,庄公夫人,齐女也。"

②师古曰:"二叔,谓庄公二弟仲庆父及叔牙。"

③师古曰:"谓三十一年春筑台于郎,夏筑台于薛,秋筑台于秦也。郎、薛、秦,皆鲁地。"

④师古曰:"庄公三十二年薨,距大无麦禾,凡四岁也。"

⑤师古曰:"谓子般及闵公,皆杀死。"

传曰:"好战攻,轻百姓,饰城郭,侵边境,则金不从革。"

说曰:金,西方,万物既成,杀气之始也。故立秋而鹰隼击,秋分而微霜降。其于王事,出军行师,把旄杖钺,誓士众,抗威武,所以征畔逆止暴乱也。《诗》云:"有虔秉钺,如火烈烈。"①又曰:"载戢干戈,载櫜弓矢。"②动静应谊,"说以犯难,民忘其死"③金得其性矣。若乃贪欲恣睢,务立威胜,④不重民命,则金失其性。盖工冶铸金铁,金铁冰滞涸坚,不成者众,⑤及为变怪,是为金不从革。

①师古曰:"《商颂·长发》之诗也。虔,固也。此美殷汤兴师出征,固持其钺,以诛有罪,威力猛盛,如火炽烈。"

②师古曰:"《周颂·时迈》之诗也。戢,聚也。櫜,韬也。言天下太平,兵不复用,故戢敛而韬藏也。"

③师古曰:"言以和悦使人,虽犯危难,不顾其死生也。《易·兑卦》象曰'说以犯难,人忘其死',故引之也。说,读曰悦。"

④师古曰:"睢,音呼季反。"

⑤师古曰:"涸,读与沍同。沍,凝也,音下故反。《春秋左氏传》曰'固阴沍寒'。"

《左氏传》曰昭公八年"春,石言于晋"。晋平公问于师旷,①对曰:"石不能言,神或冯焉。作事不时,怨讟动于民,②则有非言之物而言。今宫室崇侈，民力凋尽，怨讟并兴，莫信其性，③石之言不亦宜乎!"于是晋侯方筑虒祁之宫。④叔向曰："君子之言，信而有征。"⑤刘歆以为金石同类，是为金不从革，失其性也。刘向以为石白色为主，属白祥。

①师古曰："晋掌乐大夫。"

②师古曰："讟，痛怨之言也，音读。"

③师古曰："信，犹保也。性，生也。一说：信，读曰申，言不得申其性命也。"

④师古曰："虒祁，地在绛西，临汾水。虒，音斯。"

⑤师古曰："叔向，晋大夫羊舌肸也。向，音许两反，字亦作鄬，其音同。"

　　成帝鸿嘉三年五月乙亥，天水冀南山大石鸣，①声隆隆如雷，有顷止，闻平襄二百四十里，②野鸡皆鸣。③石长丈三尺，广厚略等，④旁著岸胁，去地二百余丈，民俗名曰石鼓。石鼓鸣，有兵。是岁，广汉钳子谋攻牢，⑤篡死罪囚郑躬等，盗库兵，劫略吏民，衣绣衣，自号曰山君，党与浸广。⑥明年冬，乃伏诛，自归者三千余人。后四年，尉氏樊并等谋反，杀陈留太守严普，自称将军，山阳亡徒苏令等党与数百人盗取库兵，经历郡国四十余，皆逾年乃伏诛。是时起昌陵，作者数万人，徙郡国吏民五千余户以奉陵邑。作治五年不成，乃罢昌陵，还徙家。⑦石鸣，与晋石言同应。师旷所谓"民力凋尽"，传云"轻百姓"者也。虒祁离宫去绛都四十里，昌陵亦在郊野，皆与城郭同占。城郭属金，宫室属土，外内之别云。

①师古曰："天水之冀县南山也。"

②韦昭曰："天水县。"

③师古曰："雉也。"

④师古曰："广及厚皆如其长。"

⑤师古曰："钳子，谓钳徒也。牢，系重囚之处。"

⑥师古曰："浸，渐也。"

⑦师古曰："初徙人陪昌陵者，令皆还其本居。"

　　传曰："简宗庙，不祷祠，废祭祀，逆天时，则水不润下。"

　　说曰：水，北方，终臧万物者也。其于人道，命终而形臧，精神放越,圣人为之宗庙以安魂气,春秋祭祀以终孝道。王者即位,必郊祀天地,祷祈神祇,望秩山川,怀柔百神,亡不宗事。①慎其齐戒,致其严敬,鬼神歆飨,多获福助。此圣王所以顺事阴气,和神人也。至发号施令,亦奉天时。十二月咸得其气,则阴阳调而终始成。如此,则水得其性矣。若乃不敬鬼神,政令逆时,则水失其性。雾水暴出,百川逆溢,坏乡邑,溺人民,及淫雨伤稼穑,是为水不润下。京房《易传》曰:"颛事有知,诛罚绝理,厥灾水,其水也,雨杀人以陨霜,大风天黄。饥而不损,兹谓泰,厥灾水,水杀人。辟遏有德,兹谓狂,②厥灾水,水流杀人,已水则地生虫。归狱不解,兹谓追非,③厥水寒,杀人。追诛不解,兹谓不理,厥水五谷不收。大败不解,兹谓皆阴。解,舍也。王者于大败,诛首恶,赦其众,不则皆函阴气,④厥水流入国邑,陨霜杀叔草。"

①师古曰:"怀,来也。柔,安也。谓招来而祭祀之,使其安也。宗,尊也。"

②应劭曰:"辟,天子也。有德者雍遏不用也。"师古曰:"遏,音一曷反。"

③李奇曰:"归罪过于民,不罪己也。"张晏曰:"谓释有罪之人而归无辜者也。解,止也。追非,遂非也。"

④师古曰:"函,读与含同。"

桓公元年"秋,大水"。董仲舒、刘向以为桓弑兄隐公,民臣痛隐而贱桓。后宋督弑其君,①诸侯会将讨之,②桓受宋赂而归,③又背宋。诸侯由是伐鲁,仍交兵结仇,伏尸流血,百姓愈怨,④故十三年夏复大水。一曰,夫人骄淫,将弑君,阴气盛,桓不寤,卒杀。⑤刘歆以为桓易许田,不祀周公,⑥废祭祀之罚也。

①师古曰:"宋华父督为太宰,弑殇公,事在桓公二年。"

②师古曰:"谓齐、陈、郑也。"

③师古曰:"谓郜大鼎。"

④师古曰:"桓会宋公者五,与宋公、燕人盟,已而背盟伐宋。宋公、燕人怨而求助,齐、卫助之。桓公惧,而会纪侯、郑伯及四国之师大战。"

⑤师古曰:"已解于上也。"

⑥师古曰:"许田,鲁朝宿之邑,而有周公别庙。桓既篡位,遂以许田与郑,而取郑之祊田,故云不祀周公。"

严公七年"秋,大水,亡麦苗"。董仲舒、刘向以为严母文姜与兄齐襄公淫,共杀桓公,严释父仇,复取齐女,未入,先与之淫,一年再出,会于道逆乱,臣下贱之之应。

十一年"秋,宋大水"。董仲舒以为时鲁、宋比年为乘丘、鄑之战,①百姓愁怨,阴气盛,故二国俱水。刘向以为时宋愍公骄慢,睹灾不改,明年与其臣宋万博戏,妇人在侧,矜而骂万,万杀公之应。②

①师古曰:"比年,频年也。庄十年,公败宋师于乘丘。十一年,公败宋师于鄑。丘、鄑,鲁地。鄑,音子移反。"

②师古曰:"万,宋大夫也。战败获于鲁,复归宋,又为大夫,与愍公博,妇人在侧。万曰:'甚矣,鲁侯之淑,鲁侯之美!天下诸侯宜为君者,唯鲁侯耳。'愍公矜此妇人,妒其言,顾曰:'此虏也。尔虏焉,故鲁侯之美恶乎至!'万怒,搏愍公,绝其脰而死。事在庄十二年。"

二十四年,"大水"。董仲舒以为夫人哀姜淫乱不归,阴气盛也。刘向以为哀姜初入,公使大夫宗妇见,用币,①又淫于二叔,公弗能禁。臣下贱之,故是岁、明年仍大水。②刘歆以为先是严饰宗庙,刻桷丹楹,以夸夫人,③简宗庙之罚也。④

①师古曰:"宗妇,同姓之妇也。大夫妻及宗妇见夫人者,皆令执币,是逾礼也。"

②师古曰:"仍,频也。"

③臣瓒曰:"桷,榱也。"韦昭曰:"楹,柱也。"师古曰:"庄公二十三年丹桓宫楹,二十四年刻桓宫桷。将迎夫人,故为盛饰。"

④师古曰:"简,慢也。"

宣公十年"秋,大水,饥"。董仲舒以为时比伐邾取邑,①亦见报复,兵仇连结,百姓愁怨。刘向以为宣公杀子赤而立,子赤,齐出也,②故惧,以济西田赂齐。③邾子貜且亦齐出也,④而宣比与邾交兵。⑤臣下惧齐之威,创邾之祸,⑥皆贱公行而非其正也。

①师古曰:"比,频也。九年秋,取根牟。《公羊传》曰:'根牟者何?邾娄之邑也。'十年,公孙归父帅师伐邾取绎,故云比年也。"

②师古曰:"赤母姜氏。赤死,姜氏大归,齐市人皆哭,鲁人谓之哀姜。"

③师古曰："宣既即位，与齐侯会于平州，以定其位。元年六月，齐人取济西田，为立公故，以败齐也。"

④师古曰："貜且，邾文公之子邾定公也，亦齐女所生。貜，音俱碧反，又音矍。且，音子余反。"

⑤师古曰："比，频也。"

⑥师古曰："创，惩也，音初亮反。"

成公五年"秋，大水"。董仲舒、刘向以为时成幼弱，政在大夫，前此一年再用师，①明年复城郓以强私家，②仲孙蔑、叔孙侨如颛会宋、晋，阴胜阳。③

①师古曰："成三年春，公会晋侯、宋公、卫侯、曹伯伐郑，秋，叔孙侨如帅师围棘，是也。"

②师古曰："四年城郓。郓，季氏邑，音运。"

③师古曰："仲孙蔑，孟献子也。成五年春，仲孙蔑如宋。夏，叔孙侨如会晋荀首于谷。颛，与专同。专者，不禀命于公。"

襄公二十四年"秋，大水"。董仲舒以为先是一年齐伐晋，襄使大夫帅师救晋，①后又侵齐，②国小兵弱，数敌强大，百姓悉怨，阴气盛。刘向以为先是襄慢邻国，是以邾伐其南，③齐伐其北，④莒伐其东，⑤百姓骚动，后又仍犯强齐也。⑥大水，饥，谷不成，其灾甚也。

①师古曰："襄二十三年秋，齐伐卫，遂伐晋。八月，叔孙豹帅师救晋，次于雍榆。"

②师古曰："二十四年，仲孙羯帅师侵齐。"

③师古曰："十五年，邾人伐我南鄙是也。"

④师古曰："十六年，齐人伐我北鄙是也。"

⑤师古曰："十二年，莒人伐我东鄙是也。"

⑥师古曰："十八年，公会晋侯、宋公、卫侯、郑伯同围齐。二十三年救晋，二十四年又侵齐，是重犯也。"

高后三年夏，汉中、南郡大水，水出流四千余家。四年秋，河南大水，伊、雒流千六百余家，汝水流八百余家。八年夏，汉中、南郡水复出，流六千余家。南阳沔水流万余家。①是时，女主独治，诸吕相王。

①师古曰：“沔，汉水之上也，音弥善反。”

文帝后三年秋，大雨，昼夜不绝三十五日。蓝田山水出，流九百余家。燕坏民室八千余所，杀三百余人。先是，赵人新垣平以望气得幸，为上立渭阳五帝庙，欲出周鼎，以夏四月，郊见上帝。①岁余惧诛，谋为逆，发觉，要斩，夷三族。是时，比再遣公主配单于，赂遗甚厚，②匈奴愈骄，侵犯北边，杀略多至万余人，汉连发军征讨戍边。

①师古曰：“事并见《郊祀志》。”

②师古曰：“比，类也。高祖使刘敬奉宗室女翁主为冒顿单于阏氏。冒顿死，其子老上单于初立，文帝复遣宗人女为单于阏氏。”

元帝永光五年夏及秋，大水。颍川、汝南、淮阳、庐江雨，坏乡聚民舍，及水流杀人。先是一年，有司奏罢郡国庙，是岁又定迭毁，①罢太上皇、孝惠帝寝庙，皆无复修，通儒以为违古制。刑臣石显用事。②

①师古曰：“亲尽则毁，故云迭毁。事在《韦玄成传》。迭，音大结反。”

②师古曰：“石显宦者，故曰刑臣。”

成帝建始三年夏，大水，三辅霖雨三十余日，郡国十九雨，山谷水出，凡杀四千余人，坏官寺民舍八万三千余所。元年，有司奏徙甘泉泰畤、河东后土于长安南北郊。二年，又罢雍五畤，郡国诸旧祀，凡六所。

汉书卷二七中之上
志第七中之上

五行中之上

经曰："羞用五事。一曰貌，二曰言，三曰视，四曰听，五曰思。①貌曰恭，言曰从，视曰明，听曰聪，思曰容，②恭作肃，从作艾，③明作哲，聪作谋，④容作圣。⑤休征：⑥曰肃，时雨若；⑦艾，时阳若；⑧哲，时奥若；⑨谋，时寒若；圣，时风若。⑩咎征：⑪曰狂，恒雨若；僭，恒阳若；⑫舒，恒奥若；急，恒寒若；霿，恒风若。"⑬

①应劭曰："思，思虑。"

②应劭曰："容，通也，古文作睿。"

③师古曰："艾，读曰乂，乂，治也。其下亦同。"

④应劭曰："上聪则下谋，故聪为谋也。"

⑤张晏曰："容通达以至于圣。"

⑥孟康曰："善行之验也。"

⑦应劭曰："居上而敬，则雨顺之。"

⑧应劭曰："政治，则阳顺之。"

⑨应劭曰："哲，明也。"师古曰："奥，读曰燠。燠，温也，音于六反。其下亦同。"

⑩师古曰："凡言时者，皆谓行得其道，则寒暑风雨以时应而顺之。"

⑪师古曰："言恶行之验。"

⑫应劭曰："僭，僭差。"

⑬服虔曰："霿，音人儚反。"应劭曰："人君散霿鄙吝，则风不顺之也。"师古曰："凡言恒者，谓所行者失道，则寒暑风雨不时，而恒久为灾也。霿，音莫豆反。儚散，并音构，又音寇。"

传曰:"貌之不恭,是谓不肃,厥咎狂,厥罚恒雨,厥极恶。时则有服妖。时则有龟孽,[1]时则有鸡祸,[2]时则有下体生上之疴,[3]时则有青眚青祥。[4]唯金沴木。"[5]

[1]师古曰:"孽,音鱼列反。其下并同。"
[2]师古曰:"祸,与祸同。"
[3]韦昭曰:"若牛之足反出背上,下欲伐上之祸也。"师古曰:"疴,音阿。"
[4]李奇曰:"内曰眚,外曰祥。"
[5]服虔曰:"沴,害也。"如淳曰:"沴,音拂戾之戾,义亦同。"

说曰:凡草物之类谓之妖。妖犹夭胎,言尚微。[1]虫豸之类谓之孽。[2]孽则牙孽矣。及六畜,谓之祸,言其著也。及人,谓之疴。疴,病貌,言浸深也。[3]甚则异物生,谓之眚;自外来,谓之祥。祥犹祯也。气相伤,谓之沴。沴犹临莅,不和意也。每一事云"时则"以绝之,言非必俱至,或有或亡,或在前或在后也。

[1]师古曰:"夭,音乌老反。"
[2]师古曰:"有足谓之虫,无足谓之豸。"
[3]师古曰:"浸,渐也。"

孝武时,夏侯始昌通五经,善推五行传,以传族子夏侯胜,下及许商,皆以教所贤弟子。其传与刘向同,唯刘歆传独异。貌之不恭,是谓不肃。肃,敬也。内曰恭,外曰敬。人君行己,体貌不恭,怠慢骄蹇,则不能敬万事,失在狂易,故其咎狂也。[1]上嫚下暴,则阴气胜,故其罚常雨也。水伤百谷,衣食不足,则奸轨并作,故其极恶也。一曰,民多被刑,或形貌丑恶,亦是也。风俗狂慢,变节易度,则为剽轻奇怪之服,[2]故有服妖。水类动,故有龟孽。[3]于《易》,《巽》为鸡,鸡有冠距文武之貌。不为威仪,貌气毁,故有鸡祸。一曰,水岁鸡多死及为怪,亦是也。上失威仪,则下有强臣害君上者,故有下体生于上之疴。木色青,故有青眚青祥。凡貌伤者病木气,木气病则金沴之,冲气相通也。于《易》,《震》在东方,为春为木也;《兑》在西方,为秋为金也;《离》在南方,为夏为火也;《坎》在北方,为冬为水也。春与秋,日夜分,寒暑平,是以金木之气易以相变,故貌伤则致秋阴常

雨,言伤则致春阳常旱也。至于冬夏,日夜相反,寒暑殊绝,水火之
气不得相并,故视伤常奥,听伤常寒者,其气然也。逆之,其极曰恶;
顺之,其福曰攸好德。④刘歆貌传曰有鳞虫之孽,羊祸,鼻疴。说以
为于天文东方辰为龙星,故为鳞虫;于《易》,《兑》为羊,木为金所
病,故致羊祸,与常雨同应。此说非是。春与秋,气阴阳相敌,木病
金盛,故能相并,唯此一事耳。祸与妖疴祥眚同类,不得独异。

①师古曰:"狂易,谓狂而易其常性。"

②师古曰:"剽,音匹妙反。"

③如淳曰:"河鱼大上,以为鱼孽之比。"

④孟康曰:"政不顺则致妖,顺则致福也。"师古曰:"攸,所也,所好者德
　也。"

　　史记①成公十六年,公会诸侯于周,单襄公见晋厉公视远步
高,②告公曰:"晋将有乱。"鲁侯曰:"敢问天道也? 抑人故也?"③对
曰:"吾非瞽史,④焉知天道?吾见晋君之容,殆必祸者也。夫君子目
以定体,足以从之,⑤是以观其容而知其心矣。目以处谊,足以步
目。⑥晋侯视远而足高,目不在体而足不步目,其心必异矣。目体不
相从,何以能久? 夫合诸侯,民之大事也,于是虖观存亡。故国将无
咎,其君在会,步言视听必皆无谪,则可以知德矣。⑦视远,曰绝其
谊;足高,曰弃其德;言爽,曰反其信;⑧听淫,曰离其名。⑨夫目以
处谊,足以践德,⑩口以庇信,⑪耳以听名者也,故不可不慎。偏丧
有咎。⑫既丧,则国从之。⑬晋侯爽二,吾是以云。"⑭后二年,晋人
杀厉公。凡此属,皆貌不恭之咎云。

①师古曰:"此志凡称史记者,皆谓司马迁所撰也。"

②师古曰:"单襄公,周卿士单子朝也。晋厉公,景公之子也,名州蒲。单,
　音善。"

③师古曰:"抑,发语辞也。"

④师古曰:"瞽,乐太师。史,太史。"

⑤师古曰:"体定则目安,足之进退皆无违也。"

⑥师古曰:"视瞻得其宜,行步中其节也。"

⑦师古曰:"谪,责也。无谪,谓得其义理,无可咎责也。"

⑧师古曰:"爽,差也。"

⑨师古曰:"淫,邪也。"

⑩师古曰:"践,履也,所履皆德行也。"

⑪师古曰:"庇,覆也。言行相覆则为信矣。"

⑫师古曰:"苟丧其一,则有咎。"

⑬师古曰:"既,尽也。若尽丧之,则国亦亡。"

⑭张晏曰:"视远,一也;步高,二也。"

《左氏传》桓公十三年,楚屈瑕伐罗,鬭伯比送之,①还谓其驭曰:"莫嚣必败。②举止高,心不固矣。"③遽见楚子以告。④楚子使赖人追之,弗及。莫嚣行,遂无次,且不设备。⑤及罗,罗人军之,大败。莫嚣缢死。

①师古曰:"屈瑕,即莫嚣也。鬭伯比,楚大夫。罗,国名,在南郡枝江西,"

②师古曰:"莫嚣,楚官名也。字或作敖,其音同。"

③师古曰:"止,足也。"

④师古曰:"遽,速也。"

⑤师古曰:"无次,不为次列也。"

釐公十一年,周使内史过赐晋惠公命,①受玉,惰。②过归告王曰:"晋侯其无后乎!王赐之命,而惰于受瑞,先自弃也已,其何继之有!礼,国之干也;敬,礼之舆也。③不敬则礼不行,礼不行则上下昏,何以长世!"二十一年,晋惠公卒,子怀公立,晋人杀之,更立文公。

①师古曰:"内史过,周大夫。晋惠公,夷吾也。诸侯即位,天子则赐命圭以为瑞。"

②师古曰:"不敬其事也。"

③师古曰:"无礼,则国不立,故谓之干。无敬,则礼不行,故比之于舆。"

成公十三年,晋侯使郤锜乞师于鲁,将事不敬。①孟献子曰:"郤氏其亡乎!②礼,身之干也;敬,身之基也。③郤子无基。且先君之嗣卿也,受命以求师,将社稷是卫,而惰弃君命也,不亡何为!"十七年,郤氏亡。

①师古曰:"郤锜,晋大夫驹伯也。乞师,欲以伐秦也。将事,致其君命也。

铸,音牛尔反。"

②师古曰:"孟献子,仲孙蔑。"

③师古曰:"无礼,则身不立;不敬,则身不安也。"

成公十三年,诸侯朝王,遂从刘康公伐秦。成肃公受脤于社,不敬。①刘子曰:"吾闻之曰,民受天地之中以生,所谓命也。②是以有礼义动作威仪之则,以定命也。能者养以之福,不能者败以取祸。③是故君子勤礼,小人尽力。勤礼莫如致敬,尽力莫如惇笃。敬在养神,笃在守业。国之大事,在祀与戎。祀有执膰,戎有受脤,④神之大节也。⑤今成子惰弃其命矣,其不反乎!"五月,成肃公卒。

①服虔曰:"脤,祭社之肉也,盛以蜃器,故谓之脤。"师古曰:"刘康公、成肃公,皆周大夫也。脤,读与蜃同。以出师而祭社谓之宜。脤者,即宜社之肉也。蜃,大蛤也,音上忍反。"

②师古曰:"刘子,即康公也。中,谓中和之气。"

③师古曰:"之,往也。能养生者,则定礼义威仪,自致于福;不能者,则丧之以取祸乱。"

④应劭曰:"膰,祭肉也。"师古曰:"膰,音扶元反。"

⑤师古曰:"交神之节。"

成公十四年,卫定公享苦成叔,宁惠子相。①苦成叔敖,②宁子曰:"苦成家其亡乎!古之为享食也,以观威仪省祸福也。③故《诗》曰'兕觥其觩,旨酒思柔。匪儌匪傲,万福来求。'④今夫子傲,取祸之道也。"后三年,苦成家亡。⑤

①师古曰:"定公名臧。苦成叔,晋大夫郤犨也。晋使郤犨如卫,故定公享之。惠子,卫大夫宁殖也。相,谓赞相其礼。"

②师古曰:"敖,读曰傲。其下并同。"

③师古曰:"食,读曰饲。"

④张晏曰:"觥,罚爵也。饮酒和柔,无失礼可罚,罚爵徒觩然而已。"应劭曰:"言在位者不徼讦、不倨傲也。"师古曰:"《小雅·桑扈》之诗也。徼,谓侥幸也。万福,言其多也。谓饮酒者不侥幸、不傲慢,则福禄就而求之也。觩,音虯。徼,音工尧反。"

⑤师古曰:"十七年,晋攻郤氏,长鱼矫以戈杀郤锜、郤犨、郤至,而灭其家。"

襄公七年，卫孙文子聘于鲁，君登亦登。①叔孙穆子相，②趋进曰："诸侯之会，寡君未尝后卫君。今吾子不后寡君，寡君未知所过，吾子其少安！"③孙子亡辞，亦亡悛容。④穆子曰："孙子必亡。为臣而君，过而不悛，亡之本也。"十四年，孙子逐其君而外叛。⑤

①师古曰："文子，卫大夫孙林父也。礼之登阶，臣后君一等。"

②师古曰："穆子，叔孙豹。"

③师古曰："安，徐也。"

④师古曰："悛，改也，音千全反。"

⑤师古曰："逐其君，谓卫献公出奔齐也。外叛，谓以戚叛之。"

襄公二十八年，蔡景侯归自晋，入于郑。①郑伯享之，不敬。子产曰："蔡君其不免虖！②日其过此也，君使子展往劳于东门，而敖。③吾曰：'犹将更之。'④今还，受享而惰，乃其心也。⑤君小国，事大国，⑥而惰敖以为己心，将得死虖？君若不免，必由其子。淫而不父，⑦如是者必有子祸。"三十年，为世子般所杀。⑧

①师古曰："景侯名固，文侯之子也。"

②师古曰："言不免于祸。"

③师古曰："日，谓往日，适晋之时也。子展，郑大夫公孙舍之。"

④师古曰："更，改也。"

⑤师古曰："言心之所常行也。"

⑥师古曰："言身为小国之君，而事于大国。"

⑦师古曰："通太子之妻。"

⑧师古曰："般，读与班同。"

襄公三十一年，公薨。季武子将立公子裯，①穆叔曰："是人也，居丧而不哀，在戚而有嘉容，是谓不度。不度之人，鲜不为患，②若果立，必为季氏忧。"武子弗听，卒立之。比及葬，三易衰，衰衽如故衰。③是为昭公。立二十五年，听谗攻季氏。兵败，出奔，死于外。④

①师古曰："裯，襄公之子，齐归所生。裯，音直留反。"

②师古曰："穆叔，即叔孙穆子也。不度，不遵礼度也。鲜，少也，音先浅反。"

③师古曰："衣前曰袥。言游戏无已也。比,音必寐反。衰,音千回反。袥,
　音人禁反。"

④师古曰："谓薨于乾侯。"

襄公三十一年,卫北宫文子见楚令尹围之仪,①言于卫侯曰:
"令尹似君矣,将有它志;②虽获其志,弗能终也。"公曰:"子何以知
之?"对曰:"《诗》云'敬慎威仪,惟民之则',③令尹无威仪,民无则
焉。民所不则,以在民上,何以终世?"④

①师古曰："北宫文子,卫大夫也,名佗。令尹围即公子围,楚恭王之子也,
　时为令尹。文子从卫侯在楚,故见之。"

②师古曰："谓有为君之心,言语视瞻非其常。"

③师古曰："《大雅·仰之》诗也。则,法也。言君能慎其威仪,乃臣下所法
　效之。"

④师古曰："遂以杀君篡国,而取败于乾溪也。"

昭公十一年夏,周单子会于戚,①视下言徐。②晋叔向曰:"单
子其死虖!③朝有著定,④会有表,⑤衣有袷,带有结。⑥会朝之言
必闻于表著之位,所以昭事序也;⑦视不过结袷之中,所以道容貌
也。⑧言以命之,容貌以明之,失则有阙。今单子为王官伯,⑨而命
事于会,视不登带,言不过步,貌不道容而言不昭矣。不道不恭,不
昭不从,无守气矣。"⑩十二月,单成公卒。

①师古曰："单子,周大夫单成公也。戚,卫地。"

②应劭曰："视下,视不登带。言徐,不闻于表著。"

③师古曰："叔向,晋大夫羊舌肹也。向,音许两反。"

④师古曰："朝内列位有定处,所谓表著者也。著,音直庶反,又音除。"

⑤师古曰："会于野,设表以为位。"

⑥师古曰："袷,领之交会也。结,绅带之结也。袷,音工外反。"

⑦师古曰："昭,明也。"

⑧师古曰："道,读曰导。其下并同。"

⑨师古曰："伯,长也。"

⑩师古曰："貌正曰恭,言正曰从。"

昭公二十一年三月,葬蔡平公,蔡太子朱失位,位在卑。①鲁大

夫送葬者归告昭子。②昭子叹曰："蔡其亡虖！若不亡，是君必不终。《诗》曰：'不解于位，民之攸塈。'③今始即位而適卑，身将从之。"十月，蔡侯朱出奔楚。

①师古曰："不在正嫡之位，而以长幼序之。"

②师古曰："昭子，叔孙婼。"

③师古曰："《大雅·假乐》之诗也。塈，息也。言在上者能率位不息，则其臣下倚以安息也。解，读曰懈。塈，音许既反。"

晋魏舒合诸侯之大夫于翟泉，①将以城成周。魏子莅政，②卫彪傒曰："将建天子，而易位以令，非谊也。③大事奸谊，必有大咎。④晋不失诸侯，魏子其不免虖！"是行也，魏献子属役于韩简子，⑤而田于大陆，焚焉而死。⑥

①应劭曰："水名，今洛阳是也。"师古曰："魏舒，晋卿魏献子也。事在定公元年。志不书者，盖阙文。"

②师古曰："谓代天子大夫为政，以临其事。"

③师古曰："傒，卫大夫。建天子，谓立天子之居也。傒，音奚。"

④师古曰："奸，犯也，音干。"

⑤师古曰："简子，亦晋卿韩不信。以城周之功役委简子也。属，音之欲反。"

⑥师古曰："高平曰陆。因放火田猎而见烧杀也。说者或以为大陆即巨鹿北大陆泽也。据会于狄泉，则其所田处固当在近，非大陆泽也。"

定公十五年，邾隐公朝于鲁，执玉高，其容仰。公受玉卑，其容俯。①子赣观焉，②曰："以礼观之，二君者皆有死亡焉。夫礼，死生存亡之体也。将左右周旋，进退俯仰，于是虖取之；朝祀丧戎，于是虖观之。今正月相朝，而皆不度，心已亡矣。③嘉事不体，何以能久？④高仰，骄也；卑俯，替也。⑤骄近乱，替近疾。君为主，其先亡虖！"⑥

①师古曰："隐公，邾子益也。玉，谓朝者之贽。"

②师古曰："子赣，孔子弟子端木赐也。赣，音贡。"

③师古曰："不度，不合法度。"

④师古曰："嘉事，嘉礼之事，谓朝祀也。不体，不得身体之节。"

⑤师古曰:"替,废惰也。"

⑥师古曰:"是年五月,定公薨。哀公七年秋,伐邾,以邾子益来也。"

庶征之恒雨,刘歆以为《春秋》大雨也,刘向以为大水。

隐公九年"三月癸酉,大雨,震电;庚辰,大雨雪"。①大雨,雨水也;②震,雷也。刘歆以为三月癸酉,于历数春分后一日,始震电之时也,当雨,而不当大雨。大雨,常雨之罚也。于始震电八日之间而大雨雪,常寒之罚也。刘向以为周三月,今正月也,当雨水,雪杂雨,电未可以发也。既已发也,则雪不当复降。皆失节,故谓之异。于《易》,雷以二月出,其卦曰《豫》,③言万物随雷出地,皆逸豫也。以八月入,其卦曰《归妹》,④言雷复归。入地则孕毓根核,保藏蛰虫,⑤避盛阴之害;出地则养长华实,发扬隐伏,宣盛阳之德。入能除害,出能兴利,人君之象也。是时,隐以弟桓幼,代而摄立。公子翚见隐居位已久,劝之遂立。⑥隐既不许,翚惧而易其辞,⑦遂与桓共杀隐。天见其将然,故正月大雨水而雷电。是阳不闭阴,出涉危难而害万物。天戒若曰,为君失时,贼第佞臣将作乱矣。后八日大雨雪,阴见间隙而胜阳,篡杀祸将成也。公不寤,后二年而杀。

①师古曰:"雨雪,雨,音于具反。"

②师古曰:"下雨,音于具反。后类并同。"

③师古曰:"《坤》下《震》上也。"

④师古曰:"《兑》下《震》上也。"

⑤师古曰:"毓字与育同。核亦荄字也。草根曰荄,音该。"

⑥师古曰:"公子翚,鲁大夫羽父也。劝杀桓公,己求为太宰。翚,音挥。"

⑦师古曰:"反谓桓公云隐欲杀之。"

昭帝元始元年七月,大水雨,自七月至十月。成帝建始三年秋,大雨三十余日;四年九月,大雨十余日。

《左氏传》愍公二年,晋献公使太子申生帅师,①公衣之偏衣,佩之金玦。②狐突叹曰:"时,事之征也;衣,身之章也;佩,衷之旗也。③故敬其事，则命以始；④服其身，则衣之纯；⑤用其衷，则佩之度。⑥今命以时卒，闵其事也；⑦衣以尨服，远其躬也；⑧佩以金玦，弃其衷也。服以远之，时以闵之，尨凉冬杀，金寒玦离，胡可恃也！"⑨梁余子养曰："帅师者，受命于庙，受脤于社，有常服矣。⑩弗获而尨，命可知也。死而不孝，不如逃之。"罕夷曰："尨奇无常，金玦不复，君有心矣。"⑪后四年，申生以谗自杀。近服妖也。

①师古曰："以伐东山皋落氏。"

②师古曰："偏衣，谓左右异色，其半象公之服也。金玦，以金为玦也。半环曰玦。"

③师古曰："狐突，晋大夫伯行，时为太子御戎也。征，证也。章，明也。旗，表也。衣所以明贵贱，佩所以表中心。"

④师古曰："赏以春夏。"

⑤师古曰："壹其色。"

⑥师古曰："佩玉者，君子之常度。"

⑦应劭曰："卒，尽也。闵，闭也。谓十二月尽时也。"

⑧师古曰："尨，杂色也，谓偏衣也。远，音于万反。其下并同。"

⑨师古曰："凉，薄也。尨，色不能纯，故曰薄也。冬主杀气，金行在西，是谓之寒。玦形半缺，故云离。"

⑩师古曰："梁余子养，晋大夫也，时为下军御。军之常服则韦弁。"

⑪应劭曰："奇，奇怪非常意。复，反也。金玦，犹决去，不反意也。"师古曰："罕夷，晋大夫，时为下军卿也。有心，害太子之心也。复，音扶目反。"

《左氏传》曰，郑子臧好聚鹬冠，①郑文公恶之，使盗杀之。②刘向以为近服妖者也。一曰，非独为子臧之身，亦文公戒也。初，文公不礼晋文，③又犯天子命而伐滑，④不尊尊敬上。其后晋文伐郑，几亡国。⑤

①张晏曰："鹬鸟赤足黄文，以其毛饰冠。"韦昭曰："鹬，今翠鸟也。"师古曰："子臧，郑文公子也。鹬，大鸟，即《战国策》所云啄蚌者也。天之将雨，鹬则知之。翠鸟自有鹬名，而此饰冠，非翠鸟。《逸周书》曰'知天文者冠鹬冠'，盖以鹬鸟知天时故也。《礼图》谓之'术氏冠'。鹬，音聿，又音术。"

②师古曰："时已得罪出奔宋,故使盗杀之于陈、宋之间。"

③师古曰："晋文公之为公子也,避骊姬之难而出奔,欲之楚,过郑,郑不礼焉。"

④师古曰："僖二十四年,郑公子士及堵俞弥帅师伐滑。王使伯服游、孙伯如郑请滑,郑伯不听而执二子。"

⑤师古曰："僖三十年,晋侯、秦伯围郑,佚之狐曰:'国危矣!'使烛之武见秦伯,师乃退也。几,音巨依反。"

　　昭帝时,昌邑王贺遣中大夫之长安,多治仄注冠,①以赐大臣,又以冠奴。刘向以为近服妖也。时王贺狂悖,②闻天子不豫,③弋猎驰骋如故,与驺奴宰人游居娱戏,骄嫚不敬。④冠者,尊服;奴者,贱人。贺无故好作非常之冠,暴尊象也。以冠奴者,当自至尊坠至贱也。⑤其后帝崩,无子,汉大臣征贺为嗣。即位,狂乱无道,缚戮谏者夏侯胜等。于是大臣白皇太后,废贺为庶人。贺为王时,又见大白狗冠方山冠而无尾,⑥此服妖,亦犬祸也。贺以问郎中令龚遂,遂曰:"此天戒,言在仄者尽冠狗也。⑦去之则存,不去则亡矣。"贺既废数年,宣帝封之为列侯,复有罪,死不得置后,又犬祸无尾之效也。京房《易传》曰:"行不顺,厥咎人奴冠,天下乱,辟无適,⑧妾子拜。"⑨又曰:"君不正,臣欲篡,厥妖狗冠出朝门。"

①应劭曰:"今法冠是也。"李奇曰:"一曰高山冠,本齐冠也,谒者服之。"师古曰:"仄,古侧字也。谓之侧注者,言形侧立而下注也。蔡邕云高九寸,铁为卷。非法冠及高山也。卷,音去权反。"

②师古曰:"悖,惑也,音布内反。"

③师古曰:"言有疾不悦豫也。《周书·顾命》曰'王有疾,不豫'。"

④师古曰:"驺,厩御也。宰人,主膳者也。娱,乐也。戏,音僖。"

⑤师古曰:"坠,堕也,音直类反。"

⑥邓展曰:"方山冠以五采縠为之,乐舞人所服。"

⑦师古曰:"言王左右侍侧之人不识礼义,若狗而著冠者耳。冠,音工唤反。其下亦同。"

⑧如淳曰:"辟,君也。適,適子也。"师古曰:"辟,音壁。適,读曰嫡。"

⑨如淳曰:"无適子故也。"

成帝鸿嘉、永始之间,好为微行出游,选从期门郎有材力者及私奴客,多至十余,少五六人,皆白衣袒帻,①带持刀剑。或乘小车,御者在茵上,②或皆骑,出入市里效野,远至旁县。大臣车骑将军王音及刘向等数以切谏。谷永曰:"《易》称'得臣无家'。③言王者臣天下,无私家也。今陛下弃万乘之至贵,乐家人之贱事;厌高美之尊称,好匹夫之卑字;④崇聚票轻无谊之人,以为私客;⑤置私田于民间,畜私奴车马于北宫;数去南面之尊,离深宫之固,挺身独与小人晨夜相随,⑥乌集醉饱吏民之家,⑦乱服共坐,溷肴亡别,⑧闵勉遁乐,昼夜在路。⑨典门户奉宿卫之臣执干戈守空宫,公卿百寮不知陛下所在,积数年矣。昔虢公为无道,有神降曰'赐尔土田',⑩言将以庶人受土田也。诸侯梦得土田,为失国祥,⑪而况王者畜私田财物,为庶人之事乎!"

①师古曰:"袒,不加上冠。"

②苏林曰:"茵,车上蓐也。御者错乱,更在茵上坐也。"师古曰:"车小,故御者不得回避,而在天子茵上也。茵,音因。"

③师古曰:"《损卦》上九爻辞。"

④如淳曰:"称张放家人,是为卑字。"师古曰:"为微行,故变易姓名。"

⑤师古曰:"票,音匹妙反,又音频妙反。"

⑥师古曰:"挺,引也。"

⑦师古曰:"乍合乍离,如乌之集。"

⑧师古曰:"溷肴,谓杂乱也。溷,音胡困反。"

⑨师古曰:"闵勉犹黾勉,言不息也。遁乐,言流遁为乐也。"

⑩师古曰:"《春秋左氏传》庄公三十二年,有神降于莘,虢公使祝应、宗区、史嚚享焉,神赐之土田。史嚚曰:'虢其亡乎!'"

⑪师古曰:"僖五年,晋灭虢,虢公丑奔京师。"

《左氏传》曰,周景王时大夫宾起见雄鸡自断其尾。①刘向以为近鸡祸也。是时,王有爱子子朝,王与宾起阴谋欲立之。②田于北山,将因兵众杀適子之党,③未及而崩。三子争国,王室大乱。其后,宾起诛死,④子朝奔楚而败。⑤京房《易传》曰:"有厥妖雄鸡自啮断其尾。”

①师古曰:“宾起,即宾孟。”

②师古曰:“子朝,王之庶长子。”

③师古曰:“適,读曰嫡。嫡子王子猛,及后为悼王。子猛之党,谓刘献公、单穆公。”

④师古曰:“三子,谓子朝、子猛及子猛弟敬王丐也。刘子遂攻宾起,杀之。事并在昭二十二年。”

⑤师古曰:“昭二十六年,邵伯盈逐王子朝,子朝奔楚。定五年,王人杀之于楚。”

宣帝黄龙元年,未央殿辂軨中雌鸡化为雄,①毛衣变化而不鸣,不将,无距。②元帝初元中,丞相府史家雌鸡伏子,渐化为雄,③冠距鸣将。永光中,有献雄鸡生角者。京房《易传》曰:“鸡知时,知时者当死。”房以为己知时,恐当之。刘向以为房失鸡占。鸡者小畜,主司时,起居人,④小臣执事为政之象也。言小臣将秉君威,以害正事,犹石显也。竟宁元年,石显伏辜,此其效也。一曰,石显何足以当此?昔武王伐殷,至于牧野,誓师曰:“古人有言曰:‘牝鸡无晨。牝鸡之晨,惟家之索。’今殷王纣惟妇言用。”⑤繇是论之,⑥黄龙、初元、永光鸡变,乃国家之占,妃后象也。孝元王皇后以甘露二年生男,立为太子。妃,王禁女也。黄龙元年,宣帝崩,太子立,是为元帝。王妃将为皇后,故是岁未央殿中雌鸡为雄,明其占在正宫也。不鸣、不将、无距,贵始萌而尊未成也。至元帝初元元年,将立王皇后,先以为婕妤。三月癸卯制书曰:“其封婕妤父丞相少史王禁为阳平侯,位特进。”丙午,立王婕妤为皇后。明年正月,立皇后子为太子。故应是,丞相府史家雌鸡为雄,其占即丞相少史之女也。伏子者,明已有子也。冠距鸣将者,尊已成也。永光二年,阳平顷侯禁薨,子凤嗣侯,为侍中卫尉。元帝崩,皇太子立,是为成帝。尊皇后为皇太后,以后弟凤为大司马大将军,领尚书事,上委政,无所与。⑦王氏之权自凤起,故凤始受爵位时,雄鸡有角,明视作威,⑧颛君害上,⑨危国者,从此人始。其后群弟世权,以至于莽,遂篡天下。即位五年,王太后乃崩,此其效也。京房《易传》曰:“贤者居明夷之世,知时而伤,[10]或众在位,[11]厥妖鸡生角。鸡生角,时主独。"又曰:"妇人颛政,国不静,牝鸡雄鸣,主不荣。"故房以为己亦在占中矣。

①孟康曰:"辂轹,厩名也。"师古曰:"《百官表》太仆属官有辂轹丞。辂,与路同。轹,音零。"

②师古曰:"将,谓率领其群也。距,鸡附足骨,斗时所用刺之。"

③师古曰:"初尚伏子,后乃稍稍化为雄也。伏,音房富反。"

④师古曰:"至时而鸣,以为人起居之节。"

⑤师古曰:"《周书·牧誓》之辞。晨,谓晨时鸣也。索,尽也。言妇人为政,犹雌鸡而代雄鸣,是丧家之道也。索,音思各反。"

⑥师古曰:"繇,读与由同。"

⑦师古曰:"与,读曰豫。言政皆出凤,天子不豫"。

⑧师古曰:"视,读曰示。"

⑨师古曰:"颛,与专同。其下类此。"

⑩师古曰:"《易》之《明夷卦》曰:'明入地中,明夷。'夷,伤也,《离》下《坤》上,言日在地中,伤其明也。知时,谓知天时者也。贤而被伤,故取明夷之义。"

⑪师古曰:"言虚伪无实之人,矫惑于众,在职位也。"

　　成公七年"正月,鼷鼠食郊午角;①改卜牛,又食其角"。刘向以为近青祥,亦牛祸也,不敬而傋霿之所致也。昔周公制礼乐,成周道,故成王命鲁郊祀天地以尊周公。至成公时,三家始颛政,鲁将从此衰。天愍周公之德,痛其将有败亡之祸,故于郊祭而见戒云。鼠,小虫,性盗窃,鼷又其小者也。牛,大畜,祭天尊物也。角,兵象,在上,君威也。小小鼷鼠,食至尊之牛角,象季氏乃陪臣盗窃之人,将执国命以伤君威而害周公之祀也。改卜牛,鼷鼠又食其角,天重语之也。②成公急慢昏乱,遂君臣更执于晋。③至于襄公,晋为溴梁之会,④天下大夫皆夺君政。⑤其后三家逐昭公,卒死于外,⑥几绝周公之祀。⑦董仲舒以为鼷鼠食郊牛,皆养牲不谨也。京房《易传》曰:"祭天不慎,厥妖鼷鼠啮郊牛角。"

①师古曰:"鼷,小鼠也,即今所谓甘鼠者,音奚。"

②师古曰:"重,音直用反。"

③师古曰:"更,互也。十年秋,公如晋,晋人以公为贰于楚,故止公,至十
一年三月乃得归。十六年秋,公会晋侯于沙随,晋受叔孙侨如之谮而止
公。是年九月,又信侨如之谮,执季孙行父,舍之于苕丘,十二月乃得
归。故云君臣更执也。更,音工衡反。"

④师古曰:"襄十六年,晋平公会诸侯于溴梁。溴梁者,溴水之梁也。溴水
出河内轵县东,南,至温入河。溴音工觅反。"

⑤师古曰:"溴梁之会,诸侯皆在,而鲁叔孙豹、晋荀偃、宋向戌、卫宁殖、
郑公孙虿、小邾之大夫盟,是夺其君政也。"

⑥师古曰:"已解于上。"

⑦师古曰:"几,音巨衣反。"

定公十五年"正月,鼷鼠食郊牛,牛死"。刘向以为定公知季氏
逐昭公,罪恶如彼,亲用孔子为夹谷之会,齐人徕归郓、讙、龟阴之
田,①圣德如此,反用季桓子,淫于女乐,而退孔子,无道甚矣。②
《诗》曰:"人而亡仪,不死何为!"③是岁五月,定公薨,牛死之应也。
京房《易传》曰:"子不子,鼠食其郊牛。"

①师古曰:"夹谷,齐地也,一名祝其。定公十年,公与齐侯会于夹谷,齐侯
欲使莱人以兵劫公。孔子以公退,命士众兵之,齐侯乃止。又欲以盟要
公,孔子不欲,使兹无还以辞对。又欲诈享公,孔子又距而不受。于是齐
人乃服。先是季氏之臣阳虎以郓、讙龟阴之田奔齐,至此会,乃以归我。
郓、讙,二邑名。龟阴,龟山之阴。夹,音颊。讙,音欢。"

②师古曰:"桓子,季平子之子季孙斯也。女乐,已解于上。"

③师古曰:"《卫诗·相鼠》之篇也。无仪,无礼仪也。"

哀公元年"正月,鼷鼠食郊牛"。刘向以为天意汲汲于用圣人,
逐三家,故复见戒也。①哀公年少,不亲见昭公之事,故见败亡之
异。已而哀不寤,身奔于粤,此其效也。②

①师古曰:"圣人,孔子也。见,显也。"

②师古曰:"哀二十七年,公欲以越伐鲁而去三桓,公如公孙有山氏,因逊
于邾,遂如越。国人施罪于公孙有山氏,而立哀公之子悼公。"

昭帝元凤元年九月,燕有黄鼠衔其尾舞王宫端门中,①王往视
之,鼠舞如故。王使吏以酒脯祠,鼠舞不休,一日一夜死。近黄祥,

时燕刺王旦谋反将死之象也。其月,发觉伏辜。京房《易传》曰:"诛不原情,厥妖鼠舞门。"②

①师古曰:"宫之正门。"

②师古曰:"不原情者,不得其本情。"

成帝建始四年九月,长安城南有鼠衔黄蒿、柏叶,上民冢柏及榆树上为巢,桐柏尤多。①巢中无子,皆有干鼠矢数十。时议臣以为恐有水灾。鼠,盗窃小虫,夜出昼匿;今昼去穴而登木,象贱人将居显贵之位也。桐柏,卫思后园所在也。其后,赵皇后自微贱登至尊,与卫后同类。赵后终无子而为害。明年,有鸢焚巢,杀子之异也。②天象仍见,甚可畏也。③一曰,皆王莽窃位之象云。京房《易传》曰:"臣私禄罔辟,④厥妖鼠巢。"

①师古曰:"桐柏,本亭名,卫思后于其地葬也。"

②师古曰:"鸢,鸱也,音弋全反。"

③师古曰:"仍,频也。"

④李奇曰:"辟,君也。擅私爵禄,诬罔其君。"

文公十三年,"大室屋坏"。近金沴木,木动也。先是,冬,厘公薨。十六月乃作主。①后六月,又吉禘于太庙而致釐公,②《春秋》讥之。经曰:"大事于太庙,跻釐公。"③《左氏》说曰:太庙,周公之庙,祫有礼义者也;祀,国之大事也。恶其乱国之大事于太庙,故言大事也。跻,登也,登釐公于愍公上,逆祀也。釐虽愍之庶兄,尝为愍臣,臣子一例,不得在愍上。又未三年而吉禘,前后乱贤父圣祖之大礼,内为貌不恭而狂,外为言不从而僭。故是岁自十二月不雨,至于秋七月。后年,若是者三,而太室屋坏矣。前堂曰太庙,中央曰太室;屋,其上重屋尊高者也,象鲁自是陵夷,将堕周公之祀也。④《谷梁》、《公羊》经曰,世室,鲁公伯禽之庙也。周公称太庙,鲁公称世室。大事者,祫祭也。⑤跻釐公者,先祢后祖也。

①师古曰:"主,庙主也。僖公三十三年十二月薨,至文二年二月乃作主,间有一闰,故十六月也。"

②师古曰:"禘,祭也,一一而祭之。文二年八月而禘,距作主六月也。致,

　谓升其主于庙。”

　③师古曰:“跻,音子奚反,又音子诣反。”

　④师古曰:“堕,毁也,音火规反。”

　⑤师古曰:“祫,合也。毁庙及未毁庙之主,皆合祭于太祖。”

　景帝三年十二月,吴二城门自倾,大船自覆。刘向以为近金沴木,木动也。先是,吴王濞以太子死于汉,称疾不朝,阴与楚王戊谋为逆乱。城犹国也,其一门名曰楚门,一门曰鱼门。吴地以船为家,以鱼为食。天戒若曰,与楚所谋,倾国覆家。吴王不寤,正月,与楚俱起兵,身死国亡。京房《易传》曰:“上下咸悖,厥妖城门坏。”①

　①师古曰:“悖,惑也,音布内反。”

　宣帝时,大司马霍禹所居弟门自坏。时禹内不顺,外不敬,见戒不改,卒受灭亡之诛。

　哀帝时,大司马董贤弟门自坏。时贤以私爱居大位,赏赐无度,骄嫚不敬,大失臣道,见戒不改。后贤夫妻自杀,家徙合浦。

　传曰:“言之不从,是谓不艾,①厥咎僭,厥罚恒阳,厥极忧。时则有诗妖,时则有介虫之孽,时则有犬祸,时则有口舌之痾,时则有白眚白祥。惟木沴金。”

　①师古曰:“艾,读曰乂。”

　“言之不从”,从,顺也。“是谓不乂”,乂,治也。孔子曰:“君子居其室,出其言不善,则千里之外违之,况其迩者虖!”①《诗》云:“如蜩如螗,如沸如羹。”②言上号令不顺民心,虚哗愦乱,则不能治海内,失在过差,故其咎僭。僭,差也。刑罚妄加,群阴不附,则阳气胜,故其罚常阳也。旱伤百谷,则有寇难,上下俱忧,故其极忧。君炕阳而暴虐,③臣畏刑而柑口,④则怨谤之气发于歌谣,故有诗妖。介虫孽者,谓小虫有甲飞扬之类,阳气所生也,于《春秋》为螽,今谓之蝗,皆其类也。于《易》,《兑》为口,犬以吠守,而不可信,言气毁故有犬祸。一曰,旱岁犬多狂死及为怪,亦是也。及人,则多病口喉咳者,故有口舌痾。金色白,故有白眚白祥。凡言伤者,病金气;金气病,则木沴之。其极忧者,顺之,其福曰康宁。刘歆言传曰时有毛虫之孽,说以为于天文西方参为虎星,故为毛虫。

① 师古曰:"《易·上系》之辞。迩,近也。"

② 师古曰:"《大雅·荡》之诗也。蜩,蝉也。螗,蝘也,即蚗蟟也。谓政无文理,虚言蹲沓,如蜩螗之鸣,汤之沸渭,羹之将孰也。蜩,音调。螗,音唐。蝘,音偃。蚗,音貂。蟟,音聊。渭,音下馆反。"

③ 师古曰:"凡言炕阳者,枯涸之意,谓无惠泽干于下也。炕,音口浪反。"

④ 师古曰:"柑,柰也,音其廉反。柰,音女涉反。"

史记周单襄公与晋郤锜、郤犫、郤至、齐国佐语,①告鲁成公曰:"晋将有乱,三郤其当之虖! 郤氏,晋之宠人也,三卿而五大夫,可以戒惧矣。高位实疾颠,厚味实腊毒。②今郤伯之语犯,叔迂,季伐。③犯则陵人,迂则诬人,伐则掩人。有是宠也,而益之以三怨,其谁能忍之! 虽齐国子亦将与焉。④立于淫乱之国,而好尽言以招人过,⑤怨之本也。唯善人能受尽言,齐其有虖?"⑥十七年,晋杀三郤。十八年,齐杀国佐。凡此属,皆言不从之咎云。

① 师古曰:"单襄公,解已在前。郤锜,驹伯也。郤犫,苦成叔也。郤至,昭子,即温季也。国佐,齐大夫国武子也。"

② 师古曰:"颠,仆也。腊,久也。言位高者必速颠仆也,味厚者为毒久。"

③ 师古曰:"伯,驹伯也。叔,苦成叔也。季,温季也。犯,侵也。迂,夸诞也。伐,矜尚也。"

④ 师古曰:"与,读曰豫。豫于祸。"

⑤ 苏林曰:"招,音翘。招,举也。"师古曰:"尽言,犹极言也。"

⑥ 师古曰:"言无善人,不能受尽言。"

晋穆侯以条之役生太子,名之曰仇;①其弟以千晦之战生,名之曰成师。②师服曰:"异哉,君之名子也!③夫名以制谊,谊以出礼,④礼以体政,政以正民,⑤是以政成而民听。易则生乱。⑥嘉耦曰妃,怨耦曰仇,古之命也。⑦今君名太子曰仇,弟曰成师,始兆乱矣,兄其替虖!"⑧及仇嗣立,是为文侯。文侯卒,子昭侯立,封成师于曲沃,号桓叔。⑨后晋人杀昭侯而纳桓叔,不克。⑩复立昭侯子孝侯,桓叔子严伯杀之。晋人立其弟鄂侯。鄂侯生哀侯,严伯子武公复杀哀侯及其弟,灭之,而代有晋国。⑪

①师古曰:"穆侯,僖侯之孙也。条,晋地也。盖以敌来侵己,当战时而生,故取仇怨之义以名子。"

②师古曰:"太子之弟,即桓叔也。晦,古亩字也。千晦亦地名,意取能成其师众也。"

③师古曰:"师服,晋大夫。"

④师古曰:"先制义理,然后立名。义理既定,礼由之出。"

⑤师古曰:"政以礼成,俗所以正。"

⑥师古曰:"反易礼义,则乱也。"

⑦师古曰:"本自古昔而有此名。"

⑧师古曰:"替,废也。"

⑨师古曰:"昭侯国乱身危,不能自安,故封成师为曲沃伯也。桓,谥也。昭侯叔父,故谓之叔也。"

⑩师古曰:"事不遂。"

⑪师古曰:"武始并晋国,故称公也。事在桓三年。"

宣公六年,郑公子曼满与王子伯廖语,欲为卿。①伯廖告人曰:"无德而贪,其在《周易·丰》之《离》,②弗过之矣。"③间一岁,郑人杀之。④

①师古曰:"曼满、伯廖,皆郑大夫也。廖,音聊。"

②张晏曰:"《离》下《震》上,《丰》。上六变而之《离》,曰'丰其屋,蔀其家'也。"

③师古曰:"言无道德而大其屋,不过三岁,必灭亡也。"

④师古曰:"间一岁者,中间隔一岁。"

襄公二十九年,齐高子容与宋司徒见晋知伯,汝齐相礼。①宾出,汝齐语知伯曰:"二子皆将不免! 子容专,司徒侈,皆亡家之主也。②专则速及,侈将以其力敝,专则人实敝之,将及矣。"九月,高子出奔燕。

①师古曰:"高子容,齐大夫高止也。宋司徒,华定。知伯,晋大夫荀盈也。汝齐,晋大夫司马侯也。"

②师古曰:"专,自是也。侈,奢泰。"

襄公三十一年正月,鲁穆叔会晋归,告孟孝伯曰:"赵孟将死矣！①其语偷，不似民主；②且年未盈五十，而谆谆焉如八九十者，弗能久矣。③若赵孟死，为政者其韩乎？④吾子盍与季孙言之？可以树善，君子也。"⑤孝伯曰："民生几何，谁能毋偷！⑥朝不及夕，将焉用树！"穆叔告人曰："孟孙将死矣！吾语诸赵孟之偷也，而又甚焉。"九月，孟孝伯卒。

①师古曰："穆叔，即叔孙穆子也。孟孝伯，鲁大夫仲孙羯也。赵孟，晋卿赵文子也，名武。前年十月，穆叔与武同会澶泉，至此年正月乃归。"

②师古曰："偷，苟且。"

③师古曰："谆谆，重顿之貌也，音之闰反。"

④师古曰："韩子，韩宣子也，名起。"

⑤师古曰："季孙，谓季武子也，名宿。言韩起有君子之德，方执晋政，可素厚之，以立善也。"

⑥师古曰："几何，言无多时也。几，音居岂反。"

昭公元年，周使刘定公劳晋赵孟，①因曰："子弁冕以临诸侯，盍亦远绩禹功，而大庇民乎？"②对曰："老夫罪戾是惧，焉能恤远？吾侪偷食，朝不谋夕，何其长也？"③刘子归，以语王曰："谚所谓老将知而耄及之者，其赵孟之谓虖！④为晋正卿以主诸侯，而侪于隶人，朝不谋夕，弃神人矣。神怒民畔，何以能久？⑤赵孟不复年矣！"⑥是岁，秦景公弟后子奔晋，⑦赵孟问："秦君何如？"对曰："无道。"赵孟曰："亡虖？"对曰："何为？一世无道，国未艾也。⑧国于天地，有与立焉，⑨不数世淫，弗能敝也。"赵孟曰："天虖？"对曰："有焉。"赵孟曰："其几何？"⑩对曰："铖闻国无道而年谷和孰，天赞之也，鲜不五稔。"⑪赵孟视荫曰："朝夕不相及，谁能待五？"⑫后子出而告人曰："赵孟将死矣！主民玩岁而愒日，其与几何？"⑬冬，赵孟卒。昭五年，秦景公卒。

①师古曰："周，周景王也。刘定公，周卿也，食邑于刘，名夏。是时，孟与诸侯会于虢，故就而劳之。"

②师古曰："时馆于洛汭，因见河洛而美禹功，故言之也。弁冕，冠也。言今服冠冕有国家，何不追绩禹功，而庇荫其人乎？"

③师古曰："侪，等也。言且得食而已，苟免目前，不能念其长久也。侪，音

仕皆反。”

④师古曰：“谚，俗所传言也。八十曰耄，乱也。言人年老阅历既多，谓将益智，而又耄乱也。”

⑤师古曰：“言其自比贱隶，而无恤下之心，人为神主，故神人皆去也。”

⑥师古曰：“谓其即死，不复见明年。”

⑦师古曰：“后子，即公子铖。”

⑧师古曰：“艾，读曰刈。刈，绝也。”

⑨师古曰：“言在天地之间，多欲辅助，相与共成立之。”

⑩师古曰：“言当几时也，音居岂反。”

⑪师古曰：“赞，佐助之也。鲜，少也。稔，孰也。谷孰为一稔。言少尚当五年，多则或不啻也。稔，音人甚反。”

⑫师古曰：“荫，谓日之荫影也。赵孟自以年暮，朝不及夕，故言五年不可待也。荫，读与阴同。”

⑬师古曰：“玩，爱也。惕，贪也。与几何，言不能久也。惕，音口盖反。”

昭公元年，楚公子围会盟，①设服离卫。②鲁叔孙穆子曰：“楚公子美矣君哉！”③伯州犁曰：“此行也，辞而假之寡君。”④郑行人子羽曰：“假不反矣。”⑤伯州犁曰：“子姑忧子皙之欲背诞也。”⑥子羽曰：“假而不反，子其无忧虖？”⑦齐国子曰：“吾代二子闵矣。”⑧陈公子招曰：“不忧何成？二子乐矣！”⑨卫齐子曰：“苟或知之，虽忧不害。”⑩退会，子羽告人曰：“齐、卫、陈大夫其不免乎！国子代人忧，子招乐忧，齐子虽忧弗害。夫弗及而忧，与可忧而乐，与忧而弗害，皆取忧之道也。⑪《太誓》曰：‘民之所欲，天必从之。’⑫三大夫兆忧矣，能无至乎！⑬言以知物，其是之谓矣。”⑭

①师古曰：“围，楚恭王之子也。时为楚令尹，与齐、宋、卫、陈、蔡、郑会于虢。”

②张晏曰：“设服者，设人君之服。离卫者，二人执戈在前也。”师古曰：“离，列人君之侍卫也。”

③师古曰：“穆子，叔孙豹也。言其服美似人君也。”

④师古曰：“伯州犁，楚太宰也。言受楚王之命，假以此礼耳。盖为其令尹文过。”

⑤师古曰：“行人，官名。子羽，公孙挥字也。假不反矣，言将遂为君。”

⑥应劭曰："子皙攻杀伯有,今又背盟,欲复作乱也。"师古曰："子皙,郑大夫公孙黑也。背诞者,背命放诞,欲为乱也。子且自忧此,无忧令尹不反戈也。"

⑦师古曰："言令尹将图为君,则楚国有难,子亦有忧也。"

⑧应劭曰："阂,忧也。二子,伯州犁、行人子羽也。"师古曰："国子,齐大夫国弱也。二子,谓王子围及伯州犁。围以是年篡位,而不能令终。州犁亦为围所杀,故言可阂。应说非也。"

⑨应劭曰："言国有忧,己乃得以成功也。"师古曰："招,陈公子,哀公弟也。言因忧以成事? 事成而乐也。招,音韶。"

⑩师古曰："齐子,卫大夫齐恶也。言先知为备,虽有忧难,无所损害。"

⑪师古曰："弗及而忧,谓忧不及己而妄忧也。

⑫师古曰："《太誓》,《周书》也。"

⑬师古曰："兆忧,谓开忧兆也。"

⑭师古曰："物,类也。察其所言,以知祸福之类。"

　　昭公十五年,晋籍谈如周葬穆后,①既除丧而燕,②王曰："诸侯皆有以填抚王室,晋独无有,何也?"③籍谈对曰："诸侯之封也,皆受明器于王室,故能荐彝器。④晋居深山,戎翟之与邻,拜戎不暇,其何以献器?"王曰："叔氏其忘诸乎!⑤叔父唐叔,成王之母弟,其反亡分乎?⑥昔而高祖司晋之典籍,⑦以为大正,故曰籍氏。女,司典之后也,何故忘之?"籍谈不能对。宾出,王曰："籍父其无后乎!数典而忘其祖。"⑧籍谈归,以语叔向。叔向曰："王其不终乎! 吾闻所乐必卒焉。⑨今王乐忧,若卒以忧,不可谓终。王一岁而有三年之丧二焉,⑩于是乎以丧宾燕,又求彝器,乐忧甚矣。三年之丧,虽贵遂服,礼也。⑪王虽弗遂,燕乐已早。⑫礼,王之大经也;一动而失二礼,无大经矣。⑬言以考典,典以志经。⑭忘经而多言举典,将安用之!"

①师古曰："籍谈,晋大夫也。穆后,周景王之后,谥穆也。"

②师古曰："燕,与宴同。"

③师古曰："填抚王室,谓献器物也。填,音竹刃反。"

④师古曰："明器,明德之器物也。彝器,常可宝用之器也。"

⑤师古曰："叔,籍谈字也。一曰,叔父之使,故谓之叔氏也。"

⑥师古曰:"分,音扶问反。"

⑦师古曰:"而,亦汝。"

⑧师古曰:"忘祖业。"

⑨师古曰:"言志之所乐,终于此事。"

⑩师古曰:"为太子三年,妻死三年乃娶,达子之志。言三年之丧,二后及太子也。"

⑪师古曰:"遂,犹竟。"

⑫师古曰:"天子除丧,当在卒哭,今适既葬,故讥其早也。"

⑬师古曰:"经,谓常法也。既不遂服,又即宴乐,是失二礼。"

⑭师古曰:"考,成也。志,记也。"

哀公十六年,孔丘卒,公诔之曰:"旻天不吊,不慭遗一老,俾屏予一人。"①子赣曰:"君其不殁于鲁乎?夫子之言曰:'礼失则昏,名失则愆。'②失志为昏,失所为愆。生弗能用,死而诔之,非礼也;称'予一人',非名也。③君两失之。"二十七年,公孙于邾,④遂死于越。⑤

①应劭曰:"慭,且辞也。言旻天不善于鲁,不且遗一老,使屏蔽我一人也。"师古曰:"慭,音鱼觐反。"

②师古曰:"夫子,谓孔子也。昏,谓惑也。愆,过也。"

③师古曰:"天子自称曰'予一人',非诸侯之号,故云非名。"

④师古曰:"孙,读曰逊。"

⑤师古曰:"已解于上。"

庶征之恒阳,刘向以为《春秋》大旱也。其夏旱雩祀,谓之大雩。不伤二谷,谓之不雨。京房《易传》曰:"欲德不用兹谓张,①厥灾荒。荒,旱也,其旱阴云不雨,变而赤,因而除。师出过时兹谓广,②其旱不生。上下皆蔽兹谓隔,其旱天赤三月,时有雹杀飞禽。上缘求妃兹谓僭,③其旱三月大温亡云。居高台府兹谓犯阴侵阳,其旱万物根死,数有火灾。庶位逾节兹谓僭,其旱泽物枯,为火所伤。"

①孟康曰:"欲得贤者而不用,人君徒张此意。"

②李奇曰:"广,音旷。"韦昭曰:"谓怨旷也。"

③师古曰:"缘,历也。言历众处而求妃妾也。"

釐公二十一年"夏,大旱"。董仲舒、刘向以为齐桓既死,诸侯从楚,釐尤得楚心。楚来献捷,释宋之执。①外倚强楚,炕阳失众,又作南门,劳民兴役。②诸雩旱不雨,略皆同说。

①师古曰:"谓此年楚执宋公以伐宋,冬使宜申献捷,十二月盟于薄,释宋公也。"

②师古曰:"南门本名稷门,更改高大而作之。事在二十年。"

宣公十年"秋,大旱"。是夏,宣与齐侯伐莱。①

①师古曰:"莱国即东莱黄县也。"

襄公五年"秋,大雩"。先是,宋鱼石犇楚,①楚伐宋,取彭城以封鱼石。②郑畔于中国而附楚,③襄与诸侯共围彭城,④城郑虎牢以御楚。⑤是岁,郑伯使公子发来聘,⑥使大夫会吴于善道。⑦外结二国,内得郑聘,有炕阳动众之应。

①师古曰:"犇,古奔字也。事在成十五年。鱼石,宋左师也,公子目夷之曾孙也。"

②师古曰:"事在成十八年。"

③师古曰:"自鄢陵战后,郑遂不服,故诸侯屡侵伐之。"

④师古曰:"谓襄元年使仲孙蔑会晋栾黡、宋华元、卫宁殖、曹人、莒人、邾人、滕人、薛人围彭城。"

⑤师古曰:"事在二年。武牢本郑邑,时已属晋,盖追言之。"

⑥师古曰:"公子发,郑穆公之子,子产之父也,字子国。"

⑦师古曰:"使仲孙蔑会吴也。善道,地名。"

八年"九月,大雩。"时作三军,季氏盛。①

①师古曰:"万二千五百人为军。鲁本立上下二军,皆属于公,有事则三卿递帅之而征伐。今季氏欲专其人,故增立中军,三卿各主其一也。事在十一年。"

二十八年"八月,大雩"。先是,比年晋使荀吴、齐使庆封来聘。①是夏,邾子来朝。襄有炕阳自大之应。

①师古曰:"比年,频年也。荀吴,晋大夫,即荀偃之子也。二十六年,晋侯使来聘。庆封,齐大夫也。二十七年,齐侯使来聘。"

　　昭公三年“八月，大雩”。刘歆以为昭公即位年十九矣，犹有童心，居丧不哀，炕阳失众。

　　六年“九月，大雩”。先是，莒牟夷以二邑来奔，①莒怒伐鲁，叔弓帅师，距而败之，昭得入晋。②外和大国，内获二邑，取胜邻国，有炕阳动众之应。

　　①师古曰：“事在五年。牟夷，莒大夫也。二邑，谓牟娄及防兹也。”

　　②师古曰：“叔弓，鲁大夫。时昭公适欲朝晋，而遇莒人来讨，将不果行。叔弓既败莒师，公乃得去。故传云成礼大国，以为援好也。”

　　十六年“九月，大雩”。先是，昭公母夫人归氏薨，昭不戚，又大蒐于比蒲。①晋叔向曰：“鲁有大丧而不废蒐。国不恤丧，不忌君也；君亡戚容，不顾亲也。殆其失国。”与三年同占。

　　①师古曰：“事在昭十一年。归氏，胡国之女。归姓，即齐归也。齐，谥也。蒐，谓聚众而田猎也。比蒲，鲁地名。比，音毗。”

　　二十四年“八月，大雩”。刘歆以为《左氏传》二十三年邾师城翼，还经鲁地，①鲁袭取邾师，获其三大夫。②邾人诉于晋，晋人执我行人叔孙婼，③是春乃归之。

　　①师古曰：“翼，邾邑也。经者，道出其中也。鲁地，谓武城也。”

　　②师古曰：“谓徐鉏、丘弱、茅地也。”

　　③师古曰：“叔孙昭子也。婼，音丑略反。”

　　二十五年“七月上辛大雩，季辛又雩”，旱甚也。刘歆以为时后氏与季氏有隙。①又季氏之族有淫妻为谗，使季平子与族人相恶，皆共谮平子。②子家驹谏曰：“谗人以君徼幸，不可。”③昭公遂伐季氏，为所败，出奔齐。

　　①师古曰：“后氏，郈昭伯也。季氏，季平子也。季、郈之鸡斗，季氏芥其鸡，郈子为之金距。平子怒，益宫于郈氏，且责让之，故郈昭伯怨之。”

　　②师古曰：“谓平子庶叔父公鸟之妻季姒与雍人檀通，而谮季氏之族人季公亥、公思展，故平子杀思展，以故族人皆怨之。”

　　③师古曰：“子家驹，即子家懿伯，庄公之玄孙也，一名羁。”

　　定公十年“九月，大雩”。先是，定公自将侵郑，归而城中城。二大夫帅师围郓。①

①师古曰:"事并在六年。中城,鲁之邑也。二大夫,谓季孙斯、仲孙何忌。"

严公三十一年"冬,不雨"。是岁,一年而三筑台,①奢侈不恤
民。

①师古曰:"是年春筑台于郎,夏筑台于薛,秋筑台于秦。秦、郎、薛,皆鲁
　　地。"

釐公二年"冬十月不雨",三年"春正月不雨,夏四月不雨","六
月雨"。先是者,严公夫人与公子庆父淫,而杀二君。①国人攻之,夫
人逊于邾,庆父奔莒。釐公即位,南败邾,②东败莒,获其大夫。③有
炕阳之应。

①师古曰:"庆父,桓公之子,庄公弟也。二君,谓子般及闵公。"

②师古曰:"谓元年公败邾师于偃。"

③师古曰:"谓元年公子友帅师败莒师于郦,获莒挐也。"

文公二年,"自十有二月不雨,至于秋七月"。文公即位,天子使
叔服会葬,①毛伯赐命。②又会晋侯于戚。③公子遂如齐纳币。④又
与诸侯盟。⑤上得天子,外得诸侯,沛然自大。⑥跻釐公主。大夫始
颛事。⑦

①师古曰:"叔服,周之内史也。叔,氏;服,字。会葬,葬僖公。"

②师古曰:"亦天子使之也。毛伯,周之卿士。毛,国;伯,爵也。赐命之者,
　　赐以命圭为瑞信也。"

③师古曰:"谓大夫公孙敖会之也。戚,卫邑,在顿丘卫县西。"

④师古曰:"纳玄纁之币,谓公为婚于齐。"

⑤师古曰:"谓公孙敖会宋公、陈侯、郑伯、晋士縠盟于垂陇也。垂陇,郑
　　地。"

⑥师古曰:"沛,音普大反。"

⑦师古曰:"谓季孙行父也。颛,读与专同。"

十年,"自正月不雨,至于秋七月"。先是,公子遂会四国而求
郑。①楚使越椒来聘。②秦人归襚。③有炕阳之应。

①师古曰:"谓九年楚人伐郑,公子遂会晋人、宋人、卫人、许人以救之。"

②师古曰:"越椒,楚大夫名也。事亦在九年。"

③师古曰:"谓九年秦人来归僖公及成风之襚也。凡问丧者,衣服曰襚。成

风,僖公之母也。成,谥也。风,姓也。禭,音遂。”

十三年,“自正月不雨,至于秋七月”。先是,曹伯、杞伯、滕子来朝,①郳伯来奔,②秦伯使遂来聘,③季孙行父城诸及郓。④二年之间,五国趋之,内城二邑。炕阳失众。一曰,不雨而五谷皆孰,异也。文公时,大夫始颛盟会,公孙敖会晋侯,又会诸侯盟于垂陇。故不雨而生者,阴不出气而私自行,以象施不由上出,臣下作福而私自成。一曰,不雨近常阴之罚,君弱也。

①师古曰:“十一年曹伯来朝,十二年杞伯、滕子来朝。”

②师古曰:“事在十二年。郳,国;伯,爵也。”

③师古曰:“事在十二年。遂,秦大夫名,即《左氏》所谓西乞术。”

④师古曰:“事在十二年。诸、郓,二邑也。诸,即琅邪诸县也。”

惠帝五年夏,大旱,江河水少,溪谷绝。先是,发民男女十四万六千人城长安,是岁城乃成。

文帝三年秋,天下旱。是岁夏,匈奴右贤王寇侵上郡,诏丞相灌婴发车骑士八万五千人诣高奴,①击右贤王走出塞。其秋,济北王兴居反,使大将军讨之,皆伏诛。

①师古曰:“即上郡之县。”

后六年春,天下大旱。先是发车骑材官屯广昌。①是岁二月,复发材官屯陇西。后匈奴大入上郡、云中,烽火通长安,三将军屯边,②又三将军屯京师。③

①师古曰:“武都之县。”

②师古曰:“谓以中大夫令免为车骑将军屯飞狐,故楚相苏意为将军屯句注,将军张武屯北地。”

③师古曰:“谓河内太守周亚夫为将军次细柳,宗正刘礼为将军次霸上,祝兹侯徐厉为将军次棘门。”

景帝中三年秋,大旱。

武帝元光六年夏,大旱。是岁,四将军征匈奴。①

①师古曰:“谓车骑将军卫青出上谷,骑将军公孙敖出代,轻车将军公孙贺出云中,骁骑将军李广出雁门。”

元朔五年春,大旱。是岁,六将军众十余万征匈奴。①

①师古曰："谓卫青将六将军兵也。六将军者，卫尉苏建为游击将军，左内
　　史李沮为强弩将军，大仆公孙贺为骑将军，代相李蔡为轻车将军，俱出
　　朔方；大行李息、岸头侯张次公为将军，出右北平。"

元狩三年夏，大旱。是岁，发天下故吏伐棘上林，穿昆明池。

天汉元年夏，大旱；其三年夏，大旱。先是，贰师将军征大宛还。
天汉元年，发谪民。①二年夏，三将军征匈奴，②李陵没不还。

①师古曰："谪，读曰谪。"

②师古曰："谓贰师将军三万骑出酒泉，因杆将军出西河，骑都尉李陵将
　　步兵五千人出居延北也。"

征和元年夏，大旱。是岁，发三辅骑士闭长安城门，大搜，始治
巫蛊。明年，卫皇后、太子败。

昭帝元始六年，大旱。先是，大鸿胪田广明征益州，暴师连年。

宣帝本始三年夏，大旱，东西数千里。先是，五将军众二十万征
匈奴。①

①师古曰："本始三年，御史大夫田广明为祁连将军，后将军赵充国为蒲
　　类将军，云中太守田顺为武牙将军，及渡辽将军范明友、前将军韩增，
　　凡五将军，兵十五万骑。校骑常惠持节护乌孙兵，咸击匈奴，是为二十
　　万众也。"

神爵元年秋，大旱。是岁，后将军赵充国征西羌。

成帝永始三年、四年夏，大旱。

《左氏传》晋献公时童谣曰："丙子之晨，龙尾伏辰，袀服振振，
取虢之旂。①鹑之贲贲，天策焞焞，火中成军，虢公其犇。"②是时，
虢为小国，介夏阳之隘，怙虞之助，③亢衡于晋，有炕阳之节，失臣
下之心。晋献伐之，问于卜偃曰："吾其济乎？"④偃以童谣对曰："克
之。十月朔丙子旦，日在尾，月在策，鹑火中，必此时也。"冬十二月
丙子朔，晋师灭虢，虢公奔奔周。周十二月，夏十月也。言天者以夏
正。

①师古曰："徒歌曰谣。袀服，黑衣。振振，袀服之貌也。袀，音均，又音弋
　　春反。振，音只人反。"

②师古曰:"犇,音奔。焞,音吐敦反,又音敦。犇,古奔字。"

③师古曰:"介,隔也。"

④师古曰:"卜偃,晋大夫主卜者。"

史记晋惠公时童谣曰:"恭太子更葬兮,后十四年,晋亦不昌,昌乃在其兄。"是时,惠公赖秦力得立,立而背秦,内杀二大夫,①国人不说。②及更葬其兄恭太子申生而不敬,故诗妖作也。后与秦战,为秦所获,立十四年而死。晋人绝之,更立其兄重耳,是为文公,遂伯诸侯。③

①师古曰:"谓里克、丕郑。"

②师古曰:"说,读曰悦。"

③师古曰:"伯,读曰霸。"

《左氏传》文、成之世,童谣曰:"鸲之鹆之,公出辱之。①鸲鹆之羽,公在外野,往馈之马。②鸲鹆跦跦,公在乾侯。③征褰与襦。④鸲鹆之巢,远哉摇摇,⑤裯父丧劳,宋父以骄。⑥鸲鹆鸲鹆,往歌来哭。"⑦至昭公时,有鸲鹆来巢。公攻季氏,败,出奔齐,居外野,次乾侯。八年,死于外,归葬鲁。昭公名裯。公子宋立,是为定公。

①师古曰:"鸲,音劬。鹆,音欲。"

②师古曰:"馈,亦馈字。"

③臣瓒曰:"乾侯,在魏郡斥丘县。"师古曰:"跦跦,跳行貌也。跦,音诛。乾,音干。"

④师古曰:"征,求也。褰,袴也。言公出外求袴襦之服。"

⑤师古曰:"摇摇,不安之貌。"

⑥师古曰:"父,读曰甫。甫者,男子之通号,故云裯甫、宋甫也。言昭公欲去季氏,不遂而出,故曰丧劳。定公无德于下,坐致君位,故曰以骄。"

⑦师古曰:"谓昭公生时出奔,死乃以丧归之。"

元帝时童谣曰:"井水溢,灭灶烟,灌玉堂,流金门。"至成帝建始二年三月戊子,北宫中井泉稍上,溢出南流,象春秋时先有鸲鹆之谣,而后有来巢之验。井水,阴也;灶烟,阳也;玉堂、金门,至尊之居:象阴盛而灭阳,窃有宫室之应也。王莽生于元帝初元四年,至成帝封侯,为三公辅政,因以篡位。

成帝时童谣曰:"燕燕尾涎涎,①张公子,时相见。木门仓琅根,燕飞来,啄皇孙,皇孙死,燕啄矢。"其后帝为微行出游,常与富平侯张放俱称富平侯家人,过河阳主作乐,见舞者赵飞燕而幸之,故曰"燕燕尾涎涎",美好貌也。张公子谓富平侯也。"木门仓琅根",谓宫门铜锾,②言将尊贵也。后遂立为皇后。弟昭仪贼害后宫皇子,卒皆伏辜,所谓"燕飞来,啄皇孙,皇孙死,燕啄矢"者也。

①师古曰:"涎涎,光泽貌也,音徒见反。"

②师古曰:"门之铺首及铜锾也。铜色青,故曰仓琅。铺首衔环,故谓之根。锾,读与环同。"

成帝时歌谣又曰:"邪径败良田,谗口乱善人。桂树华不实,黄爵巢其颠。故为人所羡,今为人所怜。"桂,赤色,汉家象。华不实,无继嗣也。王莽自谓黄,象黄爵巢其颠也。

严公十七年"冬,多麋"。刘歆以为毛虫之孽为灾。刘向以为麋色青,近青祥也。麋之为言迷也,盖牝兽之淫者也。是时,严公将取齐之淫女,其象先见,天戒若曰,勿取齐女,淫而迷国。严不寤,遂取之。夫人既入,淫于二叔,终皆诛死,①几亡社稷。②董仲舒指略同。京房《易传》曰:"废正作淫,大不明,国多麋。"又曰:"《震》遂泥,③厥咎国多麋"。

①师古曰:"谓庆父缢死,叔牙鸩卒,齐人杀哀姜也。"

②师古曰:"谓子般、闵公前后见杀,而齐侯欲取鲁国也。几,音巨依反。"

③李奇曰:"从二至五,有《坎》象。《坎》为水,四为泥在水中,故曰《震》遂泥。泥者,泥溺于水,不能自拔,道未光也。或以为溺于淫女,故其妖多麋。麋,迷也。"师古曰:"此《易·震卦》九四爻辞也。泥,音乃计反。"

昭帝时,昌邑王贺闻人声曰"熊",视而见大熊。左右莫见,以问郎中令龚遂,遂曰:"熊,山野之兽,而来入宫室,王独见之,此天戒大王,恐宫室将空,危亡象也。"贺不改寤,后卒失国。

《左氏传》襄公十七年十一月甲午,宋国人逐狶狗,①狶狗入于华臣氏,②国人从之。臣惧,遂奔陈。先是,臣兄阅为宋卿,③阅卒,臣使贼杀阅家宰,遂就其妻。宋平公闻之,曰:"臣不唯其宗室是暴,

大乱宋国之政。"欲逐之。左师向戌曰："大臣不顺,国之耻也,不如
盖之。"④公乃止。华臣炕暴失义,内不自安,故犬祸至,以奔亡也。

①师古曰:"猘,狂也,音征例反。"

②师古曰:"华臣,华元之子也。"

③师古曰:"为右师。"

④师古曰:"向戌,宋桓公曾孙也。盖,谓覆掩其事也。"

高后八年三月,袚霸上,①还过枳道,见物如仓狗,橶高后
掖,②忽之不见。卜之,赵王如意为祟。遂病掖伤而崩。先是,高后
鸩杀如意,支断其母戚夫人手足,摧其眼以为人彘。③

①师古曰:"袚者,除恶之祭也,音废。"

②师古曰:"橶,谓拘持之也。橶,音戟。拘,音居足反。"

③师古曰:"摧,谓敲击去其精也。摧,音口内反。凡言彘者,皆豕之别名也。"

文帝后五年六月,齐雍城门外有狗生角。①先是,帝兄齐悼惠
王亡后,帝分齐地,立其庶子七人皆为王。②兄弟并强,有炕阳心,
故犬祸见也。犬守御,角兵象,在前而上乡者也。③犬不当生角,犹
诸侯不当举兵乡京师也。天之戒人蚤矣,④诸侯不寤。后六年,吴、
楚畔,济南、胶西、胶东三国应之,举兵至齐。齐王犹与城守,⑤三国
围之。会汉破吴、楚,因诛四王。故天狗下梁而吴、楚攻梁,狗生角
于齐而三国围齐。汉卒破吴、楚于梁,诛四王于齐。京房《易传》曰:
"执政失,下将害之,厥妖狗生角。君子苟免,小人陷之,厥妖狗生
角。"

①师古曰:"雍城门者,齐门名也。《春秋左氏传》平阳之役,赵武及秦周伐
　雍门之荻是也。"

②师古曰:"谓齐孝王将闾、济北王志、菑川王贤、胶东王雄渠、胶西王卬、
　济南王辟光,并城阳恭王喜,是谓七王。"

③师古曰:"乡,读曰向。次下亦同。"

④师古曰:"蚤,古早字。"

⑤师古曰:"与,读曰豫。"

景帝三年二月,邯郸狗与彘交。悖乱之气,近犬豕之祸也。①是
时,赵王遂悖乱,与吴、楚谋为逆,遣使匈奴求助兵,卒伏其辜。犬,

兵革失众之占；②豕，北方匈奴之象。逆言失听，交于异类，以生害也。京房《易传》曰："夫妇不严，厥妖狗与豕交。兹谓反德，国有兵革。"

①师古曰："悖，惑也，音布内反。此下亦同。"

②如淳曰："犬吠守，似兵革外附它类，失众也。"

成帝河平元年，长安男子石良、刘音相与同居，①有如人状在其室中，击之，为狗，走出去。后有数人被甲持兵弩至良家，良等格击，或死或伤，皆狗也。自二月至六月乃止。

①师古曰："二人共止一室。"

鸿嘉中，狗与彘交。

《左氏》昭公二十四年十月癸酉，王子朝以成周之宝圭湛于河，①几以获神助。②甲戌，津人得之河上，阴不佞取将卖之，则为石。③是时，王子朝篡天子位，万民不乡，号令不从，④故有玉变，近白祥也。癸酉入而甲戌出，神不享之验云。玉化为石，贵将为贱也。后二年，子朝奔楚而死。

①师古曰："以祭河也。《尔雅》曰：'祭川曰浮沈。'湛，读曰沈。后皆类此。"

②师古曰："几，读曰冀。"

③师古曰："阴不佞，周大夫也。"

④师古曰："乡，读曰向。

史记秦始皇帝三十六年，郑客从关东来，至华阴，望见素车白马从华山上下，知其非人，道住止而待之。遂至，①持璧与客曰："为我遗镐池君。"②因言"今年祖龙死"。③忽不见。郑客奉璧，即始皇二十八年过江所湛璧也。与周子朝同应。是岁，石陨于东郡，民或刻其石曰："始皇死而地分。"此皆白祥，炕阳暴虐，号令不从，孤阳独治，群阴不附之所致也。一曰，石，阴类也，阴持高节，臣将危君，赵高、李斯之象也。始皇不畏戒自省，反夷灭其旁民，而燔烧其石。是岁始皇死，后三年而秦灭。

①师古曰："于道上住而待此车马。"

②张晏曰："武王居镐，镐池君则武王也。武王伐商，故神云始皇荒淫若纣矣，今亦可伐也。"孟康曰："长安西南有镐池。"师古曰："镐池在昆明池北。此直江神告镐池之神，云始皇将死耳，无豫于武王也。张说失矣。"

③苏林曰："祖，始也。龙，人君象。谓始皇也。"

孝昭元凤三年正月，泰山莱芜山南匈匈有数千人声。民视之，有大石自立，高丈五尺，大四十八围，入地深八尺，三石为足。石立处，有白乌数千集其旁。眭孟以为石阴类，下民象，泰山岱宗之岳，王者易姓告代之处，当有庶人为天子者。孟坐伏诛。京房《易传》曰：'《复》，崩来无咎'。①自上下者为崩，厥应泰山之石颠而下，②圣人受命人君房。"又曰："石立如人，庶士为天下雄。立于山，同姓；平地，异姓。立于水，圣人；于泽，小人。"

①师古曰："《复卦》之辞也。今《易》崩字作朋也。"

②师古曰："颠，坠也。"

天汉元年三月，天雨白毛；三年八月，天雨白氂。①京房《易传》曰："前乐后忧，厥妖天雨羽。"又曰："邪人进，贤人逃，天雨毛。"

①师古曰："凡言氂者，毛之强曲者也，音力之反。"

史记周威烈王二十三年，九鼎震。①金震，木动之也。是时，周室衰微，刑重而虐，号令不从，以乱金气。鼎者，宗庙之宝器也。宗庙将废，宝鼎将迁，故震动也。是岁，晋三卿韩、魏、赵篡晋君而分其地，威烈王命以为诸侯。天子不恤同姓，而爵其贼臣，天下不附矣。后三世，周致德祚于秦。②其后秦遂灭周，而取九鼎。九鼎之震，木沴金，失众甚。

①孟康曰："威烈，一王之谥也，六国时也。"师古曰："即赧王之高祖也。"

②晋灼曰："赧王奔秦，献其邑，此谓致德祚也。"

成帝元延元年正月，长安章城门门牡自亡，①函谷关次门牡亦自亡。②京房《易传》曰："饥而不损兹谓泰，厥灾水，厥咎牡亡。"《妖辞》曰："关动牡飞，辟为亡道臣为非，厥咎乱臣谋篡。"③故谷永对曰："章城门通路寝之路，函谷关距山东之险，城门关守国之固，固将去焉，故牡飞也。"

①晋灼曰："西出南头第一门也。牡是出籥者。"师古曰："牡所以下闭者

也,亦以铁为之,非出篯也。"

②韦昭曰:"函谷关边小门也。"师古曰:"非行人出入所由,盖关司曹府所在之门也。"

③李奇曰:"《易·妖变传》辞。"

汉书卷二七中之下
志第七中之下

五行中之下

　　传曰："视之不明,是谓不哲,厥咎舒,厥罚恒奥,①厥极疾。②时则有草妖,时则有蠃虫之孽,③时则有羊祸,时则有目痾,时则有赤眚赤祥。惟水沴火。"

　　①师古曰:"奥,读曰燠。燠,暖也,音于六反。其下并同。"
　　②韦昭曰:"以疾为罚。"
　　③师古曰:"蠃,螺之类无鳞甲毛羽,故谓之蠃虫也。音郎果反。"

　　"视之不明,是谓不哲",哲,知也。《诗》云:"尔德不明,以亡陪亡卿;不明尔德,以亡背亡仄。"①言上不明,暗昧蔽惑,则不能知善恶,亲近习,长同类,②亡功者受赏,有罪者不杀,百官废乱,失在舒缓,故其咎舒也。盛夏日长,暑以养物,政弛缓,故其罚常奥也。奥则冬温,春夏不和,伤病民人,故极疾也。诛不行则霜不杀草,繇臣下则杀不以时,③故有草妖。凡妖,貌则以服,言则以诗,听则以声。视则以色者,五色物之大分也,在于眚祥,故圣人以为草妖,失秉之明者也。④温奥生虫,故有蠃虫之孽,谓螟螣之类⑤当死不死,未当生而生,或多于故而为灾也。刘歆以为属思心不容。于《易》,刚而包柔为《离》,⑥《离》为火为目。羊上角下蹄,刚而包柔,羊大目而不精明,视气毁故有羊祸。一曰,暑岁羊多疫死,及为怪,亦是也。及人,则多病目者,故有目痾。火色赤,故有赤眚赤祥。凡视伤者病火气,火气伤则水沴之。其极疾者,顺之,其福曰寿。⑦刘歆视传曰有羽虫之孽,鸡祸。说以为于天文南方喙为鸟星,故为羽虫;祸亦从羽,故为鸡。鸡于《易》自在《巽》。说非是。庶征之恒奥,刘向以为《春秋》亡冰也。小奥不书,无冰然后书,举其大者也。京房《易传》曰:"禄不遂行兹谓欺,厥咎奥,雨雪四至而温。臣安禄乐逸兹谓乱,奥而生虫。知罪不诛谓舒,其奥,夏则暑杀人,冬则物华实。重过不诛兹谓亡征,其咎当寒而奥六日也。"

①师古曰:"《大雅·荡》之诗也。言不别善恶,有逆背倾仄者,有堪为卿大夫者,皆不知之也。仄,古侧字。"

②师古曰:"习,狎也。近狎者则亲爱之,同类者则长益也。"

③师古曰:"繇,读与由同。言诛罚由于臣下。"

④师古曰:"谓失所执之权也。音彼命反。"

⑤师古曰:"螟食苗心,螣食苗叶之虫也。螟,音冥。螣,音徒得反。"

⑥师古曰:"两阳居外,一阴在内,故云刚包柔。"

⑦李奇曰:"于六极之中为疾者,逆火气,致疾病也。能顺火气,则祸更为福。

桓公十五年"春,亡冰"。刘向以为周春,今冬也。先是连兵邻国,三战而再败也,①内失百姓,外失诸侯,不敢行诛罚,郑伯突篡兄而立,公与相亲,②长养同类,不明善恶之罚也。③董仲舒以为象夫人不正,阴失节也。"④

①师古曰:"三战者,谓十年齐侯、卫侯、郑伯来战于郎,十二年与郑师伐宋战于宋,十三年会纪侯、郑伯及齐侯、宋公、卫侯、燕人战也。再败者,谓郎之战,《谷梁传》曰'以吾败也',又宋之战,《谷梁》亦曰'内讳败,举其可道者也'。据《左氏传》、《公羊》、《谷梁》,亦曰无冰,并在十四年,今此云十五年,未详其意。"

②师古曰:"突,郑庄公子,即厉公也。兄,谓太子忽,即昭公也。庄公既卒,突因宋庄公之宠而得立,遂使昭公奔卫,故云篡兄也。公与相亲者,谓十五年突为祭仲所逐奔蔡,遂居栎,而昭公入,公再与诸侯伐郑,谋纳厉公。"

③师古曰:"言桓篡立,与突志同,故曰长养同类,"

④师古曰:"夫人姜氏通于齐侯,故云不正。"

成公元年"二月,无冰"。董仲舒以为方有宣公之丧,君臣无悲哀之心,而炕阳,作丘甲。① 刘向以为时公幼弱,政舒缓也。

　　① 师古曰:"时宣公薨始逾年,故云有丧也。丘甲,解在《刑法志》。"

　　襄公二十八年"春,无冰"。刘向以为先是公作三军,有侵陵用武之意,① 于是邻国不和,伐其三鄙,② 被兵十有余年,因之以饥馑,百姓怨望,臣下心离,公惧而弛缓,不敢行诛罚,③ 楚有夷狄行,公有从楚心,不明善恶之应。④ 董仲舒指略同。一曰,水旱之灾,寒暑之变,天下皆同,故曰"无冰",天下异也。桓公杀兄弑君,外成宋乱,与郑易邑,背畔周室。⑤ 成公时,楚横行中国,⑥ 王札子杀召伯、毛伯,⑦ 晋败天子之师于贸戎,⑧ 天子皆不能讨。襄公时,天下诸侯之大夫皆执国权,⑨ 君不能制。渐将日甚,善恶不明,诛罚不行。周失之舒,秦失之急,故周衰亡寒岁,秦灭亡奥年。

　　① 师古曰:"作三军者,季氏欲专其权,非公本意,此说非也。侵陵用武者,谓入郓取邿也。邿,音诗。"

　　② 师古曰:"谓十三年三月,十四年夏,莒人伐我东鄙。十五年夏,齐侯伐我北鄙。秋,郑人伐我南鄙。十六年三月,齐侯伐我北鄙。"

　　③ 师古曰:"弛,放也,音式尔反。"

　　④ 师古曰:"有从楚心,谓二十八年公朝于楚。"

　　⑤ 师古曰:"隐摄公位,又桓之兄,故云杀兄弑君也。成宋乱者,谓宋华父督弑其君殇公及其大夫孔父,以郜大鼎赂公,公会齐侯、郑伯于稷而平其乱也。与郑易邑,谓以大山之田易许田也。许田者,鲁朝宿之邑也,而以与郑,明鲁之不朝于王,故云背畔周室。"

　　⑥ 师古曰:"谓成二年楚侵卫,遂侵我,师于蜀。六年七月,楚公子婴齐帅师伐郑。九年,婴齐帅师伐莒。十五年,楚子伐郑。十六年,楚子与晋侯、郑伯战于鄢陵。十八年,楚子伐宋。"

　　⑦ 师古曰:"王札子,即王子捷也。召伯、毛伯,皆周大夫也。今《春秋经》王札子杀召伯、毛伯事在宣十五年,而此言成公时,未达其说。召,读曰邵。"

　　⑧ 师古曰:"贸戎,戎别种也。《公羊传》成元年:'王师败绩于贸戎。孰败之?盖晋败之。'贸,音莫侯反。"

　　⑨ 师古曰:"谓襄十六年会于溴梁,诸侯之大夫盟皆类此。"

　　武帝元狩六年冬,亡冰。先是,比年遣大将军卫青、霍去病攻祁连,绝大幕,①穷追单于,斩首十余万级,还,大行庆赏。乃闵海内勤劳,是岁遣博士褚大等六人持节巡行天下,②存赐鳏寡,假与乏困,举遗逸独行君子诣行在所。郡国有以为便宜者,上丞相、御史以闻。天下咸喜。

①师古曰:"比,频也。祁连,山名也。幕,沙碛也。直度曰绝。祁,音上夷反。"

②师古曰:"行,音下更反。"

昭帝始元二年冬,亡冰。是时,上年九岁,大将军霍光秉政,始行宽缓,欲以说下。①

①师古曰:"说,读曰悦。"

僖公三十三年"十二月,陨霜不杀草"。刘歆以为草妖也。刘向以为今十月,周十二月。于《易》,五为天位,君位,九月阴气至,五通于天位,其卦为《剥》,①剥落万物,始大杀矣,明阴从阳命,臣受君令而后杀。今十月陨霜而不能杀草,此君诛不行,舒缓之应也。是时,公子遂颛权,三桓始世官,②天戒若曰,自此之后,将皆为乱矣。文公不寤,其后遂杀子赤,三家逐昭公。③董仲舒指略同。京房《易传》曰:"臣有缓兹谓不顺,厥异霜不杀也。"

①师古曰:"《坤》下《艮》上。"

②师古曰:"公子遂,庄公之子,即东门襄仲也,时为卿,专执国政也。"

③师古曰:"并已解于上。"

《书序》曰:"伊陟相大戊,亳有祥,桑穀共生。"①《传》曰:"俱生乎朝,七日而大拱。②伊陟戒以修德,而木枯。"刘向以为殷道既衰,高宗承敝而起,尽凉阴之哀,天下应之,③既获显荣,怠于政事,国将危亡,故桑穀之异见。桑犹丧也,穀犹生也,杀生之秉失而在下,④近草妖也。一曰,野木生朝而暴长,小人将暴在大臣之位,危亡国家,象朝将为虚之应也。⑤

①师古曰:"《商书·咸乂》之序也。其书亡。伊陟,伊尹子也。大戊,大甲孙也。亳,殷所都也。桑、穀二木,合而共生。穀,音穀。"

②师古曰:"两手合为拱,音久勇反。"

③师古曰:"凉,信也。阴,默也。言居哀信默,三年不言也。凉,读曰谅。一

说：凉阴，谓居丧之庐也。谓三年处于庐中不言。凉，音力羊反。据今《尚书》及诸传记，大戊卒，子仲丁立，卒，弟何亶甲立，卒，子祖乙立，卒，子盘庚立，卒，小乙之子武丁立，是为高宗。桑穀自太戊时生，凉阴乃高宗之事。而此云桑穀即高宗时出，其说与《尚书大传》不同，未详其义也。或者伏生差谬。"

④师古曰："秉，音彼命反。"

⑤师古曰："虚，读曰墟。"

《书序》又曰："高宗祭成汤，有蜚雉登鼎耳而雊。"①祖己曰："惟先假王，正厥事。"②刘向以为雉雊鸣者雄也，以赤色为主。于《易》，《离》为雉，雉，南方，近赤祥也。刘歆以为羽虫之孽。《易》有《鼎卦》，③鼎，宗庙之器，主器奉宗庙者长子也。野鸟自外来，入为宗庙器主，是继嗣将易也。一曰，鼎三足，三公象，而以耳行。④野鸟居鼎耳，小人将居公位，败宗庙之祀。野木生朝，野鸟入庙，败亡之异也。武丁恐骇，谋于忠贤，修德而正事，内举傅说，授以国政，⑤外伐鬼方，以安诸夏，⑥故能攘木鸟之妖，致百年之寿，⑦所谓"六沴若是共御，五福乃降，用章于下"者也。⑧一曰，金沴木曰木不曲直。

①师古曰："《商书·高宗肜日》之序也。蜚，古飞字。雊，音工豆反。"

②师古曰："祖己，殷贤臣。假，大也。言先代大道之王，能正其事，而灾异销也。"

③师古曰："《巽》下《离》上也。"

④师古曰："鼎非举耳不得行，故云以耳行。"

⑤师古曰："武丁梦得贤相，乃以所梦之像使求之，得于傅岩，立以为相，作《说命》三篇。说，读曰悦。"

⑥师古曰："鬼方，绝远之地，一曰国名。夏，大也。中国大于戎狄，故曰诸夏。"

⑦师古曰："攘，却也，音人羊反。"

⑧师古曰："共，读曰恭。御，读曰禦。言恭己以御灾也。一说：御，治也，恭治其事也。"

僖公三十三年"十二月，李梅实"。刘向以为周十二月，今十月也。李梅当剥落，今反华实，近草妖也。先华而后实，不书华，举重者也。阴成阳事，象臣颛君作威福。一曰，冬当杀，反生，象骄臣当诛,不行其罚也。故冬华者,象臣邪谋有端而不成,至于实,则成矣。是时僖公死,公子遂颛权,文公不寤,后有子赤之变。一曰,君舒缓甚,奥气不臧,则华实复生。董仲舒以为李梅实,臣下强也。记曰:"不当华而华,易大夫;不当实而实,易相室。"①冬,水王,木相,故象大臣。刘歆以为庶征皆以虫为孽,思心羸虫孽也。李梅实,属草妖。

①应劭曰:"冬,水王,木相,故象大臣。冬实者,变置丞相与宫室也。但华,则变大夫也。"师古曰:"相室,犹言相国,谓宰相也。合韵故言相室。相室者,王相室。"

惠帝五年十月,桃李华,枣实。昭帝时,上林苑中大柳树断仆地,一朝起立,生枝叶,有虫食其叶,成文字,曰"公孙病已立"。昌邑王国社有枯树复生枝叶。睦孟以为木阴类,下民象,当有故废之家公孙氏从民间受命为天子者。昭帝富于春秋,霍光秉政,以孟妖言,诛之。后昭帝崩,无子,征昌邑王贺嗣位,狂乱失道,光废之,更立卫太子之孙,是为宣帝。宣帝本名病已。京房《易传》曰:"枯杨生稊,①枯木复生,人君亡子。"

①师古曰:"《大过》九二爻辞也。稊,杨秀之始生者,音徒奚反。"

元帝初元四年,皇后曾祖父济南东平陵王伯墓门梓柱卒生枝叶,上出屋。①刘向以为王氏贵盛,将代汉家之象也。后王莽篡位,自说之曰:"初元四年,莽生之岁也,当汉九世火德之厄,而有此祥兴于高祖考之门。门为开通,梓犹子,言王氏当有贤子开通祖统,起于柱石大臣之位,受命而王之符也。"

①孟康曰:"王伯,莽之祖也。"师古曰:"莽高祖父也。故下云高祖考。卒,读曰猝。猝,暴也。"

建昭五年,兖州刺史浩赏禁民私所自立社。①山阳橐茅乡社有大槐树,②吏伐断之,其夜树复立其故处。成帝永始元年二月,河南街邮樗树生支如人头,③眉目须皆具,亡发耳。哀帝建平三年十月,汝南西平遂阳乡柱仆地,生支如人形,④身青黄色,面白,头有颡发,稍长大,凡长六寸一分。京房《易传》曰:"王德衰,下人将起,则有木生为人状。”

①张晏曰:“民间三月九月又社,号曰私社。”臣瓒曰:“旧制二十五家为一

　社,而民或十家五家共为田社,是私社。”师古曰:“瓒说是。”

②师古曰:“橐,县名也,属山阳郡。茅乡,橐县之乡也。橐,音拓。”

③师古曰:“邮,谓行书之舍。檴树似椿檴,音丑余反。椿,音丑伦反。”

④师古曰:“仆,顿也,音赴。”

　　哀帝建平三年,零陵有树僵地,①围大六尺,长十丈七尺。民断
其本,长九尺余,枯。三月,树卒自立故处。②京房《易传》曰:“弃正
作淫,厥妖木断自属。③天辟恶之。”④

①师古曰:“僵,偃也,音疆。”

②师古曰:“卒,读曰猝。”

③师古曰:“属,连续也,音之欲反。”

④如淳曰:“天辟,谓天子也。”师古曰:“辟,音壁。”

　　元帝永光二年八月,天雨草,而叶摎结,大如弹丸。①平帝元始
三年正月,天雨草,状如永光时。京房《易传》曰:“君吝于禄,信衰贤
去,厥妖天雨草。”

①师古曰:“摎,绕也。摎,音居虬反。”

　　昭公二十五年“夏,有鸲鹆来巢。”刘歆以为羽虫之孽,其色黑,
又黑祥也,视不明听不聪之罚也。刘向以为有蜮有蜮不言来者,气
所生,所谓眚也;①鸲鹆言来者,气所致,所谓祥也。鸲鹆,夷狄穴藏
之禽,来至中国,不穴而巢,阴居阳位,②象季氏将逐昭公,去宫室
而居外野也。鸲鹆白羽,旱之祥也;穴居而好水,黑色,为主急之应
也。天戒若曰,既失众,不可急暴;急暴,阴将持节阳以逐尔,去宫室
而居外野矣。昭不寤,而举兵围季氏,为季氏所败,出奔于齐,遂死
于外野。董仲舒指略同。

①师古曰:“此蜮,谓负蠜也,其为虫臭。蜮,短狐,即今所谓水弩也。隐元

　年有蜮,庄十八年有蜮。蜮,音翡。蜮,音域。蜮亦作蜮,其音同耳。”

②师古曰:“今之鸲鹆,中国皆有,依《周官》而言,但不逾济水耳。《左氏》

　以为鲁所常无,异而书之,而此云夷狄禽,未喻其意。又此鸟本亦巢居,

不皆穴处也。书巢者,著其居止字乳,不即去也。"

景帝三年十一月,有白颈乌与黑乌群斗楚国吕县,白颈不胜,堕泗水中,死者数千。刘向以为近白黑祥也。时楚王戊暴逆无道,① 刑辱申公,与吴王谋反。乌群斗者,师战之象也。白颈者小,明小者败也。堕于水者,将死水地。王戊不寤,遂举兵应吴,与汉大战,兵败而走,至于丹徒,为赵人所斩,堕死于水之效也。京房《易传》曰:"逆亲亲,厥妖白黑乌斗于国。"

　　① 师古曰:"戊,楚元王之孙也。"

昭帝元凤元年,有乌与鹊斗燕王宫中池上,乌堕池死,近黑祥也。时燕王旦谋为乱,遂不改寤,伏辜而死。楚、燕皆骨肉藩臣,以骄怨而谋逆,俱有乌鹊斗死之祥,行同而占合,此天人之明表也。燕一乌鹊斗于宫中而黑者死,楚以万数斗于野外而白者死,象燕阴谋未发,独王自杀于宫,故一乌水色者死,楚炕阳举兵,军师大败于野,故众乌金色者死,天道精微之效也。京房《易传》曰:"专征劫杀,厥妖乌鹊斗。"

昭帝时有鹈鹕或曰秃鹙,① 集昌邑王殿下,王使人射杀之。刘向以为水鸟色青,青祥也。时王驰骋无度,慢侮大臣,不敬至尊,有服妖之象,② 故青祥见也。野鸟入处,宫室将空。王不寤,卒以亡。京房《易传》曰:"辟退有德,厥咎狂,厥妖水鸟集于国中。"③

　　① 师古曰:"鹈鹕即污泽也,一名淘河,腹下胡大如数升囊,好群入泽中,抒水食鱼,因名秃鹙,亦水鸟也。鹈,音大奚反。鹕,音胡。鹙,音秋。"

　　② 师古曰:"谓多治厃注冠,又以冠奴也。"

　　③ 师古曰:"辟,君也。"

成帝河平元年二月庚子,泰山山桑谷有蝥焚其巢。① 男子孙通等闻山中群乌蝥鹊声,往视,见巢燋,尽堕地中,② 有三蝥毂烧死,③ 树大四围,巢去地五丈五尺。太守平以闻。蝥色黑,近黑祥,贪虐之类也。《易》曰:"鸟焚其巢,旅人先笑后号啕。"④ 泰山,岱宗,五岳之长,王者易姓告代之处也。天戒若曰,勿近贪虐之人,听其贼谋,将生焚巢自害其子绝世易姓之祸。其后赵蜚燕得幸,立为皇后,

弟为昭仪,姊妹专宠,闻后宫许美人、曹伟能生皇子也,⑤昭仪大
怒,令上夺取而杀之,皆并杀其母。成帝崩,昭仪自杀,事乃发觉,赵
后坐诛。此焚巢杀子后号啕之应也。一曰,王莽贪虐而任社稷之重,
卒成易姓之祸云。京房《易传》曰:"人君暴虐,鸟焚其舍。"

①师古曰:"𪃸,鸱也,音缘。"

②师古曰:"㸐,古然字。"

③师古曰:"鸟子新生而哺者曰𪅂,音口豆反,又音工豆反。"

④师古曰:"《旅卦》上九爻辞也。啕,音逃。"

⑤师古曰:"曹伟能,宫人姓名也。伟能一名宫,见《外戚传》。"

　　鸿嘉二年三月,博士行大射礼,有飞雉集于庭,历阶登堂而雊。
后雉又集太常、宗正、丞相、御史大夫、大司马车骑将军之府,又集
未央宫承明殿屋上。时大司马车骑将军王音、待诏宠等上言:"天地
之气,以类相应,①谴告人君,甚微而著。雉者听察,先闻雷声,故
《月令》以纪气。②经载高宗雊雉之异,③以明转祸为福之验。今雉
以博士行礼之日大众聚会,飞集于庭,历阶登堂,万众睢睢,④惊怪
连日。径历三公之府,太常、宗正典宗庙骨肉之官,然后入宫。其宿
留告晓人,具备深切,⑤虽人道相戒,何以过是!"后帝使中常侍晁
闳诏音曰:"闻捕得雉,毛羽颇摧折,类拘执者,得无人为之?"⑥音
复对曰:"陛下安得亡国之语?不知谁主为佞谄之计,⑦诬乱圣德如
此者!左右阿谀甚众,不待臣音复谄而足。⑧公卿以下,保位自守,
莫有正言。如令陛下觉悟,惧大祸且至身,深责臣下,绳以圣法,臣
音当先诛,岂有以自解哉!今即位十五年,继嗣不立,日日驾车而
出,失行流闻,⑨海内传之,甚于京师。外有微行之害,内有疾病之
忧,皇天数见灾异,⑩欲人变更,终已不改。天尚不能感动陛下,臣
子何望?独有极言待死,命在朝暮而已。如有不然,老母安得处所,
尚何皇太后之有!高祖天下当以谁属乎!⑪宜谋于贤知,克己复礼,
以求天意,继嗣可立,灾变尚可销也。"

①师古曰:"以经术待诏,其人名宠,不记姓也。流浴书本宠上辄加孙字,
　　非也。"

②师古曰:"谓季冬之月云'雉雊鸡乳'也。"

③师古曰:"已解于上。"

④师古曰:"睢睢,仰目视貌也。音呼惟反。"

⑤师古曰:"宿,音先就反。留,音力求反。"

⑥师古曰:"言人放此雊,故欲为变异者。"

⑦师古曰:"调,古谐也。"

⑧师古曰:"足,益也,音子喻反。"

⑨师古曰:"言帝行多骄失,丑恶流布闻于远方也。"

⑩师古曰:"见,显示。"

⑪如淳曰:"老母,音之老母也,当随己受罪诛也。又谓己言深切,触悟人主,积恚而死,必行之诛,不能复顾太后也。"师古曰:"如说非也。言总属于成帝耳。不然者,谓不如所谏而自修改也。老母,帝之母,即太后也。言帝不自修改,国家危亡,太后不知处所,高祖天下无所付属也。属,音之欲反。"

成帝绥和二年三月,天水平襄有燕生爵,哺食至大,俱飞去。①京房《易传》曰:"贼臣在国,厥咎燕生爵,诸侯销。"一曰,生非其类,子不嗣世。

①师古曰:"哺,音蒲固反。食,读曰饲。谓与母俱去。"

史记鲁定公时,季桓子穿井,得土缶,中得虫若羊,①近羊祸也。羊者,地上之物,幽于土中,象定公不用孔子而听季氏,暗昧不明之应也。一曰,羊去野外而拘土缶者,象鲁君失其所而拘于季氏,季氏亦将拘于家臣也。是岁,季氏家臣阳虎囚季桓子。后三年,阳虎劫公伐孟氏,兵败,窃宝玉大弓而出亡。②

①师古曰:"缶,盎也,即今之盆。"

②师古曰:"宝玉,谓夏后氏之璜。大弓,谓封父之繁弱。皆鲁始封之分器,所受于周也。定八年,阳虎作乱不克,窃之而入讙阳关以叛。"

《左氏传》鲁襄公时,宋有生女子赤而毛,弃之堤下,宋平公母共姬之御者见而收之,①因名曰弃。长而美好,纳之平公,生子曰佐。后宋臣伊戾谗太子痤而杀之。②先是,大夫华元出奔晋,③华弱

奔鲁,④华臣奔陈,⑤华合比奔卫。⑥刘向以为时则火灾赤眚之明
应也。京房《易传》曰:"尊卑不别,厥妖女生赤毛。"

①师古曰:"平公,宋共公之子也,名成。共,读曰恭。"

②师古曰:"事在襄二十六年。痤,音才戈反。"

③师古曰:"华元奔在成十五年。"

④师古曰:"事在襄六年。"

⑤师古曰:"事在襄十七年。"

⑥师古曰:"事在昭六年。据今《春秋》,合比奔在杀太子痤后,而志总言先
　是,未详其意。"

惠帝二年,天雨血于宜阳,一顷所。刘向以为赤眚也。时又冬
雷,桃李华,常奥之罚也。是时政舒缓,诸吕用事,谗口妄行,杀三皇
子,建立非嗣,①及不当立之王,②退王陵、赵尧、周昌。③吕太后
崩,大臣共诛灭诸吕,僵尸流血。京房《易传》曰:"归狱不解,兹谓追
非,厥咎天雨血;兹谓不亲,民有怨心,不出三年,无其宗人。"又曰:
"佞人禄,功臣僇,天雨血。"④

①师古曰:"三皇子,谓赵隐王如意、赵幽王友、赵恭王恢,皆高帝子也。建
　立后宫美人子为嗣。"

②孟康曰:"吕氏三王也。"

③师古曰:"惠帝六年,王陵为右丞相。惠帝崩,吕后欲废陵,迁为太傅,实
　夺之相权。高祖以赵尧为御史大夫,高后元年怨尧前定赵王如意之策,
　乃抵尧罪。周昌为赵相,赵王见鸩杀,昌谢病不朝见,三岁而薨。"

④师古曰:"僇,古戮字。"

哀帝建平四年四月,山阳湖陵雨血,广三尺,长五尺,大者如
钱,小者如麻子。后二年,帝崩,王莽擅朝,诛贵戚丁、傅,大臣董贤
等皆放徙远方,与诸吕同象。诛死者少,雨血亦少。

传曰:"听之不聪,是谓不谋,厥咎急,厥罚恒寒,厥极贫。时则
有鼓妖,时则有鱼孽,时则有豕祸,时则有耳痾,时则有黑眚黑祥。
惟火沴水。"

"听之不聪,是谓不谋",言上偏听不聪,下情隔塞,则不能谋虑

利害,失在严急,故其咎急也。盛冬日短,寒以杀物,政促迫,故其罚常寒也。寒则不生百谷,上下俱贫,故其极贫也。君严猛而闭下,臣战栗而塞耳,则妄闻之气发于音声,故有鼓妖。塞气动,故有鱼孽。雨以龟为孽,①龟能陆处,非极阴也;鱼去水而死,极阴之孽也。于《易》,《坎》为豕,豕大耳而不聪察,听气毁,故有豕祸也。一曰,寒岁豕多死,及为怪,亦是也。及人,则多病耳者,故有耳痾。水色黑,故有黑眚黑祥。凡听伤者病水气,水气病则火沴之。其极贫者,顺之,其福曰富。刘歆听传曰有介虫孽也,庶征之恒寒。刘向以为《春秋》无其应,周之末世舒缓微弱,政在臣下,奥暖而已,故籍秦以为验。②秦始皇帝即位尚幼,委政太后,太后淫于吕不韦及嫪毐,③封毒为长信侯,以太原郡为毐国,宫室苑囿自恣,政事断焉。故天冬雷,以见阳不禁闭,以涉危害,舒奥迫近之变也。始皇既冠,毒惧诛作乱,始皇诛之,斩首数百级,大臣二十人皆车裂以徇,夷灭其宗,迁四千余家于房陵。是岁四月,寒,民有冻死者。数年之间,缓急如此,寒奥辄应,此其效也。刘歆以为大雨雪,及未当雨雪而雨雪,及大雨雹,陨霜杀叔草,皆常寒之罚也。刘向以为常雨属貌不恭。京房《易传》曰:“有德遭险,兹谓逆命,厥异寒。诛过深,当奥而寒,尽六日,亦为雹。害正不诛,兹谓养贼,寒七十二日,杀蜚禽。④道人始去兹谓伤,⑤其寒物无霜而死,涌水出。出战不量敌,兹谓辱命,其寒虽雨物不茂。闻善不予,厥咎聋。”

①服虔曰:“多雨则龟多出。”

②师古曰:“籍,假借。”

③师古曰:“嫪,或音居虬反。嫪,姓也。毐名也。许慎说以为‘嫪毐,士之无行者’。嫪,音郎到反。毐,音乌改反。与今《史记》、《汉书》本文不同,且摎乐之姓,又非嫪也,故当依本字以读。”

④师古曰:“蜚,读曰飞。”

⑤服虔曰:“有道之人去。”

　　桓公八年“十月,雨雪”。周十月,今八月也,未可以雪。刘向以为时夫人有淫齐之行,而桓有妒媚之心,①夫人将杀,其象见也。②

桓不觉寤,后与夫人俱如齐而杀死。凡雨,阴也,雪又雨之阴也,出非其时,迫近象也。董仲舒以为象夫人专恣,阴气盛也。

①师古曰:"媚,谓夫妒妇也,音莫报反。"

②师古曰:"谓欲杀桓公。"

釐公十年"冬,大雨雪"。刘向以为先是釐公立妾为夫人,阴居阳位,阴气盛也。《公羊经》曰"大雨雹"。董仲舒以为公胁于齐桓公,立妾为夫人,不敢进群妾,①故专壹之象见诸雹,皆为有所渐胁也,②行专壹之政云。

①师古曰:"已解于上。"

②孟康曰:"谓阴气渐胁。"

昭公四年"正月,大雨雪"。刘向以为昭取于吴而为同姓,谓之吴孟子。①君行于上,臣非于下。又三家已强,皆贱公行,慢侮之心生。②董仲舒以为季孙宿任政,阴气盛也。③

①师古曰:"鲁与吴俱姬也。《周礼》同姓不为婚,故讳不称吴姬,而云孟子也。取,读曰娶。"

②师古曰:"侮,古侮字。"

③师古曰:"季孙宿,季武子也。"

文帝四年六月,大雨雪。后三岁,淮南王长谋反,发觉,迁,道死。①京房《易传》曰:"夏雨雪,戒臣为乱。"

①师古曰:"迁于蜀,未至而死于雍,故曰道死。"

景帝中六年三月,雨雪。其六月,匈奴入上郡取苑马,吏卒战死者二千余人。明年,条侯周亚夫下狱死。

武帝元狩元年十二月,大雨雪,民多冻死。是岁,淮南、衡山王谋反,发觉,皆自杀。使者行郡国,治党与,①坐死者数万人。

①师古曰:"行,音下更反。"

元鼎二年三月,雪,平地厚五尺。是岁,御史大夫张汤有罪自杀,丞相严青翟坐与三长史谋陷汤,①青翟自杀,三长史皆弃市。

①师古曰:"谓朱买臣为丞相长史,王朝及边通皆守丞相长史也。"

元鼎三年三月水冰,四月雨雪,关东十余郡人相食。是岁,民不占缗钱有告者,以半畀之。①

①师古曰:"言政急刻也。占,音之赡反。"

元帝建昭二年十一月,齐、楚地大雪,深五尺。是岁,魏郡太守京房为石显所告,坐与妻父淮阳王舅张博、博弟光劝视淮阳王以不义,①博要斩,光、房弃市,御史大夫郑弘坐免为庶人。成帝即位,显伏辜,淮阳王上书冤博,辞语增加,②家属徙者复得还。

①师古曰:"视,读曰示。"

②师古曰:"言博本为石显所冤,增加其语故陷罪。"

建昭四年三月,雨雪,燕多死。谷永对曰:"皇后桑蚕以治祭服,共事天地宗庙,①正以是日疾风自西北,大寒雨雪,坏败其功,以章不乡。②宜齐戒辟寝,以深自责。③请皇后就宫,鬲闭门户,毋得擅上。④且令众妾人人更进,以时博施。皇天说喜,⑤庶几可以得贤明之嗣。即不行臣言,灾异俞甚,天变成形,臣虽欲复捐身关策,不及事已。"⑥其后,许后坐祝诅废。

①师古曰:"共,读曰恭。"

②师古曰:"言不当天心。乡,读曰向。"

③师古曰:"齐,读曰斋。辟,读曰避。"

④师古曰:"鬲,与隔同。擅上,谓辄至御所也。上,音时掌反。一曰,擅,专也。上,谓天子也,读如本字。勿令皇后专固天子。"

⑤师古曰:"更,音工衡反。说,读曰悦。"

⑥师古曰:"言虽欲弃捐其身,不怀顾虑,极陈计策,关说天子,亦无所及。"

阳朔四年四月,雨雪,燕雀死。后二年,许皇后自杀。

定公元年"十月,陨霜杀菽"。①刘向以为周十月,今八月也,销卦为《观》,②阴气未至君位而杀,诛罚不由君出,在臣下之象也。是时,季氏逐昭公,公死于外,定公得立,故天见灾以视公也。③釐公二年"十月,陨霜不杀草",为嗣君微,失秉事之象也。④其后卒在臣下,则灾为之生矣。异故言草,灾故言菽,重杀谷。⑤一曰,菽,草之难杀者也,言杀菽,知草皆死也;言不杀草,知菽亦不死也。董仲舒以为菽，草之强者，天戒若曰，加诛于强臣。言菽，以微见季氏之罚也。

①师古曰："菽，大豆。"

②师古曰："《坤》下《巽》上也。"

③师古曰："视，读曰示。"

④师古曰："谓襄仲专权，杀嫡立庶，公室弱。秉，音彼命反。"

⑤师古曰："以其事为重，不比于杀草也。"

武帝元光四年四月，陨霜杀草木。先是二年，遣五将军三十万众伏马邑下，①欲袭单于，单于觉之而去。自是始征伐四夷，师出三十余年，天下户口减半。京房《易传》曰："兴兵妄诛，兹谓亡法，厥灾霜，夏杀五谷，冬杀麦。诛不原情，兹谓不仁，其霜，夏先大雷风，冬先雨，乃陨霜，有芒角。贤圣遭害，其霜附木不下地。佞人依刑，兹谓私贼，其霜在草根土隙间。不教而诛兹谓虐，其霜反在草下。"

①师古曰："谓御史大夫韩安国为护军将军，卫尉李广为骁骑将军，太仆公孙贺为轻车将军，大行王恢为将屯将军，大中大夫李息为材官将军。"

元帝永光元年三月，陨霜杀桑；九月二日，陨霜杀稼，天下大饥。是时，中书令石显用事专权，与《春秋》定公时陨霜同应。成帝即位，显坐作威福诛。

釐公二十九年"秋，大雨雹"。刘向以为盛阳雨水，温暖而汤热，阴气胁之不相入，则转而为雹；盛阴雨雪，凝滞而冰寒，阳气薄之不相入，则散而为霰。①故沸汤之在闭器，而湛于寒泉，则为冰。②及雪之销，亦冰解而散，此其验也。故雹者阴胁阳也，《春秋》不书霰者，犹月食也。釐公末年信用公子遂，遂专权自恣，将至于杀君，故阴胁阳之象见。釐公不寤，遂终专权，后二年杀子赤，立宣公。③《左氏传》曰："圣人在上无雹，虽有不为灾。"说曰：凡物不为灾不书，书大，言为灾也。凡雹，皆冬之愆阳，夏之伏阴也。④

①师古曰："霰，雨雪杂下，音先见反。"

②孟康曰："投汤器中，以沈寒泉而成也。"师古曰："湛，读曰沈。"

③师古曰："公子遂，东门襄仲也。赤，文公太子，即恶也。"

④师古曰："愆，过也。过阳，冬温也。伏阴，夏寒也。"

昭公三年，"大雨雹"。是时，季氏专权，胁君之象见。昭公不寤，后季氏卒逐昭公。

元封三年十二月，雷雨雹，大如马头。宣帝地节四年五月，山阳、济阴雨雹如鸡子，深二尺五寸，杀二十人，蜚鸟皆死。①其十月，大司马霍禹宗族谋反，诛，霍皇后废。

①师古曰："蜚，读曰飞。"

成帝河平二年四月，楚国雨雹，大如斧，蜚鸟死。

《左传》曰釐公三十二年十二月己卯，晋文公卒，庚辰，将殡于曲沃，出绛，柩有声如牛。刘向以为近鼓妖也。丧，凶事；声如牛，怒象也。将有急怒之谋，以生兵革之祸。是时，秦穆公遣兵袭郑而不假道，还，晋大夫先轸谓襄公曰，秦师过不假涂，请击之。①遂要崤陆②以败秦师，匹马觭轮无反者，③操之急矣。④晋不惟旧，而听虐谋，结怨强国，四被秦寇，祸流数世，凶恶之效也。⑤

①师古曰："先轸，即原轸。"

②师古曰："即今之二崤山也。"

③服虔曰："觭，音奇偶之奇"。师古曰："觭，只也，言尽虏获之。觭，音居宜反。"

④师古曰："操，持也。谓执持所虏获也。操，音千高反。"

⑤师古曰："旧者，谓晋襄之父文公本为秦所纳而得国，是旧恩也。虐谋，先轸之计也。四被秦寇，谓鲁文二年秦孟明视帅师伐晋，三年秦伯伐晋济河焚舟取王官及郊，十年秦伯伐晋取北征，十二年秦伯伐晋取羁马。祸流，谓自襄公至厉公，凡五君与秦构难也。"

哀帝建平二年四月乙亥朔，御史大夫朱博为丞相，少府赵玄为御史大夫，临延登受策，有大声如钟鸣，①殿中郎吏陛者皆闻焉。②上以问黄门侍郎杨雄、李寻，寻对曰：《洪范》所谓鼓妖者也。师法以为人君不聪，为众所惑，空名得进，则有声无形，不知所从生。其传曰岁月日之中，则正卿受之。今以四月日加辰巳有异，是为中焉。

正卿谓执政大臣也。宜退丞相、御史，以应天变。然虽不退，不出期年，其人自蒙其咎。"③杨雄亦以为鼓妖，听失之象也。朱博为人强毅多权谋，宜将不宜相，恐有凶恶亟疾之怒。④八月，博、玄坐为奸谋，博自杀，玄减死论。京房《易传》曰："令不修本，下不安，金毋故自动，若有音。"

①师古曰："延入而登殿也。《汉旧仪》云：丞相、御史大夫初拜，皇帝延登亲诏也。"

②师古曰："陛皆谓执兵列于陛侧。"

③师古曰："期年，十二月也。蒙，犹被也。期，音基。"

④师古曰："亟，急也，音居力反。"

史记秦二世元年，天无云而雷。刘向以为雷当托于云，犹君托于臣，阴阳之合也。二世不恤天下，万民有怨畔之心。是岁，陈胜起，天下畔，赵高作乱，秦遂以亡。一曰，《易·震》为雷，为貌不恭也。

史记秦始皇八年，河鱼大上。刘向以为近鱼孽也。是岁，始皇弟长安君将兵击赵，反，死屯留，军吏皆斩，迁其民于临洮。①明年有嫪毐之诛。鱼阴类，民之象，逆流而上者，民将不从君令为逆行也。其在天文，鱼星中河而处，车骑满野。至于二世，暴虐愈甚，终用急亡。京房《易传》曰："众逆同志，厥妖河鱼逆流上。"

①师古曰："本使长安君击赵，至屯留而谋反作乱，故赐长安君死，斩其军吏，迁其黔首也。屯留，上党县也。临洮，即今之洮州也。屯，音纯。洮，音上高反。"

武帝元鼎五年秋，蛙与虾蟆群斗。①是岁，四将军众十万征南越，②开九郡。③

①师古曰："蛙，音胡娲反。虾，音遐。蟆，音麻。"

②师古曰："谓伏波将军路博德出桂扬下皇水，楼船将军杨仆出豫章下湞水，归义越侯严为戈船将军出零陵下离水，田甲为下濑将军下苍梧。"

③师古曰："谓得越地以为南海、苍梧、郁林、合浦、交趾、九真、日南、珠崖、儋耳郡也。"

　　成帝鸿嘉四年秋,雨鱼于信都,长五寸以下。成帝永始元年春,北海出大鱼,长六丈,高一丈,四枚。哀帝建平三年,东莱平度出大鱼,①长八丈,高丈一尺,七枚,皆死。京房《易传》曰:“海数见巨鱼,邪人进,贤人疏。”②

　　①师古曰:“平度,东莱之县。”
　　②师古曰:“数,音所角反。”

　　桓公五年“秋,螽”。①刘歆以为贪虐取民则螽,介虫之孽也,与鱼同占。刘向以为介虫之孽属言不从。是岁,公获二国之聘,取鼎易邑,②兴役起城。③诸螽略皆从董仲舒说云。

　　①师古曰:“螽,即阜螽,即今之蝗虫也。螽,音终。蝗,音之庸反。”
　　②师古曰:“二国,宋、郑也。宋以郜鼎赂公,郑以泰山之田易许田也。”
　　③师古曰:“谓五年夏城祝丘也。”

　　严公二十九“有蜚”。刘歆以为负蠜也,性不食谷,食谷为灾,介虫之孽。①刘向以为蜚色青,近青眚也,非中国所有。南越盛暑,男女同川泽,淫风反生,为虫臭恶。②是时,严公取齐淫女为夫人,既入,淫于两叔,故蜚至。天戒若曰,今诛绝之尚及,不将生臭恶,闻于四方。严不寤,其后夫人与两叔作乱,二嗣以杀,③卒皆被辜。④董仲舒指略同。

　　①师古曰:“蜚,音伏味反。蠜,音烦。”
　　②师古曰:“蜚者,中国所有,非南越之虫,未详向所说。”
　　③师古曰:“二嗣,谓子般及闵公也。”
　　④师古曰:“谓二叔、哀姜皆不得其死也。已解于上。”

　　釐公十五年“八月,螽”。刘向以为先是釐有咸之会,后城缘陵,①是岁复以兵车为牡丘会,使公孙敖帅师,及诸侯大夫救徐,②兵比三年在外。③

　　①师古曰:“僖十三年,公会齐侯、宋公、陈侯、卫侯、郑伯、许男、曹伯于咸。咸,卫地。十四年而与诸侯城缘陵。缘陵,杞邑也。”
　　②师古曰:“十五年,公会齐侯、宋公、陈侯、卫侯、郑伯、许男、曹伯盟于牡丘,遂次于匡。公孙敖帅师,及诸侯之大夫救徐。公孙敖,孟穆伯也。诸

侯之大夫,即所与会诸侯也。时楚伐徐,故救之。"

③师古曰:"比,频也。"

文公三年"秋,雨螽于宋"。刘向以为先是宋杀大夫而无罪,①有暴虐赋敛之应。②《谷梁传》曰上下皆合,言甚。③董仲舒以为宋三世内取,④大夫专恣,杀生不中,⑤故螽先死而至。刘歆以为螽为谷灾,卒遇贼阴,坠而死也。

①师古曰:"谓僖二十五年经书'宋杀其大夫',不书名,以其无罪。"

②师古曰:"谓宋昭公也。"

③师古曰:"上下皆合,螽之多。"

④师古曰:"三世,谓襄公、成公、昭公也。内取于国之大夫也。事见《公羊传》。取,读曰娶。"

⑤师古曰:"中,音竹仲反。"

八年"十月,螽"。时公伐邾取须朐,城郚。"①

①师古曰:"须朐,邾邑。郚,鲁邑也。事并在文七年。朐,音巨俱反。郚,音吾。"

宣公六年"八月,螟"。刘向以为先是时宣伐莒向,①后比再如齐,谋伐莱。②

①师古曰:"事在四年。向,莒邑也。向,音饷。"

②师古曰:"比,频也。谓四年秋及五年春公如齐,七年公会齐侯伐莱是也。"

十三年"秋,螽"。公孙归父会齐伐莒。①

①师古曰:"事在十一年。归父,东门襄仲子也,字子家。父,读曰甫。"

十五年"秋,螽"。宣亡熟岁,数有军旅。

襄公七年"八月,螽"。刘向以为先是襄兴师救陈,①滕子、郯子、小邾子皆来朝。②夏,城费。③

①师古曰:"谓五年楚伐陈,公会晋侯、宋公、卫侯、郑伯、齐太子光救陈也。"

②师古曰:"六年,滕子来朝。七年,郯子、小邾子来朝。"

③师古曰:"亦七年之夏。费,鲁邑也,音秘。"

哀公十二年"十二月,螽"。是时,哀用田赋。①刘向以为春用田赋,冬而螽。

①师古曰："言重敛也。解在《刑法志》。"

十三年"九月,螽;十二月,螽"。比三螽,虐取于民之效也。①刘歆以为周十二月,夏十月也,火星既伏,蛰虫皆毕,天之见变,因物类之宜,不得以螽,是岁再失闰矣。周九月,夏七月,故传曰:"火犹西流,司历过也。"

①师古曰："比,频也。"

宣公十五年"冬,蝝蝗生"①刘歆以为蝝,蚍蜉之有翼者,②食谷为灾,黑眚也。董仲舒、刘向以为蝝,螟始生也,一曰螽始生。是时,民患上力役,解于公田。③宣是时初税亩。税亩,就民田亩择美者税其什一,乱先王制而为贪利,故应是而蝝生,属赢虫之孽。

①师古曰："《尔雅》曰'蝝,蝮蜪',说者以为螽蝗之类。蝮,音蒲北反,又音服。蜪,音徒高反。"

②孟康曰："蚍蜉,音毗蜉。"

③师古曰："解,读曰懈。"

景帝中三年秋,蝗。先是,匈奴寇边,中尉不害将车骑材官士屯代高柳。①

①师古曰："魏不害。"

武帝元光五年秋,螟;六年秋,蝗。先是,五将军众三十万伏马邑,欲袭单于也。①是岁,四将军征匈奴。②

①师古曰："已解于上。"

②师古曰："谓车骑将军卫青出上谷,票骑将军公孙敖出代,轻车将军公孙贺出云中,骁骑将军李广出雁门也。"

元鼎五年秋,蝗。是岁,四将军征南越①及西南夷,②开十余郡。③

①师古曰："已解于上。"

②师古曰："越驰义侯遗将巴蜀罪人发夜郎兵征西南夷,平之。"

③师古曰："定越地为九郡,定西南夷为武都、牂柯,越嶲,沈黎、汶山郡,凡十四郡。"

元封六年秋,蝗。先是,两将军征朝鲜,①开三郡。②

①师古曰："二年,楼船将军杨仆、左将军荀彘将应募罪人击之。"

②师古曰:"《武纪》云以其地为乐浪、临屯、玄兔、真番郡,是四郡也,而此
　云三,盖传写志者之误。"

　太初元年夏,蝗从东方蜚至敦煌;①三年秋,复蝗。元年,贰师
将军征大宛,天下奉其役连年。

①师古曰:"蜚,读曰飞。"

　征和三年秋,蝗;四年夏,蝗。先是一年,三将军众十余万征匈
奴。①征和三年,贰师七万人没不还。

①师古曰:"谓三年,贰师将军广利七万人出五原,御史大夫商丘成二万
　人出西河,重合侯马通四万骑出酒泉。"

　平帝元始二年秋,蝗,遍天下。是时,王莽秉政。

　《左氏传》曰严公八年齐襄公田于贝丘,①见豕。从者曰:"公子
彭生也。"公怒曰:"射之!"豕人立而啼,公惧,坠车,伤足丧屦。刘向
以为近豕祸也。先是,齐襄淫于妹鲁桓公夫人,使公子彭生杀桓公,
又杀彭生以谢鲁。公孙无知有宠于先君,襄公绌之,②无知帅怨恨
之徒攻襄于田所,③襄匿其户间,足见于户下,遂杀之。伤足丧屦,
卒死于足,虐急之效也。

①师古曰:"贝丘,齐地。"

②师古曰:"无知,僖公弟夷仲年之子也,于襄公从父昆弟。先君,即僖
　公。"

③师古曰:"怨恨之徒,谓连称、管至父久戍葵丘也。"

　昭帝元凤元年,燕王宫永巷中豕出圂,坏都灶,①衔其鬴六七
枚置殿前。②刘向以为近豕祸也。时燕王旦与长公主、左将军谋为
大逆,诛杀谏者,暴急无道。灶者,生养之本,豕而败灶,陈鬴于庭,
鬴灶将不用,宫室将废辱也。燕王不改,卒伏其辜。京房《易传》曰:
"众心不安君政,厥妖豕入居室。"

①师古曰:"圂者,养豕之牢也。都灶,丞炊之大灶也。圂,音胡顿反。"

②晋灼曰:"鬴,古文釜字。"

　史记鲁襄公二十三年,谷、洛水斗,将毁王宫。刘问以为近火沴

水也。周灵王将拥之,有司谏曰:"不可。长民者不崇薮,不堕山,不防川,不窦泽。①今吾执政毋乃有所辟,②而滑夫二川之神,③使至于争明,④以防王宫室,王而饰之,毋乃不可乎!⑤惧及子孙,王室愈卑。"王卒拥之。以传推之,以四渎比诸侯,谷、洛其次,卿大夫之象也,⑥为卿大夫将分争以危乱王室也。是时,世卿专权,儋括将有篡杀之谋,⑦如灵王觉寤,匡其失政,⑧惧以承戒,则灾祸除矣。不听谏谋,简慢大异,⑨任其私心,塞埤拥下,⑩以逆水势,而害鬼神。后数年,有黑如日者五。是岁蚤霜,灵王崩。景王立二年,儋括欲杀王,而立王弟佞夫。佞夫不知,景王并诛佞夫。⑪及景王死,五大夫争权,或立子猛,或立子朝,王室大乱。⑫京房《易传》曰:"天子弱,诸侯力政,⑬厥异水斗。"

①师古曰:"长萌,为萌之长也。崇,聚也。薮,谓泽之无水者。堕,毁也。防,止也。窦,穴也。堕,音火规反。"

②服虔曰:"音邪辟之辟。"

③师古曰:"滑,乱也,音骨。"

④臣瓒曰:"明水道也。"师古曰:"明,谓神灵。"

⑤师古曰:"言为欲防固王宫,使水不得毁,故遏饰二川。"

⑥师古曰:"谷、洛皆大水,故为四渎之次。"

⑦师古曰:"儋括,儋季之子,简王之孙也。篡杀之谋,谓除丧服,将见灵王,过庭而叹曰:'呜呼,必有此夫!'"

⑧师古曰:"匡,正也。"

⑨师古曰:"谏谋,谓单公子愆旗闻儋括之言,恐必为害,请杀之,王不听也。简嫚大异,谓不忧谷、洛。"

⑩师古曰:"埤,卑也,音婢。"

⑪师古曰:"事在襄三十年。"

⑫师古曰:"五大夫,谓刘子、单子、尹氏、召伯、毛伯也。已解于上。"

⑬师古曰:"政,亦征也,言专以武力相征讨。一说:诸侯之政,当以德礼,今王室微弱,文教不行,遂乃以力为政,相攻伐也。"

　　史记曰,秦武王三年渭水赤者三日,昭王三十四年渭水又赤三日。刘向以为近火沴水也。秦连相坐之法,弃灰于道者黥,①罔密而刑虐,加以武伐横出,残贼邻国,至于变乱五行,气色谬乱。天戒若曰,勿为刻急,将至败亡。昔三代居三河,河洛出图书,②秦居渭阳,而渭水数赤,③瑞异应德之效也。京房《易传》曰:"君湎于酒,淫于色,④贤人潜,国家危,厥异流水赤也。"

①孟康曰:"商鞅为政,以弃灰于道必坋人,坋人必斗,故设黥刑以绝其原也。"臣瓒曰:"弃灰或有火,火则燔庐舍,故刑之也"。师古曰:"孟说是也。坋,音蒲顿反。"

②师古曰:"谓夏都安邑,即河东也;殷都朝歌,即河内也;周都洛阳,即河南也。"

③师古曰:"数,音山角反。"

④师古曰:"湎,流也,音莫践反。"

　　一本于"败亡"字下有"秦遂不改,至始皇灭六国,二世而亡"十四字。

　　对勘官左通直郎知福州长乐县主管劝农公事刘希亮

汉书卷二七下之上

志第七下之上

五行下之上

传曰："思之不容，是谓不圣，厥咎霿，①厥罚恒风，厥极凶短折。时则有脂夜之妖，时则有华孽，时则有牛祸，时则有心腹之疴，时则有黄眚黄祥，时则有金木水火沴土。"

①师古曰："霿，音莫豆反。"

"思心之不睿，是谓不圣。"思心者，心思虑也；容，宽也。孔子曰："居上不宽，吾何以观之哉！"①言上不宽大包容臣下，则不能居圣位。貌言视听，以心为主，四者皆失，区霿无识，②故其咎霿也。雨旱寒奥，亦以风为本，③四气皆乱，故其罚常风也。常风伤物，故其极凶短折也。伤人曰凶，禽兽曰短，中木曰折。④一曰，凶，夭也；兄丧弟曰短，父丧子曰折。在人腹中，肥而包裹心者脂也，心区霿则冥晦，故有脂夜之妖。⑤一曰，有脂物而夜为妖，若脂水夜污人衣，淫之象也。一曰，夜妖者，云风并起而杳冥，故与常风同象也。温而风则生螟螣，⑥有裸虫之孽。⑦刘向以为于《易》，《巽》为风为木，卦在三月四月，继阳而治，主木之华实。风气盛，至秋冬木复华，故有华孽。一曰，地气盛则秋冬复华。一曰，华者色也，土为内事，为女孽也。于《易》，《坤》为土为牛，牛大而心不能思虑，思心气毁，故有牛祸。一曰，牛多死，及为怪，亦是也。及人，则多病心腹者，故有心腹之疴。土色黄，故有黄眚黄祥。凡思心伤者病土气，土气病则金木水火沴之，故曰"时则有金木水火沴土"。不言"惟"而独曰"时则有"者,非一冲气所沴,明其异大也。其极曰凶短折,顺之,其福曰考终命。⑧刘歆思心传曰时则有裸虫之孽,谓螟螣之属也。庶征之常风,刘向以为《春秋》无其应。

①师古曰:"《论语》载孔子之言。"

②师古曰:"区,音口豆反。霿,音莫豆反。其下并同。"

③师古曰:"奥,音于六反。"

④师古曰:"屮,古草字。"

⑤师古曰:"脂妖及夜妖。"

⑥师古曰:"螣,音徒得反。"

⑦师古曰:"裸,亦臝字也,从衣,果声。"

⑧师古曰:"寿考而终其命。"

釐公十六年"正月,六鹢退蜚,过宋都"。①《左氏传》曰"风也"。刘歆以为风发于它所,至宋而高,鹢高蜚而逢之,则退。经以见者为文,故记退蜚;传以实应著,言风,常风之罚也。象宋襄公区霿自用,不容臣下,逆司马子鱼之谏,而与强楚争盟,②后六年为楚所执,③应六鹢之数云。京房《易传》曰:"潜龙勿用,④众逆同志,至德乃潜,厥异风。其风也,行不解物,不长,⑤雨小而伤。政悖德隐兹谓乱,厥风先风不雨,大风暴起,发屋折木。守义不进兹谓耄,厥风与云俱起,折五谷茎。臣易上政,兹谓不顺,厥风大焱发屋。⑥赋敛不理兹谓祸,厥风绝经纪。⑦止即温,温即虫。侯专封兹谓不统,厥风疾,而树不摇,谷不成。辟不思道利,兹谓无泽,⑧厥风不摇木,旱无云,伤禾。公常于利兹谓乱,⑨厥风微而温,生虫蝗,害五谷。弃正作淫兹谓惑,厥风温,螟虫起,害有益人之物。侯不朝兹谓叛,厥风无恒,地变赤而杀人。"

①师古曰:"鹢,音五狄反。"

②师古曰:"子鱼,公子目夷也,桓公之子,而为司马。争盟,谓为鹿上之盟,以求诸侯于楚。子鱼谏曰:'小国争盟,祸也。'公不听之。"

③师古曰:"僖二十一年,楚执宋公以伐宋,距六鹢退飞凡六年。"

④师古曰:"《乾》初九爻辞。"

⑤师古曰:"不解物,谓物逢之而不解散也。不长,所起者近也。"

⑥师古曰:"猋,疾风也,音必遥反。"

⑦如淳曰:"有所破坏,绝匹帛之属也。"晋灼曰:"南北为经,东西为纬,丝因风暴,乱不端理也。"

⑧师古曰:"道,读曰导。不思导示于下而安利之。"

⑨师古曰:"公,上爵也。常于利,谓心常求利也。"

文帝二年六月,淮南王都寿春大风毁民室,杀人。刘向以为是岁南越反,攻边,淮南王长破之,后年入朝,杀汉故丞相辟阳侯,上赦之,归聚奸人,谋逆乱,自称东帝,见异不寤,后迁于蜀,道死𤅊。

文帝五年,吴暴风雨,坏城官府民室。时吴王濞谋为逆乱,天戒数见,终不改寤,后卒诛灭。

五年十月,楚王都彭城,大风从东南来,毁市门,杀人。是月,王戊初嗣立,后坐淫削国,与吴王谋反,刑僇谏者。①吴在楚东南,天戒若曰,勿与吴为恶,将败市朝。王戊不寤,卒随吴亡。

①师古曰:"谓楚相张尚、太傅赵夷吾也。僇,古戮字。下皆类此。"

昭帝元凤元年,燕王都蓟大风雨,①拔宫中树七围以上十六枚,坏城楼。燕王旦不寤,谋反发觉,卒伏其辜。

①师古曰:"蓟,县名,燕国之所都。"

釐公十五年"九月己卯晦,震夷伯之庙。"①刘向以为晦,暝也;震,雷也。夷伯,世大夫,正昼雷,其庙独冥。②天戒若曰,勿使大夫世官,将专事暝晦。明年,公子季友卒,果世官,③政在季氏。至成公十六年"六月甲午晦",正昼皆暝,阴为阳,臣制君也。成公不寤。其冬,季氏杀公子偃。④季氏萌于釐公,⑤大于成公,此其应也。董仲舒以为夷伯,季氏之孚也,⑥陪臣不当有庙。震者雷也,晦暝,雷击其庙,明当绝去僭差之类也。向又以为此皆所谓夜妖者也。刘歆以为《春秋》及朔言朔,及晦言晦,人道所不及,则天震之。展氏有隐慝,故天加诛于其祖夷伯之庙以谴告之也。

①师古曰:"夷伯,司空无骇之后,本鲁公族也,号展氏。"

②师古曰:"冥,暗也。"

③师古曰:"谓季友之孙行父仍执政专国,自此以后常为卿。"

④师古曰："为季文子所杀也。已解于上。"

⑤师古曰："萌，喻草木始生也。言其始有威权。"

⑥师古曰："孚，信也。所信任之臣也。"

成公十六年"六月甲午晦，晋侯及楚子、郑伯战于鄢陵"。皆月晦云。

隐公五年"秋，螟"。董仲舒、刘向以为时公观渔于棠，贪利之应也。①刘歆以为又逆臧釐伯之谏，②贪利区霿，以生裸虫之孽也。

①师古曰："棠，鲁地也。陈渔者之事而观之也。"

②师古曰："臧僖伯，公子彄也，孝公之子，谏观渔。"

八年"九月，螟"。时郑伯以邴将易许田，①有贪利心。京房《易传》曰："臣安禄兹谓贪，厥灾虫，虫食根。德无常兹谓烦，虫食叶。不绌无德，虫食本。与东作争，兹谓不时，②虫食节。蔽恶生孽，虫食心。"③

①师古曰："郑祀泰山之邑也，音彼命反。已解于上。"

②师古曰："夺农时也。"

③师古曰："蔽，谓恶人蔽君之明为灾孽也。"

严公六年"秋，螟"。董仲舒、刘向以为先是卫侯朔出奔齐，齐侯会诸侯纳朔，①许诸侯赂。②齐人归卫宝，鲁受之，③贪利应也。

①师古曰："朔，谓惠公也。桓十六年，以左公子泄、右公子职立公子黔牟，故惠公奔齐。至庄五年，会齐人、宋人、蔡人伐卫，而纳惠公也。"

②师古曰："诸国各有赂。"

③师古曰："以伐卫所获之宝来归鲁。"

文帝后六年秋，螟。是岁，匈奴大入上郡、云中，烽火通长安，遣三将军屯边，三将军屯京师。①

①师古曰："并日解于上。"

宣公三年，"郊牛之口伤，改卜牛，牛死"。刘向以为近牛祸也。是时，宣公与公子遂谋共杀子赤而立，①又以丧娶，②区霿昏乱。乱成于口，幸有季文子得免于祸，天犹恶之，生则不飨其祀，③死则灾燔其庙。④董仲舒指略同。

①师古曰："已解于上。"

②师古曰："宣元年正月，公子遂如齐逆女。二月，遂以夫人妇姜至自齐，时成公丧制未除。"

③师古曰："谓郊牛伤死，是天不欲飨其祀。"

④师古曰："成三年，新宫灾。新宫者，宣之庙也，以其新成，故谓之新宫。"

秦孝文王五年，斿朐衍，有献五足牛。①刘向以为近牛祸也。先是，文惠王初都咸阳，广大宫室，南临渭，北临泾，思心失，逆土气。足者止也，戒秦建止奢泰，将致危亡。②秦遂不改，至于离宫三百，复起阿房，未成而亡。一曰，牛以力为人用，足所以行也。其后，秦大用民力转输，起负海至北边，③天下叛之。京房《易传》曰："兴繇役，夺民时，厥妖牛生五足。"

①师古曰："朐衍，地名，在北地。朐，音许于反。"

②如淳曰："建立基止。泰，奢泰。"

③师古曰："负海，犹言背海也。"

景帝中六年，梁孝王田北山，有献牛，足上出背上。刘向以为近牛祸。先是，孝王骄奢，起菀方三百里，宫馆阁道相连三十余里。纳于邪臣羊胜之计，欲求为汉嗣，刺杀议臣爰盎，事发，负斧归死。既退归国，犹有恨心，内则思虑霿乱，外则土功过制，故牛祸作。足而出于背，下奸上之象也。①犹不能自解，发疾暴死，又凶短之极也。

①师古曰："奸，犯也，音干。"

《左氏传》昭公二十一年春，周景王将铸无射钟，①泠州鸠曰：②"王其以心疾死乎！夫天子省风以作乐，③小者不窕，大者不摦。④摦则不容，心是以感，感实生疾。今钟摦矣，王心弗戡矣，⑤其能久乎？"刘向以为是时景王好听淫声，適庶不明，⑥思心霿乱，明年以心疾崩，近心腹之痾，凶短之极者也。

①师古曰："钟声中无射之律也。射，音弋石反。"

②应劭曰："泠，官也。州鸠，名也。"师古曰："乐官曰泠，后遂以为氏。泠，音零，其字从水。"

③应劭曰："风,土地风俗也。省中和之风以作乐,然后可移恶风易恶俗
　　也。"臣瓒曰："省风俗之流遁,作乐以救其敝也。"师古曰："应说是也。
　　省,观也。"

④师古曰："宨,轻小也。㩌,横大也。宨,音它尧反。㩌,音胡化反。"

⑤孟康曰："古堪字。"

⑥师古曰："适,读曰嫡。谓太子寿卒,王立子猛为嗣,后又欲立子朝也。"

　　昭二十五年春,鲁叔孙昭子聘于宋,元公与燕,饮酒乐,语相泣
也。①乐祁佐,②告人曰："今兹君与叔孙其皆死乎! 吾闻之,哀乐而
乐哀,皆丧心也。③心之精爽,是谓魂魄;魂魄去之,何以能久?"冬
十月,叔孙昭子死;十一月,宋元公卒。

①师古曰："昭子,叔孙婼也。元公,宋平公子也。相泣,相对而俱泣也。"

②师古曰："乐祁,宋司城子梁也。佐,佐酒。"

③师古曰："哀乐,可乐而反哀也。乐哀,可哀而反乐也。丧,失之也。"

　　昭帝元凤元年九月,燕有黄鼠衔其尾舞王宫端门中,往视之,
鼠舞如故。王使夫人以酒脯祠,鼠舞不休,夜死。黄祥也。时燕刺
王旦谋反将败,死亡象也。其月,发觉,伏辜。京房《易传》曰："诛不
原情,厥妖鼠舞门。"

　　成帝建始元年四月辛丑夜,西北有如火光。壬寅晨,大风从西
北起,云气赤黄,四塞天下,终日夜下著地者,黄土尘也。是岁,帝元
舅大司马大将军王凤始用事;又封凤母弟崇为安成侯,食邑万户;
庶弟谭等五人赐爵关内侯,食邑三千户。①复益封凤五千户,悉封
谭等为列侯,是为五侯。哀帝即位,封外属丁氏、傅氏、周氏、郑氏凡
六人为列侯。②杨宣对曰："五侯封日,天气赤黄,丁、傅复然。③此
殆爵土过制,伤乱土气之祥也。"京房《易传》曰："经称'观其生',④
言大臣之义,当观贤人,知其性行,推而贡之,否则为闻善不与,兹
谓不知,⑤厥异黄,厥咎聋,厥灾不嗣。黄者,日上黄光不散如火然,
有黄浊气四塞天下。蔽贤绝道,故灾异至绝世也。经曰'良马逐',⑥
逐,进也,言大臣得贤者谋,当显进其人,否则为下相攘善,⑦兹谓
盗明,厥咎亦不嗣,至于身僇家绝。"⑧

①师古曰："谭、商、音、根、逢时,凡五人。"

②师古曰:"《外戚传》傅太后弟子喜封高武侯,晏封孔乡侯,商封汝昌侯,
　同母弟子郑业为阳信侯,丁太后兄明封阳安侯,子满封平周侯。傅氏、
　郑氏侯者四人,丁氏侯者二人。今此言六人为列侯,其数是也。傅氏、丁
　氏、郑氏则有之,而不见周氏所出。志传不同,未详其意。"

③服虔曰:"杨宣,谏大夫也。"

④师古曰:"《易·观卦》上九爻辞。"

⑤师古曰:"徒知之而已,不能进助也。"

⑥师古曰:"此《易·大畜》九三爻辞。"

⑦师古曰:"攘,却也。言不进达之也。一曰:攘,因也。因而窃取曰攘,音
　人羊反。"

⑧师古曰:"僇,古戮字。"

史记周幽王二年,周三川皆震。①刘向以为金木水火沴土者
也。伯阳甫曰:②"周将亡矣!天地之气不过其序;若过其序,民乱之
也。阳伏而不能出,阴迫而不能升,③于是有地震。今三川实震,是
阳失其所而填阴也。④阳失而在阴,原必塞;⑤原塞,国必亡。夫水,
土演而民用也;⑥土无所演,而民乏财用,不亡何待?昔伊雒竭而夏
亡,河竭而商亡,今周德如二代之季,其原又塞,塞必竭;川竭,山必
崩。夫国必依山川,山崩川竭,亡之征也。若国亡,不过十年,数之
纪也。"是岁,三川竭,岐山崩。刘向以为阳失在阴者,谓火气来煎枯
水,故川竭也。山川连体,下竭上崩,事势然也。时幽王暴虐,妄诛
伐,不听谏,迷于褒姒,废其正后,⑦废后之父申侯与犬戎共攻杀幽
王。一曰,其在天文,水为辰星,辰星为蛮夷。月食辰星,国以女亡。
幽王之败,女乱其内,夷攻其外。京房《易传》曰:"君臣相背,厥异名
水绝。"⑧

①应劭曰:"震,地震三川竭也。"师古曰:"三川,泾、渭,洛也。洛即漆沮
　也。川自震耳,故将壅塞,非地震也。"

②服虔曰:"周太史。"

③应昭曰:"迫,阴迫阳,使不能升也。"

④应劭曰:"失其所,失其道也。填阴,为阴所填,不得升也。"师古曰:"填,

音竹刃反。"

⑤师古曰："原,谓水泉之本也。"

⑥应劭曰："演,引也,所以引出土气者也。"师古曰："演,音衍。"

⑦师古曰："襄姒,襄人所献之女也。正后,申后也。盖《白华》之诗所为作也。"

⑧师古曰："有名之水。"

文公九年"九月癸酉,地震"。刘向以为先是时齐桓、晋文、鲁釐二伯贤君新没,①周襄王失道,②楚穆王杀父,③诸侯皆不肖,权倾于下。天戒若曰,臣下强盛者将动为害。后宋、鲁、晋、莒、郑、陈、齐皆杀君。④诸震略,皆从董仲舒说也。京房《易传》曰："臣事虽正,专必震。其震,于水则波,于木则摇,于屋则瓦落。大经在辟而易臣,兹谓阴动,⑤厥震摇政宫。大经摇政,兹谓不阴,厥震摇山,山出涌水。嗣子无德专禄,兹谓不顺,厥震动丘陵,涌水出。"

①师古曰："齐桓、晋文,二伯也。鲁僖,贤君也。伯,读曰霸。"

②师古曰："谓避叔带之难而出奔,失为君之道。"

③师古曰："穆王,商臣也,杀其父成王也。"

④师古曰："文十六年宋人杀其君杵臼,十八年襄仲杀恶,宣二年晋赵盾杀其君夷皋,文十八年莒弑其君庶其,宣四年郑公子归生弑其君夷,十年陈夏徵舒杀其君平国,文十八年齐人杀其君商人。"

⑤服虔曰："经,常也。辟,音刑辟之辟。"苏林曰："大经,五行之常经也。在辟,众阴犯杀其上也。"师古曰："辟,读曰僻。谓常法僻坏而易臣也。"

襄公十六年"五月甲子,地震"。刘向以为先是鸡泽之会,诸侯盟,大夫又盟。①是岁三月,诸侯为溴梁之会,而大夫独相与盟,②五月地震矣。其后崔氏专齐,栾盈乱晋,良霄倾郑,阍杀吴子,燕逐其君,楚灭陈、蔡。③

①师古曰："鸡泽,卫地也。襄三年,公会单子、晋侯、宋公、卫侯、郑伯、莒子、邾子、齐世子光,己未,同盟于鸡泽。陈侯使袁侨如会,戊寅,叔孙豹及诸侯大夫及陈袁侨盟也。"

②师古曰："经书诸大夫盟,谓晋、宋、卫、郑、曹、莒、邾、薛、杞、小邾之大夫。"

③师古曰："崔氏,齐卿崔杼也。栾盈,晋大夫栾桓子之子怀子也,二十一

年奔楚，二十三年复入于晋而作乱。良霄，郑大夫伯有也。三十年，子晳以驷氏之甲伐而焚之，伯有奔雍梁，遂奔许，晨自墓门之窦入，介于襄库，以伐旧北门。驷带率国人伐之，伯有死于羊肆。阍，守门者也。吴子，馀祭也。吴人伐越，获俘焉，以为阍，使守舟。二十九年，馀祭观舟，阍以刀杀之。燕，北燕国也。昭三年冬，燕大夫杀公之外嬖，公惧奔齐。昭八年，楚师灭陈。十一年，楚灭蔡也。"

昭公十九年"五月己卯，地震"。刘向以为是时季氏将有逐君之变。其后宋三臣、曹会皆以地叛，[1]蔡、莒逐其君，吴败中国，杀二君。[2]

[1] 师古曰："二十年，宋华亥、向宁、华定出奔陈，二十一年自陈入于宋南里以叛。曹会，大夫公孙会也，二十年自鄸出奔宋。《谷梁传》曰'自鄸者，专鄸也'。鄸，会之邑也。鄸，音莫风反。"

[2] 师古曰："昭二十一年，蔡人信费无极之言，出蔡侯朱，朱出奔楚。二十三年，莒子庚舆虐而好剑，国人患之。秋七月，乌存帅国人以逐之，庚舆出奔鲁。戊辰，吴败楚、顿、胡、沈、蔡、陈、许之师于鸡父，胡子髡、沈子逞灭，是也。"

二十三年"八月乙未，地震"。刘向以为是时周景王崩，刘、单立王子猛，尹氏立子朝。[1]其后季氏逐昭公，黑肱叛邾，[2]吴杀其君僚，[3]宋五大夫、晋二大夫皆以地叛。[4]

[1] 师古曰："已解于上。"

[2] 师古曰："黑肱，邾大夫也。三十一年，经书'邾黑肱以滥来奔'。滥，邾邑。"

[3] 师古曰："二十七年，吴公子光使专设诸抽剑刺王是也。"

[4] 师古曰："定十年，宋公之弟辰暨仲佗、石彄出奔陈。十一年春，辰及仲佗、石彄、公子地自陈入于萧以叛。秋，宋乐大心自曹入于萧。十三年，晋荀寅、士吉射入朝歌以叛。"

哀公三年"四月甲午，地震"。刘向以为是时诸侯皆信邪臣，莫能用仲尼，盗杀蔡侯，齐陈乞弑君。[1]

[1] 师古曰："哀四年，经书'盗杀蔡侯申'。《左氏传》曰：'蔡昭侯将如吴，诸大夫恐其又迁也，公孙翩逐而射之，入于人家而卒。'陈乞，齐大夫陈僖子也。六年，乞杀其君荼。荼，景公之子安孺子也。荼，音大胡反。"

惠帝二年正月,地震陇西,厌四百余家。①武帝征和二年八月癸亥,地震,厌杀人。宣帝本始四年四月壬寅,地震河南以东四十九郡,北海、琅邪坏祖宗庙城郭,杀六千余人。元帝永光三年冬,地震。绥和二年九月丙辰,地震,自京师至北边郡国三十余坏城郭,凡杀四百一十五人。

　　①师古曰:"厌,音一甲反。次下亦同。"

　　釐公十四年"秋八月辛卯,沙麓崩"。《谷梁传》曰:"林属于山曰麓。①沙,其名也。"刘向以为臣下背叛,散落不事上之象也。先是,齐桓行伯道,会诸侯,②事周室。管仲既死,桓德日衰。天戒若曰,伯道将废,诸侯散落,政逮大夫,陪臣执命,臣下不事上矣。桓公不寤,天子蔽晦。③及齐桓死,天下散而从楚。王札子杀二大夫,④晋败天子之师,⑤莫能征讨,从是陵迟。《公羊》以为沙麓,河上邑也。董仲舒说略同。一曰,河,大川象;齐,大国;桓德衰,伯道将移于晋文,故河为徙也。《左氏》以为沙麓,晋地;沙,山名也;地震而麓崩,不书震,举重者也。伯阳甫所谓"国必依山川,山崩川竭,亡之征也;不过十年,数之纪也。"至二十四年,晋怀公杀于高梁。⑥京房《易传》曰:"小人剥庐,⑦厥妖山崩,兹谓阴乘阳,弱胜强。"

　　①师古曰:"属,联也,音之欲反。"
　　②师古曰:"伯,读曰霸。其下亦同。"
　　③师古曰:"被,掩蔽而暗也。"
　　④师古曰:"二大夫,召伯、毛伯也。"
　　⑤师古曰:"谓败之于贸戎也。已解于上也。"
　　⑥师古曰:"怀公,谓子圉,惠公之子也。文公入国而使杀之。高梁,晋地。"
　　⑦师古曰:"《剥》卦上九爻之辞。"

　　成公五年"夏,梁山崩"。《谷梁传》曰壅河三日不流,①晋君帅群臣而哭之,乃流。②刘向以为山阳,君也,水阴,民也。天戒若曰,君道崩坏,下乱百姓,将失其所矣。哭然后流,丧亡象也。梁山在晋地,自晋始而及天下也。后晋暴杀三卿,厉公以弑,③溴梁之会,天下大夫皆执国政，④其后孙、宁出卫献，⑤三家逐鲁昭，单、尹乱王室。⑥董仲舒说略同。刘歆以为梁山，晋望也；崩，弛崩也。⑦古者三代命祀，祭不越望，吉凶祸福，不是过也。国主山川，山崩川竭，亡之征也，美恶周必复。⑧是岁，岁在鹑火，至十七年复在鹑火，栾书、中行偃杀厉公而立悼公。

①师古曰："雍，读曰壅。"

②师古曰："从伯宗用辇者之言。"

③师古曰："三卿，谓郤犨、郤锜、郤至也。厉公杀之，而栾书、中行偃又弑厉公。事在成十七年。"

④师古曰："并解于上。"

⑤师古曰："孙，孙林父。宁，宁殖。皆卫大夫也。卫献公，定公之子也，名衎。献公戒二子食，日旰不召，而射鸿于囿，二子怒，因作乱。公如鄄，遂出奔齐，孙氏追之，败公徒于柯泽。事在襄十四年。"

⑥师古曰："并解于上。"

⑦师古曰："言渐解散也。弛，音式尔反。"

⑧师古曰："复，音扶目反。"

高后二年正月，武都山崩，杀七百六十人，地震至八月乃止。文帝元年四月，齐楚地山二十九所同日俱大发水，溃出，刘向以为近水沴土也。天戒若曰，勿盛齐楚之君，今失制度，将为乱。后十六年，帝庶兄齐悼惠王之孙文王则薨，无子，帝分齐地，立悼惠王庶子六人皆为王。①贾谊、晁错谏，以为违古制，恐为乱。至景帝三年，齐楚七国起兵百余万，汉皆破之。春秋四国同日灾，②汉七国同日众山溃，咸被其害，不畏天威之明效也。

①师古曰："谓齐孝王将闾、济北王志、菑川王贤、胶东王雄渠、胶西王卬、济南王辟光。"

②师古曰："宋、卫、陈、郑"

成帝河平三年二月丙戌，犍为柏江山崩，捐江山崩，皆壅江水，①江水逆流坏城，杀十三人，地震积二十一日，百二十四动。元延三年正月丙寅，蜀郡岷山崩，壅江，江水逆流三日乃通。刘向以为周时岐山崩，三川竭，而幽王亡。岐山者，周所兴也。汉家本起于蜀

汉,今所起之地山崩川竭,星孛又及摄提、大角,从参至辰,②殆必
亡矣。其后三世亡嗣,王莽篡位。

　①师古曰:"雝,读曰壅。次下亦同。"
　②如淳曰:"孛星尾长及摄提、大角,始发于参至辰也。"

　　传曰:"皇之不极,是谓不建,厥咎眊,①厥罚恒阴,厥极弱。时
则有射妖,时则有龙蛇之孽,时则有马祸,时则有下人伐上之痾,时
则有日月乱行,星辰逆行。"

　①服虔曰:"眊,音老耄。"

　　"皇之不极,是谓不建",皇,君也。极,中;建,立也。人君貌言
视听思心五事皆失,不得其中,则不能立万事,失在眊悖,故其咎眊
也。①王者自下承天理物,云起于山,而弥于天;②天气乱,故其罚
常阴也。一曰,上失中,则下强盛而蔽君明也。《易》曰"亢龙有悔,
贵而亡位,高而亡民,贤人在下位而亡辅",③如此,则君有南面之
尊,而亡一人之助,故其极弱也。盛阳动进轻疾。④礼,春而大射,以
顺阳气。⑤上微弱则下奋动,故有射妖。易曰:"云从龙",⑥又曰"龙
蛇之蛰,以存身也"。⑦阴气动,故有龙蛇之孽。于《易》,《乾》为君为
马,马任用而强力,君气毁,故有马祸。一曰,马多死及为怪,亦是
也。君乱且弱,人之所叛,天之所去,不有明王之诛,则有篡弑之祸,
故有下人伐上之痾。凡君道伤者病天气,不言五行沴天,而曰"日月
乱行,星辰逆行"者,为若下不敢沴天,犹《春秋》曰'王师败绩于贸
戎',不言败之者,以自败为文,尊尊之意也。刘歆皇极传曰有下体
生上之痾。说以为下人伐上,天诛已成,不得复为痾云。皇极之常
阴,刘向以为《春秋》亡其应。一曰,久阴不雨是也。刘歆以为自属
常阴。

　①师古曰:"眊,不明也。悖,惑也,音布内反。"
　②师古曰:"弥,满也。"
　③师古曰:"《乾》上九文言也。"
　④服虔曰:"阳行轻且疾也。"

⑤韦昭曰："将祭，与群臣射，谓之大射。"

⑥师古曰："《乾》九五文言。"

⑦师古曰："《下系》辞也。"

昭帝元平元年四月崩，亡嗣，立昌邑王贺。贺即位，天阴，昼夜不见日月。贺欲出，光禄大夫夏侯胜当车谏曰："天久阴而不雨，臣下有谋上者，陛下欲何之？"贺怒，缚胜以属吏，①吏白大将军霍光。光时与车骑将军张安世谋欲废贺。光让安世，以为泄语，安世实不泄，召问胜。胜上《洪范五行传》曰："'皇之不极，厥罚常阴，时则有下人伐上。'不敢察察言，②故云臣下有谋。"光、安世读之，大惊，以此益重经术士。后数日卒共废贺，此常阴之明郊也。京房《易传》曰："有霓、蒙、雾。雾，上下合也。蒙如尘云。霓，日旁气也。其占曰：后妃有专，霓再重，赤而专，至冲旱。③妻不壹顺，黑霓四背，又曰霓双出日中。妻以贵高夫，兹谓擅阳，霓四方，日光不阳，解而温。④内取兹谓禽，⑤霓如禽，在日旁。以尊降妃，兹谓薄嗣，霓直而塞，六辰乃除，夜星见而赤。⑥女不变始，兹谓乘夫，⑦霓白在日侧，黑霓果之，气正直。⑧妻不顺正，兹谓擅阳，霓中窥贯而外专。夫妻不严兹谓媟，⑨霓与日会。妇人擅国兹谓顷，⑩霓白贯日中，赤霓四背。⑪適不答兹谓不次，⑫霓直在左，霓交在右。取于不专，兹谓危嗣，霓抱日两未及。君淫外兹谓亡，霓气左日交于外。取不达兹谓不知，霓白夺明而大温，温而雨。⑬尊卑不别兹谓媟，霓三出三已，三辰除，⑭除则日出且雨。臣私禄及亲，兹谓罔辟。⑮厥异蒙，其蒙先大温，已蒙起，日不见。行善不请于上，兹谓作福，蒙一日五起五解。辟不下谋，臣辟异道，兹谓不见，上蒙下雾，风三变而俱解。立嗣子疑，兹谓动欲，蒙赤，日不明。德不序兹谓不聪，蒙，日不明，温而民病。德不试，空言禄，⑯兹谓主窳臣夭，⑰蒙起而白。君乐逸人兹谓放，蒙，日青，黑云夹日，左右前后行过日。公不任职，兹谓怙禄，蒙三日，又大风五日，蒙不解。利邪以食，兹谓闭上，蒙大起，白云如山行蔽日。公惧不言道，兹谓闭下，蒙大起，日不见，若雨不雨，至十二日解,而有大云蔽日。禄生于下,兹谓诬君,蒙微而小雨,已乃大雨。下相攘善,兹谓盗明,蒙黄浊。下陈功求于上,兹谓不知,蒙,微而赤,风鸣条,解复蒙。下专刑兹谓分威,蒙而日不得明。大臣厌小臣兹谓蔽,蒙微,日不明,若解不解,大风发,赤云起而蔽日。众不恶恶兹谓闭,蒙,尊卦用事,⑱三日而起,日不见。漏言亡喜,兹谓下厝用,⑲蒙微,日无光,有雨云,雨不降。废忠惑佞兹谓亡,蒙,天先清而暴,蒙微而日不明。有逸民兹谓不明,蒙浊,夺日光。公不任职,兹谓不绌,蒙白,三辰止,则日青,青而寒,寒必雨。忠臣进善君不试,兹谓遏,⑳蒙,先小雨,雨已蒙起,微而日不明。惑众在位,兹谓覆国,蒙微而日不明,一温一寒,风扬尘。知佞厚之兹谓库,蒙甚而温。君臣故弼兹谓悖,㉑厥灾风雨雾,风拔木,乱五谷,已而大雾。庶正蔽恶,兹谓生孽灾,厥异雾。"此皆阴云之类云。

①师古曰:"属,委也,音之欲反。"

②臣瓒曰:"不敢察察明言之。"

③孟康曰:"专,员也。若五月再重,赤而员,至十一月旱也。"

④服虔曰:"蒙气解而温。"

⑤服虔曰:"人君内淫于骨肉也。"臣瓒曰:"人君取于国中也。"师古曰:"取,如《礼记》'聚麀'之聚。瓒说非。"

⑥韦昭曰:"六辰,谓从卯至申。"

⑦孟康曰:"始贵高于夫,终行此不变也。"

⑧师古曰:"果,谓干之也。"

⑨韦昭曰:"媟,言媟慢也。"师古曰:"音先列反。"

⑩师古曰:"顷,读曰倾。"

⑪服虔曰:"霓背日。"

⑫服虔曰:"言適妻不见答也。"臣瓒曰:"夫不接妻为不答。"师古曰:"適,读曰嫡。答,报也。言妻有承顺之心,不见报答也。一曰,答,对也。言不以恩意接对之。"

⑬师古曰:"取,读曰聚。"

⑭韦昭曰:"若从寅至辰也。霓旦见西,晏则雨。"

⑮韦昭曰:"辟,君也。"师古曰:"辟,音壁。其下并同。"

⑯师古曰："试,用也。"

⑰孟康曰："谓君惰窳,用人不以次第,为夭也。"师古曰："窳,音庾。"

⑱孟康曰："尊卦,《乾》、《坤》也。"臣瓒曰："京房谓之方伯卦,《震》、《兑》、《坎》、《离》也。"师古曰:"孟说是。"

⑲师古曰："厝,音千各反。"

⑳师古曰："试,用也。"

㉑师古曰："殈,犹相庆也。悖,惑也。"

　　严公十八年"秋,有蜮"。刘向以为蜮生南越。越地多妇人,男女同川,淫女为主,乱气所生,故圣人名之曰蜮。蜮犹惑也,在水旁,能射人,射人有处,甚者至死。①南方谓之短弧,②近射妖,死亡之象也。时严将取齐之淫女,故蜮至。天戒若曰,勿取齐女,将生淫惑篡弑之祸。严不寤,遂取之。入后淫于二叔,二叔以死,两子见弑,夫人亦诛。③刘歆以为蜮,盛暑所生,非自越来也。京房《易传》曰:"忠臣进善君不试,厥咎国生蜮。"④

①师古曰："以气射人也。"

②师古曰："即射工也,亦呼水弩。"

③师古曰："并解于上。"

④师古曰："试,用也。"

　　史记鲁哀公时,有隼集于陈廷而死,①楛矢贯之,②石砮,③长尺有咫。④陈闵公使使问仲尼,⑤仲尼曰:"隼之来远矣!昔武王克商,通道百蛮,使各以方物来贡,肃慎贡楛矢,⑥石砮长尺有咫。先王分异姓以远方职,使毋忘服,⑦故分陈以肃慎矢。"试求之故府,果得之。⑧刘向以隼近黑祥,贪暴类也;矢贯之,近射妖也;死于廷,国亡表也。象陈眊乱,不服事周,⑨而行贪暴,将致远夷之祸,为所灭也。是时,中国齐、晋,南夷吴、楚为强,⑩陈交晋不亲,附楚不固,数被二国之祸。后楚有白公之乱,⑪陈乘而侵之,⑫卒为楚所灭。⑬

①师古曰："隼,鸷鸟,即今之鹘也。说者以为鹞,失之矣。廷,朝廷也。鹘字,音胡骨反。"

②应劭曰："楛，木名。"师古曰："音怙，其木堪为箭笴，今兰以北皆用之，
　土俗呼其木为楛子也。"

③应劭曰："帑，镞也，音奴，又乃互反。"

④张晏曰："八寸曰咫。"

⑤师古曰："闵公，名周，怀公之子。"

⑥臣瓒曰："肃慎，东北夷。"

⑦师古曰："服，事也。"

⑧师古曰："得昔所分之矢于府藏中。"

⑨师古曰："眊，音莫报反。"

⑩师古曰："中国则齐、晋为强，南夷则吴、楚为强。"

⑪师古曰："白公，楚平王太子建之子胜也。建遇谗，奔郑而死。胜在吴，子
　西召之，使处吴境，为白公。吴人伐慎，白公败之，请以战备献，因作乱，
　子西、子期皆死。事在哀十六年。"

⑫师古曰："白公之乱，陈人恃其聚而侵楚。事见哀十七年。"

⑬师古曰："陈闵公之二十年，获麟之岁也。其二十四年，而为楚所灭。"

史记夏后氏之衰，有二龙止于夏廷，而言"余，褒之二君也"。①
夏帝卜杀之，去之，止之，莫吉；卜请其漦而藏之，乃吉。②于是布币
策告之。③龙亡而漦在，乃匵去之。④其后夏亡，传匵于殷周，三代
莫发，至厉王末，发而观之，漦流于廷，不可除也。厉王使妇人裸而
噪之，⑤漦化为玄鼋，⑥入后宫。处妾遇之而孕，⑦生子，惧而弃之。
宣王立，女童谣曰："檿弧箕服，实亡周国。"⑧后有夫妇鬻是器者，
宣王使执而僇之。⑨既去，见处妾所弃妖子，闻其夜号，哀而收之，
遂亡奔褒。后褒人有罪，入妖子以赎，是为褒姒，幽王见而爱之，生
子伯服。王废申后及太子宜咎，而立褒姒、伯服代之。废后之父申
侯与缯西畎戎共攻杀幽王。⑩《诗》曰："赫赫宗周，褒姒灭之。"⑪刘
向以为夏后季世，周之幽、厉，皆悖乱逆天。⑫故有龙鼋之怪，近龙
蛇孽也。漦，血也，一曰沫也。檿弧，桑弓也。其服，盖以萁草为箭
服，近射妖也。女童谣者，祸将生于女，国以兵寇亡也。⑬

①师古曰："褒，古国名。"

②应劭曰:"蔡,沫也。"郑氏曰:"蔡,音牛齝之齝。"师古曰:"去,谓驱逐
　也。止,谓拘留也。去,音丘吕反。蔡,音丑之反。"

③师古曰:"奠币为礼,读策辞而告之也。说者以为策者糈米,盖失之矣。"

④师古曰:"匮,匮也。去,藏也。匮,音读。去,音丘吕反。"

⑤应劭曰:"群呼曰噪。"师古曰:"噪,音先到反。"

⑥韦昭曰:"玄,黑;鼋,蜥蜴也,似蛇而有足。"师古曰:"鼋似鳖而大,非蛇
　及蜥蜴。"

⑦师古曰:"处妾,宫中之童女。"

⑧服虔曰:"檿,檿桑也。"师古曰:"女童谣,闾里之童女为歌谣也。檿,山
　桑之有点文者也。木弓曰弧。服,盛箭者,即今之步叉也。萁,草,似荻
　而细,织之为服也。檿,音一簟反。萁,音基。荻,音敌。"

⑨师古曰:"鬻,卖也,音弋六反。"

⑩师古曰:"畎戎,即犬戎,亦曰昆夷。"

⑪师古曰:"《小雅·正月》之诗也。赫赫,盛貌也。宗周,镐京也。灭,灭也,
　音呼悦反。"

⑫师古曰:"悖,惑也,音布内反。"

⑬师古曰:"因妇人以致兵寇也。"

《左氏传》昭公十九年,龙斗于郑时门之外洧渊。①刘向以为近
龙孽也。郑以小国摄乎晋楚之间,②重以强吴,③郑当其冲,不能修
德,将斗三国,以自危亡。④是时,子产任政,内惠于民,外善辞令,
以交三国,郑卒亡患,能以德消变之效也。京房《易传》曰:"众心不
安,厥妖龙斗。"

①师古曰:"时门,郑城门也。洧泉,洧水之泉也。洧水出荥阳密县东南,至
　颍川长平入颍也。"

②师古曰:"摄,收持之。"

③师古曰:"重,音直用反。"

④师古曰:"言若不修德,则三国伐之,必危亡。"

　　惠帝二年正月癸酉旦,有两龙见于兰陵廷东里温陵井中,①至
乙亥夜去。刘向以为龙贵象而困于庶人井中,象诸侯将有幽执之
祸。其后吕太后幽杀三赵王,诸吕亦终诛灭。京房《易传》曰:"有德
遭害,厥妖龙见井中。"又曰:"行刑暴恶,黑龙从井出。"

①师古曰："兰陵县之廷东里也。温陵，人姓名也。"

《左氏传》鲁严公时有内蛇与外蛇斗郑南门中，内蛇死。刘向以为近蛇孽也。先是，郑厉公劫相祭仲而逐兄昭公代立。①后厉公出奔，昭公复入。②死，弟子仪代立。③厉公自外劫大夫傅瑕，使傺子仪。④此外蛇杀内蛇之象也。蛇死六年，而厉公立。严公闻之，问申繻曰："犹有妖乎？"⑤对曰："人之所忌，其气炎以取之，⑥妖由人兴也。人亡衅焉，妖不自作。人弃常，故有妖。"⑦京房《易传》曰："立嗣子疑，厥妖蛇居国门斗。"

①师古曰："厉公母，宋雕氏之女也。祭仲，祭封人仲足也。桓十一年，宋人执祭仲，曰：'不立突，将死。'仲乃与宋盟而立厉公。昭公奔卫。祭，音侧介反。"

②师古曰："桓十五年，厉公与祭仲之婿雕纠谋杀祭仲，不克，五月，出奔蔡。六月，昭公复归于郑。九月，厉公杀檀伯而居栎也。"

③师古曰："桓十七年，高渠弥弑昭公而立其弟子亹。十八年，齐人杀子亹，祭仲乃立亹之弟仪也。"

④师古曰："傅瑕，郑大夫也。庄十四年，厉公自栎侵郑，获傅瑕，与之盟。于是傅瑕杀子仪而纳厉公也。"

⑤师古曰："申繻，鲁大夫也。繻，音须。"

⑥师古曰："炎，音弋赡反。"

⑦师古曰："已解于上。"

《左氏传》文公十六年夏，有蛇自泉宫出，①入于国，如先君之数。刘向以为近蛇孽也。泉宫在囿中，公母姜氏尝居之，蛇从之出，象宫将不居也。《诗》曰："维虺维蛇，女子之祥。"②又蛇入国，国将有女忧也。如先君之数者，公母将薨象也。秋，公母薨。公恶之，乃毁泉台。夫妖孽应行而自见，非见为害也。文不改行循正，共御厥罚，③而作非礼，以重其过。④后二年薨，公子遂杀文之二子恶、视，而立宣公。⑤文公夫人大归于齐。⑥

①师古曰："泉宫，即泉台。"

②师古曰："《小雅·斯干》之诗。"

③师古曰："共，读曰恭。御，读曰禦，又读如本字。"

④师古曰："重，音直用反。"

⑤师古曰："恶，即子赤也。视，其母弟。"

⑥师古曰："本齐女，故出而归齐，所谓哀姜者也。"

武帝太始四年七月，赵有蛇从郭外入，与邑中蛇斗孝文庙下，邑中蛇死。二年秋，有卫太子事，事自赵人江充起。

《左氏传》定公十年，宋公子地有白马驷，①公嬖向魋欲之，②公取而朱其尾鬣③以予之。地怒，使其徒抶魋而夺之。④魋惧将走，公闭门而泣之，目尽肿。公弟辰谓地曰："子为君礼，不过出竟，君必止子。"⑤地出奔陈，公弗止。辰为之请，不听。辰曰："是我迁吾兄也，⑥吾以国人出，君谁与处？"遂与其徒出奔陈。明年，俱入于萧以叛，大为宋患，⑦近马祸也。

①师古曰："地，宋元公子也。四马曰驷。"

②师古曰："公，谓景公，即地之兄也。魋，宋司马桓魋也。向，音式尚反。魋，音大回反。"

③师古曰："鬣，领上鬣也，音力涉反。"

④师古曰："抶，击也，音丑失反。"

⑤师古曰："辰亦元公子也。言若见君怒，惧而出奔，是为臣之礼也。竟，读曰境也。"

⑥应劭曰："迁，音若狂反。"臣瓒曰："音九放反。"师古曰："二说皆非也。迁，欺也，音求往反。"

⑦师古曰："萧，宋邑。"

史记秦孝公二十一年有马生人，昭王二十年牡马生子而死。刘向以为皆马祸也。孝公始用商君攻守之法，东侵诸侯，至于昭王，用兵弥烈。①其象将以兵革抗极成攻，而还自害也。牡马非生类，妄生而死，犹秦恃力强得天下，而还自灭之象也。一曰，诸畜生非其类，子孙必有非其姓者，至于始皇，果吕不韦子。京房《易传》曰："方伯分威，厥妖牡马生子。亡天子，诸侯相伐，厥妖马生人。"

①师古曰："烈，猛也。"

文帝十二年，有马生角于吴，角在耳前，上乡。①右角长三寸，

左角长二寸,皆大二寸。刘向以为马不当生角,犹吴不当举兵乡上
也。是时,吴王濞封有四郡五十余城,②内怀骄恣,变见于外,天戒
早矣。王不寤,后卒举兵,诛灭。京房《易传》曰:"臣易上,政不顺,
厥妖马生角,兹谓贤士不足。"又曰:"天子亲伐,马生角。"

①师古曰:"乡,读曰向。次下亦同。"

②师古曰:"《高纪》云:'六年春,以故东阳郡、鄣郡、吴郡五十三县立刘贾
为荆王'。十二年十月诏曰:'吴,古之建国,日者荆王兼有其地,今死无
后,朕欲复立吴王。'长沙王臣等请立沛侯为吴王。而《荆燕吴传》云:
'荆王刘贾为黥布所杀,无后,上患会稽轻悍,无壮王填之,乃立濞为吴
王,王三郡五十三城。'是则濞之所封,贾本地也,止有三郡,《荆燕吴
传》与纪同矣。今此云四郡,未详其说。若以贾本不得会稽,濞加一郡
者,则不得言五十三城也。"

　　成帝绥和二年二月,大厩马生角,在左耳前,围长各二寸。是
时,王莽为大司马,害上之萌自此始矣。①哀帝建平二年,定襄牡马
生驹,三足,随群饮食,太守以闻。马,国之武用,三足,不任用之象
也。后侍中董贤年二十二为大司马,居上公之位,天下不宗。哀帝
暴崩,成帝母王太后召弟子新都侯王莽入,收贤印绶,贤恐,自杀,
莽因代之,并诛外家丁、傅。又废哀帝傅皇后,令自杀,发掘帝祖母
傅太后、母丁太后陵,更以庶人葬之。辜及至尊,大臣微弱之祸也。

①师古曰:"萌,若草木之始生也。"

　　文公十一年,"败狄于咸"。①《谷梁》、《公羊传》曰,长狄②兄弟
三人,一者之鲁,③一者之齐,④一者之晋。⑤皆杀之,身横九晦;⑥
断其首而载之,眉见于轼。⑦何以书?记异也。刘向以为是时周室衰
微,三国为大,可责者也。天戒若曰,不行礼义,大为夷狄之行,将至
危亡。其后三国皆有篡弑之祸,⑧近下人伐上之疴也。刘歆以为人
变,属黄祥。一曰,属裸虫之孽。一曰,天地之性人为贵,凡人为变,
皆属皇极下人伐上之疴云。京房《易传》曰:"君暴乱,疾有道,厥妖
长狄入国。"又曰:"丰其屋,下独苦。⑨长狄生,世主虏。"

①师古曰:"咸,鲁地也。"

②师古曰："防风之后,漆姓也,国号鄋瞒。鄋,音所求反。瞒,音莫干反。"

③师古曰："侨如也。来伐鲁,为叔孙得臣所获。"

④师古曰："荣如也。齐襄公二年伐齐,为王子成父所获。"

⑤师古曰："焚如也。宣十五年,晋灭潞国而获之。"

⑥师古曰："晦,古亩字。"

⑦师古曰："轼,车前横木。"

⑧师古曰："谓鲁文公薨,襄仲杀恶及视而立宣公;齐连称、管至父杀襄公而立无知;晋栾书、中行偃杀厉公而立悼公。"

⑨师古曰："丰其屋,《易·丰卦》上六爻辞也。丰,大也。"

史记秦始皇帝二十六年,有大人长五丈,足履六尺,皆夷狄服,凡十二人,见于临洮。①天戒若曰,勿大为夷狄之行,将受其祸。是岁,始皇初并六国,反喜以为瑞,销天下兵器,作金人十二以象之。遂自贤圣,燔《诗》《书》,坑儒士;奢淫暴虐,务欲广地;南成五岭,北筑长城,以备胡越,②堑山填谷,西起临洮,东至辽东,径数千里。故大人见于临洮,明祸乱之起。后十四年而秦亡,亡自戍卒陈胜发。

①师古曰："陇西之县也。音吐高反。"

②师古曰："五岭,解在《张耳陈徐传》。"

史记魏襄王十三年,魏有女子化为丈夫。京房《易传》曰："女子化为丈夫,兹谓阴昌,贱人为王;丈夫化为女子,兹谓阴胜,厥咎亡。"一曰,男化为女,宫刑滥也;①女化为男,妇政行也。

①如淳曰："宫刑之行大滥也。"

哀帝建平中,豫章有男子化为女子,嫁为人妇,生一子。长安陈凤言此阳变为阴,将亡继嗣,自相生之象。一曰,嫁为人妇生一子者,将复一世乃绝。

哀帝建平四年四月,山阳方与女子田无啬生子。①先未生二月,儿啼腹中,及生,不举,葬之陌上,三日,人过闻啼声,母掘收养。

①师古曰："方与者,山阳之县也。女子姓田,名无啬。方与,音房豫。"

平帝元始元年二月,朔方广牧女子赵春病死,①敛棺积六日,②出在棺外,自言见夫死父,曰："年二十七,不当死。"太守谭以闻。京房《易传》曰："'干父之蛊,有子,考亡咎'。③子三年不改父道,思慕不皇,亦重见先人之非,④不则为私,厥妖人死复生。"一曰,至阴为阳,下人为上。

①师古曰:"广牧,朔方之县也。姓赵,名春。"

②师古曰:"敛,音力赡反。棺,音工唤反。"

③韦昭曰:"蛊,事也。子能正父之事,是为有子,故考不为咎累。"师古曰:"《易·蛊卦》初六爻辞也。"

④师古曰:"言父有不善之事,当速改之,若唯思慕而已,无所变易,是重显先人之非也。一曰:三年之内,但思慕而已,不暇见父之非,故不改也。重,音直用反。"

六月,长安女子有生儿,两头异颈面相乡,四臂共匈俱前乡,①尻上有目长二寸所。京房《易传》曰:"'睽孤,见豕负涂',②厥妖人生两头。下相攘善,妖亦同。人若六畜首目在下,兹谓亡上,正将变更。凡妖之作,以谴失正,各象其类。二首,下不壹也;足多,所任邪也;足少,下不胜任,或不任下也。凡下体生于上,不敬也;上体生于下,媟渎也;生非其类,淫乱也;人生而大,上速成也;生而能言,好虚也。群妖推此类,不改乃成凶也。"

①师古曰:"乡,读曰向。"

②师古曰:"《易·睽卦》上九象辞也。睽孤,乖刺之意也。涂,泥也。睽,音苦携反。"

景帝二年九月,胶东下密人年七十余,生角,角有毛。时胶东、胶西、济南、齐四王有举兵反谋,谋由吴王濞起,连楚、赵,凡七国。下密,县居四齐之中;①角,兵象,上乡者也;②老人,吴王象也;年七十,七国象也。天戒若曰,人不当生角,犹诸侯不当举兵以乡京师也;祸从老人生,七国俱败云。诸侯不寤,明年吴王先败,诸侯从之,七国俱灭。京房《易传》曰:"冢宰专政,厥妖人生角。"

①师古曰:"四齐,即上所云胶东、胶西、济南、齐也。本皆齐地,故谓之四齐。"

②师古曰:"乡,读曰向。次下亦同。"

成帝建始三年十月丁未,京师相惊,言大水至。渭水虒上小女陈持弓年九岁,①走入横城门,入未央宫尚方掖门,殿门门卫户者莫见,至句盾禁中而觉得。②民以水相惊者,阴气盛也。小女而入宫殿中者,下人将因女宠而居有宫室之象也。名曰持弓,有似周家㢈弧之祥。《易》曰:"弧矢之利,以威天下。"③是时,帝母王太后弟凤始为上将,秉国政,天知其后将威天下而入宫室,故象先见也。其后,王氏兄弟父子五侯秉权,至莽卒篡天下,盖陈氏之后云。京房《易传》曰:"妖言动众,兹谓不信,路将亡人,司马死。"

①师古曰:"㢈上,地名也,音斯。"

②师古曰:"句盾,少府之署。觉得,事觉而见执得也。"

③师古曰:"《下系》之辞也。"

　　成帝绥和二年八月庚申,郑通里男子王褒①衣绛衣小冠,带剑入北司马门殿东门,②上前殿,入非常室中,③解帷组结佩之,④招前殿署长业等曰:"天帝令我居此。"业等收缚考问,褒故公车大谁卒,⑤病狂易,⑥不自知入宫状,下狱死。是时,王莽为大司马,哀帝即位,莽乞骸骨就第,天知其必不退,故因是而见象也。姓名章服甚明,径上前殿路寝,入室取组而佩之,称天帝命,然时人莫察。后莽就国,天下冤之,哀帝征莽还京师。明年帝崩,莽复为大司马,因是而篡国。

①师古曰:"郑县之通里。"

②师古曰:"入北司马门,又入殿之东门也。"

③如淳曰:"殿上室名。"

④师古曰:"组,绶类,所以系帷,又垂以为饰也。佩,带之。"

⑤应劭曰:"在司马殿门掌谨呵者也。"服虔曰:"卫士之师也,著樊哙冠。"师古曰:"大谁者,主问非常之人,云姓名是谁也。而应氏乃以谨哗为义,云大谨呵,不当厥理。后之学者辄改此书谁字为谨,违本文矣。大谁本以谁何称,因用名官,有大谁长。今此卒者,长所领士卒也。"

⑥师古曰:"谓病狂而变易其常也。"

　　哀帝建平四年正月,民惊走,持稿或棷一枚,①传相付与,曰行诏筹。道中相过逢多至千数,或被发徒践,②或夜折关,或逾墙入,或乘车骑奔驰,以置驿传行,经历郡国二十六,至京师。其夏,京师郡国民聚会里巷仟伯,设张博具,③歌舞祠西王母。又传书曰:"母

告百姓,佩此书者不死。不信我言,视门枢下,当有白发。"④是时,
帝祖母傅太后骄,与政事,⑤故杜邺对曰:"《春秋》灾异,以指象为
言语。筹,所以纪数。民,阴,水类也。水以东流为顺走,而西行,反
类逆上。象数度放溢,妄以相予,违忤民心之应也。西王母,妇人之
称。博弈,男子之事。于街巷仟伯,明离阃内,⑥与疆外。⑦临事盘
乐,炕阳之意。白发,衰年之象,体尊性弱,难理易乱。门,人之所由;
枢,其要也。居人之所由,制持其要也。其明甚著。今外家丁、傅并
侍帷幄,布于列位,有罪恶者不坐辜罚,亡功能者毕受官爵。皇甫、
三桓,诗人所刺,《春秋》所讥,亡以甚此。⑧指象昭昭,以觉圣朝,奈
何不应!"后哀帝崩,成帝母王太后临朝,王莽为大司马,诛灭丁、
傅。一曰,丁、傅所乱者小,此异乃王太后、莽之应云。

①如淳曰:"楸,麻干也。"师古曰:"稿,禾秆也,音工老反。楸,音邹,又侧
　九反。"
②师古曰:"徒践,谓徒跣也。"
③师古曰:"博戏之具。"
④师古曰:"枢,门扇所由至秋止开闭者也,音昌于反。"
⑤师古曰:"与,读曰豫。"
⑥师古曰:"阃,门橛也,音鱼列反。"
⑦师古曰:"与,读曰豫。"
⑧师古曰:"皇甫,周卿士之字也。周后嬖宠,而处职位,诗人刺之。事见
　《小雅·十月之交》篇。"

汉书卷二七下之下
志第七下之下

五行下之下

　　隐公三年"二月己巳，日有食之。"《谷梁传》曰，言日不言朔，食晦。《公羊传》曰，食二日。董仲舒、刘向以为其后戎执天子之使，①郑获鲁隐，②灭戴，③卫、鲁、宋咸杀君。④《左氏》刘歆以为正月二日，燕、越之分野也。凡日所躔而有变，则分野之国失政者受之。⑤人君能修政，共御厥罚，则灾消而福至；⑥不能，则灾息而祸生。⑦故经书灾而不记其故，盖吉凶亡常，随行而成祸福也。周衰，天子不班朔，⑧鲁历不正，置闰不得其月，月大小不得其度。史记曰食，或言朔而实非朔，或不言朔而实朔，或脱不书朔与日，皆官失之也。京房《易传》曰："亡师兹谓不御，厥异日食，其食也既，并食不一处。诛众失理，兹谓生叛，厥食既，光散。纵畔兹谓不明，厥食先大雨三日，雨除而寒，寒即食。专禄不封，兹谓不安，厥食既，先日出而黑，光反外烛。⑨君臣不通兹谓亡，厥蚀三既。同姓上侵，兹谓诬君，厥食四方有云，中央无云，其日大寒。公欲弱主位，兹谓不知，厥食中白青，四方赤，已食地震。诸侯相侵，兹谓不承，厥食三毁三复。君疾善，下谋上，兹谓乱，厥食既，先雨雹，杀走兽。弑君获位兹谓逆，厥食既，先风雨折木，日赤。内臣外乡兹谓背，⑩厥食食且雨，地中鸣。⑪冢宰专政兹谓因，厥食先大风，食时日居云中，四方亡云。伯正越职，兹谓分威，⑫厥食日中分。诸侯争美于上兹谓泰，厥食日伤月，食半，天营而鸣。⑬赋不得兹谓竭，厥食星随而下。受命之臣专征云

试,厥食虽侵光犹明,⑭若文王臣独诛纣矣。⑮小人顺受命者征其
君云杀,厥食五色,至大寒陨霜,⑯若纣臣顺武王而诛纣矣。⑰诸侯
更制兹谓叛,⑱厥食三复三食,食已而风,地动。適让庶兹谓生
欲,⑲厥食日失位,光晻晻,月形见。⑳酒亡节兹谓荒,厥蚀乍青乍
黑乍赤,明日大雨,发雾而寒。"凡食二十占,其形二十有四,改之辄
除;不改三年,三年不改六年,六年不改九年。推隐三年之食,贯中
央,上下竟而黑,臣弑从中成之形也。后卫州吁弑君而立。

①　师古曰:"凡伯,周大夫也。隐七年,天王使凡伯来聘,戎伐凡伯于楚丘
　　以归。"

②　师古曰:"《公羊传》隐六年春,郑人来渝平。渝平,堕成也。曰'吾成败
　　矣,吾与郑人未有成'。狐壤之战,隐公获焉。所以不言战?讳获也。"

③　师古曰:"十年秋,宋人、蔡人、卫人伐戴,郑伯伐取之。戴国,今外黄县
　　东南戴城是也。读者多误为载,故随室置载州焉。"

④　师古曰:"四年,卫州吁杀其君完。十一年,羽父使贼杀公子翚氏。桓二
　　年春宋督杀其君与夷。"

⑤　师古曰:"躔,践也,音缠。"

⑥　师古曰:"共,读曰恭。御,读曰禦,又读如本字。"

⑦　师古曰:"息,谓蕃滋也。"

⑧　师古曰:"班,布也。"

⑨　韦昭曰:"日中无光,四边有明外烛。"

⑩　师古曰:"乡,读曰向。"

⑪　韦昭曰:"地中有声如鸣耳,或曰如狗子声。"

⑫　师古曰:"伯,读曰霸。正者,长帅之称。"

⑬　韦昭曰:"食半,谓食望也。"臣瓒曰:"月食半,谓食月之半也。月食常以
　　望,不为异也。"

⑭　师古曰:"试,用也,自擅意也。一说,试与弑同,谓欲弑君。"

⑮　韦昭曰:"是时,纣臣尚未欲诛纣,独文王之臣欲诛之。"

⑯　师古曰:"杀,亦读曰弑。"

⑰　韦昭曰:"纣恶益甚,其臣欲顺武王而诛纣。"

⑱　师古曰:"更,改也。"

⑲　师古曰:"適,读曰嫡。"

⑳师古曰："晻,音乌感反。见,音胡电反。"

桓公三年"七月壬辰朔,日有食之,既"。董仲舒、刘向以为前事已大,后事将至者又大,则既。先是,鲁、宋弑君,鲁又成宋乱,易许田,亡事天子之心;楚僭称王。后郑岠王师,射桓王,①又二君相篡。②刘歆以为六月,赵与晋分。③先是,晋曲沃伯再弑晋侯,④是岁晋大乱,⑤灭其宗国。⑥京房《易传》以为桓三年日食贯中央,上下竟而黄,臣弑而不卒之形也。后楚严称王,兼地千里。⑦

①师古曰："并已解于上。"

②师古曰："谓厉公奔蔡而昭公入,高渠弥杀昭公而立子亹。"

③晋灼曰："周之六月,今之四月,始去毕而入参。参,晋分也。毕,赵也。日行去赵远,入晋分多,故曰与。计二十八宿,分其次,度其月,及所属,下皆以为例。"

④师古曰："曲沃伯,本桓叔成师之封号也,其后遂继袭焉。鲁惠公三十年,大夫潘父杀昭侯而纳成师,不克,晋人立孝侯。惠之四十五年,成师之子曲沃庄伯伐翼,杀孝侯也。"

⑤师古曰："桓三年,庄伯之子曲沃武公伐翼,逐翼侯于汾隰,夜获而杀之。"

⑥师古曰："桓八年,曲沃武公灭翼,遂并其国。"

⑦师古曰："楚武王荆尸久已见传,今此言庄始称王,未详其说。"

十七年"十月朔,日有食之"。《谷梁传》曰,言朔不言日,食二日也。刘向以为是时卫侯朔有罪出奔齐,①天子更立卫君。②朔藉助五国,举兵伐之而自立,王命遂坏。③鲁夫人淫失于齐,卒杀桓公。④董仲舒以为言朔不言日,恶鲁桓且有夫人之祸,将不终日也。刘歆以为楚、郑分。

①师古曰："朔,卫惠公也。桓十六年经书'卫侯朔出奔齐'。《公羊传》曰'得罪乎天子',《谷梁传》曰'天子召而不往也'。"

②师古曰："谓公子黔牟。"

③师古曰："庄五年冬,公会齐人、宋人、陈人、蔡人伐卫。庄六年春,王人子突救卫,夏,卫侯朔入,放公子黔牟于周,是也。"

④师古曰："失,读曰佚。"

严公十八年“三月，日有食之”。《谷梁传》曰，不言日，不言朔，夜食。①史记推合朔在夜，明旦日食而出，出而解，②是为夜食。刘向以为夜食者，阴因日明之衰而夺其光，象周天子不明，齐桓将夺其威，专会诸侯而行伯道。③其后遂九合诸侯，④天子使世子会之，⑤此其效也。《公羊传》曰食晦。董仲舒以为宿在东壁，鲁象也。后公子庆父、叔牙果通于夫人以劫公。刘歆以为晦鲁、卫分。

①张晏曰：“日夜食，则无景。立六尺木不见其景，以此为候。”
②孟康曰：“夜食地中，出而止。”
③师古曰：“伯，读曰霸。”
④师古曰：“解在《郊祀志》。”
⑤师古曰：“僖五年，齐侯、宋公、陈侯、卫侯、郑伯、许男、曹伯会王太子于首止是。”

二十五年“六月辛未朔，日有食之”。董仲舒以为宿在毕，主边兵夷狄象也。后狄灭邢、卫。①刘歆以为五月二日鲁、赵分。

①师古曰：“《春秋》闵元年狄伐邢，二年秋灭卫，其后并为齐所立，而邢迁于夷仪，卫迁于楚丘。”

二十六年“十二月癸亥朔，日有食之”。董仲舒以为宿在心，心为明堂，文武之道废，中国不绝若线之象也。①刘向以为时戎侵曹，②鲁夫人淫于庆父、叔牙，将以弒君，故比年再蚀以见戒。③刘歆以为十月二日楚、郑分。

①师古曰：“线，缕也，音先箭反。”
②师古曰：“事在庄二十四年。”
③师古曰：“比，频也。见，显也。”

三十年“九月庚午朔，日有食之”。董仲舒、刘向以为后鲁二君弒，①夫人诛，②两弟死，③狄灭邢，④徐取舒，⑤晋杀世子，⑥楚灭弦。⑦刘歆以为八月秦、周分。

①师古曰：“谓子般为圉人所杀，闵公为卜齮所杀也。”
②师古曰：“哀姜为齐人所杀。”
③师古曰：“谓叔牙及庆父也。”
④师古曰：“已解于上。”

⑤师古曰:"僖三年,徐人取舒。舒,国名也,在庐江舒县也。"

⑥师古曰:"僖五年,晋侯杀其太子申生。"

⑦师古曰:"僖五年,楚入灭弦。弦,国名也,在弋阳。"

僖公五年"九月戊申朔,日有食之"。董仲舒、刘向以为先是齐桓行伯,江、黄自至,①南服强楚。②其后不内自正,而外执陈大夫,则陈、楚不附,③郑伯逃盟,④诸侯将不从桓政,故天见戒。其后晋灭虢,⑤楚围许,诸侯伐郑⑥晋弑二君,⑦狄灭温,⑧楚伐黄,⑨桓不能救。刘歆以为七月秦、晋分。

①师古曰:"伯,读曰霸。江、黄,二国名也。僖二年,齐侯、宋公、江人、黄人盟于贯。传曰'服江、黄也'。江国在汝南安阳县,黄国在弋阳县。"

②师古曰:"僖四年,齐侯以诸侯之师侵蔡,遂伐楚,盟于邵陵。"

③师古曰:"邵陵盟后,以陈辕涛涂为误军而执之,陈不服罪,故伐之。楚自是不复通。"

④师古曰:"僖五年秋,齐侯与诸侯盟于首止,郑伯逃归不盟。"

⑤师古曰:"事在僖五年。"

⑥师古曰:"事并在僖六年。"

⑦师古曰:"谓里克弑奚齐及卓子。"

⑧师古曰:"温,周邑也。僖十年,狄灭之。"

⑨师古曰:"僖十一年,黄不归楚贡,故伐之。"

十二年"三月庚午朔,日有食之"。董仲舒、刘向以为是时楚灭黄,①狄侵卫、郑,②莒灭杞。③刘歆以为三月齐、卫分。

①师古曰:"事在十二年夏。"

②师古曰:"僖十三年狄侵卫,十四年狄侵郑。"

③师古曰:"僖十四年,诸侯城缘陵。《公羊传》曰:'曷为城?杞灭也,孰灭之?盖徐、莒也。'"

十五年"正月,日有食之"。刘向以为象晋文公将行伯道,①后遂伐卫,执曹伯,败楚城濮,②再会诸侯,③召天王而朝之,④此其效也。日食者臣之恶也,夜食者掩其罪也,以为上亡明王,桓、文能行伯道,攘夷狄,安中国,⑤虽不正犹可,盖《春秋》实与而文不与之义也。董仲舒以为后秦获晋侯,⑥齐灭项,⑦楚败徐于娄林。⑧刘歆以为二月朔齐、越分。

①师古曰："伯,读曰霸。"

②师古曰："事并在二十八年。"

③师古曰："二十八年五月盟于践土,冬会于温。"

④师古曰："晋侯不欲就朝王,故召王使来。经书'天王狩于河阳'。"

⑤师古曰："伯,读曰霸。攘,却也。"

⑥师古曰："晋侯,夷吾也。僖十五年十一月,晋侯及秦伯战于韩,秦获晋侯以归也。"

⑦师古曰："事在《公羊传》僖十七年。项国,今项城县是也。"

⑧师古曰："事在僖十五年冬。娄林,徐地。"

　　文公元年"二月癸亥,日有食之"。董仲舒、刘向以为先是大夫始执国政,①公子遂如京师,②后楚世子商臣杀父,齐公子商人弑君,皆自立,③宋子哀出奔,④晋灭江,⑤楚灭六,⑥大夫公孙敖、叔彭生并专会盟。⑦刘歆以为正月朔燕、越分。

①师古曰："谓东门襄仲也。"

②师古曰："事在僖三十年,报宰周公之聘。"

③师古曰："已解于上。"

④师古曰："宋子哀,宋卿高哀也。不义宋公,而来奔鲁。事在文十四年。"

⑤师古曰："《春秋》文四年'楚人灭江',于此云晋,未详其说。"

⑥师古曰："六,国名也,在庐江六县。文五年,楚人灭之。"

⑦师古曰："文七年冬公孙敖如莒莅盟,十一年叔彭生会邾缺于承匡,公孙敖,孟穆伯;叔彭生,叔仲惠伯也。"

　　十五年"六月辛丑朔,日有食之"。董仲舒、刘向以为后宋、齐、莒、晋、郑八年之间五君杀死,①楚灭舒蓼。刘歆以为四月二日鲁、卫分。

①师古曰："文十六年宋弑其君杵臼,十八年夏齐人弑其君商人,冬莒弑其君庶其,宣二年晋赵盾弑其君夷皋,四年郑公子归生弑其君夷也。"

　　宣公八年"七月甲子,日有食之,既"。董仲舒、刘向以为先是楚商臣弑父而立,至于严王遂强。诸夏大国唯有齐、晋,齐、晋新有篡弑之祸,内皆未安,故楚乘弱横行,八年之间六侵伐而一灭国;①伐陆浑戎,观兵周室;②后又入郑,郑伯肉袒谢罪;北败晋师于邲,流血色水；③围宋九月，析骸而炊之。④刘歆以为十月二日楚、郑分。

①师古曰："六侵伐者，谓宣元年侵陈，三年侵郑，四年伐郑，五年伐郑，六
　年伐郑，八年伐陈也。一灭国者，谓八年灭舒蓼也。"

②师古曰："宣三年，'楚子伐陆浑之戎，遂至于洛，观兵于周疆'。观兵者，
　示威武也。"

③师古曰："事并在十二年。郊，郑地。色水，谓血流入水而变水之色也。
　郊，音蒲必反。"

④师古曰："事在十五年。炊，爨也。言无薪樵，示困之甚也。"

十年"四月丙辰，日有食之"。董仲舒、刘向以为后陈夏徵舒弑
其君，①楚灭萧，②晋灭二国，③王札子杀召伯、毛伯。④刘歆以为
二月鲁、卫分。

①师古曰："弑灵公也。事在十年。"

②师古曰："萧，宋附庸国也。事在十二年。"

③师古曰："谓十五年灭赤狄潞氏，十六年灭赤狄甲氏。"

④师古曰："事在十五年。"

十七年"六月癸卯，日有食之"。董仲舒、刘向以为后邾支解鄫
子，①晋败王师于贸戎，②败齐于鞍。③刘歆以为三月晦朓④鲁、卫
分。

①师古曰："十八年，邾人戕鄫子于鄫，支解而节断之，谓解其四支，断其
　骨节。"

②师古曰："事在成元年。"

③师古曰："事在成二年。"

④服虔曰："朓，相颊也。日晦食为朓。"臣瓒曰："志云晦而月见西方日朓，
　以此名之，非日食晦之名也，"师古曰："朓，音佗了反。"

成公十六年"六月丙寅朔，日有食之"。董仲舒、刘向以为后晋
败楚、郑于鄢陵，①执鲁侯。②刘歆以为四月二日鲁、卫分。

①师古曰："事在十六年。鄢陵，郑地。"

②师古曰："已解于上。"

十七年"十二月丁巳朔，日有食之"。董仲舒、刘向以为后楚灭
舒庸，①晋弑其君，②宋鱼石因楚夺君邑，③莒灭鄫，齐灭莱，④郑

伯弑死。⑤刘歆以为九月周、楚分。

①师古曰："事在十七年日食之后。舒庸，盖群舒之一种，楚与国也。"

②师古曰："谓厉公也。事在十八年。"

③师古曰："鱼石，宋大夫也。十五年出奔楚，至十八年楚伐宋，取彭城而
　　纳之。"

④师古曰："事并在襄六年。鄫，莱皆小国。"

⑤师古曰："郑僖公也，襄七年会于鄵，其大夫子驷使贼夜杀之，而以虐疾
　　赴。鄵，音苃。"

襄公十四年"二月乙未朔，日有食之"。董仲舒、刘向以为后卫
大夫孙、甯共逐献公，立孙剽。①刘歆以为前年十二月二日宋、燕
分。

①孟康曰："剽，音骠。"师古曰："孙林父、甯殖逐献公，襄十四年四月出奔
　　齐，而立剽。剽，穆公之孙也。剽，又音匹妙反。"

十五年"八月，丁巳朔，日有食之"。董仲舒、刘向以为先是晋为
鸡泽之会，诸侯盟，又大夫盟，后为溴梁之会，诸侯在而大夫独相与
盟，①君若缀旒，不得举手。②刘歆以为五月二日鲁、赵分。

①师古曰："并已解于上。"

②应劭曰："旒，旌旗之流，随风动摇也。"师古曰："言为下所执，随人东西
　　也。"

二十年"十月丙辰朔，日有食之"。董仲舒以为陈庆虎、庆寅蔽
君之明，①邾庶其有叛心，②后庶其以漆、闾丘来奔，③陈杀二
庆。④刘歆以为八月秦、周分。

①师古曰："二庆，并陈大夫也。襄二十年，陈侯之弟黄出奔楚，将出，呼于
　　国曰：'庆氏无道，求专陈国，暴蔑其君，而去其亲，五年不灭，是无天
　　也。'"

②师古曰："庶其，邾大夫。"

③师古曰："事在二十一年。漆及闾丘，邾之二邑。"

④师古曰："二十三年，陈侯如楚，公子黄诉二庆。楚人召之，庆氏以陈叛
　　楚，屈建从陈侯围陈，遂杀二庆也。"

二十一年"九月庚戌朔，日有食之"。董仲舒以为晋栾盈将犯

君,后入于曲沃。①刘歆以为七月秦、晋分。

①师古曰:"已解于上。"

"十月庚辰朔,日有食之"。董仲舒以为宿在轸、角,楚大国象也。后楚屈氏潜杀公子追舒,①齐庆封胁君乱国。②刘歆以为八月秦、周分。

①师古曰:"公子追舒,楚令尹子南也。二十二年,楚杀之。"

②师古曰:"庆封,齐大夫也。二十七年,使卢蒲嫳帅甲攻崔氏,杀成及强,尽俘其家。崔杼缢而死,自是庆封当国,专执政也。"

二十三年"二月癸酉朔,日有食之"。董仲舒以为后卫侯入陈仪,①宁喜弑其君剽。②刘歆以为前年十二月二日宋、燕分。

①师古曰:"卫侯衎也,前为孙、宁所逐,二十五年入于陈仪。陈仪,卫邑。《左传》云夷仪。"

②师古曰:"二十六年,宁喜杀剽,而衎入于卫。宁喜,殖子也。"

二十四年"七月甲子朔,日有食之,既"。刘歆以为五月鲁、赵分。

"八月癸巳朔,日有食之"。董仲舒以为比食又既,①象阳将绝,②夷狄主上国之象也。后六君弑,③楚子果从诸侯伐郑,④灭舒鸠,⑤鲁往朝之,⑥卒主中国,⑦伐吴讨庆封。⑧刘歆以为六月晋、赵分。

①师古曰:"比,频也。"

②孟康曰:"阳,君也。"

③师古曰:"谓二十五年齐崔杼杀其君光,二十六年卫甯喜弑其君剽,二十九年阍杀吴子馀祭,三十年蔡太子班弑其君固,三十一年莒人弑其君密州,昭元年楚令尹子围入问王疾,缢而杀之。"

④师古曰:"二十四年冬,楚子、蔡侯、陈侯、许男伐郑。"

⑤师古曰:"二十五年,楚屈建帅师灭舒鸠。舒鸠,亦群舒一种。"

⑥师古曰:"二十八年,公如楚。"

⑦师古曰:"谓楚灵王以昭四年与诸侯会于申。"

⑧师古曰:"庆封以二十八年为庆舍之难自齐出奔鲁,遂奔吴。至申之会,楚灵王伐吴,执庆封而杀之。"

二十七年"十二月乙亥朔,日有食之"。董仲舒以为礼义将大灭绝之象也。时吴子好勇,使刑人守门;①蔡侯通于世子之妻;②莒不早立嗣。③后阖戕吴子,④蔡世子般弑其父,莒人亦弑君而庶子争。⑤刘向以为自二十年至此岁,八年间日食七作,祸乱将重起,⑥故天仍见戒也。⑦后齐崔杼弑君,⑧宋杀世子,⑨北燕伯出奔,⑩郑大夫自外入而篡位,⑪指略如董仲舒。刘歆以为九月周、楚分。

①师古曰:"吴子,即馀祭也。刑人,阍者。"

②师古曰:"即蔡侯固,为太子所杀者也。"

③师古曰:"即密州也,生去疾及展与既立展与,又废之。"

④师古曰:"戕,伤也。它国臣来弑君曰戕。音墙。"

⑤师古曰:"展与因国人攻其父而杀之。展与即位,去疾奔齐。明年,去疾入而展与出奔吴。并非嫡嗣,故云庶子争。"

⑥师古曰:"重,音直用反。"

⑦师古曰:"仍,频也。"

⑧师古曰:"已解于上。"

⑨师古曰:"宋公太子痤也。事在二十六年。"

⑩孟康曰:"有南燕,故言北燕,南燕姞姓,北燕姬姓也。"师古曰:"昭三年'北燕伯款出奔齐'。"

⑪师古曰:"谓伯有也。已解于上。"

昭公七年,"四月甲辰朔,日有食之"。董仲舒、刘向以为先是楚灵王弑君而立,会诸侯,①执徐子,灭赖,②后陈公子招杀世子,③楚因而灭之,④又灭蔡,⑤后灵王亦弑死。⑥刘歆以为二月鲁、卫分。传曰:晋侯问于士文伯曰:"谁将当日食?"⑦对曰:"鲁、卫恶之,卫大鲁小。"公曰:"何故?"对曰:"去卫地,如鲁地,于是有灾,其卫君乎?鲁将上卿。"是岁,八月卫襄公卒,十一月鲁季孙宿卒。晋侯谓士文伯曰:"吾所问日食从矣,可常乎?"⑧对曰:"不可。六物不同,民心不壹,事序不类,官职不则,同始异终,胡可常也?《诗》曰:'或宴宴居息,或尽领事国。'⑨其异终也如是。"公曰:"何谓六物?"对曰:"岁、时、日、月、星、辰是谓。"公曰:"何谓辰?"对曰:"日月之会是谓。"公曰:"《诗》所谓'此日而食,于何不臧',何也?"⑩对曰:

"不善政之谓也。国无政,不用善,则自取適于日月之灾。⑪故政不可不慎也,务三而已:一曰择人,二曰因民,三曰从时。"此推日食之占循变复之要也。《易》曰:"县象著明,莫大于日月。"⑫是故圣人重之,载于三经。⑬于《易》在《丰》之《震》曰:"丰其沛,日中见昧,折其右肱,亡咎。"⑭于《诗·十月之交》,则著卿士、司徒,下至趣马、师氏,咸非其材。⑮同于右肱之所折,协于三务之所择,明小人乘君子,阴侵阳之原也。

①师古曰:"已解于上。"

②师古曰:"申之会,楚人执徐子,遂灭赖。"

③师古曰:"招,成公子,哀公弟也。昭八年,经书'陈侯之弟招杀陈太子偃师。'偃师即哀公之子也。招,音韶。"

④师古曰:"偃师之死,哀公缢。其九月,楚公子弃疾奉偃师之子孙吴围陈,遂灭之。"

⑤师古曰:"十一年,楚师灭蔡也。执太子有以归,用之。"

⑥师古曰:"十三年,楚公子比弑其君虔于乾溪是也。"

⑦师古曰:"士文伯,晋大夫伯瑕。"

⑧师古曰:"从,谓如士文伯之言也。可常,谓常可以此占之不。"

⑨如淳曰:"颣,古悴字也。"师古曰:"《小雅·北山》之诗也。宴宴,安息之貌也。尽悴,言尽力而悴病也。"

⑩师古曰:"《小雅·十月之交》之诗也。臧,善也。"

⑪师古曰:"適,读曰谪。"

⑫师古曰:"《上系》之辞也。"

⑬师古曰:"谓《易》、《诗》、《春秋》。"

⑭服虔曰:"日中而昏也。"师古曰:"此《丰卦》九三爻辞也。言遇此灾,则当退去右肱之臣乃免咎。"

⑮师古曰:"《十月之交》诗曰:'皇父卿士,番维司徒,椸维趣马,㩧维师氏,艳妻煽方处。'司徒,地官卿也,掌邦教。趣马,中士也,掌王马之政。师氏,中大夫也,掌司朝得失之事。番、椸、㩧,皆氏也。美色曰艳。艳妻,褒姒也。艳或作阎,阎亦嫔妾之姓也。煽,炽也。诗人刺王淫于色,故皇父之徒皆用后宠而处职位,不以德选也。趣,音千后反。椸,音居卫反。㩧,音居禹反。番,音扶元反。"

十五年"六月丁巳朔,日有食之"。刘歆以为三月鲁、卫分。"

十七年"六月甲戌朔,日有食之"。董仲舒以为时宿在毕,晋国象也。晋厉公诛四大夫,失众心,以弒死。①后莫敢复责大夫,六卿遂相与比周,专晋国,君还事之。②日比再食,其事在春秋后,故不载于经。刘歆以为鲁、赵分。《左氏传》平子曰:③"唯正月朔,慝未作,日有食之,于是乎天子不举,伐鼓于社,诸侯用币于社,代鼓于朝,礼也。其余则否。"太史曰:"在此月也,日过分而未至,三辰有灾,百官降物,君不举,避移时,乐奏鼓,祝用币,史用辞,啬夫驰,庶人走,此月朔之谓也。当夏四月,是谓孟夏。"说曰:正月谓周六月,夏四月,正阳纯乾之月也。慝谓阴爻也,冬至阳爻起初,故曰复。至建巳之月为纯乾,亡阴爻,而阴侵阳,为灾重,故伐鼓用币,责阴之礼。降物,素服也。不举,去乐也。避移时,避正堂,须时移灾复也。啬夫,掌币吏。庶人,其徒役也。刘歆以为六月二日鲁、赵分。

> ①师古曰:"四大夫,谓三郤及胥童也。胥童非厉公所诛,以导乱而死,故总书四大夫。厉公竟为栾书、中行偃所杀。"
> ②师古曰:"六卿,谓范氏、中行氏、智氏、韩、魏、赵也。"
> ③师古曰:"季平子。"

二十一年"七月壬午朔,日有食之"。董仲舒以为周景王老,刘子、单子专权,①蔡侯朱骄,君臣不说之象也。②后蔡侯朱果出奔,③刘子、单子立王猛。刘歆以为五月二日鲁、赵分。

> ①师古曰:"已解于上。"
> ②师古曰:"蔡侯朱,蔡平公之子。说,读曰悦。"
> ③师古曰:"昭二十一年出奔楚。"

二十二年"十二月癸酉朔,日有食之"。董仲舒以为宿在心,天子之象也。后尹氏立王子朝,天王居于狄泉。①刘歆以为十月楚、郑分。

> ①师古曰:"天王,敬王也,避子朝之难,故居狄泉。"

二十四年"五月乙未朔,日有食之"。董仲舒以为宿在胃,鲁象也。后昭公为季氏所逐。刘向以为自十五年至此岁,十年间天戒七见,人君犹不寤。后楚杀戎蛮子,①晋灭陆浑戎,②盗杀卫侯兄,③蔡、莒之君出奔,④吴灭巢,⑤公子光杀王僚,⑥宋三臣以邑叛其君。⑦它如仲舒、刘歆以为二月日鲁、赵分。是月斗建辰。《左氏传》梓慎曰:"将大水。"⑧昭子曰:"旱也。⑨日过分而阳犹不克,克必甚,能无旱乎!⑩阳不克,莫将积聚也。"⑪是岁秋,大雩,旱也。二至二分,日有食之,不为灾。日月之行也,春秋分日夜等,故同道;冬夏至长短极,故相过。相过同道而食轻,不为大灾,水旱而已。

①师古曰:"昭十六年,楚子诱戎蛮子杀之。戎蛮国在河南新城县。"

②师古曰:"十七年,晋荀吴帅师灭陆浑之戎。其地今陆浑县是也。"

③师古曰:"卫灵公兄也,名絷,二十年为齐豹所杀。以豹不义,故贬称盗,所谓求名而不得。"

④师古曰:"蔡君,即朱也。莒君,莒子庚与也,二十三年出奔鲁。"

⑤师古曰:"二十四年,吴灭巢。巢,吴、楚间小国,即居巢城是也。"

⑥师古曰:"事在二十七年。"

⑦师古曰:"二十一年,宋华亥,向宁,华定入于宋南里以叛是也。"

⑧师古曰:"梓慎,鲁大夫。"

⑨师古曰:"叔孙昭子。"

⑩孟康曰:"谓春分后,阴多阳少为不克。阳胜则盛,故言甚。"

⑪苏林曰:"莫,莫尔不胜,为积聚也。"

三十一年"十二月辛亥朔,日有食之"。董仲舒以为宿在心,天子象也。时京师微弱,后诸侯果相率而城周,①宋中几亡尊天子之心,而不衰城。②刘向以为时吴灭徐,③而蔡灭沈,④楚围蔡,吴败楚于郢,昭王走出。⑤刘歆以为二日宋、燕分。

①师古曰:"定元年,晋魏舒合诸侯之大夫于狄泉以城周是也。"

②师古曰:"中几,宋大夫。衰城,谓以差次受功赋也。衰,音初为反。一曰:衰,读曰蓑。蓑城,谓以草覆城也。蓑,音先和反。中,读曰仲。"

③师古曰:"事在昭三十年。"

④师古曰:"定四年,蔡公孙姓帅师灭沈。"

⑤师古曰:"事并在定四年。"

定公五年"三月辛亥朔,日有食之。"董仲舒、刘向以为后郑灭许，①鲁阳虎作乱，窃宝玉大弓，季桓子退仲尼，宋三臣以邑叛。②刘歆以为正月二日燕、赵分。

①师古曰："六年，郑游速帅师灭许，以许男斯归。"

②师古曰："已解于上。"

十二年"十一月丙寅朔，日有食之"。董仲舒、刘向以为后晋三大夫以邑叛，薛弑其君，①楚灭顿、胡，②越败吴，③卫逐世子。④刘歆以为十二月二日楚、郑分。

①师古曰："十三年，晋赵鞅入于晋阳以叛，荀寅、士吉射入朝歌以叛，薛杀其君比。"

②师古曰："十四年，楚公子结帅师灭顿，以顿子牂归。十五年，楚人灭胡，以胡子豹归。"

③师古曰："十四年五月，於越败吴于檇李是也。檇，音醉。"

④师古曰："十四年，卫太子蒯聩出奔宋。"

十五年"八月庚辰朔，日有食之"。董仲舒以为宿在柳，周室大坏，夷狄主诸夏之象也。明年，中国诸侯果累累从楚而围蔡，①蔡恐，迁于州来。②晋人执戎蛮子归于楚，③京师楚也。④刘向以为盗杀蔡侯，⑤齐陈乞弑其君而立阳生，⑥孔子终不用。刘歆以为六月晋、赵分。

①师古曰："哀元年，楚子、陈侯、随侯、许男围蔡是也。累，读曰纍。累，不绝之貌。"

②师古曰："哀二年十一月，蔡迁于州来。州来，楚邑，今下蔡县是。"

③师古曰："哀公四年，晋人执戎蛮子赤归于楚。"

④师古曰："言以楚为京师。"

⑤师古曰："哀四年，蔡公孙翩杀蔡侯申。翩非大夫，故贱之而书盗。"

⑥师古曰："哀六年，齐陈乞弑其君荼。荼，即景公之子也。阳生，荼之兄，即悼公也。荼，音涂。"

哀公十四年"五月庚申朔，日有食之"。在获麟后。刘歆以为三月二日齐、卫分。

凡春秋十二公，二百四十二年，日食三十六。《谷梁》以为朔二十六，晦七，夜二，二日一。《公羊》以为朔二十七，二日七，晦二。

《左氏》以为朔十六,二日十八,晦一,不书日者二。

高帝三年十月甲戌晦,日有食之。在斗二十度,燕地也。后二年,燕王臧荼反,诛,立卢绾为燕王,后又反,败。

十一月癸卯晦,日有食之,在虚三度,齐地也。后二年,齐王韩信徙为楚王,明年废为列侯,后又反,诛。

九年六月乙未晦,日有食之,既,在张十三度。

惠帝七年正月辛丑朔,日有食之,在危十三度。谷永以为岁首正月朔日,是为三朝,尊者恶之。

五月丁卯,先晦一日,日有食之,几尽,[1]在七星初。刘向以为五月微阴始起而犯至阳,其占重。至其八月,宫车晏驾,有吕氏诈置嗣君之害。京房《易传》曰:"凡日食不以晦朔者,名曰薄。人君诛将不以理,或贼臣将暴起,日月虽不同宿,阴气盛,薄日光也。"

[1]师古曰:"几,音巨依反。后皆类此。"

高后二年六月丙戌晦,日有食之。

七年正月己丑晦,日有食之,既,在营室九度,为宫室中。时高后恶之,曰:"此为我也!"明年应。[1]

[1]师古曰:"谓高后崩也。"

文帝二年十一月癸卯晦,日有食之,在婺女一度。

三年十月丁酉晦,日有食之,在斗二十二度。

十一月丁卯晦,日有食之,在虚八度。

后四年四月丙辰晦,日有食之,在东井十三度。

七年正月辛未朔,日有食之。

景帝三年二月壬午晦,日有食之,在胃二度。

七年十一月庚寅晦,日有食之,在虚九度。

中元年十二月甲寅晦,日有食之。

中二年九月甲戌晦,日有食之。

三年九月戊戌晦,日有食之,几尽,在尾九度。

六年七月辛亥晦,日有食之,在轸七度。

后元年七月乙巳,先晦一日,日有食之,在翼十七度。

武帝建元二年二月丙戌朔，日有食之，在奎十四度。刘向以为奎为卑贱妇人，后有卫皇后自至微兴，卒有不终之害。①

①师古曰："皇后自杀，不终其位也。"

三年九月丙子晦，日有食之，在尾二度。

五年正月己巳朔，日有食之。

元光元年二月丙辰晦，日有食之。

七月癸未，先晦一日，日有食之，在翼八度。刘向以为前年高园便殿灾，与春秋御廪灾后日食于翼、轸同。其占内有女变，外为诸侯。其后陈皇后废，江都、淮南、衡山王谋反，诛。日中时食从东北，过半，晡时复。

元朔二年二月乙巳晦，日有食之，在胃三度。

六年十一月癸丑晦，日有食之。

元狩元年五月乙巳晦，日有食之，在柳六度。京房《易传》推以为是时日食从旁右，法曰君失臣。明年，丞相公孙弘薨。日食从旁左者，亦君失臣；从上者，臣失君；从下者，君失民。

元鼎五年四月丁丑晦，日有食之，在东井二十三度。

元封四年六月己酉朔，日有食之。

太始元年正月乙巳晦，日有食之。

四年十月甲寅晦，日有食之，在斗十九度。

征和四年八月辛酉晦，日有食之，不尽如钩，在亢二度。晡时食从西北，日下晡时复。

昭帝始元三年十一月壬辰朔，日有食之，在斗九度，燕地也。后四年，燕刺王谋反，诛。

元凤元年七月己亥晦，日有食之，几尽，在张十二度。刘向以为己亥而既，其占重。①后六年，宫车晏驾，卒以亡嗣。

①孟康曰："己，土；亥，水也。纯阴，故食为最重也。日食尽为既。"

宣帝地节元年十二月癸亥晦，日有食之，在营室十五度。

五凤元年十二月乙酉朔，日有食之，在婺女十度。

四年四月辛丑朔，日有食之，在毕十九度。是为正月朔，慝未作,《左氏》以为重异。

元帝永光二年三月壬戌朔,日有食之,在娄八度。

四年六月戊寅晦,日有食之,在张七度。

建昭五年六月壬申晦,日有食之,不尽如钩,因入。

成帝建始三年十二月戊申朔,日有食之,其夜未央殿中地震。谷永对曰:"日食婺女九度,占在皇后;地震萧墙之内,咎在贵妾。①二者俱发,明同事异人,共掩制阳,将害继嗣也。亶日食,则妾不见;②亶地震,则后不见。异日而发,则似殊事;亡故动变,则恐不知。是月,后妾当有失节之邮,③故天因此两见其变。若曰,违失妇道,隔远众妾,④妨绝继嗣者,此二人也。"杜钦对亦曰:"日以戊申食,时加未。戊未,土也,中宫之部。其夜殿中地震,此必適妾将有争宠相害而为患者。⑤人事失于下,变象于上。能应之以德,则咎异消;忽而不戒,则祸败至。⑥应之,非诚不立,非信不行。"

①师古曰:"萧墙,谓门屏也。萧,肃也,人臣至此,加肃敬也。"

②师古曰:亶,读曰但。下例并同。"

③师古曰:"邮,与尤同。尤,过也。"

④师古曰:"远,音于万反。"

⑤师古曰:"適,读曰嫡。"

⑥师古曰:"忽,息忽。"

河平元年四月己亥晦,日有食之,不尽如钩,在东井六度。刘向对曰:"四月交于五月,月同孝惠,日同孝昭。东井,京师地,且既,其占恐害继嗣。"日蚤食时,从西南起。

三年八月乙卯晦,日有食之,在房。

四年三月癸丑朔,日有食之,在昴。

阳朔元年二月丁未晦,日有食之,在胃。

永始元年九月丁巳晦,日有食之。谷永以京房《易占》对曰:"元年九月日蚀,酒亡节之所致也。独使京师知之,四国不见者,若曰,湛涵于酒,君臣不别,祸在内也。"①

①师古曰:"湛,读曰沈,又读曰耽也。"

永始二年二月乙酉晦，日有食之。谷永以京房《易占》对曰："今年二月日食，赋敛不得度，民愁怨之所致也。所以使四方皆见，京师阴蔽者，若曰，人君好治宫室，大营坟墓，赋敛兹重，而百姓屈竭，①祸在外也。"

①师古曰："兹，益也。屈，尽也，音其勿反。"

三年正月己卯晦，日有食之。

四年七月辛未晦，日有食之。

元延元年正月己亥朔，日有食之。

哀帝元寿元年正月辛丑，日有食之，不尽如钩，在营室十度，与惠帝七年同月日。

二年三月壬辰晦，日有食之。

平帝元始元年五月丁巳朔，日有食之，在东井。

二年九月戊申晦，日有食之，既。

凡汉著纪十二世，二百一十二年，日食五十三，朔十四，晦三十六，先晦一日三。

成帝建始元年八月戊午，晨漏未尽三刻，有两月重见。京房《易传》曰："'妇贞厉，月几望，君子征，凶。'①言君弱而妇强，为阴所乘，则月并出。晦而月见西方谓之朓，朔而月见东方谓之仄慝，②仄慝则侯王其肃，朓则侯王其舒。"刘向以为朓者疾也，君舒缓则臣骄慢，故日行迟而月行疾也。仄慝者不进之意，君肃急则臣恐惧，故日行疾而月行迟，不敢迫近君也。不舒不急，以正失之者，食朔日。刘歆以为舒者侯王展意颛事，臣下促急，故月行疾也。肃者王侯缩朒不任事，③臣下弛纵，故月行迟也。④当春秋时，侯王率多缩朒不任事，故食二日仄慝者十八，食晦日朓者一，此其效也。考之汉家，食晦朓者三十六，终亡二日仄慝者，歆说信矣。此皆谓日月乱行者也。

①师古曰："《小畜》上九爻辞也。几，音巨依反。"

②孟康曰："朓者，月行疾在日前，故早见。仄慝者，行迟在日后，当没而更见。"师古曰："朓，音吐了反。"

③服虔曰:"朒,音忸怩之忸。"郑氏曰:"不任事之貌也。"师古曰:"朒,音
　女六反。"

④师古曰:"弛,放也,音式尔反。"

　　元帝永光元年四月,日色青白,亡景,①正中时有景亡光。②是
夏寒,至九月,日乃有光。京房《易传》曰:"美不上人,兹谓上弱,厥
异日白,七日不温。顺亡所制兹谓弱,③日白六十日,物亡霜而死。
天子亲伐,兹谓不知,日白,体动而寒。弱而有任,兹谓不亡,日白不
温,明不动。辟雠公行,兹谓不伸,④厥异日黑,大风起,天无云,日
光晻。⑤不难上政,兹谓见过,日黑居仄,大如弹丸。"

①韦昭曰:"日下无景也。无景,谓唯质见耳。"

②韦昭曰:"无光曜也。"

③孟康曰:"君顺从于臣下,无所能制。"

④孟康曰:"辟,君也。有过而公行之。"

⑤师古曰:"晻,与暗同也。"

　　成帝河平元年正月壬寅朔,日月俱在营室,时日出赤。二月癸
未,日朝赤,且入又赤,夜月赤。甲申,日出赤如血,亡光,漏上四刻
半,乃颇有光,烛地赤黄,食后乃复。京房《易传》曰:"辟不闻道兹谓
亡,厥异日赤。"三月乙未,日出黄,有黑气大如钱,居日中央,京房
《易传》曰:"祭天不顺兹谓逆,厥异日赤,其中黑。闻善不予,兹谓失
知,厥异日黄。"夫大人者,与天地合其德,与日月合其明,故圣王在
上,总命群贤,以亮天功,①则日之光明,五色备具,烛耀亡主;有主
则为异,应行而变也。色不虚改,形不虚毁,观日之五变,足以监矣。
故曰"县象著明,莫大乎日月",此之谓也。

①师古曰:"《虞书·舜典》帝曰:'咨,二十有二人,钦哉,惟时亮天功。'谓
　敕六官、十二牧、四岳,令各敬其职事,信定其功,顺天道也。故志引
　之。"

　　严公七年"四月辛卯夜,恒星不见,夜中星陨如雨"。董仲舒、刘
向以为常星二十八宿者,人君之象也;众星,万民之类也。列宿不

见，象诸侯微也；众星陨坠，民失其所也。夜中者，为中国也。不及地而复，象齐桓起而救存之也。乡亡桓公，星遂至地，中国其良绝矣。①刘向以为夜中者，言不得终性命，中道败也。或曰，象其叛也，言当中道叛其上也。天垂象以视下，②将欲人君防恶远非，慎卑省微，以自全安也。③如人君有贤明之材，畏天威命，若高宗谋祖己，④成王泣《金縢》，⑤改过修正，立信布德，存亡继绝，修废举逸，下学而上达，⑥裁什一之税，复三日之役，⑦节用俭服，以惠百姓，则诸侯怀德，士民归仁，灾消而福兴矣。遂莫肯改寤，法则古人，而各行其私意，终于君臣乖离，上下交怨。自是之后，齐、宋之君弑，⑧谭、遂、邢、卫之国灭，⑨宿迁于宋，⑩蔡获于楚，⑪晋相弑杀，五世乃定，⑫此其效也。《左氏传》曰："恒星不见，夜明也；星陨如雨，与雨偕也。"刘歆以为昼象中国，夜象夷狄。夜明，故常见之星皆不见，象中国微也。"星陨如雨"，如，而也，星陨而且雨，故曰"与雨偕也"，明雨与星陨，两变相成也。《洪范》曰："庶民惟星。"《易》曰："雷雨作，《解》。"⑬是岁，岁在玄枵，齐分野也。夜中而星陨，象庶民中离上也。雨以解过施，复从上下，象齐桓行伯，复兴周室也。⑭周四月，夏二月也，日在降娄，鲁分野也。先是，卫侯朔奔齐，卫公子黔牟立，齐帅诸侯伐之，天子使使救卫。⑮鲁公子溺颛政，会齐以犯王命，⑯严弗能止，卒从而伐卫，逐天王所立。⑰不义至甚，而自以为功。民去其上，政繇下作，⑱尤著，故星陨于鲁，天事常象也。

①师古曰："乡，读曰向。中国，中夏之国也。良，犹信也。"

②师古曰："视，读曰示。"

③师古曰："远，离也。省，视。"

④师古曰："谓殷之武丁有雊雉之异，而祖己训诸王，作《高宗肜日》、《高宗之训》。"

⑤师古曰："武王有疾，周公作金縢之书为王请命，王翌日乃瘳。后武王崩，成王即位，管、蔡流言，而周公居东。天雷电以风，禾尽偃，大木斯拔，王启金縢，乃得周公代武王之说，王执书以泣，遣使者逆公。王出郊，天乃雨，反风，禾则尽起。"

⑥师古曰："下学,谓博谋于群下也。上达,谓通于天道而畏威。"

⑦师古曰："古之田租,十税其一。一岁役兆庶不过三日也。"

⑧师古曰："庄八年齐无知弑其君诸儿,十二年宋万弑其君捷也。"

⑨师古曰："十年齐侯灭谭,十三年齐人灭遂,闵二年狄人入卫,僖二十五年卫侯燬灭邢。"

⑩师古曰："庄十年,宋人迁宿,盖取其地也。宿国,东平无盐县是。"

⑪师古曰："庄十年,荆败蔡师于莘,以蔡侯献舞归也。"

⑫师古曰："谓杀吴齐、卓子及怀公也。自献公以至文公反国,凡易五君乃定。"

⑬师古曰："《解卦》象辞也。"

⑭师古曰："伯,读曰霸。"

⑮师古曰："已解于上。"

⑯师古曰："溺,鲁大夫名也。庄三年,'溺会齐师伐卫',疾其专命,故贬而去族。天子救卫,而溺伐之,故云犯王命。"

⑰师古曰："谓放黔牟也。"

⑱师古曰："鼷,读与由同。次下亦同。"

成帝永始二年二月癸未,夜过中,星陨如雨,长一二丈,绎绎未至地灭,①至鸡鸣止。谷永对曰:"日月星辰烛临下土,其有食阴之异,则遐迩幽隐靡不咸睹。星辰附离于天,犹庶民附离王者也。王者失道,纲纪废顿,下将叛去,故星叛天而陨,以见其象。《春秋》记异,星陨最大,自鲁严以来,至今再见。臣闻三代所以丧亡者,皆由妇人群小,湛湎于酒。②《书》云:'乃用其妇人之言,四方之逋逃多罪,是信是使。'③《诗》曰:'赫赫宗周,褒姒灭之。'④"颠覆厥德,荒沈于酒。'⑤及秦所以二世而亡者,养生大奢,奉终大厚。方今国家兼而有之,社稷宗庙之大忧也。"京房《易传》曰:"君不任贤,厥妖天雨星。"

①师古曰："绎绎,光采貌。"

②师古曰："湛,读曰沈,又读曰耽。其下亦同。"

③师古曰："《周书·泰誓》也。言纣惑于妲己,而昵近亡逃罪人,信用之。"

④师古曰："《小雅·正月》之诗也。已解于上。咸音许悦反。"

⑤师古曰："《大雅·抑之》诗也。刺王倾败其德,荒废政事而耽酒。"

文公十四年"七月,有星孛入于北斗"。董仲舒以为孛者恶气之所生也。谓之孛者,言其孛孛有所妨蔽,暗乱不明之貌也。北斗,大国象。后齐、宋、鲁、莒、晋皆弑君。①刘向以为君臣乱于朝,政令亏于外,则上浊三光之精,五星赢缩,变色逆行,甚则为孛。北斗,人君象;孛星,乱臣类,篡杀之表也。《星传》曰"魁者,贵人之牢"。又曰"孛星见北斗中,大臣诸侯有受诛者"。一曰,魁为齐、晋。夫彗星较然在北斗中,天之视人显矣,②史之有占明矣,时君终不改寤。是后,宋、鲁、莒、晋、郑、陈六国咸弑其君,③齐再弑焉。④中国既乱,夷狄并侵,兵革从横,楚乘威席胜,深入诸夏,⑤六侵伐,⑥一灭国,⑦观兵周室。⑧晋外灭二国,⑨内败王师,⑩又连三国之兵,大败齐师于鞍,⑪追亡逐北,东临海水,⑫威陵京师,武折大齐,皆孛星炎之所及,流至二十八年。⑬《星传》又曰:"彗星入北斗,有大战。其流入北斗中,得名人;⑭不入,失名人。"宋华元,贤名大夫,大棘之战,华元获于郑,⑮传举其效云。《左氏传》曰有星孛北斗,周史服曰:"不出七年,宋、齐、晋之君皆将死乱。"⑯刘歆以为北斗有环域,四星入其中也。斗,天之三辰,纲纪星也。宋、齐、晋,天子方伯,中国纲纪。彗,所以除旧布新也。斗七星,故曰不出七年。至十六年,宋人弑昭公;⑰十八年,齐人弑懿公;⑱宣公二年,晋赵穿弑灵公。

①师古曰:"文十四年齐公子商人弑其君舍,十六年宋人弑其君杵臼,十八年襄仲杀恶及视,莒弑其君庶其,宣二年晋赵穿攻灵公于桃园。"

②师古曰:"视,读曰示。"

③师古曰:"宋、鲁、莒、晋已解于上。宣四年郑公子归生弑其君夷,十年陈夏徵舒弑其君平国。"

④师古曰:"再弑者,谓商人杀舍,而阎职等又杀商人。"

⑤师古曰:"谓邲战之后。"

⑥师古曰:"谓宣十二年春楚子围郑,夏与晋师战于邲,晋师败绩,十三年楚子伐宋,十四年楚子围宋,成二年楚师侵卫,遂侵鲁师于蜀,成六年楚公子婴齐帅师伐郑。"

⑦师古曰:"谓宣十二年楚子灭萧。"

⑧师古曰:"已解于上。"

⑨师古曰:"谓宣十五年晋灭赤狄潞氏,十六年灭赤狄甲氏也。"

⑩师古曰:"谓成元年晋败王师于贸戎是也。"

⑪师古曰:"谓成二年晋郤克会鲁季孙行父、卫孙良夫、曹公子首及齐侯战于鞍,齐师败绩。鞍,齐地。"

⑫师古曰:"谓逐之三周华不注,又从之入自丘舆,击马陉,东至海滨也。"

⑬师古曰:"炎,音弋瞻反。其下并同。"

⑭孟康曰:"谓得名臣也。"

⑮师古曰:"宣二年,宋华元帅师及郑公子归生战于大棘,宋师败绩,获华元。大棘,宋地。"

⑯师古曰:"史服,周内史叔服也。"

⑰师古曰:"即杵臼。"

⑱师古曰:"即商人。"

昭公十七年"冬,有星孛于大辰"。董仲舒以为大辰心也,心为明堂,天子之象。后王室大乱,三王分争,此其效也。①刘向以为《星传》曰:"心,大星,天王也。其前星,太子;后星,庶子也。尾为君臣乖离。"孛星加心,象天子適庶将分争也。②其在诸侯,角、亢、氐,陈、郑也;房、心,宋也。后五年,周景王崩,王室乱,大夫刘子、单子立王猛,尹氏、召伯、毛伯立子朝。子朝,楚出也。③时楚强,宋、卫、陈、郑皆南附楚。王猛既卒,敬王即位,子朝入王城,天王居狄泉,莫之敢纳。五年,楚平王居卒,子朝奔楚,王室乃定。后楚帅六国伐吴,吴败之于鸡父,杀获其君臣。④蔡怨楚而灭沈,楚怒,围蔡。吴人救之,遂为柏举之战,败楚师,屠郢都,妻昭王母,鞭平王墓。⑤此皆孛彗流炎所及之效也。《左氏传》曰:"有星孛于大辰,西及汉。申繻曰:'彗,所以除旧布新也。⑥天事恒象。今除于火,火出必布焉。诸侯其有火灾乎?'梓慎曰:'往年吾见,是其征也。火出而见,今兹火出而章,必火入而伏,其居火也久矣,其与不然乎?火出,于夏为三月,于商为四月,于周为五月。夏数得天,若火作,其四国当之,在宋、卫、陈、郑乎?宋,大辰之虚;陈,太昊之虚;郑,祝融之虚:⑦皆火房也。星孛及汉;汉,水祥也。卫,颛顼之虚,其星为大水。水,火之牡也。⑧

其以丙子若壬午作乎？水火所以合也。若火入而伏，必以壬午，不过见之月。'"明年"夏五月，火始昏见，丙子，风。梓慎曰：'是谓融风，火之始也，⑨七日其火作乎？'⑩戊寅风甚，壬午大甚，⑪宋、卫、陈、郑皆火。"刘歆以为大辰，房、心、尾也，八月心星在西方，孛从其西过心东及汉也。宋，大辰虚，谓宋先祖掌祀大辰星也。陈，太昊虚，虑羲木德，火所生也。⑫郑，祝融虚，高辛氏火正也。故皆为火所舍。卫，颛顼虚，星为大水，营室也。天星既然，又四国失政相似，及为王室乱皆同。

①师古曰："三王，已解于上。"

②师古曰："適，读曰嫡。"

③师古曰："姊妹之子曰出。"

④师古曰："昭二十三年，楚薳姓帅师，及顿、胡、沈、蔡、陈、许之师与吴师战于鸡父，楚师败绩，胡子髡、沈子逞灭，获陈大夫夏啮。鸡父，楚地也。父，读曰甫。"

⑤师古曰："沈，楚之与国。定四年四月，蔡公孙姓帅师灭沈，以沈子嘉归。秋，楚为沈故围蔡。冬，吴兴师以救之，与楚战于柏举，楚师败绩。庚辰，吴入郢，君舍乎君室，大夫舍乎大夫室，妻楚王之母，挞平王之墓也。"

⑥师古曰："申须，鲁大夫。"

⑦师古曰："虚，读皆曰墟。其下并同。"

⑧张晏曰："水以天一为地二牡。丙与午，南方火也，子及壬，北方水也，又其配合。"

⑨张晏曰："融风，立春木风也。火之母也，火所始生也。《淮南子》曰'东北曰炎风'。高诱以为艮气所生也。炎风，一曰融风。"

⑩张晏曰："自丙子至壬午凡七日，既其配合之日，又火以七为纪。"

⑪师古曰："大甚者，又更甚也。"

⑫师古曰："虑，读曰伏同。"

哀公十三年"冬十一月，有星孛于东方"。董仲舒、刘向以为不言宿名者，不加宿也。①以辰乘日而出，乱气蔽君明也。明年，《春秋》事终。一曰，周之十一月，夏九月，日在氐。出东方者，轸、角、亢也。轸，楚；角、亢，陈、郑也。或曰，角、亢，大国象，为齐、晋也。其后楚灭陈，②田氏篡齐，③六卿分晋，④此其效也。刘歆以为孛，东方大辰也，不言大辰，且而见与日争光，星入而彗犹见。是岁再失闰，十一月实八月也。日在鹑火，周分野也。十四年冬，"有星孛"，在获麟后。刘歆以为不言所在，官失之也。

①孟康曰："不在二十八宿之中也。"

②师古曰："襄十七年，楚公孙朝帅师灭陈也。"

③师古曰："齐平公十三年，《春秋》之传终矣。至公二十五年卒。卒后七十年，而康公为田和所灭。"

④师古曰："晋出公八年，《春秋》之传终矣。出公十七年卒。卒后八十年，至静公为韩、魏、赵所灭，而三分其地。盖晋之衰也，六卿擅权，其后范氏、中行氏、智氏灭，而韩、魏、赵兼其土田人众，故总言六卿分晋也。"

高帝三年七月，有星孛于大角，旬余乃入。刘向以为是时项羽为楚王，伯诸侯，①而汉已定三秦，与羽相距荥阳，天下归心于汉，楚将灭，故彗除王位也。一曰，项羽坑秦卒，烧宫室，弑义帝，乱王位，故彗加之也。

①师古曰："伯，读曰霸。"

文帝后七年九月，有星孛于西方，其本直尾、箕，末指虚、危，长丈余，及天汉，十六日不见。刘向以为尾宋地，今楚彭城也。箕为燕，又为吴、越、齐。宿在汉中，负海之国水泽地也。是时，景帝新立，信用晁错，将诛正诸侯王，其象先见。后三年，吴、楚、四齐与赵七国举兵反，①皆诛灭云。

①师古曰："四齐，胶东、胶西、菑川、济南也。"

武帝建元六年六月，有星孛于北方。刘向以为明年淮南王安入朝，与太尉武安侯田蚡有邪谋，而陈皇后骄恣，其后陈后废，而淮南王反，诛。

八月，长星出于东方，长终天，三十日去。占曰："是为蚩尤旗，见则王者征伐四方。"其后兵诛四夷，连数十年。

元狩四年四月，长星又出西北，是时伐胡尤甚。

元封元年五月，有星孛于东井，又孛于三台。其后江充作乱，京师纷然，此明东井、三台为秦地效也。

宣帝地节元年正月,有星孛于西方,去太白二丈所。刘向以为太白为大将,彗孛加之,扫灭象也。明年,大将军霍光薨,后二年,家夷灭。

成帝建始元年正月,有星孛于营室,青白色,长六七丈,广尺余。刘向、谷永以为营室为后宫怀任之象,彗星加之,将有害怀任绝继嗣者。一曰,后宫将受害也。其后,许皇后坐祝诅后宫怀妊者废。赵皇后立,妹为昭仪,害两皇子,上遂无嗣。赵后姊妹卒皆伏辜。

元延元年七月辛未,有星孛于东井,践五诸侯,①出河戒北率行轩辕、太微,后日六度有余,晨出东方。十三日夕见西方,犯次妃、长秋、斗、填,蜂炎再贯紫宫中。大火当后,达天河,除于妃后之域。南逝度犯大角、摄提,至天市而按节徐行,②炎入市,中旬而后西去,五十六日与仓龙俱伏。谷永对曰:“上古以来,大乱之极,所希有也。察其驰骋骤步,芒炎或长或短,所历奸犯,③内为后宫女妾之害,外为诸夏叛逆之祸。”刘向亦曰:“三代之亡,摄提易方;秦、项之灭,星孛大角。”是岁,赵昭仪害两皇子。后五年,成帝崩,昭仪自杀。哀帝即位,赵氏皆免官爵,徙辽西。哀帝亡嗣,平帝即位,王莽用事,追废成帝赵皇后、哀帝傅皇后,皆自杀。外家丁、傅皆免官爵,徙合浦,归故郡。平帝亡嗣,莽遂篡国。

①孟康曰:“五诸侯,星名。”
②服虔曰:“谓行迟。”
③师古曰:“奸,音干。”

釐公十六年“正月戊申朔,陨石于宋,五,是月六鹢退飞过宋都”。董仲舒、刘向以为象宋襄公欲行伯道,将自败之戒也。①石阴类,五阳数,自上而陨,此阴而阳行,欲高反下也。石与金同类,色以白为主,近白祥也。鹢水鸟,六阴数,退飞,欲进反退也。其色青,青祥也,属于貌之不恭。天戒若曰,德薄国小,勿持炕阳,欲长诸侯,与强大争,必受其害。襄公不寤,明年齐桓死,伐齐丧,②执滕子,围曹,③为盂之会,与楚争盟,卒为所执。后得反国,④不悔过自责,复会诸侯伐郑,与楚战于泓,军败身伤,为诸侯笑。⑤《左氏传》曰:陨石,星也;鹢退飞,风也。宋襄公以问周内史叔兴曰:"是何祥也?吉凶何在?"对曰:"今兹鲁多大丧,明年齐有乱,⑥君将得诸侯而不终。"退而告人曰:"是阴阳之事,非吉凶之所生也。吉凶繇人,吾不敢逆君故也。"⑦是岁,鲁公子季友、鄫季姬、公孙兹皆卒。⑧明年,齐桓死,適庶乱。⑨宋襄公伐齐行伯,卒为楚所败。⑩刘歆以为是岁岁在寿星,其冲降娄。⑪降娄,鲁分野也,故为鲁多大丧。正月,日在星纪,厌在玄枵。玄枵,齐分野也。石山,物;齐,大岳后。⑫五石象齐桓卒而五公子作乱,⑬故为明年齐有乱。庶民惟星,陨于宋,象宋襄将得诸侯之众,而治五公子之乱。星陨而鹢退飞,故为得诸侯而不终。六鹢象后六年伯业始退,执于盂也。⑭民反德为乱,乱则妖灾生,言吉凶繇人,然后阴阳冲厌受其咎。齐、鲁之灾,非君所致,故曰"吾不敢逆君故也"。京房《易传》曰:"距谏自强,兹谓却行,厥异鹢退飞。適当黜,则鹢退飞。"⑮

①师古曰:"伯,读曰霸。"

②师古曰:"僖十七年,齐桓公卒。十八年,宋襄公以诸侯伐齐。"

③师古曰:"十九年三月,宋人执滕子婴齐。秋,宋人围曹。"

④师古曰:"二十一年春,为鹿上之盟。秋,会于盂,于是楚执宋公以伐宋。冬,会于薄以释之。鹿上、盂、薄,皆宋地。"

⑤师古曰:"二十二年夏,宋公、卫侯、许男、滕子伐郑。十一月,宋公及楚人战于泓,宋师败绩,公伤股,门官歼焉。二十三年,卒伤于泓故也。泓,水名也,音于宏反。"

⑥师古曰:"今兹,谓此年。"

⑦师古曰:"繇,读与由同。"

⑧师古曰:"僖十六年三月公子季友卒,四月季姬卒,七月公孙兹卒。季姬,鲁女適鄫者也。公孙兹,叔孙戴伯也。"

⑨师古曰:"適,读曰嫡。"

⑩师古曰:"已解于上。伯,读曰霸。"

⑪师古曰:"降,音胡江反。"

⑫师古曰:"齐,姜姓也,其先为尧之四岳,四岳分掌四方诸侯。"

⑬师古曰:"五公子,谓无亏也,元也,昭也,潘也,商人也。"

⑭师古曰:"伯,读曰霸。"

⑮师古曰:"適,读曰嫡。"

惠帝三年,陨石绵诸,壹。①

①师古曰:"绵诸,道也,属天水郡也。"

武帝征和四年二月丁酉,陨石雍,二,天晏亡云,声闻四百里。①

①师古曰:"雍,扶风之县也。晏,天清也。"

元帝建昭元年正月戊辰,陨石梁国,六。

成帝建始四年正月癸卯,陨石槁,四,肥累,一。①

①孟康曰:"皆县名也,故属真定。"师古曰:"槁,音工老反。累,音力追反。"

阳朔三年二月壬戌,陨石白马,八。①

①师古曰:"东郡之县名。"

鸿嘉二年五月癸未,陨石杜衍,三。①

①师古曰:"南阳之县名。"

元延四年三月,陨石都关,二。①

①师古曰:"山阳之县名。"

哀帝建平元年正月丁未,陨石北地,十。其九月甲辰,陨石虞,二。①

①师古曰:"梁国之县名。"

平帝元始二年六月,陨石巨鹿,二。

自惠尽平,陨石凡十一,皆有光耀雷声,成、哀尤屡。

汉书卷二八上
志第八上

地理上

　　昔在黄帝,作舟车以济不通,旁行天下,①方制万里,画墅分州,②得百里之国万区。是故《易》称"先王建万国,亲诸侯",③《书》云"协和万国",④此之谓也。尧遭洪水,襄山襄陵,⑤天下分绝,为十二州,⑥使禹治之。水土既平,更制九州,列五服,⑦任土作贡。⑧

　　①师古曰:"旁行,谓四出而行之。"

　　②师古曰:"方制,制为方域也。画,谓为之界也。墅,古野字。画,音获。"

　　③师古曰:"《易·比卦》象辞。"

　　④师古曰:"《虞书·尧典》之辞也。"

　　⑤师古曰:"襄字与怀字同。怀,包也。襄,驾也。言水大泛溢,包山而驾陵也。"

　　⑥师古曰:"九州之外有并州、幽州、营州,故曰十二。水中可居者曰州。洪水泛大,各就高陆,人之所居,凡二十处。"

　　⑦师古曰:"其数在下也。"

　　⑧师古曰:"任其土地所有,以定贡赋之差也。"

　　曰:禹敷土,①随山栞木,奠高山大川。②

　　①师古曰:"敷,分也,谓分别治之。自此以下皆是《夏书·禹贡》之文。"

　　②师古曰:"栞,古刊字也。奠,定也。言禹随行山之形状,刊斫其木,以为表记,决水通道,故高山大川各得其安定。"

　　冀州既载,①壶口治梁及岐。②既修太原,至于岳阳,③覃怀底绩,至于衡章。④厥土惟白壤。⑤厥赋上上错,⑥厥田中中。⑦恒、卫既从,大陆既作。⑧鸟夷皮服。⑨夹右碣石,入于河。⑩

① 师古曰:"两河间曰冀州。载,始也。冀州,尧所都,故禹治水自冀州始也。"

② 师古曰:"壶口山在河东。梁山在夏阳。岐山在美阳,即今之岐州岐山县箭括岭也。禹循山而西,治众水。"

③ 师古曰:"太原即今之晋阳是也。岳阳在太原西南。"

④ 师古曰:"覃怀,近河地名也。厎,致也。绩,功也。衡章,谓章水横流而入河也。言禹于覃怀致功以至衡章也。厎,音之履反。"

⑤ 师古曰:"柔土曰壤也。"

⑥ 师古曰:"赋者,发敛土地所生之物以供天子也。上上,第一也。错,杂也。言赋第一,又杂出诸品也。"

⑦ 师古曰:"言其高下之形,总于九州之中为第五也。一曰:谓其肥瘠之等差也。它皆类此。"

⑧ 师古曰:"恒、卫,二水名。恒水出恒山,卫水在灵寿。大陆,泽名,在巨鹿北。言恒、卫之水各从故道,大陆之泽已可耕作也。"

⑨ 师古曰:"此东北之夷,搏取鸟兽,食其肉而衣其皮也。一说:居在海曲,被服容止皆象鸟也。"

⑩ 师古曰:"碣石,海边山名也。言禹夹行此山之右而入于河,逆上也。"

沛、河惟兖州。①九河既道,②雷夏既泽,雍、沮会同,③桑土既蚕,是降丘宅土。④厥土黑坟,⑤屮繇木条。⑥厥田中下,⑦赋贞,⑧作十有三年乃同。⑨厥贡漆丝,⑩厥棐织文。⑪浮于沛、漯,通于河。⑫

① 师古曰:"沛本济水之字,从水宋声。言此州东南据济水,西北距河。沛,音姊。"

② 师古曰:"九河,河水分为九,各从其道。《尔雅》曰:'徒骇、大史、马颊、覆鬴、胡、苏、简、絜、钩般、鬲津,是曰九河。'一说:道,读曰导。导,治也。"

③ 师古曰:"雷夏,泽名,在济阴城阳西北。言此泽还复其故,而雍、沮二水同会其中也。沮,音千余反。"

④ 师古曰:"降,下也。宅,居也。言此地宜桑,先时人众避水,皆上丘陵,今

水害除,得以蚕织,故皆下丘居平土也。"

⑤师古曰:"色黑而坟起也。坟,音扶粉反。"

⑥师古曰:"屮,古草字也。繇,悦茂也。条,修畅也。繇,音弋昭反。"

⑦师古曰:"第六也。"

⑧师古曰:"贞,正也。州第九,赋亦正当也。"

⑨师古曰:"治水十三年,乃同于它州,言用功多也。"

⑩师古曰:"贡,献也。地宜漆林,又善蚕丝,故以献也。"

⑪师古曰:"棐,与篚同。篚,竹器,筐属也。织文,锦绮之类,盛于筐篚而献之。"

⑫师古曰:"浮,以舟渡也。沛、漯,二水名。漯水出东郡东武阳。因水入水曰通。漯,音它合反。"

海,岱惟青州。①嵎夷既略,惟甾其道。②厥土白坟,海濒广潟。③田上下,赋中上。④贡盐、絺,海物惟错。⑤岱畎丝、枲、铅、松、怪石,⑥莱夷作牧,厥棐厜丝。⑦浮于汶,达于沛。⑧

①师古曰:"东北据海,西南距岱。岱,即太山也。"

②师古曰:"嵎夷,地名也,即阳谷所在。略,言用功少也。惟、甾,二水名。皆复故道也。惟水出琅邪箕屋山,甾水出泰山莱芜县。惟字今作潍,甾字或作淄,古今通用也。一曰:道,读曰导。导,治也。"

③师古曰:"濒,水涯也。潟,卤咸之地。濒,音频,又音宾。潟,音昔。"

④师古曰:"田第三,赋第四。"

⑤师古曰:"葛之精者曰希。海中物产既多,故杂献。"

⑥师古曰:"畎,小谷也。枲,麻属也。铅,青金也。怪石,石之次玉美好者也。言岱山之谷,出丝、枲、铅、松、怪石五种,皆献之。畎,音工犬反。"

⑦师古曰:"莱山之夷,地宜畜牧。厜,厜桑也。食厜之蚕丝,可以弦琴瑟。厜,音乌箪反。"

⑧师古曰:"汶水出泰山郡莱芜县原山。言渡汶水西达于沛也。汶,音问。"

海、岱及淮惟徐州。①淮、沂其乂,蒙、羽其艺。②大野既猪,东原底平。③厥土赤埴坟,草木渐包。④田上中,赋中中。⑤贡土五色,⑥羽畎夏狄,峄阳孤桐,⑦泗濒服磬,⑧淮夷蠙珠洎鱼,⑨厥棐玄纤缟。⑩浮于淮、泗,达于河。⑪

①师古曰:"东至海,北至岱,南及淮。"

②师古曰："淮、沂二水已治，蒙、羽二山皆可种艺也。淮出大复山。沂出泰
山。沂，音牛依反。"

③师古曰："大野，即巨野泽也。猪，停水也。东原，地名。厎，致也。言大
野之水既已渟蓄也，东原之地致功而平，可耕稼也。"

④师古曰："埴，黏土也。渐包，言相渐及包裹而生。"

⑤师古曰："田第二，赋第五。"

⑥师古曰："王者取五色土，封以为大社，而此州毕贡之，言备有。"

⑦师古曰："羽畎，羽山之谷也。夏狄，狄雉之羽可为旌旄者也，羽山之谷
出焉。峄阳，峄山之阳也。山南曰阳。孤桐，特生之桐，也可为琴瑟，峄
山之南生焉。峄，音驿。"

⑧师古曰："泗水之涯浮出好石，可为磬也。泗水出济阴乘氏。"

⑨师古曰："淮夷，淮水上之夷也。蠙珠，珠名。泊，及也。言其地出珠及美
鱼也。蠙，音步千反，字或作玭。"

⑩师古曰："玄，黑也。纤，细缯也。缟，鲜支也，即今所谓素者也。言献黑
细缯及鲜支也。"

⑪师古曰："渡二水而入于河。"

淮、海惟扬州。①彭蠡既猪，阳鸟逌居。②三江既入，震泽厎
定。③筿荡既敷，屮夭木乔。④厥土涂泥。⑤田下下，赋下上错。⑦
贡金三品，⑧瑶、琨、筿荡，齿、革、羽毛，⑨鸟夷卉服，⑩厥篚织
贝，⑪厥包橘、柚，锡贡⑫均江海，通于淮、泗。⑬

①师古曰："北据淮，南距海。"

②师古曰："彭蠡，泽名，在彭泽县西北。阳鸟，随阳之鸟也。言彭蠡之水既
已蓄聚，则鸿雁之属所共居之。蠡，音礼。"

③师古曰："三江，谓北江、中江、南江也。震泽在吴西，即具区也。厎，致
也。言三江既入，则震泽致定。"

④师古曰："筿，小竹也。荡，大竹也。敷，谓布地而生也。筿，音先了反。荡，
音荡。"

⑤师古曰："夭，盛貌也。乔，上竦也。夭，音于骄反。乔，音桥，又音骄。"

⑥师古曰："渐洳湿。"

⑦师古曰："田第九，赋第七。又杂出诸品。"

⑧师古曰："金、银、铜。"

⑨师古曰："瑶、瑻，皆美玉名也。齿，象齿也。革，犀革也。羽旄，谓众鸟之羽可为旄者也。瑻，音昆。"

⑩师古曰："鸟夷，东南之夷，善捕鸟者也。卉服，绤葛之属。"

⑪师古曰："织，谓细布也。贝，水虫也，古以为货。"

⑫师古曰："柚，似橘而大，其味尤酸。橘、柚皆不耐寒，故包裹而致之也。锡贡者，须锡命而献之，言不常来也。柚，音弋救反。"

⑬师古曰："均，平也。通淮、泗而入江海，故云平。"

荆及衡阳惟荆州。①江、汉朝宗于海。②九江孔殷，③沱、潜既道，云梦土作乂。④厥土涂泥。田下中，赋上下。⑤贡羽旄、齿、革，金三品，⑥杶、干、栝、柏、砺、砥、砮、丹，⑦惟箘簬、楛，三国厎贡厥名，⑧包匦菁茅，⑨厥篚玄纁玑组，⑩九江纳锡大龟。⑪浮于江、沱、潜、汉，逾于洛，至于南河。⑫

①师古曰："北据荆山，南及衡山之阳也。"

②师古曰："江、汉二水归入于海，有似诸侯朝于天子，故曰朝宗。宗，尊也。"

③师古曰："孔，甚也。殷，中也。言江水于此州界分为九道，甚得地形之中。"

④师古曰："沱、潜，二水名。自江出为沱，自汉出为潜。云梦，泽名。言二水既从其道，则云梦之土可为畎亩之治也。沱，音徒何反。潜，音潜。一曰：道，读曰导。导，治也。"

⑤师古曰："田第八，赋第三。"

⑥师古曰："自金已上，所贡与扬州同。"

⑦师古曰："杶木似樗而实。干，柘也。栝木柏叶而松身。砺，磨也。砥，其尤细者也。砮，石名，可为矢镞。丹，赤石也，所谓丹沙者也。杶，音丑伦反。栝，音古活反。砥，音指，又音抵。砮，音奴。"

⑧师古曰："箘簬，竹名，楛，木名也，皆可为矢。言此州界本有三国致贡斯物，其名称美也。箘，音囷。簬，音路。楛，音怙。"

⑨师古曰："匦，柙也。菁，菜也，可以为菹。茅可以缩酒。苞其茅匦其菁而献之。匦，音轨。菁，音精。"

⑩师古曰："玄，黑色。纁，绛也。玑，珠之不圜者。组，绶类也。纁，音勋。玑，音机，又音祈。"

⑪师古曰："大龟尺有二寸,出于九江,锡命而纳,不常献也。"

⑫师古曰："逾,越也。言渡四水而越洛,乃至南河也。南河在冀州南。"

荆、河惟豫州。①伊、雒、瀍、涧既入于河,②荥、波既猪,③道荷泽,被盟猪。④厥土惟壤,下土坟垆。⑤田中上,赋错上中。⑥贡漆、枲、絺、纻、𫄨纤纩,⑦锡贡磬错。⑧浮于洛,入于河。⑨

①师古曰："西南至荆山,北距河水。"

②师古曰："伊出陆浑山,雒出冢领山,瀍出谷成山,涧出黾池山,四水皆入河。"

③师古曰："荥,沈水泆出所为也,即今荥泽是也。波,亦水名。言其水并已遏聚矣。一说:谓荥水之波。"

④师古曰："荷泽在湖陵。盟猪亦泽名,在荷之东北。言治荷泽之水衍溢,则使被及盟猪,不常入也。道,读曰导。荷,音歌。被,音被马之被。盟,音孟。"

⑤师古曰："高地则壤,下地则坟。垆,坊谓土之刚黑者也,音卢。"

⑥师古曰："田第四,赋第二,又杂出第一。"

⑦师古曰："纻,织纻为布及练也。纤纩,细绵也。纻,音伫。纩,音旷。"

⑧师古曰："错,治玉之石。磬错,言可以治磬也。亦待锡命而贡。"

⑨师古曰："因洛入河也。"

华阳、黑水惟梁州。①岷嶓既艺,沱、灊既道,②蔡、蒙旅平,和夷厎绩。③厥土青黎。④田下上,赋下中三错。⑤贡璆、铁、银、镂、砮、磬,⑥熊、罴、狐、狸、织皮。⑦西顷因桓是俫,⑧浮于灊,逾于沔,⑨入于渭,乱于河。⑩

①师古曰："东据华山之南,西距黑水。"

②师古曰："岷,岷山也。嶓嶓冢山也。言水已去,二山之土皆可种艺。沱、灊,二水,治从故道也。岷,音旻。嶓,音波。道,读曰导。"

③师古曰："蔡、蒙,二山名。旅,陈也。旅平,言已平治而陈祭也。和夷,地名,亦以致功可耕稼也。"

④师古曰："色青而细疏。"

⑤师古曰："田第七,赋第八,又杂出第七至第九,凡三品。"

⑥师古曰："璆,美玉也。镂,刚铁也。磬,磬石也。璆,音虬。"

⑦师古曰："织皮,谓罽也。言贡四兽之皮,又贡杂罽。"

⑧师古曰："西倾，山名，在临洮西南。桓，水名也。言治西倾山，因桓水是来，无它道也。倾，读曰倾。"

⑨师古曰："汉上曰沔，音莫践反。"

⑩师古曰："正绝流曰乱。"

黑水、西河惟雍州。①弱水既西，②泾属渭汭。③漆、沮既从，酆水逌同。④荆、岐既旅，⑤终南、惇物，至于鸟鼠。⑥原隰厎绩，至于猪野。⑦三危既宅，三苗丕叙。⑧厥土黄壤。田上上，赋中下。⑨贡球、琳、琅玕⑩浮于积石，至于龙门西河，⑪会于渭汭。⑫织皮昆仑、析支、渠叟，西戎即叙。⑬

①师古曰："西据黑水，东距西河。西河即龙门之河也，在冀州西，故曰西河。"

②师古曰："治使西流至合黎。"

③师古曰："属，逮也。水北曰汭。言治泾水入于渭也。属，音之欲反。纳，音芮，又音而悦反。"

④师古曰："漆、沮，即冯翊之洛水也。酆水出鄠之南山。言漆、沮既从入渭，酆水亦来同也。逌，古攸字也。攸，所也。沮，音七余反。"

⑤师古曰："荆、岐，二山名。荆在岐东。言二山治毕，已旅祭。"

⑥师古曰："终南、惇物，二山皆在武功。鸟鼠山在陇西首阳西南。自终南西出至于鸟鼠也。"

⑦师古曰："高平曰原，下湿曰隰。猪野，地名。言皆致功也。"

⑧师古曰："三危，山名，已可居也。三苗，本有苗氏之族，徙居于此，分而为三，故言三苗。今皆大得其次叙。"

⑨师古曰："田第一，赋第六。"

⑩师古曰："球、琳，皆玉名。琅玕，石似珠者也。球，音求，又音虬。琳，音林。琅，音朗。玕，音干。"

⑪师古曰："积石山在金城西南，龙门山在河东之西界，皆河水所经。"

⑫师古曰："逆流曰会，自渭北涯逆水西上。"

⑬师古曰："昆仑、析支、渠叟，三国名也。言此诸国皆织皮毛，各得其业。而西方远戎，并就次叙也。叟，读曰搜。"

道汧及岐，至荆山。①逾于河；②壶口、雷首，至于大岳；③厎柱、析城，至于王屋；④大行、恒山，至碣石，入于海。⑤西倾、朱圉、

鸟鼠,至于大华;⑥熊耳、外方、桐柏,至于倍尾。⑦道嶓冢,至于荆
山;⑧内方,至于大别;⑨岷山之阳,至于衡山,⑩过九江,至于敷浅
原。⑪

①师古曰:"自此已下,更说所治山水首尾之次也。治山通水,故举山言
之。汧山在汧县西。道,读导。后皆类此。汧,音苦坚反。"

②师古曰:"即梁山龙门。"

③师古曰:"自壶口、雷首而至大岳也。雷首在河东蒲反南。大岳即所谓岳
阳者。"

④师古曰:"厎柱在陕县东北,山在河中,形若柱也。析城山在濩泽西南。
王屋山在垣县东北。"

⑤师古曰:"大行山在河内山阳西北。恒山在上曲阳西北。言二山连延,东
北接碣石而入于海。行,音胡郎反。"

⑥师古曰:"朱围山在汉阳冀县南。大华即今华阴山。"

⑦师古曰:"熊耳在陕东。外方在颍川故县,即崇高也。桐柏在平氏东南。
倍尾在安陆东北。言四山相连也。倍,读曰陪。"

⑧师古曰:"嶓冢山在梁州南。此荆山在南郡临沮东北。嶓,音波。"

⑨师古曰:"内方在荆州。大别在庐江安丰也。

⑩师古曰:"岷山在蜀郡湔氐西。衡山在长沙湘南之东南。岷山,江所出。
衡山,江所经。"

⑪师古曰:"敷浅原,一名傅易山,在豫章历陵南。"

道弱水,至于合藜,余波入至流沙。①道黑水,至于三危,入于
南海。②道河积石,至于龙门,③南至于华阴,东至于厎柱,④又东
至于盟津。⑤东过洛汭,至于大伾,⑥北过降水,至于大陆,⑦又北
播为九河,⑧同为逆河,入于海。⑨嶓冢道漾,东流为汉,⑩又东为
沧浪之水,⑪过三澨,至于大别,⑫南入于江,⑬东汇泽为彭蠡,⑭
东为北江,入于海。⑮岷山道江,东别为沱,⑯又东至于醴,⑰过九
江,至于东陵,⑱东迆北会于汇,⑲东为中江,入于海。⑳道沇水,东
流为泲,㉑入于河,轶为荥,㉒东出于陶丘北,㉓又东至于荷,㉔又
东北会于汶,㉕又北东入于海。㉖道淮自桐柏,东会于泗、沂,东入
于海。道渭自鸟鼠同穴,东会于酆,又东至于泾,又东过漆、沮,入于

河。道洛自熊耳,东北会于涧、缠,又东会于伊,又东北入于河。

① 师古曰:"合蔾山在酒泉。流沙在敦煌西。"

② 师古曰:"黑水出张掖鸡山,南流至敦煌,过三危山,又南流而入于南海。"

③ 师古曰:"积石山在河关西羌中。龙门山在夏阳北。言治河施功,自积石起,凿山穿地,以通其流,至龙门山也。"

④ 师古曰:"自龙门南流以至华阴,又折而东经底柱。"

⑤ 师古曰:"盟,读曰孟。孟津在洛阳之北,都道所凑,故号孟津。孟,长大也。"

⑥ 师古曰:"洛汭,洛入河处,盖今所谓洛口也。山再重曰伾。大伾山在成皋。伾,音平鄙反。"

⑦ 师古曰:"降水在信都。大陆在巨鹿,"

⑧ 师古曰:"播,布也。"

⑨ 师古曰:"同,合也。九河又合而为一,名为逆河,言相迎受也。海即渤海是也。"

⑩ 师古曰:"漾水出陇西氐道,东流过武关山南为汉。禹治漾水,自嶓冢始也。漾,音恙。"

⑪ 师古曰:"出荆山东南流为沧浪之水,即渔父所歌者也。浪,音琅。"

⑫ 师古曰:"三澨水在江夏竟陵。澨,音筮。"

⑬ 师古曰:"触大别山而南入江也。"

⑭ 师古曰:"汇,回也,又东回而为彭蠡泽也。汇,音胡贿反。"

⑮ 师古曰:"自彭蠡江分为三,遂为北江而入海。"

⑯ 师古曰:"别而出也,江东南流,沱东行也。沱,音徒句反。"

⑰ 师古曰:"醴水在荆州。"

⑱ 师古曰:"东陵,地名。"

⑲ 师古曰:"迤,溢也。东溢分流,都共北会彭蠡也。迤,音弋尔反。"

⑳ 师古曰:"亦自彭蠡出。"

㉑ 师古曰:"泉出王屋山,名为沇,流去乃为沛也。沇,音弋兖反。"

㉒ 师古曰:"轶,与溢同。言济水入河,并流而南。截河,又并流溢出,乃为荥泽也。一曰:轶,过也,音逸。"

㉓ 师古曰:"陶丘,丘再重也,在济阴定陶西南。"

㉔ 师古曰:"即荷泽。"

㉕师古曰："济与汶合。"

㉖师古曰："北折而东也。"

九州逌同，①四奥既宅，②九山刊旅，③九川涤原，④九泽既陂，⑤四海会同。⑥六府孔修，⑦庶土交正，底慎财赋，⑧咸则三壤，成赋中国。⑨锡土姓："祗台德先，不距朕行。"⑩

①师古曰："各以其所而同法。"

②师古曰："奥，读曰墺，谓土之可居者也。宅，亦居也。言四方之土已可定居也。墺，音于六反。"

③师古曰："九州之山皆已刊木通道而旅祭也。"

④师古曰："九州泉源皆已清涤无雍塞。"

⑤师古曰："九州陂泽皆已遏障无决溢。"

⑥师古曰："四海之内，同会京师。"

⑦师古曰："水、火、金、木、土、谷皆甚治。"

⑧师古曰："言众土各以其所出，交易有无，而不失正，致慎货财，以供贡赋。"

⑨师古曰："言皆随其土田上中下三品，而成其赋于中国也。中国，京师也。"

⑩师古曰："台，养也。言封诸侯，赐之土田，因以为姓。所敬养者，惟德为先，故无距我之行也。台，音怡。"

五百里甸服：①百里赋内总，②二百里内铚，③三百里内戛服，④四百里粟，五百里米。⑤五百里侯服：⑥百里采，⑦二百里男国，⑧三百里诸侯。⑨五百里绥服：⑩三百里揆文教，⑪二百里奋武卫。⑫五百里要服：⑬三百里夷，⑭二百里蔡。⑮五百里荒服：⑯三百里蛮，⑰二百里流。⑱东渐于海，西被于流沙，朔、南洎，声教讫于四海。⑲

①师古曰："规方千里，最近王城者为甸服，则四面五百里也。甸之为言田也，主为王者治田。"

②师古曰："自此已下，说甸服之内，以差言之也。总，禾稿总入也。内，读曰纳。下皆类此。"

③师古曰："铚，谓所刈，即禾穗也。铚，音窒。"

④师古曰:"戛,稿也。言服者,谓有役则服之耳。戛,音工黠反。"

⑤师古曰:"精者纳少,粗者纳多。"

⑥师古曰:"此次甸服之外方五百里也。侯,候也,主斥候而服事也。"

⑦师古曰:"又说侯服内之差次也。采,事也,王事则供之,不主一也。"

⑧师古曰:"男之言任,任王事者。"

⑨师古曰:"三百里同主斥候,故合而言之为一等。"

⑩师古曰:"此又次侯服外之五百里也。绥安也,言其安服王者政教。"

⑪师古曰:"揆度王者文教而行之也。三百里皆同。"

⑫师古曰:"奋其武力以卫王者。二百里皆同。"

⑬师古曰:"此又次绥服外之五百里也。要,以文教要来之也。要,音一遥反。"

⑭师古曰:"夷,易也,言行平易之法也。三百里皆同。"

⑮师古曰:"蔡,法也,遵刑法而已。二百里皆同。"

⑯师古曰:"又次要服外五百里,此五服之最在外者也。荒,言其荒忽,各因本俗。"

⑰师古曰:"蛮,谓以文德蛮幕而覆之。三百里皆同。"

⑱师古曰:"任其流移,不考诘也。二百里皆同。"

⑲师古曰:"渐,入也。被,加也。朔,北方也。讫,尽也。言东入于海,西加流沙,北方南方皆及,声教尽于四海也。一曰,渐,浸;泊,及也。"

禹锡玄圭,告厥成功。①

①师古曰:"玄,天色也。尧以禹治水功成,故赐玄圭以表之也。自此已上,皆《禹贡》之文。"

后受禅于虞,为夏后氏。

殷因于夏,亡所变改。周既克殷,监于二代而损益之,定官分职,改禹徐、梁二州合之于雍、青,①分冀州之地以为幽、并。故《周官》有职方氏,②掌天下之地,辩九州之国。

①师古曰:"省徐州以入青州,并梁州以合雍州。"

②师古曰:"夏官之属也。职,主也,主四方之土地。"

东南曰扬州:其山曰会稽,①薮曰具区,②川曰三江,寖曰五湖;③其利金、锡、竹箭;民二男五女;畜宜鸟兽,④谷宜稻。

①师古曰:"在山阴县。"

②师古曰:"薮,大泽也。具区在吴也。"

③师古曰:"湢,古浸字也。川,水之通流者也。浸,谓引以灌溉者。五湖在吴。"

④师古曰:"鸟,孔翠之属。兽,犀象之属。"

　　正南曰荆州:其山曰衡,薮曰云梦,川曰江、汉,浸曰颍,湛;①其利丹、银、齿、革;民一男二女;畜及谷宜,与扬州同。

①师古曰:"颍水出阳城阳乾山,宜属豫州。许慎又云'湛水,豫州浸'。并未详也。湛,音直林反,又音直减反。"

　　河南曰豫州:其山曰华,①薮曰圃田,②川曰荧、雒,浸曰波、溠;③其利林、漆、丝枲;民二男三女;畜宜六扰,④其谷宜五种。⑤

①师古曰:"即华阴之华山也。连延东出,故属豫州。"

②师古曰:"在中牟。"

③师古曰:"荧即沇水所溢者也。波即上《禹贡》所云荥波者也。溠水在楚,亦不当为豫州浸也。溠,音庄亚反。"

④师古曰:"马、牛、羊、豕、犬、鸡也。谓之扰者,言人所驯养也。扰,音人沼反。"

⑤师古曰:"黍、稷、菽、麦、稻。"

　　正东曰青州:其山曰沂,薮曰孟诸,①川曰淮、泗,浸曰沂、沭;②其利蒲、鱼;民二男三女;其畜宜鸡、狗,谷宜稻、麦。

①师古曰:"沂山在盖县,即沂水所出也。孟诸,即盟猪也。"

②师古曰:"沭水出东莞,音术。"

　　河东曰衮州:其山曰岱,薮曰泰野,①其川曰河、沛,浸曰卢、潍;②其利蒲、鱼;民二男三女,其畜宜六扰,谷宜四种。③

①师古曰:"即大野。"

②师古曰:"卢水在济北卢县。郑康成读曰雷,非也。"

③师古曰:"马、牛、羊、豕、犬、鸡,黍、稷、稻、麦也。"

　　正西曰雍州:其山曰岳,①薮曰弦蒲,②川曰泾、汭,③其浸曰渭、洛;④其利玉、石;其民三男二女;畜宜牛、马,谷宜黍、稷。

①师古曰:"即吴岳也。"

②师古曰:"在汧县。"

③师古曰："汭在豳地。《诗·大雅·公刘》之篇曰'汭鞫之即'。"

④师古曰："洛即漆、沮也，在冯翊。"

东北曰幽州：其山曰医无闾，①薮曰豯养，②川曰河泲，浸曰菑、时；③其利鱼、盐；民一男三女；畜宜四扰，④谷宜三种。⑤

①师古曰："在辽东。"

②师古曰："在长广。"

③师古曰："菑出莱芜。时水出般阳。"

④师古曰："马、牛、羊、豕。"

⑤师古曰："黍、稷、稻。"

河内曰冀州：山曰霍，①薮曰扬纡，②川曰漳，浸曰汾、潞；③其利松、柏；民五男三女；畜宜牛、羊，谷宜黍、稷。

①师古曰："在平阳永安县东北。"

②师古曰："《尔雅》曰'秦有扬纡'，而此以为冀州，未详其义及所在。"

③师古曰："漳水出上党长子。汾水出汾阳北山。潞出归德。"

正北曰并州：其山曰恒山，薮曰昭余祁，①川曰虖池、呕夷，浸曰涞、易；②其利布、帛；民二男三女；畜宜五扰，③谷宜五种。

①师古曰："在大原邬县。邬，音一户反，又音于庶反。"

②师古曰："虖池出卤城。呕夷出平舒。涞出广昌。易出故安。虖，音呼。池，音徒河反。呕，音于侯反。"

③师古曰："马、牛、羊、犬、豕。"

而保章氏掌天文，以星土辩九州之地，所封封域皆有分星，以视吉凶。①

①师古曰："保章氏，春官之属也。保，守也，言守天文之职也。分，音扶问反。"

周爵五等，而土三等：公、侯百里，伯七十里，子、男五十里。不满为附庸，盖千八百国。而大昊、黄帝之后，唐、虞侯伯犹存，帝王图籍相踵而可知。周室既衰，礼乐征伐自诸侯出，转相吞灭，数百年间，列国耗尽。①至春秋时，尚有数十国，五伯迭兴，总其盟会。②陵夷至于战国，天下分而为七，③合从连衡，经数十年，秦遂并兼四海。以为周制微弱，终为诸侯所丧，故不立尺土之封，分天下为郡县,荡灭前圣之苗裔,靡有孑遗者矣。

①师古曰:"秏,减也,音呼到反。"

②师古曰:"此五伯谓齐桓、宋襄、晋文、秦穆、楚庄也。迭,互也。伯,读曰霸。迭,音徒结反。"

③师古曰:"谓秦、韩、魏、赵、燕、齐、楚也。"

汉兴,因秦制度,崇恩德,行简易,以抚海内。至武帝攘却胡、越,开地斥境,南置交阯,北置朔方之州,①兼徐、梁、幽、并夏、周之制,改雍曰凉,改梁曰益,凡十三部置刺史。先王之迹既远,地名又数改易,②是以采获旧闻,考迹《诗》《书》,推表山川,以缀《禹贡》、《周官》、《春秋》,下及战国、秦、汉焉。③

①师古曰:"胡广记云:汉既定南越之地,置交阯刺史,别于诸州,令持节治苍梧,分雍州置朔方刺史。"

②师古曰:"数,音所角反。"

③师古曰:"中古以来,说地理者多矣,或解释经典,或撰述方志,竞为新异,妄有穿凿,安处附会,颇失其真。后之学者,因而祖述,曾不考其谬论,莫能寻其根本。今并不录,盖无尤焉。"

京兆尹,故秦内史,高帝元年属塞国,二年更为渭南郡,九年罢,复为内史。武帝建元六年分为右内史,大初元年更为京兆尹。元始二年户十九万五千七百二,口六十八万二千四百六十八。①县十二:长安,高帝五年置。惠帝元年初城,六年成。户八万八百,口二十四万六千二百。王莽曰常安。②新丰,骊山在南,故骊戎国。秦曰骊邑。高祖七年置。③船司空,莽曰船利。④蓝田,山出美玉,有虎候山祠,秦孝公置也。华阴,故阴晋,秦惠文王五年更名宁秦,高帝八年更名华阴。太华山在南,有祠,豫州山。集灵宫,武帝起。莽曰华坛也。郑,周宣王弟郑桓公邑。有铁官。⑤湖,有周天子祠二所。故曰胡,武帝建元年更名湖。下邽,⑥南陵,文帝七年置。沂水出蓝田谷,北至霸陵入霸水。霸水亦出蓝田谷,北入渭。⑦奉明,宣帝置也。霸陵,故芷阳,文帝更名。莽曰水章也。杜陵。故杜伯国,宣帝更名。有周右将军杜主祠四所。莽曰饶安也。

①师古曰："汉之户口当元始时最为殷盛，故志举之以为数也。后皆类此。"

②师古曰："王莽篡位，改汉郡县名，普易之也。下皆类此。"

③应劭曰："大上皇思东归，于是高祖改筑城寺街里以象丰，徙丰民以实之，故号新丰。"

④服虔曰："县名"。师古曰："本主船之官，遂以为县。"

⑤应劭曰："宣王母弟友所封也。其子与平王东迁，更称新郑。"臣瓒曰："周自穆王以下都于西郑，不得以封桓公也。初，桓公为周司徒，王室将乱，故谋于史伯而寄帑与贿于虢、会之间。幽王既败，二年而灭会，四年灭虢，居于郑父之丘，是以为郑桓公，无封京兆之文也。"师古曰："《春秋外传》云：'幽王既败，郑桓公死之，其子武公与平王东迁。'故《左氏传》云：'我周之东迁，晋、郑焉依。'又郑庄公云'我先君新邑于此'，盖道新郑也。穆王已下无都西郑之事。瓒说非也。会，音工外反。"

⑥应劭曰："秦武公伐邽戎，置有上邽，故加下。"师古曰："邽，音圭。取邽戎之人而来为此县。"

⑦师古曰："兹水，秦穆公更名以章霸功，视子孙。沂，音先历反。视，读曰示。"

　　左冯翊，故秦内史，高帝元年属塞国，二年更名河上郡，九年罢，复为内史。武帝建元六年分为左内史，太初元年更名左冯翊。户二十三万五千一百一，口九十一万七千八百二十二。县二十四：高陵，左辅都尉治。莽曰千春。栎阳，秦献公自雍徙。莽曰师亭。①翟道，莽曰涣。池阳，惠帝四年置。嶻嶭山在北。②夏阳，故少梁，秦惠文王十一年更名。《禹贡》梁山在西北，龙门山在北。有铁官。莽曰冀亭。衙，莽曰达昌。③粟邑，莽曰粟城。谷口，九嵏山在西。有天齐公、五床山、仙人、五帝祠四所。莽曰谷喙。④莲勺，⑤鄜，莽曰修令。⑥频阳，秦厉公置。⑦临晋，故大荔，秦获之，更名。有河水祠。芮乡，故芮国。莽曰监晋。⑧重泉，莽曰调泉。郃阳，⑨祋祤，景帝二年置。⑩武城，莽曰桓城。⑪沈阳，莽曰制昌。襄德，《禹贡》北条荆山在南，下有强梁原。洛水东南入渭，雍州浸。莽曰德欢。⑫征，莽曰汜爱。⑬云陵，昭帝置也。万年，高帝置。莽曰异赤。⑭长陵，高帝置。户

五万五十七,口十七万九千四百六十九。莽曰长平。阳陵,故弋阳,
景帝更名。莽曰渭阳。云阳,有休屠、金人及径路神祠三所,越巫䄱
鄷祠三所。⑮

①如淳曰:"栎,音药。"

②应劭曰:"在池水之阳。"师古曰:"巀嶭,即今俗呼嵯峨山是也,音巀嵲,
　又音才葛反,又音五葛反。"

③如淳曰:"衙,音牙。"师古曰:"即《春秋》所云'秦晋战于彭衙'。"

④师古曰:"夐,音子公反,又音子孔反。喙音许秽反。"

⑤如淳曰:"音辇酌。"

⑥孟康曰:"音敷。"

⑦应劭曰:"在频水之阳。"

⑧应劭曰:"临晋水,故曰临晋。"臣瓒曰:"晋水在河之间,此县在河之西,
　不得云临晋水也。旧说曰:秦筑高垒以临晋国,故曰临晋也。"师古曰:
　"瓒说是也。说者或以为魏文侯伐秦始置临晋,非也。文侯重城之耳,岂
　始置乎!"

⑨应劭曰:"在郃水之阳也。"师古曰:"音合。即《大雅·大明》之诗所谓
　'在洽之阳'。"

⑩师古曰:"祋,音丁活反,又音丁外反。祤,音诩。"

⑪师古曰:"即《左氏传》所云'秦伐晋取武城'者也。"

⑫师古曰:"裹,亦怀字。"

⑬师古曰:"征,音惩,即今之澄城县是也。《左传》所云'取北征,'谓此地
　耳。而杜元凯未详其处也。"

⑭师古曰:"《三辅黄图》云太上皇葬栎阳北原,起万年陵是也。"

⑮孟康曰:"䄱,音辜磔之辜,越人祠也。鄷,音穰。休,音许虬反。屠,音
　除。"

　　右扶风,故秦内史,高帝元年属雍国,二年更为中地郡。九年
罢,复为内史。武帝建元六年分为右内史,大初元年更名主爵都尉
为右扶风。①户二十一万六千三百七十七,口八十三万六千七十。
县二十一:渭城,故咸阳,高帝元年更名新城,七年罢,属长安。武帝
元鼎三年更名渭城。有兰池宫。莽曰京城。槐里,周曰大丘,懿王
都之。秦更名废丘。高祖三年更名。有黄山宫,孝惠二年起,莽曰

槐治。鄠,古国。有扈谷亭。扈,夏启所伐。酆水出东南,又有潏水,皆北过上林苑入渭。有黄阳宫,秦文王起。②盩厔,有长杨宫,有射熊馆,秦昭王起。灵轵渠,武帝穿也。斄,周后稷所封。③郁夷,《诗》"周道郁夷。"有汧水祠。莽曰郁平。④美阳,《禹贡》岐山在西北。中水乡,周文王所邑。有高泉宫,秦宣太后起也。郿,成国渠首受渭,东北至上林入蒙笼渠。右辅都尉治。⑤雍,秦惠公都之。有五畤,太昊、黄帝以下祠三百三所。橐泉宫,孝公起。祈年宫,惠公起。棫阳宫,昭王起。有铁官。⑥漆,水在县西。有铁官。莽曰漆治。栒邑,有豳乡。《诗》豳国,公刘所邑。⑦隃麋,有黄帝子祠。莽曰扶亭。⑧陈仓,有上公、明星、黄帝孙、舜妻盲冢祠。有羽阳宫,秦武王起也。杜阳,杜水南入渭。《诗》曰"自杜"。莽曰通杜。⑨汧,吴山在西,古文以为汧山。雍州山。北有蒲谷乡弦中谷,雍州弦蒲薮。汧水出西北,入渭。芮水出西北,东入泾。《诗》芮阹,雍州川也。⑩好畤,梁山在东。有梁山宫,秦始皇起。莽曰好邑。⑪虢,有黄帝子、周文武祠。虢宫,秦宣太后起也。安陵,惠帝置。莽曰嘉平。⑫茂陵,武帝置。户六万一千八十七,口二十七万七千二百七十七。莽曰宣城。⑬平陵,昭帝置。莽曰广利。武功,大壹山,古文以为终南。垂山,古文以为敦物,皆在县东。斜水出衙领山北,至郿入渭。褒水亦出衙领,至南郑入沔。有垂山、斜水、淮水祠三所。莽曰新光。⑭

①师古曰:"主爵都尉,本秦之主爵中尉,掌列侯,至大初元年更名右扶风,而治于内史右地。故此志追书建元六年分为右内史,又云更名主爵都尉为右扶风。"

②师古曰:"潏,音决。黄,音倍。"

③师古曰:"读与邰同,音胎。"

④师古曰:"《小雅·四牡》之诗曰'四牡骓骓,周道倭迟'。《韩诗》作郁夷字,言使臣乘马行于此道。"

⑤师古曰:"郿,音媚。"

⑥应劭曰:"四面积高曰雍。"师古曰:"棫,音域。"

⑦应劭曰:"《左氏传》曰'毕、原、酆、郇,文之昭也'。郇侯、贾伯伐晋是也。"臣瓒曰:"《汲郡古文》'晋武公灭荀,以赐大夫原氏黯,是为荀叔'。

又云'文公城荀。'然则荀当在晋之境内,不得在扶风界也。今河东有荀
城,古荀国。"师古曰:'瓒说是也。此栒读与荀同,自别邑耳,非伐晋
者。"

⑧师古曰:"隃,音逾。"

⑨师古曰:"《大雅·绵》之诗曰'人之初生,自土、漆、沮',《齐诗》作'自
杜',言公刘避狄而来居杜与漆、沮之地。"

⑩师古曰:"阮,读与鞫同。《大雅·公刘》之诗曰'止旅乃密,芮鞫之即',
《韩诗》作芮阮。言公刘止其军旅,欲使安静,乃就芮阮之间耳。"

⑪师古曰:"垝,音丘毁反。"

⑫师古曰:"阚駰以为本周之程邑也。"

⑬师古曰:"《黄图》云本槐里之茂乡。"

⑭师古曰:"斜,音弋奢反。衙,音牙。"

弘农郡,武帝元鼎四年置。莽曰右队。户十一万八千九十一,
口四十七万五千九百五十四。有铁官,在黾池。县十一:弘农,故秦
函谷关。衙山领下谷,烛水所出,北入河。卢氏,熊耳山在东。伊水
出,东北入雒,过郡一,行四百五十里。又有育水,南至顺阳入沔。又
有洱水,东南至鲁阳,亦入沔。皆过郡二,行六百里。莽曰昌富。①
陕,故虢国。有焦城,故焦国。北虢在大阳,东虢在荥阳,西虢在雍
州。莽曰黄眉。宜阳,在黾池有铁官也。黾池,高帝八年复黾池中
乡民。景帝中二年初城,徙万家为县。谷水出谷阳谷,东北至谷城
入雒。莽曰陕亭。②丹水,水出上雒冢领山,东至析入钧。密阳乡,故
商密也。③新安,《禹贡》涧水在东,南入雒。商,秦相卫鞅邑也。析,
黄水出黄谷,鞠水出析谷,俱东至郦入湍水。莽曰君亭。④陆浑,春
秋迁陆浑戎于此。有关。⑤上雒,《禹贡》雒水出冢领山,东北至巩入
河,过郡二,行千七十里。豫州川。又有甲水,出秦领山,东南至锡
入沔,过郡三,行五百七十里。熊耳获舆山在东北。⑥

①师古曰:"洱,音耳。"

②师古曰:"黾,音莫践反,又音莫忍反。"

③师古曰:"钧亦水名也,音均。"

④师古曰:"析,音先历反。鞠水,即今所谓菊潭也。郦,音持益反。湍,音

专。”

⑤师古曰:"浑音,胡昆反。"

⑥师古曰:"锡,音阳。"

河东郡,秦置。莽曰兆阳。有根仓、湿仓。户二十三万六千八百九十六,口九十六万二千九百一十二。县二十四:安邑,巫咸山在南,盐池在西南。魏绛自魏徙此,至惠王徙大梁。有铁官、盐官。莽曰河东。大阳,吴山在西,上有吴城,周武王封太伯后于此,是为虞公,为晋所灭。有天子庙。莽曰勤田。①猗氏,解,②蒲反,有尧山、首山祠。雷首山在南。故曰蒲,秦更名。莽曰蒲城。③河北,《诗》魏国,晋献公灭之,以封大夫毕万,曾孙绛徙安邑也。左邑,莽曰兆亭。汾阴,介在山南。闻喜,故曲沃。晋武公自晋阳徙此。武帝元鼎六年行过,更名。④濩泽,《禹贡》析城山在西南。⑤端氏,临汾,垣,《禹贡》王屋山在东北,沇水所出,东南至武德入河,轶出荥阳北地中,又东至琅槐入海,过郡九,行千八百四十里。⑥皮氏,耿乡,故耿国,晋献公灭之,以赐大夫赵夙。后十世献侯徙中牟。有铁官。莽曰延平。长修,平阳,韩武子玄孙贞子居此。有铁官。莽曰香平。⑦襄陵,有班氏乡亭。莽曰干昌。⑧垆,霍大山在东,冀州山,周厉王所奔。莽曰黄城。⑨杨,莽曰有年亭。⑩北屈,《禹贡》壶口山在东南,莽曰朕北。⑪蒲子,⑫绛,晋武公自曲沃徙此。有铁官。⑬狐谗,⑭骐,侯国。⑮

①应劭曰:"在大河之阳。"

②师古曰:"音蟹。"

③应劭曰:"秦始皇东巡见长坂,故加'反'云"。孟康曰:"本蒲也,晋文公以赂秦,后秦人还蒲,魏人喜曰'蒲反矣'。谓秦名之,非也"。臣瓒曰:"《秦世家》云'以垣为蒲反',然则本非蒲也。"师古曰:"应说是。"

④应劭曰:"今曲沃也。秦改为左邑。武帝于此闻南越破,改曰闻喜。"

⑤应劭曰:"有濩泽,在西北。"师古曰:"濩,音乌虢反。"

⑥师古曰:"琅,音朗。槐,音回。"

⑦应劭曰:"尧都也,在平河之阳。"

⑧应劭曰:"襄陵在西北。"师古曰:"晋襄公之陵,因以名县。"

⑨应劭曰："顺帝改曰永安。"

⑩应劭曰："杨侯国。"

⑪应劭曰："有南故称北。"臣瓒曰："《汲郡古文》'翟章救郑，次于南屈'。"
　师古曰："屈，音居勿反。即晋公子夷吾所居。"

⑫应劭曰："故蒲反旧邑，武帝置。"师古曰："重耳所居也。应说失之。"

⑬应劭曰："绛水出西南。"

⑭师古曰："谖，音之涉反。"

⑮师古曰："音其。"

太原郡，秦置。有盐官，在晋阳。属并州。户十六万九千八百
六十三，口六十八万四百八十八。有家马官。①县二十一：晋阳，故
《诗》唐国，周成王灭唐，封弟叔虞。龙山在西北。有盐官。晋水所
出，东入汾。②葰人，③界休，莽曰界美。④榆次，涂水乡，晋大夫知
徐吾邑。梗阳乡，魏戊邑。莽曰大原亭。⑤中都，于离，莽曰于合。兹
氏，莽曰兹同。狼孟，莽曰狼调。邬，九泽在北，是为昭余祁，并州薮。
晋大夫司马弥牟邑。⑥孟，晋大夫孟丙邑。平陶，莽曰多穰。汾阳，北
山，汾水所出，西南至汾阴入河，过郡二，行千三百四十里，冀州浸。
京陵，莽曰致城。⑦阳曲，⑧大陵，有铁官。莽曰大宁。原平，祁，晋大
夫贾辛邑。莽曰示。上艾，绵曼水，东至蒲吾，入虖池水。⑨虑虒，⑩
阳邑，莽曰繁穰。广武，河主、贾屋山在北。都尉治。莽曰信桓。⑪

①臣瓒曰："汉有家马厩，一厩万匹，时以边表有事，故分来在此。家马后
　改曰挏马也。"师古曰："挏，音动。"

②臣瓒曰："所谓唐，今河东永安是也，去晋四百里。"师古曰："瓒说是
　也。"

③如淳曰："音璪。"师古曰："又音山寡反。"

④师古曰："休，音许虬反。"

⑤师古曰："涂，音塗。梗，音鲠。"

⑥师古曰："音一户反，又音于据反。"

⑦师古曰："即九京。"

⑧应劭曰："河千里一曲，当其阳，故曰阳曲也。"师古曰："随文帝自以姓
　阳，故恶阳曲之号，乃改此县为阳直。今则复旧名焉。"

⑨师古曰："虒，音呼。池，音徒何反。"

⑩师古曰："音庐夷。"

⑪师古曰："贾屋山,即《史记》所云'赵襄子北登夏屋'者。"

上党郡,秦置,属并州。有上党关、壶口关、石研关、天井关。①户七万三千七百九十八,口三十三万七千七百六十六。县十四:长子,周史辛甲所封。鹿谷山,浊漳水所出,东至邺入清漳。②屯留,桑钦言"绛水出西南,东入海"。③余吾,铜鞮,有上虒亭,下虒聚。④沾,大黾谷,清漳水所出,东北至邑成入大河,过郡五,行千六百八十里,冀州川。⑤涅氏,涅水也。⑥襄垣,莽曰上党亭。壶关,有羊肠阪。沾水东至朝歌入淇。⑦泫氏,杨谷,绝水所出,南至野王入沁。⑧高都,莞谷,丹水所出,东南入绝水。有天井关。⑨潞,故潞子国。陭氏,⑩阳阿,谷远,羊头山世靡谷,沁水所出,东南至荥阳入河,过郡三,行九百七十里。莽曰谷近。⑪

①师古曰："研,音形。"

②师古曰："长,读曰长短之长。今俗为长幼,非也。"

③师古曰："屯,音纯。"

④师古曰："虒,音斯。"

⑤应劭曰："沾水出壶关。"师古曰："沾,音它兼反。"

⑥师古曰："涅水出焉,故以名县也。涅,音乃结反。"

⑦应劭曰："黎侯国也,今黎亭是。"

⑧应劭曰："《山海经》泫水所出者也。"师古曰："泫,音工玄反。"

⑨师古曰："莞,音丸。"

⑩师古曰："音于义反。"

⑪师古曰："今沁水至怀州武陟县界入河。此云至荥阳,疑传写错误。"

河内郡,高帝元年为殷国,二年更名。莽曰后队,属司隶,户二十四万一千二百四十六,口百六万七千九十七。县十八:怀,有工官。莽曰河内。汲,武德,①波,②山阳,东太行山在西北。③河阳,莽曰河亭。州,共,故国。北山,淇水所出,东至黎阳入河。④平皋,⑤朝歌,纣所都。周武王弟康叔所封,更名卫。莽曰雅歌。修武,⑥温,故国,己姓,苏忿生所封也。野王,太行山在西北。卫元君为秦所夺,自濮阳徙此。莽曰平野。⑦获嘉,故汲之新中乡,武帝行过更名也。

轵，⑧沁水，⑨隆虑，国水东北至信成入张甲河，过郡三，行千八百
四十里。有铁官。⑩荡阴。荡水东至内黄泽。西山羑水所出，亦至内
黄入荡。有羑里城，西伯所拘也。⑪

①孟康曰："始皇东巡置，自以武德定天下。"

②孟康曰："今有绨城，晋文公所得赐者。"

③师古曰："行，音胡朗反。"

④孟康曰："共伯入为三公者也。"师古曰："共，音恭。"

⑤应劭曰："邢侯自襄国徙此。当齐桓公时，卫人伐邢，邢迁于夷仪，其地
属晋，号曰邢丘。以其在河之皋，处势平夷，故曰平皋。"臣瓒曰："《春秋
传》狄人伐邢，邢迁于夷仪，不至此也。今襄国西有夷仪城，去襄国百余
里。邢是丘名，非国也。"师古曰："应说非也。《左氏传》曰'晋侯送女于
邢丘'，盖谓此耳。"

⑥应劭曰："晋始启南阳，今南阳城是也。秦改曰修武。"臣瓒曰："《韩非
书》'秦昭王越赵长平西伐修武'，时秦未兼天下，修武之名久矣。"师古
曰："瓒说是也。"

⑦孟康曰："故邘国也，今邘亭是也。"师古曰："行，音胡朗反。邘，音于。"

⑧孟康曰："原乡，晋文公所围是也。"师古曰："音只。"

⑨师古曰："沁，音千浸反。"

⑩应劭曰："隆虑山在北，避殇帝名改曰林虑也。"师古曰："虑，音庐。"

⑪师古曰："荡，音汤。羑，音羊九反。"

河南郡，故秦三川郡，高帝更名。雒阳户五万二千八百三十九。
莽曰保忠信乡，属司隶也。户二十七万六千四百四十四，口一百七
十四万二百七十九。有铁官、工官。敖仓在荥阳。县二十二：雒阳，
周公迁殷民，是为成周。《春秋》昭公二十二年，晋合诸侯于狄泉，以
其地大成周之城，居敬王。莽曰宜阳。①荥阳，卞水、冯池皆在西南。
有狼汤渠，首受泲，东南至陈入颍，过郡四，行七百八十里。②偃师，
尸乡，殷汤所都。莽曰师成。③京，④平阴，⑤中牟，圃田泽在西，豫
州薮。有筦叔邑，赵献侯自耿徙此。⑥平，莽曰治平。阳武，有博狼
沙。莽曰阳桓。⑦河南，故郏鄏地。周武王迁九鼎，周公致太平，营以
为都，是为王城，至平王居之。⑧缑氏，刘聚，周大夫刘子邑。有延寿

城仙人祠。莽曰中亭。⑨卷，⑩原武，莽曰原桓。巩，东周所居。谷成，《禹贡》瀍水出瞀亭北，东南入雒。⑪故市，密，故国。有大騩山，潩水所出，南至临颍入颍。⑫新成，惠帝四年置。蛮中，故戎蛮子国。开封，逢池在东北，或曰宋之逢泽也。⑬成皋，故虎牢。或曰制。⑭苑陵，莽曰左亭。梁，蒍狐聚，秦灭西周徙其君于此。阳人聚，秦灭东周徙其君于此。⑮新郑，《诗》郑国，郑桓公之子武公所国，后为韩所灭，韩自平阳徙都之。⑯

①师古曰："鱼豢云：汉火行忌水，故去'洛''水'而加'隹'。如鱼氏说，则光武以后改为'雒'字也。"

②应劭曰："故虢国，今虢亭是也。"师古曰："狼，音浪。汤，音宕。沛，音子礼反，本济水字。

③臣瓒曰："汤居亳，今济阴县是也。今亳有汤冢，己氏有伊尹冢，皆相近也。"师古曰："瓒说非也。又如皇甫谧所云汤都在谷熟，事并不经。刘向云'殷汤无葬处'，安得汤冢乎！"

④师古曰："即郑叔段所居也。"

⑤应劭曰："在平城南，故曰平阴。"

⑥师古曰："笲，与管同。"

⑦师古曰："狼，音浪。"

⑧师古曰："郏，音夹。鄏，音辱。"

⑨师古曰："猴，音工侯反。"

⑩师古曰："音去权反。"

⑪师古曰："即今新安。瞀，音潜。"

⑫应劭曰："'密人不恭'，密须氏姞姓之国也。"臣瓒曰："密，姬姓之国也，见《世本》。密须，今安定阴密是也。"师古曰："应、瓒二说皆非也。此密即《春秋》僖六年'围新密'者也，盖郑地。而《诗》所云'密人'，即《左传》所谓'密须之鼓'者也，在安定阴密。騩，音隗。潩，音翼，又音昌力反。"

⑬臣瓒曰："《汲郡古文》梁惠王发逢忌之薮以赐民，今浚仪有逢陂忌泽是也。"

⑭师古曰："《穆天子传》云：'七萃之士生捕兽，即献天子，天子畜之东虢，号曰兽牢。'"

⑮应劭曰："《左传》曰秦取梁。梁，伯翳之后，与秦同祖。"臣瓒曰："秦取

梁,后改曰夏阳,今冯翊夏阳是也。此梁,周之小邑,见于《春秋》。"师古
曰:"瓒说是也。恶,音乃旦反。"

⑯应劭曰:"《国语》曰郑桓公为周司徒,王室将乱,寄帑与贿于虢、会之
间。幽王败,桓公死之,其子武公与平王东迁洛邑,遂伐虢,会而并其
地,而邑于此。"

东郡,秦置。莽曰治亭。属兖州。户四十万一千二百九十七,
口百六十五万九千二十八。县二十二:濮阳,卫成公自楚丘徙此。故
帝丘,颛顼虚。莽曰治亭。①畔观,莽曰观治。②聊城,顿丘,莽曰顺
丘。③发干,莽曰戢楯。范,莽曰建睦。茌平,莽曰功崇。④东武阳,禹
治漯水,东北至千乘入海,过郡三,行千二十里。莽曰武昌。⑤博平,
莽曰加睦。黎,莽曰黎治。⑥清,莽曰清治。⑦东阿,都尉治。⑧离狐,
莽曰瑞狐。临邑,有泲庙,莽曰谷城亭。⑨利苗,须昌,故须句国,太
昊后,风姓。⑩寿良,蚩尤祠在西北泲上。有朐城。⑪乐昌,阳平,白
马,南燕,南燕国,姞姓,黄帝后,⑫廪丘。

①应劭曰:"濮水南入巨野。"师古曰:"虚,读曰墟。"

②应劭曰:"夏有观扈,世祖更名卫国,以封周后。"师古曰:"观,音工唤
反。"

③师古曰:"以丘名县也。丘一成为顿丘,谓一顿而成也。或曰:成,重也,
一重之丘也。"

④应劭曰:"在茌山之平地者也。"师古曰:"音仕疑反。"

⑤应劭曰:"武水之阳也。"师古曰:"漯,音它合反。"

⑥孟康曰:"《诗》黎侯国,今黎阳也。"臣瓒曰:"黎阳在魏郡,非黎县也。"
师古曰:"瓒说是。"

⑦应劭曰:"章帝更名乐平。"

⑧应劭曰:"卫邑也。有西故称东。"

⑨师古曰:"泲亦济水字也。其后并同。"

⑩师古曰:"句,音劬。"

⑪应劭曰:"世祖叔父名良,故曰寿张。"

⑫师古曰:"姞,音其乙反。"

陈留郡,武帝元狩元年置。属兖州。户二十九万六千二百八十
四,口一百五十万九千五十。县十七:陈留,鲁渠水首受狼汤渠,东

至阳夏,入涡渠。①小黄,成安,宁陵,莽曰康善。②雍丘,故杞国也,周武王封禹后东楼公。先春秋时徙鲁东北,二十一世简公为楚所灭。酸枣,东昏,莽曰东明。襄邑,有服官。莽曰襄平。③外黄,都尉治。④封丘,濮渠水首受泲,东北至都关,入羊里水,过郡三,行六百三十里。⑤长罗,侯国。莽曰惠泽。尉氏,⑥傿,莽曰顺通。⑦长垣,莽曰长固。⑧平丘,济阳,莽曰济前。浚仪。故大梁。魏惠王自安邑徙此。睢水首受狼汤水,东至取虑入泗,过郡四,行千三百六十里。⑨

①孟康曰:"留,郑邑也,后为陈所并,故曰陈留。"臣瓒曰:"宋亦有留,彭城留是也。留属陈,故称陈留也。"师古曰:"瓒说是也。涡,音戈。"

②孟康曰:"故葛伯国,今葛乡是。"

③应劭曰:"《春秋传》曰'师于襄牛'是也。"师古曰:"圈称云襄邑宋地,本承匡襄陵乡也。宋襄公所葬,故曰襄陵。秦始皇以承匡卑湿,故徙县于襄陵,谓之襄邑,县西三十里有承匡城。然则应说以为襄牛,误也。"

④张晏曰:"魏郡有内黄,故加外。"臣瓒曰:"县有黄沟,故氏之也。"师古曰:"《左氏传》云'惠公败宋师于黄',杜预以为外黄县东有黄城,即此地也。"

⑤孟康曰:"《春秋传》'败狄于长丘',今翟沟是。"

⑥应劭曰:"古狱官曰尉氏,郑之别狱也。"臣瓒曰:"郑大夫尉氏之邑,故遂以为邑。"师古曰:"郑大夫尉氏亦以掌狱之官故为族耳。应说是也。"

⑦应劭曰:"郑伯克段于鄢是也。"师古曰:"傿,音偃。"

⑧孟康曰:"春秋会于匡,今匡城是。"

⑨应劭曰:"魏惠王自安邑徙此,号曰梁。"师古曰:"取虑,县名也,音秋庐。取,又音趋。"

颍川郡,秦置。高帝五年为韩国,六年复故。莽曰左队。阳翟有工官。属豫州。①户四十三万二千四百九十一,口二百二十一万九百七十三。县二十:阳翟,夏禹国。周末,韩景侯自新郑徙此。户四万一千六百五十,口十万九千。莽曰颍川。②昆阳,③颍阳,④定陵,有东不羹。莽曰定城。⑤长社,⑥新汲,⑦襄城,有西不羹。莽曰相城。郏,⑧郏,⑨舞阳,⑩颍阴,崈高,武帝置,以奉太室山,是为中岳。有太室、少室山庙。古文以崇高为外方山也。⑪许,故国,姜姓,四岳后,大叔所封,二十四世为楚所灭。僞陵,户四万九千一百一,口二十六万一千四百一十八。莽曰左亭。⑫临颍,莽曰监颍。父城,应乡,故国,周武王弟所封。⑬成安,侯国也。周承休,侯国,元帝置,元始二年更名郑公。莽曰嘉美。⑭阳城,阳城山,洧水所出,东南至长平入颍,过郡三,行五百里。阳乾山,颍水所出,东至下蔡入淮,过郡三,行千五百里,荆州浸。有铁官。⑮纶氏。

①孟康曰:"夏启有钧台之飨,今钧台在南。"

②应劭曰:"夏禹都也。"臣瓒曰:"《世本》禹都阳城,《汲郡古文》亦云居之,不居阳翟也。"师古曰:"阳翟本禹所受封耳。应、瓒之说皆非。"

③应劭曰:"昆水出南阳。"

④应劭曰:"颍水出阳城。"

⑤师古曰:"羹,音郎。其后亦同。"

⑥应劭曰:"宋人围长葛是也。其社中树暴长,更名长社。"师古曰:"长,读如本字。"

⑦师古曰:"阚骃云本汲乡也,宣帝神爵三年置。以河内有汲,故加新也。"

⑧师古曰:"音一战反。"

⑨师古曰:"音夹。"

⑩应劭曰:"舞水出南。"

⑪师古曰:"崈,古崇字。"

⑫李奇曰:"六国为安陵。"师古曰:"僞,音偃。"

⑬应劭曰:"《韩诗外传》周成王与弟戏以桐叶为圭,'吾以此封汝。'周公曰:'天子无戏言。'王应时而封,故曰应侯乡,是也。"臣瓒曰:"《吕氏春秋》曰成王以戏授桐叶为圭以封叔虞,非应侯也。《汲郡古文》殷时已自有国,非成王之所造也。"师古曰:"武王之弟自封应国,非桐圭之事也。应氏之说盖失之焉。又据《左氏传》云'邘、晋、应、韩,武之穆也',是则应侯武王之子,又与志说不同。"

⑭"休,音许虬反。"

⑮师古曰:"乾,音干。洧,音于轨反。"

汝南郡,高帝置。莽曰汝汾。分为赏都尉。属豫州。户四十六万一千五百八十七,口二百五十九万六千一百四十八。县三十七:平舆,①阳安,②阳城,侯国。莽曰新安。㶚强,③富波,女阳,④鲖

阳，⑤吴房，⑥安城，侯国。莽曰至成。南顿，故顿子国，姬姓。⑦朗
陵，⑧细阳，莽曰乐庆。⑨宜春，侯国。莽曰宣羼。女阴，故胡国。都
尉治。莽曰汝坟。新蔡，蔡平侯自蔡徙此，后二世徙下蔡。莽曰新
迁。新息，莽曰新德。⑩灈阳，⑪期思，⑫慎阳，⑬慎，莽曰慎治。召
陵，⑭弋阳，侯国。⑮西平，有铁官。莽曰新亭。⑯上蔡，故蔡国，周武
王弟叔度所封。度放，成王封其子胡，十八世徙新蔡。窭，莽曰闰
治。⑰西华，莽曰华望。长平，莽曰长正。宜禄，莽曰赏都亭。项，故
国。新郪，莽曰新延。⑱归德，侯国。宣帝置。莽曰归惠。新阳，莽曰
新明。⑲安昌，侯国。莽曰始成。安阳，侯国。莽曰均夏。⑳博阳，侯
国。莽曰乐家。成阳，侯国。莽曰新利。定陵。高陵山，汝水出，东
南至新蔡入淮，过郡四，行千三百四十里。

①应劭曰："故沈子国。今沈亭是也。舆，音豫。"

②应劭曰："道国也。今道亭是。"

③应劭曰："瀙水出颍川阳城。"师古曰："瀙，音于谨反，又音殷。"

④应劭曰："汝水出弘农入淮。"师古曰："女，读曰汝。其下汝阴亦同。"

⑤应劭曰："在铜水之阳也。"孟康曰："铜，音纣。"

⑥孟康曰："本房子国。楚灵王迁房于楚。吴王阖闾弟夫概奔楚，楚封于
　此，为堂溪氏。以封吴，故曰吴房。今吴房城堂溪亭是。"

⑦应劭曰："顿迫于陈，其后南徙，故号南顿，故城尚在。"

⑧应劭曰："朗陵山在西南。"

⑨师古曰："居细水之阳，故曰细阳。细水本出新郪。郪，音千私反。"

⑩孟康曰："故息国，其后徙东，故加新云。"

⑪应劭曰："灈水出吴房，东入溇也。"师古曰："灈，音劬。溇，音楚人反，又
　音楚刃反。"

⑫师古曰："故蒋国。"

⑬应劭曰："慎水出东北入淮。"师古曰："慎字本作滇，音真，后误为慎耳。
　今犹有真丘、真阳县，字并单作真，知其音不改也。阚骃云：永平五年失
　印更刻，遂误以'水'为'心'。"

⑭师古曰："即齐桓公伐楚次于召陵者也。召，读曰邵。"

⑮应劭曰："弋山在西北。故黄国，今黄城是。"

⑯应劭曰:"故柏子国也,今柏亭是也。"

⑰应劭曰:"孙叔敖子所邑之濡丘是也。世祖更名固始。"师古曰:"濡,音子祉反。"

⑱应劭曰:"秦伐魏,取郪丘。汉兴为新郪。章帝封殷后,更名宋。"臣瓒曰:"光武既封殷后于宋,又封新郪,"师古曰:"封于新郪,号为宋国耳。瓒说非。"

⑲应劭曰:"在新水之阳。"

⑳应劭曰:"故江国,今江亭是也。"

南阳郡,秦置。莽曰前队。属荆州。户三十五万九千三百一十六,口一百九十四万二千五十一。县三十六:宛,故申伯国。有屈申城。县南有北筮山。户四万七千五百四十七。有工官、铁官。莽曰南阳。犨,①杜衍,莽曰闰衍。酂,侯国。莽曰南庚。②育阳,有南筮聚,在东北。③博山,侯国,哀帝置。故顺阳。④涅阳,莽曰前亭。⑤阴,⑥堵阳,莽曰阳城。⑦雉,衡山,澧水所出,东至郾入汝。⑧山都,蔡阳,莽之母功显君邑。⑨新野,筑阳,故穀伯国。莽曰宜禾。⑩棘阳,⑪武当,舞阴,中阴山,潕水所出,东至蔡入汝。西鄂,⑫穰,莽曰农穰。⑬郦,育水出西北,南入汉。⑭安众,侯国。故宛西乡。冠军,武帝置。故穰卢阳乡、宛临駣聚。⑮比阳,⑯平氏,《禹贡》桐柏大复山在东南,淮水所出,东南至淮陵入海,过郡四,行三千二百四十里。青州川。莽曰平善。随,故国。厉乡,故厉国也。⑰叶,楚叶公邑。有长城,号曰方城。⑱邓,故国。都尉治。⑲朝阳,莽曰厉信。⑳鲁阳,有鲁山。古鲁县,御龙氏所迁。鲁山,滍水所出,东北至定陵入汝。又有昆水,东南至定陵入汝。㉑舂陵,侯国。故蔡阳白水乡。上唐乡,故唐国。㉒新都,侯国。莽曰新林。湖阳,故廖国也。㉓红阳,侯国。莽曰红俞。㉔乐成,侯国。博望,侯国。莽曰宜乐。复阳,侯国。故湖阳乐乡。㉕

①师古曰:"音昌牛反。"

②孟康曰:"音赞。"师古曰:"即萧何所封。"

③应劭曰:"育水出弘农卢氏,南入于沔。"

④应劭曰:"汉明帝改曰顺阳,在顺水之阳也。"师古曰:"顺阳,旧名。应说

非。"

⑤应劭曰:"在涅水之阳。"师古曰:"涅,音乃结反。"

⑥师古曰:"即《春秋左氏传》所云迁阴于下阴者也,与鄾相近。今襄州有阴城县,县有鄾城乡。"

⑦韦昭曰:"堵,音者。"

⑧师古曰:"旧读雉音弋尔反。而《太康地志》云即陈仓人所逐二童子名宝鸡者,雄止陈仓为石,雌止此县,故名雉县,疑不可据也。郦,音屋。"

⑨应劭曰:"蔡水所出,东入淮。"

⑩应劭曰:"筑水出汉中房陵,东入沔。"师古曰:"《春秋》云"穀伯绥来朝'是也。今襄州有谷城县,在筑水之阳。筑,音逐。"

⑪应劭曰:"在棘水之阳。"

⑫应劭曰:"江夏有鄂,故加西云。"

⑬师古曰:"今邓州穰县是也。音人羊反。"

⑭如淳曰:"郦,音蹢躅之蹢。"

⑮应劭曰:"武帝以封霍去病。去病仍出征匈奴,功冠诸军,故曰冠军。骃,音桃。"

⑯应劭曰:"比水所出,东入蔡。"

⑰师古曰:"厉,读曰赖。"

⑱师古曰:"音式涉反。"

⑲应劭曰:"邓侯国。"

⑳应劭曰:"在朝水之阳。"

㉑师古曰:"即《淮南》所云鲁阳公与韩战日反三舍者也。滍,音峙,又音雉。"

㉒师古曰:"《汉记》云:元朔五年,以零陵泠道之舂陵侯乡封长沙王子买为舂陵侯。至戴侯仁,以舂陵地形下湿,上书徙南阳。元帝许之,以蔡阳白水乡徙仁为舂陵侯。"

㉓师古曰:"廖,音力救反。《左氏传》作飂字,其音同耳。"

㉔师古曰:"俞,音逾。"

㉕应劭曰:"在桐柏下复山之阳。"师古曰:"复,音房目反。"

南郡,秦置,高帝元年更为临江郡,五年复故。景帝二年复为临江,中二年复故。莽曰南顺。属荆州。户十二万五千五百七十九,口七十一万八千五百四十。有发弩官。①县十八：江陵，故楚郢都，楚文王自丹阳徙此。后九世平王城之。后十世秦拔我郢，徙东。莽曰江陵。临沮，《禹贡》南条荆山在东北，漳水所出，东至江陵入阳水，阳水入沔，行六百里。②夷陵，都尉治。莽曰居利。③华容，云梦泽在南荆州薮。夏水首受江，东入沔，行五百里。④宜城，故鄢，惠帝三年更名。郢，楚别邑，故郢。莽曰郢亭。邔，⑤当阳，中庐，⑥枝江，故罗国。江沱出西，东入江。⑦襄阳，莽曰相阳。⑧编，有云梦官。莽曰南顺。⑨姊归，归乡，故归国⑩夷道，莽曰江南。⑪州陵，莽曰江夏。若，楚昭王畏吴，自郢徙此，后复还郢。⑫巫，夷水东至夷道入江，过郡二，行五百四十里。有盐官⑬高成，㶚山，㶚水所出，东入繇。繇水南至华容入江，过郡二，行五百里，莽曰言程。⑭

①师古曰："主教放弩也。"

②应劭曰："沮水出汉中房陵，东入江。"师古曰："沮水，即《左传》所云'江、汉、沮、漳，楚之望'。音千余反。"

③应劭曰："夷山在西北。"

④应劭曰："《春秋》'许迁于容城'是。"

⑤孟康曰："音忌。"师古曰："音其已反。"

⑥师古曰："在襄阳县南。今犹有次卢村。以隋室讳忠，故改忠为次。"

⑦师古曰："沱即江别出者也，音徒何反。"

⑧应劭曰："在襄水之阳。"

⑨孟康曰："编，音鞭。

⑩孟康曰："秭，音姊。"

⑪应劭曰："夷水出巫，东入江。"

⑫应劭曰："《春秋传》作鄀，其音同。"

⑬师古曰："巫山在西南。

⑭师古曰："㶚，音危。繇，读曰由。"

　　江夏郡，高帝置。属荆州。①户五万六千八百四十四，口二十一万九千二百一十八。县十四：西陵，有云梦官。莽曰江阳。竟陵，章山在东北，古文以为内方山。郧乡，楚郧公邑。莽曰守平。②西阳，襄，莽曰襄非。邾，衡山王吴芮都。③轪，故弦子国。④鄂，⑤安陆，横

尾山在东北,古文以为倍尾山。沙羡,⑥蕲春,⑦鄂,⑧云杜,⑨下
雉,莽曰闰光。⑩钟武,侯国。莽曰当利。

①应劭曰:"沔水自江别至南郡华容为夏水,过郡入江,故曰江夏。"

②师古曰:"音云。"

③师古曰:"音朱,又音诛。"

④孟康曰:"音汰。"师古曰:"又音徒系反。"

⑤师古曰:"音五各反。"

⑥晋灼曰:"羡,音夷。"

⑦晋灼曰:"音祈。"

⑧苏林曰:"音盲。"师古曰:"音萌,又音莫耿反。"

⑨应劭曰:"《左传》'若敖取于䢵',今䢵亭是也。"师古曰:"䢵,音云。"

⑩如淳曰:"音羊氏反。"

庐江郡,故淮南,文帝十六年别为国。金兰西北有东陵乡,淮水
出。属杨州。庐江出陵阳东南,北入江。①户十二万四千三百八十
三,口四十五万七千三百三十三。有楼船官。县十二:舒,故国。莽
曰昆乡。居巢,②龙舒,③临湖,雩娄,决水北至蓼入淮,又有灌水,
亦北至蓼入决,过郡二,行五百一十里。④襄安,莽曰庐江亭也。枞
阳,⑤寻阳,《禹贡》九江在南,皆东合为大江。灊,天柱山在南。有
祠。沘山,沘水所出,北至寿春入芍陂。⑥皖,有铁官。⑦湖陵邑,北
湖在南。松兹,侯国。莽曰诵善。

①应劭曰:"故庐子国。"

②应劭曰:"《春秋》'楚人围巢'。巢,国也。"

③应劭曰:"群舒之邑。"

④师古曰:"雩,音许于反。娄,音力于反。"

⑤师古曰:"音七容反。"

⑥晋灼曰:"音潜。"师古曰:"沘,音比,又音布几反。芍,音酌,又音鹊。"

⑦师古曰:"音胡管反。"

九江郡,秦置,高帝四年更名为淮南国,武帝元狩元年复故。莽
曰延平。属杨州。①户十五万五千五十二,口七十八万五百二十五。有陂
官、湖官。县十五:寿春邑,楚考烈王自陈徙此。浚遒,②成德,莽曰

平阿。橐皋，③阴陵，莽曰阴陆。历阳，都尉治。莽曰明义。当涂，侯国。莽曰山聚。④钟离，莽曰蚕富。⑤合肥，⑥东城，莽曰武城。博乡，侯国。莽曰扬陆。曲阳，侯国。莽曰延平亭。⑦建阳，全椒，阜陵。莽曰阜陆。

①应劭曰："江自庐江寻阳分为九。"

②晋灼曰："音菖蒲之菖。"师古曰："浚，音峻。道，音才由反。"

③孟康曰："音柘姑。"

④应劭曰："禹所娶涂山侯国也。有禹虚。"

⑤应劭曰："钟离子国。"

⑥应劭曰："夏水出父城东南，至此与淮合，故曰合肥。"

⑦应劭曰："在淮曲之阳。"

山阳郡，故梁。景帝中六年别为山阳国。武帝建元五年别为郡。莽曰巨野。属兖州。户十七万二千八百四十七，口八十万一千二百八十八。有铁官。县二十三：昌邑，武帝天汉四年更山阳为昌邑国。有梁丘乡。《春秋传》曰'宋、齐会于梁丘'。南平阳，莽曰黾平。①成武，有楚丘亭。齐桓公所城，迁卫文公于此。子成公徙濮阳。莽曰成安。湖陵，《禹贡》"浮于泗、淮，通于河"，水在南。莽曰湖陆。②东缗，③方与，④橐，莽曰高平。⑤巨野，大野泽在北，兖州薮。单父，都尉治。莽曰利父。⑥薄，⑦都关，城都，侯国。莽曰城谷。黄，侯国。爰戚，侯国。莽曰戚亭。郜成，侯国，莽曰告成。中乡，侯国。平乐，侯国。包水东北至沛入泗。郑，侯国。瑕丘，⑧甾乡，侯国。⑨栗乡，侯国。莽曰足亭。曲乡，侯国。西阳。侯国。

①孟康曰："邿庶期以漆来奔，又城漆，今漆乡是。"

②应劭曰："《尚书》一名湖。章帝封东平王仓子为湖陵侯，更名湖陵。"

③师古曰："《春秋》僖二十三年'齐侯伐宋围缗'，即谓此。音旻。"

④晋灼曰："音房豫。"

⑤瓒曰："音拓。"

⑥师古曰："音善甫。"

⑦臣瓒曰："汤所都。"

⑧应劭曰："瑕丘在西南。"

⑨师古曰：“音侧其反。”

济阴郡，故梁。景帝中六年别为济阴国。宣帝甘露二年更名定陶。《禹贡》荷泽在定陶东。属兖州。①户二十九万二十五，口百三十八万六千二百七十八。县九：定陶，故曹国，周武王弟叔振铎所封。《禹贡》陶丘在西南。陶丘亭。冤句，莽改定陶曰济平，冤句县曰济平亭。②吕都，莽曰祈都。葭密，③成阳，有尧冢灵台。《禹贡》雷泽在西北。鄄城，莽曰鄄良。④句阳，⑤秺，莽曰万岁。⑥乘氏。泗水东南至睢陵入淮，过郡六，行千一百一十里。⑦

①师古曰：“荷，音柯。”

②师古曰：“句，音劬。”

③师古曰：“葭，音家。”

④师古曰：“鄄，音工椽反。”

⑤应劭曰：“《左氏》‘句渎之丘’也。”师古曰：“音钩。”

⑥孟康曰：“音炉。”

⑦应劭曰：“《春秋》‘败宋师于乘丘’是也。”师古曰：“睢，音虽。”

沛郡，故秦泗水郡。高帝更名。莽曰吾符。属豫州。户四十万九千七十九，口二百三万四百八十。县三十七：相，莽曰吾符亭。龙亢，①竹，莽曰笃亭。②谷阳，③萧，故萧叔国，宋别封附庸也。向，故国。《春秋》曰“莒人入向”。姜姓，炎帝后。④铚，⑤广戚，侯国。莽曰力聚。下蔡，故州来国，为楚所灭，后吴取之，至夫差迁昭侯于此。后四世侯齐竟为楚所灭。丰，莽曰吾丰。郸，莽曰单城。⑥谯，莽曰延成亭。蕲，垂乡。高祖破黥布。都尉治。莽曰蕲城。⑦虹，莽曰贡。⑧辄与，莽曰华乐。山桑，公丘，侯国。故滕国，周懿王子错叔绣，文王所封，三十一世为齐所灭。⑨符离，莽曰符合。敬丘，侯国，⑩夏丘，莽曰归思。洨，侯国。垓下，高祖破项羽。莽曰育成。⑪沛，有铁官。芒，莽曰博治。⑫建成，侯国。城父，夏肥水东南至下蔡入淮，过郡二，行六百二十里。莽曰思善。建平，侯国。莽曰田平。酂，莽曰赞治。⑬栗，侯国。莽曰成富。扶阳，侯国。莽曰合治。高，侯国。高柴，侯国。漂阳，⑭平阿，侯国。莽曰平宁。东乡，临都，义成，祁乡。侯国。

莽曰会谷。

①晋灼曰:"亢,音冈。"

②李奇曰:"今竹邑。"

③应劭曰:"在谷水之阳。"

④师古曰:"音饷。"

⑤师古曰:"铚,音竹乙反。"

⑥孟康曰:"音多。"

⑦师古曰:"㟙,音直恚反。"

⑧师古曰:"虹,亦音贡。"

⑨师古曰:"《左氏传》云'郜、雍、曹、滕,文之昭也',《系本》亦云'错叔绣,滕文王子',而此志云懿王子,未详其义耳。"

⑩应劭曰:"《春秋》'遇于犬丘',昭帝更名大丘。"

⑪应劭曰:"浚水所出,南入淮。"师古曰:"浚,音肴。"

⑫应劭曰:"世祖更名临睢。睢水出焉。"师古曰:"芒,音莫郎反。睢,音虽。"

⑬应劭曰:"音嵯。"师古曰:"此县本为酂,应音是也。中古以来,借酇字为之耳,读皆为酂,而莽呼为赞治,则此县亦有赞音。"

⑭如淳曰:"漂,音票。"

魏郡,高帝置。莽曰魏城。属冀州。户二十一万二千八百四十九,口九十万九千六百五十五。县十八:邺,故大河在东北入海。馆陶,河水别出为屯氏河,东北至章武入海,过郡四,行千五百里。斥丘,莽曰利丘。①沙,内黄,清河水出南。②清渊,③魏,都尉治。莽曰魏城亭。④繁阳,⑤元城,⑥梁期,黎阳,莽曰黎蒸。⑦即裴,侯国。莽曰即是。⑧武始,漳水东至邯郸入漳,又有拘涧水,东北至邯郸入白渠。⑨邯会,侯国。⑩阴安,平恩,侯国。莽曰延平。邯沟,侯国。⑪武安。钦口山,白渠水所出,东至列人入漳,又有窊水,东北至东昌入虖池河,过郡五,行六百一里。有铁官。莽曰桓安。⑫

①应劭曰:"斥丘在南也。"师古曰:"阚骃云地多斥卤,故曰斥丘。"

②应劭曰:"《春秋》'吴子、晋侯会于黄池'。今黄泽在西。陈留有外黄,故加内云。"臣瓒曰:"《国语》曰'吴子会诸侯于黄池,掘沟于齐、唐之间',今陈外黄有黄沟是也。《史记》曰'伐宋取黄池'。然则不得在魏郡明

矣。"师古曰:"瓒说是也,应说失之。"

③应劭曰:"清河在西北。"

④应劭曰:"魏武侯别都。"

⑤应劭曰:"在繁水之阳。"张晏曰:"其界为繁渊。"

⑥应劭曰:"魏武侯公子元食邑于此,因而遂氏焉。"

⑦晋灼曰:"黎山在其南,河水经其东。其山上碑取山之名耳,水在其阳以为名。"

⑧应劭曰:"裴,音非。"

⑨应劭曰:"拘,音矩。"

⑩张晏曰:"漳水之别,自城西南与邯山之水会,今城旁犹有沟渠在也。"师古曰:"邯,音下安反。"

⑪师古曰:"邯水之沟。"

⑫师古曰:"滆,音子袛反。虖,音呼。池,音徒何反。其下并同。"

巨鹿郡,秦置。属冀州。户十五万五千九百五十一,口八十二万七千一百七十七。县二十:巨鹿,《禹贡》大陆泽在北。纣所作沙丘台在东北七十里。①南䜌,莽曰富平。②广阿,象氏,侯国。莽曰宁昌。廮陶,③宋子,莽曰宜子。杨氏,莽曰功陆。临平,下曲阳,都尉治。④贳,⑤鄡,莽曰秦聚。⑥新市,侯国。莽曰市乐。堂阳,有盐官。尝分为经县。⑦安定,侯国。敬武,历乡,侯国。莽曰历聚。乐信,侯国。武陶,候国。柏乡,侯国。安乡。侯国。

①应劭曰:"鹿,林之大者也"。臣瓒曰:"山足曰鹿。"师古曰:"应说是。"

②孟康曰:"䜌,音良全反。"

③师古曰:"廮,音一井反。"

④应劭曰:"晋荀吴灭鼓,今鼓聚昔阳亭是也。"师古曰:"常山有上曲阳,故此云下。"

⑤师古曰:"音式制反。"

⑥师古曰:"音苦么反,又差枭反。"

⑦应劭曰:"在堂水之阳。"

常山郡,高帝置。莽曰井关。属冀州。①户十四万一千七百四十一,口六十七万七千九百五十六。县十八:元氏,沮水首受中丘西山穷泉谷,东至堂阳入黄河。莽曰井关亭。②石邑,井陉山在西,洨水

所出,东南至廮陶入泒。③桑中,侯国。灵寿,中山桓公居此。《禹
贡》卫水出东北,东入虖池。蒲吾,有铁山。大白渠水首受绵曼水,
东南至下曲阳入斯洨。④上曲阳,恒山北谷在西北。有祠。并州山。
《禹贡》恒水所出,东入滱。莽曰常山亭。⑤九门,莽曰久门。井陉,⑥
房子,赞皇山,石济水所出,东至廮陶入泒,莽曰多子。⑦中丘,逢山
长谷,渚水所出,东至张邑入浊。莽曰直聚。封斯,侯国。关,平棘,⑧
鄗,世祖即位,更名高邑。莽曰禾成亭。⑨乐阳,侯国。莽曰畅苗。平
台,侯国。莽曰顺台。都乡,侯国,有铁官。莽曰分乡。南行唐,牛
饮山白陆谷,滋水所出,东至新市入虖池水。都尉治。莽曰延亿。

①张晏曰:"恒山在西,避文帝讳,故改曰常山。"
②师古曰:"阚骃云赵公子元之封邑,故曰元氏。"
③师古曰:"洨,音效,又音爻。泒,音脂,又音丁计反。其后亦同。"
④应劭曰:"蒲水出中山蒲阴,东入河。"
⑤应劭曰:"滱,音驱。"
⑥应劭曰:"井陉山在南,音刑。"
⑦师古曰:"济,音子诣反。"
⑧应劭曰:"伐晋取棘蒲也。"师古曰:"《功臣表》棘蒲侯陈武,平棘侯林
　挚,是则平棘、棘蒲非一地也。应说失之。"
⑨师古曰:"鄗,音呼各反。"

清河郡,高帝置。莽曰平河。属冀州。户二十万一千七百七十
四,口八十七万五千四百二十二。县十四:清阳,王都。东武城,绎
幕,①灵,河水别出为鸣犊河,东北至蓨入屯氏河。莽曰播。②厝,莽
曰厝治。③郇,莽曰善陆。④贝丘,都尉治。⑤信成,张甲河首受屯氏
别河,东北至蓨入漳水。恚题,⑥东阳,侯国。莽曰胥陵。信乡,侯
国。⑦缭,⑧枣强,复阳。莽曰乐岁。⑨

①应劭曰:"绎,音亦。"师古曰:"本音弋尺反。"
②师古曰:"蓨,音条。其下亦同。"
③应曰:"安帝以孝德皇后葬于厝,改曰甘陵也。"师古曰:"音趋亦反。"
④师古曰:"音输。"
⑤应劭曰:"《左氏传》'齐襄公田于贝丘'是。"

⑥师古曰："芯,古莎字。"

⑦孟康曰："顺帝更名安平。"

⑧师古曰："音良笑反。"

⑨应劭曰："音腹。"

涿郡,高帝置。莽曰垣翰。属幽州。户十九万五千六百七,口七十八万二千七百六十四。有铁官。县二十九:涿,桃水首受涞水,分东至安次入河。①遒,莽曰遒屏。②谷丘,故安,阎乡,易水所出,东至范阳入濡也。并州寔。水亦至范阳入涞。③南深泽,范阳,莽曰顺阴。④蠡吾,⑤容城,莽曰深泽。易,广望,侯国。鄚,莽曰言符。⑥高阳,莽曰高亭。⑦州乡,侯国。安平,都尉治。莽曰广望亭。樊舆,侯国。莽曰握符。成,侯国。莽曰宜家。良乡侯国。垣水南东至阳乡入桃。莽曰广阳。利乡,侯国。莽曰章符。临乡,侯国。益昌,侯国。莽曰有秩。阳乡,侯国。莽曰章武。西乡,侯国。莽曰移风。饶阳,⑧中水,⑨武垣,莽曰垣翰亭。⑩阿陵,莽曰阿陆。阿武,侯国。高郭,侯国。莽曰广堤。亲昌。侯国。

①应劭曰："涿水出上谷涿鹿县。"师古曰："涞,音来。"

②师古曰："遒字,音字由反。"

③师古曰："言易水又至范阳入涞也。濡,音乃官反。"

④应劭曰："在范水之阳。"

⑤师古曰："蠡,音礼。"

⑥应劭曰："音莫。"

⑦应劭曰："在高河之阳。"

⑧应劭曰："在饶河之阳。"

⑨应劭曰："在易、滱二水之间,故曰中水。"

⑩应劭曰："垣水出良乡,东入桃。"

勃海郡,高帝置。莽曰迎河。属幽州。①户二十五万六千三百七十七,口九十万五千一百一十九。县二十六:浮阳,莽曰浮城。阳信,东光,有胡苏亭。阜城,莽曰吾城。千童,②重合,南皮,莽曰迎河亭。③定,侯国。章武,有盐官。莽曰桓章。中邑,莽曰检阴。高成,都尉治也。高乐,莽曰为乡。参户,侯国。成平,虖池河,民曰徒骇

河。莽曰泽亭。柳,侯国。临乐,侯国。莽曰乐亭。东平舒,④重平,
安次,修市,侯国。莽曰居宁。⑤文安,景成,侯国。束州,建成,章乡,
侯国。蒲领。侯国。

①师古曰:"在勃海之滨,因以为名。"

②应劭曰:"灵帝改曰饶安。"

③师古曰:"阚骃云章武有北皮亭,故此云南。"

④师古曰:"代郡有平舒,故此加东。"

⑤应劭曰:"音条。"

　平原郡,高帝置。莽曰河平。属青州。户十五万四千三百八十
七,口六十六万四千五百四十三。县十九:平原,有笃马河,东北入
海,五百六十里。鬲,平当以为鬲津,莽曰河平亭。①高唐,桑钦言漯
水所出。②重丘,平昌,侯国。羽,侯国。莽曰羽贞。般,莽曰分明。③
乐陵,都尉治。莽曰美阳。④祝阿,莽曰安成。瑗,莽曰东顺亭。阿阳,
漯阴,莽曰翼成。⑤朸,莽曰张乡。⑥富平,侯国。莽曰乐安亭。⑦安
悳,⑧合阳,侯国。莽曰宜乡。楼虚,侯国。龙颔,侯国,莽曰清乡。⑨
安。侯国。

①师古曰:"读与隔同。"

②师古曰:"漯,音它合反。"

③如淳曰:"音面般之般。"韦昭曰:"音版。"师古曰:"《尔雅》说九河云'钩
　般',郭璞以为水曲如钩,流般桓也。然今其土俗用如、韦之音。"

④师古曰:"乐,音来各反。"

⑤应劭曰:"漯水出东武阳,东北入海。"师古曰:"漯,音它合反。"

⑥应劭曰:"音力。"

⑦应劭曰:"明帝更名厌次。"

⑧师古曰:"悳,古德字。"

⑨师古曰:"今书本颔字或作额,而崔浩云有龙颔村,作额者非。"

　千乘郡,高帝置。莽曰建信。属青州。户十一万六千七百二十
七,口四十九万七百二十。①有铁官、盐官、均输官。县十五:千乘,
有铁官。东邹,温沃,莽曰延亭。平安,侯国。莽曰鸿睦。博昌,时
水东北至巨定入马车渎,幽州浸。②蓼城,都尉治。莽曰施武。建信,

狄，莽曰利居。③琅槐，④乐安，被阳，侯国。⑤高昌，繁安，侯国。莽曰瓦亭。高宛，莽曰常乡。延乡。

①应劭曰："和帝更名乐安。"

②应劭曰："昌水出东莱曲阳。"臣瓒曰："从东莱至博昌，经历宿水，不得至也。取其嘉名耳。"师古曰："瓒说是。"

③应劭曰："安帝更名曰临济。"

④师古曰："槐，音回。"

⑤如淳曰："一作疲，音罢军之罢。"师古曰："音皮彼反。"

济南郡，故齐。文帝十六年别为济南国。景帝二年为郡。莽曰乐安。属青州。户十四万七千六百六十一，口六十四万二千八百八十四。县十四：东平陵，有工官、铁官。邹，平台，莽曰台治。梁邹，土鼓，於陵，都尉治。莽曰于陆。阳丘，般阳，莽曰济南亭。①菅，②朝阳，侯国。莽曰修治。③历城，有铁官。猇，侯国。莽曰利成。④著，⑤宜成，侯国。

①应劭曰："在般水之阳。"师古曰："般，音盘。"

②应劭曰："音奸。"

③应劭曰："在朝水之阳。"

④应劭曰："音箟。"苏林曰："音爻。今东朝阳有猇亭。蔡谟音由，音鹞。"师古曰："蔡音是。音于虬反。"

⑤师古曰："音竹庶反，又音直庶反。而韦昭误以为蓍龟之蓍字，乃音纪咎反，失之远矣。"

泰山郡，高帝置。属兖州。户十七万二千八十六，口七十二万六千六百四。有工官。汶水出莱毋。西入济。①县二十四：奉高，有明堂，在西南四里，武帝元封二年造。有工官。博，有泰山庙。岱山在西北，求山上。茌，②卢，都尉治。济北王都也。肥成，③蛇丘，隧乡，故隧国。《春秋》曰"齐人歼于隧"也。④刚，故阐。莽曰柔。⑤柴，盖，临乐子山，洙水所出，西北至盖入池水。又沂水南至下邳入泗，过郡五，行六百里，青州浸。⑥梁父，⑦东平阳，南武阳，冠石山，治水所出，南至下邳入泗，过郡二，行九百四十里。莽曰桓宣。⑧莱芜，原山，淄水所出，东至博昌入泲，幽州浸。又《禹贡》汶水出西南入

沛。汶水，桑钦所言。⑨巨平，有亭亭山祠。⑩嬴，有铁官。⑪牟，故
国。⑫蒙阴，《禹贡》蒙山在西南，有祠。颛臾国在蒙山下。莽曰蒙恩。
华，莽曰翼阴。宁阳，侯国。莽曰宁顺。乘丘，⑬富阳，桃山，侯国。莽
曰袤鲁。桃乡，侯国。莽曰鄩亭。式。

①师古曰："汶，音问。毋，与无同。"

②应劭曰："茬山在东北。音淄。"师古曰："又音仕疑反。"

③应劭曰："肥子国。"

④师古曰："蛇音移，隧音遂。"

⑤应劭曰："《春秋》'秋取鄟及阐'，今阐亭是也。"师古曰："鄟，音欢。"

⑥师古曰："盖，读如本字，又音古盍反。洙，音殊。"

⑦师古曰："以山名县也。父，音甫。"

⑧应劭曰："武水所出，南入泗。"

⑨师古曰："沛，音子礼反。"

⑩应劭曰："《左氏传》'阳虎入于鄟阳关以叛'。今阳关亭是也。"

⑪师古曰："音盈。"

⑫应劭曰："附庸也。"师古曰："《春秋》桓十五年'牟人来朝'，即此也。"

⑬师古曰："《春秋》庄公十五年'公败宋师于乘丘'，即此是也。"

齐郡，秦置。莽曰济南。属青州。户十五万四千八百二十六，
口五十五万四千四百四十四。县十二：临淄，师尚父所封。如水西
北至梁邹入沛。有服官、铁官。莽曰齐陵。①昌国，德会水西北至西
安入如。利，莽曰利治。西安，莽曰东宁。巨定，马车渎水首受巨定，
东北至琅槐入海。广，为山，浊水所出，东北至广饶入巨定。广饶，
昭南，临朐，有逢山祠。石膏山，洋水所出，东北至广饶入巨定。莽
曰监朐。②北乡，侯国。莽曰禺聚。平广，侯国。台乡。

①应劭曰："齐献公自营丘徙此。"臣瓒曰："临淄即营丘也。故晏子云：'始
爽鸠氏居之，逢伯陵居之，大公居之。'又曰：'先君大公筑营之丘。'今
齐之城中有丘，即营丘也。"师古曰："瓒说是也。筑营之丘，言于营丘地
筑城邑。"

②应劭曰："临朐山矦有伯氏骈邑。"师古曰："朐，音劬。洋，音祥。"

北海郡，景帝中二年置。属青州。户十二万七千，口五十九万

三千一百五十九。县二十六：营陵，或曰营丘。莽曰北海亭。①剧魁，侯国。莽曰上符。安丘，莽曰诛郅。②瓡，侯国。莽曰道德。③淳于，④益，莽曰探阳。平寿，⑤剧，侯国。都昌，有盐官。平望，侯国。莽曰所聚。平的，侯国。⑥柳泉，侯国。莽曰弘睦。寿光，有盐官。莽曰翼平亭。⑦乐望，侯国。饶，侯国。斟，故国。禹后。桑犊，覆甑山，溉水所出，东北至都昌入海。⑧平城，侯国。密乡。侯国，羊石，侯国。乐都，侯国。莽曰拔垄，一作杕，一作枝也。石乡，侯国。一作止乡。上乡，侯国。新成，侯国。成乡，侯国。莽曰石乐。胶阳。侯国。

①应劭曰："师尚父封于营丘，陵亦丘也。"臣瓒曰："营丘，即临淄也。营陵，《春秋》谓之缘陵。"师古曰："临淄、营陵，皆旧营丘地。"

②孟康曰："今渠丘是。"

③师古曰："瓡即执字。"

④应劭曰："《春秋》'州公如曹'，《左氏传》曰'淳于公如曹'。"臣瓒曰："州，国名也，淳于公国之所都。"

⑤应劭曰："故斟寻，禹后，今斟城是也。"臣瓒曰："斟寻在河南，不在此也。《汲郡古文》云'大康居斟寻，羿亦居之，桀亦居之'，《尚书序》云'大康失邦，昆弟五人，须于洛汭'，此即大康所居为近洛也。又吴起对魏武侯曰'昔夏桀之居，左河济，右太华，伊阙在其南，羊肠在其北'，河南城为值之。又《周书·度邑》篇曰武王问大公曰：'吾将因有夏之居，南望过于三涂，北瞻望于有河。'有夏之居，即河南是也。"师古曰："应氏止云斟寻本是禹后耳，何豫夏国之都乎？瓒说非也。斟，音斟。"

⑥师古曰："的，音丁历反，其字从白。"

⑦应劭曰："古斟灌，禹后，今灌亭是。"

⑧师古曰："溉，音功代反。"

东莱郡，高帝置。属青州。①户十万三千二百九十二，口五十万二千六百九十三。县十七：掖，莽曰掖通。腄，有之罘山祠。居上山，声洋丹水所出丹，东北入海。②平度，莽曰利庐。黄，有莱山松林莱君祠。莽曰意母。临朐，有海水祠。莽曰监朐。③曲成，有参山万里沙祠。阳丘山，治水所出，南至沂入海。有盐官。牟平，莽曰望利。东牟，有铁官、盐官。莽曰弘德。㠌，有百支莱王祠。有盐官。④育犁，昌阳，有盐官。莽曰凤敬亭。不夜，有成山日祠。莽曰凤夜。⑤当利，有盐官。莽曰东莱亭。卢乡，阳乐，侯国。莽曰延乐。阳石，莽曰识命。徐乡。

①师古曰："故莱子国也。"

②师古曰："腄，音直瑞反。洋，音祥。"

③师古曰："齐郡已有临朐，而东莱又有此县，盖各以所近为名也。斯类非一。"

④师古曰："㟅，音坚。"

⑤师古曰："《齐地记》云古有日夜出，见于东莱，故莱子立此城，以不夜为名。"

　　琅邪郡，秦置。莽曰填夷。属徐州。①户二十二万八千九百六十，口一百七万九千一百。有铁官。县五十一：东武，莽曰祥善。不其，有太一、仙人祠九所及明堂，武帝所起。②海曲，有盐官。赣榆，③朱虚，凡山，丹水所出，东北至寿光入海。东泰山，汶水所出，东至安丘入维。有三山、五帝祠。④诸，莽曰诸并。⑤梧成，灵门，有高椊山。壶山，浯水所出，东北入淮。⑥姑幕，都尉治。或曰薄姑。莽曰季睦。⑦虚水，侯国。⑧临原，侯国。莽曰填夷亭。琅邪，越王句践尝治此，起馆台。有四时祠。⑨祓，侯国。⑩柜，根艾水东入海。莽曰祓同。⑪缾，侯国。⑫邞，胶水东至平度入海。莽曰纯德。⑬雩叚，侯国。⑭黔陬，故介国也。⑮云，侯国。计斤，莒子始起此，后徙莒。有盐官。⑯稻，侯国。皋虞，侯国。莽曰盈庐。平昌，长广，有莱山莱王祠。奚养泽在西，秦地图曰剧清地，幽州薮。有盐官。横，故山，久台水所出，东南至东武入淮。莽曰令丘。⑰东莞，术水南至下邳入泗，过郡三，行七百一十里，青州浸。⑱魏其，侯国。莽曰青泉。昌，有环山祠。兹乡，侯国。箕，侯国。《禹贡》维水北至昌都入海，过郡三，行五百二十里，兖州浸也。椑，夜头水南至海。莽曰识命。⑲高广，侯国。高乡，侯国。柔，侯国。即来，侯国。莽曰盛睦。丽，侯国。武乡，侯国。莽曰顺理。伊乡，侯国。新山，侯国。高阳，侯国。昆山，侯国。参封，侯国。折泉，侯国。折泉水北至莫入淮。博石，侯国。

房山,侯国。慎乡,侯国。驷望,侯国。莽曰泠乡。⑳安丘,侯国。莽曰宁乡。高陵,侯国。莽曰"蒲陆。临安,侯国。莽曰诚信。石山。侯国。

① 师古曰:"填,音竹人反。"

② 如淳曰:"其,音基。"

③ 师古曰:"赣,音绀。榆,音逾。"

④ 师古曰:"前言汶水出莱芜入济,今此又言出朱虚入维,将桑钦所说有异,或者有二汶水乎?五帝祠在维水之上。"

⑤ 师古曰:"《春秋》'城诸及郓'者。"

⑥ 师古曰:"柔,即柘字也。浯,音吾。"

⑦ 应劭曰:"《左氏传》曰'薄姑氏因之,而后大公因之'。"

⑧ 如淳曰:"虚,音墟。"

⑨ 师古曰:"《山海经》云:琅邪台在琅邪之东。"

⑩ 师古曰:"音废。"

⑪ 如淳曰:"音巨。"

⑫ 如淳曰:"音瓶。"

⑬ 师古曰:"音夫,又音扶。"

⑭ 师古曰:"雩,音许于反。叚,音工下反。"

⑮ 师古曰:"㝡,音子侯反。"

⑯ 师古曰:"即《春秋左氏传》所谓介根也,语音有轻重。"

⑰ 师古曰:"台,音怡。"

⑱ 孟康曰:"故郓邑,今郓亭是也。"师古曰:"莞音官。术水即沭水也。音同。"

⑲ 应劭曰:"音裨。"

⑳ 师古曰:"泠,音零。"

东海郡,高帝置。莽曰沂平。属徐州。①户三十五万八千四百一十四,口百五十五万九千三百五十七。县三十八:郯,故国,少昊后,盈姓。②兰陵,莽曰兰东。③襄贲。莽曰章信。④下邳,葛峄山在西,古文以为峄阳。有铁官。莽曰闰俭。⑤良成,侯国。莽曰承翰。⑥平曲,莽曰平端。戚,⑦朐,秦始皇立石海上以为东门阙。有铁官。开阳,故郧国。莽曰厌虏。⑧费,故鲁季氏邑。都尉治。莽曰顺从。⑨利成,莽曰流泉。海曲,莽曰东海亭。兰祺,侯国。莽曰溥睦。缯,故国,禹后。莽曰缯治。南成,侯国。山乡,侯国。建乡,侯国。即丘,莽曰就信。⑩祝其,《禹贡》羽山在南,鲧所殛。莽曰犹亭。临沂,厚丘,莽曰祝其亭。容丘,侯国。祠水东南至下邳入泗。东安,侯国。莽曰业亭。合乡,莽曰合聚。承,莽曰承治。⑪建阳,侯国。莽曰建力。曲阳,莽曰从羊。⑫司吾,莽曰息吾。⑬于乡,侯国。平曲,侯国。莽曰端平。都阳,侯国。⑭阴平,侯国。郚乡,侯国。莽曰徐亭。⑮武阳,侯国。莽曰弘亭。新阳,侯国。莽曰博聚。建陵,侯国。莽曰付亭。昌虑,侯国。莽曰虑聚。⑯都平。侯国。

①应劭曰:"秦郯郡。"

②应劭曰:"音谈。"

③孟康曰:"次室亭鲁伯是。"

④应劭曰:"赍,音肥。"

⑤应劭曰:"邳在薛,其后徙此,故曰下。"臣瓒曰:"有上邳,故曰下邳也。"师古曰:"瓒说是。"

⑥师古曰:"《左氏传》所谓'晋侯会吴子于良',即此是。"

⑦郑氏曰:"音忧戚。"

⑧师古曰:"鄅,音禹。厌,音一涉反。"

⑨师古曰:"音秘。"

⑩孟康曰:"古祝丘。"

⑪应劭曰:"音证。"

⑫应劭曰:"在淮曲之阳。"

⑬应劭曰:"《左传》吴执钟吾子。"

⑭应劭曰:"《春秋》'齐人迁阳'是。"

⑮师古曰:"郚,音吾,又音鱼。"

⑯师古曰:"虑,音庐。"

临淮郡,武帝元狩六年置。莽曰淮平。户二十六万八千二百八十三,口百二十三万七千七百六十四。县二十九:徐,故国,盈姓。至春秋时徐子章禹为楚所灭。莽曰徐调。取虑,①淮浦,游水北入海。莽曰淮敬。②盱眙,都尉治。莽曰武匡。③厹犹,莽曰秉义。④僮,莽曰成信。射阳,莽曰监淮亭。⑤开阳,赘其,⑥高山,⑦睢陵,莽曰睢陆。⑧盐渎,有铁官。淮阴,莽曰嘉信。淮陵,莽曰淮陆。下相,莽曰从德。⑨富陵,莽曰櫂虏⑩东阳,播旌,莽曰著信。西平,莽曰永聚。高平,侯国。莽曰成丘。开陵,侯国。莽曰成乡。昌阳,侯国。广平,侯国。莽曰平宁。兰阳,侯国。莽曰建节。襄平。侯国。莽曰相平。海陵,有江海会祠。莽曰亭间。舆,莽曰美德。堂邑,有铁官。乐陵。侯国。

①师古曰:"取,音趣,又音秋。虑,音庐。"

②应劭曰:"淮涯。"

③应劭曰:"音吁怡。"

④师古曰:"咎,音仇。"

⑤应劭曰:"在射水之阳。"

⑥师古曰:"赘,音之锐反。"

⑦应劭曰:"亭山在东南。"

⑧师古曰:"睢,音虽。"

⑨应劭曰:"相水出沛国,故加下。"

⑩"櫂,音朔。"

会稽郡,秦置。高帝六年为荆国,十二年更名吴。景帝四年属江都。属扬州。户二十二万三千三十八,口百三万二千六百四。县二十六:吴,故国,周大伯所邑。具区泽在西,扬州薮,古文以为震泽。南江在南,东入海,扬州川。莽曰泰德。曲阿,故云阳。莽曰风美。乌伤,莽曰乌孝。毗陵,季札所居。江在北,东入海,扬州川。莽曰毗坛。①余暨,萧山,潘水所出,东入海。莽曰余衍。②阳羡,诸暨,莽曰疏虏。无锡,有历山,春申君岁祠以牛。莽曰有锡。山阴,会稽山在南,上有禹冢、禹井。扬州山。越王句践本国。有灵文园。③丹徒,④余姚,娄,有南武城,阖闾所起以候越。莽曰娄治。上虞,有仇亭。柯水东入海。莽曰会稽。海盐,故武原乡。有盐官。莽曰展武。剡,莽曰尽忠。⑤由拳,柴辟,故就李乡,吴、越战地。⑥大末,谷水东北至钱唐入江。莽曰末治。⑦乌程,有欧阳亭。⑧句章,渠水东入海。

余杭,莽曰进睦。⑨鄞,有镇亭,有鲒埼亭。东南有天门水入海。有越天门山。莽曰谨。⑩钱唐,西部都尉治。武林山,武林水所出,东入海,行八百三十里。莽曰泉亭。鄮,莽曰海治。⑪富春,莽曰诛岁。冶,⑫回浦。南部都尉治。

①师古曰:"旧延陵,汉改之。"

②应劭曰:"吴王阖闾弟夫概之所邑。"师古曰:"应说非也。暨,音既。下诸暨亦同。潘,音甫元反。"

③师古曰:"灵文侯,薄太后父。"

④师古曰:"即《春秋》云朱方也。"

⑤师古曰:"音上冉反。"

⑥应劭曰:"古之檇李也。"师古曰:"檇,音权。辟,读曰壁。檇,音子遂反。"

⑦孟康曰:"大,音如闿。"

⑧师古曰:"欧,音乌侯反。"

⑨孟康曰:"杭,音行伍之行。"

⑩师古曰:"鄞,音牛斤反。鲒,音结,蚌也,长一寸,广二分,有一小蟹在其腹中。埼,曲岸也,其中多鲒,故以名亭。埼,音巨依反。"

⑪孟康曰:"音贸。"

⑫师古曰:"本闽越地。"

丹扬郡,故鄣郡。属江都。武帝元封二年更名丹阳。属扬州。户十万七千五百四十一,口四十万五千一百七十。有铜官。县十七:宛陵,彭泽聚在西南。清水西北至芜湖入江。莽曰无宛。于朁,①江乘,莽曰相武。春谷,秣陵,莽曰宜亭。故鄣,莽曰候望。②句容,泾,③丹杨,楚之先熊绎所封,十八世,文王徙郢。石城,分江水首受江,东至余姚入海,过郡二,行千二百里。胡孰,陵阳,桑钦言淮水出东南,北入大江。芜湖,中江出西南,东于阳羡入海。扬州川。黝,浙江水出南蛮夷中,东入海。成帝鸿嘉二年为广德王国,莽曰愬房。④溧阳,⑤歙,都尉治。⑥宣城。

①师古曰:"朁,音潜。"

②师古曰:"鄣,音章。"

③韦昭曰:"泾水出毋湖。"

④师古曰："黝，音伊，字本作黟，其音同。

⑤应劭曰："溧水所出南湖也。"师古曰："音栗。"

⑥师古曰："音摄。"

豫章郡，高帝置。莽曰九江。属扬州。户六万七千四百六十二，口三十五万一千九百六十五。县十八：南昌，莽曰宜善。庐陵，莽曰桓亭。彭泽，《禹贡》彭蠡泽在西。鄱阳，武阳乡右十余里有黄金采。鄱水西入湖汉。莽曰乡亭。①历陵，傅易山、傅易川在南，古文以为傅浅原。莽曰蒲亭。②余汗，余水在北，至鄡阳入湖汉。莽曰治干。③柴桑，莽曰九江亭。艾，修水东北至彭泽入湖汉，行六百六十里。莽曰治翰。赣，豫章水出西南，北入大江。④新淦，都尉治。莽曰偶亭。⑤南城，盱水西北至南昌入湖汉。⑥建成，蜀水东至南昌入湖汉。莽曰多聚。宜春，南水东至新淦入湖汉。莽曰修晓。海昏，莽曰宜生。⑦雩都，湖汉东至彭泽入江，行千九百八十里。⑧鄡阳，莽曰豫章。南野，彭水东入湖汉。安平。侯国。莽曰安宁。

①孟康曰："鄱，音婆。"师古曰："采者，谓采取金之处。"

②师古曰："傅，读曰敷。易，古阳字。"

③应劭曰："汗，音干。"师古曰："鄡，音口尧反。"

④如淳曰："音感。"

⑤应劭曰："淦水所出，西入湖汉也。"师古曰："淦，音绀，又音古含反。"

⑥师古曰："盱，音香于反。"

⑦师古曰："即昌邑王贺所封。"

⑧师古曰："音于。"

桂阳郡，高帝置。莽曰南平。属荆州。户二万八千一百一十九，口十五万六千四百八十八。有金官。县十一：郴，耒山，耒水所出，西至湘南入湖。项羽所立义帝都此。莽曰宣风。①临武，秦水东南至浈阳入汇，行七百里。莽曰大武。②便，莽曰便屏。南平，耒阳，春山，春水所出，北至酃入湖，过郡二，行七百八十里。莽曰南平亭。③桂阳，汇水南至四会入郁，过郡二，行九百里。④阳山，侯国。⑤曲江，莽曰除虏。含洭，⑥浈阳，莽曰基武。⑦阴山。侯国。

①师古曰："郴，音丑林反。耒，音郎内反。"

②师古曰:"渼,音大庚反,又音贞。汇,音胡贿反。"

③师古曰:"在耒水之阳也。酃,音灵。"

④应劭曰:"桂水所出,东北入湘。"

⑤应劭曰:"今阴山也。"师古曰:"下自有阴山。应说非也。"

⑥应劭曰:"洭水所出,东北入淮。"师古曰:"洭,音匡。沅,音元。"

⑦应劭曰:"泿水出南海龙川,西入秦。"

　　武陵郡,高帝置。莽曰建平。属荆州。户三万四千一百七十七,口十八万五千七百五十八。县十三:索,渐水东入沅。①孱陵,莽曰孱陆。②临沅,莽曰监原。③沅陵,莽曰沅陆。镡成,康谷水南入海。玉山,潭水所出,东至阿林入郁,过郡二,行七百二十里。④无阳,无水首受故且兰,南入沅,八百九十里。⑤迁陵,莽曰迁陆。辰阳,三山谷,辰水所出,南入沅,七百五十里。莽曰会亭。⑥酉阳,⑦义陵,鄜梁山,序水所出,西入沅。莽曰建平。⑧佷山,⑨零阳,⑩充。酉原山,酉水所出,南至沅陵入沅,行千二百里。历山,澧水所出,东至下隽入沅,过郡二,行一千二百里。⑪

①应劭曰:"顺帝更名汉寿。"如淳曰:"音绳索之索。"师古曰:"沅,音元。"

②应劭曰:"孱,音践。"师古曰:"音仕连反。"

③应劭曰:"沅水出牂柯,入于江。"

④应劭曰:"潭水所出,东入郁。音淫。"孟康曰:"镡,音潭。"师古曰:"孟音是。"

⑤师古曰:"且,音子余反。"

⑥应劭曰:"辰水所出,东入沅。"

⑦应劭曰:"酉水所出,东入湘。"

⑧师古曰:"鄜,音敷。"

⑨孟康曰:"音恒。出药草恒山。"

⑩应劭曰:"零水所出,东南入湘。"

⑪师古曰:"澧,音礼。隽,音辞兖反。"

　　零陵郡,武帝元鼎六年置。莽曰九疑。属荆州。户二万一千九十二,口十三万九千三百七十八。县十:零陵,阳海山,湘水所出,北至酃入江,过郡二,行二千五百三十里。又有离水,东南至广信入郁林,行九百八十里。营道,九疑山在南。莽曰九疑亭。始安,夫夷,营浦，都梁，侯国。路山，资水所出，东北至益阳入沅，过郡二，行千八百里。泠道，莽曰泠陵。①泉陵，侯国。莽曰溥闰。洮阳，莽曰洮治。②钟武。莽曰钟桓。③

①应劭曰："泠水出丹阳宛陵，西北入江。"臣瓒曰："宛陵在豫章北界，相去三千里，又隔诸水，不得从下逆至泠道而复入江也。"师古曰："瓒说是。泠，音零。"

②如淳曰："洮，音韶。"

③应劭曰："今重安。"

汉中郡，秦置。莽曰新成。属益州。户十万一千五百七十，口三十万六百一十四。县十二：西城，①旬阳，北山，旬水所出，南入沔。南郑，旱山，池水所出，东北入汉。褒中，都尉治。汉阳乡。房陵，淮山，淮水所出，东至中庐入沔。又有筑水，东至筑阳亦入沔。东山，沮水所出，东至郢入江，行七百里。②安阳，鬻谷水出西南，北入汉。在谷水出北，南入汉。③成固，沔阳，有铁官。④锡，莽曰锡治。⑤武陵，上庸，长利，有郧关。⑥

①应劭曰："《世本》妫虚在西北，舜之居。"

②师古曰："筑，音逐。"

③师古曰："鬻，音潜，其字亦或从水。"

④应劭曰："沔水出武都，东南入江。"如淳曰："此方人谓汉水为沔水。"师古曰："汉上曰沔。音莫践反。"

⑤应劭曰："音阳。"师古曰："即《春秋》所谓锡穴。"

⑥师古曰："音云。"

广汉郡，高帝置。莽曰就都。属益州。户十六万七千四百九十九，口六十六万二千二百四十九。有工官。县十三：梓潼，五妇山，驰水所出，南入涪，行五百五十里。莽曰子同。①汁方，莽曰美信。②涪，有屏亭。莽曰统睦。③雒，章山，雒水所出，南至新都谷入湔。有工官。莽曰吾雒。④绵竹，紫岩山，绵水所出，东至新都北入雒。都尉治。广汉，莽曰广信。葭明，⑤郪，⑥新都，甸氏道，白水出徼外，东至葭明入汉，过郡一，行九百五十里。蟒曰致治。⑦白水，⑧刚氏道，涪水出徼外，南至垫江入汉，过郡二，行千六十九里。阴平道。北部都尉治。莽曰摧虏。

　　①应劭曰:"潼水所出,南入垫江。垫,音徒浃反。"师古曰:"潼,音童。涪,
　　　音浮。"

　　②应劭曰:"汁,音十。"

　　③应劭曰:"涪水出广汉,南入汉。"

　　④师古曰:"湔,音子先反。"

　　⑤应劭曰:"音家盲。"师古曰:"明,音萌。"

　　⑥师古曰:"音妻,又音千私反。"

　　⑦李奇曰:"匄,音塍。"师古曰:"匄,音食证反。"

　　⑧应劭曰:"出徼外,北入汉。"

　　蜀郡,秦置。有小江入,并行千九百八十里。《禹贡》桓水出蜀
山西南,行羌中,入南海。莽曰导江。属益州。户二十六万八千二
百七十九,口百二十四万五千九百二十九。县十五:成都,户七万六
千二百五十六。有工官。郫,《禹贡》江沱在西,东入大江。①繁,广
都,莽曰就都亭。临邛,仆千水东至武阳入江,过郡二,行五百一十
里。有铁官、盐官。莽曰监邛。②青衣,《禹贡》蒙山溪大渡水东南至
南安入湔。③江原,郫水首受江,南至武阳入江。莽曰邛原。④严道,
邛来山,邛水所出,东入青衣。有木官。莽曰严治。绵虒,玉垒山,
湔水所出,东南至江阳入江,过郡三,行千八百九十里。⑤旄牛,鲜
水出徼外,南入若水。若水亦出徼外,南至大莋入绳,过郡二,行千
六百里。⑥徙,⑦湔氐道,《禹贡》岷山在西徼外,江水所出,东南至
江都入海,过郡七,行二千六百六十里。⑧汶江,湔水出徼外,南至
南安,东入江,过郡三,行三千四十里。江沱在西南,东入江。⑨广
柔,蚕陵。莽曰步昌。

　　①师古曰:"郫,音疲。沱,音徒何反。"

　　②应劭曰:"邛水出严道邛来山,东入青衣。"

　　③应劭曰:"顺帝更名汉嘉也"。师古曰:"湔,音哉。"

　　④应劭曰:"郫,音寿。"

　　⑤师古曰:"虒,音斯。"师古曰:"湔,音子千反。"

　　⑥师古曰:"莋,音才各反。"

⑦师古曰："音斯。"

⑧师古曰："音丁奚反。"

⑨师古曰："沱，音徒何反。"

犍为郡，武帝建元六年开。莽曰西顺。属益州。①户十万九千四百一十九，口四十八万九千四百八十六。县十二：僰道，莽曰僰治。②江阳，武阳，有铁官。莽曰戢成。南安，有盐官、铁官。资中，符，温水南至鳖入黚，黚水亦南至鳖入江。莽曰符信。③牛鞞，④南广，汾关山，符黑水所出，北至僰道入江。又有大涉水，北至符入江，过郡三，行八百四十里。汉阳，都尉治。山阑谷，汉水所出，东至鳖入延。莽曰新通。⑤郁邬，莽曰羼邬。⑥朱提，山出银。⑦堂琅。

①应劭曰："故夜郎国。"

②应劭曰："故僰侯国也。音蒲北反。"

③师古曰："鳖音蔽，又音鳖。黚，音纪炎反。"

④孟康曰："音髀。"师古曰："音必尔反。"

⑤师古曰："阑，音它盍反。"

⑥师古曰："邬，音莫亚反。羼，仕连反。"

⑦应劭曰："朱提山在西南。"苏林曰："朱，音铢。提，音时。北方人名匕曰匙。"

越嶲郡，武帝元鼎六年开。莽曰集嶲。属益州。①户六万一千二百八，口四十八万八千四百五。县十五：邛都，南山出铜。有邛池泽。遂久，绳水出徼外，东至僰道入江，过郡二，行千四百里。灵关道，台登，孙水南至会无入若，行七百五十里。②定莋，出盐。步北泽在南。都尉治。③会无，东山出碧。莋秦，大莋，姑复，临池泽在南。④三绛，苏示，尼江在西北。⑤阑，⑥卑水，⑦潞街，⑧青蛉。临池潞在北。仆水出徼外，东南至来惟入劳，过郡二，行千八百八十里。则禺同山，有金马、碧鸡。⑨

①应劭曰："故邛都国也。有嶲水。言越此水以章休盛也。"师古曰："嶲，音先蕊反。"

②应劭曰："今曰台高。"

③师古曰："莋，音才各反。其下并同。"

④师古曰："复,音扶目反。"

⑤师古曰："示,读曰祇。尼,古夷字。"

⑥师古曰："音兰。"

⑦孟康曰："音班。"

⑧师古曰："灊,音潜,又音才心反。其下亦同。"

⑨应劭曰："青蛉水出西,东入江也。"师古曰："蛉,音零。禺,音愚。"

益州郡,武帝元封二年开。莽曰就新。属益州。①户八万一千九百四十六,口五十八万四百六十三。县二十四:滇池,大泽在西,滇池泽在西北。有黑水祠。双柏,同劳,铜濑,谈虏山,迷水所出,东至谈稿入温。连然,有盐官。俞元,池在南,桥水所出,东至母单入温,行千九百里。怀山出铜。收靡,南山腊,涂水所出,西北至越嶲入绳,过郡二,行千二十里。②谷昌,秦臧,牛兰山,即水所出,南至双柏入仆,行八百二十里。邪龙,味,③昆泽,叶榆,叶榆泽在东。贪水首受青蛉,南至邪龙入仆,行五百里。④律高,西石空山出锡,东南盩町山出银、铅。⑤不韦,云南,嶲唐,周水首受徼外。又有类水,西南至不韦,行六百五十里。弄栋,东农山,毋血水出,北至三绛南入绳,行五百一十里。比苏,⑥贲古,北采山出锡,西羊山出银、铅,南乌山出锡。⑦毋棳,桥水首受桥山,东至中留入潭,过郡四,行三千一百二十里。莽曰有棳。⑧胜休,河水东至毋棳入桥。莽曰胜僰。建伶,⑨来唯。从陆山出铜。劳水出徼外,东至麊泠入南海,过郡三,行三千五百六十里。⑩

①应劭曰："故滇王国也。"师古曰："滇,音颠。其下并同。"

②李奇曰："靡,音麻,即升麻,杀毒药所出也。"师古曰："涂,音途。"

③孟康曰："音昧。"

④师古曰："叶,音弋涉反。"

⑤师古曰："盩,音呼鸡反。町,音挺。"

⑥师古曰："比,音频二反。"

⑦师古曰："贲,音奔。"

⑧师古曰："毋,读与无同。棳,音之悦反,其字从木。"

⑨应劭曰："音铃。"

⑩师古曰："陆，音胡工反。伶，音零。"

牂柯郡，武帝元鼎六年开。莽曰同亭。有柱蒲关。属益州。①户二万四千二百一十九，口十五万三千三百六十。县十七：故且兰，沅水东南至益阳入江，过郡二，行二千五百三十里。②镡封，温水东至广郁入郁，过郡二，行五百六十里。③鳖，不狼山，鳖水所出，东入沅，过郡二，行七百三十里。④漏卧，⑤平夷，同并，⑥谈指，宛温，⑦毋敛，刚水东至潭中入潭。莽曰有敛。⑧夜郎，豚水东至广郁。都尉治。莽曰同亭。⑨毋单，⑩漏江，西随，麋水西受徼外，东至麋伶入尚龙溪，过郡二，行千一百六里。都梦，壶水东南至麋伶入尚龙溪，过郡二，行千一百六十里。谈稿，⑪进桑，南部都尉治。有关。句町。文象水东至增食入郁。又有庐唯水、来细水、伐水。莽曰从化。⑫

①应劭曰："临牂柯江也。"师古曰："牂柯，系船杙也。《华阳国志》云：楚顷襄王时，遣庄𫏋伐夜郎，军至且兰，椓船于岸而步战。既灭夜郎，以且兰有椓船牂柯处，乃改其名为牂柯。杙音弋。"

②应劭曰："故且兰侯邑也。且。音苴。"师古曰："音子间反。"

③师古曰："镡，音寻，又音淫。"

④孟康曰："鳖，音鳖。"师古曰："音不列反。"

⑤应劭曰："故漏卧侯国。"

⑥应劭曰："故同并侯邑。并，音伴。"

⑦师古曰："宛，音于元反。"

⑧师古曰："潭，音大含反。"

⑨应劭曰："故夜郎侯邑。"

⑩师古曰："毋，读与无同。单，音丹。"

⑪师古曰："稿，音工老反。"

⑫应劭曰："故句町国。"师古曰："音劬挺。"

巴郡，秦置。属益州。①户十五万八千六百四十三，口七十万八千一百四十八。县十一：江州，临江，莽曰监江。枳，②阆中，彭道将池在南，彭道鱼池在西南。③垫江，④朐忍，容毋水所出，南。有橘官、盐官。⑤安汉，是鱼池在南。莽曰安新。宕渠，符特山在西南。潜水西南入江。不曹水出东北，南入灊徐谷。⑥鱼复，江关都尉治。有橘官。⑦充国，涪陵。莽曰巴亭。⑧

　①应劭曰："《左氏》巴子使韩服告楚。"
　②如淳曰："音徙，或音抵。"师古曰："音之尔反。"
　③师古曰："阆，音浪。"
　④孟康曰："音重垒之垒。"
　⑤师古曰："朐，音劬。"
　⑥师古曰："宕，音徒浪反。"
　⑦应劭曰："复，音腹。"
　⑧师古曰："涪，音浮。"

汉书卷二八下
志第八下

地理下

武都郡,武帝元鼎六年置。莽曰乐平。①户五万一千三百七十六,口二十三万五千五百六十。县九:武都,东汉水受氐道水,一名沔,过江夏,谓之夏水,入江。天池大泽在县西。莽曰循虏。②上禄,故道,莽曰善治。河池,泉街水南至沮入汉,行五百二十里。莽曰乐平亭。③平乐道,沮,沮水出东狼谷,南至沙羡南入江,过郡五,行四千里。荆州川。④嘉陵道,循成道,下辨道。莽曰杨德。⑤

①应劭曰:"故白马氐羌。"
②师古曰:"以有天池大泽,故谓之都。"
③师古曰:"《华阳国志》云:一名仇池,地方百顷。"
④师古曰:"沮,音千余反。羡,音夷。"
⑤师古曰:"辨,音步见反。"

陇西郡,秦置。莽曰厌戎。①户五万三千九百六十四,口二十三万六千八百二十四。有铁官、盐官。县十一:狄道,白石山在东。莽曰操虏。②上邽,③安故,氐道,《禹贡》养水所出,至武都为汉。莽曰亭道。④首阳,《禹贡》鸟鼠同穴山在西南,渭水所出,东至船司空入河,过郡四,行千八百七十里。雍州浸。予道,莽曰德道。大夏,莽曰顺夏。羌道,羌水出塞外,南至阴平入白水,过郡三,行六百里。⑤襄武,莽曰相桓。临洮,洮水出西羌中,北至枹罕东入河。《禹贡》西顷山在县西,南部都尉治也。⑥西。《禹贡》嶓冢山,西汉所出,南入广汉白水,东南至江州入江,过郡四,行二千七百六十里,莽曰西治。

①应劭曰："有陇坻，在其西也"。师古曰："陇坻，谓陇阪，即今之陇山也。此郡在陇之西，故曰陇西。坻，音丁计反。又音底。"

②师古曰："其地有狄种，故云狄道。"

③应劭曰："《史记》故邽戎邑也。"师古曰："邽音圭。"

④师古曰："氐，夷种名也。氐之所居，故曰氐道，氐，音丁奚反。养，音弋向反，字本作漾，或作瀁。"

⑤师古曰："《水经》云：羌水出羌中参谷。"

⑥师古曰："洮，音吐高反。枹，读曰肤。项，读曰倾。"

金城郡，昭帝始元六年置。莽曰西海。①户三万八千四百七十，口十四万九千六百四十八。县十三：允吾，乌亭水出参街谷，东至枝阳入湟。莽曰修远。②浩亹，浩亹水出西塞外，东至允吾入湟水。莽曰兴武。③令皇，涧水出西北塞外，至县西南，入郑伯津。莽曰罕虏。④枝阳，金城，莽曰金屏。榆中，枹罕，⑤白石，离水出西塞外，东至枹罕入河。莽曰顺砾。⑥河关，积石山在西南羌中。河水行塞外，东北入塞内，至章武入海，过郡十六，行九千四百里。破羌，宣帝神爵二年置。安夷，允街，宣帝神爵二年置。莽曰修远。⑦临羌。西北至塞外，有西王母石室、仙海、盐池。北则湟水所出，东至允吾入河。西有须抵池，有弱水、昆仑山祠。莽曰盐羌。⑧

①应劭曰："初筑城得金，故曰金城。"臣瓒曰："称金，取其坚固也，故《墨子》曰'虽金城汤池'。"师古曰："瓒说是也。一云：以郡在京师之西，故谓金城。金，西方之行。"

②应劭曰："允吾，音铅牙。"

③孟康曰："浩亹，音合门。"师古曰："浩，音诰。浩，水名也。亹者，水流峡山，岸深若门也。《诗·大雅》曰'凫鹥在亹'，亦其义也。今俗呼此水为阁门河，盖疾言之，浩为阁耳。湟，音皇。"

④孟康曰："令，音连。"师古曰："令，音零。"

⑤应劭曰："故罕羌侯邑也。枹音铁。"师古曰："读曰肤，本枹鼓字也。其字从木。"

⑥应劭曰："白石山在东。"

⑦孟康曰："允，音铅。"

⑧师古曰："阚骃云西有卑和羌,即献王莽地为西海郡者也。抵,音丁礼反。"

天水郡,武帝元鼎三年置。莽曰填戎。明帝改曰汉阳。①户六万三百七十,口二十六万一千三百四十八。县十六:平襄,莽曰平相。②街泉,戎邑道,莽曰填戎亭。望垣,莽曰望亭。罕开,③绵诸道,阿阳,略阳道,冀,《禹贡》朱圉山在县南梧中聚。莽曰冀治。④勇士,属国都尉治满福。莽曰纪德。⑤成纪,清水,莽曰识睦。奉捷,陇,⑥豲道,骑都尉治密艾亭。⑦兰干。莽曰兰盾。

①师古曰:"《秦州地记》云郡前湖水冬夏无增减,因以名焉。填,音竹真反。其后并同。"

②师古曰:"阚骃云故襄戎邑也。"

③应劭曰:"音羌肩反。"师古曰:"本破罕开之羌,处其人于此,因以名云。"

④师古曰:"《续汉郡国志》云有缇群山、洛门聚。圉,读与圈同。"

⑤师古曰:"即今土俗呼为健士者也。随室之初避皇太子讳,因而遂改。"

⑥师古曰:"今呼陇城县者也。"

⑦应劭曰:"豲,邑也,音桓。"

武威郡,故匈奴休屠王地。武帝太初四年开。莽曰张掖。①户万七千五百八十一,口七万六千四百一十九。县十:姑臧,南山,谷水所出,北至武威入海,行七百九十里。张掖,武威,休屠泽在东北,古文以为猪野泽。休屠,莽曰晏然。都尉治熊水障。北部都尉治休屠城。揟次,莽曰播德。②鸾乌,朴䶂,莽曰敷虏。③媪围,苍松,南山,松陕水所出,北至揟次入海。莽曰射楚。④宣威。

①师古曰:"休,音许虬反。屠,音直闾反。其后并同。"

②孟康曰:"揟,音子如反。次,音咨,诸本作恣。"

③孟康曰:"音蒲环。"

④师古曰:"枀,古松字也。陕,音下夹反,两山之间也。松陕,峡名。"

张掖郡,故匈奴昆邪王地。武帝太初元年开。莽曰设屏。①户二万四千三百五十二,口八万八千七百三十一。县十:觻得,千金渠西至乐涫入泽中。羌谷水出羌中,东北至居延入海,过郡二,行二千一

百里。莽曰官式。②昭武,莽曰渠武。删丹,桑钦以为道弱水自此,西
至酒泉合黎。莽曰贯虏。氐池,莽曰否武。屋兰,莽曰传武。曰勒,
都尉治泽索谷。莽曰勒治。③骊靬,莽曰揭虏。④番和,农都尉治。莽
曰罗虏。⑤居延,居延泽在东北,古文以为流沙。都尉治。莽曰居
成。⑥显美。

①应劭曰:"张国臂掖,故曰张掖也。"师古曰:"掖,音胡门反。"

②应劭曰:"觻得渠西入泽羌谷。"孟康曰:"觻,音鹿。"师古曰:"孟音是
也。涫,音官。其下并同。"

③师古曰:"泽,音铎。索,音先各反。"

④李奇曰:"音迟虔。"如淳曰:"音弓靬。"师古曰:"骊,音力迟反。靬,音虔
是也。今其土俗人呼骊靬,疾言之曰力虔。揭,音其谒反。"

⑤如淳曰:"番,音盘。"

⑥师古曰:"阚骃云武帝使伏波将军路博德筑遮虏障于居延城。"

酒泉郡,武帝太初元年开。莽曰辅平。①户万八千一百三十七,
口七万六千七百二十六。县九:禄福,呼蚕水出南羌中,东北至会水
入羌谷。莽曰显德。表是,莽曰载武。乐涫,莽曰乐亭。天陕,②玉
门,莽曰辅平亭。③会水,北部都尉治偃泉障。东部都尉治东部障。
莽曰萧武。④池头,绥弥,⑤乾齐。西部都尉治西部障。莽曰测
虏。⑥

①应劭曰:"其水若酒,故曰酒泉也。"师古曰:"旧俗传云城下有金泉,泉
味如酒。"

②师古曰:"音衣。此地有天陕阪,故以名。"

③师古曰:"阚骃云汉罢玉门关屯,徙其人于此。"

④师古曰:"阚骃云众水所会,故曰会水。"

⑤如淳曰:"今曰安弥。"

⑥孟康曰:"乾,音干。"

敦煌郡,武帝后元年分酒泉置。正西关外有白龙堆沙,有蒲昌
海。莽曰敦德。①户万一千二百,口三万八千三百三十五。县六:敦
煌,中部都尉治步广候官。杜林以为古瓜州地,生美瓜。莽曰敦
德。②冥安,南籍端水出南羌中,西北入其泽,溉民田。③效谷,④渊

泉，⑤广至，宜禾都尉治昆仑障。莽曰广桓。龙勒。有阳关、玉门关，皆都尉治。氐置水出南羌中，东北入泽，溉民田。

①应劭曰：“敦，大也。煌，盛也。敦，音屯。”

②师古曰：“即《春秋左氏传》所云‘允姓之戎居于瓜州’者也。其地今犹出大瓜，长者狐入瓜中食之，首尾不出。”

③应劭曰：“冥水出北，入其泽。”

④师古曰：“本渔泽障也。桑钦说孝武元封六年济南崔不意为鱼泽尉，教力田，以勤效得谷，因立为县名。”

⑤师古曰：“阙駰云地多泉水，故以为名。”

安定郡，武帝元鼎三年置。户四万二千七百二十五，口十四万三千二百九十四。县二十一：高平，莽曰铺睦。复累。①安俾，②抚夷，莽曰抚宁。朝那，有端旬祠十五所，胡巫祝。又有湫渊祠。③泾阳，幵头山在西，《禹贡》泾水所出，东南至阳陵入渭，过郡三，行千六十里，雍州有川。④临泾，莽曰监泾。卤，⑤爩水出西。乌氏，乌水出西，北入河。都卢山在西。莽曰乌亭。⑥阴密，《诗》密人国。有器安亭。⑦安定，参𬘫，主骑都尉治。⑧三水，属国都尉治。有盐官。莽曰广延亭。阴槃，安武，莽曰安桓。祖厉，莽曰乡礼。⑨爰得，眴卷，河水别出为河沟，东至富平北入河。⑩彭阳，鹑阴，月氏道。莽曰月顺。⑪

①师古曰：“复，音服。累，音力追反。”

②孟康曰：“俾，音卑。”

③应劭曰：“《史记》故戎那邑也。”师古曰：“湫，音子由反。”

④师古曰：“幵，音苦见反，又音牵。此山在今灵州东南，土俗语讹谓之汧屯山。”

⑤师古曰：“爩，音其于反。”

⑥师古曰：“氏，音支。”

⑦师古曰：“即《诗·大雅》所云‘密人不恭，敢距大邦’者。”

⑧师古曰：“𬘫，音力全反。”

⑨应劭曰：“祖，音置。”师古曰：“厉，音赖。”

⑩应劭曰：“眴，音旬日之旬。卷，音箘簬之箘。”

⑪应劭曰："氏，音支。"

北地郡，秦置。莽曰威成。户六万四千四百六十一，口二十一万六百八十八。县十九：马领，①直路，沮水出东，西入洛。灵武，莽曰威成亭。富平，北部都尉治神泉障。浑怀都尉治塞外浑怀障。莽曰特武。②灵州，惠帝四年置。有河奇苑、号非苑。莽曰令周。③昫衍，④方渠，除道，莽曰通道。五街，莽曰吾街。鹑孤，归，洛水出北蛮夷中，入洛。有堵苑、白马苑。回获，略畔道，莽曰延年道。⑤泥阳，莽曰泥阴。⑥郁郅，泥水出北蛮夷中。有牧师菀官。莽曰功著。⑦义渠道，莽曰义沟。弋居，有盐官。大𦎫⑧廉。卑移山在西北。莽曰西河亭。

①师古曰："川形似马领，故以为名。领，颈也。"

②师古曰："浑，音胡昆反。"

③师古曰："苑，谓马牧也。水中可居者曰州。此地在河之州，随水高下，未尝沦没，故号灵州，又曰河奇也。二苑皆在焉。"

④应劭曰："音煦。"师古曰："音香于反。"

⑤师古曰："有略畔山，今在庆州界，其土俗呼曰洛盘，音讹耳。"

⑥应劭曰："泥水出郁郅北蛮夷中。"

⑦师古曰："郁，音于六反。郅，音之日反。"

⑧师古曰："𦎫，即古要字也，音一遥反。"

上郡，秦置，高帝元年更为翟国，七月复故。匈归都尉治塞外匈归障。属并州。①户十万三千六百八十三，口六十万六千六百五十八。县二十三：肤施，有五龙山、帝、原水，黄帝祠四所。独乐，有盐官。阳周，桥山在南，有黄帝冢。莽曰上陵畤。木禾，平都，浅水，莽惠广信。京室，莽曰积粟。洛都，莽曰卑顺。白土，圜水出西，东入河。莽曰黄土。②襄洛，莽曰上党亭。原都，漆垣，莽曰漆墙。奢延，莽曰奢节。雕阴，③推邪，莽曰排邪。④桢林，莽曰桢干。⑤高望，北部都尉治。莽曰坚宁。雕阴道，龟兹，属国都尉治。有盐官。⑥定阳，⑦高奴，有洧水，可㸐。莽曰利平。⑧望松，北部都尉治。宜都。莽曰坚宁小邑。

①师古曰："匈归者言匈奴归附。"

②师古曰："圜,音银。其释在下。"

③应劭曰："雕山在西南。"

④师古曰："邪,音似嗟反。"

⑤师古曰："桢,音贞。"

⑥应劭曰："音丘慈。"师古曰："龟兹国人来降附者,处之于此,故以名云。"

⑦应劭曰："在定水之阳。"

⑧师古曰："爇古然火字。"

西河郡,武帝元朔四年置。南部都尉治塞外翁龙、埤是。莽曰归新。属并州。①户十三万六千三百九十,口六十九万八千八百三十六。县三十六:富昌,有盐官。莽曰富成。驹虞,鹄泽,②平定,莽曰阴平亭。美稷,属国都尉治。中阳,乐街,莽曰截虏。徒经,莽曰廉耻。皋狼,大成,莽曰好成。广田,莽曰广翰。圜阴,惠帝五年置。莽曰方阴。③益阑,莽曰香阑。平周,鸿门,有天封苑火井祠,火从地出也。蔺,宣武,莽曰讨貉。千章,增山,有道西出眩雷塞,北部都尉治。④圜阳,⑤广衍,武车,莽曰桓车。虎猛,西部都尉治。离石,谷罗,武泽在西北。饶,莽曰饶衍。方利,莽曰广德。隰成,莽曰慈平亭。临水,莽曰监水。土军,西都,莽曰五原亭。平陆,阴山,莽曰山宁。觬是,莽曰伏觬。⑥博陵,莽曰助桓。盐官。

①师古曰："翁龙、埤是,二障名也。埤,音婢。"

②孟康曰："鹄,音告。"师古曰："音古督反。"

③师古曰："圜字本作圁,县在圁水之阴,因以为名也。王莽改为方阴,则是当时已误为圜字。今有银州,银水,即是旧名犹存,但字变耳。"

④师古曰："眩,音州县之县。"

⑤师古曰："此县在圁水之阳。"

⑥苏林曰："音麑。"师古曰："觬,音倪,其字从角。"

朔方郡,武帝元朔二年开。西部都尉治窳浑。莽曰沟搜。属并州。①户三万四千三百三十八,口十三万六千六百二十八。县十:三封,武帝元狩三年城。朔方,金连盐泽、青盐泽皆在南。莽曰武符。修都,临河,莽曰监河。呼遒,②窳浑,有道西北出鸡鹿塞。屠申泽在东。莽曰极武。渠搜,中部都尉治。莽曰沟搜。沃野,武帝元狩三年城。有盐官。莽曰绥武。广牧,东部都尉治。莽曰盐官。临戎,武帝元朔五年城。莽曰推武。

①师古曰:"窳,音庾。浑,音魂。"

②师古曰:"遒,音在由反。"

五原郡,秦九原郡。武帝元朔二年更名。东部都尉治稒阳。莽曰获降。属并州。①户三万九千三百二十二,口二十三万一千三百二十八。县十六:九原,莽曰成平。固陵,莽曰固调。五原,莽曰填河亭。临沃,莽曰振武。文国,莽曰繁聚。河阴,蒲泽,属国都尉治。南兴,莽曰南利。武都,莽曰桓都。宜梁,曼柏,莽曰延柏。②成宜,中部都尉治原高,西部都尉治田辟。有盐官。莽曰艾虏。③稒阳,北出石门障得光禄城,又西北得支就城,又西北得头曼城,又西北得虖河城,又西得宿虏城。莽曰固阴。④莫䵣,⑤西安阳,莽曰鄣安。河目。

①师古曰:"稒,音固。"

②师古曰:"曼,音万。"

③师古曰:"辟,读曰壁。艾,读曰刈。"

④师古曰:"曼,音莫安反。虖,音呼。"

⑤如淳曰:"音切怛。"师古曰:"音丁葛反。"

云中郡,秦置。莽曰受降。属并州。户三万八千三百三,口十七万三千二百七十。县十一:云中,莽曰远服。咸阳,莽曰贲武。陶林,东部都尉治。桢陵,缘胡山在西北。西部都尉治。莽曰桢陆。犊和,沙陵,莽曰希恩。原阳,沙南,北舆,中部都尉治。①武泉,莽曰顺泉。阳寿。莽曰常得。

①师古曰:"阚骃云广陵有舆,故此加北。"

定襄郡,高帝置。莽曰得降。属并州。户三万八千五百五十九,口十六万三千一百四十四。县一十二:成乐,桐过,莽曰椅桐。①都武,莽曰通德。武进,白渠水出塞外,西至沙陵入河。西部都尉治。莽曰伐蛮。襄阴,武皋,荒干水出塞外,西至沙陵入河。中部都尉治。莽曰永武。骆,莽曰遮要。空陶,莽曰迎符。武城,莽曰桓就。武要,东部都尉治。莽曰厌胡。②定襄，莽曰著武。复陆，莽曰闻武。③

①师古曰："过，音工禾反。"

②师古曰："厌，音一叶反。其下并同。"

③师古曰："复，音服。"

雁门郡，秦置。句注山在阴馆。莽曰填狄。属并州。户七万三千一百三十八，口二十九万三千四百五十四。县十四：善无，莽曰阴馆。沃阳，盐泽在东北，有长丞。西部都尉治。莽曰敬阳。繁畤，莽曰当要。①中陵，莽曰遮害。阴馆，楼烦乡。景帝后三年置。累头山，治水所出，东至泉州入海，过郡六，行千一百里。莽曰富代。②楼烦，有盐官。③武州，莽曰桓州。汪陶，④剧阳，莽曰善阳。崞，莽曰崞张。⑤平城，东部都尉治。莽曰平顺。埒，莽曰填狄亭。马邑，莽曰章昭。⑥强阴。诸闻泽在东北。莽曰伏阴。

①师古曰："畤，音止。"

②师古曰："累，音力追反。治，音弋之反。《燕刺王传》作台字。"

③应劭曰："故楼烦胡地。"

④孟康曰："音汪。"

⑤孟康曰："音郭。"

⑥师古曰："《晋太康地记》云：秦时建此城辄崩不成，有马周旋驰走反覆，父老异之，因依以筑城，遂名为马邑。"

代郡，秦置。莽曰厌狄。有五原关、常山关。属幽州。①户五万六千七百七十一，口二十七万八千七百五十四。县十八：桑乾，莽曰安德。②道人，莽曰道仁。③当城，④高柳，西部都尉治。马城，东部都尉治。班氏，秦地图书班氏。莽曰班副。延陵，狋氏，莽曰狋聚。⑤且如，于延水出塞外，东至宁入沽。中部都尉治。⑥平邑，莽曰平胡。阳原，东安阳，莽曰竟安。⑦参合，平舒，祁夷水北到桑乾入沽。莽曰平葆。代，莽曰厌狄亭。⑧灵丘，滱河东至文安入大河，过郡五，行九百四十里。并州川。⑨广昌，涞水东南至容城入河，过郡三，行五百里。并州浸。莽曰广屏。⑩卤城，虖池河东至参合入虖池别，过郡九，行千三百四十里。并州川。从河东至文安入海，过郡六，行千三百七十里。莽曰鲁盾。⑪

①应劭曰："故代国。"

②孟康曰："乾,音干。"

③师古曰："本有仙人游其地,因以为名。"

④师古曰："阚骃云当桓都城,故曰当城。"

⑤孟康曰："狋,音权。氏,音精。"

⑥师古曰："且,音子如反。沽,音姑,又音故。"

⑦师古曰："阚骃云五原有安阳,故此加东也。"

⑧应劭曰："故代国。"

⑨应劭曰："武灵王葬此,因氏焉。"臣瓒曰："灵丘之号在赵武灵王之前也。"师古曰："瓒说是也。滱,音寇,又音苦侯反。其下并同。"

⑩师古曰："涞,音来。"

⑪师古曰："虖,音呼。池,音徒河反。"

上谷郡,秦置。莽曰朔调。属幽州。户三万六千八,口十一万七千七百六十二。县十五:沮阳,莽曰沮阴。①泉上,莽曰塞泉。潘,莽曰树武。②军都,温水东至路,南入沽。居庸,有关。雊瞀,③夷舆,莽曰朔调亭。宁,西部都尉治。莽曰博康。昌平,莽曰长昌。广宁,莽曰广康。涿鹿,莽曰抪陆。④且居,乐阳水出东,东入海,莽曰久居。茹,莽曰谷武。女祁,东部都尉治。莽曰祁。下落。莽曰下忠。

①孟康曰："音俎。"

②师古曰："音普半反。"

③孟康曰："音句无。"师古曰："雊,音工豆反。瞀,音莫豆反。"

④应劭曰："黄帝与蚩尤战于涿鹿之野。"

渔阳郡,秦置。莽曰通路。属幽州。户六万八千八百二,口二十六万四千一百一十六。县十二:渔阳,沽水出塞外,东南至泉州入海,行七百五十里。有铁官。莽曰得渔。狐奴,莽曰举符。路,莽曰通路亭。雍奴,泉州,有盐官。莽曰泉调。平谷,安乐,犷奚,莽曰敦德。①犷平,莽曰平犷。②要阳,都尉治。莽曰要术。③白檀,洫水出北蛮夷。④滑盐。莽曰匡德。⑤

①孟康曰："厗,音题,字或作蹄。"

②服虔曰："犷，音巩。"师古曰："音九永反。又音矿。"

③师古曰："一妙反。"

④师古曰："洫，音呼鸡反。"

⑤应劭曰："明帝更名盐。"

右北平郡，秦置。莽曰北顺。属幽州。户六万六千六百八十九，口三十二万七百八十。县十六：平刚，无终，故无终子国。浭水西至雍奴入海，过郡二，行六百五十里。①石成，廷陵，莽曰铺武。俊靡，灅水南至无终东入庚。莽曰俊麻。②薋，都尉治。莽曰裒睦。③徐无，莽曰北顺亭。字，榆水出东。土垠，④白狼，莽曰伏狄。⑤夕阳，有铁官。莽曰夕阴。昌城，莽曰淑武。骊成，大揭石山在县西南。莽曰揭石。⑥广成，莽曰平虏。聚阳，莽曰笃睦。平明。莽曰平阳。

①师古曰："浭，音庚，即下所云入庚者同一水也。"

②师古曰："灅，音力水反，又郎贿反。"

③师古曰："音才私反。"

④师古曰："垠音银。"

⑤师古曰："有白狼山，故以名县。"

⑥师古曰："揭，音桀。"

辽西郡，秦置。有小水四十八，并行三千四十六里。属幽州。户七万二千六百五十四，口三十五万二千三百二十五。县十四：且虑，有高庙。莽曰鉏虑。①海阳，龙鲜水东入封大水。封大水、缓虚水皆南入海。有盐官。新安平，夷水东入塞外。柳城，马首山在西南。参柳水北入海。西部都尉治。令支，有孤竹城。莽曰令氏亭。②肥如，玄水东入濡水。濡水南入海阳。又有卢水，南入畜。莽曰肥而。③宾从，莽曰勉武。交黎，渝水首受塞外，南入海。东部都尉治。莽曰禽虏。④阳乐，狐苏，唐就水至徒河入海。徒河，莽曰河福。文成，莽曰言虏。临渝，渝水首受白狼，东入塞外。又有侯水，北入渝。莽曰冯德。⑤絫。下官水南入海。又有石揭水、宾水，皆南入官。莽曰选武。⑥

①师古曰："且，音子余反。虑，音庐。"

②应劭曰："故伯夷国，今有孤竹城。令，音铃。"孟康曰："支，音祇。"师古

曰："令,又音郎定反。"

③应劭曰："肥子奔燕,燕封于此也。"师古曰："濡,音乃官反。"

④应劭曰："今昌黎。"师古曰："渝,音喻。其下并同。"

⑤师古曰："冯,读曰凭。"

⑥师古曰："絫,音力追反。"

辽东郡,秦置。属幽州。户五万五千九百七十二,口二十七万二千五百三十九。县十八:襄平,有牧师官。莽曰昌平。新昌,无虑,西部都尉治。①望平,大辽水出塞外,南至安市入海,行千二百五十里。莽曰长说。②房,候城,中部都尉治。辽队,莽曰顺睦。③辽阳,大梁水西南至辽阳入辽。莽曰辽阴。险渎,④居就,室伪山,室伪水所出,北至襄平入梁也。高显,安市,武次,东部都尉治。莽曰桓次。平郭,有铁官、盐官。西安平,莽曰北安平。文,莽曰文亭。番汗,沛水出塞外,西南入海。⑤沓氏。⑥

①应劭曰："虑,音闾。"师古曰："即所谓医巫闾。"

②师古曰："说,读曰悦。"

③师古曰："队,音遂。"

④应劭曰："朝鲜王满都也。依水险,故曰险渎。"臣瓒曰："王险城在乐浪郡浿水之东,自此是险渎也。"师古曰："瓒说是也。浿,音普大反。"

⑤应劭曰："汗水出塞外,西南入海。番,音盘。"师古曰："沛,音普盖反。汗,音寒。"

⑥应劭曰："氏水也。音长苔反。"师古曰："凡言氏者,皆谓因之而立名。"

玄菟郡,武帝元封四年开。高句骊,莽曰下句骊。属幽州。①户四万五千六,口二十二万一千八百四十五。县三:高句骊,辽山,辽水所出,西南至辽队入大辽水。又有南苏水,西北经塞外。②上殷台,莽曰下殷。③西盖马。马訾水西北入盐难水,西南至西安平入海,过郡二,行二千一百里。莽曰玄菟亭。

①应劭曰："故真番,朝鲜胡国。"

②应劭曰："故句骊胡。"

③如淳曰："台,音鲐。"师古曰："音胎。"

乐浪郡,武帝元封三年开。莽曰乐鲜。属幽州。①户六万二千八

百一十二，口四十万六千七百四十八。有云鄣。县二十五：朝鲜，②
讲邯，③浿水，水西至增地入海。莽曰乐鲜亭。④含资，带水西至带
方入海。黏蝉，⑤遂成，增地，莽曰增土。带方，驷望，海冥，莽曰海
桓。列口，长岑，屯有，昭明，南部都尉治。镂方，提奚，浑弥，⑥吞列，
分黎山，列水所出，西至黏蝉入海，行八百二十里。东暆，⑦不而，东
部都尉治。蚕台，⑧华丽，邪头昧，⑨前莫，夫租。

①应劭曰："故朝鲜国也。"师古曰："乐，音洛。浪，音狼。"

②应劭曰："武王封箕子于朝鲜。"

③孟康曰："讲，音男。"师古曰："讲，音乃甘反。邯，音酣。"

④师古曰："浿，音普大反。"

⑤服虔曰："蝉，音提。"

⑥师古曰："浑，音下昆反。"

⑦应劭曰："音移。"

⑧师古曰："台，音胎。"

⑨孟康曰："昧，音妹。"

南海郡，秦置。秦败，尉佗王此地。武帝元鼎六年开。属交州。
户万九千六百一十三，口九万四千二百五十三。有圃羞官。县六：
番禺，尉佗都。有盐官。①博罗，中宿，有洭浦官。②龙川，③四会，揭
阳。莽曰南海亭。④

①如淳曰："番，音潘。禺，音愚。"

②师古曰："洭，音匡。"

③师古曰："裴氏《广州记》云：本博罗县之东乡也，有龙穿地而出，即穴流
　　泉，因以为号。"

④韦昭曰："揭，音其逝反。"师古曰："音竭。"

郁林郡，故秦桂林郡，属尉佗。武帝元鼎六年复更开名。有小
溪川水七，并行三千一百一十里。莽曰郁平。属交州。户万二千四
百一十五，口七万一千一百六十二。县十二：布山，安广，阿林，广
郁，郁水首受夜郎豚水，东至四会入海，过郡四，行四千三十里。中
留，①桂林，潭中，莽曰中潭。②临尘，朱涯水入领方。又有斤南水。
又有侵离水，行七百里。莽曰监尘。定周，水首受无敛，东入潭，行

七百九十里。增食,骊水首受牂柯东界,入朱涯水,行五百七十里。
领方,斤员水入郁。又有坼水。都尉治。③雍鸡。有关。

①师古曰:"留,力救反,水名。"

②师古曰:"潭,音大含反。"

③师古曰:"坼,音桥。"

苍梧郡,武帝元鼎六年开。莽曰新广。属交州。有离水关。户
二万四千三百七十九,口十四万六千一百六十。县十:广信,莽曰广
信亭。谢沐,有关。高要,有盐官。封阳,①临贺,莽曰大贺。端溪,
冯乘,富川,荔蒲,有荔平关。②猛陵,龙山,合水所出,南至布山入
海。莽曰猛陆。

①应劭曰:"在封水之阳。"

②师古曰:"荔,音肆。"

交止郡,武帝置,元鼎六年开。属交州。户九万二千四百四十,
口七十四万六千二百三十七。县十:赢陵,有羞官。①安定,苟漏,②
麊泠,都尉治。③曲易,④比带,稽徐,⑤西于,龙编,⑥朱载。

①孟康曰:"赢,音莲。陵,音受。土娄。"师古曰:"陵、娄二字,并音来口
反。"

②师古曰:"漏与漏同。"

③应劭曰:"麊,音弥。"孟康曰:"音螟蛉。"师古曰:"音麋零。"

④师古曰:"易,古阳字。"

⑤师古曰:"稽,音古奚反。"

⑥师古曰:"编,音鞭。"

合浦郡,武帝元鼎六年开。莽曰桓合。属交州。户万五千三百
九十八,口七万八千九百八十。县五:徐闻,高凉,合浦,有关。莽曰
桓亭。临允,牢水北入高要入郁,过郡三,行五百三十里。莽曰大允。
朱卢,都尉治。

九真郡,武帝元鼎六年开。有小水五十二,并行八千五百六十
里。户三万五千七百四十三,口十六万六一十三。有界关,县七:胥
浦,莽曰骊成。居风,都宠,①余发,咸骊,无切,都尉治。无编。莽曰
九真亭。

①应劭曰："宠，音龙。"师古曰："音聋。"

日南郡，故秦象郡。武帝元鼎六年开，更名。有小水十六，并行三千一百八十里。属交州。①户万五千四百六十，口六万九千四百八十五。县五：朱吾，比景，②卢容，西捲，水入海，有竹，可为杖。莽曰日南亭。③象林。

①师古曰："言其地在日之南，所谓北户以向日者。"

②如淳曰："日中于头上，景在已下，故名之。"

③孟康曰："音卷。"师古曰："音权。"

赵国，故秦邯郸郡，高帝四年为赵国，景帝三年复为邯郸郡，五年复故。莽曰桓亭。属冀州。户八万四千二百二，口三十四万九千九百五十二。县四：邯郸，堵山，牛首水所出，东入白渠。赵敬侯自中牟徙此。①易阳，②柏人，莽曰寿仁。③襄国。故邢国。西山，渠水所出，东北至任入浸。又有蓼水、冯水，皆东至朝平入湡。④

①张晏曰："邯郸山在东城下。单，尽也。城郭从邑，故加邑云。"师古曰："邯，音寒。"

②应劭曰："易水出涿郡故安。"师古曰："在易水之阳。"

③师古曰："本晋邑。"

④师古曰："湡，音藕，又音牛吼反。"

广平国，武帝征和二年置为平干国，宣帝五凤二年复故。莽曰富昌。属冀州。户二万七千九百八十四，口十九万八千五百五十八。县十六：广平，张，朝平，南和，列葭水东入浽。①列人，莽曰列治。斥章，②任，③曲周，武帝建元四年置。莽曰直周。南曲，曲梁，侯国。莽曰直梁。广乡，平利。平乡，阳台，侯国。广年，莽曰富昌。城乡。

①师古曰："葭，音家。浽，音斯。"

②应劭曰："漳水出治北，入河。其国斥卤，故曰斥章。"

③师古曰："本晋邑也。郑皇顽奔晋，为任大夫。"

真定国，武帝元鼎四年置。属冀州。户三万七千一百二十六，口十七万八千六百一十六。县四：真定，故东垣，高帝十一年更名。莽曰思治。稿城，莽曰稿实。①肥累，故肥子国。②绵曼。新波水首受太白渠，东至鄡入河。莽曰绵延。③

①师古曰："稿，音工老反。"

②师古曰："累，音力追反。"

③师古曰："曼，音万。鄡，音口尧反。"

中山国，高帝郡，景帝三年为国。莽曰常山。属冀州。①户十六万八百七十三，口六十六万八千八十。县十四：卢奴，②北平，徐水东至高阳入博。又有卢水，亦至高阳入河。有铁官。莽曰善和。北新成，桑钦言易水出西北，东入滱。莽曰朔平。唐，尧山在南。莽曰和亲。③深泽，莽曰翼和。苦陉。莽曰北陉。④安国，莽曰兴睦。曲逆，蒲阳山，蒲水所出，东入濡。又有苏水，亦东入濡。莽曰顺平。⑤望都，博水东至高阳入河。莽曰顺调。⑥新市，⑦新处，毋极，陆成，安险。莽曰宁险。⑧

①应劭曰："中山故国。"

②应劭曰："卢水出右北平，东入河。"

③应劭曰："故尧国也。唐水在西。"张晏曰："尧为唐侯，国于此。尧山在唐东北望都界。"孟康曰："晋荀吴伐鲜虞及中人，今中人亭是。"

④应劭曰："章帝更名汉昌。陉，音邢。"

⑤张晏曰："濡水于城北曲而西流，故曰曲逆。章帝丑其名，改曰蒲阴，在蒲水之阴。"师古曰："濡，音乃官反。"

⑥张晏曰："尧山在北，尧母庆都山在南，登尧山见都山，故以为名。"

⑦应劭曰："鲜虞子国，今鲜虞亭是。"

⑧应劭曰："章帝更名安憙。"

信都国，景帝二年为广川国，宣帝甘露三年复故。莽曰新博。属冀州。①户六万五千五百五十六，口三十万四千三百八十四。县十七：信都，王都。故章河、故虖池皆在北，东入海。《禹贡》绛水亦入海。莽曰新博亭。历，莽曰历宁。扶柳，②辟阳，莽曰乐信。③南宫，莽曰序下。下博，莽曰闰博。④武邑，莽曰顺桓。观津，莽曰朔定亭。⑤高堤，⑥广川，⑦乐乡，侯国，莽曰乐丘。平堤，侯国。桃，莽曰桓分。西梁，侯国。昌成。侯国。东昌，侯国。莽曰田昌。修，莽曰修治。⑧

①应劭曰："明帝更名乐安。安帝改曰安平。"

②师古曰："阚骃云其地有扶泽，泽中多柳，故曰扶柳。"

③师古曰："辟，音珪璧。"

④应劭曰："博水出中山望都，入河。"

⑤师古曰："观，音工唤反。"

⑥师古曰："堤，音丁奚反。"

⑦师古曰："阚骃云其县中有长河为流，故曰广川也。至随仁寿元年，初立炀帝为皇太子，以避讳故，改为长河县，至今为名。"

⑧师古曰："修，音条。"

河间国，故赵文帝二年别为国。莽曰朔定。①户四万五千四十三，口十八万七千六百六十二。县四：乐成，虖池别水首受虖池河，东至东光入虖池河。莽曰陆信。候井，武隧，莽曰桓隧。②弓高，虖池别河首受虖池河，东至平舒入海。莽曰乐成。

①应劭曰："在两河之间。"

②师古曰："隧，音遂。"

广阳国，高帝燕国，昭帝元凤元年为广阳郡，宣帝本始元年更为国。莽曰广有。户二万七百四十，口七万六千六百五十八。县四：蓟，故燕国，召公所封。莽曰伐戎。方城，广阳，阴乡。莽曰阴顺。

菑川国，故齐，文帝十八年别为国，后并北海。户五万二百八十九，口二十二万七千三十一。县三：剧，义山，蕤水所出，北至寿光入海。莽曰俞。①东安平，菟头山，女水出，东北至临菑入巨定。②桥乡。

①应劭曰："故肥国，今肥亭是。"

②孟康曰："纪季以酅入于齐，今酅亭是也。"师古曰："阚骃云博陵有安平，故此加东。酅，音携。"

胶东国，故齐，高帝元年别为国，五月复属齐国，文帝十六年复为国。莽曰郁秩。户七万二千二，口三十二万三千三百三十一。县八：即墨，有天室山祠。莽曰即善。昌武，下密，有三石山祠。①壮武，莽曰晓武。郁秩，有铁官。挺，②观阳，③邹卢。莽曰始斯。

①应劭曰："密水出高密。"

②师古曰："挺，音徒鼎反。"

③应劭曰："在观水之阳。"师古曰："观,音工唤反。"

高密国,故齐,文帝十六年别为胶西国,宣帝本始元年更为高密国。户四万五百三十一,口十九万二千五百三十六。县五:高密,莽曰章牟。昌安,石泉,莽曰养信。夷安,莽曰原亭。①成乡。莽曰顺成。

①应劭曰："故莱夷维邑。"

城阳国,故齐,文帝二年别为国。莽曰莒陵。属兖州。户五万六千六百四十二,口二十万五千七百八十四。县四:莒,故国,盈姓,三十世为楚所灭。少昊后。有铁官。莽曰莒陵。阳都,①东安,虑。莽曰著善。

①应劭曰："齐人迁阳,故阳国是也。"

淮阳国,高帝十一年置。莽曰新平。属兖州。①户十三万五千五百四十四,口九十八万一千四百二十三。县九:陈,故国,舜后,胡公所封,为楚所灭。楚顷襄王自郢徙此。莽曰陈陵。苦,莽曰赖陵。②阳夏,③宁平,扶沟,涡水首受狼汤渠,东至向入淮,过郡三,行千里。④固始,⑤围,新平,柘。

①孟康曰："孝明帝更名陈国。"
②师古曰："《晋太康地记》云:城东有赖乡祠,老子所生地。"
③应劭曰："夏,音贾。"
④师古曰："狼,音浪。汤,音徒浪反。涡,音戈,又音瓜。"
⑤师古曰："本名寝丘,楚令尹孙叔敖所封地。"

梁国,故秦砀郡,高帝五年为梁国。莽曰陈定。属豫州。①户三万八千七百九,口十万六千七百五十二。县八:砀,山出文石。莽曰节砀。②甾,故戴国,莽曰嘉谷。③杼秋,莽曰予秋。④蒙,获水首受甾获渠,东北至彭城入泗,过郡五,行千五百五十里。莽曰蒙恩。已氏,莽曰已善。虞,莽曰陈定亭。下邑,莽曰下洽。睢阳。故宋国,微子所封。《禹贡》盟诸泽在东北。⑤

①师古曰："以有砀山,故名砀郡。"
②应劭曰："砀山在东。"师古曰："砀,文石也,其山出焉,故以名县。砀,音唐,又音徒浪反。"

③应劭曰："章帝改曰考城，"

④师古曰："杼，音食汝反。"

⑤师古曰："睢，音虽。"

东平国，故梁国，景帝中六年别为济东国，武帝元鼎元年为大河郡，宣帝甘露二年为东平国。莽曰有盐官。属兖州。户十三万一千七百五十三，口六十万七千九百七十六。有铁官。县七：无盐，有郇乡。莽曰有盐亭。①任城，故任国，太昊后，风姓。莽曰延就亭。东平陆，②富城，莽曰成富。章，亢父，诗亭，故诗国。莽曰顺父。③樊。

①师古曰："郇，音后。"

②应劭曰："古厥国，今有厥亭是。"

③师古曰："音抗甫。"

鲁国，故秦薛郡，高后元年为鲁国。属豫州。户十一万八千四十五，口六十万七千三百八十一。县六：鲁，伯禽所封。户五万二千。有铁官。卞，泗水西南至方与入沛，过郡三，行五百里。青州川。①汶阳，莽曰汶亭。②蕃，南梁水西至胡陵入沛渠。③驺，故邾国，曹姓，二十九世为楚所灭。峄山在北，莽曰驺亭。④薛。夏车正奚仲所国，后迁于邳，汤相仲虺居之。

①师古曰："即《春秋》僖十七年夫人姜氏会齐侯于卞者也。方与，音房豫。"

②应劭曰："《诗》曰'汶水汤汤'。"师古曰："汶，音问。即《左传》所云公赐季友汶阳之田者也。"

③应劭曰："邾国也，音皮。"师古曰："白裒云陈蕃之子为鲁相，国人为讳，改曰皮。此说非也。郡县之名，土俗各有别称，不必皆依本字。"

④应劭曰："邾文公迁于峄山者也，音驿。"

楚国，高帝置，宣帝地节元年更为彭城郡，黄龙元年复故。莽曰和乐。属徐州。户十一万四千七百三十八，口四十九万七千八百四。县七：彭城，古彭祖国。户四万一百九十六。有铁官。留，梧，莽曰吾治。傅阳，故偪阳国。莽曰辅阳。①吕，武原，莽曰和乐亭。甾丘。莽曰善丘。

①师古曰："偪，音福。《左氏传》所云偪阳妘姓者也。"

泗水国，故东海郡，武帝元鼎四年别为泗水国。莽曰水顺。户二万五千二十五，口十一万九千一百一十四。县三：凌，莽曰生凌。①泗阳，莽曰淮平亭。于，莽曰于屏。

　　①应劭曰："凌水所出，南入淮。"

广陵国，高帝六年属荆州，十一年更属吴，景帝四年更名江都，武帝元狩三年更名广陵。莽曰江平。属徐州。户三万六千七百七十三，口十四万七百二十二。有铁官。县四：广陵，江都，易王非、广陵厉王胥皆都此，并得鄣郡，而不得吴。莽曰安定。江都，有江水祠。渠水首受江，北至射阳入湖。高邮，平安。莽曰杜乡。

六安国，故楚，高帝元年别为衡山国，五年属淮南，文帝十六年复为衡山，武帝元狩二年别为六安国。莽曰安风。户三万八千三百四十五，口十七万八千六百一十六。县五：六，故国，皋繇后，偃姓，为楚所灭。如溪水首受沘，东北至寿春入芍陂。①蓼，故国，皋繇后，为楚所灭。安丰，《禹贡》大别山在西南。莽曰美丰。安风，莽曰安风亭。阳泉。

　　①师古曰："沘，音匕，又音鄙。芍，音鹊。"

长沙国，秦郡，高帝五年为国。莽曰填蛮。属荆州。户四万三千四百七十，口二十三万五千八百二十五。县十三：临湘，莽曰抚睦。①罗，②连道，益阳，湘山在北。③下隽，莽曰闰隽。④攸，酃，⑤承阳，⑥湘南，《禹贡》衡山在东南，荆州山。昭陵，茶陵，泥水西入湘，行七百里。莽曰声乡。⑦容陵，安成。庐水东至庐陵入湖汉。莽曰用成。

　　①应劭曰："湘水出零山。"
　　②应劭曰："楚文王徙罗子自枝江居此。"师古曰："盛弘之《荆州记》云县北带汨水，水原出豫章艾县界，西流注湘。沿汨西北去县三十里，名为屈潭，屈原自沉处。"
　　③应劭曰："在益水之阳。"
　　④师古曰："隽，音字兖反，又辞兖反。"
　　⑤孟康曰："音铃。上音收。"

⑥应劭曰：“承水之阳。”师古曰：“承水原出零陵永昌县界，东流注湘也。承，音烝。”

⑦师古曰：“荼，音弋奢反，又音丈加反。”

本秦京师为内史，①分天下作三十六郡。汉兴，以其郡大大，稍复开置，又立诸侯王国。武帝开广三边。故自高祖增二十六，文、景各六，武帝二十八，昭帝一，讫于孝平，凡郡国一百三，县邑千三百一十四，道三十二，侯国二百四十一。地东西九千三百二里，南北万三千三百六十八里。提封田一万万四千五百一十三万六千四百五顷，②其一万万二百五十二万八千八百八十九顷，邑居道路，山川林泽，群不可垦，其三千二百二十九万九百四十七顷，可垦不垦，定垦田八百二十七万五百三十六顷。民户千二百二十三万三千六十二，口五千九百五十九万四千九百七十八。汉极盛矣。

①师古曰：“京师，天子所都畿内也。秦并天下，改立郡县，而京畿所统，特号内史，言其在内，以别于诸郡守也。”

②师古曰：“提封者，大举其封疆也。”

凡民函五常之性，①而其刚柔缓急，音声不同，系水土之风气，故谓之风；好恶取舍，动静亡常，②随君上之情欲，故谓之俗。孔子曰：“移风易俗，莫善于乐。”③言圣王在上，统理人伦，必移其本而易其末，此混同天下壹之虖中和，然后王教成也。汉承百王之末，国土变改，民人迁徙，成帝时刘向略言其地分，丞相张禹使属颍川朱赣条其风俗，犹未宣究，故辑而论之，④终其本末著于篇。

①师古曰：“函，苞也，读与含同。”

②师古曰：“好，音呼到反。恶，音一故反。”

③师古曰：“《孝经》载孔子之言。”

④师古曰：“辑，与集同。”

秦地，于天官东井、舆鬼之分野也。其界自弘农故关以西，京兆、扶风、冯翊、北地、上郡、西河、安定、天水、陇西，南有巴、蜀、广、汉、犍为、武都、西有金城、武威、张掖、酒泉、敦煌，又西南有牂柯、越巂、益州,皆宜属焉。

秦之先曰柏益,出自颛顼,尧时助禹治水,为舜朕虞,养育草木鸟兽,赐姓嬴氏,①历夏、殷为诸侯。至周有造父,②善驭习马,得华骝、绿耳之乘,③幸于穆王,封于赵城,故更为赵氏。后有非子,为周孝王养马汧、渭之间。孝王曰:"昔伯益知禽兽,子孙不绝。"乃封为附庸,邑之于秦,今陇西秦亭秦谷是也。至玄孙氏为庄公,④破西戎,有其地。子襄公时,幽王为犬戎所败,平王东迁雒邑。襄公将兵救周有功,赐受郊、酆之地,列为诸侯。⑤后八世,穆公称伯,以河为竟。⑥十余世,孝公用商君,制辕田,⑦开仟伯,⑧东雄诸侯。子惠公初称王,得上郡、西河。孙昭王开巴蜀,灭周,取九鼎。昭王曾孙政并六国,称皇帝,负力怙威,燔书坑儒,自任私智。至子胡亥,天下畔之。

①师古曰:"伯益一号伯翳,盖翳、益声相爱故也。"

②师古曰:"造,音千到反。父,读曰甫。"

③师古曰:"华骝,言其色如华之赤也。绿耳,耳绿色。"

④师古曰:"氏,与是同。古通用字。"

⑤师古曰:"郊,亦岐字。"

⑥师古曰:"伯,读曰霸。竟,读曰境。言其地界东至于河。"

⑦张晏曰:"周制三年一易,以同美恶。商鞅始割列田地,开立阡陌,令民各有常制。"孟康曰:"三年爰土易居,古制也,末世浸废。商鞅相秦,复立爰田,上田不易,中田一易,下田再易,爰自在其田,不复易居也。《食货志》曰'自爰其处而已'是也。辕、爰同。"

⑧师古曰:"南北曰仟,东西曰伯,皆谓开田之疆亩也。伯,音莫白反。"

故秦地于《禹贡》时跨雍、梁二州,《诗·风》兼秦、豳两国。昔后稷封斄,①公刘处豳,②大王徙郊,③文王作酆,武王治镐,④其民有先王遗风,好稼穑,务本业,故《豳诗》言农桑衣食之本甚备。⑤有鄠、杜竹林,南山檀柘,号称陆海,为九州膏腴。⑥始皇之初,郑国穿渠,引泾水溉田,⑦沃野千里,⑧民以富饶。汉兴,立都长安,徙齐诸田,楚昭、屈、景及诸功臣家于长陵。后世世徙吏二千石、高訾富人及豪桀并兼之家于诸陵。⑨盖亦以强干弱支,非独为奉山园也。⑩

是故五方杂厝,⑪风俗不纯。其世家则好礼文,富人则商贾为利,豪桀则游侠通奸。濒南山,⑫近夏阳,⑬多阻险轻薄,易为盗贼,常为天下剧。又郡国辐凑,浮食者多,民去本就末,列侯贵人车服僭上,众庶放效,羞不相及,⑭嫁娶尤崇侈靡,送死过度。

①师古曰:"斄,读曰邰,今武功城是也。"

②师古曰:"即今鄜州栒邑是。"

③师古曰:"今长安西北界灵台乡丰水上是。"

④师古曰:"今昆明池北镐陂是。"

⑤师古曰:"谓《七月》之诗。"

⑥师古曰:"言其地高陆而饶物产,如海之无所不出,故云陆海。腹之下肥曰腴,故取谕云。"

⑦师古曰:"郑国,人姓名。事具在《沟洫志》。"

⑧师古曰:"沃即溉田也,言千里之地皆得溉灌。"

⑨师古曰:"訾,读与赀同。高訾,言多财也。"

⑩如淳曰:"《黄图》谓陵冢为山。"师古曰:"谓京师为干,四方为支也。"

⑪晋灼曰:"厝,古错字。"

⑫师古曰:"濒,犹边也。濒,音频,又音宾。"

⑬师古曰:"夏阳即河之西岸也,今在同州韩城县界。"

⑭师古曰:"放,依也,音甫往反。"

天水、陇西,山多林木,民以板为室屋。及安定、北地、上郡、西河,皆迫近戎狄,修习战备,高上气力,以射猎为先。故《秦诗》曰:"在其板屋";①又曰"王于兴师,修我甲兵,与子偕行"。②及《车辚》、《四载》、《小戎》之篇,皆言车马田狩之事。③汉兴,六郡良家子选给羽林、期门,④以材力为官,名将多出焉。孔子曰:"君子有勇而亡谊则为乱,小人有勇而亡谊则为盗。"⑤故此数郡,民俗质木,不耻寇盗。⑥

①师古曰:"《小戎》之诗也。言襄公出征,则妇人居板屋之中而念其君子。"

②师古曰:"《无衣》之诗也。言于王之兴师,则修我甲兵,而与子俱征伐也。"

③师古曰:"《车辚》,美秦仲大有车马。其诗曰'有车辚辚,有马白颠';《四

戴》美襄公田狩也。其诗曰'四戴孔阜,六辔在手','犹车鸾镳,载猃猲獢';《小戎》,美襄公备兵甲,讨西戎。其诗曰'小戎俴收,五楘良辀','文茵畅毂,驾我骐馵','龙盾之合,鋈以觼軜'。辚,音邻。戴,音耋。輶,音犹,又音诱。敛,音力赡反。獢,音许昭反。俴,音践。楘,音木。馵,音霔。鋈,音沃。觼,音玦。軜,音纳。"

④如淳曰:"医、商贾、百工不得豫也。"师古曰:"六郡,谓陇西、天水、安定、北地、上郡、西河。羽林、期门,解在《百官公卿表》。"

⑤师古曰:"《论语》载孔子对子路之言也。"

⑥师古曰:"质木者,无有文饰,如木石然。"

自武威以西,本匈奴昆邪王、休屠王地,①武帝时攘之,②初置四郡,以通西域,鬲绝南羌、匈奴。③其民或以关东下贫,或以报怨过当,④或以悖逆亡道,家属徙焉。⑤习俗颇殊,地广民稀,水屮宜畜牧,⑥故凉州之畜为天下饶。保边塞,二千石治之,咸以兵马为务;酒礼之会,上下通焉,吏民相亲。是以其俗风雨时节,谷籴常贱,少盗贼,有和气之应,贤于内郡。此政宽厚,吏不苛刻之所致也。

①师古曰:"昆,音下门反。休,音许虬反。屠,音除。"

②师古曰:"攘,却也,音人羊反。"

③师古曰:"鬲,与隔同。"

④师古曰:"过其本所杀。"

⑤师古曰:"悖,乱也,惑也,音布内反。"

⑥师古曰:"屮,古草字。"

巴、蜀、广汉本南夷,秦并以为郡,土地肥美,有江水沃野,山林竹木,疏食果实之饶。①南贾滇、僰僮,②西近邛、莋马旄牛。③民食稻鱼,亡凶年忧,俗不愁苦,而轻易淫泆,柔弱褊阨。④景、武间,文翁为蜀守,教民读书法令,未能笃信道德,反以好文刺讥,贵慕权势。及司马相如游宦京师诸侯,以文辞显于世,乡党慕循其迹。后有王褒、严遵、杨雄之徒,⑤文章冠天下。繇文翁倡其教,相如为之师,⑥故孔子曰:"有教亡类。"⑦

①师古曰:"疏,菜也。"

②师古曰:"言滇、僰之地多出僮隶也。滇,音颠。僰,音蒲北反。"

③师古曰："言邛、莋之地出马及旄牛。莋,音材各反。"

④师古曰："言其材质不,而心怨狭。"

⑤师古曰："遵即严君平。"

⑥师古曰："繇,读与由同。倡,始也,音充向反。"

⑦师古曰："《论语》载孔子之言。言人之性术在所教耳,无种类。"

武都地杂氐、羌,及犍为、牂柯、越巂,皆西南外夷,武帝初开置。民俗略与巴、蜀同,而武都近天水,俗颇似焉。

故秦地天下三分之一,而人众不过什三,然量其富居什六。秦幽吴扎观乐,为之歌秦,①曰:"此之谓夏声。②夫能夏则大,大之至也,其周旧乎?"

①师古曰:"札,吴王寿梦子也,来聘鲁而请观周乐。事见《左氏传》襄二十九年。"

②师古曰:"夏,中国。"

自井十度至柳三度,谓之鹑首之次,秦之分也。

魏地,觜觿、参之分野也。①其界自高陵以东,尽河东、河内,南有陈留及汝南之召陵、澺强、新汲、西华、长平,②颍川之舞阳、郾、许、傿陵,③河南之开封、中牟、阳武、酸枣、卷,④皆魏分也。

①师古曰:"觿,音弋随反。"

②师古曰:"召,读曰邵。澺,音于靳反,又音殷。"

③师古曰:"郾,音一扇反。傿,音偃。"

④师古曰:"卷,音去权反。"

河内本殷之旧都,周既灭殷,分其畿内为三国,《诗·风》邶、庸、卫国是也。①鄁,以封纣子武庚;庸,管叔尹之;卫,蔡叔尹之;以监殷民,谓之三监。②故《书序》曰"武王崩,三监畔",③周公诛之,尽以其地封弟康叔,号曰孟侯,④以夹辅周室;迁邶、庸之民于雒邑,故邶、庸、卫三国之诗相与同风。《邶诗》曰:"在浚之下",⑤《庸》曰:"在浚之郊",⑥《邶》又曰:"亦流于淇",⑦"河水洋洋",⑧《庸》曰"送我淇上",⑨"在彼中河",⑩《卫》曰:"瞻彼淇奥",⑪"河水洋洋"。⑫故吴公子札聘鲁,观周乐,闻《邶》、《庸》、《卫》之歌曰:"美哉渊乎!吾闻康叔之德如是,是其卫风乎?"至十六世,懿公无道,为狄所灭。齐桓公帅诸侯伐狄,而更封卫于河南曹、楚丘,是为文公。⑬而河内殷虚,更属于晋。⑭康叔之风既歇,而纣之化犹存,故俗刚强,多豪桀侵夺,薄恩礼,好生分。⑮

①师古曰:"自纣城而北谓之邶,南谓之庸,东谓之卫。邶,音步内反,字或作鄁。庸字或作鄘。"

②师古曰:"武庚即禄父也。尹,主也。管叔、蔡叔,皆武王之弟。"

③师古曰:"《周书·大诰》之序。"

④师古曰:"康叔亦武王弟也。孟,长也。言为诸侯之长。"

⑤师古曰:"《凯风》之诗也。浚,卫邑也,音峻。"

⑥师古曰:"《干旄》之诗。"

⑦师古曰:"《泉水》之诗。"

⑧师古曰:"今《邶诗》无此句。"

⑨师古曰:"《桑中》之诗。淇上,淇水之上。"

⑩师古曰:"《柏舟》之诗也。中河,河中也。"

⑪师古曰:"《淇奥》之诗也。奥,水隈也。音于六反。"

⑫师古曰:"《硕人》之诗也。洋洋,盛大也,音羊,又音翔。"

⑬师古曰:"曹及楚丘,二邑名。"

⑭师古曰:"殷虚,汲郡朝歌县也。虚,读曰墟。"

⑮师古曰:"生分,谓父母在而昆弟不同财产。"

　河东土地平易,有盐铁之饶,本唐尧所居,《诗·风》唐、魏之国也。周武王子唐叔在母未生,①武王梦帝谓己②曰:"余名而子曰虞,将与之唐,属之参。"③及生,名之曰虞。至成王灭唐,而封叔虞。唐有晋水,及叔虞子燮为晋侯云,故参为晋星。其民有先王遗教,君子深思,小人俭陋。故《唐诗》《蟋蟀》、《山枢》、《葛生》之篇曰"今我不乐,日月其迈",④"宛其死矣,它人是媮",⑤"百岁之后,归于其居"。⑥皆思奢俭之中,念死生之虑。⑦吴札闻《唐》之歌,曰:"思深哉!其有陶唐氏之遗民乎?"

①师古曰:"谓怀孕时。"

②师古曰:"帝,天也。"

③师古曰:"属,音之欲反。参,音所林反。"

④师古曰："《蟋蟀》之诗也。迈，行也。言日月行往，将老而死也。蟋，音悉。蟀，音率。"

⑤师古曰："《山有枢》之诗也。媮，乐也。言己俭吝，死亡之后，当为它人所乐也。媮，音逾，又音偷。枢，音瓯。"

⑥师古曰："《葛生》之诗也。居，谓坟墓也。言死当归于坟墓，不能复为乐也。"

⑦师古曰："中，音竹仲反。"

魏国，亦姬姓也，在晋之南河曲，故其诗曰"彼汾一曲"，①"寘诸河之侧"。②自唐叔十六世至献公，灭魏以封大夫毕万，③灭耿以封大夫赵夙，④及大夫韩武子食采于韩原，⑤晋于是始大。至于文公，伯诸侯，尊周室，⑥始有河内之土。⑦吴札闻《魏》之歌，曰："美哉沨沨乎！⑧以德辅此，则明主也。"文公后十六世为韩、魏、赵所灭，三家皆自立为诸侯，是为三晋。赵与秦同祖，韩、魏皆姬姓也。自毕万后十世称侯，至孙称王，徙都大梁，故魏一号为梁，七世为秦所灭。

①师古曰："《汾沮洳》之诗。沮，音子豫反。洳，音人豫反。"

②师古曰："《伐檀》之诗。寘，置也，音之豉反。"

③师古曰："毕万，毕公高之后，魏犨祖父。"

④师古曰："赵夙，赵衰之兄。"

⑤师古曰："韩武子，韩厥之曾祖也，本与周同姓，食采于韩，更为韩氏。此说依《史记》，而释《春秋传》者不同。"

⑥师古曰："伯，读曰霸。"

⑦师古曰："《左氏传》所谓'始启南阳'者。"

⑧师古曰："沨沨，浮貌也。言其中庸，可与为善，可与为恶也。沨，音冯。"

周地，柳、七星、张之分野也。今之河南雒阳四、谷成、平阴、偃师、巩、缑氏，是其分也。

昔周公营雒邑，以为在于土中，诸侯蕃屏四方，①故立京师。至幽王淫褒姒，以灭宗周，子平王东居雒邑。其后五伯更帅诸侯以尊周室，②故周于三代最为长久。八百余年至于王赧，乃为秦所兼。

初,雒邑与宗周通封畿,③东西长而南北短,短长相覆为千里。至襄
王以河内赐晋文公,又为诸侯所侵,故其分墬小。④

①师古曰:"言雒阳四面皆有诸侯为蕃屏。"

②师古曰:"伯,读曰霸。解在《刑法志》。更,互也,音工衡反。"

③韦昭曰:"通在二封之地,共千里也。"师古曰:"宗周,镐京也,方八百
　　里,八八六十四,为方百里者六十四也。雒邑,成周也,方六百里,六六
　　三十六,为方百里者三十六。二都得百里者百,方千里也。故《诗》云
　　'邦畿千里'。"

④师古曰:"墬,古地字。"

周人之失,巧伪趋利,贵财贱义,高富下贫,憙为商贾,不好仕
宦。①

①师古曰:"憙,音许吏反。"

自柳三度至张十二度,谓之鹑火之次,周之分也。

韩地,角、亢、氐之分野也。韩分晋得南阳郡及颍川之父城、定
陵、襄城、颍阳、颍阴、长社、阳翟、郑,①东接汝南,西接弘农,得新
安、宜阳,皆韩分也。及《诗·风》陈、郑之国,与韩同星分焉。

①师古曰:"郑,音工治反。即今郑城是也。"

郑国,今河南之新郑,本高辛氏火正祝融之虚也。①及成皋、荥
阳、颍川之崇高、阳城,皆郑分也。本周宣王弟友为周司徒,食采于
宗周畿内,是为郑。②郑桓公问于史伯曰:"王室多故,何所可以逃
死?"史伯曰:"四方之国,非王母弟甥舅则夷狄,不可入也,其济、
洛、河、颍之间乎!③子男之国,虢、会为大,④恃势与险,崇侈贪
冒,⑤君若寄帑与赂,周乱而敝,必将背君;⑥君以成周之众,奉辞
伐罪,亡不克矣。"公曰:"南方不可乎?"对曰:"夫楚,重黎之后也,
黎为高辛氏火正,昭显天地,以生柔嘉之材。姜、嬴、荆、芈,实与诸
姬代相干也。⑦姜,伯夷之后也;嬴,伯益之后也。伯夷能礼于神以
佐尧,伯益能仪百物以佐舜,⑧其后皆不失祀,而未有兴者,周衰将
起,不可逼也。"桓公从其言,乃东寄帑与赂,虢、会受之。后三年,幽

王败,桓公死,其子武公与平王东迁,卒定虢、会之地,右雒左泲,食溱、洧焉。⑨土狭而险,山居谷汲,男女亟聚会,⑩故其俗淫。《郑诗》曰:"出其东门,有女如云。"⑪又曰:"溱与洧方灌灌兮,士与女方秉菅兮。""恂盱且乐,惟士与女,伊其相谑。"⑫此其风也。吴札闻《郑》之歌,曰:"美哉!其细已甚,民弗堪也,是其先亡乎?"⑬自武公后二十三世,为韩所灭。

①师古曰:"虚,读曰墟。后皆类此。"

②师古曰:"即今之华阴郑县。"

③师古曰:"济,音子礼反。"

④师古曰:"会,读曰郐,字或作桧。桧国在豫州外方之北,荥播之南,溱、洧之间,妘姓之国。"

⑤师古曰:"冒,蒙也,蔽于义理。"

⑥师古曰:"帑,读与孥同,谓妻子也。"

⑦师古曰:"代,递也。干,犯也。"

⑧师古曰:"仪,与宜同。宜,安也。"

⑨师古曰:"溱、洧,二水也。溱,音臻。洧,音鲔。"

⑩师古曰:"亟,屡也,音丘吏反。"

⑪师古曰:"《出其东门》之诗。东门,郑之东门也。如云,言其众多而往来不定。"

⑫师古曰:"《溱洧》之诗也。灌灌,水流盛也。菅,兰也。恂,信也。盱,大也。伊,惟也。谑,戏言也。谓仲春之月,二水流盛,而士与女执芳草于其间,以相赠遗,信大乐矣,惟以戏谑也。灌,音胡贯反。菅,音奸。"

⑬臣瓒曰:"谓音声细弱也,此衰弱之征。"

陈国,今淮阳之地。陈本太昊之虚,周武王封舜后妫满于陈,是为胡公,妻以元女大姬。妇人尊贵,好祭祀,用史巫,故其俗巫鬼。《陈诗》曰:"坎其击鼓,宛丘之下,亡冬亡夏,值其鹭羽。"①又曰:"东门之枌,宛丘之栩,子仲之子,婆娑其下。"②此其风也。吴札闻《陈》之歌,曰:"国亡主,其能久乎!"③自胡公后二十三世,为楚所灭。陈虽属楚,于天文自若其故。

①师古曰:"《宛丘》之诗也。坎坎,击鼓声。四方高,中央下,曰宛丘。值,立也。鹭鸟之羽以为翿,立之而舞,以事神也。无冬无夏,言其恒也。"

②师古曰:"《东门之枌》之诗也。东门,陈国之东门也。枌,白榆也。栩,柞
　　也。子仲,陈大夫之氏也。婆娑,舞貌也。亦言于枌栩之下歌舞,以娱神
　　也。枌,音抚云反。栩,音许羽反。柞,音神汝反。"

③师古曰:"言政由妇人,不以君为主也。"

　　颍川、南阳,本夏禹之国。夏人上忠,其敝鄙朴。韩自武子后七
世称侯,六世称王,五世而为秦所灭。秦既灭韩,徙天下不轨之民于
南阳,①故其俗夸奢,上气力,好商贾渔猎,藏匿难制御也。宛,西通
武关,东受江、淮,一都之会也。宣帝时,郑弘、召信臣为南阳太
守,②治皆见纪。信臣劝民农桑,去末归本,郡以殷富。颍川,韩都。
士有申子、韩非刻害余烈,③高仕宦,好文法,民以贪遴争讼生分为
失。④韩延寿为太守,先之以敬让;黄霸继之,教化大行,狱或八年
亡重罪囚。南阳好商贾,召父富以本业;⑤颍川好争讼分异,黄、韩
化以笃厚。"君子之德风也,小人之德草也",信矣。⑥

①师古曰:"不轨,不循法度者。"

②师古曰:"召,读曰邵。"

③师古曰:"申子,申不害也。烈,业也。"

④师古曰:"遴,与吝同。"

⑤师古曰:"召父,谓召信臣也。劝其务农以致富。"

⑥师古曰:"《论语》载孔子之言也。曰'君子之德风,小人之德草也,草上
　　之风必偃'。言从教而化。"

　　自东井六度至亢六度,谓之寿星之次,郑之分野,与韩同分。

　　赵地,昴、毕之分野。赵分晋,得赵国。北有信都、真定、常山、
中山,又得涿郡之高阳、鄚、州乡;①东有广平、巨鹿、清河、河间,又
得渤海郡之东平舒、中邑、文安、束州、成平、章武,河以北也;南至
浮水、繁阳、内黄、斥丘;西有太原、定襄、云中、五原、上党。上党,本
韩之别郡也,远韩近赵,后卒降赵,皆赵分也。

①师古曰:"鄚,音莫。"

　　自赵夙后九世称侯,四世敬侯徙都邯郸,至曾孙武灵王称王,
五世为秦所灭。

赵、中山地薄人众,犹有沙丘纣淫乱余民。①丈夫相聚游戏,悲歌慷慨,起则椎剽掘冢,②作奸巧,多弄物,为倡优。女子弹弦跕躧,游媚富贵,遍诸侯之后宫。③

①晋灼曰:"言地薄人众,犹复有沙丘纣淫地余民,通系之于淫风而言之也,不说沙丘在中山也。"

②师古曰:"椎杀人而剽劫之也。椎,音直追反,其字从木。剽,音频妙反。掘冢,发冢也。"

③如淳曰:"跕,音蹀足之蹀。躧,音屣。"臣瓒曰:"蹋跟为跕,挂指为躧。"师古曰:"跕,音它类反。躧字与屣同。屣,谓小履之无跟者也。跕,谓轻蹑之也。"

邯郸北通燕、涿,南有郑、卫,漳、河之间一都会也。其土广俗杂,大率精急,高气势,轻为奸。

太原、上党又多晋公族子孙,以诈力相倾,务矜夸功名,报仇过直,①嫁取送死奢靡。②汉兴,号为难治,常择严猛之将,或任杀伐为威。父兄被诛,子弟怨愤,至告讦刺史二千石,③或报杀其亲属。

①师古曰:"直,亦当也。"

②师古曰:"取,读曰娶。其下并同。"

③师古曰:"讦,面相斥罪也,音居刘反,又居谒反。"

钟、代、石、北,迫近胡寇,①民俗懁急,②好气为奸,不事农商,自全晋时,已患其剽悍,③而武灵王又益厉之。故冀州之部,盗贼常为它州剧。

①如淳曰:"钟,所在未闻。石,山险之限,在上曲阳。"

②臣瓒曰:"懁,音冀。今北土名强直为懁中。"师古曰:"懁,强也。伎,坚也,音章豉反。"

③师古曰:"剽,急也,轻也。悍,勇也。剽,音频妙反,又音匹妙反。悍,音胡旦反。"

定襄、云中、五原,本戎狄地,颇有赵、齐、卫、楚之徙。①其民鄙朴,少礼文,好射猎。雁门亦同俗,于天文别属燕。

①师古曰:"言四国之人被迁徙来居之。"

　　燕地,尾、箕分野也。武王定殷,封召公于燕,其后三十六世与
六国俱称王。东有渔阳、右北平、辽西、辽东,西有上谷、代郡、雁门,
南得涿郡之易、容城、范阳、北新城、故安、涿县、良乡、新昌,及勃海
之安次,皆燕分也。乐浪、玄菟,亦宜属焉。

　　燕称王十世,秦欲灭六国,燕王太子丹遣勇士荆轲西刺秦王,
不成而诛,秦遂举兵灭燕。

　　蓟,南通齐、赵,勃、碣之间一都会也。① 初太子丹宾养勇士,不
爱后宫美女,民化以为俗,至今犹然。宾客相过,以妇侍宿,嫁取之
夕·男女无别,反以为荣。后稍颇止,然终未改。其俗愚悍少虑,轻
薄无威,亦有所长,敢于急人,② 燕丹遗风也。

　　①师古曰:"蓟县,燕之所都也。勃,勃海也。碣,碣石也。"
　　②如淳曰:"赴人之急,果于赴难也。"

　　上谷至辽东,地广民希,数被胡寇,俗与赵、代相类,有鱼盐枣
栗之饶。北隟乌丸、夫余,① 东贾真番之利。

　　①如淳曰:"有怨隟也。或曰:隟,际也。"师古曰:"训际是也。乌丸,本东胡
　　　也,为冒顿所灭,余类保乌丸山,因以为号。夫余在长城之北,去玄菟千
　　　里。夫,读曰扶。"

　　玄菟、乐浪,武帝时置,皆朝鲜、涉貉、句骊蛮夷。① 殷道衰,箕
子去之朝鲜,② 教其民以礼义,田蚕织作。乐浪朝鲜民犯禁八条:③
相杀以当时偿杀;相伤以谷偿;相盗者男没入为其家奴,女子为婢,
俗自赎者,人五十万。虽免为民,俗犹羞之。嫁取无所雠,④ 是以其
民终不相盗,无门户之闭,妇人贞信不淫辟。⑤ 其田民饮食以笾
豆,⑥ 都邑颇放效吏及内郡贾人,往往以杯器食。⑦ 郡初取吏于辽
东,吏见民无闭臧,及贾人往者,夜则为盗,俗稍益薄。今于犯禁浸
多,至六十余条。可贵哉,仁贤之化也! 然东夷天性柔顺,异于三方
之外,⑧ 故孔子悼道不行,设浮于海,欲居九夷,有以也夫! ⑨ 乐浪
海中有倭人,分为百余国,以岁时来献见云。⑩

　　①师古曰:"涉,音秒,字或作苏,其音同。"
　　②师古曰:"《史记》云'武王伐纣,封箕子于朝鲜',与此不同。"

③师古曰:"八条不具见。"

④师古曰:"雠,匹也。一曰:雠,读曰售。"

⑤师古曰:"辟,读曰僻。"

⑥师古曰:"以竹曰笾,以木曰豆,若今之槃,也。槃,音其敬反。"

⑦师古曰:"都邑之人颇用杯器者,效吏及贾人也。放,音甫往反。"

⑧师古曰:"三方,谓南、西、北也。"

⑨师古曰:"《论语》称孔子曰:'道不行,乘桴浮于海,从我者其由也与!'言欲乘桴筏而适东夷,以其国有仁贤之化,可以行道也。桴,音孚。筏,音伐。"

⑩如淳曰:"如墨委面,在带方东南万里。"臣瓒曰:"倭是国名,不谓用墨,故谓之委也。"师古曰:"如淳云'如墨委面',盖音委字耳,此音非也。倭,音一戈反。今犹有倭国。《魏略》云倭在带方东南大海中,依山岛为国,度海千里,复有国,皆倭种。"

自危四度至斗六度,谓之析木之次,燕之分也。

齐地,虚、危之分野也。东有甾川、东莱、琅邪、高密、胶东,南有泰山、城阳,北有千乘,清河以南,勃海之高乐、高城、重合、阳信,西有济南、平原,皆齐分地。

少昊之世有爽鸠氏,虞、夏时有季崱,①汤时有逢公柏陵,殷末有薄姑氏,皆为诸侯,国此地。至周成王时,薄姑氏与四国共作乱,成王灭之,以封师尚父,是为太公。②《诗·风》齐国是也。临甾名营丘,故《齐诗》曰:"子之营兮,遭我虖嶩之间分。"③又曰:"俟我于著乎而。"④此亦其舒缓之体也。吴札闻《齐》之歌,曰:"泱泱乎,大风也哉!⑤其太公乎?国未可量也。"

①师古曰:"崱,音仕力反。"

②师古曰:"武王封太公于齐,初未得爽鸠之地,在王以益之也。"

③师古曰:"《齐国风·营》诗之辞也。《毛诗》作《还》,《齐诗》作《营》。之,往也。嶩,山名也,字或作猫,亦作嶩,音皆乃高反。言往适营丘而相逢于嶩山也。"

④师古曰:"《齐国风·营》诗之辞也。著,地名,即济南郡著县也。乎而,语助也。一曰:门屏之间曰著,音直庶反。"

⑤师古曰:"泱泱,弘大之意也,音乌郎反。"

古有分土,亡分民。①太公以齐地负海舄卤,少五谷而人民寡,②乃劝以女工之业,通鱼盐之利,而人物辐凑。后十四世,桓公用管仲,设轻重以富国,③合诸侯成伯功,④身在陪臣而取三归。⑤故其俗弥侈,织作冰纨绮绣纯丽之物,⑥号为冠带衣履天下。⑦

①师古曰:"有分土者,谓立封疆也。无分人者,谓通往来不常厥居也。"

②师古曰:"舄卤,解在《食货志》。"

③师古曰:"解在《食货志》。"

④师古曰:"伯,读曰霸。"

⑤师古曰:"三归,三姓之女。"

⑥如淳曰:"纨,白熟也。纯,缘也,谓绦组之属也。丽。好也。"臣瓒曰:"冰纨,纨细密坚如冰者也。纯丽,温纯美丽之物也。"师古曰:"如说非也。冰,谓布帛之细,其色鲜洁如冰者也。纨,素也。绮,文缯也,即今之所谓细绫也。纯,精好也。丽,华靡也。纨,音丸。纯,音淳。"

⑦师古曰:"言天下之人冠带衣履,皆仰齐地。"

初太公治齐,修道术,尊贤智,赏有功,故至今其土多好经术,矜功名,舒缓阔达而足智。其失夸奢朋党,言与行缪,虚诈不情,①急之则离散,缓之则放纵。始桓公兄襄公淫乱,姑姊妹不嫁,于是令国中民家长女不得嫁,名曰"巫儿",为家主祠,嫁者不利其家,民至今以为俗。痛乎,道民之道,可不慎哉!②

①师古曰:"不可得其情。"

②师古曰:"上道,读曰导。"

昔太公始封,周公问:"何以治齐?"太公曰:"举贤而上功。"周公曰:"后世必有篡杀之臣。"其后二十九世为强臣田和所灭,而和自立为齐侯。初,和之先陈公子完有罪来奔齐,①齐桓公以为大夫,更称田氏。九世至和而篡齐,至孙威王称王,五世为秦所灭。

①师古曰:"公子完,陈厉公之子也。《左氏传》鲁庄二十二年'陈人杀其太子御寇,公子完与颛孙奔齐',盖御寇之党也。"

临甾,海、岱之间一都会也。其中具五民云。①

①服虔曰:"士、农、商、工、贾也。"如淳曰:"游子乐其俗,不复归,故有五

方之民也。”师古曰：“如说是。”

鲁地，奎、娄之分野也。东至东海，南有泗水，至淮，得临淮之下相、睢陵、僮、取虑，皆鲁分也。①

①师古曰：“睢，音虽。取，音趋，又音秋。虑，音闾。”

周兴，以少昊之虚曲阜封周公子伯禽为鲁侯，①以为周公主。②其民有圣人之教化，故孔子曰“齐一变至于鲁，鲁一变至于道”，言近正也。③濒洙泗之水，④其民涉度，幼者扶老而代其任。⑤俗既益薄，长老不自安，与幼少相让，故曰：“鲁道衰，洙泗之间龂龂如也。”⑥孔子闵王道将废，乃修六经，以述唐虞三代之道，弟子受业而通者七十有七人。是以其民好学，上礼义，重廉耻。周公始封，太公问：“何以治鲁？”周公曰：“尊尊而亲亲。”太公曰：“后世浸弱矣。”⑦故鲁自文公以后，禄去公室，政在大夫，季氏逐昭公，陵夷微弱，三十四世而为楚所灭。然本大国，故自为分野。

①师古曰：“少昊，金天氏之帝。”

②师古曰：“主周公之祭祀。”

③师古曰：“鲁庶几至道，齐又不如鲁也。”

④师古曰：“言所居皆边于一水也。濒，音频，又音宾。”

⑤师古曰：“任，负戴也。”

⑥师古曰：“龂龂，分辨之意也，音牛斤反。”

⑦师古曰：“言渐微弱也。”

今去圣久远，周公遗化销微，孔氏庠序衰坏，地狭民众，颇有桑麻之业，亡林泽之饶。俗俭啬爱财，趋商贾，好訾毁，多巧伪，①丧祭之礼文备实寡，然其好学犹愈于它俗。②

①师古曰：“以言相毁曰訾。訾，音子尔反。”

②师古曰：“愈，胜也。”

汉兴以来，鲁东海多至卿相。东平、须昌、寿良，皆在济东，居鲁，非宋地也，当考。①

①师古曰：“当考者，言当更考核之，其事未审。”

　　宋地，房、心之分野也。今之沛、梁、楚、山阳、济阴、东平及东郡之须昌、寿张，皆宋分也。

　　周封微子于宋，今之睢阳是也，本陶唐氏火正阏伯之虚也。济阴定陶，《诗·风》曹国也。武王封弟叔振铎于曹，其后稍大，得山阳、陈留，二十余世为宋所灭。

　　昔尧作游成阳，①舜渔靁泽，②汤止于亳，故其民犹有先王遗风，重厚多君子，好稼穑，恶衣食，以致畜藏。③

> ①如淳曰："作，起也。成阳在定陶，今有尧冢灵台。"师古曰："作游者，言
> 　　为宫室游止之处也。"
> ②师古曰："渔，捕鱼也。靁，古雷字。"
> ③师古曰："畜，读曰蓄。"

　　宋自微子二十余世，至景公灭曹，灭曹后五世亦为齐、楚、魏所灭，参分其地。魏得其梁、陈留，齐得其济阴、东平，楚得其沛。故今之楚彭城，本宋也。《春秋经》曰："围宋彭城。"宋虽灭，本大国，故自为分野。

　　沛楚之失，急疾颛己，地薄民贫，①而山阳好为奸盗。

> ①师古曰："颛，与专同。急疾颛己，言性褊狭而自用。"

　　卫地，营室、东壁之分野也。今之东郡及魏郡黎阳，河内之野王、朝歌，皆卫分也。

　　卫本国既为狄所灭，①文公徙封楚丘，三十余年，子成公徙于帝丘。故《春秋经》曰"卫迁于帝丘"，②今之濮阳是也。本颛顼之虚，故谓之帝丘。夏后之世，昆吾氏居之。成公后十余世，为韩、魏所侵，尽亡其旁邑，独有濮阳。后秦灭濮阳，置东郡，徙之于野王。始皇既并天下，犹独置卫君，二世时乃废为庶人。凡四十世，九百年，最后绝，故独为分野。

> ①师古曰："卫懿公为狄人所灭，事在《春秋》闵公二年。"
> ②师古曰："迁，古迁字。"

　　卫地有桑间濮上之阻，①男女亦亟聚会，声色生焉，②故俗称

郑卫之音。周末有子路、夏育,民人慕之,③故其俗刚武,上气力。汉兴,二千石治者亦以杀戮为威。宣帝时,韩延寿为东郡太守,承圣恩,崇礼义,尊谏争,至今东郡号善为吏,延寿之化也。其失奢靡,嫁取送死过度,而野王好气任侠,有濮上风。

①师古曰:"阻者,言其隐阸得肆淫僻之情也。"

②师古曰:"亟,屡也,音丘吏反。"

③师古曰:"子路,孔子弟子仲由也,性好勇。夏育,亦古之壮士。皆卫人。"

楚地,翼、轸之分野也。今之南郡、江夏、零陵、桂阳、武陵、长沙,及汉中、汝南郡,尽楚分也。

周成王时,封文、武先师鬻熊之曾孙熊绎于荆蛮,为楚子,居丹阳。后十余世至熊达,是为武王,浸以强大,①后五世至严王,总帅诸侯,观兵周室,并吞江、汉之间,内灭陈、鲁之国。后十余世,顷襄王东徙于陈。

①师古曰:"浸,渐也。"

楚有江汉川泽山林之饶;江南地广,或火耕水耨。民食鱼稻,以渔猎山伐为业,①果蓏蠃蛤,食物常足。②故呰窳偷生,而亡积聚,③饮食还给,不忧冻饿,④亦亡千金之家。信巫鬼,重淫祀。而汉中淫失枝柱,与巴蜀同俗。⑤汝南之别,皆急疾有气势。江陵,故郢都,西通巫、巴,东有云梦之饶,亦一都会也。

①师古曰:"山伐,谓伐山取竹木。"

②师古曰:"蓏,音来戈反。蛤,音阁,似蚌而圆。"

③应劭曰:"呰,弱也。言风俗朝夕取给偷生而已,无长久之虑也。"如淳曰:"呰,或作訾,音紫。窳,音庾。"晋灼曰:"呰,病也。窳,惰也。"师古曰:"诸家之说皆非也。呰,短也。窳,弱也。言短力弱材,不能勤作,故朝夕取给而无储偫也。如音是也。"

④师古曰:"还,及也,言常相及而给足也。"

⑤师古曰:"失,读曰泆。柱,音竹甫反。枝柱,言意相节却,不顺从也。"

吴地,斗分野也。今之会稽、九江、丹杨、豫章、庐江、广陵、六安,临淮郡,尽吴分也。

殷道既衰,周大王亶父兴郊梁之地,长子大伯,次曰仲雍,少曰公季。公季有圣子昌,大王欲传国焉,大伯、仲雍辞行采药,遂奔荆蛮。公季嗣位,至昌为西伯,受命而王。故孔子美而称曰:“大伯,可谓至德也已矣!三以天下让,民无得而称焉。”谓“虞仲夷逸,隐居放言,身中清,废中权。”①大伯初奔荆蛮,荆蛮归之,号曰句吴。②大伯卒,仲雍立,至曾孙周章,而武王克殷,因而封之。又封周章弟中于河北,是为北吴,③后世谓之虞,十二世为晋所灭。后二世而荆蛮之吴子寿梦盛大称王。其少子则季札,有贤材。兄弟欲传国,札让而不受。自大伯,寿梦称王六世,阖庐举伍子胥、孙武为将,战胜攻取,兴伯名于诸侯。④至子夫差,诛子胥,用宰嚭,⑤为粤王句践所灭。

①师古曰:“皆《论语》载孔子之言也。虞仲,即仲雍也。夷逸,言窜于蛮夷而遁逸也。隐居而不言,故其身清洁,所废中于权道。”

②师古曰:“句,音钩,夷俗语之发声也,亦犹越为于越也。”

③师古曰:“中,读曰仲。”

④师古曰:“伯,读曰霸。”

⑤师古曰:“嚭,音彼美反。”

吴、粤之君皆好勇,故其民至今好用剑,轻死易发。

粤既并吴,后六世为楚所灭。后秦又击楚,徙寿春,至子为秦所灭。

寿春、合肥受南北湖皮革、鲍、木之输,①亦一都会也。始楚贤臣屈原被谗放流,作《离骚》诸赋以自伤悼。②后有宋玉、唐勒之属,慕而述之,皆以显名。汉兴,高祖王兄子濞于吴,招致天下之娱游子弟,枚乘、邹阳、严夫子之徒,兴于文、景之际。而淮南王安亦都寿春,招宾客著书。而吴有严助、朱买臣,贵显汉朝,文辞并发,故世传《楚辞》。其失巧而少信。初,淮南王异国中民家有女者,③以待游士而妻之,故至今多女而少男。④本吴粤与楚接比,数相并兼,⑤故民俗略同。

①师古曰："皮革,犀兕之属也。鲍,鲍鱼也。木,枫楠豫章之属。"

②师古曰："诸赋,谓《九歌》、《天问》、《九章》之属。"

③晋灼曰："有女者见优异。"

④如淳曰："得女宠,或去男也。"臣瓒曰："《周官》职方云'扬州之民,二男
　　而五女',此风气非由淮南王安能使多女也。"师古曰："二说皆非也。志
　　亦言土地风气既足女矣,因淮南之化,又更聚焉。"

⑤师古曰："比,近也,音频寐反。"

吴东有海盐章山之铜,三江五湖之利,亦江东之一都会也。豫
章出黄金,然堇堇物之所有,取之不足以更费。①江南卑湿,丈夫多
夭。

①应劭曰："堇堇,少也。更,偿也。言金少耳,取不足用顾费用也。"师古
　　曰："应说非也。此言所出之金既以少矣,自外诸物盖亦不多,故总言取
　　之不足偿功直也。堇,读曰仅。更,音庚。"

会稽海外有东鳀人,①分为二十余国,以岁时来献见云。

①孟康曰："音题。"晋灼曰："音鞮。"师古曰："孟音是也。"

粤地,牵牛、婺女之分野也。今之苍梧、郁林、合浦、交阯、九真、
南海、日南,皆粤分也。

其君禹后,帝少康之庶子云,封于会稽,①文身断发,以避蛟龙
之害。②后二十世,至句践称王,与吴王阖庐战,败之隽李。③夫差
立,句践乘胜复伐吴,吴大破之,栖会稽,④臣服请平。后用范蠡、大
夫种计,遂伐灭吴,兼并其地。度淮与齐、晋诸侯会,致贡于周。周
元王使使赐命为伯,诸侯毕贺。后五世为楚所灭,子孙分散,君服于
楚。⑤后十世,至闽君摇,佐诸侯平秦。汉兴,复立摇为粤王。是时,
秦南海尉赵佗亦自王,传国至武帝时,尽灭以为郡云。

①臣瓒曰："自交阯至会稽七八千里,百越杂处,各有种姓,不得尽云少康
　　之后也。案《世本》,越为芈姓,与楚同祖,故《国语》曰'芈姓夔、越',然
　　则越非禹后明矣。又芈姓之越,亦句践之后,不谓南越也。"师古曰："越
　　之为号,其来尚矣,少康封庶子以主禹祠,君于越地耳。故此志云其君
　　禹后,岂谓百越之人皆禹苗裔? 瓒说非也。"

②应劭曰:"常在水中,故断其发,文其身,以象龙子,故不见伤害也。"

③师古曰:"隽,音醉,字本作樏,其旁从木。"

④师古曰:"会稽,山名。登山而处,以避兵难,言若鸟之栖。"

⑤师古曰:"事楚为君而服从之。"

处近海,多犀、象、毒冒、珠玑、银、铜、果、布之凑,①中国往商贾者,多取富焉。番禺,其一都会也。

①韦昭曰:"果,谓龙眼、离支之属。布,葛布也。"师古曰:"毒,音代。冒,音莫内反。玑,谓珠之不圆者也,音祈,又音机。布,谓诸杂细布皆是也。"

自合浦徐闻南入海,得大州,东西南北方千里,武帝元封元年略以为儋耳、珠厓郡。民皆服布如单被,穿中央为贯头。①男子耕农,种禾稻纻麻,女子桑蚕织绩。亡马与虎,民有五畜,②山多麈麖。③兵则矛、盾、刀、木弓弩、竹矢,或骨为镞。④自初为郡县,吏卒中国人多侵陵之,故率数岁壹反。元帝时,遂罢弃之。

①师古曰:"著时从头而贯之。"

②师古曰:"牛、羊、豕、鸡、犬。"

③师古曰:"麈似鹿而大,麖似鹿而小。麈,音主。麖,音京。"

④师古曰:"镞,矢锋,音子木反。"

自日南障塞、徐闻、合浦船行可五月,有都元国;又船行可四月,有邑卢没国;又船行可二十余日,有谌离国;①步行可十余日,有夫甘都卢国。②自夫都甘卢国船行可二月余,有黄支国,民俗略与珠厓相类。其州广大,户口多,多异物,自武帝以来皆献见。有译长,属黄门,与应募者俱入海市明珠、璧流离、奇石异物,赍黄金杂缯而往。所至国皆禀食为耦,③蛮夷贾船,转送致之。亦利交易,剽杀人。④又苦蓬风波溺死,不者数年来还。大珠至围二寸以下。平帝元始中,王莽辅政,欲耀威德,厚遗黄支王,令遣使献生犀牛。自黄支船行可八月,到皮宗;船行可二月,到日南、象林界云。黄支之南,有已程不国,汉之译使自此还矣。

①师古曰:"谌,音士林反。"

②师古曰:"都卢国人劲捷善缘高,故张衡《西京赋》云'乌获扛鼎,都卢寻橦',又曰'非都卢之轻趫,孰能超而究升',也。夫,音扶。"

③师古曰:"裹,给也。耦,媲也。给其食而侣媲之,相随行也。"
④师古曰:"剽,劫也,音频妙反。"

汉书卷二九
志第九

沟　洫

应劭曰:"沟广四尺,深四尺;洫广深倍于沟。"师古曰:"洫,音许域反。"

《夏书》:禹堙洪水十三年,①过家不入门。陆行载车,水行乘舟,泥行乘毳,②山行则梮,③以别九州;④随山浚川,⑤任土作贡;⑥通九道,陂九泽,度九山。⑦然河灾之羡溢,害中国也尤甚。⑧唯是为务,故道河自积石,⑨历龙门,南到华阴,东下底柱,⑩及盟津、雒内,至于大伾。⑪于是禹以为河所从来者高,水湍悍,难以行平地,⑫数为败,乃酾二渠以引其河,⑬北载之高地,过降水,至于大陆,播为九河,⑭同为迎河,入于勃海。⑮九川既疏,九泽既陂,诸夏艾安,⑯功施乎三代。

①如淳曰:"堙,没也。"师古曰:"堙,塞也。洪水泛溢,疏通而止塞之。堙,音因。"

②孟康曰:"毳形如箕,擿行泥上。"如淳曰:"毳,音茅蒄之蒄。谓以板置泥上以通行路也。"师古曰:"孟说是也。毳,读如本字。"

③如淳曰:"梮,谓以铁如锥头,长半寸,施之履下,以上山,不蹉跌也。"韦昭曰:"梮,木器,如今舆床,人举以行也。"师古曰:"如说是也。梮,音居足反。"

④师古曰:"分其界。"

⑤师古曰:"顺山之高下而深其流。"

⑥师古曰:"任其土地所有,以定贡赋之差也。"

⑦师古曰:"言通九州之道,及郫遏其泽,商度其山也。度,音大各反。"

⑧师古曰:"羡,读与衍同,音弋战反。"

⑨师古曰:"道,治也,引也。从积石山而治引之,令通流也。道,读曰导。"

⑩师古曰:"底,音之履反。"

⑪郑氏曰:"山一成为伾,在修武、武德界。"张晏曰:"成皋县山是也。臣瓒以为今修武、武德无此山也。成皋县山又不一成也。今黎阳山临河,岂是乎?"师古曰:"内,读曰汭。伾,音皮彼反。解在《地理志》。"

⑫师古曰:"急流曰湍。悍,勇也。湍,音它端反。"

⑬孟康曰:"酾,分也。分其流,泄其怒也。二渠,其一出贝丘西南南折者也,其一则漯川也。河自王莽时遂空,唯用漯耳。"师古曰:"酾,音山支反。漯,音它合反。"

⑭师古曰:"播,布也。"

⑮臣瓒以为"《禹贡》'夹右碣石入于河',则河入海乃在碣石也。武帝元光二年,河移徙东郡,更注勃海。禹时不注也。"师古曰:"解在《地理志》。"

⑯师古曰:"疏,分流。"

自是之后,荥阳下引河东南为鸿沟,以通宋、郑、陈、蔡、曹、卫,与济、汝、淮、泗会。于楚,西方则通渠汉川、云梦之际,东方则通沟江淮之间。于吴,则通渠三江五湖。于齐,则通淄济之间。于蜀,则蜀守李冰凿离堆,①避沫水之害,②穿二江成都中。此渠皆可行舟,有余则用溉,③百姓飨其利。至于它,往往引其水,用溉田,沟渠甚多,然莫足数也。

①晋灼曰:"堆,古堆字也。堆,岸也。"师古曰:"音丁回反。"

②师古曰:"沫,音本末之末。沫水出蜀西南徼外,东南入江。"

③师古曰:"溉,灌也,音工代反。"

魏文侯时,西门豹为邺令,有令名。①至文侯曾孙襄王时,与群臣饮酒,王为群臣祝曰:"令吾臣皆如西门豹之为人臣也!"史起进曰:"魏氏之行田也以百亩,②邺独二百亩,是田恶也。漳水在其旁,西门豹不知用,是不智也。知而不兴,是不仁也。仁智豹未之尽,何足法也!"于是以史起为邺令,遂引漳水溉邺,以富魏之河内。民歌之曰:"邺有贤令兮为史公,决漳水兮灌邺旁,终古舃卤兮生稻粱。"③

①师古曰:"有善政之称。"

②师古曰:"赋田之法,一夫百亩也。"

③苏林曰:"终古,犹言久古也。《尔雅》曰'卤,咸苦也'。"师古曰:"舄即斥卤也,谓咸卤之地也。"

其后韩闻秦之好兴事,欲罢之,无令东伐。①乃使水工郑国间说秦,②令凿泾水,自中山西邸瓠口为渠,③并北山,东注洛,三百余里,④欲以溉田。中作而觉,⑤秦欲杀郑国。郑国曰:"始臣为间,然渠成亦秦之利也。臣为韩延数岁之命,而为秦建万世之功。"秦以为然,卒使就渠。渠成而用溉注填阏之水,溉舄卤之地四万余顷,收皆亩一钟。⑥于是关中为沃野,无凶年,秦以富强,卒并诸侯,因名曰郑国渠。

①如淳曰:"息秦灭韩之计也。"师古曰:"罢,读曰疲。令其疲劳,不能出兵。"

②师古曰:"间,音居苋反。其下亦同。"

③师古曰:"中,读曰仲,即今九嵕之东仲山也。邸,至也。"

④师古曰:"并,音步浪反。洛水,即冯翊漆沮水。"

⑤师古曰:"中作,谓用功中道,事未竟也。"

⑥师古曰:"注,引也。阏,读与淤同,音于据反。填阏,谓雍泥也。言引淤浊之水灌咸卤之田,更令肥美,故一亩之收至六斛四斗。"

汉兴三十有九年,孝文时河决酸枣,东溃金堤,①于是东郡大兴卒塞之。

①师古曰:"溃,横决也。金堤,河堤名也,在东郡白马界。堤,音丁奚反。"

其后三十六岁,孝武元光中,河决于瓠子,东南注巨野,①通于淮、泗。上使汲黯、郑当时兴人徒塞之,辄复坏。是时,武安侯田蚡为丞相,其奉邑食鄃。鄃居河北,②河决而南则鄃无水灾,邑收入多。蚡言于上曰:"江河之决皆天事,未易以人力强塞,强塞之未必应天。"而望气用数者亦以为然,是以久不复塞也。

①师古曰:"巨野,泽名,旧属兖州界,即今之郓州巨野县。"

②师古曰:"奉,音扶用反。鄃,音输,清河之县也。"

　　时郑当时为大司农,言"异时关东漕粟从渭上,①度六月罢,②而渭水道九百余里,时有难处。引渭穿渠起长安,旁南山下,③至河三百余里,径,易漕,④度可令三月罢;罢而渠下民田万余顷又可得以溉。此损漕省卒,而益肥关中之地,得谷。"上以为然,令齐人水工徐伯表,⑤发卒数万人穿漕渠,二岁而通。以漕,大便利。其后漕稍多,而渠下之民颇得以溉矣。

　　①师古曰:"异时,往时也。"

　　②师古曰:"计度其功,六月而后可罢也。度,音大各反。"

　　③师古曰:"旁,音步浪反。"

　　④师古曰:"径,直也。易,音弋豉反。"

　　⑤师古曰:"巡行穿渠之处而表记之,今之竖标是。"

　　后河东守番系①言:"漕从山东西,岁百余万石,②更厎柱之艰,③败亡甚多而烦费。穿渠引汾溉皮氏、汾阴下,引河溉汾阴、蒲坂下,④度可得五千顷。故尽河埂弃地,⑤民茭牧其中耳,⑥今溉田之,⑦度可得谷二百万石以上。谷从渭上,与关中无异,⑧而厎柱之东可毋复漕。"上以为然,发卒数万人作渠田。数岁,河移徙,渠不利,田者不能偿种。⑨久之,河东渠田废,予越人,令少府以为稍入。⑩

　　①师古曰:"姓番,名系也。番,音普安反。"

　　②师古曰:"谓从山东运漕而西入关也。"

　　③师古曰:"更,历也,音庚。"

　　④师古曰:"引汾水可用溉皮氏及汾阴以下,而引河水可用溉汾阴及浦坂以下,以形所宜也。"

　　⑤师古曰:"谓河岸以下缘河边地素不耕垦者也。埂,音而缘反。"

　　⑥师古曰:"茭,干草也。谓收茭草及牧畜产于其中。茭,音交。"

　　⑦师古曰:"溉而种之。"

　　⑧师古曰:"虽从关外而来,于渭水运上,皆可致之,故曰与关中收谷无异也。"

　　⑨师古曰:"言所收之直不足偿粮种之费也。种,音之勇反。"

　　⑩如淳曰:"时越人有徙者,以田与之,其租税入少府也。"师古曰:"越人

习于水田,又渐至,未有业,故与之也。稍,渐也。其入未多,故谓之稍也。"

其后人有上书,欲通褒斜道及漕,①事下御史大夫张汤。汤问之,言:"抵蜀从故道,故道多阪,回远。②今穿褒斜道,少阪,近四百里;而褒水通沔,斜水通渭,皆可以行船漕。漕从南阳上沔入褒,褒绝水至斜,间百余里,以车转,从斜下渭。如此,汉中谷可致,而山东从沔无限,便于厎柱之漕。且褒斜材木竹箭之饶,拟于巴蜀。"③上以为然。拜汤子卬为汉中守,发数万人作褒斜道五百余里。道果便近,而水多湍石,不可漕。

①师古曰:"褒、斜,二谷名,其谷皆各自有水耳。斜,音弋奢反。"
②师古曰:"抵,至也。故道属武都,有蛮夷,故曰道,即今凤州界也。回,音胡内反。"
③师古曰:"拟,比也。"

其后严熊言:"临晋民愿穿洛以溉重泉以东万余顷故恶地。①诚即得水,可令亩十石。"于是为发卒万人穿渠,自征引洛水至商颜下。②岸善崩,③乃凿井,深者四十余丈。往往为井,井下相通行水。水隤以绝商颜,④东至山领十余里间。井渠之生自此始。穿得龙骨,故名曰龙首渠。作之十余岁,渠颇通,犹未得其饶。

①师古曰:"临晋、重泉,皆冯翊之县也。洛,即漆沮水。"
②应劭曰:"征在冯翊。商颜,山名也。"师古曰:"征,音惩,即今所谓澄城也。商颜,商山之颜也。谓之颜者,譬人之颜额也,亦犹山领象人之颈领。"
③如淳曰:"洛水岸也。"师古曰:"善崩,言意崩也。"
④师古曰:"下流曰隤。"

自河决瓠子后二十余岁,岁因以数不登,而梁楚之地尤甚。上既封禅,巡祭山川,其明年,乾封少雨。①上乃使汲仁、郭昌发卒数万人塞瓠子决河。于是上以用事万里沙,迹还自临决河,湛白马玉璧,②令群臣从官自将军以下皆负薪窴决河。③是时东郡烧草,以故薪柴少,而下淇园之竹以为楗。④上既临河决,悼功之不成,乃作歌曰:

①师古曰："乾，音干。解在《郊祀志》。"

②师古曰："湛，读曰沈。沈马及璧以礼水神也。"

③师古曰："窴，音大千反。"

④晋灼曰："淇园，卫之苑也。"如淳曰："树竹塞水决之口，稍稍布插按树之，水稍弱，补令密，谓之楗。以草塞其衷，乃以土填之。有石，以石为之。"师古曰："楗，音其偃反。"

　　瓠子决兮将奈何？浩浩洋洋，虑殚为河。①殚为河兮地不得宁，功无已时兮吾山平。②吾山平兮巨野溢，③鱼弗郁兮柏冬日。④正道弛兮离常流，⑤蛟龙骋兮放远游。归旧川兮神哉沛，⑥不封禅兮安知外！⑦皇谓河公兮何不仁，⑧泛滥不止兮愁吾人！啮桑浮兮淮、泗满，⑨久不反兮水维缓。⑩

①如淳曰："殚，尽也。"师古曰："浩浩洋洋，皆水盛貌。虑，犹恐也。浩，音胡老反。洋，音羊。"

②如淳曰："恐水渐山使平也。"韦昭曰："凿山以填河。"师古曰："韦说是也。已，止也。言用功多不可毕止也。"

③如淳曰："瓠子决，灌巨野泽使溢也。"

④孟康曰："巨野满溢，则众鱼弗郁而滋长，迫冬日乃止也。"师古曰："孟说非也。弗郁，忧不乐也。水长涌溢，涉浊不清，故鱼不乐，又迫于冬日，将甚困也。柏，读与迫同。弗，音佛。"

⑤晋灼曰："言河道皆弛坏。"

⑥臣瓒曰："水还旧道，则群害消除，神佑滂沛也。"师古曰："沛，音普大反。"

⑦师古曰："言不因巡狩封禅而出，则不知关外有此水。"

⑧张晏曰："皇，武帝也。河公，河伯也。"

⑨如淳曰："啮桑，邑名，为水所浮漂。"

⑩师古曰："水维，水之纲维也。"

　　河汤汤兮激潺湲，①北渡回兮迅流难。②搴长茭兮湛美玉，③河公许兮薪不属。④薪不属兮卫人罪，⑤烧萧条兮噫乎何以御水！⑥隤林竹兮揵石菑，⑦宣防塞兮万福来。

①师古曰："歌，有二章，自'河汤汤'以下更是其一，故云一曰也。汤汤，疾貌也。潺湲，激流也。汤，音伤。潺，音仕连反。湲，音于权反。"

②师古曰:"迅,疾也,音讯。"

③如淳曰:"搴,取也。茭,草也,音郊。一曰:茭,竿也。取长竿树之,用著石间以塞决河也。"臣瓒曰:"竹苇绹谓之茭也,所以引置土石也。"师古曰:"瓒说是也。搴,拔也。绹,索也。湛美玉者,以祭河也。茭字宜从竹。搴,音骞。茭,音交,又音爻。湛,读曰沈。绹,音工登反。"

④如淳曰:"旱烧,故薪不足也。"师古曰:"沈玉礼神,见许福佑,但以薪不属逮,故无功也。属,音之欲反。"

⑤师古曰:"东郡本卫地,故言此卫人之罪也。"

⑥师古曰:"烧草皆尽,故野萧条然也。噫乎,叹辞也。噫,音于期反。"

⑦师古曰:"陨林竹者,即上所说'下淇园之竹以为揵'也。石菑者,谓臿石立之,然后以土就填塞也。菑亦臿耳,音侧其反,义与插同。"

于是卒塞瓠子,筑宫其上,名曰宣防。而道河北行二渠,复禹旧迹,①而梁、楚之地复宁,无水灾。

①师古曰:"道,读曰导。"

自是之后,用事者争言水利。朔方、西河、河西、酒泉皆引河及川谷以溉田。而关中灵轵、成国、湋渠①引诸川,汝南、九江引淮,东海引巨定,②泰山下引汶水,③皆穿渠为溉田,各万余顷。它小渠及陂山通道者,不可胜言也。④

①如淳曰:"《地理志》'盩厔有灵轵渠'。成国,渠名,在陈仓。湋,音韦,水出韦谷。"

②臣瓒曰:"钜定,泽名也。"

③师古曰:"汶,音问。"

④师古曰:"陂山,因山之形也。道,引也。陂,音彼义反。道,读曰导。一曰:陂山,遏山之流以为陂也,音彼皮反。"

自郑国渠起,至元鼎六年,百三十六岁,而兒宽为左内史,奏请穿凿六辅渠,①以益溉郑国傍高卬之田。②上曰:"农,天下之本也。泉流灌浸,所以育五谷也。③左、右内史地,名山川原甚众,细民未知其利,故为通沟渎,畜陂泽,④所以备旱也。今内史稻田租挈重,不与郡同,⑤其议减。令吏民勉农,尽地利,平繇行水,勿使失时。"⑥

①师古曰:"在郑国渠之里,今尚谓之辅渠,亦曰六渠也。"

②师古曰:"素不得郑国之溉灌者也。卬,谓上向也,读曰仰。"

③师古曰:"潩,古浸字。"

④师古曰:"畜,读曰蓄。"

⑤师古曰:"租挈,收田租之约令也。郡,谓四方诸郡也。挈,音苦计反。"

⑥师古曰:"平繇者,均齐渠堰之力役,谓俱得水利也。繇,读曰徭。"

后十六岁,太始二年,赵中大夫白公①复奏穿渠。引泾水,首起谷口,尾入栎阳,②注渭中,袤二百里,③溉田四千五百余顷,因名曰白渠。民得其饶,歌之曰:"田于何所?池阳、谷口。郑国在前,白渠起后。④举锸为云,决渠为雨。⑤泾水一石,其泥数斗。且溉且粪,长我禾黍。⑥衣食京师,亿万之口。"言此两渠饶也。

①郑氏曰:"白,姓。公,爵。时人多相谓为公。"师古曰:"此时无公爵也,盖相呼尊老之称耳。"

②师古曰:"谷口,即今云阳县治谷是。"

③师古曰:"袤,长也,音茂。"

④师古曰:"郑国兴于秦时,秦云前。"

⑤师古曰:"锸,锹也,所以开渠者也。"

⑥如淳曰:"水停淤泥,可以当粪。"

是时方事匈奴,兴功利,言便宜者甚众。齐人延年上书①言:"河出昆仑,经中国,注勃海,是其地势西北高而东南下也。可案图书,观地形,令水工准高下,开大河上领,②出之胡中,东注之海。如此,关东长无水灾,北边不忧匈奴,可以省堤防备塞,士卒转输,胡寇侵盗,覆军杀将,暴骨原野之患。天下常备匈奴而不忧百越者,以其水绝壤断也。此功壹成,万世大利。"书奏,上壮之,报曰:"延年计议甚深。然河乃大禹之所道也,③圣人作事,为万世功,通于神明,恐难改更。"

①师古曰:"史不得其姓。"

②晋灼曰:"上领,山头也。"

③师古曰:"道,读曰导。"

自塞宣房后,河复北决于馆陶,分为屯氏河,①东北经魏郡、清河、信都、勃海入海,广深与大河等,故因其自然,不堤塞也。此开通后,馆陶东北四五郡虽时小被水害,而兖州以南六郡无水忧。宣帝地节中,光禄大夫郭昌使行河。北曲三所水流之势皆邪直贝丘县。②恐水盛,堤防不能禁,乃各更穿渠,直东,经东郡界中,不令北曲。渠通利,百姓安之。元帝永光五年,河决清河灵县鸣犊口,③而屯氏河绝。

①师古曰:"屯,音大门反。而随室分析州县,误以为毛氏河,乃置毛州,失之甚矣。"

②师古曰:"直,当也。"

③师古曰:"清河之灵县鸣犊河口也。"

　　成帝初,清河都尉冯逡①奏言:"郡承河下流,与兖州东郡分水为界,城郭所居尤卑下,土壤轻脆易伤。顷所以阔无大害者,以屯氏河通,两川分流也。②今屯氏河塞,灵鸣犊口又溢不利,独一川兼受数河之任,虽高增堤防,终不能泄。如有霖雨旬日不霁,必盈溢。③灵鸣犊口在清河东界,所在处下,虽令通利,犹不能为魏郡、清河减损水害。禹非不爱民力,以地形有势,故穿九河,今既灭难明,屯氏河不流行七十余年,新绝未久,其处易浚。④又其口所居高,于以分流杀水力,道里便宜,可复浚以助大河泄暴水,备非常。又地节时,郭昌穿直渠,后三岁,河水更从故第二曲间北可六里,复南合。今其曲势复邪直具丘,百姓寒心,宜复穿渠东行。不豫修治,北决病四五郡,南决病十余郡,然后忧之,晚矣。"事下丞相、御史,白博士许商治《尚书》,善为算,能度功用。⑤遣行视,⑥以为屯氏河盈溢所为,方用度不足,⑦可且勿浚。

①师古曰:"逡,音七旬反。"

②师古曰:"阔,稀也。"

③师古曰:"雨止曰霁,音子计反,又音才诣反。"

④师古曰:"浚,谓治道之令其深也。浚,音竣。"

⑤师古曰:"白,白于天子也。度,音大各反。"

⑥师古曰:"行,音下更反。"

⑦师古曰:"言国家少财役也。"

后三岁，河果决于馆陶及东郡金堤，泛溢兖、豫，入平原、千乘、济南，凡灌四郡三十二县，水居地十五万余顷，深者三丈，坏败官亭室庐且四万所。御史大夫尹忠对方略疏阔，上切责之，忠自杀。遣大司农非调①调均钱谷河决所灌之郡，②谒者二人发河南以东漕船五百搜，③徙民避水居丘陵九万七千余口。河堤使者王延世使塞，④以竹落长四丈，大九围，盛以小石，两船夹载而下之。三十六日，河堤成。上曰："东郡河决，流漂二州，校尉延世堤防三旬立塞。其以五年为河平元年。卒治河者为著外繇六月。⑤惟延世长于计策，功费约省，用力日寡，朕甚嘉之。其以延世为光禄大夫，秩中二千石，赐爵关内侯，黄金百斤。"

①师古曰："大司农名非调也。"

②师古曰："令其调发均平钱谷遭水之郡，使存给也。调，音徒钓反。"

③师古曰："一船为一搜，音先劳反，其字从木。"

④师古曰："命其为使而塞河也。《华阳国志》云：延世字长叔，犍为资中人也。"

⑤如淳曰："律说，戍边一岁当罢，若有急，当留守六月。今以卒治河之故，复留六月。"孟康曰："外繇，戍边也。治水不复戍边也。"师古曰："如、孟二说皆非也。以卒治河有劳，虽执役日近，皆得比繇戍六月也。著，谓著于薄籍也。著，音竹助反。下云'非受平贾，为著外繇'，其义亦同。"

后二岁，河复决平原，流入济南、千乘，所坏败者半建始时，复遣王延世治之。杜钦说大将军王凤，以为"前河决，丞相史杨焉言延世受焉术以塞之，蔽不肯见。今独任延世，延世见前塞之易，恐其虑害不深。又审如焉言，延世之巧，反不如焉。且水势各异，不博议利害而任一人，如使不及今冬成，来春桃华水盛，必羡溢，有填淤反壤之害。①如此，数郡种不得下，②民人流散，盗贼将生，虽重诛延世，无益于事。宜遣焉及将作大匠许商、谏大夫乘马延年杂作。③延世与焉必相破坏，深论便宜，以相难极。④商、延年皆明计算，能商功利，⑤足以分别是非，择其善而从之，必有成功。"凤如钦言，白遣焉等作治，六月乃成。复赐延世黄金百斤。治河卒非受平贾者，为著外繇六月。⑥

> ①师古曰:"《月令》'仲春之月,始雨水,桃始华'。盖桃方华时,既有雨水,
> 川谷冰泮,众流猥集,波澜盛长,故谓之桃华水耳。而《韩诗传》云'三月
> 桃华水'。反壤者,水塞不通,故令其土壤反还也。羡,音弋缮反。淤,音
> 于庶反。"

> ②师古曰:"种,五谷之子也,音之勇反。"

> ③孟康曰:"乘马,姓也。"师古曰:"乘,音食证反。"

> ④师古曰:"坏,毁也,音怪。极,穷也,音居力反。"

> ⑤师古曰:"商,度也。"

> ⑥苏林曰:"平贾,以钱取人作卒,顾其时庸之平贾也。"如淳曰:"律说,平
> 贾一月,得钱二千。"师古曰:"贾,音价。"

后九岁,鸿嘉四年,杨焉言:"从河上下,患厎柱隘,可镌广
之。"①上从其言,使焉镌之。镌之裁没水中,不能去,而令水益湍
怒,为害甚于故。

> ①师古曰:"镌,谓琢凿之也,音子全反。"

是岁,勃海、清河、信都河水溢溢,灌县邑三十一,①败官亭民
舍四万余所。河堤都尉许商与丞相史孙禁共行视,图方略。②禁以
为"今河溢之害数倍于前决平原时。今可决平原金堤间,开通大河,
令入故笃马河。③至海五百余里,水道浚利,又干三郡水地,得美田
且二十余万顷,足以偿所开伤民田庐处,又省吏卒治堤救水,岁三
万人以上。"许商以为"古说九河之名,有徒骇、胡苏、鬲津,今见在
成平、东光、鬲界中。④自鬲以北至徒骇间,相去二百余里。今河虽
数移徙,不离此域。孙禁所欲开者,在九河南笃马河,失水之迹,处
势平夷,旱则淤绝,水则为败,不可许。"公卿皆从商言。先是,谷永
以为"河,中国之经渎,⑤圣王兴则出图书,王道废则竭绝。今溃溢
横流,漂没陵阜,异之大者也。修政以应之,灾变自除。"是时,李寻、
解光亦言:"阴气盛则水为之长,故一日之间,昼减夜增,江河满溢,
所谓水不润下,虽常于卑下之地,犹日月变见于朔望,明天道有因
而作也。众庶见王延世蒙重赏,竞言便巧,不可用。议者常欲求索
九河故迹而穿之,今因其自决,可且勿塞,以观水势。河欲居之,当

稍自成川,跳出沙土,然后顺天心而图之,必有成功,而用财力寡。"
于是遂止不塞。满昌、师丹等数言百姓可哀,上数遣使者处业振赡
之。⑥

①师古曰:"溢,踊也,音普顿反。"
②师古曰:"图,谋也。行,音下更反。"
③韦昭曰:"在平原县。"
④师古曰:"此九河之三也。徒骇在成平,胡苏在东光,鬲津在鬲。成平、东
　光属勃海,鬲属平原。徒骇者,言禹治此河,用功极众,故人徒惊骇也。
　胡苏,下流急疾之貌也。鬲津,言其狭小,可鬲以为津而度也。鬲,与隔
　同。"
⑤师古曰:"经,常也。"
⑥师古曰:"处业,谓安处之,使得其居业。"

哀帝初,平当使领河堤,①奏言:"九河今皆窴灭,案经义治水,
有决河深川,②而无堤防雍塞之文。③河从魏郡以东,北多溢决,水
迹难以分明。四海之众不可诬,宜博求能浚川疏可者。"下丞相孔
光、大司空何武,奏请部刺史、三辅、三河、弘农太守举吏民能者,莫
有应书。待诏贾让奏言:

①师古曰:"为使而领其事。"
②师古曰:"决,分泄也。深,浚治也。"
③师古曰:"雍,读曰壅。"

治河有上中下策。古者立国居民,疆理土地,必遗川泽之
分,度水势所不及。①大川无防,小水得入,陂障卑下,以为污
泽,②使秋水多,得有所休息,左右游波,宽缓而不迫。夫土之
有川,犹人之有口也。治土而防其川,犹止儿啼而塞其口,岂不
遽止,然其死可立而待也。③故曰:"善为川者,决之使道;④善
为民者,宣之使言"。盖堤防之作,近起战国,雍防百川,各以自
利。⑤齐与赵、魏,以河为竟。⑥赵、魏频山,齐地卑下,⑦作堤
去河二十五里。河水东抵齐堤,则西泛赵、魏,赵、魏亦为堤去
河二十五里。虽非其正,水尚有所游荡。时至而去,则填淤肥
美,民耕田之,或久无害,稍筑室宅,遂成聚落。大水时至漂没,

则更起堤防以自救,稍去其城郭,排水泽而居之,湛溺自其宜也。⑧今堤防狭者去水数步,远者数里。近黎阳南故大金堤,从河西西北行,至西山南头,乃折东,与东山相属。⑨民居金堤东,为庐舍,住十余岁更起堤,从东山南头直南与故大堤会。又内黄界中有泽,方数十里,环之有堤。⑩往十余岁太守以赋民,⑪民今起庐舍其中,此臣亲所见者也。东郡白马故大堤亦复数重。民皆居其间。从黎阳北尽魏界,故大堤去河远者数十里,内亦数重。此皆前世所排也。河从河内北至黎阳为石堤,激使东抵东郡平刚;⑫又为石堤,使西北抵黎阳观下;⑬又为古堤,使东北抵东郡津北;又为石堤,使西北抵魏郡昭阳;又为石堤,激使东北。百余里间,河再西三东,迫阨以此,不得安息。

①师古曰:"遗,留也。度,计也。言川泽水所流聚之处,皆留而置之,不以为居邑而妄垦殖,必计水所不及,然后居而田之也。分,音扶问反。度,音大各反。"

②师古曰:"停水曰污,音一胡反。"

③师古曰:"遽,速也,音其庶反。"

④师古曰:"道,读曰导。导,通引也。"

⑤师古曰:"雍,读曰壅。"

⑥师古曰:"竟,读曰境。"

⑦师古曰:"频山,犹言以山为边界也。"师古曰:"濒,音频,又音宾。"

⑧师古曰:"湛,读曰沈。"

⑨师古曰:"属,连及也,音之欲反。"

⑩师古曰:"环,绕也。"

⑪师古曰:"以堤中之地给与民。"

⑫师古曰:"激者,聚石于堤旁冲要之处,所以激去其水也。激,音工历反。"

⑬师古曰:"观,县名也,音工唤反。"

今行上策,徙冀州之民当水冲者,决黎阳遮害亭,放河使北入海。河西薄大山,东薄金堤,势不能远泛滥,期月自定。难者将曰:"若如此,败坏城郭田庐冢墓以万数,百姓怨恨。"昔大禹治水,山陵当路者毁之,故凿龙门,辟伊阙,①析底柱,破碣石,②堕断天地之性。③此乃人功所造,何足言也!今濒河十郡治堤岁费且万万,及其大决,所残无数。如出数年治河之费,以业所徙之民,遵古圣之法,定山川之位,使神人各处其所,而不相奸。④且以大汉方制万里,岂其与水争咫尺之地哉?此功一立,河定民安,千载无患,故谓之上策。

①师古曰:"辟,读曰闢。闢,开也。"

②师古曰:"析,分也。"

③师古曰:"堕,毁也,音火规反。"

④师古曰:"奸,音干。"

若乃多穿漕渠于冀州地,使民得以溉田,分杀水怒,虽非圣人法,然亦救败术也。难者将曰:"河水高于平地,岁增堤防,犹尚决溢,不可以开渠。"臣窃案视遮害亭西十八里,至淇水口,乃有金堤,高一丈。自是东,地稍下,堤稍高,至遮害亭,高四五丈。往五六岁,河水大盛,增丈七尺,坏黎阳南郭门,入至堤下。①水未逾堤二尺所,从堤上北望,河高出民屋,百姓皆走上山。水留十三日,堤溃,吏民塞之。臣循堤上,行视水势,②南七十余里,至淇口,水适至堤半,计出地上五尺所。今可从淇口以东为石堤,多张水门。初元中,遮害亭下河去堤足数十步,至今四十余岁,适至堤足。由是言之,其地坚矣。恐议者疑河大川难禁制,荥阳漕渠足以卜之,③其水门但用木与土耳,今据坚地作石堤,势必完安。冀州渠首尽当卬此水门。治渠非穿地也,④但为东方一堤,北行三百余里,入漳水中,其西因山足高地,诸渠皆往往股引取之;⑤旱则开东方下水门溉冀州,水则开西方高门分河流。通渠有三利,不通有三害。民常罢于救水,半失作业;⑥水行地上,凑润上彻,民则病湿气,木皆立枯,卤不生谷;⑦决溢有败,为鱼鳖食:此三害也。若有渠溉,则盐卤下隰,填淤加肥;⑧故种禾麦,更为粳稻,高田五倍,下田十倍;⑨转漕舟船之便:此三利也。今濒河堤吏卒郡数千人,伐买薪石之费岁数千万，足以通渠成水门；又民利其溉灌，相率治渠，虽劳不罢。⑩民田适治，河堤亦成，此诚富国安民，兴利除害，支数百岁，故谓之中策。

①如淳曰："然则堤在郭内也"。臣瓒曰："谓水从郭南门入，北门出，而至堤也。"师古曰："瓒说是也。"

②师古曰："行，音下更反。"

③如淳曰："今砾溪口是也。言作水门通水流，不为害也。"师古曰："砾溪，溪名，即《水经》所云沛水东过砾溪者。"

④师古曰："卬，音牛向反。"

⑤如淳曰："股，支别也。"

⑥师古曰："此一害也。罢，读曰疲。"

⑦师古曰："此二害。"

⑧师古曰："此一利。"

⑨师古曰："此二利也。粳，谓稻之不粘者也，音庚。"

⑩师古曰："罢，读曰疲。"

　　若乃缮完故堤，增卑倍薄，劳费无已，数逢其害，此最下策也。

　　王莽时，征能治河者以百数，其大略异者，长水校尉平陵关并①言："河决率常于平原、东郡，左右其地形下而土疏恶。闻禹治河时，本空此地，以为水猥，盛则放溢，②少稍自索，③虽时易处，犹不能离此。上古难识，近察秦汉以来，河决曹、卫之域，其南北不过百八十里者，可空此地，勿以为官亭民室而已。"大司马史长安张戎④言："水性就下，行疾则自刮除成空而稍深。河水重浊，号为一石水而六斗泥。今西方诸郡，以至京师东行，民皆引河、渭山川水溉田。春夏干燥，少水时也，故使河流迟，贮淤而稍浅；雨多水暴至，则溢决。而国家数堤塞之，稍益高于平地，犹筑垣而居水也。可各顺从其性，毋复灌溉，则百川流行，水道自利，无溢决之害矣。"御史临淮韩牧⑤以为"可略于《禹贡》九河处穿之，纵不能为九，但为四五，宜有益。"大司空掾王横⑥言："河入勃海，勃海地高于韩牧所欲穿处。往者天尝连雨，东北风，海水溢，西南出，浸数百里，九河之地已为海所渐矣。⑦禹之行河水，本随西山下东北去。⑧《周谱》云定王五年河徙，⑨则今所行非禹之所穿也。又秦攻魏，决河灌其都，决处遂大，不可复补。宜却徙完平处，更开空，⑩使缘西山足乘高地而东北入海，乃无水灾。"沛郡桓谭为司空掾，典其议，为甄丰言："凡此数者，必有一是。宜详考验，皆可豫见，计定然后举事，费不过数亿万，亦可以事诸浮食无产业民。⑪空居与行役，同当衣食。衣食县官，而为之作，乃两便。⑫可以上继禹功，下除民疾。"王莽时，但崇空语，无施行者。

①师古曰："桓谭《新论》云：并字子阳，材智通达也。"

②师古曰："猥，多也。"

③师古曰："索，尽也，音先各反。"

④师古曰："《新论》云：字仲功，习溉灌事也。"

⑤师古曰："《新论》云：字子台，善水事。"

⑥师古曰："横字平中，琅邪人。见《儒林传》。中，读曰仲。"

⑦师古曰："渐，浸也，读如本字，又音子廉反。"

⑧师古曰："行，谓通流也。"

⑨如淳曰："谱，音补。《世统》，谱谍也。"

⑩师古曰："空，犹穿。"

⑪师古曰："事，谓役使也。"

⑫师古曰："言无产业之人，端居无为，及发行力役，俱须衣食耳。今县官
　　给其衣食，而使修治河水，是为公私两便也。"

　　赞曰：古人有言："微禹之功，吾其鱼乎！"①中国川原以百数，莫著于四渎，而河为宗。孔子曰："多闻而志之，知之次也。"②国之利害，故备论其事。

①师古曰："《左氏传》载周大夫刘定公之辞也。言无禹治水之功，则天下
　　之人皆为鱼鳖耳。"

②师古曰："《论语》称孔子之言曰'多闻择其善者而从之，多见志之，知之
　　次也'。志，记也，字亦作识，音式异反。"

汉书卷三〇
志第一〇

艺　文

　　昔仲尼没而微言绝,①七十子丧而大义乖。②故《春秋》分为
五,③《诗》分为四,④《易》有数家之传。战国从衡,真伪分争,⑤诸
子之言纷然淆乱。⑥至秦患之,乃燔灭文章,以愚黔首。⑦汉兴,改
秦之败,大收篇籍,广开献书之路。迄孝武世,书缺简脱,礼坏乐
崩,⑧圣上喟然而称曰:⑨"朕甚闵焉!"于是建藏书之策,⑩置写书
之官,下及诸子传说,皆充秘府。至成帝时,以书颇散亡,使谒者陈
农求遗书于天下。诏光禄大夫刘向校经传诸子诗赋,步兵校尉任宏
校兵书,太史令尹咸校数术,⑪侍医李柱国校方技。⑫每一书已,⑬
向辄条其篇目,撮其指意,录而奏之。⑭会向卒,哀帝复使向子侍中
奉车都尉歆卒父业。⑮歆于是总群书而奏其《七略》,故有《辑
略》,⑯有《六艺略》,⑰有《诸子略》,有《诗赋略》,有《兵书略》,有
《术数略》,有《方技略》。今删其要,以备篇籍。⑱

　　①李奇曰:"隐微不显之言也。"师古曰:"精微要妙之言耳。"

　　②师古曰:"七十子,谓弟子达者七十二人。举其成数,故言七十。"

　　③韦昭曰:"谓《左氏》、《公羊》、《谷梁》、《邹氏》、《夹氏》也。"

　　④韦昭曰:"谓《毛氏》、《齐》、《鲁》、《韩》。"

　　⑤师古曰:"从,音子容反。"

　　⑥师古曰:"淆,杂也。"

　　⑦师古曰:"燔,烧也。秦谓人为黔首,言其头黑也。燔,音扶元反。黔,音
　　　其炎反,又音琴。"

⑧师古曰:"编绝散落故简脱。脱,音吐活反。"

⑨师古曰:"嘤,叹息貌也,音丘位反。"

⑩如淳曰:"刘歆《七略》曰'外则有太常、太史、博士之藏,内则有延阁、广
　　内、秘室之府'。"

⑪师古曰:"占卜之书。"

⑫师古曰:"医药之书。"

⑬师古曰:"已,毕也。"

⑭师古曰:"撮,总取也,音千括反。"

⑮师古曰:"卒,终也。"

⑯师古曰:"辑,与集同,谓诸书之总要。"

⑰师古曰:"六艺,六经也。"

⑱师古曰:"删去浮冗,取其指要也。其每略所条家及篇数,有与总凡不同
　　者,转写脱误,年代久远,无以详知。"

《易经》十二篇,施、孟、梁丘三家。①

《易传周氏》二篇。字王孙也。

《服氏》二篇。②

《杨氏》二篇。名何,字叔元,菑川人。

《蔡公》二篇。卫人。事周王孙。

《韩氏》二篇。名婴。

《王氏》二篇。名同。

《丁氏》八篇。名宽,字元襄,梁人也。

《古五子》十八篇。自甲子至壬子,说《易》阴阳。

《淮南道训》二篇。淮南王安聘明《易》者九人,号九师说。

《古杂》八十篇,《杂灾异》三十五篇,《神输》五篇,图一。③

《孟氏京房》十一篇,《灾异孟氏京房》六十六篇,五鹿充宗《略
说》三篇,《京氏段嘉》十二篇。④

《章句》施、孟、梁丘氏各二篇。

　　凡《易》十三家，二百九十四篇。

①师古曰："上下经及十翼，故十二篇。"

②师古曰："刘向《别录》云：服氏，齐人，号服光。"

③师古曰："刘向《别录》云'神输者，王道失则灾害生，得则四海输之祥瑞'。"

④苏林曰："东海人，为博士。"晋灼曰："《儒林》不见。"师古曰："苏说是也。嘉，即京房所从受《易》者也。见《儒林传》及刘向《别录》。"

　　《易》曰："宓戏氏仰观象于天，俯观法于地，观鸟兽之文，与地之宜，近取诸身，远取诸物，于是始作八卦，以通神明之德，以类万物之情。"①至于殷、周之际，纣在上位，逆天暴物，文王以诸侯顺命而行道，天人之占可得而效，于是重《易》六爻，作上下篇。孔氏为之《彖》、《象》、《系辞》、《文言》、《序卦》之属十篇。故曰《易》道深矣，人更三圣，②世历三古。③及秦燔书，而《易》为筮卜之事，传者不绝。汉兴，田何传之。讫于宣、元，有施、孟、梁丘、京氏列于学官，而民间有费、高二家之说。④刘向以中《古文易经》校施、孟、梁丘经，⑤或脱去"无咎"、"悔亡"，唯费氏经与古文同。

①师古曰："《下系》之辞也。鸟兽之文，谓其迹在地者。宓，读与伏同。"

②韦昭曰："伏羲、文王、孔子。"师古曰："更，经也，音工衡反。"

③孟康曰："《易·系辞》曰：'《易》之兴，其于中古乎？'然则伏羲为上古，文王为中古，孔子为下古。"

④师古曰："费，音扶未反。"

⑤师古曰："中者，天子之书也。言中，以别于外耳。"

　　《尚书古文经》四十六卷。为五十七篇。①

　　《经》二十九卷。大、小夏侯二家。《欧阳经》三十二卷。②

　　《传》四十一篇。

　　《欧阳章句》三十一卷。

　　《大》、《小夏侯章句》各二十九卷。

　　《大》、《小夏侯解故》二十九篇。

《欧阳说义》二篇。

刘向《五行传记》十一卷。

许商《五行传记》一篇。

《周书》七十一篇。周史记。③

《议奏》四十二篇。宣帝时石渠论。④

　　凡《书》九家,四百一十二篇。入刘向《稽疑》一篇。⑤

①师古曰:"孔安国《书序》云'凡五十九篇,为四十六卷。承诏作传,引序
　　各冠其篇首,定五十八篇'。郑玄《叙赞》云'后又亡其一篇',故五十
　　七。"

②师古曰:"此二十九卷,伏生传授者。"

③师古曰:"刘向云:'周时诰誓号令也,盖孔子所论百篇之余也。'今之存
　　者四十五篇。"

④韦昭曰:"阁名也。于此论书。"

⑤师古曰:"此凡言入者,谓《七略》之外班氏新入之也。其云出者与此
　　同。"

《易》曰:"河出图,雒出书,圣人则之。"①故《书》之所起远矣,
至孔子纂焉,②上断于尧,下讫于秦,凡百篇,而为之序,言其作意。
秦燔书禁学,济南伏生独壁藏之。汉兴亡失,求得二十九篇,以教齐
鲁之间。讫孝宣世,有《欧阳》、《大小夏侯氏》,立于学官。《古文尚
书》者,出孔子壁中。③武帝末,鲁共王坏孔子宅,欲以广其宫,而得
《古文尚书》及《礼记》、《论语》、《孝经》凡数十篇,皆古字也。共王往
入其宅,闻鼓琴瑟钟磬之音,于是惧,乃止不坏。孔安国者,孔子后
也,悉得其书,以考二十九篇,得多十六篇。④安国献之。遭巫蛊事,
未列于学官。刘向以中古文校欧阳、大小夏侯三家经文,《酒诰》脱
简一,《召诰》脱简二。⑤率简二十五字者,脱亦二十五字,简二十二
字者,脱亦二十二字,文字异者七百有余,脱字数十。《书》者,古之
号令,号令于众,其言不立具,则听受施行者弗晓。古文读应尔雅,
故解古今语而可知也。

①师古曰:"《上系》之辞也。"

②孟康曰："纂，音撰。"

③师古曰："《家语》云孔腾字子襄，畏秦法峻急，藏《尚书》、《孝经》、《论语》于夫子旧堂壁中，而《汉记·尹敏传》云孔鲋所藏。二说不同，未知孰是。"

④师古曰："壁中书多，以考见行世二十九篇之外，更得十六篇。"

⑤师古曰："召，读曰邵。"

《诗经》二十八卷，鲁、齐、韩三家。①

《鲁故》二十五卷。②

《鲁说》二十八卷。

《齐后氏故》二十卷。

《齐孙氏故》二十七卷。

《齐后氏传》三十九卷。

《齐孙氏传》二十八卷。

《齐杂记》十八卷。

《韩故》三十六卷。

《韩内传》四卷。

《韩外传》六卷。

《韩说》四十一卷。

《毛诗》二十九卷。

《毛诗故训传》三十卷。

凡《诗》六家，四百一十六卷。

①应劭曰："申公作《鲁诗》，后苍作《齐诗》，韩婴作《韩诗》。"

②师古曰："故者，通其指义也。它皆类此。今流俗《毛诗》改故训传为诂字，失真耳。"

《书》曰："诗言志，歌咏言。"①故哀乐之心感，而歌咏之声发。诵其言谓之诗，咏其声谓之歌。故古有采诗之官，王者所以观风俗，知得失，自考正也。孔子纯取周诗，上采殷，下取鲁，凡三百五篇，遭秦而全者，以其讽诵，不独在竹帛故也。汉兴，鲁申公为《诗》训故，而齐辕固、燕韩生皆为之传。或取《春秋》，采杂说，咸非其本义。与不得已，鲁最为近之。②三家皆列于学官。又有毛公之学，自谓子夏所传，而河间献王好之，未得立。

　①师古曰："《虞书·舜典》之辞也。在心为志，发言为诗。咏者，永也。永，
　　　长也，歌所以长言之。"

　②师古曰："与不得已者，言皆不得也。三家皆不得其真，而鲁最近之。"

《礼古经》五十六卷，《经》七十篇。后氏、戴氏。

《记》百三十一篇。七十子后学者所记也。

《明堂阴阳》三十三篇。古明堂之遗事。

《王史氏》二十一篇。七十子后学者。①

《曲台后仓》九篇。②

《中庸说》二篇。③

《明堂阴阳说》五篇。

《周官经》六篇。王莽时刘歆置博士。④

《周官传》四篇。

《军礼司马法》百五十五篇。

《古封禅群祀》二十二篇。

《封禅议对》十九篇。武帝时也。

《汉封禅群祀》三十六篇。

《议奏》三十八篇。⑤

　　　　凡《礼》十三家，五百五十五篇。入《司马法》一家，百五十五篇。

　①师古曰："刘向《别录》云六国时人也。"

　②如淳曰："行礼射于曲台，后仓为记，故名曰《曲台记》。《汉官》曰：大射
　　　于曲台。"晋灼曰："天子射宫也。西京无太学，于此行礼也。"

　③师古曰："今《礼记》有《中庸》一篇，亦非本礼经，盖此之流。"

　④师古曰："即今之《周官礼》也，亡其《冬官》，以《考工记》充之。"

⑤石渠。

《易》曰："有夫妇父子君臣上下,礼义有所错。"①而帝王质文世有损益,至周曲为之防,事为之制,②故曰："礼经三百,威仪三千。"③及周之衰,诸侯将逾法度,恶其害己,皆灭去其籍,自孔子时而不具,至秦大坏。汉兴,鲁高堂生传《士礼》十七篇。讫孝宣世,后仓最明。戴德、戴圣、庆普皆其弟子,三家立于学官。《礼古经》者,出于鲁淹中④及孔氏,学七十篇文相似,多三十九篇。及《明堂阴阳》、《王史氏记》所见,多天子诸侯卿大夫之制,虽不能备,犹瘉仓等推《士礼》而致于天子之说。⑤

①师古曰:"《序卦》之辞也。错,置也,音千故反。"

②师古曰:"委曲防闲,每事为制也。"

③韦昭曰:"《周礼》三百六十官也。三百,举成数也。"臣瓒曰:"礼经三百,谓冠、婚、吉、凶。《周礼》三百,是官名也。"师古曰:"礼经三百,韦说是也。威仪三千,乃谓冠、婚、吉、凶,盖《仪礼》是。"

④苏林曰:"里名也。"

⑤师古曰:"瘉,与愈同。愈,胜也。"

《乐记》二十三篇。

《王禹记》二十四篇。

《雅歌诗》四篇。

《雅琴赵氏》七篇。名定,勃海人,宣帝时丞相魏相所奏。

《雅琴师氏》八篇。名中,东海人,传言师旷后。

《雅琴龙氏》九十九篇。名德,梁人。①

　　凡《乐》六家,百六十五篇。出淮南刘向等《琴颂》七篇。

①师古曰:"刘向《别录》云亦魏相所奏也,与赵定俱召见待诏,后拜为侍郎。"

《易》曰："先王作乐崇德,殷荐之上帝,以享祖考。"①故自黄帝下至三代,乐各有名。孔子曰："安上治民,莫善于礼;移风易俗,莫善于乐。"②二者相与并行。周衰俱坏,乐尤微眇,以音律为节,③又为郑卫所乱,故无遗法。汉兴,制氏以雅乐声律,世在乐官,颇能纪其铿锵鼓舞,而不能言其义。④六国之君,魏文侯最为好古,孝文时得其乐人窦公,⑤献其书,乃《周官·大宗伯》之《大司乐》章也。武帝时,河间献王好儒,与毛生等共采《周官》及诸子言乐事者以作《乐记》,献八佾之舞,与制氏不相远。其内史丞王定传之,以授常山王禹。禹,成帝时为谒者,数言其义,⑥献二十四卷记。刘向校书,得《乐记》二十三篇,与禹不同,其道浸以益微。⑦

①师古曰:“《豫卦》象辞也。殷,盛也。”

②师古曰:“《孝经》载孔子之言。”

③师古曰:“眇,细也。言其道精微,节在音律,不可具于书。眇,亦读曰妙。”

④师古曰:“铿,音初衡反。”

⑤师古曰:“桓谭《新论》云:窦公年百八十岁,两目皆盲,文帝奇之,问曰:‘何因至此?’对曰:‘臣年十三失明,父母哀其不及众技,教鼓琴,臣导引,无所服饵。’”

⑥师古曰:“数,音所角反。”

⑦师古曰:“浸,渐也。”

《春秋古经》十二篇,《经》十一卷。公羊、谷梁二家。

《左氏传》三十卷。左丘明,鲁太史。

《公羊传》十一卷。公羊子,齐人。①

《谷梁传》十一卷。谷梁子,鲁人。②

《邹氏传》十一卷。

《夹氏传》十一卷。有录无书。③

《左氏微》二篇。④

《铎氏微》三篇。楚太傅铎椒也。

《张氏微》十篇。

《虞氏微传》二篇。赵相虞卿。

《公羊外传》五十篇。

《谷梁外传》二十篇。

《公羊章句》三十八篇。

《谷梁章句》三十三篇。

《公羊杂记》八十三篇。

《公羊颜氏记》十一篇。

《公羊董仲舒治狱》十六篇。

《议奏》三十九篇。石渠论。

《国语》二十一篇。左丘明著。

《新国语》五十四篇。刘向分《国语》。

《世本》十五篇。古史官记黄帝以来，记春秋时诸侯大夫。

《战国策》三十三篇。记春秋后。

《奏事》二十篇。秦时大臣奏事，及刻石名山文也。

《楚汉春秋》九篇。陆贾所记。

《太史公》百三十篇。十篇有录无书。

冯商所续《太史公》七篇。⑤

《太古以来年纪》二篇。

《汉著记》百九十卷。⑥

《汉大年纪》五篇。

　　凡《春秋》二十三家，九百四十八篇。省《太史公》四篇。

①师古曰："名高。"

②师古曰："名喜。"

③师古曰："夹，音颊。"

④师古曰："微，谓释其微指。"

⑤韦昭曰："冯商受《太史公》十余篇，在班彪《别录》。商字子高。"师古曰："《七略》云商阳陵人，治《易》，事五鹿充宗，后事刘向，能属文，后与孟柳俱待诏，颇序列传，未卒，病死。"

⑥师古曰："若今之起居注。"

古之王者世有史官，君举必书，所以慎言行，昭法式也。左史记言,右史记事,事为《春秋》,言为《尚书》,帝王靡不同之。周室既微,载籍残缺,仲尼思存前圣之业,乃称曰:"夏礼吾能言之,杞不足征也;殷礼吾能言之,宋不足征也。文献不足故也,足则吾能征之矣。"①以鲁周公之国,礼文备物,史官有法,故与左丘明观其史记,据行事,仍人道,②因兴以立功,就败以成罚,假日月以定历数,籍朝聘以正礼乐。有所褒讳贬损,不可书见,口授弟子,弟子退而异言。③丘明恐弟子各安其意,以失其真,故论本事而作传,明夫子不以空言说经也。《春秋》所贬损大人当世君臣,有威权势力,其事实皆形于传,是以隐其书而不宣,所以免时难也。及末世口说流行,故有《公羊》、《谷梁》、《邹》、《夹》之传。四家之中,《公羊》、《谷梁》立于学官,《邹氏》无师,《夹氏》未有书。

①师古曰:"《论语》载孔子之言也。征,成也。献,贤也。孔子自谓能言夏、殷之礼,而杞、宋之君文章贤材不足以成之,故我不得成此礼也。"

②师古曰:"仍,亦因也。"

③师古曰:"谓人执所见,各不同也。"

《论语》古二十一篇。出孔子壁中,两《子张》。①

《齐》二十二篇。多《问王》、《知道》。②

《鲁》二十篇,《传》十九篇。③

《齐说》二十九篇。

《鲁夏侯说》二十一篇。

《鲁安昌侯说》二十一篇。④

《鲁王骏说》二十篇。⑤

《燕传说》三卷。

《议奏》十八篇。石渠论。

《孔子家语》二十七卷。⑥

《孔子三朝》七篇。⑦

《孔子徒人图法》二卷。

凡《论语》十二家，二百二十九篇。

①如淳曰："分《尧曰》篇后子张问'何如可以从政'已下为篇，名曰《从政》。"

②如淳曰："《问王》、《知道》，皆篇名也。"

③师古曰："解释《论语》意者。"

④师古曰："张禹也。"

⑤师古曰："王吉子。"

⑥师古曰："非今所有《家语》。"

⑦师古曰："今《大戴礼》有其一篇，盖孔子对鲁哀公语也。三朝见公，故曰三朝。"

《论语》者，孔子应答弟子时人及弟子相与言而接闻于夫子之语也。当时弟子各有所记。夫子既卒，门人相与辑而论纂，故谓之《论语》。①汉兴，有齐、鲁之说。传《齐论》者，昌邑中尉王吉、少府宋畸、②御史大夫贡禹、尚书令五鹿充宗、胶东庸生，唯王阳名家。③传《鲁论语》者，常山都尉龚奋、长信少府夏侯胜、丞相韦贤、鲁扶卿、前将军萧望之、安昌侯张禹，皆名家。张氏最后而行于世。

①师古曰："辑，与集同。纂，与撰同。"

②师古曰："畸，音居宜反。"

③师古曰："王吉字子阳，故谓之王阳。"

《孝经古孔氏》一篇。二十二章。①

《孝经》一篇。十八章。长孙氏、江氏、后氏、翼氏四家。

《孙氏说》二篇。

《江氏说》一篇。

《翼氏说》一篇。

《后氏说》一篇。

《杂传》四篇。

《安昌侯说》一篇。

《五经杂议》十八篇。石渠论。

《尔雅》三卷二十篇。②

《小尔雅》一篇，《古今字》一卷。

《弟子职》一篇。③

《说》三篇。

　　凡《孝经》十一家，五十九篇。

①师古曰："刘向云：古文字也。《庶人章》分为二也，《曾子敢问章》为三，
　　又多一章，凡二十二章。"

②张晏曰："尔，近也。雅，正也。"

③应劭曰："管仲所作，在《管子》书。"

《孝经》者，孔子为曾子陈孝道也。夫孝，天之经，地之义，民之
行也。举大者言，故曰《孝经》。汉兴，长孙氏、博士江翁、少府后仓、
谏大夫翼奉、安昌侯张禹传之，各自名家。经文皆同，唯孔氏壁中古
文为异。"父母生之，续莫大焉"，"故亲生之膝下"，诸家说不安处，
古文字读皆异。①

①臣瓒曰："《孝经》云'续莫大焉'，而诸家之说各不安处之也。"师古曰：
　　"桓谭《新论》云《古孝经》千八百七十二字，今异者四百余字。"

《史籀》十五篇。周宣王太史作大篆十五篇，建武时亡六篇矣。①

《八体六技》。②

《苍颉》一篇。上七章，秦丞相李斯作；《爰历》六章，车府令赵高作；《博
学》七章，太史令胡母敬作。

《凡将》一篇。司马相如作。

《急就》一篇。元帝时黄门令史游作。

《元尚》一篇。成帝时将作大匠李长作。

《训纂》一篇。扬雄作。

《别字》十三篇。

《苍颉传》一篇。

扬雄《苍颉训纂》一篇。

杜林《苍颉训纂》一篇。

杜林《苍颉故》一篇。

　　凡小学十家,三十五篇。入扬雄、杜林二家二篇。

①师古曰:"籀,音胄。"

②韦昭曰:"八体,一曰大篆,二曰小篆,三曰刻符,四曰虫书,五曰摹印,
　　六曰署书,七曰殳书,八曰隶书。"

《易》曰:"上古结绳以治,后世圣人易之以书契,百官以治,万
民以察,盖取诸《夬》。"①"《夬》,扬于王庭",②言其宣扬于王者朝
廷,其用最大也。古者八岁入小学,故《周官》保氏掌养国子,教之六
书,③谓象形、象事、象意、象声、转注、假借,造字之本也。④汉兴,
萧何草律,⑤亦著其法,曰:"太史试学童,能讽书九千字以上,乃得
为史。又以六体试之,课最者以为尚书御史史书令史。⑥吏民上书,
字或不正,辄举劾。"六体者,古文、奇字、篆书、隶书、缪篆、虫书,⑦
皆所以通知古今文字,摹印章,书幡信也。古制,书必同文,不知则
阙,问诸故老,至于衰世,是非无正,人用其私。⑧故孔子曰:"吾犹
及史之阙文也,今亡矣夫!"⑨盖伤其浸不正。⑩《史籀篇》者,周时
史官教学童书也,与孔氏壁中古文异体。《苍颉》七章者,秦丞相李
斯所作也;《爰历》六章者,车府令赵高所作也;《博学》七章者,太史
令胡母敬所作也:文字多取《史籀篇》,而篆体复颇异,所谓秦篆者
也。是时始造隶书矣,起于官狱多事,苟趋省易,⑪施之于徒隶也。
汉兴,闾里书师合《苍颉》、《爰历》、《博学》三篇,断六十字以为一
章,凡五十五章,并为《苍颉》篇。⑫武帝时司马相如作《凡将篇》,无
复字。⑬元帝时黄门令史游作《急就篇》,成帝时将作大匠李长作
《元尚篇》,皆《苍颉》中正字也。《凡将》则颇有出矣。至元始中,征
天下通小学者以百数,各令记字于庭中。扬雄取其有用者以作《训
纂篇》,顺续《苍颉》,又易《苍颉》中重复之字,凡八十九章。臣复续
扬雄作十三章,⑭凡一百二章,无复字,六艺群书所载略备矣。《苍
颉》多古字,俗师失其读,宣帝时征齐人能正读者,张敞从受之,传
至外孙之子杜林,为作训故,并列焉。

①师古曰:"《下系》之辞。"

②师古曰:"《夬卦》之辞。"

③师古曰:"保氏,地官之属也。保,安也。"

④师古曰:"象形,谓画成其物,随体诘屈,日、月是也。象事,即指事也,谓视而可识,察而见意,上、下是也。象意,即会意也,谓比类合谊,以见指㧑,武、信是也。象声,即形声,谓以事为名,取譬相成,江、河是也。转注,谓建类一首,同意相受,考、老是也。假借,谓本无其字,依声托事,令、长是也。文字之义,总归六书,故曰立字之本焉。"

⑤师古曰:"草,创造之。"

⑥韦昭曰:"若今尚书兰台令史也。"臣瓒曰:"史书,今之大史书。"

⑦师古曰:"古文,谓孔子壁中书。奇字,即古文而异者也。篆书,谓小篆,盖秦始皇使程邈所作也。隶书,亦程邈所献,主于徒隶,从简易也。缪篆,谓其文屈曲缠绕,所以摹印章也。虫书,谓为虫鸟之形,所以书幡信也。"

⑧师古曰:"各任私意而为字。"

⑨师古曰:"《论语》载孔子之言。谓文字有疑,则当阙而不说。孔子自言,我初涉学,尚见阙文,今则皆无,任意改作也。"

⑩师古曰:"浸,渐也。"

⑪师古曰:"趋,读曰趣,谓趣向之也。易,音弋豉反。"

⑫师古曰:"并,合也,总合以为《苍颉篇》也。"

⑬师古曰:"复,重也,音扶目反。后皆类此。"

⑭韦昭曰:"臣,班固自谓也。作十三章,后人不别,疑在《苍颉》下章三十四章中。"

凡六艺一百三家,三千一百二十三篇。入三家,百五十九篇;出重十一篇。

六艺之文:《乐》以和神,仁之表也;《诗》以正言,义之用也;《礼》以明体,明者著见,故无训也;《书》以广听,知之术也;《春秋》以断事,信之符也。五者,盖五常之道,相须而备,而《易》为之原。故曰"《易》不可见,则乾坤或几乎息矣",①言与天地为终始也。至于五学,世有变改,犹五行之更用事焉。②古之学者耕且养,三年而通

一艺,存其大体,玩经文而已,是故用日少而畜德多,③三十而五经
立也。后世经传既已乖离,博学者又不思多闻阙疑之义,④而务碎
义逃难,便辞巧说,破坏形体;⑤说五字之文,至于二三万言。⑥后
进弥以驰逐,故幼童而守一艺,白首而后能言;安其所习,毁所不
见,⑦终以自蔽。此学者之大患也。序六艺为九种。

①苏林曰:"不能见《易》意,则乾坤近于灭息也。"师古曰:"此《上系》之辞
也。几,近也,音巨依反。"

②师古曰:"更,互也,音工衡反。"

③师古曰:"畜,读蓄。蓄,聚也。《易·大畜卦》象辞曰:'君子以多识前言
往行以畜其德。'"

④师古曰:"《论语》称孔子曰'多闻阙疑,慎言其余,则寡尤。'言为学之
道,务在多闻,疑则阙之,慎于言语,则少过也,故志引之。"

⑤师古曰:"苟为僻碎之义,以避它人之攻难者;故为便辞巧说,以析破文
字之形体也。"

⑥师古曰:"言其烦妄也。桓谭《新论》云秦近君能记《尧典》,篇目两字之
说至十余万言,但说'曰若稽古'三万言。"

⑦师古曰:"己所常习则保安之,未尝所见者则妄毁诽。"

《晏子》八篇。名婴,谥平仲,相齐景公,孔子称善与人交,有《列
传》。①

《子思》二十三篇。名伋,孔子孙,为鲁缪公师。

《曾子》十八篇。名参,孔子弟子。

《漆雕子》十三篇。孔子弟子漆雕启后。

《宓子》十六篇。名不齐,字子贱,孔子弟子。②

《景子》三篇。说宓子语,似其弟子。

《世子》二十一篇。名硕,陈人也,七十子之弟子。

《魏文侯》六篇。

《李克》七篇。子夏弟子,为魏文侯相。

《公孙尼子》二十八篇。七十子之弟子。

《孟子》十一篇。名轲，邹人，子思弟子，有《列传》。③

《孙卿子》三十三篇。名况，赵人，为齐稷下祭酒，有《列传》。④

《芈子》十八篇。名婴，齐人，七十子之后。⑤

《内业》十五篇。不知作书者。

《周史六弢》六篇。惠、襄之间，或曰显王时，或曰孔子问焉。⑥

《周政》六篇。周时法度政教。

《周法》九篇。法天地，立百官。

《河间周制》十八篇。似河间献王所述也。

《谰言》十篇。不知作者，陈人君法度。⑦

《功议》四篇。不知作者，论功德事。

《宁越》一篇。中牟人，为周威王师。

《王孙子》一篇。一曰《巧心》。

《公孙固》一篇。十八年，齐闵王失国，问之，固因为陈古今成败也。

《李氏春秋》二篇。

《羊子》四篇。百章。故秦博士。

《董子》一篇。名无心，难墨子。

《俟子》一篇。⑧

《徐子》四十二篇。宋外黄人。

《鲁仲连子》十四篇。有列。

《平原君》七篇。朱建也。

《虞氏春秋》十五篇。虞卿也。

《高祖传》十三篇。高祖与大臣述古语及诏策也。

《陆贾》二十三篇。

《刘敬》三篇。

《孝文传》十一篇。文帝所称及诏策。

《贾山》八篇。

《太常蓼侯孔臧》十篇。父聚，高祖时以功臣封，臧嗣爵。

《贾谊》五十八篇。

河间献王《对上下三雍宫》三篇。

《董仲舒》百二十三篇。

《兒宽》九篇。

《公孙弘》十篇。

《终军》八篇。

《吾丘寿王》六篇。

《虞丘说》一篇。难孙卿也。

《庄助》四篇。

《臣彭》四篇。

《钩盾冗从李步昌》八篇。宣帝时数言事。

《儒家言》十八篇。不知作者。

桓宽《盐铁论》六十篇。⑨

刘向所序六十七篇。《新序》、《说苑》、《世说》、《列女传》、《颂图》也。

杨雄所序三十八篇。《太玄》十九，《法言》十三，《乐》四，《箴》二。

　　右儒五十三家，八百三十六篇。入杨雄一家三十八篇。

①师古曰："有《列传》者，谓《太史公书》。"

②师古曰："宓，读与伏同。"

③师古曰："《圣证论》云轩字子车，而此志无字，未详其所得。"

④师古曰："本曰荀卿，避宣帝讳，故曰孙。"

⑤师古曰："芈，音弭。"

⑥师古曰："即今之《六韬》也，盖言取天下及军旅之事。弢字与韬同也。"

⑦如淳曰："𨻳，音粲烂。"师古曰："说者引《孔子家语》云孔穿所造，非
　　也。"

⑧李奇曰："或作《侔子》。"

⑨师古曰："宽字次公，汝南人也。孝昭帝时，丞相御史与诸贤良文学论盐
　　铁事，宽撰次之。"

儒家者流，盖出于司徒之官，助人君顺阴阳明教化者也。游文于六经之中，留意于仁义之际，祖述尧舜，宪章文武，宗师仲尼，以重其言，①于道最为高。孔子曰："如有所誉，其有所试。"②唐虞之隆，殷周之盛，仲尼之业，已试之故者也。然惑者既失精微，而辟者又随时抑扬，违离道本，③苟以哗众取宠。④后进循之，是以五经乖析，儒学浸衰，此辟儒之患。⑤

①师古曰："祖，始也。述，修也。宪，法也。章，明也。宗，尊也。言以尧舜为本始而遵修之，文王、武王为明法，又师尊仲尼之道。"

②师古曰："《论语》载孔子之言也。言于人有所称誉者，辄试以事，取其实效也。誉，音弋于反。"

③师古曰："辟，读曰僻。"

④师古曰："哗，喧也。宠，尊也。哗，音呼华反。"

⑤师古曰："浸，渐也。辟，读曰僻。"

《伊尹》五十一篇。汤相。

《太公》二西三十七篇。吕望为周师尚父，本有道者。或有近世又以为太公术者所增加也。①《谋》八十一篇，《言》七十一篇，《兵》八十五篇。

《辛甲》二十九篇。纣臣，七十五谏而去，周封之。

《鬻子》二十二篇。名熊，为周师，自文王以下问焉，周封为楚祖。②

《筦子》八十六篇。名夷吾，相齐桓公，九合诸侯，不以兵车也，有《列传》。③

《老子邻氏经传》四篇。姓李，名耳，邻氏传其学。

《老子傅氏经说》三十七篇。述老子学。

《老子徐氏经说》六篇。字少季，临淮人，传《老子》。

刘向《说老子》四篇。

《文子》九篇。老子弟子，与孔子并时，而称周平王问，似依托者也。

《蜎子》十三篇。名渊，楚人，老子弟子。④

《关尹子》九篇。名喜，为关吏，老子过关，喜去吏而从之。

《庄子》五十二篇。名周，宋人。

《列子》八篇。名圄寇，先庄子，庄子称之。

《老成子》十八篇。

《长卢子》九篇。楚人。

《王狄子》一篇。

《公子牟》四篇。魏之公子也，先庄子，庄子称之。

《田子》二十五篇。名骈，齐人，游稷下，号天口骈。⑤

《老莱子》十六篇。楚人，与孔子同时。

《黔娄子》四篇。齐隐士，守道不诎，威王下之。⑥

《宫孙子》二篇。⑦

《鹖冠子》一篇。楚人，居深山，以鹖为冠。⑧

《周训》十四篇。⑨

《黄帝四经》四篇。

《黄帝铭》六篇。

《黄帝君臣》十篇。起六国时，与《老子》相似也。

《杂黄帝》五十八篇。六国时贤者所作。

《力牧》二十二篇。六国时所作，托之力牧。力牧，黄帝相。

《孙子》十六篇。六国时。

《捷子》二篇。齐人，武帝时说。

《曹羽》二篇。楚人，武帝时说于齐王。

《郎中婴齐》十二篇。武帝时。⑩

《臣君子》二篇。蜀人。

《郑长者》一篇。六国时。先韩子，韩子称之。⑪

《楚子》三篇。

《道家言》二篇。近世，不知作者。

　　右道三十七家，九百九十三篇。

①师古曰:"父,读曰甫也。"

②师古曰:"鸎,音弋六反。"

③师古曰:"筦,读与管同。"

④师古曰:"蜎,姓也,音一元反。"

⑤师古曰:"骈,音步田反。"

⑥师古曰:"黔,音其炎反。下,音胡稼反。"

⑦师古曰:"宫孙,姓也,不知名。"

⑧师古曰:"以鹖鸟羽为冠。"

⑨师古曰:"刘向《别录》云:人间小书,其言俗薄。"

⑩师古曰:"刘向云故待诏,不知其姓,数从游观,名能为文。"

⑪师古曰:"《别录》云郑人,不知姓名。"

　　道家者流,盖出于史官,历记成败存亡祸福古今之道,然后知秉要执本,清虚以自守,卑弱以自持,此君人南面之术也。合于尧之克攘,①《易》之嗛嗛,一谦而四益,此其所长也。②及放者为之,则欲绝去礼学,兼弃仁义,③曰独住清虚可以为治。

①师古曰:"《虞书·尧典》称尧之德曰'允恭克让',言其信恭能让也,故志引之云。攘,古让字。"

②师古曰:"四益,谓天道亏盈而益谦,地道变盈而流谦,鬼神害盈而福谦,人道恶盈而好谦也。上《谦卦》象辞。嗛字与谦同。"

③师古曰:"放,荡也。"

《宋司星子韦》三篇。景公之史。

《公梼生终始》十四篇。传邹奭《始终》书。①

《公孙发》二十二篇。六国时。

《邹子》四十九篇。名衍,齐人,为燕昭王师,居稷下,号谈天衍。

《邹子终始》五十六篇。②

《乘丘子》五篇。六国时。

《杜文公》五篇。六国时。③

《黄帝泰素》二十篇。六国时韩诸公子所作。④

《南公》三十一篇。六国时。

《容成子》十四篇。

《张苍》十六篇。丞相北平侯。

《邹奭子》。十二篇。齐人，号曰雕龙奭。⑤

《闾丘子》十三篇。名快，魏人，在南公前。

《冯促》十三篇。郑人。

《将钜子》五篇。六国时。先南公，南公称之。

《五曹官制》五篇。汉制，似贾谊所条。

《周伯》十一篇。齐人，六国时。

《卫侯官》十二篇。近世，不知作者。

于长《天下忠臣》九篇。平阴人，近世。⑥

《公孙浑邪》十五篇。平曲侯。

《杂阴阳》三十八篇。不知作者。

　　　右阴阳二十一家，三百六十九篇。

①师古曰："梼，音畴，其字从木。"
②师古曰："亦邹衍所说。"
③师古曰："刘向《别传》云韩人也。"
④师古曰："刘向《别录》云或言韩诸公孙之所作也。言阴阳五行，以为黄
　　帝之道也，故曰《泰素》。"
⑤师古曰："奭，名音试亦反。"
⑥师古曰："刘向《别录》云传天下忠臣。"

　　阴阳家者流，盖出于羲和之官，敬顺昊天，历象日月星辰，敬授
民时，此其所长也。及拘者为之，则牵于禁忌，泥于小数，①舍人事
而任鬼神。②

①师古曰："泥，滞也，音乃计反。"
②师古曰："舍，废也。"

《李子》三十二篇。名悝，相魏文侯，富国强兵。

《商君》二十九篇。名鞅，姬姓，卫后也，相秦孝公，有《列传》。

《申子》六篇。名不害，京人，相韩昭侯，终其身，诸侯不敢侵韩。①

《处子》九篇。②

《慎子》四十二篇。名到，先申韩，申韩称之。

《韩子》五十五篇。名非，韩诸公子，使秦，李斯害而杀之。

《游棣子》一篇。③

《晁错》三十一篇。

《燕十事》十篇。不知作者。

《法家言》二篇。不知作者。

　　右法十家，二百一十七篇。

①师古曰："京，河南京县。"

②师古曰："《史记》云赵有处子。"

③师古曰："棣。音徒计反。"

法家者流，盖出于理官，信赏必罚，以辅礼制。《易》曰"先王以明罚饬法"，①此其所长也。及刻者为之，则无教化，去仁爱，专任刑法而欲以致治，至于残害至亲，伤恩薄厚。②

①师古曰："《噬嗑》之象辞也。饬，整也，读与敕同。"

②师古曰："薄厚者，变厚为薄。"

《邓析》二篇。郑人，与子产并时。①

《尹文子》一篇。说齐宣王。先公孙龙。②

《公孙龙子》十四篇。赵人。③

《成公生》五篇。与黄公等同时。④

《惠子》一篇。名施，与庄子并时。

《黄公》四篇。名疵，为秦博士，作歌诗，在秦时歌诗中。⑤

《毛公》九篇。赵人，与公孙龙等并游平原君赵胜家。⑥

　　右名七家。三十六篇。

①师古曰:"《列子》及《孙卿》并云子产杀邓析。据《左传》昭公二十年子产
　卒,定公九年驷歂杀邓析而用其竹刑,则非子产所杀也。"

②师古曰:"刘向云与宋钘俱游稷下,钘,音形。"

③师古曰:"即为坚白之辩者。"

④师古曰:"姓成公。刘向云与李斯子由同时。由为三川守,成公生游谈不
　仕。"

⑤师古曰:"疵,音才斯反。"

⑥师古曰:"刘向《别录》云论坚白同异,以为可以治天下。此盖《史记》所
　云'藏于博徒'者。"

　　名家者流,盖出于礼官。古者名位不同,礼亦异数。孔子曰:
"必也正名乎!名不正则言不顺,言不顺则事不成。"①此其所长也。
及警者为之,②则苟钩铍析乱而已。③

①师古曰:"《论语》载孔子之言也。言欲为政,必先正其名。"

②晋灼曰:"警,讦也。"师古曰:"警,音工钓反。"

③师古曰:"铍,破也,音普革反,又音普狄反。"

《尹佚》二篇。周臣,在成、康时也。

《田俅子》三篇。先韩子。①

《我子》一篇。②

《随巢子》六篇。墨翟弟子。

《胡非子》三篇。墨翟弟子。

《墨子》七十一篇。名翟,为宋大夫,在孔子后。

　　右墨六家,八十六篇。

①苏林曰:"俅,音仇。"

②师古曰:"刘向《别录》云为墨子之学。"

　　墨家者流,盖出于清庙之守。茅屋采椽,①是以贵俭;养三老五
更,是以兼爱;选士大射,是以上贤;宗祀严父,是以右鬼;②顺四时
而行,是以非命;③以孝视天下,是以上同:④此其所长也。及蔽者
为之,见俭之利,因以非礼,推兼爱之意,而不知别亲疏。

①师古曰:"采,柞木也,字作採,本从木。以茅覆屋,以採为椽,言其质素

也。采，音千在反。"

②如淳曰："右鬼，谓信鬼神。若杜伯射宣王，是亲鬼而右之。"师古曰："右犹尊尚也。"

③苏林曰："非有命者，言儒者执有命，而反劝人修德积善，政教与行相反，故讥之也。"如淳曰："言无吉凶之命，但有贤不肖善恶。"

④如淳曰："言皆同，可以治也。"师古曰："《墨子》有《节用》、《兼爱》、《上贤》、《明鬼神》、《非命》、《上同》等诸篇，故志历序其本意也。视，读曰示。"

《苏子》二十一篇。名秦，有列传。

《张子》十篇。名仪，有《列传》。

《庞煖》二篇。为燕将。①

《阙子》一篇。

《国筮子》十七篇。

秦《零陵令信》一篇。难秦相李斯。

《蒯子》五篇。名通。

《邹阳》七篇。

《主父偃》二十八篇。

《徐乐》一篇。

《庄安》一篇。

《待诏金马聊苍》三篇。赵人，武帝时。②

　　右从横十二家，百七篇。

①师古曰："煖，音许远反。"

②师古曰："《严助传》作胶苍，而此志作聊。志传不同，未知孰是。"

从横家者流，盖出于行人之官。孔子曰："诵《诗》三百，使于四方，不能颛对，虽多亦奚以为？"①又曰："使乎，使乎！"②言其当权事制宜，受命而不受辞，此其所长也。及邪人为之，则上诈谖而弃其信。③

①师古曰："《论语》载孔子之言也。谓人不达于事，诵《诗》虽多，亦无所用。"

②师古曰："亦《论语》载孔子之言。叹使者之难其人。"

③师古曰："谖，诈言也，音许远反。"

孔甲《盘盂》二十六篇。黄帝之史，或曰夏帝孔甲，似皆非。

《大禽》二十七篇。传言禹所作，其文似后《世语》。①

《五子胥》八篇。名员，春秋时为吴将，忠直遇谗死。

《子晚子》三十五篇。齐人，好议兵，与《司马法》相似。

《由余》三篇。戎人，秦穆公聘以为大夫。

《尉缭》二十九篇。六国时。②

《尸子》二十篇。名佼，鲁人，秦相商君师之。鞅死，佼逃入蜀。③

《吕氏春秋》二十六篇。秦相吕不韦辑智略士作。

《淮南内》二十一篇。王安。

《淮南外》三十三篇。④

《东方朔》二十篇。

《伯象先生》一篇。⑤

《荆轲论》五篇。轲为燕刺秦王，不成而死，司马相如等论之。

《吴子》一篇。

《公孙尼》一篇。

《博士臣贤对》一篇。汉世，难韩子、商君。

《臣说》三篇。武帝时作赋。⑥

《解子簿书》三十五篇。

《推杂书》八十七篇。

《杂家言》一篇。王伯，不知作者。⑦

　　右杂二十家，四百三篇。入兵法。

①师古曰："禽，古禹字。"

②师古曰："尉，姓；缭，名也。音了，又音聊。刘向《别录》云缭为商君学。"

③师古曰:"佼,音绞。"

④师古曰:"《内篇》论道,《外篇》杂说。"

⑤应劭曰:"盖隐者也,故公孙敖难以无益世主之治。"

⑥师古曰:"说者,其人名,读曰悦。"

⑦师古曰:"言伯王之道。伯,读曰霸。"

杂家者流,盖出于议官。兼儒、墨,合名、法,知国体之有此,①见王治之无不贯,②此其所长也。及荡者为之,则漫羡而无所归心。③

①师古曰:"治国之体,亦当有此杂家之说。"

②师古曰:"王者之治,于百家之道无不贯综。"

③师古曰:"漫,放也。羡,音弋战反。"

《神农》二十篇。六国时,诸子疾时怠于农业,道耕农事,托之神农。①

《野老》十七篇。六国时,在齐、楚间。②

《宰氏》十七篇。不知何世。

《董安国》十六篇。汉代内史,不知何帝时。

《尹都尉》十四篇。不知何世。

《赵氏》五篇。不知何世。

《氾胜之》十八篇。成帝时为议郎。③

《王氏》六篇。不知何世。

《蔡癸》一篇。宣帝时,以言使宜,至弘农太守。④

　右农九家,百一十四篇。

①师古曰:"刘向《别录》云疑李悝及商君所说。"

②应劭曰:"年老居田野,相民耕种,故号野老。"

③师古曰:"刘向《别录》云使教田三辅,有好田者师之,徙为御史。氾音凡,又音敷剑反。"

④师古曰:"刘向《别录》云邯郸人。"

农家者流,盖出于农稷之官。播百谷,劝耕桑,以足衣食,故八政一曰食,二曰货。孔子曰"所重民食",①此其所长也。及鄙者为之,以为无所事圣王,②欲使君臣并耕,悖上下之序。③

①师古曰:"《论语》载孔子称殷汤伐桀告天辞也。言为君之道,所重者在
　人之食。"
②师古曰:"言不须圣王,天下自治。"
③师古曰:"悖,乱也,音布内反。"

《伊尹说》二十七篇。其语浅薄,似依托也。

《鬻子说》十九篇。后世所加。

《周考》七十六篇。考周事也。

《青史子》五十七篇。古史官记事也。

《师旷》六篇。见《春秋》,其言浅薄,本与此同,似因托之。

《务成子》十一篇。称尧问,非古语,

《宋子》十八篇。孙卿道宋子,其言黄老意。

《天乙》三篇。天乙谓汤,其言非殷时,皆依托也。

《黄帝说》四十篇。迂诞依托。

《封禅方说》十八篇。武帝时。

《待诏臣饶心术》二十五篇。武帝时。①

《待诏臣安成未央术》一篇。②

《臣寿周纪》七篇。项国圉人,宣帝时。

《虞初周说》九百四十三篇。河南人,武帝时以方士侍郎号黄车使
者。③

《百家》百三十九卷。

　　　右小说十五家,千三百八十篇。

①师古曰:"刘向《别录》云饶齐人也,不知其姓,武帝时待诏,作书名曰
　《心术》也。"
②应劭曰:"道家也,好养生事,为未央之术。"
③应劭曰:"其说以《周书》为本。"师古曰:"《史记》云虞初洛阳人,即张衡
　《西京赋》'小说九百,本自虞初'者也。"

小说家者流,盖出于稗官。①街谈巷语,道听涂说者之所造也。

孔子曰:"虽小道,必有可观者焉,致远恐泥,是以君子弗为也。"②
然亦弗灭也。闾里小知者之所及,亦使缀而不志。如或一言可采,
此亦刍荛狂夫之议也。

①如淳曰:"稗,音锻家排。《九章》'细米为稗'。街谈巷说,其细碎之言也。
王者欲知闾巷风俗,故立稗官使称说之。今世亦谓偶语为稗。"师古曰:
"稗,音稀稗之稗,不与锻排同也。稗官,小官。《汉名臣奏》唐林请省置
吏,公卿大夫至都官稗官各减什三,是也。"
②师古曰:"《论语》载孔子之言。泥,滞也,音乃细反。"

　　凡诸子百八十九家,四千三百二十四篇。出蹴鞠一家,二十
五篇。

诸子十家,其可观者九家而已。皆起于王道既微,诸侯力政,时
君世主,好恶殊方,①是以九家之术蜂出并作。②各引一端,崇其所
善,以此驰说,取合诸侯。其言虽殊,辟犹水火,相灭亦相生也。③仁
之与义,敬之与和,相反而皆相成也。《易》曰:"天下同归而殊涂,一
致而百虑。"④今异家者各报所长,穷知究虑,以明其指,虽有蔽短,
合其要归,亦六经之支与流裔。⑤使其人遭明王圣主,得其所折中,
皆股肱之材已。⑥仲尼有言:"礼失而求诸野。"⑦方今去圣久远,道
术缺废,无所更索,⑧彼九家者,不犹瘉于野乎?⑨若能修六艺之
术,而观此九家之言,舍短取长,则可以通万方之略矣。⑩

①师古曰:"好,音呼到反。恶,音一故反。"
②师古曰:"蜂,与锋同。"
③师古曰:"辟,读曰譬。"
④师古曰:"《下系》之辞。"
⑤师古曰:"裔,衣末也。其于六经,如水之下流,衣之末裔。"
⑥师古曰:"已,语终辞。"
⑦师古曰:"言都邑失礼,则于外野求之,亦将有获。"
⑧师古曰:"索,求也。"
⑨师古曰:"瘉,与愈同。愈,胜也。"
⑩师古曰:"舍,废也。"

屈原赋二十五篇。楚怀王大夫,有《列传》。

唐勒赋四篇。楚人。

宋玉赋十六篇。楚人,与唐勒并时,在屈原后也。

赵幽王赋一篇。

庄夫子赋二十四篇。名忌,吴人。

贾谊赋七篇。

枚乘赋九篇。

司马相如赋二十九篇。

淮南王赋八十二篇。

淮南王群臣赋四十四篇。

太常蓼侯孔臧赋二十篇。

阳丘侯刘隁赋十九篇。①

吾丘寿王赋十五篇。

蔡甲赋一篇。

上所自造赋二篇。②

兒宽赋二篇。

光禄大夫张子侨赋三篇。与王褒同时也。

阳成侯刘德赋九篇。

刘向赋三十三篇。

王褒赋十六篇。

　　　右赋二十家,三百六十一篇。

①师古曰:“隁,音偃。”

②师古曰:“武帝也。”

陆贾赋三篇。

枚皋赋百二十篇。

朱建赋二篇。

常侍郎庄忽奇赋十一篇。枚皋同时。①

严助赋三十五篇。②

朱买臣赋三篇。

宗正刘辟强赋八篇。

司马迁赋八篇。

郎中臣婴齐赋十篇。

臣说赋九篇。③

臣吾赋十八篇。

辽东太守苏季赋一篇。

萧望之赋四篇。

河内太守徐明赋三篇。字长君，东海人，元、成世历五郡太守，有能名。

给事黄门侍郎李息赋九篇。

淮阳宪王赋二篇。

杨雄赋十二篇。

待诏冯商赋九篇。

博士弟子杜参赋二篇。④

车郎张丰赋三篇。张子侨子。

骠骑将军朱宇赋三篇。⑤

　　右赋二十一家，二百七十四篇。入杨雄八篇。

①师古曰："《七略》云'忽奇者，或言庄夫子子，或言族家子庄助昆弟也。从行至茂陵，诏造赋'。"

②师古曰："上言庄忽奇，下言严助，史驳文。"

③师古曰："说，名，音悦。"

④师古曰："刘向《别录》云'臣向谨与长杜尉杜参校中秘书'。刘歆又云'参，杜陵人，以阳朔元年病死，死时年二十余'。"

⑤师古曰："刘向《别录》云'骠骑将军史朱宇'，志以宇在骠骑府，故总言骠骑将军。"

孙卿赋十篇。

秦时杂赋九篇。

李思《孝景皇帝颂》十五篇。

广川惠王越赋五篇。

长沙王群臣赋三篇。

魏内史赋二篇。

东暆令延年赋七篇。①

卫士令李忠赋二篇。

张偃赋二篇。

贾充赋四篇。

张仁赋六篇。

秦充赋二篇。

李步昌赋二篇。

侍郎谢多赋十篇。

平阳公主舍人周长孺赋二篇。

雒阳锜华赋九篇。②

睢弘赋一篇。③

别栩阳赋五篇。④

臣昌市赋六篇。

臣义赋二篇。

黄门书者假史王商赋十三篇。

侍中徐博赋四篇。

黄门书者王广吕嘉赋五篇。

汉中都尉丞华龙赋二篇。

左冯翊史路恭赋八篇。

　　右赋二十五家,百三十六篇。

①师古曰:"东暆,县名。暆,音移。"

②师古曰:"锜,姓;华,名。锜,音鱼绮反。"

③师古曰:"即睟孟也。睟,音元随反。"

④服虔曰:"栩,音诩。"

《客主赋》十八篇。

《杂行出及颂德赋》二十四篇。

《杂四夷及兵赋》二十篇。

《杂中贤失意赋》十二篇。

《杂思慕悲哀死赋》十六篇。

《杂鼓琴剑戏赋》十三篇。

《杂山陵水泡云气雨旱赋》十六篇。①

《杂禽兽六畜昆虫赋》十八篇。

《杂器械草木赋》三十三篇。

《大杂赋》三十四篇。

《成相杂辞》十一篇。

《隐书》十八篇。②

　　　右杂赋十二家,二百三十三篇。

①师古曰:"泡,水上浮沤也。泡,音普交反。沤,音一侯反。"

②师古曰:"刘向《别录》云'隐书者,疑其言以相问,对者以虑思之,可以
　　无不谕'。"

《高祖歌诗》二篇。

《泰一杂甘泉寿宫歌诗》十四篇。

《宗庙歌诗》五篇。

《汉兴以来兵所诛灭歌诗》十四篇。

《出行巡狩及游歌诗》十篇。

《临江王及愁思节士歌诗》四篇。

《李夫人及幸贵人歌诗》三篇。

《诏赐中山靖王子哙及孺子妾冰未央材人歌诗》四篇。①

《吴楚汝南歌诗》十五篇。

《燕代讴雁门云中陇西歌诗》九篇。

《邯郸河间歌诗》四篇。

《齐郑歌诗》四篇。

《淮南歌诗》四篇。

《左冯翊秦歌诗》三篇。

《京兆尹秦歌诗》五篇。

《河东蒲反歌诗》一篇。

《黄门倡车忠等歌诗》十五篇。

《杂各有主名歌诗》十篇。

《杂歌诗》九篇。

《雒阳歌诗》四篇。

《河南周歌诗》七篇。

《河南周歌声曲折》七篇。

《周谣歌诗》七十五篇。

《周谣歌诗声曲折》七十五篇。

《诸神歌诗》三篇。

《送迎灵颂歌诗》三篇。

《周歌诗》二篇。

《南郡歌诗》五篇。

　　右歌诗二十八家,三百一十四篇。

①师古曰:"孺子,王妾之有品号者也。妾,王之众妾也。冰,其名。材人,
天子内官。"

　　凡诗赋百六家,千三百一十八篇。入杨雄八篇。

传曰:"不歌而诵谓之赋,登高能赋可以为大夫。"言感物造耑,
材知深美,①可与图事,故可以为列大夫也。古者诸侯卿大夫交接
邻国,以微言相感,当揖让之时,必称《诗》以谕其志,盖以别贤不肖

而观盛衰焉。故孔子曰"不学《诗》,无以言"也。②春秋之后,周道浸坏,③聘问歌咏不行于列国,学《诗》之士逸在布衣,而贤人失志之赋作矣。大儒孙卿及楚臣屈原离谗忧国,皆作赋以风,④咸有恻隐古诗之义。其后宋玉、唐勒,汉兴枚乘、司马相如,下及杨子云,竞为侈丽闳衍之词,没其风谕之义。是以杨子悔之,曰:"诗人之赋丽以则,辞人之赋丽以淫。⑤如孔氏之门人用赋也,则贾谊登堂,相如入室矣,如其不用何!"⑥自孝武立乐府而采歌谣,于是有代赵之讴,秦楚之风,皆感于哀乐,缘事而发,亦可以观风俗,知薄厚云。序诗赋为五种。

①师古曰:"耑,古端字也。因物动志,则造辞义之端绪。"

②师古曰:"《论语》载孔子戒伯鱼之辞也。"

③师古曰:"浸,渐也。"

④师古曰:"离,遭也。风,读曰讽。次下亦同。"

⑤师古曰:"辞人,言后代之为文辞。"

⑥师古曰:"言孔氏之门既不用赋,不可如何。谓贾谊、相如无所施也。"

《吴孙子兵法》八十二篇。图九卷。①

《齐孙子》八十九篇。图四卷,②

《公孙鞅》二十七篇。

《吴起》四十八篇。有《列传》。

《范蠡》二篇。越王句践臣也。

《大夫种》二篇。与范蠡俱事句践。

《李子》十篇。

《娷》一篇。③

《兵春秋》一篇。

《庞煖》二篇。④

《兒良》一篇。⑤

《广武君》一篇。李左车。

《韩信》三篇。⑥

　　右兵权谋十三家,二百五十九篇。省伊尹、太公、《管子》、《孙卿子》、《鹖冠子》、《苏子》、《蒯通》、《陆贾》、《淮南王》二百五十九种,出《司马法》入礼也。

①师古曰:"孙武也,臣于阖庐。"

②师古曰:"孙膑。"

③师古曰:"婕,音子瑞反,盖说兵法者,人名也。"

④师古曰:"煖,音许远反,又音许元反。"

⑤师古曰:"六国时人也。兒,音五奚反。"

⑥师古曰:"淮阴侯。"

　　权谋者,以正守国,以奇用兵,先计而后战,兼形势,包阴阳,用技巧者也。

《楚兵法》七篇。图四卷。

《蚩尤》二篇。见《吕刑》。

《孙轸》五篇。图二卷。

《繇叙》二篇。

《王孙》十六篇。图五卷。

《尉缭》三十一篇。

《魏公子》二十一篇。图十卷。名无忌,有《列传》。

《景子》十三篇。

《李良》三篇。

《丁子》一篇。

《项王》一篇。名籍。

　　右兵形势十一家,九十二篇,图十八卷。

　　形势者,雷动风举,后发而先至,离合背乡,变化无常,①以轻疾制敌者也。

①师古曰:"背,音步内反。乡,读曰向。"

《太壹兵法》一篇。

《天一兵法》三十五篇。

《神农兵法》一篇。

《黄帝》十六篇。图三卷。

《封胡》五篇。黄帝臣，依托也。

《风后》十三篇。图二卷。黄帝臣，依托也。

《力牧》十五篇。黄帝臣，依托也。

《鹖冶子》一篇。图一卷。①

《鬼容区》三篇。图一卷。黄帝臣，依托。②

《地典》六篇。

《孟子》一篇。

《东父》三十一篇。

《师旷》八篇。晋平公臣。

《苌弘》十五篇。周史。

《别成子望军气》六篇。图三卷。

《辟兵威胜方》七十篇。

右阴阳十六家，二百四十九篇。图十卷。

①晋灼曰："鹖，音夹。"
②师古曰："即鬼臾区也。"

阴阳者，顺时而发，推刑德，随斗击，因五胜，①假鬼神而为助者也。

①师古曰："五胜，五行相胜也。"

《鲍子兵法》十篇。图一卷。

《五子胥》十篇。图一卷。

《公胜子》五篇。

《苗子》五篇。图一卷。

《逢门射法》二篇。①

《阴通成射法》十一篇。

《李将军射法》三篇。②

《魏氏射法》六篇。

《强弩将军王围射法》五卷。③

《望远连弩射法具》十五篇。

《护军射师王贺射书》五篇。

《蒲苴子弋法》四篇。④

《剑道》三十八篇。

《手搏》六篇。

《杂家兵法》五十七篇。

《蹴鞠》二十五篇。⑤

　　右兵技巧十三家,百九十九篇。省《墨子》重,入《蹴鞠》也。

①师古曰:"即逢蒙。"

②师古曰:"李广。"

③师古曰:"围,郁郅人也。见《赵充国传》。"

④师古曰:"苴,音子余反。"

⑤师古曰:"鞠,以韦为之,实以物,蹴蹋之以为戏也,蹴鞠,陈力之事,故
　附于兵法焉。蹴,音子六反。鞠,音巨六反。"

技巧者,习手足,便器械,积机关,以立攻守之胜者也。

　　凡兵书五十三家,七百九十篇,图四十三卷。省十家,二百
七十一篇重,入《蹴鞠》一家二十五篇,出《司马法》百五十五篇入礼也。

　　兵家者,盖出古司马之职,王官之武备也。《鸿范》八政,八曰
师。孔子曰为国者"足食足兵",①"以不教民战,是谓弃之",②明兵
之重也。《易》曰"古者弦木为弧,剡木为矢,弧矢之利,以威天
下",③其用上矣。后世爧金为刃,割革为甲,④器械甚备。下及汤武
受命,以师克乱而济百姓,动之以仁义,行之以礼让,《司马法》是其
遗事也。自春秋至于战国,出奇设伏,变诈之兵并作。汉兴,张良、
韩信序次兵法,凡百八十二家,删取要用,定著三十五家。诸吕用事

而盗取之。武帝时,军政杨仆捃摭遗逸,纪奏兵录,⑤犹未能备。至于孝成,命任宏论次兵书为四种。

①师古曰:"《论语》载孔子之言。无兵与食,不可以为国。"

②师古曰:"亦《论语》所载孔子之言。非其不素习武备。"

③师古曰:"《下系》之辞也。弧,木弓也。剡,谓锐而利之也,音弋冉反。"

④师古曰:"燿,读与铄同,谓销也。"

⑤师古曰:"捃摭,谓拾取之。捃,音九问反。摭,音之石反。"

《泰壹杂子星》二十八卷。

《五残杂变星》二十一卷。①

《黄帝杂子气》三十三篇。

《常从日月星气》二十一卷。②

《皇公杂子星》二十二卷。

《淮南杂子星》十九卷。

《泰壹杂子云雨》三十四卷,

《国章观霓云雨》三十四卷。

《泰阶六符》一卷。③

《金度玉衡汉五星客流出入》八篇。

《汉五星彗客行事占验》八卷。

《汉日旁气行事占验》三卷

《汉流星行事占验》八卷。

《汉日旁气行占验》十三卷。

《汉日食月晕杂变行事占验》十三卷。

《海中五星占验》十二卷。

《海中星经杂事》二十二卷。

《海中五星顺逆》二十八卷。

《海中二十八宿国分》二十八卷。

《海中二十八宿臣分》二十八卷。

《海中日月彗虹杂占》十八卷。

《图书秘记》十七篇。

　　右天文二十一家,四百四十五卷。

①师古曰:"五残,星名也。见《天文志》。"

②师古曰:"常从,人姓名也,老子师之。"

③李奇曰:"三台谓之泰阶,两两成体,三台故六。观色以知吉凶,故曰二
　　符。"

天文者,序二十八宿,步五星日月,以纪吉凶之象,圣王所以参
政也。《易》曰:"观乎天文,以察时变。"①然星事殃悍,非湛密者弗
能由也。②夫观景以谴形,非明王亦不能服听也。以不能由之臣,谏
不能听之王,此所以两有患也。

①师古曰:"《贲卦》之象辞也。"

②师古曰:"殃,读与凶同。湛,读曰沈。由,用也。"

《黄帝五家历》三十三卷。

《颛顼历》二十一卷。

《颛顼五星历》十四卷。

《日月宿历》十三卷。

《夏殷周鲁历》十四卷。

《天历大历》十八卷。

《汉元殷周谍历》十七卷。

《耿昌月行帛图》二百三十二卷。

《耿昌月行度》二卷。

《传周五星行度》三十九卷。

《律历数法》三卷。

《自古五星宿纪》三十卷。

《太岁谋日晷》二十九卷。

《帝王诸侯世谱》二十卷。

《古来帝王年谱》五卷。

《日晷书》三十四卷。

《许商算术》二十六卷。

《杜忠算术》十六卷。

　　右历谱十八家,六百六卷。

历谱者,序四时之位,正分至之节,会日月五星之辰,以考寒暑杀生之实。故圣王必正历数,以定三统服色之制,又以探知五星日月之会。凶厄之患,吉隆之喜,其术皆出焉。此圣人知命之术也,非天下之至材,其孰与焉![1]道之乱也,患出于小人而强欲知天道者,坏大以为小,削远以为近,是以道术破碎而难知也。

　　[1]师古曰:"与,读曰豫。"

《泰一阴阳》二十三卷。

《黄帝阴阳》二十五卷。

《黄帝诸子论阴阳》二十五卷。

《诸王子论阴阳》二十五卷。

《太元阴阳》二十六卷。

《三典阴阳谈论》二十七卷。

《神农大幽五行》二十七卷。

《四时五行经》二十六卷。

《猛子闰昭》二十五卷。

《阴阳五行时令》十九卷。

《堪舆金匮》十四卷。[1]

《务成子灾异应》十四卷。

《十二典灾异应》十二卷。

《钟律灾异》二十六卷。

《钟律丛辰日苑》二十三卷。

《钟律消息》二十九卷。

《黄钟》七卷。

《天一》六卷。

《泰一》二十九卷。

《刑德》七卷。

《风鼓六甲》二十四卷。

《风后孤虚》二十卷。

《六合随典》二十五卷。

《转位十二神》二十五卷。

《羡门式法》二十卷。

《羡门式》二十卷。

《文解六甲》十八卷。

《文解二十八宿》二十八卷。

《五音奇胲用兵》二十三卷。②

《五音奇胲刑德》二十一卷。

《五音定名》十五卷。

　　右五行三十一家,六百五十二卷。

①师古曰:"许慎云'堪,天道;舆,地道也'。"

②如淳曰:"音该。"师古曰:"许慎云'胲,军中约也'。"

　　五行者,五常之形气也。《书》云"初一曰五行,次二曰羞用五事",①言进用五事以顺五行也。貌、言、视、听、思心失,而五行之序乱,五星之变作,皆出律历之数而分为一者也。②其法亦起五德终始,推其极则无不至。而小数家因此以为吉凶,而行于世,浸以相乱。③

①师古曰:"《周书·洪范》之辞也。"

②师古曰:"说皆在《五行志》也。"

③师古曰:"浸,渐也。"

《龟书》五十二卷。

《夏龟》二十六卷。

《南龟书》二十八卷。

《巨龟》三十六卷。

《杂龟》十六卷。

《蓍书》二十八卷。

《周易》三十八卷。

《周易明堂》二十六卷。

《周易随曲射匿》五十卷。

《大筮衍易》二十八卷。

《大次杂易》三十卷。

《鼠序卜黄》二十五卷。

《於陵钦易吉凶》二十三卷。

《任良易旗》七十一卷。

《易卦》八具。

右蓍龟十五家,四百一卷。

蓍龟者,圣人之所用也。《书》曰:"女则有大疑,谋及卜筮。"①《易》曰:"定天下之吉凶,成天下之亹亹者,莫善于蓍龟。""是故君子将有为也,将有行也,问焉而以言,其受命也如向,无有远近幽深,遂知来物。非天下之至精,其孰能与于此!"②及至衰世,解于齐戒,而娄烦卜筮,③神明不应。故筮渎不告,《易》以为忌;④龟厌不告,《诗》以为刺。⑤

①师古曰:"《周书·洪范》之辞也。言所为之事有疑,则以卜筮决之也。龟曰卜,蓍曰筮。"

②师古曰:"皆《上系》之辞也。亹亹,深致也。言君子所为行,皆以其言问于《易》。受命如向者,谓示以吉凶,其应速疾,如响之随声也。遂,犹究也。来物,谓当来之事也。向与响同。与,读曰豫。"

③师古曰:"解,读曰懈。齐,读曰斋。娄,读曰屡。"

④师古曰:"《易·蒙卦》之辞曰'初筮告,再三渎,渎则不告',言童蒙之来决疑,初则以实而告,至于再三,为其烦渎,乃不告也。"

⑤师古曰:"《小雅·小旻》之诗曰'我龟既厌,不我告犹',言卜问烦数,媒嫚于龟,龟灵厌之,不告以道也。"

《黄帝长柳占梦》十一卷。

《甘德长柳占梦》二十卷。

《武禁相衣器》十四卷。

《嚏耳鸣杂占》十六卷。①

《祯祥变怪》二十一卷。

《人鬼精物六畜变怪》二十一卷。

《变怪诰咎》十三卷。

《执不祥劾鬼物》八卷。

《请官除訞祥》十九卷。②

《禳祀天文》十八卷。③

《请祷致福》十九卷。

《请雨止雨》二十六卷。

《泰壹杂子候岁》二十二卷。

《子赣杂子候岁》二十六卷。

《五法积贮宝臧》二十三卷。

《神农教田相土耕种》十四卷。

《昭明子钓种生鱼鳖》八卷。

《种树臧果相蚕》十三卷。

　　　右杂占十八家,三百一十三卷。

①师古曰:"嚏,音丁计反。"

②师古曰:"訞字与妖同。"

③师古曰:"禳,除灾也,音人羊反。"

杂占者,纪百事之象,候善恶之征。①《易》曰:"占事知来。"②众占非一,而梦为大,故周有其官。③而《诗》载熊罴虺蛇众鱼旐旟之梦,著明大人之占,以考吉凶,④盖参卜筮。《春秋》之说妖也,曰:"人之所忌,其气炎以取之,妖由人兴也。人失常则妖兴,人无衅焉,妖不自作。"⑤故曰:"德胜不祥,义厌不惠。"⑥桑穀共生,大戊以兴,雊雉登鼎,武丁为宗。⑦然惑者不稽诸躬,而忌妖之见,⑧是以《诗》刺"召彼故老,讯之占梦",⑨伤其舍本而忧末,不能胜凶咎也。

①师古曰:"征,证也。"

②师古曰:"《下系》之辞也。言有事而占,则睹方来之验也。"

③师古曰:"谓大卜掌三梦之法,又占梦中士二人,皆宗伯之属官。"

④师古曰:"《小雅·斯干》之诗曰:'吉梦维何?维熊维罴,男子之祥;维虺维蛇,女子之祥。'《无羊》之诗曰:'牧人乃梦,众维鱼矣,旐维旟矣。大人占之,众维鱼矣,实维丰年,旐维旟矣,室家溱溱。'言熊罴虺蛇皆为吉祥之梦,而生男女。及见众鱼,则为丰年之应,旐旟则为多盛之象。大人占之,谓以圣人占梦之法占之也。画龟蛇曰旐,鸟隼曰旟。"

⑤师古曰:"申缮之辞也,事见庄公十四年。炎,谓火之光始焰焰也。言人之所忌,其气焰引致于灾也。衅,瑕也。失常,谓反五常之德也。炎,读与焰同。"

⑥师古曰:"厌音伊叶反。惠,顺也。"

⑦师古曰:"说在《郊祀》、《五行志》。"

⑧师古曰:"稽,考也,计也。"

⑨师古曰:"《小雅·正月》之诗也。故老,元老也。讯,问也。言不能修德以禳灾,但问元老以占梦之吉凶。"

《山海经》十三篇。

《国朝》七卷。

《宫宅地形》二十卷。

《相人》二十四卷。

《相宝剑刀》二十卷。

《相六畜》三十八卷。

　　右形法六家,百二十二卷。

形法者,大举九州之势以立城郭室舍形,人及六畜骨法之度数、器物之形容以求其声气贵贱吉凶。犹律有长短,而各征其声,非有鬼神,数自然也。然形与气相首尾,亦有有其形而无其气,有其气而无其形,此精微之独异也。

　　凡数术百九十家,二千五百二十八卷。

　　数术者,皆明堂羲和史卜之职也。史官之废久矣,其书既不能具,虽有其书而无其人。《易》曰:"苟非其人,道不虚行。"[1]春秋时,鲁有梓慎,郑有裨灶,晋有卜偃,宋有子韦。六国时,楚有甘公,魏有石申夫。汉有唐都,庶得麤觕。[2]盖有因而成易,无因而成难,故因旧书以序数术为六种。

　　[1]师古曰:"《下系》之辞也。言道由人行。"
　　[2]师古曰:"觕,粗略也,音才户反。"

《黄帝内经》十八卷。
《外经》三十七卷。
《扁鹊内经》九卷。
《外经》十二卷。
《白氏内经》三十八卷。
《外经》三十六卷。
《旁篇》二十五卷。
　　右医经七家,二百一十六卷。

　　医经者,原人血脉经落骨髓阴阳表里,以起百病之本,死生之分,而用度箴石汤火所施,[1]调百药齐和之所宜。[2]至齐之得,犹慈石取铁,以物相使。拙者失理,以瘉为剧,以生为死。[3]

　　[1]师古曰:"箴,所以刺病也。石,谓砭石,即石箴也。古者攻病则有砭,今其术绝矣。箴,音之林反。砭,音彼廉反。"
　　[2]师古曰:"齐,音才诣反。其下并同。和,音乎卧反。"
　　[3]师古曰:"瘉,读与愈同。愈,差也。"

《五藏六府痹十二病方》三十卷。①

《五藏六府疝十六病方》四十卷。②

《五藏六府瘅十二病方》四十卷。③

《风寒热十六病方》二十六卷。

《泰始黄帝扁鹊俞拊方》二十三卷。④

《五藏伤中十一病方》三十一卷。

《客疾五藏狂颠病方》十七卷。

《金创疭瘛方》三十卷。⑤

《妇人婴儿方》十九卷。

《汤液经法》三十二卷。

《神农黄帝食禁》七卷。

　　右经方十一家，二百七十四卷。

①师古曰："痹，风湿之病，音必二反。"

②师古曰："疝，心腹气病，音山谏反，又音删。"

③师古曰："瘅，黄病，音丁韩反。"

④应劭曰："黄帝时医也。"师古曰："拊，音肤。"

⑤服虔曰："音瘅引之瘛。"师古曰："小儿病也。瘛，音充制反。疭，音子用
　反。"

经方者，本草石之寒温，量疾病之浅深，假药味之滋，因气感之
宜，辩五苦六辛，致水火之齐，以通闭解结，反之于平。及失其宜者，
以热益热，以寒增寒，精气内伤，不见于外，是所独失也。故谚曰：
"有病不治，常得中医。"

《容成阴道》二十六卷。

《务成子阴道》三十六卷。

《尧舜阴道》二十三卷。

《汤盘庚阴道》二十卷。

《天老杂子阴道》二十五卷。

《天一阴道》二十四卷。

《黄帝三王养阳方》二十卷。

《三家内房有子方》十七卷。

　　右房中八家,百八十六卷。

　房中者,性情之极,至道之际,是以圣王制外乐以禁内情,而为之节文。传曰:"先王之作乐,所以节百事也。"乐而有节,则和平寿考。及迷者弗顾,以生疾而陨性命。

《宓戏杂子道》二十篇。

《上圣杂子道》二十六卷。

《道要杂子》十八卷。

《黄帝杂子步引》十二卷。

《黄帝岐伯按摩》十卷。

《黄帝杂子芝菌》十八卷。①

《黄帝杂子十九家方》二十一卷。

《泰壹杂子十五家方》二十二卷。

《神农杂子技道》二十三卷。

《神农杂子黄冶》三十一卷。②

　　右神仙十家,二百五卷。

①师古曰:"服饵芝菌之法也。菌,音求闵反。"

②师古曰:"黄冶,释在《郊祀志》。"

　神仙者,所以保性命之真,而游求于其外者也。聊以荡意平心,同死生之域,①而无怵惕于匈中。然而或者专以为务,则诞欺怪迂之文弥以益多,②非圣王之所以教也。孔子曰:"索隐行怪,后世有述焉,吾不为之矣。"③

①师古曰:"荡,涤,一曰,荡,放也。"

②师古曰:"诞,大言也。迂,远也。"

③师古曰:"《礼记》载孔子之言。索隐,求索隐暗之事,而行怪迂之道,妄令后人有所祖述,非我本志。"

　　凡方技三十六家，八百六十八卷。

　　方技者，皆生生之具，王官之一守也。太古有歧伯、俞拊，中世有扁鹊、秦和，[1]盖论病以及国，原诊以知政。[2]汉兴有仓公。今其技术晻昧，[3]故论其书，以序方技为四种。

　　[1]师古曰："和，秦医名也。"

　　[2]师古曰："诊，视验，谓视其脉及色候也。诊，音轸，又音丈刃反。"

　　[3]师古曰："晻，与暗同。"

　　大凡书，六略三十八种，五百九十六家，万二千二百六十九卷。入三家，五十篇，省兵十家。

　　志序神仙者内云："孔子曰'素隐行怪'，颜师古注云《礼记》载孔子之言。索隐，求索隐暗之事。"臣佖案："《礼记·中庸篇》有云子曰：'素隐行怪，后世有述焉，吾弗为之矣。'郑玄注云：'素，读如攻城攻其所儽之儽。儽犹乡也，言方乡避害，隐身而行，佹谲以作，后世名也，弗为之矣，耻之也。'今志作索隐，师古从而解之，文注即与《礼记》不同意义，亦不相远，故索字不更刊正作素字。"

汉书卷三一
列传第一

陈胜　项籍

服虔曰:"传次其时之先后耳,不以贤智功之大小也。"师古曰:"虽次时之先后,亦以事类相从。如江充、息夫躬与蒯通同传,贾山与路温舒同传,严助与贾捐之同传之类是也。"

陈胜字涉,阳城人。①吴广字叔,阳夏人也。②胜少时,尝与人佣耕。③辍耕之垄上,④怅然甚久,曰:"苟富贵,无相忘!"⑤佣者笑而应曰:"若为佣耕,何富贵也?"胜太息曰:"嗟乎,燕雀安知鸿鹄之志哉!"⑥

①师古曰:"《地理志》属汝南郡。"

②师古曰:"《地理志》属淮阳。夏,音工雅反。"

③师古曰:"与人,与人俱也。佣耕,谓受其雇直而为之耕,言卖功佣也。"

④师古曰:"辍,止也。之,往也。垄上,谓田中之高处。"

⑤师古曰:"但一人富贵,不问彼此,皆不相忘也。"

⑥师古曰:"鸿,大鸟也,水居。鹄,黄鹄也,一举千里。鹄,音胡督反。"

秦二世元年秋七月,发闾左戍渔阳九百人,①胜、广皆为屯长。②行至蕲大泽乡,会天大雨,道不通,度已失期。失期法斩,③胜、广乃谋曰:"今亡亦死,举大计亦死,等死,死国可乎?"胜曰:"天下苦秦久矣。吾闻二世,少子,不当立,当立者乃公子扶苏。扶苏以数谏故不得立,上使外将兵。④今或闻无罪,二世杀之。百姓多闻其贤,未知其死。⑤项燕为楚将,数有功,⑥爱士卒,楚人怜之。或以为在。今诚以吾众为天下倡,宜多应者。"⑦广以为然。乃行卜。卜者知其指意,曰:"足下事皆成,有功。然足下卜之鬼乎!"⑧胜、广喜,念鬼,曰:"此教我先威众耳。"乃丹书帛曰"陈胜王",置人所罾鱼腹中。⑨卒买鱼亨食,得书,已怪之矣。⑩又间令广之次所旁丛祠中,夜构火,狐鸣呼曰:"大楚兴,陈胜王。"⑪卒皆夜惊恐。旦日,卒中往往指目胜、广。⑫

①师古曰:"间,里门也。发间左之人皆遣戍也。解具在《食货志》。"

②师古曰:"人所聚曰屯,为其长帅也。"

③师古曰:"度,谓量计之,音大各反。"

④师古曰:"数,音所角反。皆类此。"

⑤如淳曰:"扶苏自杀,故人不知其死。或以为不知何坐而死,故天下冤二世杀之。"师古曰:"如或说皆非也。此言我闻二世已杀扶苏矣,而百姓皆未知之,故胜、广举事,诈自称扶苏耳。"

⑥师古曰:"燕,音一千反。"

⑦师古曰:"倡,读曰唱,谓首号令也。"

⑧李奇曰:"卜者诚曰,所卜事虽成,当死为鬼。恶指斥言,而胜失其指,反依鬼神起怪也。"苏林曰:"狐鸣祠中即是也。"如淳曰:"以鬼道惑众乎,但用人事也。"师古曰:"李、如之说皆非也。卜者云事成有功,然须假托鬼神乃可兴起耳。故胜、广晓其此意,则为鱼书狐鸣以威众耳。"

⑨师古曰:"罾,鱼网也,形如仰伞盖,四维而举之,音曾。"

⑩师古曰:"亨,音普庚反。"

⑪郑氏曰:"间,谓窃令人行也。"张晏曰:"戍人所止处也。丛,鬼所凭也。"师古曰:"张说非也。此言密于广所次舍处旁侧丛祠中为之,非戍人所止也。丛,谓草木岑蔚者也。祠,神祠也。构,谓结起也。呼,音火故反。"

⑫师古曰:"指而私目视之。"

　　胜、广素爱人,士卒多为用。将尉醉,①广故数言欲亡,忿尉,令辱之,以激怒其众。尉果笞广。尉剑挺,广起夺而杀尉。②胜佐之,并杀两尉。召令徒属曰:"公等遇雨,皆已失期,当斩。藉弟令毋斩,③而戍死者固什六七。且壮士不死则已,死则举大名耳。侯王将相宁有种乎!"④徒属皆曰:"敬受令。"乃诈称公子扶苏、项燕,从民望也。袒右,称大楚。⑤为坛而盟,祭以尉首。⑥胜自立为将军,广为都

尉,攻大泽乡,拔之。收兵而攻蕲,蕲下。乃令符离人葛婴将兵徇蕲
以东,⑦攻铚、酂、苦、柘、谯,皆下之。⑧行收兵,比至陈,⑨兵车六
七百乘,骑千余,卒数万人。攻陈,陈守令皆不在,⑩独守丞与战谯
门中,⑪不胜,守丞死。乃入据陈。数日,号召三老豪桀会计事。⑫皆
曰:"将军身被坚执锐,⑬伐无道,诛暴秦,复立楚之社稷,功宜为
王。"胜乃立为王,号"张楚"。⑭

①师古曰:"将尉者,其官本尉耳。时领戍人,故为将尉。"

②师古曰:"挺,拔也。尉剑自拔出,广因夺取之。"

③服虔曰:"藉犹借也。弟,使也。"应劭曰:"藉,吏士名籍也。弟,次也。言
　今失期当斩,就使籍弟幸得不斩,戍死者固十六七也。"苏林曰:"藉,
　假;弟,且也。"晋灼曰:"《郦食其传》'弟言之',《外戚传》'弟一见我',
　苏说是也。"师古曰:"服、应说弟义皆非也。晋氏意颇近之,而犹未得。
　《汉书》诸言弟者甚众。弟,但也,语有缓急耳。言但令无斩也。今俗人
　语称但者,急言之则音如弟矣。《郦食其》、《外戚传》所云弟者,皆谓但
　耳,义非且也。"

④师古曰:"言求之而得,不必亸胃。"

⑤师古曰:"袒右者,脱右肩之衣。当时取异于凡众也。"

⑥师古曰:"以所杀尉之首祭神也。"

⑦李奇曰:"徇,略也。"师古曰:"音似峻反。"

⑧师古曰:"五县名也。铚,音竹乙反。酂,音才多反。"

⑨师古曰:"比,音必寐反。"

⑩师古曰:"守,郡守也。令,县令也。"

⑪晋灼曰:"谯门,义阙。"师古曰:"守丞,谓郡丞之居守者。一曰,郡守之
　丞,故曰守丞。谯门,谓门上为高楼以望耳。楼一名谯,故谓美丽之楼为
　丽谯。谯亦呼为巢。所谓巢车者,亦于兵车之上为楼以望敌也。谯、巢,
　声相近,本一物也。今流俗书本谯下有城字,非也。此自陈耳,非谯之
　城。谯城前已下矣。"

⑫师古曰:"号令,召呼之。"

⑬师古曰:"坚,坚甲也。锐,利兵也。"

⑭刘德曰:"若云张大楚国也"。张晏曰:"先是楚为秦灭,已弛,今立楚,为
　张也。"师古曰:"张说是也。"

　　于是诸郡县苦秦吏暴，皆杀其长吏，将以应胜。乃以广为假王，监诸将以西击荥阳。令陈人武臣、张耳、陈余徇赵，汝阴人邓宗徇九江郡。当此时，楚兵数千人为聚者不可胜数。①

　　①师古曰："聚，音材喻反。"

　　葛婴至东城，立襄强为楚王。①后闻胜已立，因杀襄强，还报。至陈，胜杀婴，令魏人周市北徇魏地。②广围荥阳。李由为三川守，守荥阳。广不能下。胜征国之豪桀与计，③以上蔡人房君蔡赐为上柱国。④

　　①师古曰："东城，县名，《地理志》属九江郡。"

　　②师古曰："即梁地，非河东之魏也。"

　　③师古曰："征，召也。"

　　④郑氏曰："房君，官号也。姓蔡名赐。"晋灼曰："《张耳传》言相国房君是也。"师古曰："房君者，封邑之名，非官号也。"

　　周文，陈贤人也，尝为项燕军视日，①事春申君，②自言习兵。胜与之将军印，西击秦。行收兵至关，车千乘，卒十万，至戏，军焉。③秦令少府章邯免骊山徒、人奴产子，④悉发以击楚军，大败之。周文走出关，止屯曹阳。⑤二月余，章邯追败之，复走黾池。⑥十余日，章邯击，大破之。周文自刭，军遂不战。

　　①文颖曰："周文，即周章也。"服虔曰："视日旁气也。"如淳曰："视日时吉凶举动之占。"师古曰："视日，如说是也。"

　　②应劭曰："楚相黄歇。"

　　③师古曰："戏，水名，在新丰东。音许宜反。解具在《高纪》。"

　　④服虔曰："家人之产奴也。"师古曰："奴产子，犹今人云家生奴也。"

　　⑤晋灼曰："亭名也，在弘农东十三里，魏武改为好阳。"师古曰："曹水之阳也。其水出陕县西南岘头山而北流入河，今谓之好阳涧，在陕县西四十五里。"

　　⑥师古曰："黾，音湎。"

　　武臣至邯郸，自立为赵王，陈余为大将军，张耳、召骚为左右丞相。①胜怒，捕系武臣等家室，欲诛之。柱国曰："秦未亡而诛赵王将相家属，此生一秦，②不如因立之。"胜乃遣使者贺赵，而徙系武臣

等家属宫中。③而封张耳子敖为成都君,趣赵兵亟入关。④赵王将
相相与谋曰:"王王赵,非楚意也。楚已诛秦,必加兵于赵。计莫如
毋西兵,⑤使使北徇燕地以自广。赵南据大河,北有燕、代,楚虽胜
秦,不敢制赵;若不胜秦,必重赵。⑥赵承秦楚之敝,可以得志于天
下。"赵王以为然,因不西兵,而遣故上谷卒史韩广将兵北徇燕。⑦

①师古曰:"召,读曰邵。"

②师古曰:"言为仇敌,与秦无异。"

③师古曰:"徙居宫中,示优礼也。拘而不遣,故谓之系。"

④师古曰:"趣,读曰促。亟,急也,音居力反。"

⑤师古曰:"勿令兵西出也。"

⑥师古曰:"重,尊重也。"

⑦张晏曰:"卒史,曹史也。"

　　燕地贵人豪桀谓韩广曰:"楚、赵皆已立王。燕虽小,亦万乘之
国也,愿将军立为王。"韩广曰:"广母在赵,不可。"燕人曰:"赵方西
忧秦,南忧楚,其力不能禁我。且以楚之强,不敢害赵王将相之家,
今赵独安敢害将军家乎?"韩广以为然,乃自立为燕王。居数月,赵
奉燕王母家属归之。

　　是时,诸将徇地者不可胜数。周市北至狄,①狄人田儋杀狄令,
自立为齐王,反击周市。市军散,还至魏地,立魏后宁陵君咎为魏
王。②咎在胜所,不得之魏。魏地已定,欲立周市为王,市不肯。使者
五反,③胜乃立宁陵君为魏王,遣之国。周市为相。

①师古曰:"县名也,后汉安帝时改名临济。"

②应劭曰:"魏诸公子,名咎。欲立六国后以树党也。"

③师古曰:"反,谓回还也。"

　　将军田臧等相与谋曰:"周章军已破,①秦兵且至,我守荥阳城
不能下,秦军至,必大败。不如少遗兵,足以守荥阳,②悉精兵迎秦
军。③今假王骄,不知兵权,不可与计,非诛之,事恐败。"因相与矫
陈王令以诛吴广,④献其首于胜。胜使赐田臧楚令尹印,使为上将。
田臧乃使诸将李归等守荥阳城,自以精兵西迎秦军于敖仓。与战,
田臧死,军破。章邯进击李归等荥阳下,破之,李归死。

①服虔曰:"周章,即周文。"

②师古曰:"遗,留也。"

③师古曰:"悉,尽也。"

④师古曰:"矫,托也,托言受令也。"

阳城人邓说将兵居郯,①章邯别将击破之,邓说走陈。铚人五逢将兵居许,章邯击破之。五逢亦走陈。胜诛邓说。

①师古曰:"说,读曰悦。郯,东海县也,音谈。"

胜初立时,凌人秦嘉、铚人董缲、符离人朱鸡石、取虑人郑布、徐人丁疾等皆特起,①将兵围东海守于郯。胜闻,乃使武平君畔为将军,②监郯下军。秦嘉自立为大司马,恶属人,③告军吏曰:"武平君年少,不知兵事,勿听。"因矫以王命,杀武平君畔。

①张晏曰:"凌,泗水县也。铚、符离,沛县也。取虑、徐,临淮县也。"师古曰:"缲,音先列反。取,音趋,又音秋。虑,音庐。"

②张晏曰:"畔,名也。"

③师古曰:"不欲统属于人。"

章邯已破五逢,击陈,柱国房君死。章邯又进击陈西张贺军。胜出临战,军破,张贺死。腊月,①胜之汝阴,还至下城父。②其御庄贾杀胜以降秦。葬砀,谥曰隐王。

①张晏曰:"秦之腊月,夏之九月。"臣瓒曰:"建丑之月也。"师古曰:"《史记》云胡亥二年十月诛陈葛婴,十一月周文死,十二月涉死。瓒说是也。"

②师古曰:"下城父,地名,在城父县东。父,音甫。"

胜故涓人将军吕臣为苍头军,①起新阳,②攻陈,下之,杀庄贾,复以陈为楚。

①应劭曰:"涓人,如谒者。将军姓吕名臣也。时军皆著青巾,故曰苍头。"服虔曰:"苍头,谓士卒青帛巾,若赤眉之号以相别也。"师古曰:"涓,洁也。涓人,主洁除之人。涓,音蠲。"

②师古曰:"县名也,属汝南郡。"

初,胜令铚人宋留将兵定南阳,入武关。留已徇南阳,闻胜死,南阳复为秦。①宋留不能入武关,乃东至新蔡,遇秦军。宋留以军降秦，秦传留至咸阳，车裂留以徇。②

①师古曰："为，音于伪反。"

②师古曰："徇，行示也，以示众为戒。徇，音辞峻反。"

秦嘉等闻胜军败，乃立景驹为楚王，引兵之方与，①欲击秦军济阴下。使公孙庆使齐王，欲与并力俱进。齐王曰："陈王战败，未知其死生，楚安得不请而立王？"公孙庆曰："齐不请楚而立王，楚何故请齐而立王？且楚首事，当令于天下。"②田儋杀公孙庆。

①师古曰："之，往也。方与，县名也。方，音房。与，音豫。"

②师古曰："首事，谓最先起兵。"

秦左右校复攻陈，下之。吕将军走，徼兵复聚，①与番盗英布相遇，②攻击秦左右校，破之青波，③复以陈为楚。会项梁立怀王孙心为楚王。

①如淳曰："徼，要也。徼散卒复相聚敛也。"师古曰："徼，音工尧反。"

②师古曰："番，即番阳县也。于番为盗，故曰番盗。番，音蒲何反。其后番字改作鄱。"

③文颖曰："地名也。"

陈胜王凡六月。初为王，其故人尝与佣耕者闻之，乃之陈，叩宫门曰："吾欲见涉。"宫门令欲缚之。自辩数，乃置，①不肯为通。胜出，遮道而呼涉。②乃召见，载与归。入宫，见殿屋帷帐，客曰："夥，涉之为王沈沈者！"③楚人谓多为夥，故天下传之，"夥涉为王"，由陈涉始。客出入愈益发舒，言胜故情。或言："客愚无知，专妄言，轻威。"胜斩之。诸故人皆自引去，由是无亲胜者。以朱防为中正，胡武为司过，主司群臣。诸将徇地，至，令之不是者，系而罪之。以苛察为忠。其所不善者，不下吏，辄自治。④胜信用之，诸将以故不亲附。此其所以败也。

①师古曰："辩数，谓自分别其姓名也，并历道与涉故旧之事，故舍而不缚也。数，音山羽反。"

②师古曰："呼，谓大唤也，音火故反。"

③应劭曰："夥，音祸。沈沈，宫室深邃之貌也。沈，音长含反。"

④师古曰："不以付吏，而防、武自治之。"

胜虽已死,其所置遣侯王将相竟亡秦。高祖时,为胜置守冢于砀,至今血食。王莽败,乃绝。①

①师古曰:"至今血食者,司马迁作《史记》本语也。莽败乃绝者,班固之词也。于文为衍,盖失不删耳。"

项籍字羽,下相人也。①初起,年二十四。其季父梁,梁父即楚名将项燕者也。家世楚将,封于项,②故姓项氏。

①韦昭曰:"临淮县。"

②师古曰:"即今项城县。"

籍少时,学书,不成,去;学剑,又不成,去。梁怒之。籍曰:"书足记姓名而已。剑一人敌,不足学,学万人敌耳。"于是梁奇其意,乃教以兵法。籍大喜,略知其意,又不肯竟。梁尝有栎阳逮,请蕲狱掾曹咎书抵栎阳吏司马欣,以故事皆已。①梁尝杀人,与籍避仇吴中。吴中贤士大夫皆出梁下。②每有大徭役及丧,梁常主办,阴以兵法部勒宾客子弟,以知其能。秦始皇帝东游会稽,渡浙江,③梁与籍观。籍曰:"彼可取而代也。"梁掩其口,曰:"无妄言,族矣!"④梁以此奇籍。籍长八尺二寸,力扛鼎,⑤才气过人。吴中子弟皆惮籍。

①应劭曰:"项梁曾坐事传系栎阳狱,从蕲狱掾曹咎取书与司马欣。抵,相归抵也。已,止也。"

②师古曰:"言皆不及也。"

③应劭曰:"浙,音折。"晋灼曰:"江水至会稽山阴为浙江。"

④师古曰:"凡言族者,谓族诛之。"

⑤师古曰:"扛,举也,音江。"

秦二世元年,陈胜起。九月,会稽假守通①素贤梁,乃召与计事。梁曰:"方今江西皆反秦,此亦天亡秦时也。先发制人,后发制于人。"守叹曰:"闻夫子楚将世家,唯足下耳!"梁曰:"吴有奇士桓楚,亡在泽中,人莫知其处,独籍知之。"梁乃戒籍持剑居外待。梁复入,与守语曰:"请召籍,使受令召桓楚。"籍入,梁眴籍曰:"可矣!"②籍遂拔剑击斩守。梁持守头,佩其印绶。门下惊扰,籍所击杀数十百人。③府中皆慑伏,莫敢复起。④梁乃召故人所知豪吏,谕以所为，⑤遂举吴中兵。使人收下县，⑥得精兵八千人，部署豪杰为校尉、候、司马。⑦有一人不得官，自言。梁曰："某时某丧，使公主某事，不能办，以故不任公。"众乃皆服。梁为会稽将，籍为裨将，⑧徇下县。

①张晏曰："假守，兼守也。"晋灼曰："《楚汉春秋》云姓殷。"

②师古曰："眴，动目也，音舜，动目而使之也。今书本有作眄字者，流俗所改耳。"

③师古曰："数十百人者，八九十乃至百也。他皆类此。"

④师古曰："讋，失气也，音章涉反。"

⑤师古曰："谕，晓告之。"

⑥师古曰："四面诸县也。非郡所都，故谓之下也。"

⑦师古曰："分部而署置之。"

⑧师古曰："裨，助也，相副助也。裨，音频移反。他皆类此。"

　　秦二年，广陵人召平为陈胜徇广陵，①未下。闻陈胜败走，秦将章邯且至，乃度江矫陈王令，拜梁为楚上柱国，曰："江东已定，急引兵西击秦。"梁乃以八千人渡江而西。闻陈婴已下东阳，使使欲与连和俱西。陈婴者，故东阳令史，②居县，素信，为长者。③东阳少年杀其令，相聚数千人，欲立长，无适用，④乃请陈婴。婴谢不能，遂强立之，县中从之者得二万人。欲立婴为王，异军仓头特起。⑤婴母谓婴曰："吾为乃家妇，闻先故未曾贵。⑥今暴得大名，不祥。不如有所属，事成犹得封侯，事败易以亡，非世所指名也。"婴乃不敢为王，谓其军吏曰："项氏世世将家，有功于楚，今欲举大事，将非其人，不可。⑦我倚名族，亡秦必矣。"⑧其众从之，乃以其兵属梁。梁渡淮，英布、蒲将军亦以其兵属焉。⑨凡六七万人，军下邳。

①师古曰："召，读曰邵。"

②苏林曰："曹史也。"晋灼曰："《汉仪注》令史曰令史，丞史曰丞史。"师古曰："晋说是也。"

③师古曰："素立恩信，号为长者。"

④师古曰："适，主也，音与的同。"

⑤应劭曰："言与众异也。"

⑥师古曰："乃，汝也。"

⑦师古曰："言以不材之人为将，不可求胜也。"

⑧师古曰："倚，依也，音于绮反。"

⑨服虔曰："英布起于蒲地，因以为号也。"如淳曰："《史记·项羽纪》言当
　　阳君、蒲将军皆属项羽，自此更有蒲将军也。"师古曰："此二人也，服说
　　失之。若是一人，不当先言姓名，后乃称将军也。"

　　是时，秦嘉已立景驹为楚王，军彭城东，欲以距梁。梁谓军吏
曰："陈王首事，战不利，未闻所在。今秦嘉背陈王立景驹，大逆亡
道。"乃引兵击秦嘉。军败走，追至胡陵。嘉还战^①一日，嘉死，军降。
景驹走，死梁地。梁已并秦嘉军，军胡陵，将引而西。章邯至栗，^②梁
使别将朱鸡石、馀樊君与战。馀樊君死。朱鸡石败，亡走胡陵。梁
乃引兵入薛，诛朱鸡石。梁前使羽别攻襄城，襄城坚守不下。已拔，
皆坑之，^③还报梁。闻陈王定死，召诸别将会薛计事。时沛公亦从沛
往。

①师古曰："复来战。"

②师古曰："栗，县名，《地理志》属沛郡。"

③师古曰："陷之于坑，尽杀之。"

　　居鄛人范增，^①年七十，素好奇计，往说梁曰："陈胜败固当。^②
夫秦灭六国，楚最亡罪，自怀王入秦不反，楚人怜之至今，故南公称
曰'楚虽三户，亡秦必楚'。^③今陈胜首事，不立楚后，其势不长。今
君起江东，楚蠭起之将皆争附君者，^④以君世世楚将，为能复立楚
之后也。"于是梁乃求楚怀王孙心，在民间为人牧羊，立以为楚怀
王，从民望也。陈婴为上柱国，封五县，与怀王都盱台。^⑤梁自号武
信君，引兵攻亢父。^⑥

①晋灼曰："鄛，音鄛绝之鄛。"师古曰："居鄛，县名也，《地理志》属庐江
　　郡。鄛，音巢，字亦作巢。本春秋时巢国。"

②师古曰："言其计画非是，宜应败也。"

③服虔曰："南公，南方之老人也。"苏林曰："但令有三户在，其怨深，足以
　　亡秦。"

④师古曰："蠭，古蜂字也。蠭起，如蜂之起，言其众也。一说，蠭，与锋同，

　　言锋锐而起者。"

　　⑤师古曰："盰，音许于反。台，音怡。"

　　⑥师古曰："亢，音抗。父，音甫。"

　　初，章邯既杀齐王田儋于临淄，①田假复自立为齐王。儋弟荣走保东阿，章邯追围之。梁引兵救东阿，大破秦军东阿。田荣即引兵归，逐王假。假亡走楚，相田角亡走赵。角弟间，故将，居赵不敢归。田荣立儋子市为齐王。梁已破东阿下军，遂追秦军。数使使趣齐兵俱西。②荣曰："楚杀田假，赵杀田角、田间，乃发兵。"梁曰："田假与国之王，③穷来归我，不忍杀。"赵亦不杀角、间以市于齐。④齐遂不肯发兵助楚。梁使羽与沛公别攻城阳，屠之。西破秦军濮阳东，秦兵收入濮阳。沛公、羽攻定陶。定陶未下，去，西略地至雍丘，大破秦军，斩李由。还攻外黄，外黄未下。

　　①师古曰："《高纪》及《儋传》并言于济，此独言临淄，疑此误也。"

　　②师古曰："趣，读曰促。"

　　③张晏曰："与，党与也"

　　④张晏曰："若市买相贸易以利也。梁救荣难，犹不用命。梁念杀假等，荣未必多出兵，不如待以礼，又可以贸易他利，以除己害，遂背德，可辅假以伐齐，故曰市。市，贸易也。"晋灼曰："欲令楚杀田假，以为己利，而楚保全不杀，以买其计。"师古曰："二说皆非也。市者，以角、间市取齐兵也。直言赵不杀角、间以求齐兵耳。"

　　梁起东阿，比至定陶，再破秦军，①羽等又斩李由，益轻秦，有骄色。宋义谏曰："战胜而将骄卒惰者败。今少惰矣，秦兵日益，臣为君畏之。"梁不听。乃使宋义于齐，道遇齐使者高陵君显，②曰："公将见武信君乎？"曰："然。"义曰："臣论武信君军必败，公徐行则免，疾行则及祸。"秦果悉起兵益章邯，夜衔枚击楚，大破之定陶，③梁死。沛公与羽去外黄，攻陈留，陈留坚守不下。沛公、羽相与谋曰："今梁军败，士卒恐。"乃与吕臣俱引兵而东。吕臣军彭城东，羽军彭城西，沛公军砀。

　　①师古曰："比，音必寐反。"

　　②张晏曰："名显，封于高陵。"晋灼曰："高陵是琅邪县也。"

③师古曰："衔枚,解在《高纪》。"

　　章邯已破梁军,则以为楚地兵不足忧,乃度河北击赵,大破之。当此之时,赵歇为王,陈余为将,张耳为相,走入巨鹿城。①秦将王离、涉间围巨鹿,②章邯军其南,筑甬道而输之粟。③陈余将卒数万人军巨鹿北,所谓河北军也。

①师古曰："赵歇、张耳共入巨鹿也。"

②张晏曰："秦二将也。王离,王翦孙。涉,姓;间,名也。"

③师古曰："章邯为甬道而运粟,以饷王离、涉间之军。"

　　宋义所遇齐使者高陵君显见楚怀王曰："宋义论武信君必败,数日果败。军未战先见败征,①可谓知兵矣。"王召宋义与计事而说之,②因以为上将军,羽为鲁公,为次将,范增为末将。诸别将皆属,号卿子冠军。③北救赵,至安阳,留不进。④秦三年,羽谓宋义曰："今秦军围巨鹿,疾引兵渡河,楚击其外,赵应其内,破秦军必矣。"宋义曰："不然。夫搏牛之虻不可以破虮。⑤今秦攻赵,战胜则兵罢,我承其敝;⑥不胜,则我引兵鼓行而西,必举秦矣。⑦故不如先斗秦、赵。夫击轻锐,我不如公;坐运筹策,公不如我。"因下令军中曰："猛如虎,很如羊,贪如狼,强不可令者,皆斩。"遣其子襄相齐,身送之无盐,⑧饮酒高会。⑨天寒大雨,士卒冻饥。羽曰："将戮力而攻秦,久留不行。今岁饥民贫,卒食半菽,⑩军无见粮,⑪乃饮酒高会,不引兵渡河因赵食,与并力击秦,乃曰'承其敝'。夫以秦之强,攻新造之赵,其势必举赵。赵举秦强,何敝之承!且国兵新破,王坐不安席,扫境内而属将军,⑫国家安危,在此一举。今不恤士卒而徇私,非社稷之臣也。"羽晨朝上将军宋义,即其帐中斩义头。⑬出令军中曰："宋义与齐谋反楚,楚王阴令籍诛之。"诸将詟服,⑭莫敢枝梧。⑮皆曰："首立楚者,将军家也。今将军诛乱。"乃相与共立羽为假上将军。⑯使人追宋义子,及之齐,杀之。使桓楚报命于王。王因使使立羽为上将军。

①师古曰："征,证也。"

②师古曰："说,读曰悦。"

③师古曰:"冠军,言其在诸军之上。"

④师古曰:"今相州安阳县。"

⑤张晏曰:"搏,音博。"苏林曰:"虻喻秦,虱喻章邯等,言小大不同势,欲
灭秦当宽邯等也。"如淳曰:"犹言本欲以大力伐秦,而不可以救赵也。"
师古曰:"搏,击也,言以手击牛之背,可以杀其上虻,而不能破虱,喻今
将兵方欲灭秦,不可尽力与章邯即战。或未能禽,徒费力也。如说近
也。"

⑥师古曰:"罢,读曰疲。"

⑦师古曰:"鼓行,谓击鼓而行,无畏惧也。"

⑧师古曰:"县名。"

⑨师古曰:"高会,大会也。"

⑩孟康曰:"半,五升器名也。"臣瓒曰:"士卒食蔬菜以菽杂半之。"师古
曰:"瓒说是也。菽,谓豆也。"

⑪师古曰:"无见在之粮。"

⑫师古曰:"属,委也,音之欲反。"

⑬师古曰:"即,就也。"

⑭师古曰:"讋,失气也,音之涉反。"

⑮如淳曰:"梧,音悟。枝梧,犹枝捍也。"臣瓒曰:"小柱为枝,邪柱为梧,今
屋梧邪柱是也。"

⑯师古曰:"未得怀王之命,故且为假也。"

　　羽已杀卿子冠军,威震楚国,名闻诸侯。乃遣当阳君、蒲将军将
卒二万人渡河救巨鹿。战少利,陈余复请兵。羽乃悉引兵渡河。已
渡,皆湛舡,①破釜甑,烧庐舍,持三日粮,视士必死,无还心。②于
是至则围王离,与秦军遇,九战,绝甬道,大破之,杀苏角,③虏王
离,涉间不降,自烧杀。当是时,楚兵冠诸侯。④诸侯军救巨鹿者十
余壁,莫敢纵兵。及楚击秦,诸侯皆从壁上观。楚战士无不一当十,
呼声动天地。⑤诸侯军人人惴恐。⑥于是楚已破秦军,羽见诸侯将,
入辕门,⑦膝行而前,莫敢仰视。羽繇是始为诸侯上⑧将军,兵皆属
焉。

①师古曰:"湛,读曰沉,谓沉没其舡于水中。"

②师古曰:"视,读曰示。"

③文颖曰："秦将。"

④师古曰："言最为上也。"

⑤师古曰："呼,音火故反。"

⑥服虔曰："慑,音章瑞反。"

⑦张晏曰："军行以车为陈,辕相向为门,故曰辕门。"师古曰："《周礼》掌舍,王行则'设车宫辕门'也。"

⑧师古曰："繇,读与由同。"

章邯军棘原,①羽军漳南,相持未战。秦军数却,②二世使人让章邯。③章邯恐,使长史欣请事。至咸阳,留司马门三日,④赵高不见,有不信之心。长史欣恐,还走,不敢出故道。赵高果使人追之,不及。欣至军,报曰："事亡可为者。⑤相国赵高颛国主断。⑥今战而胜,高嫉吾功;不胜,不免于死。愿将军熟计之。"陈余亦遗章邯书曰："白起为秦将,南并鄢、郢,北坑马服,⑦攻城略地,不可胜计,而卒赐死。⑧蒙恬为秦将,北逐戎人,开榆中地数千里,⑨竟斩阳周。⑩何者?功多,秦不能封,因以法诛之。今将军为秦将三岁矣,所亡失已十万数,而诸侯并起兹益多。彼赵高素谀日久,⑪今事急,亦恐二世诛之,故欲以法诛将军以塞责,⑫使人更代以脱其祸。⑬将军居外久,多内隙,有功亦诛,亡功亦诛。且天之亡秦,无愚智皆知之。今将军内不能直谏,外为亡国将,孤立而欲长存,岂不哀哉!将军何不还兵与诸侯为从,⑭南面称孤,孰与身伏斧质,妻子为戮乎?"⑮章邯狐疑,阴使候始成使羽,欲约。⑯约未成,羽使蒲将军引兵渡三户,⑰军漳南,与秦战,再破之。羽悉引兵击秦军汙水上,⑱大破之。

①晋灼曰："地名,在巨鹿南。"

②师古曰："却,退也,音丘略反。"

③师古曰："让,谓责也。"

④师古曰："凡言司马门者,宫垣之内兵卫所在,四面皆有司马。司马主武事,故总谓宫之外门为司马门。"

⑤师古曰："言不可复为军旅之事。"

⑥师古曰："颛,与专同也。"

⑦服虔曰："马服，赵括也。父奢为赵将，有功，赐号马服。马服，犹服马也，故世称之。"师古曰："鄢、郢，皆楚邑也。鄢，音偃。郢，音弋井反。"

⑧师古曰："卒，终也。"

⑨服虔曰："金城县所治也。"苏林曰："在上郡。"师古曰："即今之榆林，古者上郡界。苏说是也。"

⑩孟康曰："县名也，属上郡。"晋灼曰："恬赐死，死于此县。"

⑪师古曰："谍，谄也。"

⑫师古曰："塞，当也。"

⑬师古曰："脱，免也。"

⑭文颖曰："关东为从，关西为横。"孟康曰："南北为从，东西为横。"师古曰："言欲如六国时共敌秦。二说皆是也。还兵，谓回兵内向以攻秦也。从，音子容反。"

⑮师古曰："质，谓锧也。古者斩人，加于锧上而斫之也。锧，音竹林反。"

⑯郑氏曰："候，军候也。始，姓；成，名也。"

⑰服虔曰："漳水津也。"孟康曰："在邺西三十里。"

⑱师古曰："汙水在邺西南，音于。"

邯使使见羽，欲约。羽召军吏谋曰："粮少，欲听其约。"军吏皆曰："善。"羽乃与盟洹水南殷虚上。①已盟，章邯见羽流涕，为言赵高。羽乃立章邯为雍王，置军中。使长史欣为上将，将秦军行前。②

①应劭曰："洹水在汤阴界。殷虚，故殷都也。"师古曰："洹水出林虑县东北，至于长乐入清水。洹，音桓，俗音袁，非也。虚，读曰墟。"

②师古曰："行前，谓居前而行。"

汉元年，羽将诸侯兵三十余万，行略地至河南，遂西到新安。①异时，诸侯吏卒徭使屯戍过秦中，②秦中遇之多亡状，③及秦军降诸侯，诸侯吏卒乘胜奴虏使之，轻重折辱秦吏卒。吏卒多窃言曰："章将军等诈吾属降诸侯，今能入关破秦，大善；即不能，诸侯虏吾属而东，秦又尽诛吾父母妻子。"诸将微闻其计，以告羽。羽乃召英布、蒲将军计曰："秦吏卒尚众，其心不服，至关不听，事必危，不如击之，独与章邯、长史欣、都尉翳入秦。"于是夜击坑秦军二十余万人。

①师古曰："今谷州新安城是。"

②师古曰："异时，犹言先时也。秦中，关中秦地也。"

③师古曰："无善形状也。"

　　至函谷关，有兵守，不得入。闻沛公已屠咸阳，羽大怒，使当阳君击关。羽遂入，至戏西鸿门，闻沛公欲王关中，独有秦府库珍宝。亚父范增亦大怒，劝羽击沛公。飨士，旦日合战。羽季父项伯素善张良。良时从沛公，项伯夜以语良。良与俱见沛公，因伯自解于羽。①明日，沛公从百余骑至鸿门谢羽，自陈"封秦府库，还军霸上以待大王，闭关以备他盗，不敢背德。'羽意既解，范增欲害沛公，赖张良、樊哙得免。语在《高纪》。

①师古曰："自解，犹今言分疏也。"

　　后数日，羽乃屠咸阳，杀秦降王子婴，烧其宫室，火三月不灭；收其宝货，略妇女而东。秦民失望。①于是韩生说羽曰："关中阻山带河，四塞之地，肥饶，可都以伯。"②羽见秦皆已烧残，又怀思东归，曰："富贵不归故乡，如衣锦夜行。"③韩生曰："人谓楚人沐猴而冠，果然。"④羽闻之，斩韩生。

①师古曰："沛公入关，俭节自处，约法三章，反秦之政。而项羽屠杀焚烧，恣其残酷，故关中之人失所望也。"

②师古曰："伯，读曰霸。"

③师古曰："言无人见之，不荣显矣。"

④张晏曰："沐猴，猕猴也。"师古曰："言虽著人衣冠，其心不类人也。果然如人之言也。"

　　初，怀王与诸将约，先入关者王其地。羽既背约，使人致命于怀王。怀王曰："如约。"羽乃曰："怀王者，吾家武信君所立耳，非有功伐，①何以得颛主约？②天下初发难，③假立诸侯后以伐秦。然身被坚执锐首事，暴露于野三年，灭秦定天下者，皆将相诸君与籍力也。怀王亡功，固当分其地王之。"诸将皆曰："善。"羽乃阳尊怀王为义帝，曰："古之王者，地方千里，必居上游。"④徙之长沙，都郴。⑤乃分天下以王诸侯。

①张晏曰:"积功曰伐。"

②师古曰:"颛,与专同。"

③服虔曰:"兵初起时也。"

④文颖曰:"居水之上流也。游,或作流。"师古曰:"游,即流也。"

⑤师古曰:"郴,音丑林反。"

羽与范增疑沛公,业已讲解,①又恶背约,恐诸侯叛之,阴谋曰:"巴、蜀道险,秦之迁民皆居之。"乃曰:"巴、蜀亦关中地。"故立沛公为汉王,王巴、蜀、汉中。而参分关中,王秦降将以距塞汉道。乃立章邯为雍王,王咸阳以西。长史司马欣,故栎阳狱吏,尝有德于梁;都尉董翳,本劝章邯降。故立欣为塞王,王咸阳以东至河;立翳为翟王,王上郡。徙魏王豹为西魏王,王河东。瑕丘公申阳者,②张耳嬖臣也,③先下河南,迎楚河上。立阳为河南王。赵将司马卬定河内,数有功。立卬为殷王,王河内。徙赵王歇王代。赵相张耳素贤,又从入关,立为常山王,王赵地。当阳君英布为楚将,常冠军。立布为九江王。番君吴芮④帅百粤佐诸侯,从入关。立芮为衡山王。义帝柱国共敖,⑤将兵击南郡,功多,因立为临江王。徙燕王韩广为辽东王。燕将臧荼⑥从楚救赵,因从入关。立荼为燕王。徙齐王田市为胶东王。齐将田都从共救赵,入关。立都为齐王。故秦所灭齐王建孙田安,羽方渡河救赵,安下济北数城,引兵降羽。立安为济北王。田荣者,背梁不肯助楚击秦,以故不得封。陈余弃将印去,不从入关,然素闻其贤,有功于赵,闻其在南皮,故因环封之三县。⑦番君将梅锧⑧功多,故封十万户侯。羽自立为西楚伯王,⑨王梁楚地九郡,都彭城。

①苏林曰:"讲,和也。"

②孟康曰:"瑕丘县之老人也,姓申名阳。"

③师古曰:"嬖,谓爱幸也。"

④师古曰:"番,音蒲河反。"

⑤师古曰:"共,读曰龚。"

⑥师古曰:"荼,音涂。"

⑦孟康曰:"绕南皮三县以封之。"师古曰:"环,音宦。"

⑧师古曰："锅,音火玄反。"

⑨师古曰："伯,读曰霸。"

　　诸侯各就国。田荣闻羽徙齐王市胶东,而立田都为齐王,大怒,不肯遣市之胶东,因以齐反,迎击都。都走楚。市畏羽,乃亡之胶东就国。荣怒,追杀之即墨,自立为齐王。予彭越将军印,令反梁地。越乃击杀济北王田安。田荣遂并王三齐之地。时汉王还定三秦,羽闻汉并关中,且东,①齐、梁叛之,大怒,乃以故吴令郑昌为韩王以距汉,令萧公角等击彭越。越败萧公角等。时张良徇韩,遗项王书曰："汉王失职,欲得关中,如约即止,不敢东。"②又以齐、梁反书遗羽,羽以此故无西意,而北击齐。征兵九江王布,称疾不行,使将将数千人往。二年,羽阴使九江王布杀义帝。陈余使张同、夏说说齐王荣,③曰："项王为天下宰,不平,今尽王故王于丑地,④而王群臣诸将善地,逐其故主,赵王乃北居代,余以为不可。⑤闻大王起兵,且不听不义,⑥愿大王资余兵,⑦使击常山,以复赵王,请以国为捍蔽。"⑧齐王许之,因遣兵往。陈余悉三县兵,⑨与齐并力击常山,大破之。张耳走归汉。陈余迎故赵王歇反之赵。赵王因立余为代王。羽至城阳,田荣亦将兵会战。荣不胜,走至平原,平原民杀之。羽遂北烧夷齐城郭室屋,⑩皆坑降卒,系虏老弱妇女。徇齐至北海,所过残灭。齐人相聚而畔之。于是田荣弟横收得亡卒数万人,反城阳。羽因留,连战未能下。

①师古曰："言方欲出关而击楚也。"

②师古曰："如本要约也。"

③师古曰："夏说,读曰悦。下说齐王,说,音式芮反。"

④师古曰："丑,恶也。"

⑤师古曰："于义不当然。"

⑥师古曰："凡不义之事,皆不听顺。"

⑦师古曰："资,给也。"

⑧师古曰："犹为齐之藩屏。"

⑨师古曰："悉,尽也。"

⑩师古曰："夷,平也。"

　　汉王劫五诸侯兵，①凡五十六万人，东伐楚。羽闻之，即令诸将击齐，而自以精兵三万人南从鲁出胡陵。汉王皆已破彭城，收其货赂美人，日置酒高会。羽乃从萧晨击汉军而东，至彭城，日中，大破汉军。②汉军皆走，迫之谷、泗水。③汉军皆南走山，④楚又追击至灵辟东睢水上。⑤汉军却，为楚所挤，⑥多杀。汉卒十余万皆入睢水，睢水为不流。⑦汉王乃与数十骑遁去。语在《高纪》。太公、吕后间求汉王，⑧反遇楚军。楚军与归，羽常置军中。

　　①服虔曰："时有十八诸侯，汉得其五。"师古曰："常山、河南、魏、韩、殷也。解在《高纪》。十八诸侯，汉时又先已得塞、翟矣。服说非也。"

　　②张晏曰："一日之中。或曰，早击之，至日中大破。"师古曰："或说是也。"

　　③臣瓒曰："二水皆在沛郡彭城。"

　　④师古曰："走，趣也，音奏。"

　　⑤师古曰："睢，音虽。"

　　⑥臣瓒曰："挤，排也。"师古曰："音子诣反，又音子奚反。"

　　⑦师古曰："言杀人多，填于水中。"

　　⑧师古曰："间行而求之。"

　　汉王稍收散卒，萧何亦发关中卒悉诣荥阳，战京、索间，①败楚。楚以故不能过荥阳而西。汉军荥阳，筑甬道，取敖仓食。三年，羽数击绝汉甬道，汉王食乏，请和，割荥阳以西为汉。羽欲听之。历阳侯范增曰："汉易与耳，今不取，后必悔之。"羽乃急围荥阳。汉王患之，乃与陈平金四万斤以间楚君臣，②语在《陈平传》。项羽以故疑范增，稍夺之权。范增怒曰："天下事大定矣，君王自为之！愿赐骸骨归。"行未至彭城，疽发背死。③于是汉将纪信诈为汉王出降，以诳楚军，故汉王得与数十骑从西门出。令周苛、枞公、魏豹守荥阳。④汉王西入关收兵，还出宛、叶间，⑤与九江王黥布行收兵。羽闻之，即引兵南。汉王坚壁不与战。

　　①师古曰："索，音山客反。"

　　②师古曰："间，音居苋反。"

　　③师古曰："疽，痈创也，音千余反。"

　　④师古曰："苛，音何。枞，音千容反。"

⑤师古曰:"叶,音式涉反。"

　是时,彭越渡睢,与项声、薛公战下邳,杀薛公。羽乃东击彭越。汉王亦引兵北军成皋。羽已破走彭越,①引兵西下荥阳城,亨周苛,杀枞公,虏韩王信,进围成皋。汉王跳,②独与滕公得出。北渡河,至修武,从张耳、韩信。楚遂拔成皋。汉王得韩信军,留止,使卢绾、刘贾渡白马津入楚地,佐彭越共击破楚军燕郭西,③烧其积聚,攻下梁地十余城。羽闻之,谓海春侯大司马曹咎曰:"谨守成皋。即汉欲挑战,慎毋与战,勿令得东而已。我十五日必定梁地,复从将军。"于是引兵东。

①师古曰:"击破之令其走。"

②师古曰:"轻身而急出之。跳,音徒雕反。"

③师古曰:"燕县,故南燕国也,属东郡。"

　四年,羽击陈留、外黄,不下。数日降,羽悉令男子年十五以上诣城东,欲坑之。外黄令舍人儿年十二,①往说羽曰:"彭越强劫外黄,②外黄恐,故且降,待大王。大王至,又皆坑之,百姓岂有所归心哉!从此以东,梁地十余城皆恐,莫肯下矣。"羽然其言,乃赦外黄当坑者。而东至睢阳,闻之皆争下。

①苏林曰:"令之舍人儿也。"臣瓒曰:"称儿者,以其幼弱,故系其父。"

②师古曰:"强,音其两反。"

　汉果数挑楚军战,楚军不出。使人辱之,五六日,大司马怒,渡兵汜水。①卒半度,汉击,大破之,尽得楚国金玉货赂。大司马咎、长史欣皆自刭汜水上。咎故蕲狱掾,欣故塞王,羽信任之。羽至睢阳,闻咎等破,则引兵还。汉军方围钟离眜于荥阳东,②羽军至,汉军畏楚,尽走险阻。③羽亦军广武相守,乃为高俎,置太公其上,④告汉王曰:"今不急下,吾亨太公。"汉王曰:"吾与若俱北面受命怀王,⑤约为兄弟,吾翁即汝翁。⑥必欲亨乃翁,幸分我一杯羹。"⑦羽怒,欲杀之。项伯曰:"天下事未可知。且为天下者不顾家,虽杀之无益,但益怨耳。"羽从之。乃使人谓汉王曰:"天下匈匈,徒以吾两人。⑧愿与王挑战,决雌雄,毋徒罢天下父子为也。"⑨汉王笑谢曰:"吾宁

斗智，不能斗力。"羽令壮士出挑战，汉有善骑射曰楼烦，⑩楚挑战，
三合，楼烦辄射杀之。羽大怒，自被甲持戟挑战。楼烦欲射，羽瞋叱
之。⑪楼烦目不能视，手不能发，走还入壁，不敢复出。汉王使间问
之，乃羽也。⑫汉王大惊。于是羽与汉王相与临广武间而语。汉王数
羽十罪。⑬语在《高纪》。羽怒，伏弩射伤汉王。汉王入成皋。

①师古曰："氾，音凡。解在《高纪》。"

②师古曰："眛，音莫葛反。"

③师古曰："走，音奏。"

④如淳曰："高俎，几之上也。"李奇曰："军中巢橹谓之俎。"师古曰："俎
　者，所以荐肉。示欲烹之，故置俎上。如说是也。"

⑤师古曰："若，汝也。"

⑥师古曰："翁，谓父也。"

⑦师古曰："乃亦汝也。古者以杯盛羹，今之侧杯有两耳者是也。"

⑧师古曰："匈匈，谨扰之意也。他皆类此。"

⑨师古曰："罢，读曰疲。"

⑩应劭曰："楼烦，胡人也。"李奇曰："后为县，属雁门，此县人善骑射，谓
　上为楼烦。取其称耳，未必楼烦人也。"师古曰："李说是也。"

⑪师古曰："瞋目，张目也，音充人反。"

⑫师古曰："间，微问之也。"

⑬师古曰："数，责也，音所具反。"

时，彭越数反梁地，绝楚粮食，又韩信破齐，且欲击楚。羽使从
兄子项它为大将，龙且为裨将，①救齐。韩信破杀龙且，追至成阳，
虏齐王广。信遂自立为齐王。羽闻之，恐，使武涉往说信。语在《信
传》。

①师古曰："它，音徒河反。且，音子余反。《高纪》云项声，此传云项它，纪
　传不同，未知孰是。"

时，汉关中兵益出，食多，羽兵食少。汉王使侯公说羽，羽乃与
汉王约，中分天下，割鸿沟而西者为汉，东者为楚，归汉王父母妻
子。已约，羽解而东。五年，汉王进兵追羽，至故陵，复为羽所败。汉
王用张良计，致齐王信、建成侯彭越兵，及刘贾入楚地，围寿春。大

司马周殷叛楚,举九江兵随刘贾,迎黥布,与齐、梁诸侯皆大会。

　　羽壁垓下,军少食尽。汉帅诸侯兵围之数重。羽夜闻汉军四面皆楚歌,乃惊曰:“汉皆已得楚乎?是何楚人多也!”起饮帐中。有美人姓虞氏,常幸从;骏马名骓,常骑。①乃悲歌慷慨,自为歌诗曰:“力拔山兮气盖世,时不利兮骓不逝。骓不逝兮可奈何!虞兮虞兮奈若何!”②歌数曲,美人和之。羽泣下数行,左右皆泣,莫能仰视。

　　①师古曰:“苍白杂毛曰骓,盖以其色名之。”

　　②师古曰:“若,汝也。”

　　于是羽遂上马,戏下骑从者八百余人,①夜直溃围南出驰。平明,汉军乃觉之,令骑将灌婴以五千骑追羽。羽渡淮,骑能属者百余人。②羽至阴陵,迷失道,③问一田父,田父绐曰:“左。”④左,乃陷大泽中,以故汉追及之。羽复引而东,至东城,乃有二十八骑。追者数千,羽自度不得脱,⑤谓其骑曰:“吾起兵至今八岁矣,身七十余战,所当者破,所击者服,未尝败北,遂伯有天下。⑥然今卒困于此,⑦此天亡我,非战之罪也。今日固决死,愿为诸军快战,必三胜,斩将,艾旗,乃后死,⑧使诸君知吾非用兵罪,天亡我也。”于是引其骑因四隤山,⑨而为圜陈外向。⑩汉骑围之数重。羽谓其骑曰:“吾为公取彼一将。”令四面骑驰下,期山东为三处。于是羽大呼驰下,⑪汉军皆披靡。⑫遂杀汉一将。是时,杨喜为郎骑,追羽,羽还叱之,⑬喜人马俱惊,辟易数里。⑭与其骑会三处。汉军不知羽所居,分军为三,复围之。羽乃驰,复斩汉一都尉,杀数十百人。复聚其骑,亡两骑。乃谓骑曰:“何如?”骑皆服曰:“如大王言。”

　　①师古曰:“戏,大将之旗也,音许宜反,又音许为反。《汉书》通以戏为旌麾及指麾字。”

　　②师古曰:“属,联及也,音之欲反。”

　　③孟康曰:“县名,属九江郡。”

　　④文颖曰:“绐,欺也,欺令左也。”

　　⑤师古曰:“脱,免也,音士活反。”

　　⑥师古曰:“伯,读曰霸。”

⑦师古曰:"卒,终也。"

⑧师古曰:"艾,音刈。"

⑨孟康曰:"四下陂陁也。"师古曰:"陨,音徒回反。"

⑩师古曰:"圜陈,四周为之也。外向,谓兵刃皆在外也。"

⑪师古曰:"呼,叫也,音火故反。"

⑫师古曰:"披,音普彼反。"

⑬师古曰:"还,谓回面也。"

⑭师古曰:"辟易,谓开张而易其本处。辟,音频亦反。"

　于是羽遂引东,欲渡乌江。①乌江亭长权舩待,②谓羽曰:"江东虽小,地方千里,众数十万,亦足王也。愿大王急度。今独臣有舩,汉军至,亡以度。"羽笑曰:"乃天亡我,何度为!且籍与江东子弟八千人度而西,今亡一人还,纵江东父兄怜而王我,我何面目见之哉?纵彼不言,籍独不愧于心乎!"谓亭长曰:"吾知公长者也,吾骑此马五岁,所当亡敌,尝一日千里,吾不忍杀,以赐公。"乃令骑皆去马,步持短兵接战。羽独所杀汉军数百人。羽亦被十余创。顾见汉骑司马吕马童曰:"若非吾故人乎?"③马童面之,④指王翳曰:⑤"此项王也。"羽乃曰:"吾闻汉购我头千金,邑万户,⑥吾为公得。"⑦乃自刭。王翳取其头,乱相轹蹈⑧争羽相杀者数十人。最后杨喜、吕马童、郎中吕胜、杨武各得其一体。故分其地以封五人,皆为列侯。

①臣瓒曰:"在牛渚。"

②服虔曰:"权,音蚁。"如淳曰:"南方人谓整舩向岸曰权。"

③师古曰:"若,汝也。"

④张晏曰:"以故人难亲斫之,故背之也。"如淳曰:"面,谓不正视也。"师古曰:"如说非也。面,谓背之,不面向也。面缚,亦谓反偝而缚之。杜元凯以为但见其面,非也。"

⑤如淳曰:"指示王翳。"

⑥师古曰:"购,以财设赏,音工豆反。"

⑦邓展曰:"令公得我为功也。"晋灼曰:"字或作德。"

⑧师古曰:"轹,践也,音人九反。"

　汉王乃以鲁公号葬羽于谷城。诸项支属皆不诛。封项伯等四人为列侯,赐姓刘氏。

赞曰：昔贾生之《过秦》曰：①

①应劭曰："贾生书有《过秦》二篇，言秦之过。此第一篇也。司马迁取以为赞，班固因之。"

　　秦孝公据殽函之固，拥雍州之地，①君臣固守而窥周室，有席卷天下，包举宇内，囊括四海，并吞八荒之心。②当是时也，商君佐之，③内立法度，务耕织，修守战之备，外连衡而斗诸侯。于是秦人拱手而取西河之外。④

①师古曰："殽，谓崤山，今陕县东二殽是也。"函，谓函谷，今桃林县南洪溜洞是也。"

②张晏曰："括，结囊也，言其能包含天下。"师古曰："八荒，八方荒忽极远之地也。"

③师古曰："卫鞅也，封于商。"

④师古曰："言其不费功力也。"

　　孝公既没，惠文、武、昭襄①蒙故业，因遗策，南取汉中，西举巴蜀，东割膏腴之地，收要害之郡。诸侯恐惧，会盟而谋弱秦，不爱珍器重宝肥饶之地，以致天下之士。合从缔交，②相与为一。当此之时，齐有孟尝，③赵有平原，④楚有春申，⑤魏有信陵。⑥此四贤者，皆明智而忠信，宽厚而爱人，尊贤重士，约从离横，⑦兼韩、魏、燕、赵、宋、卫、中山之众。于是六国之士有宁越、徐尚、苏秦、杜赫之属为之谋，齐明、周最、陈轸、召滑、楼缓、翟景、苏厉、乐毅之徒通其意，⑧吴起、孙膑、带他、兒良、王廖、田忌、廉颇、赵奢之朋制其兵。⑨常以十倍之地，百万之军，仰关而攻秦。⑩秦人开关延敌，九国之师遁巡而不敢进。⑪秦无亡矢遗镞之费，而天下已困矣。⑫于是从散约败，争割地而赂秦。秦有余力而制其弊，追亡逐北，伏尸百万，流血漂卤，⑬因利乘便，宰割天下，分裂山河；强国请服，弱国入朝。

①师古曰："惠文王，孝公之子。武王，惠文王之子。昭襄王，武王之弟。"

②师古曰："缔，结也。从，音子容反。缔，音大系反。"

③师古曰："孟尝君田文。"

④师古曰:"平原君赵胜。"

⑤师古曰:"春申君黄歇。"

⑥师古曰:"公子无忌为信陵君。"

⑦师古曰:"约誓为从,欲以分离为横。横,谓秦也。从,音子容反。其下亦同。"

⑧师古曰:"召,读曰邵。"

⑨师古曰:"膑,音频忍反。他,音徒何反。兒,音五奚反。廖,音聊。"

⑩师古曰:"秦之地形高,而诸侯之兵欲攻关中者皆仰向,故云仰关也。今流俗书本仰字作卬,非也。"

⑪师古曰:"逡巡,谓疑惧而却退也。逡,音千旬反。流俗书本巡字误作逃,读者因之而为逡逃之义。潘岳《西征赋》云'逡逃以奔窜',斯亦误矣。"

⑫师古曰:"镞,矢锋也,音子木反。"

⑬师古曰:"漂,浮也。卤,盾也。其血可以浮盾,言杀人多也。漂,音匹遥反。"

　　施及孝文、庄襄王,①享国之日浅,国家亡事。

①师古曰:"施,延也。孝文王,昭襄王之子也。庄襄王,孝文王之子,即始皇父也。施,音弋豉反。"

　　及至始皇,奋六世之余烈,①振长策而驭宇内,②吞二周而亡诸侯,履至尊而制六合,执敲扑以鞭笞于下,③威震四海。南取百粤之地,以为桂林、象郡。百粤之君俛首系颈,④委命下吏。乃使蒙恬北筑长城而守藩篱,⑤却匈奴七百余里,⑥胡人不敢南下而牧马,士不敢弯弓而报怨。于是废先王之道,焚百家之言,以愚黔首。堕名城,杀豪俊,⑦收天下之兵,聚之咸阳,销锋镝,⑧铸以为金人十二,⑨以弱天下之民。然后践华为城,⑩因河为池,据亿丈之城,临不测之川以为固。良将劲弩,守要害之处;信臣精卒,陈利兵而谁何。⑪天下已定,始皇之心,自以为关中之固,金城千里,子孙帝王万世之业也。

①师古曰:"孝公、惠文王、武王、昭襄王、孝文王、庄襄王,凡六君也。烈,业也。"

②师古曰:"以乘马为喻也。策,所以挝马也。"

③邓展曰:"敲,短杖也。扑,捶也。"师古曰:"敲,音若交反。扑,音普木

反。"

④邓展曰："頯,音俯。"师古曰："古俯字。"

⑤师古曰："言以长城捍蔽胡寇,如人家之有藩蓠。"

⑥师古曰："却,音丘略反。"

⑦师古曰："堕,毁也,音火规反。"

⑧如淳曰："铤,音嫡,箭镞也。"师古曰："锋,戈戟刃也。铤,与镝同,即箭镞也。如音是也。"

⑨师古曰："所谓公仲者也。《三辅黄图》云坐高三丈。其铭曰:'皇帝二十六年,初兼天下,改诸侯为郡县,一法律,同度量。大人来见临洮,其长五丈,足迹六尺。'"

⑩服虔曰："断华山为城。"晋灼曰："践,登也。"师古曰："晋说是也。"

⑪师古曰："问之为谁,又云何人,其义一也。"

　　始皇既没,余威震于殊俗。然而陈涉,瓮牖绳枢之子,①氓隶之人,②迁徙之徒也,材能不及中庸,非有仲尼、墨翟之知,③陶朱、猗顿之富。④蹑足行伍之间,⑤而免起阡陌之中,⑥帅罢散之卒,将数百之众,⑦转而攻秦。斩木为兵,揭竿为旗,⑧天下云合嚮应,⑨赢粮而景从,⑩山东豪俊遂并起而亡秦族矣。

①服虔曰："以绳系户枢。"孟康曰："瓦瓮为窗也。"

②如淳曰："氓,古文萌字。萌,民也。"

③文颖曰："墨翟,宋人为墨家也。"

④师古曰："越人范蠡逃越,止于陶,自谓陶朱公。猗顿本鲁人,大畜牛羊于猗氏之南,赀拟王公,驰名天下。"

⑤如淳曰："蹑,音叠。"师古曰："蹑,音女涉反。"

⑥如淳曰："时皆僻屈在阡陌之中也。"师古曰："免者,言免脱徭役也。免字或作俛,读与俯同。"

⑦师古曰："罢,读曰疲。"

⑧师古曰："揭,音竭,谓竖之也。今读之者为负揭之揭,非也。"

⑨师古曰："嚮,读曰响,言如响之应声。"

⑩师古曰："赢,担也。景从,言如影之随形也。"

　　且天下非小弱也,雍州之地,殽函之固,自若也。①陈涉之

位,不齿于齐、楚、燕、赵、韩、魏、宋、卫、中山之君;②锄耰棘
矜,不敌于钩戟长铩;③適戍之众,不亢于九国之师;④深谋远
虑,行军用兵之道,非及曩时之士也。⑤然而成败异变,功业相
反,何也?试使山东之国与陈涉度长絜大,⑥比权量力,不可同
年而语矣。然秦以区区之地,致万乘之权,⑦招八州而朝同
列,⑧百有余年,然后以六合为家,⑨殽函为宫。一夫作难而七
庙堕,⑩身死人手,为天下笑者,何也? 仁谊不施,而攻守之势
异也。

①师古曰:"自若,犹言如故也。"

②师古曰:"齿,谓齐列如齿。"

③服虔曰:"以锄柄及棘作矛矜也。"晋灼曰:"耰椎,块椎也。"师古曰:"服
　说非也。耰,摩田器也。棘,戟也。矜,与䅈同,谓矛铤之杷也。钩戟,戟
　刃钩曲者也。铩,铍也。言往者秦销兵刃,陈涉起时但用锄耰及戈戟之
　矜以相攻战也。耰,音忧。矜,音其巾反。铩,音山列反。"

④师古曰:"適,读曰谪,谓罪罚而行也。亢,当也,读与抗同。"

⑤师古曰:"曩,昔也,音乃朗反。"

⑥师古曰:"絜,谓围束之也。度,音徒各反。絜,音下结反。"

⑦师古曰:"区区,小貌也。"

⑧邓展曰:"招,举也。"苏林曰:"招,音翘。"

⑨师古曰:"后,与後同,古通用字也。"

⑩师古曰:"堕,毁也,音火规反。"

　　周生亦有言,①"舜盖重童子",项羽又重童子,②岂其苗裔邪?
何其兴之暴也! 夫秦失其政,陈涉首难,豪杰蜂起,相与并争,不可
胜数。然羽非有尺寸,乘势拔起陇亩之中,③三年,遂将五诸侯兵灭
秦,分裂天下而威海内,封立王侯,政繇羽出,④号为"伯王",⑤位
虽不终,近古以来未尝有也。⑥及羽背关怀楚,放逐义帝,⑦而怨王
侯畔己,难矣。自矜功伐,奋其私智而不师古,始霸王之国,欲以力
征经营天下,五年卒亡其国,身死东城,尚不觉寤,不自责过失,乃
引"天亡我,非用兵之罪",岂不谬哉!

①郑氏曰:"周时贤人也。"师古曰:"《史记》称太史公曰'余闻之周生',则

　知非周时人,盖姓周耳。"

②师古曰:"童子,目之眸子。"

③晋灼曰:"拔,音卒拔之拔。"邓展曰:"疾起也。"师古曰:"音步末反。"

④师古曰:"繇,与由同。"

⑤师古曰:"伯,读曰霸。"

⑥师古曰:"近古,犹末代。"

⑦师古曰:"背关,谓背约不王高祖于关中。怀楚,谓思东归而都彭城。"

汉书卷三二
列传第二

张耳 _{子敖}　　陈余

　　张耳,大梁人也,①少时及魏公子毋忌为客。②尝亡命游外黄,③外黄富人女甚美,庸奴其夫,④亡邸父客。⑤父客谓曰:"必欲求贤夫,从张耳。"女听,为请决,嫁之。⑥女家厚奉给耳,耳以故致千里客,宦为外黄令。

　　①臣瓒曰:"今陈留大梁城也。"
　　②师古曰:"毋忌,六国时信陵君也。言其尚及见毋忌,为之宾客。"
　　③师古曰:"命者,名也。凡言亡命,谓脱其名籍而逃亡。"
　　④师古曰:"言不恃赖其夫,视之若庸奴。"
　　⑤如淳曰:"父时故宾客也。"师古曰:"邸,归也,音丁礼反。"
　　⑥师古曰:"请决绝于前夫而嫁于耳。"

　　陈余,亦大梁人,好儒术。游赵苦陉,①富人公乘氏以其女妻之。余年少,父事耳,相与为刎颈交。②

　　①张晏曰:"苦陉,章帝丑其名,改曰汉昌。"师古曰:"陉,音刑。"
　　②师古曰:"刎,断也。刎颈交者,言托契深重,虽断颈绝头,无所顾也。刎,音舞粉反。"

　　高祖为布衣时,尝从耳游。秦灭魏,购求耳千金,余五百金。两人变名姓,俱之陈,为里监门。①吏尝以过笞余,余欲起,耳摄使受笞。②吏去,耳数之曰:③"始吾与公言何如?今见小辱而欲死一吏乎?"余谢罪。

①师古曰："监门,卒之贱者,故为卑职以自隐。"

②师古曰："摄,谓引持之。"

③师古曰："数,责也,音所具反。"

陈涉起蕲至陈,耳、余上谒涉。①涉及左右生平数闻耳、余贤,见,大喜。

①师古曰："上其谒而见也。上谒,若今之通名。"

陈豪桀说涉曰："将军被坚执锐,帅士卒以诛暴秦,复立楚社稷,功德宜为王。"陈涉问两人,两人对曰："将军瞋目张胆,①出万死不顾之计,为天下除残。今始至陈而王之,视天下私。②愿将军毋王,急引兵而西,遣人立六国后,自为树党。③如此,野无交兵,诛暴秦,据咸阳以令诸侯,则帝业成矣。今独王陈,恐天下解也。"④涉不听,遂立为王。

①师古曰："张胆,言勇之甚。"

②师古曰："视,读曰示。"

③师古曰："树,立也。"

④师古曰："解,谓离散其心也。"

耳、余复说陈王曰："大王兴梁、楚,务在入关,未及收河北也。臣尝游赵,知其豪桀,①愿请奇兵略赵地。"于是陈王许之,以所善陈人武臣为将军,耳、余为左右校尉,与卒三千人,从白马渡河。②至诸县,说其豪桀③曰："秦为乱政虐刑,残灭天下,北为长城之役,南有五领之戍,④外内骚动,百姓罢敝,⑤头会箕敛,⑥以供军费,财匮力尽,⑦重以苛法⑧使天下父子不相聊。⑨今陈王奋臂为天下倡始,莫不响应,⑩家自为怒,各报其怨,⑪县杀其令丞,郡杀其守尉。今以张大楚,王陈,⑫使吴广、周文将卒百万西击秦。于此时而不成封侯之业者,非人豪也。夫因天下之力而攻无道之君,报父兄之怨而成割地之业,此一时也。"豪桀皆然其言。乃行收兵,得数万人,号武信君。⑬下赵十余城,余皆城守莫肯下。乃引兵东北击范阳。范阳人蒯通说其令徐公降武信君,又说武信君以侯印封范阳令。语在《通传》。赵地闻之,不战下者三十余城。

①师古曰："与相知。"

②师古曰："津名,即今滑州白马县界也。"

③邓展曰："至河北县说之。"

④服虔曰："山领有五,因以为名。交趾、合浦界有此领。"师古曰："服说非
　也。领者,西自衡山之南,东穷于海,一山之限耳。而别标名,则有五焉。
　裴氏《广州记》云:'大庾、始安、临贺、桂阳、揭阳,是为五领。'邓德《明
　南康记》曰:'大庾领一也,桂阳骑田领二也,九真都庞领三也,临贺萌
　渚领四也,始安越城领五也。'"师古曰："裴说是也。"

⑤师古曰："罢,读曰疲。"

⑥服虔曰："吏到其家,人头数数出谷,以箕敛之。"

⑦师古曰："匮,竭也。"

⑧师古曰："重,音直用反。"

⑨师古曰："言无聊赖,以相保养。"

⑩师古曰："倡,读曰唱。嚣,读曰响。"

⑪师古曰："为,音于伪反。"

⑫师古曰："言张建大楚之国,而王于陈地。"

⑬师古曰："武臣自号也。"

　　至邯郸,耳、余闻周章军入关,至戏却;①又闻诸将为陈王徇
地,多以谗毁得罪诛。怨陈王不以为将军而以为校尉,乃说武臣曰:
"陈王非必立六国后。②今将军下赵数十城,独介居河北,③不王无
以填之。④且陈王听谗,还报,恐不得脱于祸。⑤愿将军毋失时。"武
臣乃听,遂立为赵王。以余为大将军,耳为丞相。

①苏林曰："至戏地而却兵。"

②师古曰："非,不也。"

③晋灼曰："介,音戛。"臣瓒曰："介,特也。"师古曰："二说并非也。介,隔
　也,读如本字。"

④师古曰："填,音竹刃反。"

⑤师古曰："脱,免也,音士活反。"

　　使人报陈王,陈王大怒,欲尽族武臣等家,而发兵击赵。相国房
君谏曰:"秦未亡,今又诛武臣等家,此生一秦也。不如因而贺之,使
急引兵西击秦。"陈王从其计,徙系武臣等家宫中,封耳子敖为成都

君。使使者贺赵,趣兵西入关。①耳、余说武臣曰:"王王赵,非楚意,特以计贺王。②楚已灭秦,必加兵于赵。愿王毋西兵,北徇燕、代,南收河内以自广。赵南据大河,北有燕、代,楚虽胜秦,必不敢制赵。"赵王以为然,因不西兵,而使韩广略燕,李良略常山,张黡略上党。③

①师古曰:"趣,读曰促。"

②师古曰:"言力不能制,且事安抚为权宜之计耳。"

③师古曰:"黡,音乌点反。"

韩广至燕,燕人因立广为燕王。赵王乃与耳、余北略地燕界。赵王间出,为燕军所得。①燕囚之,欲分地。②使者往,燕辄杀之,以固求地。耳、余患之。有厮养卒谢其舍曰:③"吾为二公说燕,与赵王载归。"④舍中人皆笑曰:"使者往十辈皆死,若何以能得王?"⑤乃走燕壁。⑥燕将见之,问曰:"知臣何欲?"燕将曰:"若欲得王耳。"曰:"君知张耳、陈余何如人也?"燕将曰:"贤人也。"曰:"其志何欲?"燕将曰:"欲得其王耳。"赵卒笑曰:"君未知两人所欲也。夫武臣、张耳、陈余,杖马箠下赵数十城,⑦亦各欲南面而王。夫臣之与主,岂可同日道哉!顾其势初定,⑧且以长少先立武臣,以持赵心。今赵地已服,两人亦欲分赵而王,时未可耳。今君囚赵王,念此两人名为求王,实欲燕杀之,此两人分赵而王。夫以一赵尚易燕,⑨况以两贤王左提右挈,而责杀王,灭燕易矣。"⑩燕以为然,乃归赵王。养卒为御而归。

①师古曰:"间出,谓投间隙而微出也。"

②师古曰:"要劫之,令割赵地输燕以和解也。"

③苏林曰:"厮,取薪者也。养,养人者也。舍,谓所舍宿主人也。"晋灼曰:"以辞相告曰谢。"师古曰:"谢其舍,谓告其舍中人也。故下言舍中人皆笑。今流俗书本于此舍下辄加人字,非也。厮,音斯。"

④师古曰:"二公,张耳、陈余。"

⑤师古曰:"若,汝也。次下亦同。"

⑥师古曰:"走,趣也,音奏。"

⑦张晏曰:"言其不用兵革也。"师古曰:"箠,谓马挝也,音志蕊反。"

⑧师古曰:"顾,思念也。"

⑨师古曰:"易,轻也,音弋豉反。"

⑩师古曰:"提挈,言相扶持也。"

李良已定常山,还报赵王,赵王复使良略太原。至石邑,秦兵塞井陉,未能前。秦将诈称二世使使遗良书,不封,①曰:"良尝事我,得显幸,诚能反赵为秦,赦良罪,贵良。"良得书,疑不信。之邯郸益请兵。②未至,道逢赵王姊,从百余骑。良望见,以为王,伏谒道旁。王姊醉,不知其将,使骑谢良。良素贵,起,惭其从官。从官有一人曰:"天下叛秦,能者先立。且赵王素出将军下,今儿女乃不为将军下车,请追杀之。"良以得秦书,欲反赵,未决,因此怒,遣人追杀王姊,遂袭邯郸。邯郸不知,竟杀武臣。赵人多为耳、余耳目者,故得脱出。收兵得数万人。客有说耳、余曰:"两君羁旅,③而欲附赵,难可独立;立赵后,辅以谊,④可就功。"⑤乃求得赵歇,立为赵王,居信都。⑥

①张晏曰:"欲其漏泄,君臣相疑也。"

②师古曰:"之,往也。"

③张晏曰:"羁,寄。旅,客也。"

④师古曰:"谓求取六国时赵王后而立之,以名义自辅助也。"

⑤师古曰:"就,成也。"

⑥张晏曰:"歇,赵之苗裔也。信都,襄国也。"

李良进兵击余,余败良。良走归章邯。章邯引兵至邯郸,皆徙其民河内,夷其城郭。①耳与赵王歇走入巨鹿城,王离围之。余北收常山兵,得数万人,军巨鹿北。章邯军巨鹿南棘原,筑甬道属河,②饟王离。③王离兵食多,急攻巨鹿。巨鹿城中食尽,耳数使人召余,余自度兵少,不能敌秦,不敢前。数月,耳大怒,怨余,使张黡、陈释往让余④曰:"始吾与公为刎颈交,今王与耳旦暮死,而公拥兵数万,不肯相救,胡不赴秦俱死?⑤且什有一二相全。"⑥余曰:"所以不俱死,欲为赵王、张君报秦。今俱死,如以肉喂虎,何益?"⑦张黡、陈释曰:"事以急,要以俱死立信,安知后虑!"余曰:"吾顾以无益。"⑧乃使五千人令张黡、陈释先尝秦军,⑨至皆没。

①师古曰："夷,平也。"

②师古曰："属,联及也,音之欲反。"

③师古曰："饟,古饷字,谓馈运其军粮也。"

④师古曰："让,责也。"

⑤师古曰："胡,何也。"

⑥师古曰："十中尚冀得一二胜秦。"

⑦师古曰："喂,饲也,音于伪反。"

⑧师古曰："顾,思念也。"

⑨师古曰："尝,试也,言若尝食也。"

　　当是时,燕、齐、楚闻赵急,皆来救。张敖亦北收代,得万余人来,皆壁余旁。项羽兵数绝章邯甬道,王离军乏食。项羽悉引兵度河,破章邯军。诸侯军乃敢击秦军,遂虏王离。于是赵王歇、张耳得出巨鹿,与余相见,责让余,问张黡、陈释所在。余曰："黡、释以必死责臣,臣使将五千人先尝秦军,皆没。"耳不信,以为杀之,数问余。余怒曰："不意君之望臣深也!①岂以臣重去将哉?"②乃脱解印绶与耳,耳不敢受。余起如厕,客有说耳曰："天予不取,反受其咎。今陈将军与君印绶,不受,反天不祥。急取之。"耳乃佩其印,收其麾下。余还,亦望耳不让,趋出。耳遂收其兵。余独与麾下数百人之河上泽中渔猎。由此有隙。

①师古曰："望,怨望也。次下亦同。"

②师古曰："重,难也。"

　　赵王歇复居信都。耳从项羽入关。项羽立诸侯,耳雅游,多为人所称。①项羽素亦闻耳贤,乃分赵立耳为常山王,治信都。②信都更名襄国。

①师古曰："雅,故也。言其久故倦游,交结英杰,是以多为人所称誉也。"

②师古曰："治,为治处也,音文吏反。"

　　余客多说项羽："陈余、张耳一体有功于赵。"羽以余不从入关,闻其在南皮,即以南皮旁三县封之。而徙赵王歇王代。

　　耳之国,余愈怒曰："耳与余功等也,今耳王,余独侯。"及齐王田荣叛楚,余乃使夏说说田荣①曰："项羽为天下宰不平,尽王诸将善地,徙故王王恶地,今赵王乃居代!愿王假臣兵,请以南皮为捍蔽。"②田荣欲树党,乃遣兵从余。余悉三县兵,③袭常山王耳。耳败走,曰:"汉王与我有故,④而项王强,立我,我欲之楚。"⑤甘公曰:⑥"汉王之入关,五星聚东井。东井者,秦分也。⑦先至必王。楚虽强,后必属汉。"耳走汉。汉亦还定三秦,方围章邯废丘。耳谒汉王,汉王厚遇之。⑧

①师古曰:"夏说,读曰悦。说田荣,音式芮反。"

②师古曰:"捍蔽,犹言藩屏也。"

③师古曰:"悉,尽也。"

④张晏曰:"汉王布衣时常从耳游也。"

⑤师古曰:"羽既强盛,又为所立,是以狐疑,莫知所往。"

⑥文颖曰:"善说星于甘氏也。"晋灼曰:"齐人。"

⑦师古曰:"分,音扶问反。"

⑧师古曰:"《高纪》云元年五月,汉王定雍地,东如咸阳,引兵围雍王废丘,而遣诸将略地。八月,塞王欣、翟王翳皆降。汉二年十月,陈余击常山王张耳,耳败走,降汉。而此传乃言方围废丘时,耳谒汉王,隔以他事,于后始云汉二年东击楚,则与帝纪前后参错不同,疑传误也。"

余已败耳,皆收赵地,迎赵王于代,复为赵王。赵王德余,①立以为代王。余为赵王弱,国初定,留傅赵王,而使夏说以相国守代。②

①师古曰:"怀其德。"

②师古曰:"为代相国而居守。"

汉二年,东击楚,使告赵,欲与俱。余曰:"汉杀张耳乃从。"于是汉求人类耳者,斩其头遗余,余乃遣兵助汉。汉败于彭城西,余亦闻耳诈死,即背汉。汉遣耳与韩信击破赵井陉,斩余泜水上。①

①苏林曰:"泜,音祇也。"晋灼曰:"问其方人音抵。"师古曰:"苏、晋二说皆是也。苏音祇敬之祇,音执夷反,古音如是。晋音根柢之柢,音丁计反,今其土俗呼水则然。"

四年夏,立耳为赵王。五年秋,耳薨,谥曰景王。子敖嗣立为王,尚高祖长女鲁元公主,为王后。

　　七年,高祖从平城过赵。赵王旦暮自上食,体甚卑,有子婿礼。高祖箕踞骂詈,甚慢之。① 赵相贯高、赵午年六十余,故耳客也,怒曰:"吾王孱王也!"② 说敖曰:"天下豪桀并起,能者先立。今王事皇帝甚恭,皇帝遇王无礼,请为王杀之。"敖啮其指出血,③ 曰:"君何言之误!且先王亡国,赖皇帝得复国,④ 德流子孙,秋豪皆帝力也。愿君无复出口。"贯高等十余人相谓曰:"吾等非也。吾王长者,不背德。且吾等义不辱,今帝辱我王,故欲杀之,何乃污王为?⑤ 事成归王,事败独身坐耳。"

①师古曰:"箕踞者,谓申两脚,其形如箕。"

②孟康曰:"冀州人谓懦弱为孱。"师古曰:"音士连反。"

③师古曰:"自啮其指出血,以表至诚,而为誓约,不背汉也。"

④师古曰:"复,音房目反。"

⑤师古曰:"言何为乃污染王。"

　　八年,上从东垣过。① 贯高等乃壁人柏人,要之置厕。② 上过欲宿,心动,问曰:"县名为何?"曰:"柏人。""柏人者,迫于人!"不宿去。

①师古曰:"击韩王信余寇于东垣,还而过赵。"

②文颖曰:"置人厕壁中以伺高祖。"

　　九年,贯高怨家知其谋,告之。于是上逮捕赵王诸反者。赵午等十余人皆争自刭,贯高独怒骂曰:"谁令公等为之?今王实无谋,而并捕王;公等死,谁当白王不反者?"① 乃槛车与王诣长安。② 高对狱曰:"独吾属为之,王不知也。"吏榜笞数千,③ 刺爇,身无完者,④ 终不复言。吕后数言张王以鲁元故,不宜有此。上怒曰:"使张敖据天下,岂少乃女虏!"⑤ 廷尉以贯高辞闻,上曰:"壮士!谁知者,以私问之。"⑥ 中大夫泄公曰:"臣素知之,⑦ 此固赵国立义不侵为然诺者也。"⑧ 上使泄公持节问之箯舆前。卬视,泄公⑨ 劳苦如平生欢。⑩ 与语,问张王果有谋不。⑪ 高曰:"人情岂不各爱其父母妻子哉?今吾三族皆以论死,岂以王易吾亲哉!⑫ 顾为王实不反,⑬ 独吾

等为之。"具道本根所以①、王不知状。于是泄公具以报上,上乃赦赵
王。

①师古曰:"白,明也。"

②师古曰:"槛车者,车而为槛形,谓以板四周之,无所通见。"

③师古曰:"榜,谓捶击之也,音彭。他皆类此。"

④应劭曰:"以铁刺之,又烧灼之。"师古曰:"燕,音而悦反。"

⑤师古曰:"乃,汝也。"

⑥张晏曰:"以和悦问之。"臣瓒曰:"字多作私,谓以私情相问也。"师古
曰:"瓒说是也。"

⑦师古曰:"泄,音薛。"

⑧师古曰:"侵,犹犯负也。"

⑨师古曰:"箯舆者,编竹木以为舆形,如今之食舆矣。高时榜笞刺爇委
困,故以箯舆处之也。箯,音鞭。卬,读曰仰。"

⑩师古曰:"劳苦,相劳问其勤苦也。"

⑪师古曰:"果,犹决也。"

⑫师古曰:"易,代也。"

⑬师古曰:"顾,思念也。"

　　上贤高能自立然诺,使泄公赦之,告曰:"张王已出,上多足
下,①故赦足下。"高曰:"所以不死,白张王不反耳。今王已出,吾责
塞矣。②且人臣有篡弑之名,岂有面目复事上哉!"乃仰绝亢而
死。③

①师古曰:"多,犹重也。"

②师古曰:"塞,当也,满也。"

③苏林曰:"亢,颈大脉也,俗所谓胡脉也。"师古曰:"亢者,总谓颈耳。《尔
雅》云'亢,鸟咙',即喉咙也,音下郎反,又音工郎反。"

　　敖已出,尚鲁元公主如故,①封为宣平侯。于是上贤张王诸客,
皆以为诸侯相、郡守。语在《田叔传》。及孝惠、高后、文、景时,张王
客子孙皆为二千石。

①师古曰:"尚,犹配也。《易·泰》卦九二爻辞曰'得尚于中行',王弼亦以
　　为配也。诸言尚公主者,其义皆然。而说者乃云尚公主与尚书、尚食同
　　意,训尚为主,言主掌之,失其理矣。公主既尊,又非物类,不得以主掌

为辞,贡禹又云'诸侯则国人承公主',益知主不得言主掌也。"

初,孝惠时,齐悼惠王献城阳郡,尊鲁元公主为太后。①高后元年,鲁元太后薨。后六年,宣平侯敖复薨。吕太后立敖子偃为鲁王,以母为太后故也。②又怜其年少孤弱,乃封敖前妇子二人:寿为乐昌侯,侈为信都侯。高后崩,大臣诛诸吕,废鲁王及二侯。孝文即位,复封故鲁王偃为南宫侯。薨,子生嗣。武帝时,生有罪免,国除。元光中,复封偃孙广国为睢陵侯。③薨,子昌嗣。太初中,昌坐不敬免,国除。孝平元始二年,继绝世,封敖玄孙庆忌为宣平侯,食千户。

①师古曰:"为齐太后,以母礼事之。"

②师古曰:"以公主为齐王太后,故立其子为王。"

③师古曰:"睢,音虽。"

赞曰:张耳、陈余,世所称贤,其宾客厮役皆天下俊桀,所居国无不取卿相者。然耳、余始居约时,①相然信死,岂顾问哉!及据国争权,卒相灭亡,何乡者慕用之诚,②后相背之盭也!③势利之交,古人羞之,盖谓是矣。

①晋灼曰:"始在贫贱俭约之时。"

②师古曰:"乡,读曰向。向,谓曩昔也。"

③师古曰:"盭,古戾字。戾,违也。"

汉书卷三三
列传第三

魏豹　田儋　韩王信

　　魏豹,故魏诸公子也。①其兄魏咎,故魏时封为宁陵君,秦灭魏,②为庶人。陈胜之王也,咎往从之。胜使魏人周市徇魏地,③魏地已下,欲立周市为魏王。市曰:"天下昏乱,忠臣乃见。④今天下共畔秦,其谊必立魏王后乃可。"齐、赵使车各五十乘,立市为王。市不受,迎魏咎于陈,五反,⑤陈王乃遣立咎为魏王。

　　①师古曰:"六国时魏也。"
　　②文颖曰:"魏大梁也。"
　　③师古曰:"徇,略也,音辞峻反。"
　　④师古曰:"言当昏乱之时,忠臣乃得显其节义也。老子《道经》曰'国家昏乱有忠臣'。"
　　⑤师古曰:"反,谓回还也。"

　　章邯已破陈王,进兵击魏王于临济。魏王使周市请救齐、楚。齐、楚遣项它、田巴将兵,随市救魏。①章邯遂击破杀周市等军,围临济。咎为其民约降。②约降定,咎自杀。③

　　①师古曰:"楚遣项它,齐遣田巴。"
　　②师古曰:"与章邯为誓而约降。"
　　③师古曰:"但欲全其人,而身自不降。"

　　魏豹亡走楚。楚怀王予豹数千人,复徇魏地。项羽已破秦兵,降章邯,豹下魏二十余城,立为魏王。①豹引精兵从项羽入关。羽封诸侯,欲有梁地,②乃徙豹于河东,都平阳,为西魏王。

①师古曰："项羽立之。"

②师古曰："羽欲自取梁地。"

汉王还定三秦,渡临晋,豹以国属焉,遂从击楚于彭城。汉王败,还至荥阳,豹请视亲病,①至国,则绝河津畔汉。汉王谓郦生曰:"缓颊往说之。"郦生往,豹谢曰:"人生一世间,如白驹过隙。②今汉王嫚侮人,骂詈诸侯群臣如奴耳,非有上下礼节,吾不忍复见也。"汉王遣韩信击豹,遂虏之,传豹诣荥阳,以其地为河东、太原、上党郡。汉王令豹守荥阳,楚围之急,周苛曰:"反国之王,难与共守。"遂杀豹。③

①师古曰："亲,谓母也。"

②师古曰："言其速疾也。白驹,谓日景也。隙,壁际也。"

③师古曰："反国,言其尝叛也。"

田儋,狄人也,①故齐王田氏之族也。②儋从弟荣,荣弟横,皆豪桀,宗强,能得人。陈涉使周市略地,北至狄,狄城守。儋阳为缚其奴,从少年之廷,欲谒杀奴。③见狄令,因击杀令,而召豪吏子弟曰:"诸侯皆反秦自立,齐,古之建国,儋,田氏,当王。"遂自立为齐王,发兵击周市。市军还去,儋因率兵东略定齐地。

①师古曰："狄,县名也,《地理志》属千乘。"

②师古曰："亦六国时齐也。"

③服虔曰："古杀奴婢,皆当告官。儋欲杀令,故诈缚奴以谒也。"师古曰:"阳缚其奴,为杀奴之状。廷,县之中也,音定。今流俗书本为字作伪,非也。阳即伪耳,不当重言之。"

秦将章邯围魏王咎于临济,急。魏王请救于齐,儋将兵救魏。章邯夜衔枚击,大破齐、楚军,杀儋于临济下。儋从弟荣收儋余兵东走东阿。

齐人闻儋死,乃立故齐王建之弟田假为王,田角为相,田间为将,以距诸侯。

荣之走东阿,章邯追围之。项梁闻荣急,乃引兵击破章邯东阿下。章邯走而西,项梁因追之。而荣怒齐之立假,乃引兵归,击逐假。

假亡走楚。相角亡走赵。角弟间前救赵,因不敢归。荣乃立儋子市
为王,荣相之,横为将,平齐地。

　　项梁既追章邯,章邯兵益盛,项梁使使趣齐兵共击章邯。[1]荣
曰:"楚杀田假,赵杀角、间,乃出兵。"楚怀王曰:"田假与国之王,穷
而归我,杀之不谊。"赵亦不杀田角、田间以市于齐。齐王曰:"蝮蟁
手则斩手,蟁足则斩足。[2]何者?为害于身也。田假、田角、田间于
楚、赵,非手足戚,[3]何故不杀?且秦复得志于天下,则龂龁首用事
者坟墓矣。"[4]楚、赵不听齐,齐亦怒,终不肯出兵。章邯果败杀项
梁,[5]破楚兵。楚兵东走,而章邯渡河围赵于巨鹿。项羽由此怨荣。

　　[1]师古曰:"趣,读曰促。"
　　[2]应劭曰:"蝮,一名虺。蟁,螫也。螫人手足则割去其肉,不然则死。"师古
　　　　曰:"《尔雅》及《说文》皆以为蝮即虺也,博三寸,首大如擘,而郭璞云各
　　　　自一种蛇。其蝮蛇,细颈大头焦尾,色如绶文,文间有毛,似猪鬣,鼻上
　　　　有针,大者长七八尺,一名反鼻,非虺之类也。以今俗名证之,郭说得
　　　　矣。虺若土色,所在有之,俗呼土虺。其蝮唯出南方。蝮,音芳六反。蟁,
　　　　音火各反。螫,音式亦反。虺,音许伟反。擘者,人手大指也,音步历反。"
　　[3]文颖曰:"言将亡身,非手足忧也。"臣瓒曰:"田假于楚,非手足之亲
　　　　也。"师古曰:"瓒说是也。"
　　[4]如淳曰:"龂,侧啮也。龁,咬也。"师古曰:"首用事,谓起兵而立号者也。
　　　　龂,音蚁。龁,音纥。咬,音五绞反。"
　　[5]师古曰:"击败而杀之。"

　　羽既存赵,降章邯,西灭秦,立诸侯王,乃徙齐王市更王胶东,
治即墨。[1]齐将田都从共救赵,因入关,故立都为齐王,治临菑。故
齐王建孙田安,项羽方度河救赵,安下济北数城,引兵降项羽,羽立
安为济北王,治博阳。荣以负项梁,不肯助楚攻秦,故不得王。赵将
陈余亦失职,不得王。二人俱怨项羽。

　　[1]师古曰:"治,谓都之也,音丈吏反。下皆类此。"

　　荣使人将兵助陈余,令反赵地,而荣亦发兵以距击田都,都亡
走楚。荣留齐王市毋之胶东。市左右曰:"项王强暴,王不就国,必
危。"市惧,乃亡就国。荣怒,追击杀市于即墨,还攻杀济北王安,自

立为王,尽并三齐之地。①

①师古曰:"三齐,齐及济北、胶东。"

　项王闻之,大怒,乃北伐齐。荣发兵距之城阳。荣兵败,走平原,平原民杀荣。项羽遂烧夷齐城郭,①所过尽屠破。齐人相聚畔之。荣弟横收齐散兵,得数万人,反击项羽于城阳。而汉王帅诸侯败楚,入彭城。项羽闻之,乃释②而归,击汉于彭城,因连与汉战,相距荣阳。以故横复收齐城邑,立荣子广为王,而横相之,政事无巨细皆断于横。

①师古曰:"夷,平也。"

②师古曰:"释,解也。"

　定齐三年,闻汉将韩信引兵且东击齐,齐使华毋伤、田解①军历下以距汉。②会汉使郦食其往说王广及相横,与连和。横然之,乃罢历下守备,纵酒,③且遣使与汉平。④韩信乃渡平原,袭破齐历下军,因入临菑。王广、相横以郦生为卖己而亨之。⑤广东走高密,横走博,⑥守相田光走城阳,⑦将军田既军于胶东。楚使龙且救齐,⑧齐王与合军高密。汉将韩信、曹参破杀龙且,虏齐王广。汉将灌婴追得守相光,至博。而横闻王死,自立为王,还击婴。婴败,横军于嬴下。⑨横亡走梁,归彭越。越时居梁地,中立,且为汉,且为楚。⑩韩信已杀龙且,因进兵破杀田既于胶东,灌婴破杀齐将田吸于千乘,⑪遂平齐地。

①师古曰:"二人也。华,音户化反。"

②张晏曰:"济南历山之下。"

③师古曰:"纵,放也。放意而饮酒。"

④师古曰:"方欲遣使。"

⑤师古曰:"谓其与韩信合谋。"

⑥苏林曰:"泰山博县。"

⑦师古曰:"守相者,言为相而专主居守之事。"

⑧师古曰:"且,音子间反。"

⑨晋灼曰:"泰山嬴县也。"师古曰:"音弋成反。"

⑩师古曰:"言在楚、汉之间,居中自立而两助之也。中,音竹仲反。"

⑪师古曰："吸，音许及反。"

汉灭项籍，汉王立为皇帝，彭越为梁王。横惧诛，而与其徒属五百余人入海，居鸥中。①高帝闻之，以横兄弟本定齐，齐人贤者多附焉，今在海中不收，后恐有乱，乃使使赦横罪而召之。横谢曰："臣亨陛下之使郦食其，今闻其弟商为汉将而贤，臣恐惧，不敢奉诏，请为庶人，守海鸥中。"使还报，高帝乃诏卫尉郦商曰："齐王横即至，人马从者敢动摇者致族夷！"②乃复使使持节具告以诏意，曰："横来，大者王，小者乃侯耳；③不来，且发兵加诛。"横乃与其客二人乘传诣雒阳。④

①韦昭曰："海中山曰鸥。"师古曰："音丁老反。"

②师古曰："族夷，言平除其族。"

③师古曰："大者，谓横身；小者，其徒属。"

④师古曰："传，音张恋反。"

至尸乡厩置，①横谢使者曰："人臣见天子，当洗沐。"止留。谓其客曰："横始与汉王俱南面称孤，②今汉王为天子，而横乃为亡虏，北面事之，其愧固已甚矣。又吾亨人之兄，与其弟并肩而事主，③纵彼畏天子之诏，不敢动摇我，独不愧于心乎？且陛下所以欲见我，不过欲壹见我面貌耳。陛下在雒阳，今斩吾头，驰三十里间，形容尚未能败，犹可知也。"遂自刭，令客奉其头，从使者驰奏之高帝。高帝曰："嗟乎，有以！起布衣兄弟，三人更王，④岂非贤哉！"为之流涕，而拜其二客为都尉，发卒二千，以王者礼葬横。

①应劭曰："尸乡在偃师城西。"臣瓒曰："案厩置，谓置马以传驿者。"

②师古曰："王者自称曰孤，盖为谦也。老子《德经》曰贵以贱为本，高以下为基，是以侯王自谓孤寡不谷。"

③师古曰："并，音步鼎反。"

④师古曰："更，音工衡反。"

既葬，二客穿其冢旁，皆自刭从之。高帝闻而大惊，以横之客皆贤者，"吾闻其余尚五百人在海中"，使使召至，闻横死，亦皆自杀。于是乃知田横兄弟能得士也。

韩王信，故韩襄王孽孙也，①长八尺五寸。项梁立楚怀王，燕、齐、赵、魏皆已前王，唯韩无有后，故立韩公子横阳君成为韩王，欲以抚定韩地。项梁死定陶，成犇怀王。②沛公引兵击阳城，使张良以韩司徒徇韩地，得信，以为韩将，将其兵从入武关。

①张晏曰："孺子为孽。"师古曰："孽，谓庶耳。张说非也。"

②师古曰："犇，古奔字。"

沛公为汉王，信从入汉中，乃说汉王曰："项王王诸将，王独居此，迁也。士卒皆山东人，踮而望归，及其蜂东乡，可以争天下。"①汉王还定三秦，乃许王信，先拜为韩太尉，将兵略韩地。

①郑氏曰："及军中将士气锋也。"师古曰："《高纪》及《韩彭英卢传》皆称斯说是楚王韩信之辞，而此传复云韩王信之语，岂史家谬错乎？将二人所劝大指实同也？踮，谓引领举足也。蜂，与锋同。乡，读曰向。"

项籍之封诸王皆就国，韩王成以不从无功，不遣之国，更封为穰侯，①后又杀之。闻汉遣信略韩地，乃令故籍游吴时令郑昌为韩王②距汉。汉二年，信略定韩地十余城。汉王至河南，信急击韩王昌，昌降汉。乃立信为韩王，常将韩兵从。汉王使信与周苛等守荥阳，楚拔之，信降楚。已得亡归汉，③汉复以为韩王，竟从击破项籍。五年春，与信剖符，王颍川。④

①文颖曰："穰，南阳县也。"臣瓒曰："穰县属江夏。"师古曰："文说是也。"

②孟康曰："项籍在吴时，昌为吴县令。"

③师古曰："降楚之后复得归汉。"

④师古曰："剖，分也，为合符而分之。"

六年春，上以为信壮武，北近巩、雒，①南迫宛、叶，②东有淮阳，皆天下劲兵处也，乃更以太原郡为韩国，徙信以备胡，都晋阳。信上书曰："国被边，③匈奴数入，晋阳去塞远，请治马邑。"上许之。秋，匈奴冒顿大入围信，信数使使胡求和解。汉发兵救之，疑信数间使，有二心。④上赐信书责让之曰："专死不勇，专生不任，⑤寇攻马邑，君王力不足以坚守乎？安危存亡之地，此二者朕所以责于君王。"⑥信得书，恐诛，因与匈奴约共攻汉，以马邑降胡，击太原。

①师古曰:"巩,即今巩县。"

②师古曰:"南阳之二县也。宛,音于元反。叶,音式涉反。"

③李奇曰:"被,音被马之被。"师古曰:"被犹带也。"

④师古曰:"间,私也。"

⑤李奇曰:"言为将军,贵必死之意不得为勇,贵必生之心不任军事。传曰'期死非勇也,必生非任也'。"

⑥师古曰:"言虽处危亡之地,执忠履信,可以安存,责其有二心。"

　　七年冬,上自往击,破信军铜鞮,①斩其将王喜。信亡走匈奴,与其将白土人曼丘臣、王黄②立赵苗裔赵利为王,③复收信散兵,而与信及冒顿谋攻汉。匈奴使左右贤王将万余骑与王黄等屯广武以南,至晋阳,④与汉兵战,汉兵大破之,追至于离石,复破之。⑤匈奴复聚兵楼烦西北,汉令车骑击匈奴,常败走,汉乘胜追北。闻冒顿居代谷,上居晋阳,使人视冒顿,还报曰:"可击。"上遂至平城,上白登。⑥匈奴骑围上,上乃使人厚遗阏氏。⑦阏氏说冒顿曰:"今得汉地,犹不能居,且两主不相厄。"居七日,胡骑稍稍引去。天雾,汉使人往来,胡不觉。护军中尉陈平言上曰:"胡者全兵,⑧请令强弩傅两矢外乡,⑨徐行出围。"入平城,汉救兵亦至。胡骑遂解去,汉亦罢兵归。信为匈奴将兵往来击边,令王黄等说误陈豨。

①师古曰:"上党之县也。鞮,音丁奚反。"

②张晏曰:"白土,县名也,属上郡。"

③师古曰:"六国时赵后。"

④师古曰:"广武,亦太原之县。"

⑤师古曰:"离石,西河之县。"

⑥服虔曰:"台名,去平城七里。"如淳曰:"平城旁之高地,若丘陵也。"师古曰:"在平城东山上,去平城十余里,今其处犹存。服说非也。"

⑦师古曰:"阏氏,匈奴单于之妻也。阏,音于连反。氏,音支。"

⑧李奇曰:"言唯弓矛,无杂伏也。"

⑨师古曰:"傅,读曰附。每一弩而加两矢外乡者,以御敌也。乡,读曰向。"

　　十一年春,信复与胡骑入居参合。①汉使柴将军击之,②遗信书曰:"陛下宽仁,诸侯虽有叛亡,而后归,辄复故位号,不诛也。③

大王所知。今王以败亡走胡，非有大罪，急自归。”信报曰：“陛下擢
仆闾巷，南面称孤，此仆之幸也。荥阳之事，仆不能死，因于项籍，此
一罪也。寇攻马邑，仆不能坚守，以城降之，此二罪也。今为反寇，
将兵与将军争一旦之命，此三罪也。夫种、蠡无一罪，身死亡；④仆
有三罪，而欲求活，此伍子胥所以偾于吴世也。⑤今仆亡匿山谷间，
且暮乞贷蛮夷，⑥仆之思归，如痿人不忘起，盲者不忘视，⑦势不可
耳。”遂战。柴将军屠参合，斩信。

①师古曰：“代郡之县。”

②邓展曰：“柴奇也。”应劭曰：“柴武也。”晋灼曰：“奇，武之子。”师古曰：
　“应说是也。”

③师古曰：“复，音扶目反。”

④文颖曰：“大夫种、范蠡也。”师古曰：“二人皆越王句践之臣也。大夫种
　位为大夫，名种也，有功于越，而句践逼令自死。范蠡即陶朱公也，浮海
　而逃之齐，又居陶，自号朱公，竟以寿终。信引之以自喻者，盖言种不去
　则见杀，蠡逃亡则获免。蠡，音礼。”

⑤苏林曰：“偾，音奋。”孟康曰：“偾犹毙也。言子胥得罪于夫差而不知去，
　所以毙于世也。”师古曰：“偾，谓僵仆而倒也，音方问反。”

⑥师古曰：“音吐得反。”

⑦师古曰：“痿，风痹病也，音人佳反。”

　　信之入匈奴，与太子俱，及至颓当城，生子，因名曰颓当。韩太
子亦生子婴。至孝文时，颓当及婴率其众降。汉封颓当为弓高侯，①
婴为襄城侯。②吴楚反时，弓高侯功冠诸将。传子至孙，孙无子，国
绝。婴孙以不敬失侯。颓当孽孙嫣，③贵幸，名显当世。嫣弟说，④
以校尉击匈奴，封龙额侯。⑤后坐酎金失侯，复以待诏为横海将军，
击破东越，封按道侯。⑥太初中，为游击将军屯五原外列城，还为光
禄勋，掘蛊太子宫，为太子所杀。⑦子兴嗣，坐巫蛊诛。上曰：“游击
将军死事，无论坐者。”⑧乃复封兴弟增为龙额侯。增少为郎，诸曹
侍中光禄大夫，昭帝时至前将军，与大将军霍光定策立宣帝，益封
千户。本始二年，五将征匈奴，增将三万骑出云中，斩首百余级，至
期而还。神爵元年，代张安世为大司马车骑将军，领尚书事。增世

贵,幼为忠臣,事三主,重于朝廷。为人宽和自守,以温颜逊辞承上
接下,无所失意,保身固宠,不能有所建明。五凤二年薨,谥曰安侯。
子宝嗣,亡子,国除。成帝时,继功臣后,封增兄子岑为龙额侯。薨,
子持弓嗣。王莽败,乃绝。

①晋灼曰:"《功臣表》属當陵。"

②晋灼曰:"《功臣表》属魏郡。"

③郑氏曰:"音鄢陵之鄢。"师古曰:"郑音是也,音偃。"

④师古曰:"说,读曰悦。"

⑤师古曰:"字或作锥。"

⑥师古曰:"《史记·年表》并《卫青传》载韩说初封龙烦侯,后为按道侯,
　皆与此传同。而《汉书·功臣侯表》乃云龙烦侯名说,按道侯名说,列
　为二人,与此不同,疑表误。"

⑦师古曰:"掘,音其勿反。"

⑧服虔曰:"时无故见杀,而无为之论坐伏辜者也。"臣瓒曰:"按说无故见
　杀,而子复为巫蛊见诛,皆为怨枉,故上曰毋有应论坐者也。"师古曰:
　"二说皆非。言韩说以掘蛊为太子所杀,死于国事,忠诚可闵。今兴虽以
　巫蛊见诛,其昆弟宗族应从者,可勿论之,所以追宠说。"

赞曰:周室既坏,至春秋末,诸侯耗尽,①而炎黄唐虞之苗裔尚
犹颇有存者。②秦灭六国,而上古遗烈埽地尽矣。③楚汉之际,豪桀
相王,唯魏豹、韩信、田儋兄弟为旧国之后,然皆及身而绝。横之志
节,宾客慕义,犹不能自立,岂非天虖!韩氏自弓高后贵显,盖周烈
近与!④

①师古曰:"耗,减也,言渐少而尽也,音呼到反。"

②师古曰:"谓神农、黄帝、尧、舜之后。"

③师古曰:"烈,业也。"

④晋灼曰:"韩先与周同姓,其后苗裔事晋,封于韩原,姓韩氏,韩厥其后
　也,故曰周烈。"臣瓒曰:"案武王之子,方于三代,世为最近也。"师古
　曰:"《左氏传》云'邘、晋、应、韩,'武之穆也'。据如此赞所云,则韩万先
　祖,武王之裔。而杜预等以为出自曲沃成师,未详其说。与,读曰欤。"

汉书卷三四
列传第四

韩信　彭越　英布　卢绾
吴芮

　　韩信,淮阴人也。家贫无行,不得推择为吏,①又不能治生为商贾,②常从人寄食。其母死,无以葬,乃行营高燥地,令傍可置万家者。③信从下乡南昌亭长食,④亭长妻苦之,⑤乃晨炊蓐食。⑥食时信往,不为具食。信亦知其意,自绝去。至城下钓,有一漂母哀之,饭信,⑦竟漂数十日。信谓漂母曰:"吾必重报母。"母怒曰:"大丈夫不能自食,吾哀王孙而进食,⑧岂望报乎!"淮阴少年又侮信曰:"虽长大,好带刀剑,怯耳。"众辱信曰:"能死,刺我;不能,出跨下。"⑨于是信孰视,俛出跨下。⑩一市皆笑信,以为怯。

　　①李奇曰:"无善行可推举选择也。"

　　②师古曰:"行卖曰商,坐贩曰贾。"

　　③师古曰:"言其有大志也。行,音下更反。燥,音先老反。"

　　④张晏曰:"下乡,属淮阴。"

　　⑤师古曰:"苦,厌也。"

　　⑥张晏曰:"未起而床蓐中食。"

　　⑦韦昭曰:"以水击絮曰漂。"师古曰:"哀怜而饭之。漂,音匹妙反。饭,音扶晚反。"

　　⑧苏林曰:"王孙,如言公子也。"

　　⑨师古曰:"众辱,于众中辱之。跨下,两股之间也。"

⑩师古曰:"俛亦俯字。"

及项梁渡淮,信乃杖剑从之,①居戏下,无所知名。②梁败,又属项羽,为郎中。信数以策干项羽,羽弗用。汉王之入蜀,信亡楚归汉,未得知名,为连敖,③坐法当斩,其畴十三人皆已斩,④至信,信乃仰视,适见滕公,⑤曰:"上不欲就天下乎? 而斩壮士!"滕公奇其言,壮其貌,释弗斩。⑥与语,大说之,言于汉王。汉王以为治粟都尉,上未奇之也。

①师古曰:"言自带一剑,更无余资。"

②师古曰:"泛在旌戏之下也。戏,读曰麾,又音许宜反。"

③李奇曰:"楚官名。"

④师古曰:"畴,类也。"

⑤师古曰:"夏侯婴。"

⑥师古曰:"释,放也,置也。"

数与萧何语,何奇之。至南郑,诸将道亡者数十人。信度何等已数言①上,不我用,即亡。何闻信亡,不及以闻,自追之。人有言上曰:"丞相何亡。"上怒,如失左右手。居一二日,何来谒。上且怒且喜,骂何曰:"若亡,何也?"②何曰:"臣非敢亡,追亡者耳。"上曰:"所追者谁也?"曰:"韩信。"上复骂曰:"诸将亡者已十数,公无所追,追信,诈也。"何曰:"诸将易得,至如信,国士无双。③王必欲长王汉中,无所事信。④必欲争天下,非信无可与计事者。顾王策安决。"⑤王曰:"吾亦欲东耳,安能郁郁久居此乎?"何曰:"王计必东,能用信,信即留;不能用信,信终亡耳。"王曰:"吾为公以为将。"何曰:"虽为将,信不留。"王曰:"以为大将。"何曰:"幸甚。"于是王欲召信拜之。何曰:"王素嫚无礼,⑥今拜大将如召小儿,此乃信所以去也。王必欲拜之,择日斋戒,设坛场,具礼,乃可。"王许之。诸将皆喜,人人各自以为得大将。至拜,乃韩信也,一军皆惊。

①师古曰:"度,计量也,音大各反。"

②师古曰:"若,汝也。"

③师古曰:"为国家之奇士。"

④张晏曰:"无事用信。"

⑤师古曰:"顾,思念也。"

⑥师古曰:"嫚,与慢同"

信已拜,上坐。王曰:"丞相数言将军,将军何以教寡人计策?"信谢,因问王曰:"今东乡争权天下,岂非项王邪?"①上曰:"然。"信曰:"大王自料勇悍仁强孰与项王?"②汉王默然良久,曰:"弗如也。"信再拜贺曰:"唯③信亦以为大王弗如也。然臣尝事项王,请言项王为人也。项王意乌猝嗟,千人皆废,④然不能任属贤将,⑤此特匹夫之勇也。⑥项王见人恭谨,言语姁姁,⑦人有病疾,涕泣分食饮,至使人有功当封爵,刻印刓,忍不能予,⑧此所谓妇人之仁也。项王虽霸天下而臣诸侯,不居关中而都彭城;又背义帝约,而以亲爱王,诸侯不平。诸侯之见项王逐义帝江南,亦皆归逐其主,自王善地。项王所过亡不残灭,多怨百姓,⑨百姓不附,特劫于威,强服耳。⑩名虽为霸,实失天下心,⑪故曰其强易弱。⑫今大王诚能反其道,任天下武勇,何不诛!⑬以天下城邑封功臣,何不服!以义兵从思东归之士,何不散!⑭且三秦王为秦将,⑮将秦子弟数岁,而所杀亡不可胜计,又欺其众降诸侯。至新安,项王诈坑秦降卒二十余万人,唯独邯、欣、翳脱,⑯秦父兄怨此三人,痛于骨髓。今楚强以威王此三人,秦民莫爱也。大王之入武关,秋豪亡所害,⑰除秦苛法,与民约,法三章耳,秦民亡不欲得大王王秦者。于诸侯之约,大王当王关中,关中民户知之。⑱王失职之蜀,民亡不恨者。⑲今王举而东,三秦可传檄而定也。"⑳于是汉王大喜,自以为得信晚。遂听信计,部署诸将所击。㉑

①师古曰:"乡,读曰向。"

②师古曰:"料,量也。与,如也。"

③师古曰:"唯,应辞,音弋癸反。"

④李奇曰:"猝嗟,犹咄嗟也。言羽一咄嗟,千人皆失气也。"晋灼曰:"意乌,恚怒声也。猝嗟,发动也。废,不救也。"师古曰:"意乌,晋说是也。猝嗟,暴猝嗟叹也。猝,音千忽反。"

⑤师古曰:"属,委也,音之欲反。"

⑥师古曰:"特,但也。"

⑦师古曰："姁姁,和好貌也,音许于反。"

⑧苏林曰："刓,音刓角之刓。刓,与抟同。手弄角讹,不忍授也。"师古曰："刓,音五九反。抟,音大官反,又音专。"

⑨师古曰："结怨于百姓。"

⑩师古曰："强,音其两反。其下'强以威王'亦同。"

⑪师古曰："羽自号西楚霸王,故云名为霸也。"

⑫师古曰："易使弱也。"

⑬师古曰："言何所不诛也。下皆类此。"

⑭师古曰："散,谓四散而立功。"

⑮师古曰："章邯、司马欣、董翳。"

⑯师古曰："脱,免也,音土活反。"

⑰师古曰："秋豪,喻微细之物。"

⑱师古曰："言家家皆知。"

⑲师古曰："之,往也。"

⑳师古曰："檄,谓檄书也。传檄可定,言不足用兵也。檄,解在《高纪》。"

㉑师古曰："部分而署置之。"

汉王举兵东出陈仓,定三秦。二年,出关,收魏、河南,韩、殷王皆降。令齐、赵共击楚彭城,汉兵败散而还。信复发兵与汉王会荥阳,复击破楚京、索间,①以故楚兵不能西。

①师古曰："索,音山客反。"

汉之败却彭城,①塞王欣、翟王翳亡汉降楚,齐、赵、魏亦皆反,与楚和。汉王使郦生往说魏王豹,豹不听,乃以信为左丞相击魏。信问郦生："魏得毋用周叔为大将军乎?"曰："柏直也。"信曰："竖子耳。"遂进兵击魏。魏盛兵蒲反,塞临晋,信乃益为疑兵,②陈船欲渡临晋,而复兵从夏阳以木罂缶度军,袭安邑。③魏王豹惊,引兵迎信。信遂虏豹,定河东,使人请汉王："愿益兵三万人,臣请以北举燕、赵,东击齐,南绝楚之粮道,西与大王会于荥阳。"汉王与兵三万人,遣张耳与俱,进击赵、代。破代,禽夏说阏与。④信之下魏、代,汉辄使人收其精兵,诣荥阳以距楚。

①师古曰："兵败于彭城而却退也。却,音丘略反。"

②师古曰："多张兵形,令敌人疑也。"

③服虔曰："以木柙缚罂缶以度也。"韦昭曰："以木为器，如罂缶也。"师古
　曰："服说是也。罂缶，谓瓶之大腹小口者也，音一政反。临晋在今同州
　朝邑县界。夏阳在韩城县界。"
④李奇曰："夏说，代相也。"孟康曰："阏与是邑名也，在上党隰县。"师古
　曰："说，读曰悦。阏，音一曷反。与，音豫。"

　　信、耳以兵数万，欲东下井陉击赵。赵王、成安君陈余闻汉且袭
之，聚兵井陉口，号称二十万。广武君李左车说成安君曰："闻汉将
韩信涉西河，虏魏王，禽夏说，新喋血阏与。①今乃辅以张耳，议欲
以下赵，②此乘胜而去国远斗，其锋不可当。臣闻'千里馈粮，士有
饥色；③樵苏后爨，师不宿饱。'④今井陉之道，车不得方轨，骑不得
成列，⑤行数百里，其势粮食必在后。愿足下假臣奇兵三万人，从间
路绝其辎重；⑥足下深沟高垒勿与战。彼前不得斗，退不得还，吾奇
兵绝其后，野无所掠卤，不至十日，两将之头可致戏下。⑦愿君留意
臣之计，必不为二子所禽矣。"成安君，儒者，常称义兵不用诈谋奇
计，谓曰："吾闻兵法'什则围之，倍则战。'⑧今韩信兵号数万，其实
不能，千里袭我，亦以罢矣。⑨今如此避弗击，后有大者，何以距之？
诸侯谓吾怯，而轻来伐我。"不听广武君策。

①师古曰："喋，音牒。喋血，解在《文纪》。"
②师古曰："言其立计议如此。"
③师古曰："言难继也。馈字与馈同。"
④师古曰："樵，取薪也。苏，取草也。《小雅・白华》之诗云'樵彼桑薪'。
　樵，音在消反。"
⑤师古曰："方轨，谓并行也。列，行列。"
⑥师古曰："间路，微路也。重，音直用反。"
⑦师古曰："戏，读曰麾，又音许宜反。"
⑧师古曰："言多十倍者可以围敌，多一倍者战则可胜。"
⑨师古曰："罢，读曰疲。"

　　信使间人窥知其不用，①还报，则大喜，乃敢引兵遂下。未至井
陉口三十里，止舍。②夜半传发，选轻骑二千人，③人持一赤帜，④
从间道萆山而望赵军，⑤戒曰："赵见我走，必空壁逐我，若疾入，拔

赵帜,立汉帜。"⑥令其禆将传餐,⑦曰:"今日破赵会食。"诸将皆呒
然,阳应曰:"诺。"⑧信谓军吏曰:"赵已先据便地壁,且彼未见大将
旗鼓,未肯击前行,⑨恐吾阻险而还。"乃使万人先行,出,背水陈。
赵兵望见大笑。平旦,信建大将旗鼓,鼓行出井陉口,⑩赵开壁击
之,大战良久。于是信、张耳弃鼓旗,走水上军,⑪复疾战。赵空壁争
汉鼓旗,逐信、耳。信、耳已入水上军,军皆殊死战,不可败。⑫信所
出奇兵二千骑者,候赵空壁逐利,即驰入赵壁,皆拔赵旗帜,立汉赤
帜二千。赵军已不能得信、耳等,欲还归壁,壁皆汉赤帜,大惊,以汉
为皆已破赵王将矣,遂乱,遁走,赵将虽斩之,弗能禁。于是汉兵夹
击,破虏赵军,斩成安君泜水上,⑬禽赵王歇。

①师古曰:"间人,微伺之也。"

②师古曰:"舍,息也。"

③孟康曰:"传令军中使发也。"

④师古曰:"帜,旌旗之属也,音式志反。"

⑤如淳曰:"草,音蔽,依山自覆蔽也。"师古曰:"蔽隐于山间,使敌不见。"

⑥师古曰:"若,汝也。"

⑦服虔曰:"立驻传餐食也。"如淳曰:"小饭曰餐,破赵后乃当共饱食也。"
　师古曰:"餐,古湌字,音千安反。"

⑧孟康曰:"呒,音抚,不精明也。"刘德曰:"音忧。"师古曰:"刘音是也,音
　文府反。"

⑨师古曰:"行,音胡郎反。"

⑩师古曰:"声鼓而行。"

⑪师古曰:"走,趣也,音奏。"

⑫师古曰:"殊,绝也。谓决意必死。"

⑬师古曰:"泜,音祇,又音丁计反。"

信乃令军毋斩广武君,有生得之者,购千金。顷之,有缚而至戏
下者,信解其缚,东乡坐,西乡对,而师事之。①

①师古曰:"乡,皆读曰向。"

诸校效首虏休,皆贺,①因问信曰:"兵法有'右背山陵,前左水
泽',今者将军令臣等反背水陈,曰破赵会食,臣等不服。然竟以胜,

此何术也?"信曰:"此在兵法,顾诸君弗察耳。②兵法不曰'陷之死地而后生,投之亡地而后存'乎?且信非得素拊循士大夫,经所谓'敺市人而战之'也,③其势非置死地,人人自为战;今即予生地,皆走,宁尚得而用之乎!"诸将皆服曰:"非所及也。"

①师古曰:"诸校,诸部也,犹今言诸营也。效,致也,谓各致其所获。"

②师古曰:"顾,念也。"

③师古曰:"经,亦谓兵法也。敺,与驱同也。忽入市廛而驱取其人令战,言非素所练习。"

于是问广武君曰:"仆欲北攻燕,东伐齐,何若有功?"①广武君辞曰:"臣闻'亡国之大夫不可以图存,②败军之将不可以语勇。'若臣者,何足以权大事乎!"信曰:"仆闻之,百里奚居虞而虞亡,之秦而秦伯,③非愚于虞而智于秦也,用与不用,听与不听耳。向使成安君听子计,仆亦禽矣。仆委心归计,愿子勿辞。"广武君曰:"臣闻'智者千虑,必有一失;愚者千虑,亦有一得。'故曰'狂夫之言,圣人择焉。'顾恐臣计未足用,④愿效愚忠。故成安君有百战百胜之计,一日而失之,军败鄗下,⑤身死泜水上。今足下虏魏王,禽夏说,不旬朝破赵二十万众,诛成安君。名闻海内,威震诸侯,众庶莫不辍作息惰,靡衣媮食,倾耳以待命者。⑥然而众劳卒罢,⑦其实难用也。今足下举倦敝之兵,顿之燕坚城之下,情见力屈,⑧欲战不拔,旷日持久,粮食单竭。⑨若燕不破,齐必距境而以自强。二国相持,则刘项之权未有所分也。臣愚,窃以为过矣。"信曰:"然则何由。"⑩广武君对曰:"当今之计,不如按甲休兵,百里之内,牛酒日至,以飨士大夫,北首燕路,⑪然后发一乘之使,奉咫尺之书,⑫以使燕,燕必不敢不听。从燕而东临齐,虽有智者,亦不知为齐计矣。如是,则天下事可图也。兵故有先声而后实者,此之谓也。"信曰:"善。敬奉教。"于是用广武君策,发使燕,燕从风而靡。乃遣使报汉,因请立张耳王赵,以抚其国。汉王许之。

①师古曰:"何若,犹言何如也。"

②师古曰:"图,谋也。"

③师古曰："百里奚,本虞臣也。后仕于秦,遂为大夫,穆公用其言,以取
　　霸。伯,读曰霸。"

④师古曰："顾,念也。"

⑤李奇曰："鄗,音藿耀之耀,常山县也。光武即位于此,故改曰高邑。"

⑥师古曰："辍,止也。靡,轻丽也。媮,与偷字同。偷,苟且也。言为靡丽
　　之衣,苟且而食,恐惧之甚,不为久计也。"

⑦师古曰："罢,读曰疲。"

⑧师古曰："见,显露也。屈,尽也。见,音胡电反。屈,音其勿反。"

⑨师古曰："单亦尽。"

⑩师古曰："由,从也,言当从何计也。"

⑪师古曰："首,谓趣向也,音式究反。"

⑫师古曰："八寸曰咫。咫尺者,言其简牍或长咫,或长尺,喻轻率也。今俗
　　言尺书,或言尺牍,盖其遗语耳。"

　　楚数使奇兵度河击赵,王耳、信往来救赵,因行定赵城邑,发卒
佐汉。楚方急围汉王荥阳,汉王出,南之宛、叶,①得九江王布,入成
皋,楚复急围之。四年,汉王出成皋,度河,独与滕公从张耳军修武。
至,宿传舍。晨自称汉使,驰入壁。张耳、韩信未起,即其卧,夺其印
符,②麾召诸将易置之。信、耳起,乃知独汉王来,大惊。汉王夺两人
军印,即令张耳备守赵地,拜信为相国,发赵兵未发者击齐。③

①师古曰："之,往也。宛、叶,二县名。宛,音于元反。叶,音式涉反。"

②师古曰："就其卧处。"

③文颖曰："谓赵人未尝见发者。"

　　信引兵东,未度平原,闻汉王使郦食其已说下齐。信欲止,蒯通
说信令击齐。语在《通传》。信然其计,遂度河,袭历下军,至临菑。
齐王走高密,使使于楚请救。信已定临菑,东追至高密西。楚使龙
且将,号称二十万,①救齐。

①师古曰："且,音子余反。"

　　齐王、龙且并军与信战,未合。①或说龙且曰:"汉兵远斗,穷寇
久战,锋不可当也。齐、楚自居其地战,兵易败散。②不如深壁,令齐
王使其信臣招所亡城,③城闻王在,楚来救,必反汉。汉二千里客居

齐,齐城皆反之,其势无所得食,可毋战而降也。"龙且曰:"吾平生知韩信为人,易与耳。寄食于漂母,无资身之策;受辱于跨下,无兼人之勇,不足畏也。且救齐而降之,吾何功?今战而胜之,齐半可得,④何为而止!"遂战,与信夹潍水陈。⑤信乃夜令人为万余囊,盛沙以壅水上流,引兵半度,击龙且。阳不胜,还走。且果喜曰:"固知信怯。"遂追度水。信使人决壅囊,水大至,龙且军太半不得度,即急击,杀龙且。龙且水东军散走,齐王广亡去。信追北至城阳,虏广。楚卒皆降,遂平齐。

①师古曰:"欲战而未交兵也。"

②师古曰:"近其室家,怀顾望也。"

③师古曰:"信臣,常所亲信之臣。"

④师古曰:"自谓当得封齐之半地。"

⑤师古曰:"潍,音维。潍水出琅邪北箕县,东北经台昌入济,即《禹贡》所云'潍淄其道'者也。"

使人言汉王曰:"齐夸诈多变,反覆之国,南边楚,①不为假王以填之,其势不定。②今权轻,不足以安之,臣请自立为假王。"当是时,楚方急围汉王于荥阳,使者至,发书,③汉王大怒,骂曰:"吾困于此,旦暮望而来佐我,④乃欲自立为王!"张良、陈平伏后,蹑汉王足,因附耳语曰:"汉方不利,宁能禁信之自王乎?不如因立,善遇之,使自为守。不然,变生。"汉王亦寤,因复骂曰:"大丈夫定诸侯,即为真王耳,何以假为!"遣张良立信为齐王,征其兵使击楚。

①师古曰:"边,近也。"

②师古曰:"填,音竹刃反。"

③张晏曰:"发信使者所赍书也。"

④师古曰:"而,汝也。"

楚以亡龙且,项王恐,使盱台人武涉往说信曰:"足下何不反汉与楚?楚王与足下有旧故。且汉王不可必,①身居项王掌握中数矣,②然得脱,背约,复击项王,其不可亲信如此。今足下虽自以为与汉王为金石交,③然终为汉王所禽矣。足下所以得须臾至今者,以项王在。项王即亡,次取足下。何不与楚连和,三分天下而王齐?

今释此时，自必于汉王以击楚，且为智者固若此邪！"信谢曰："臣得事项王数年，官不过郎中，位不过执戟，④言不听，画策不用，故背楚归汉。汉王授我上将军印，数万之众，解衣衣我，推食食我，⑤言听计用，吾得至于此。夫人深亲信我，背之不祥。幸为信谢项王。"武涉已去，蒯通知天下权在于信，深说以三分天下，鼎足而王。语在《通传》。信不忍背汉，又自以功大，汉王不夺我齐，遂不听。

①师古曰："必，谓必信之。"

②师古曰："数，音山角反。"

③师古曰："称金石者，取其坚固。"

④张晏曰："郎中，宿卫执戟。"

⑤师古曰："下衣，音于记反。下食，读曰饲也。"

汉王之败固陵，用张良计，征信将兵会陔下。项羽死，高祖袭夺信军，徙信为楚王，都下邳。

信至国，召所从食漂母，赐千金。及下乡亭长，钱百，①曰："公，小人，为德不竟。"②召辱己少年令出跨下者，以为中尉，告诸将相曰："此壮士也。方辱我时，宁不能死？死之无名，故忍而就此。"③

①师古曰："以耻辱之。"

②师古曰："言晨炊蓐食。"

③师古曰："就，成也。成今日之功。"

项王亡将钟离眜①家在伊庐，②素与信善。项王败，眜亡归信。汉怨眜，闻在楚，诏楚捕之。信初之国，行县邑，陈兵出入。③有变告信欲反，④书闻，⑤上患之。用陈平谋，伪游于云梦者，实欲袭信，信弗知。高祖且至楚，信欲发兵，自度无罪；⑥欲谒上，恐见禽。人或说信曰："斩眜谒上，上必喜，亡患。"信见眜计事，眜曰："汉所以不击取楚，以眜在。公若欲捕我自媚汉，吾今死，公随手亡矣。"乃骂信曰："公非长者！"卒自刭。信持其首谒于陈。高祖令武士缚信，载后车。信曰："果若人言，'狡兔死，良狗亨。'"⑦上曰："人告公反。"遂械信。至雒阳，赦以为淮阴侯。

①师古曰："眜，音莫曷反。"

②刘德曰："东海朐南有此邑。"韦昭曰："今中庐县也。"师古曰："韦说非

也。中庐在襄阳之南。"

③师古曰:"行,音下更反。"

④师古曰:"凡言变告者,谓告非常之事。"

⑤师古曰:"闻于天子。"

⑥师古曰:"度,音大各反。"

⑦张晏曰:"狡犹猾也。"师古曰:"此黄石公《三略》之言。"

信知汉王畏恶其能,称疾不朝从。①由此日怨望,居常鞅鞅,②羞与绛、灌等列。尝过樊将军哙,哙趋拜送迎,言称臣,曰:"大王乃肯临臣。"信出门,笑曰:"生乃与哙等为伍!"③

①师古曰:"朝,朝见也。从,从行也。"

②师古曰:"鞅鞅,志不满也,音于两反。"

③师古曰:"言俱为列侯。"

上尝从容与信言诸将①能各有差。上问曰:"如我,能将几何?"信曰:"陛下不过能将十万。"上曰:"如公何如?"曰:"如臣,多多益办耳。"上笑曰:"多多益办,何为为我禽?"信曰:"陛下不能将兵,而善将将,此乃信之为陛下禽也。且陛下所谓天授,非人力也。"

①师古曰:"从,音千容反。"

后陈豨为代相监边,辞信。信挈其手,①与步于庭数匝,仰天而叹曰:"子可与言乎? 吾欲与子有言。"豨因曰:"唯将军命。"信曰:"公之所居,天下精兵处也;而公,陛下之信幸臣也。人言公反,陛下必不信;再至,陛下乃疑;三至,必怒而自将。吾为公从中起,天下可图也。"陈豨素知其能,信之,曰:"谨奉教!"

①师古曰:"挈,谓执提之。"

汉十年,豨果反。高帝自将而往,信称病不从。阴使人之豨所,而与家臣谋,夜诈赦诸官徒奴,欲发兵袭吕后、太子。部署已定,待豨报。其舍人得罪信,信囚,欲杀之。①舍人弟上书变告信欲反状于吕后。吕后欲召,恐其党不就,②乃与萧相国谋,诈令人从帝所来,称豨已破,群臣皆贺。相国绐信曰:"虽病,强入贺。"③信入,吕后使武士缚信,斩之长乐钟室。④信方斩,曰:"吾不用蒯通计,反为女子所诈,岂非天哉!"遂夷信三族。

①晋灼曰:"《楚汉春秋》云谢公也。"

②师古曰:"党,音他朗反。"

③师古曰:"绐,诈也。"

④师古曰:"钟室,谓悬钟之室。"

高祖已破狶归,至,闻信死,且喜且哀之,问曰:"信死亦何言?"吕后道其语。高祖曰:"此齐辩士蒯通也。"召欲亨之。通至自说,释弗诛。①语在《通传》。

①师古曰:"自说,谓自解说也。释,放也,置也。"

彭越字仲,昌邑人也。常渔巨野泽中。为盗。①陈胜起,或谓越曰:"豪桀相立畔秦,仲可效之。"越曰:"两龙方斗,且待之。"②

①师古曰:"渔,捕鱼也。巨野,即今郓州巨野县。"

②师古曰:"两龙,谓秦与陈胜。"

居岁余,泽间少年相聚百余人,往从越,"请仲为长",越谢不愿也。少年强请,乃许。与期旦日日出时,后会者斩。旦日日出,十余人后,后者至日中。于是越谢曰:"臣老,诸君强以为长。今期而多后,不可尽诛,诛最后者一人。"令校长斩之。①皆笑曰:"何至是!请后不敢。"于是越乃引一人斩之,设坛祭,令徒属。徒属皆惊,畏越,不敢仰视。乃行略地,收诸侯散卒,得千余人。

①师古曰:"一校之长也。校,音下教反。"

沛公之从砀北击昌邑,越助之。昌邑未下,沛公引兵西。越亦将其众居巨野泽中,收魏败散卒。项籍入关,王诸侯,还归,越众万余人无所属。齐王田荣叛项王,汉乃使人赐越将军印,使下济阴以击楚。楚令萧公角将兵击越,越大破楚军。汉二年春,与魏豹及诸侯东击楚,越将其兵三万余人,归汉外黄。①汉王曰:"彭将军收魏地,得十余城,欲急立魏后。今西魏王豹,魏咎从弟,真魏也。"②乃拜越为魏相国,擅将兵,略定梁地。③

①师古曰:"于外黄来归汉。"

②郑氏曰:"豹,真魏后也。"

③师古曰:"擅,专也,使专为此事。"

汉王之败彭城解而西也,越皆亡其所下城,独将其兵北居河上。汉三年,越常往来为汉游兵击楚,绝其粮于梁地。项王与汉王相距荥阳,越攻下睢阳、外黄十七城。项王闻之,乃使曹咎守成皋,自东收越所下城邑,皆复为楚。越将其兵北走谷城。项王南走阳夏,①越复下昌邑旁二十余城,得粟十余万斛,以给汉食。

①师古曰:"走,并音奏。夏,音攻雅反。"

汉王败,使使召越并力击楚。越曰:"魏地初定,尚畏楚,未可去。"汉王追楚,为籍所败固陵。乃谓留侯曰:"诸侯兵不从,为之奈何?"留侯曰:"彭越本定梁地,功多,始君王以魏豹故,拜越为相国。今豹死亡后,且越亦欲王,而君王不蚤定。①今取睢阳以北至谷城,皆许以王彭越。"又言所以许韩信。语在《高纪》。于是汉王发使使越,如留侯策,使者至,越乃引兵会陔下。项籍死,立越为梁王,都定陶。

①师古曰:"蚤,古早字。"

六年,朝陈。九年、十年,皆来朝长安。

陈豨反代地,高帝自往击之,至邯郸,征兵梁。梁王称病,使使将兵诣邯郸。高帝怒,使人让梁王。①梁王恐,欲自往谢。其将扈辄曰:"王始不往,见让而往,往即为禽,不如遂发兵反。"梁王不听,称病。梁太仆有罪,亡走汉,告梁王与扈辄谋反。于是上使使掩捕梁王,囚之雒阳。有司治反形已具,②请论如法。上赦以为庶人,徙蜀青衣。③西至郑,④逢吕后从长安东,欲之雒阳,道见越。越为吕后泣涕,自言亡罪,愿处故昌邑。吕后许诺,诏与俱东。至雒阳,吕后言上曰:"彭越壮士也,今徙之蜀,此自遗患,不如遂诛之。妾谨与俱来。"于是吕后令其舍人告越复谋反,廷尉奏请,遂夷越宗族。

①师古曰:"让,责也。"

②张晏曰:"扈辄劝越反,越不听,而云反形已具,有司非也。"臣瓒曰:"扈辄劝越反,而越不诛辄,是反形已具也。"师古曰:"瓒说是也。"

③文颖曰:"青衣,县名。"

④师古曰:"即今华州郑县是也。"

黥布,六人也,①姓英氏。少时,客相之,当刑而王。及壮,坐法
黥。布欣然笑曰:"人相我当刑而王,几是乎?"②人有闻者,共戏笑
之。布以论输骊山,③骊山之徒数十万人,布皆与其徒长豪桀交通,
乃率其曹耦,亡之江中为群盗。④

　　①师古曰:"六,县名也。解在《高纪》。"
　　②臣瓒曰:"几,近也。"师古曰:"几,音巨依反。"
　　③师古曰:"布虽论决,而输作于骊山。"
　　④师古曰:"曹,辈也。"

陈胜之起也,布乃见番君,①其众数千人。番君以女妻之。章邯
之灭陈胜,破吕臣军,布引兵北击秦左右校,破之青波,②引兵而
东。闻项梁定会稽,西度淮,布以兵属梁。梁西击景驹、秦嘉等,布
常冠军。③项梁闻陈涉死,立楚怀王,以布为当阳君。项梁败死,怀
王与布及诸侯将皆军彭城。当是时,秦急围赵,赵数使人请救怀王。
怀王使宋义为上将军,项籍与布皆属之,北救赵。及籍杀宋义河上,
自立为上将军,使布先涉河,④击秦军,数有利。籍乃悉引兵从之,
遂破秦军,降章邯等。楚兵常胜,功冠诸侯。诸侯兵皆服属楚者,以
布数以少败众也。

　　①师古曰:"番,音蒲何反。"
　　②师古曰:"地名也。"
　　③师古曰:"言其骁勇,为众军之最。"
　　④师古曰:"涉,谓无舟楫而渡也。"

项籍之引兵西至新安,又使布等夜击坑章邯秦卒二十余万人。
至关,不得入,又使布等先从间道破关下军,①遂得入。至咸阳,布
为前锋。项王封诸将,立布为九江王,都六。尊怀王为义帝,徙都长
沙,乃阴令布击之。布使将追杀之郴。

　　①师古曰:"间道,微道也。"

齐王田荣叛楚,项王往击齐,征兵九江,布称病不往,遣将将数
千人行。汉之败楚彭城,布又称病不佐楚。项王由此怨布,数使使
者谯让召布,①布愈恐,不敢往。项王方北忧齐、赵,西患汉,所与者
独布,又多其材,②欲亲用之,以故未击。

①师古曰:"谯让,责之也。谯,音在笑反。"
②师古曰:"多,犹重也。"

汉王与楚大战彭城,不利,出梁地,至虞,①谓左右曰:"如彼等者,无足与计天下事者。"谒者随何进曰:"不审陛下所谓。"汉王曰:"孰能为我使淮南,②使之发兵背楚,留项王于齐数月,我之取天下可以万全。"随何曰:"臣请使之。"乃与二十人俱使淮南。至,太宰主之,③三日不得见。随何因说太宰曰:"王之不见何,必以楚为强,以汉为弱,此臣之所为使。④使何得见,言之而是邪,是大王所欲闻也;言之而非邪,使何等二十人伏斧质淮南市,⑤以明背汉而与楚也。"太宰乃言之王,王见之。随何曰:"汉王使使臣敬进书大王御者,窃怪大王与楚何亲也。"淮南王曰:"寡人北乡而臣事之。"⑥随何曰:"大王与项王俱列为诸侯,北乡而臣事之,必以楚为强,可以托国也。项王伐齐,身负版筑,⑦以为士卒先。大王宜悉淮南之众,⑧身自将,为楚军前锋,今乃发四千人以助楚。夫北面而臣事人者,固若是乎?夫汉王战于彭城,项王未出齐也,大王宜埽淮南之众,日夜会战彭城下。⑨今抚万人之众,无一人渡淮者,阴拱而观其孰胜。⑩夫托国于人者,固若是乎?大王提空名以乡楚,⑪而欲厚自托,臣窃为大王不取也。然大王不背楚者,以汉为弱也。大楚兵虽强,天下负之以不义之名,⑫以其背明约而杀义帝也。然而楚王特以战胜自强。汉王收诸侯,还守成皋、荥阳,下蜀、汉之粟,深沟壁垒,分卒守徼乘塞。楚人还兵,间以梁地,⑬深入敌国八九百里,⑭欲战则不得,攻城则力不能,老弱转粮千里之外。楚兵至荥阳、成皋,汉坚守而不动,进则不得攻,退则不能解,故楚兵不足罢也。⑮使楚兵胜汉,则诸侯自危惧而相救。夫楚之强,适足以致天下之兵耳。故楚不如汉,其势易见也。今大王不与万全之汉,而自托于危亡之楚,臣窃为大王或之。臣非以淮南之兵足以亡楚也。夫大王发兵而背楚,项王必留;留数月,汉之取天下可以万全。臣请与大王杖剑而归汉王,汉王必裂地而分大王,又况淮南,必大王有也。故汉王敬使使臣进愚计,愿大王之留意也。"淮南王曰:"请奉命。"阴许叛楚与汉,未敢泄。

①师古曰:"即今宋州虞城县是也。"

②师古曰:"孰,谁也。"

③服虔曰:"淮南太宰作内主。"

④师古曰:"此事正是臣所为来欲言之。"

⑤师古曰:"质,锧也。言伏于锧上而斧斩之。锧,音竹林反。"

⑥师古曰:"乡,读曰向。次下亦同。"

⑦李奇曰:"版,墙版也。筑,杵也。"

⑧师古曰:"悉,尽也。"

⑨师古曰:"埽者,谓尽举之,如埽地之为。"

⑩师古曰:"敛手曰拱。孰,谁也。言不动摇,坐观成败也。"

⑪师古曰:"提,举也。乡,读曰向。"

⑫师古曰:"负,加也。加于身上,若言被也。"

⑬服虔曰:"梁在楚、汉之中央。"师古曰:"间,音居苋反。"

⑭张晏曰:"羽从齐还,当经梁地八九百里,乃得羽地也。"

⑮师古曰:"不足者,言易也。罢,读曰疲。"

楚使者在,①方急责布发兵,随何直入曰:"九江王已归汉,楚何以得发兵!"布愕然。楚使者起,何因说布曰:"事已构,②独可遂杀楚使,毋使归,而疾走汉并力。"③布曰:"如使者教。"因起兵而攻楚。楚使项声、龙且攻淮南,项王留而攻下邑。④数月,龙且攻淮南,破布军。布欲引兵走汉,恐项王击之,故间行与随何俱归汉。

①文颖曰:"在淮南王所也。"

②师古曰:"构,结也。言背楚之事以结成也。"

③师古曰:"走,音奏。次下亦同。"

④师古曰:"县名也,在梁地。"

至,汉王方踞床洗,①而召布入见。布大怒,悔来,欲自杀。出就舍,张御食饮从官如汉王居,布又大喜过望。②于是乃使人之九江。楚已使项伯收九江兵,尽杀布妻子。布使者颇得故人幸臣,将众数千人归汉。汉益分布兵而与俱北,收兵至成皋。四年秋七月,立布为淮南王,与击项籍。布使人之九江,得数县。五年,布与刘贾入九江,诱大司马周殷,殷反楚。遂举九江兵与汉击楚,破陔下。

①师古曰："洗，濯足也，音先典反。"

②师古曰："高祖以布先久为王，恐其意自尊大，故峻其礼，令布折服。已而美其帷帐，厚其饮食，多其从官，以悦其心，此权道也。张，音竹亮反，若今言张设。"

项籍死，上置酒，对众折随何曰腐儒，①"为天下安用腐儒哉！"②随何跪曰："夫陛下引兵攻彭城，楚王未去齐也，陛下发步卒五万人，骑五千，能以取淮南乎？"曰："不能。"随何曰："陛下使何与二十人使淮南，如陛下之意，是何之功贤于步卒数万，骑五千也。然陛下谓何腐儒，'为天下安用腐儒'，何也？"上曰："吾方图子之功。"③乃以随何为护军中尉。布遂剖符为淮南王，都六，九江、庐江、衡山、豫章郡皆属焉。

①师古曰："腐者，烂败。言无所堪任。"

②师古曰："高祖意欲褒赏随何，恐群臣不服，故对众折辱，令其自数功劳也。"

③师古曰："图，谋也。"

六年，朝陈。七年，朝雒阳。九年，朝长安。

十一年，高后诛淮阴侯，布因心恐。夏，汉诛梁王彭越，盛其醢以遍赐诸侯。①至淮南，淮南王方猎，见醢，因大恐，阴令人部聚兵，候伺旁郡警急。②

①师古曰："反者被诛，皆以为醢，即《刑法志》所云'菹其骨肉'是也。"

②师古曰："恐被收捕，即欲发兵反。"

布有所幸姬病，就医。医家与中大夫贲赫对门，①赫乃厚馈遗，从姬饮医家。姬侍王，从容语次，誉赫长者也。②王怒曰："女安从知之？"③具道，王疑与乱。赫恐，称病。王愈怒，欲捕赫。赫上变事，乘传诣长安。④布使人追，不及。赫至，上变，言布谋反有端，可先未发诛也。⑤上以其书语萧相国，萧相国曰："布不宜有此，⑥恐仇怨妄诬之。⑦请系赫，微验淮南。"⑧布见赫以罪亡上变，已疑其言国阴事，汉使又来，颇有所验，遂族赫家，发兵反。

①师古曰："贲，音肥。姓贲，名赫。"

②师古曰："从，音千容反。"

③师古曰:"安从,何由者也。"

④师古曰:"传,音张恋反。"

⑤师古曰:"及其未发兵,先谋诛伐之。"

⑥师古曰:"不应有反谋。"

⑦师古曰:"怨,音于元反。"

⑧师古曰:"微验,不显言其事。"

　　反书闻,上乃赦赫,以为将军。召诸侯问:"布反,为之奈何?"皆曰:"发兵坑竖子耳,何能为!"汝阴侯滕公以问其客薛公,薛公曰:"是固当反。"滕公曰:"上裂地而封之,疏爵而贵之,①南面而立万乘之主,其反何也?"薛公曰:"前年杀彭越,往年杀韩信,②三人皆同功一体之人也。自疑祸及身,故反耳。"滕公言之上曰:"臣客故楚令尹薛公,其人有筹策,可问。"上乃见问薛公,对曰:"布反不足怪也。使布出于上计,山东非汉之有也;出于中计,胜负之数未可知也;出于下计,陛下安枕而卧矣。"上曰:"何谓上计?"薛公对曰:"东取吴,西取楚,并齐取鲁,传檄燕、赵,固守其所,山东非汉之有也。""何谓中计?""东取吴,西取楚,并韩取魏,据敖仓之粟,塞成皋之险,胜败之数未可知也。""何谓下计?""东取吴,西取下蔡,归重于越,身归长沙,③陛下安枕而卧,汉无事矣。"上曰:"是计将安出?"④薛公曰:"出下计。"上曰:"胡为废上计而出下计?"⑤薛公曰:"布故骊山之徒也,致万乘之主,此皆为身,不顾后为百姓万世虑者也,故出下计。"上曰:"善。"封薛公千户。遂发兵自将东击布。

①张晏曰:"疏,分也。"

②张晏曰:"往年与前年同耳,文相避也。"

③师古曰:"重,辎重也,音直用反。"

④师古曰:"是者,谓布也。"

⑤师古曰:"胡,何也。"

　　布之初反,谓其将曰:"上老矣,厌兵,必不能来。使诸将,诸将独患淮阴、彭越,今已死,余不足畏。"故遂反。果如薛公揣之,①东击荆,荆王刘贾走死富陵。②尽劫其兵,度淮击楚。楚发兵与战徐、僮间,③为三军,欲以相救为奇。④或说楚将曰:"布善用兵,民素畏之。且兵法,诸侯自战其地为散地。⑤今别为三,彼败吾一,余皆走,安能相救!"不听。布果破其一军,二军散走。

①文颖曰:"揣,度也,音初委反。"

②师古曰:"县名,属临淮郡。"

③师古曰:"二县之间也。"

④师古曰:"不聚一处,分而为三,欲互相救,出奇谲。"

⑤师古曰:"谓在其本地,恋土怀安,故易逃散。"

遂西,与上兵遇蕲西,会甀。①布兵精甚,上乃壁庸城,②望布军置陈如项籍军。上恶之,与布相望见,隃谓布"何苦而反?"③布曰:"欲为帝耳。"上怒骂之,遂战,破布军。布走度淮,数止战,不利,与百余人走江南。布旧与番君婚,故长沙哀王使人诱布,④伪与俱亡走越,⑤布信而随至番阳。番阳人杀布兹乡,⑥遂灭之。封贲赫为列侯,将率封者六人。

①师古曰:"会,音工外反。甀,音大瑞反,解在《高纪》。"

②邓展曰:"地名也。"

③师古曰:"隃,读曰遥。"

④晋灼曰:"芮之孙回也。"师古曰:"据表云惠帝二年哀王回始立,今此是芮之子成王臣耳。传既不同,晋说亦误也。"

⑤师古曰:"伪,谓诈为此计。"

⑥师古曰:"鄡阳县之乡也。鄡,音口尧反。"

卢绾,丰人也,与高祖同里。绾亲与高祖太上皇相爱,①及生男,高祖、绾同日生,里中持羊酒贺两家。及高祖、绾壮,学书,又相爱也。里中嘉两家亲相爱,生子同日,壮又相爱,复贺羊酒。高祖为布衣时,有吏事避宅,绾常随上下。②及高祖初起沛,绾以客从。入汉为将军,常侍中。从东击项籍,以太尉常从,出入卧内,衣被食饮赏赐,群臣莫敢望。虽萧、曹等,特以事见礼,至其亲幸,莫及绾者。封为长安侯。故咸阳也。

①晋灼曰:"亲,父也。绾之父与高祖父太上皇相爱。"

②师古曰:"避宅,谓不居其家,潜匿东西。"

项籍死,使绾别将,与刘贾击临江王共尉,①还,从击燕王臧
荼,皆破平。时诸侯非刘氏而王者七人。上欲王绾,为群臣觖望。②
及虏臧荼,乃下诏,诏诸将相列侯择群臣有功者以为燕王。群臣知
上欲王绾,皆曰:“太尉长安侯卢绾常从平定天下,功最多,可王。”
上乃立绾为燕王。诸侯得幸莫如燕王者。绾立六年,以陈豨事见疑
而败。

　　①李奇曰:“共敕子也。”师古曰:“共,读曰龚。”

　　②师古曰:“觖,谓相觖也。望,怨望也。觖,音决。”

　　豨者,宛句人也,①不知始所以得从。及韩王信反入匈奴,上至
平城还,豨以郎中封为列侯,以赵相国将监赵、代边,边兵皆属焉。
豨少时,常称慕魏公子,②及将守边,招致宾客。常告过赵,③宾客
随之者千余乘,邯郸官舍皆满。豨所以待客,如布衣交,皆出客
下。④赵相周昌乃求入见上,具言豨宾客盛,擅兵于外,恐有变。上
令人覆案豨客居代者诸为不法事,多连引豨。豨恐,阴令客通使王
黄、曼丘臣所。⑤汉十年秋,太上皇崩,上因是召豨。豨称病,遂与王
黄等反,自立为代王,劫略赵、代。上闻,乃赦吏民为豨所诖误劫略
者。上自击豨,破之。语在《高纪》。

　　①师古曰:“宛句,县名也,《地理志》属济阴。宛,音于元反。句,音劬。”

　　②师古曰:“谓信陵君无忌。”

　　③师古曰:“因休告之假而过赵。”

　　④师古曰:“言屈己礼之,不以富贵自尊大。”

　　⑤师古曰:“二人皆韩王信将。”

　　初,上如邯郸击豨,①燕王绾亦击其东北。豨使王黄求救匈奴,
绾亦使其臣张胜使匈奴,言豨等军破。胜与胡,故燕王臧荼子衍亡
在胡,见胜曰:“公所以重于燕者,以习胡事也。燕所以久存者,以诸
侯数反,兵连不决也。今公为燕欲急灭豨等,豨等已尽,次亦至燕,
公等亦且为虏矣。公何不令燕且缓豨,而至胡连和?事宽,得长王
燕,即有汉急,可以安国。”胜以为然,乃私令匈奴兵击燕。绾疑胜与
胡反,上书请族胜。胜还报,具道所以为者。绾寤,乃诈论他人,以

脱胜家属,使得为匈奴间。②而阴使范齐之豨所,欲令久连兵毋决。③

①师古曰:"如,往也。"

②师古曰:"间,音居苋反。"

③晋灼曰:"使豨久亡畔。"

汉既斩豨,其裨将降,言燕王绾使范齐通计谋豨所。上使使召绾,绾称病。又使辟阳侯审食其、御史大夫赵尧往迎绾,因验问其左右。绾愈恐,闵匿,①谓其幸臣曰:"非刘氏而王者,独我与长沙耳。往年,汉族淮阴,诛彭越,皆吕后计。今上病,属任吕后。②吕后妇人,专欲以事诛异姓王者及大功臣。"乃称病不行。其左右皆亡匿。语颇泄,辟阳侯闻之,归具报,上益怒。又得匈奴降者,言张胜亡在匈奴,为燕使。于是上曰:"绾果反。"使樊哙击绾。绾悉将其宫人家属骑数千居长城下候伺,幸上病瘉,自入谢。③高祖崩,绾遂将其众亡入匈奴,匈奴以为东胡卢王。为蛮夷所侵夺,常思复归。居岁余,死胡中。

①师古曰:"闵,闭也,闭其踪迹,藏匿其人也。闵,音秘。"

②师古曰:"属,音之欲反。"

③师古曰:"瘉,与愈同。"

高后时,绾妻与其子亡降,会高后病,不能见,舍燕邸,①为欲置酒见之。高后竟崩,绾妻亦病死。

①师古曰:"舍,止也。诸侯王及诸郡朝宿之馆在京师者谓之邸。"

孝景帝时,绾孙它人以东胡王降,①封为恶谷侯。传至曾孙,有罪,国除。

①如淳曰:"为东胡王而来降也。东胡,乌丸也。"

吴芮,秦时番阳令也,①甚得江湖间心,号曰番君。天下之初叛秦也,黥布归芮,芮妻之,②因率越人举兵以应诸侯。沛公攻南阳,乃遇芮之将梅鋗,③与偕攻析、郦,④降之。及项羽相王,⑤以芮率百越佐诸侯,从入关,故立芮为衡山王,都邾。⑥其将梅鋗功多,封

十万户,为列侯。项籍死,上以锔有功,从入武关,故德芮,徙为长沙
王,都临湘,一年薨,谥曰文王。子成王臣嗣。薨,子哀王回嗣。薨,
子共王右嗣。⑦薨,子靖王差嗣。孝文后七年薨,无子,国除。初,文
王芮,高祖贤之,制诏御史:"长沙王忠,其定著令。"⑧至孝惠、高后
时,封芮庶子二人为列侯,传国数世绝。

①师古曰:"番,音蒲何反。"

②师古曰:"嫁女与之也。妻,音千计反。他皆类此。"

③师古曰:"锔,音呼玄反。"

④师古曰:"二县也,并属南阳。郦,音郎益反。"

⑤李奇曰:"自相尊王也。"

⑥师古曰:"邾,音朱,又音株。"

⑦师古曰:"共,读曰恭。"

⑧邓展曰:"汉约非刘氏不王,而芮王,故著令中,使特王也。或曰,以芮至
　忠,故著令也。"师古曰:"寻后赞文,或说是也。"

　　赞曰:昔高祖定天下,功臣异姓而王者八国。张耳、吴芮、彭越、
黥布、臧荼、卢绾与两韩信,皆徼一时之权变,以诈力成功,①咸得
裂土,南面称孤。见疑强大,怀不自安,事穷势迫,卒谋叛逆,终于灭
亡。张耳以智全,至子亦失国。唯吴芮之起,不失正道,故能传号五
世,以无嗣绝,庆流支庶,有以矣夫,②著于甲令,而称忠也!③

①师古曰:"徼,要也,音工尧反。"

②师古曰:"以其不用诈力也。"

③师古曰:"甲者,令篇之次也。"

汉书卷三五
列传第五

荆王贾　　燕王泽　　吴王濞

　　荆王刘贾,高帝从父兄也,①不知其初起时。汉元年,还定三秦,贾为将军,定塞地,②从东击项籍。

　　①师古曰:"父之兄弟之子,为从父兄弟也。言本同祖,从父而别。"

　　②师古曰:"司马欣之国也。塞,音先代反。"

　　汉王败成皋,北度河,得张耳、韩信军,军修武,深沟高垒,使贾将二万人,骑数百,击楚,度白马津①入楚地,烧其积聚,②以破其业,无以给项王军食。已而楚兵击之,贾辄避不肯与战,而与彭越相保。③

　　①师古曰:"即今滑州白马县河津也。"

　　②师古曰:"仓廪刍橑之属。"

　　③师古曰:"保,谓依恃以自安固。"

　　汉王追项籍至固陵,使贾南度淮围寿春。还至,使人间招楚大司马周殷。①周殷反楚,佐贾举九江,迎英布兵,皆会陔下,诛项籍。汉王因使贾将九江兵,与太尉卢绾西南击临江王共尉,②尉死,以临江为南郡。

　　①师古曰:"间,谓私求间隙而招之。"

　　②师古曰:"共敖之子也。共,读曰龚。"

　　贾既有功,而高祖子弱,昆弟少,又不贤,欲王同姓以填天下,①乃下诏曰:"将军刘贾有功,及择子弟可以为王者。"群臣皆曰:"立刘贾为荆王,王淮东。"立六年而淮南王黥布反,东击荆。贾与战，弗胜，走富陵，②为布军所杀。

①师古曰："填，音竹刃反。"

②师古曰："县名，《地理志》属临淮郡。"

　　燕王刘泽，高祖从昆弟也。①高祖三年，泽为郎中。十一年，以将军击陈狶将王黄，封为营陵侯。

①师古曰："言同曾祖，从祖而别也。"

　　高后时，齐人田生①游乏资，以画奸泽。②泽大说之，③用金二百斤为田生寿。④田生已得金，即归齐。二岁，泽使人谓田生曰："弗与矣。"⑤田生如长安，不见泽，而假大宅，令其子求事吕后所幸大谒者张卿。⑥居数月，田生子请张卿临，亲修具。⑦张卿往，见田生帷张具置如列侯。张卿惊。酒酣，乃屏人说张卿曰："臣观诸侯邸第百余，皆高帝一切功臣。今吕氏雅故本推毂高帝就天下，⑧功至大，又有亲戚太后之重。太后春秋长，⑨诸吕弱，太后欲立吕产为吕王，王代。吕后又重发之，⑩恐大臣不听。今卿最幸，大臣所敬，何不风大臣以闻太后，⑪太后必喜。诸吕以王，万户侯亦卿之有。太后心欲之，而卿为内臣，不急发，恐祸及身矣。"张卿大然之，乃风大臣语太后。太后朝，因问大臣。大臣请立吕产为吕王。太后赐张卿千金，⑫张卿以其半进田生。田生弗受，因说之曰："吕产王也，诸大臣未大服。今营陵侯泽，诸刘长，为大将军，独此尚觖望。⑬今卿言太后，裂十余县王之，彼得王喜，于诸吕王益固矣。"张卿入言之。又太后女弟吕须女亦为营陵侯妻，故遂立营陵侯泽为琅邪王。琅邪王与田生之国，急行毋留。⑭出关，太后果使人追之。已出，即还。

①晋灼曰："《楚汉春秋》云字子春。"

②服虔曰："以计画干之。"文颖曰："以工画得宠也。"师古曰："共为计策，欲以求王。服说是也。画，音获。"

③师古曰："说，读曰悦。"

④师古曰："因饮酒献寿而与之金。"

⑤孟康曰："与，党与也。言不复与我为与也。"文颖曰："不复与汝相知也。"师古曰："孟说是。"

⑥如淳曰："奄人也。"

⑦师古曰："亲，父也。具，供其也。"

⑧如淳曰："吕公知高祖贵，以女妻之，推毂使为长者也。"师古曰："谓翼
　　戴崇奖，以成帝业，若车之行，助推其毂，故得引重而致远也。"

⑨师古曰："言年老。"

⑩邓展曰："重，难发其事。"

⑪师古曰："风，读曰讽。其下亦同。"

⑫师古曰："千斤之金。"

⑬师古曰："觖，音决。"

⑭师古曰："田生劝之。"

　　泽王琅邪二年，而太后崩，泽乃曰："帝少，诸吕用事，诸刘孤
弱。"引兵与齐王合谋西，欲诛诸吕。至梁，闻汉灌将军屯荥阳，泽还
兵备西界，遂跳驱至长安。①代王亦从代至。诸将相与琅邪王共立
代王，是为孝文帝。文帝元年，徙泽为燕王，而复以琅邪归齐。②

①师古曰："《齐王传》云使祝午绐琅邪王，琅邪王驰见齐王，齐王因留琅
　　邪王，而使祝午尽发琅邪国而并将其兵。琅邪王既见欺，不得反国，乃
　　说齐王求入关计事，齐王以为然，乃益具车送琅邪王，与此传不同，疑
　　此传误也。"

②李奇曰："本齐地，前分以王泽，今复与齐也。"

　　泽王燕二年，薨，谥曰敬王。子康王嘉嗣，九年薨。子定国嗣。
定国与父康王姬奸，生子男一人。夺弟妻为姬。与子女三人奸。定
国有所欲诛杀臣肥如令郢人，郢人等告定国。①定国使谒者以它法
劾捕格杀郢人灭口。至元朔中，郢人昆弟复上书具言定国事。下公
卿，皆议曰："定国禽兽行，乱人伦，逆天道，当诛。"上许之。定国自
杀，立四十二年，国除。哀帝时继绝世，乃封敬王泽玄孙之孙无终公
士归生为营陵侯，②更始中为兵所杀。③

①如淳曰："定国自欲有所杀余臣，肥如知，令郢人以告也。"师古曰："此
　　说非也。肥如，燕之属县也。郢人者，县令之名也。定国别欲诛其臣，又
　　欲诛肥如令郢人，郢人等所以告之。"

②师古曰："无终，其所属县也。公士，第一爵。归生，名也。"

③师古曰："更始，刘圣公之年号也。"

　　吴王濞,高帝兄仲之子也。高帝立仲为代王。匈奴攻代,仲不能坚守,弃国间行,走雒阳,自归。天子不忍致法,废为合阳侯。子濞,封为沛侯。黥布反,高祖自将往诛之。濞年二十,以骑将从破布军。荆王刘贾为布杀,无后。上患吴会稽轻悍,无壮王填之,①诸子少,②乃立濞于沛,为吴王,③王三郡五十三城。已拜受印,高祖召濞相之,曰:"若状有反相。"④独悔,业已拜,⑤因拊其背,⑥曰:"汉后五十年东南有乱,岂若邪?然天下同姓一家,慎无反!"濞顿首曰:"不敢。"

　　①师古曰:"悍,勇也。填,音竹刃反。"
　　②师古曰:"少,幼也。"
　　③师古曰:"行至沛而封拜濞也。"
　　④师古曰:"若,汝也。此下亦同。"
　　⑤师古曰:"独悔者,心自怀悔,不以语人也。既以封拜为事,臣下皆知之,故不改。"
　　⑥师古曰:"拊,摩循之也。一曰,拊,轻击之,音芳羽反。"

　　会孝惠、高后时,天下初定,郡国诸侯各务自拊循其民。吴有豫章郡铜山,①即招致天下亡命者盗铸钱,东煮海水为盐,以故无赋,国用饶足。②

　　①韦昭曰:"此有豫字,误也。但当言章郡,今故章也。"
　　②如淳曰:"铸钱煮海,收其利以足国用,故无赋于民也。"

　　孝文时,吴太子入见,得侍皇太子饮博。吴太子师傅皆楚人,轻悍,又素骄。博争道,不恭,皇太子引博局提吴太子,杀之。①于是遣其丧归葬吴。吴王愠②曰:"天下一宗,③死长安即葬长安,何必来葬!"复遣丧之长安葬。吴王由是怨望,稍失藩臣礼,称疾不朝。京师知其以子故,验问实不病,诸吴使来,辄系责治之。吴王恐,所谋滋甚。④及后使人为秋请,⑤上复责问吴使者。使者曰:"察见渊中鱼,不祥。⑥今吴王始诈疾,及觉,见责急,愈益闭,恐上诛之,计乃无聊。唯上与更始。"⑦于是天子皆赦吴使者归之,而赐吴王几杖,老,不朝。吴得释,其谋亦益解。然其居国以铜盐故,百姓无赋。卒践更,辄予平贾。⑧岁时存问茂材,赏赐闾里。⑨它郡国史欲来捕亡人者,颂共禁不与。⑩如此者三十余年,以故能使其众。

①师古曰:"提,掷也,音徒计反。"

②师古曰:"愠,怒也,音于问反。"

③师古曰:"犹言同姓共为一家。"

④师古曰:"滋,益也。"

⑤孟康曰:"律,春曰朝,秋曰请,如古诸侯朝聘也。"如淳曰:"濞不自行也,使人代己致请礼。"师古曰:"二说皆是也。请,音材姓反。"

⑥服虔曰:"言天子察见下之私,则不祥也。"

⑦师古曰:"言赦其已往之事。"

⑧服虔曰:"以当更卒,出钱三百,谓之过更。自行为卒,谓之践更。吴王欲得民心,为卒者顾其庸,随时月与平贾也。"晋灼曰:"谓借人自代为卒者,官为出钱,顾其时庸平贾也。"师古曰:"晋说是也。贾,读曰价,谓庸直也。"

⑨师古曰:"茂,美也。茂材者,有美材之人也。"

⑩如淳曰:"颂犹公也。"师古曰:"颂,读曰容。"

朝错为太子家令,得幸皇太子,数从容言吴过可削。①数上书说之,文帝宽,不忍罚,以此吴王日益横。②及景帝即位,错为御史大夫,说上曰:"昔高帝初定天下,昆弟少,诸子弱,大封同姓,故孽子悼惠王王齐七十二城,③庶弟元王楚四十城,兄子王吴五十余城。封三庶孽,分天下半。今吴王前有太子之隙,诈称病不朝,于古法当诛。文帝不忍,因赐几杖,德至厚也。不改过自新,乃益骄恣,公即山铸钱,煮海为盐,④诱天下亡人谋作乱逆。今削之亦反,不削亦反。削之,其反亟,祸小;不削之,其反迟,祸大。"⑤三年冬,楚王来朝,错因言楚王戊往年为薄太后服,私奸服舍,⑥请诛之。诏赦,削东海郡。及前二年,赵王有罪,削其常山郡。胶西王卬以卖爵事有奸,削其六县。

①师古曰:"从,音千容反。"

②师古曰:"横,音胡孟反。"

③师古曰:"孽亦庶也。"

④师古曰："公,谓显然为之也。即,就也。"

⑤师古曰："亟,急也,音居力反。"

⑥服虔曰："服在丧次,而私奸宫中也。"师古曰："言于服舍为奸,非宫中也。服舍,居丧之次,垩室之属也。"

汉廷臣方议削吴,吴王恐削地无已,因欲发谋举事。念诸侯无足与计者,闻胶西王勇,好兵,诸侯皆畏惮之,于是乃使中大夫应高口说胶西王曰："吴王不肖,有夙夜之忧,①不敢自外,使使臣谕其愚心。"王曰："何以教之?"高曰："今者主上任用邪臣,听信谗贼,变更律令,②侵削诸侯,征求滋多,诛罚良重,③日以益甚。语有之曰:'狧穅及米。'④吴与胶西,知名诸侯也,一时见察,不得安肆矣。⑤吴王身有内疾,不能朝请二十余年,⑥常患见疑,无以自白,⑦胁肩絫足,犹惧不见释。⑧窃闻大王以爵事有过,所闻诸侯削地,罪不至此,⑨此恐不止地而已。"王曰："有之,子将奈何?"高曰："同恶相助,同好相留,同情相求,同欲相趋,同利相死。今吴王自以与大王同忧,愿因时循理,弃躯以除患于天下,⑩意亦可乎?"胶西王瞿然骇曰:⑪"寡人何敢如是?主上虽急,固有死耳,安得不事?"⑫高曰:"御史大夫朝错营或天子,侵夺诸侯,⑬蔽忠塞贤,朝廷疾怨,诸侯皆有背叛之意,人事极矣。彗星出,蝗虫起,此万世一时,而愁劳,圣人所以起也。吴王内以朝错为诛,外从大王后车,方洋天下,⑭所向者降,所指者下,莫敢不服。大王诚幸而许之一言,则吴王率楚王略函谷关,守荥阳敖仓之粟,距汉兵,治次舍,须大王。⑮大王幸而临之,则天下可并,两主分割,不亦可乎?"王曰:"善。"归报吴王,犹恐其不果,乃身自为使者,⑯至胶西面约之。

①师古曰："凡言不肖者,谓其鄙陋无所象似也。解在《刑法志》。"

②师古曰："更,改也。"

③师古曰："滋亦益也。良,实也,信也。"

④师古曰："狧,古䑛字。䑛,用舌食也,盖以犬为喻也。言初䑛穅遂至食米也。䑛,音食尔反。"

⑤师古曰："肆,纵也。"

⑥师古曰："内疾,谓在身中,不显于外。请,音材姓反。"

⑦师古曰："白,明也。"

⑧师古曰："胁,翕也,谓敛之也。絫,古累字也。累足,重足也。并谓惧耳。释,解也,放也。"

⑨师古曰："言其本罪,皆不合削地也。"

⑩师古曰："循,顺也。"

⑪师古曰："瞿然,无守之貌,音居具反。"

⑫师古曰："安,焉也。"

⑬师古曰："营,谓回绕之也。"

⑭师古曰："方洋,犹翱翔也。方,音房,又音旁。洋,音羊。"

⑮师古曰："次舍,息止之处也。须,待也。"

⑯师古曰："潜行而去也。"

胶西群臣或闻王谋,谏曰:"诸侯地不能为汉十二,①为叛逆,以忧太后,非计也。②今承一帝,尚云不易,假令事成,两主分争,患乃益生。"王不听,遂发使约齐、甾川、胶东、济南,皆许诺。

①师古曰:"不当汉十分之二。"

②文颖曰:"王之太后也。"

诸侯既新削罚,震恐,多怨错。及削吴会稽、豫章郡书至,则吴王先起兵,诛汉吏二千石以下。胶西、胶东、甾川、济南、楚、赵亦皆反,发兵西。齐王后悔,背约城守。济北王城坏未完,其郎中令劫守王,不得发兵。胶西王、胶东王为渠率,①与甾川、济南共攻围临甾。赵王遂亦阴使匈奴与连兵。

①师古曰:"渠,大也。"

七国之发也,吴王悉其士卒,①下令国中曰:"寡人年六十二,身自将。少子年十四,亦为士卒先。诸年上与寡人同,下与少子等,皆发。"二十余万人。南使闽、东越,闽、东越亦发兵从。

①师古曰:"悉,尽也。尽发使行。"

孝景前三年正月甲子,初起兵于广陵。西涉淮,因并楚兵,发使遗诸侯书曰:"吴王刘濞敬问胶西王、胶东王、甾川王、济南王、赵王、楚王、淮南王、衡山王、庐江王、故长沙王子:①幸教!以汉有贼臣错,无功天下,侵夺诸侯之地,使吏劾系讯治,以侵辱之为故,②

不以诸侯人君礼遇刘氏骨肉,③绝先帝功臣,进任奸人,诳乱天下,欲危社稷。陛下多病志逸,不能省察。④欲举兵诛之,谨闻教。敝国虽狭,地方三千里;⑤人民虽少,精兵可具五十万。寡人素事南越三十余年,其王诸君皆不辞分其兵以随寡人,⑥又可得三十万。寡人虽不肖,愿以身从诸王。南越直长沙者,因王子定长沙以北,⑦西走蜀、汉中。告越、⑧楚王、淮南三王,与寡人西面;⑨齐诸王与赵王定河间、河内,或入临晋关,或与寡人会雒阳;⑩燕王、赵王故与胡王有约,燕王北定代、云中,转胡众入萧关,走长安,⑪匡正天下,以安高庙。愿王勉之。楚元王子、淮南三王或不沐洗十余年,怨入骨髓,⑫欲壹有所出久矣,⑬寡人未得诸王之意,未敢听。今诸王苟能存亡继绝,振弱伐暴,以安刘氏,社稷所愿也。吴国虽贫,寡人节衣食用,积金钱,修兵革,聚粮食,夜以继日,三十余年矣。凡皆为此,⑭愿诸王勉之。能斩捕大将者,赐金五千斤,封万户;列将三千斤,封五千户;裨将二千斤,封二千户;二千石千斤,封千户:皆为列侯。其以军若城邑降者,卒万人,邑万户,如得大将;⑮人户五千,如得列将;人户三千,如得裨将;人户千,如得二千石;其小吏皆以差次受爵金。它封赐皆倍军法。⑯其有故爵邑者,更益勿因。⑰愿诸王明以令士大夫,不敢欺也。寡人金钱在天下者往往而有,非必取于吴,⑱诸王日夜用之不能尽。有当赐者告寡人,寡人且往遗之。敬以闻。”

①如淳曰:“吴芮后四世无嗣,国除,庶子二人为列侯,不得嗣王,志将不满,故诱与之反也。”

②孟康曰:“故,事也。”师古曰:“言专以侵辱诸侯为事业。”

③师古曰:“人君者,言诸王各自君其国。”

④师古曰:“逸,放也。”

⑤师古曰:“狭,音胡夹反。”

⑥师古曰:“诸君,谓其酋豪。”

⑦如淳曰:“南越直长沙者,因王子定之。”师古曰:“直,当也。言越地之北,当长沙者也。”

⑧如淳曰:"告东越,使越定之也。"师古曰:"此说非也。言王子定长沙已北,而西趣蜀及汉中,平定以讫,使报南越也。走,音奏。"

⑨师古曰:"淮南三王,谓厉王三子为王者,淮南、衡山、济北也。"

⑩师古曰:"临晋关,即今之蒲津关。"

⑪师古曰:"走,音奏。"

⑫师古曰:"言心有所怀,志不在洗沐也。"

⑬师古曰:"谓发兵。"

⑭师古曰:"为此,谓欲反也。为,音于伪反。"

⑮师古曰:"以卒万人或邑万户来降附者,其封赏则与大将同。下皆类此。"

⑯服虔曰:"封赐倍汉之常法。"

⑰师古曰:"于旧爵之外,特更与之。"

⑱师古曰:"言处处郡国皆有之。"

　　七国反书闻,天子乃遣太尉条侯周亚夫将三十六将军往击吴楚,遣曲周侯郦寄击赵,将军栾布击齐,大将军窦婴屯荥阳监齐赵兵。

　　初,吴楚反书闻,兵未发,窦婴言故吴相爰盎。召入见,上问以吴楚之计,盎对曰:"吴楚相遗书,曰'贼臣朝错擅适诸侯,削夺之地',①以故反,名为西共诛错,复故地而罢。②方今计独斩错,发使赦七国,复其故地,则兵可毋血刃而俱罢。"③上从其议,遂斩错。语具在《盎传》。以盎为泰常,奉宗庙,使吴王,④吴王弟子德为宗正,⑤辅亲戚,使至吴,⑥吴楚兵已攻梁壁矣。宗正以亲故,先入见,谕吴王拜受诏。吴王闻盎来,亦知其欲说,笑而应曰:"我已为东帝,尚谁拜?"不肯见盎而留军中,欲劫使将。盎不肯,使人围守,且杀之。盎得夜亡走梁,⑦遂归报。

①师古曰:"适,读曰谪。"

②师古曰:"复,音扶目反。次下亦同。"

③师古曰:"血刃,谓杀伤人而刃著血也。"

④师古曰:"奉宗庙之指意也。"

⑤师古曰:"德,哀侯广之子也,名通。"

⑥师古曰:"以亲戚之意谕说也。"

⑦服虔曰:"梁王与吴战,益得奔梁。"

条侯将乘六乘传,会兵荥阳。①至雒阳,见剧孟,喜曰:"七国反,吾乘传至此,不自意全。②又以为诸侯已得剧孟。孟今无动,吾据荥阳,③荥阳以东无足忧者。"至雒阳,问故父绛侯客邓都尉曰:"策安出?"客曰:"吴楚兵锐甚,难与争锋。楚兵轻,不能久。方今为将军计,莫若引兵东北壁昌邑,以梁委吴,吴必尽锐攻之。将军深沟高垒,使轻兵绝淮泗口,塞吴馕道。④使吴、梁相敝而粮食竭,乃以全制其极,破吴必矣。"条侯曰:"善。"从其策,遂坚壁昌邑南,轻兵绝吴饷道。

①师古曰:"会兵,谓集大兵。传,音张恋反。"

②师古曰:"意不自言得安全至雒阳也。"

③师古曰:"言剧孟既不动摇,吾又得据荥阳也。"

④师古曰:"馕,古饷字。"

吴王之初发也,吴臣田禄伯为大将军。田禄伯曰:"兵屯聚而西,无它奇道,难以立功。臣愿得五万人,别循江淮而上,收淮南、长沙,入武关,与大王会,此亦一奇也。"吴王太子谏曰:"王以反为名,此兵难以藉人,①人亦且反王,奈何?且擅兵而别,多它利害,②徒自损耳。"吴王即不许田禄伯。

①师古曰:"藉,假也。"

②苏林曰:"禄伯倘将兵降汉,自为己利,于吴为生患害。"师古曰:"苏说非也。上言'难以藉人,人亦且反王',是则已疑禄伯矣;下乃云'多它利害',谓分兵而去,前事不测,或有利害,难可决机耳,非重云畏其降汉者。"

吴少将桓将军说王曰:"吴多步兵,步兵利险;汉多车骑,车骑利平地。愿大王所过城不下,直去,疾西据雒阳武库,食敖仓粟,阻山河之险以令诸侯,虽无入关,天下固已定矣。大王徐行,留下城邑,汉军车骑至,驰入梁楚之郊,事败矣。"吴王问吴老将,老将曰:"此年少推锋可耳,安知大虑!"于是王不用桓将军计。

王专并将其兵,未度淮,诸宾客皆得为将、校尉、行间候、司马，①独周丘不用。周丘者，下邳人，亡命吴，酤酒无行，王薄之，不任。周丘乃上谒，说王曰："臣以无能，不得待罪行间。臣非敢求有所将也，愿请王一汉节，必有以报。"王乃予之。周丘得节，夜驰入下邳。下邳时闻吴反，皆城守。至传舍，召令入户，使从者以罪斩令。遂召昆弟所善豪吏告曰："吴反兵且至，屠下邳不过食顷。今先下，家室必完，能者封侯至矣。"出乃相告，下邳皆下。周丘一夜得三万人，使人报吴王，遂将其兵北略城邑。比至城阳，兵十余万，②破城阳中尉军。闻吴王败走，自度无与共成功，③即引兵归下邳。未至，痈发背死。

　　①孟康曰："行伍间候也。"师古曰："在行伍间，或为候，或为司马也。"
　　②师古曰："比，音必寐反。"
　　③师古曰："度，音大各反。"

　　二月，吴王兵既破，败走，于是天子制诏将军："盖闻为善者天报以福，为非者天报以殃。高皇帝亲垂功德，建立诸侯，幽王、悼惠王绝无后，孝文皇帝哀怜加惠，①王幽王子遂、悼惠王子卬等，令奉其先王宗庙，为汉藩国，德配天地，明并日月。而吴王濞背德反义，诱受天下亡命罪人，乱天下币，②称疾不朝二十余年。有司数请濞罪，孝文皇帝宽之，欲其改行为善。今乃与楚王戊、赵王遂、胶西王卬、济南王辟光、菑川王贤、胶东王雄渠约从谋反，③为逆无道，起兵以危宗庙，贼杀大臣及汉使者，迫劫万民，伐杀无罪，烧残民家，掘其丘垄，甚为虐暴。而卬等又重逆无道，④烧宗庙，卤御物，⑤朕甚痛之。朕素服避正殿，将军其劝士大夫击反虏。击反虏者，深入多杀为功，斩首捕虏比三百石以上皆杀，无有所置。⑥敢有议诏及不如诏者，皆要斩。"

　　①师古曰："怜其国绝，故加恩惠而更封。"
　　②如淳曰："币，钱也。以私钱淆乱天下钱。"
　　③师古曰："从，音子容反。"
　　④师古曰："重，音直用反。"
　　⑤如淳曰："卤，抄掠也。"师古曰："御物，供宗庙之服器也。"
　　⑥师古曰："置，放释也。"

初,吴王之度淮,与楚王遂西败棘壁,乘胜而前,锐甚。梁孝王恐,遣将军击之,又败梁两军,士卒皆还走。梁数使使条侯求救,条侯不许。又使使诉条侯于上,上使告条侯救梁,又守便宜不行。梁使韩安国及楚死事相弟张羽为将军,①乃得颇败吴兵。吴兵欲西,梁城守,不敢西,即走条侯军,②会下邑。欲战,③条侯壁,不肯战。吴粮绝,卒饥,数挑战,遂夜奔条侯壁,惊东南。条侯使备西北,果从西北。不得入,吴大败,士卒多饥死叛散。于是吴王乃与其戏下壮士千人夜亡去,④度淮走丹徒,保东越。东越兵可万余人,使人收聚亡卒。汉使人以利啖东越,⑤东越即绐吴王,⑥吴王出劳军,使人鈂杀吴王,⑦盛其头,驰传以闻。⑧吴王太子驹亡走闽越。吴王之弃军亡也,军遂溃,往往稍降太尉条侯及梁军。楚王戊军败,自杀。

①李奇曰:"相,即张尚也。"
②师古曰:"走,音奏。"
③师古曰:"下邑,梁之县。"
④师古曰:"戏,读曰麾,又音许宜反。"
⑤师古曰:"啖,音徒滥反。解在《高纪》。"
⑥师古曰:"绐,诳也。"
⑦孟康曰:"《方言》戟谓之鈂。"苏林曰:"鈂,音从容之从。"师古曰:"鈂,谓以矛戟撞之,音楚江反。"
⑧师古曰:"传,音张恋反。"

三王之围齐临菑也,三月不能下。汉兵至,胶西、胶东、菑川王各引兵归国。胶西王徒跣,席稿,饮水,谢太后。王太子德曰:"汉兵还,臣观之已罢,①可袭。愿收王余兵击之,不胜而逃入海,未晚也。"王曰:"吾士卒皆已坏,不可用。"不听。汉将弓高侯颓当遗王书②曰:"奉诏诛不义,降者赦,除其罪,复故;不降者灭之。王何处?须以从事。"③王肉袒叩头汉军壁,谒曰:"臣卬奉法不谨,惊骇百姓,乃苦将军远道至于穷国,敢请菹醢之罪。"弓高侯执金鼓见之,曰:"王苦军事,愿闻王发兵状。"王顿首膝行,对曰:"今者,朝错天子用事臣,变更高皇帝法令,侵夺诸侯地。卬等以为不义,恐其败乱天下,七国发兵,且诛错。今闻错已诛,卬等谨已罢兵归。"将军曰:

"王苟以错为不善,何不以闻?及未有诏虎符,擅发兵击义国。以此观之,意非徒欲诛错也。"乃出诏书为王读之,曰:"王其自图。"④王曰:"如卬等死有余罪。"遂自杀。太后、太子皆死。胶东、甾川、济南王皆伏诛。郦将军攻赵,十月而下之,赵王自杀。济北王以劫故,不诛。

①师古曰:"罢,读曰疲。"

②师古曰:"韩颓当。"

③师古曰:"言王欲以何理自安处,吾待以行事也。处,音昌汝反。"

④师古曰:"图,谋也。"

初,吴王首反,并将楚兵,连齐、赵。正月起,三月皆破灭。

赞曰:荆王王也,由汉初定,天下未集,①故虽疏属,以策为王,镇江淮之间。刘泽发于田生,权激吕氏,②然卒南面称孤者三世。事发相重,岂不危哉!③吴王擅山海之利,能薄敛以使其众,逆乱之萌,自其子兴。④古者诸侯不过百里,山海不以封,盖防此矣。朝错为国远虑,祸反及身。"毋为权首,将受其咎",岂谓错哉!⑤

①师古曰:"集,和也。"

②晋灼曰:"田生欲王刘泽,先使张卿说封吕产,恐其大臣觖望,泽卒得王,故云以权激吕氏也。"

③晋灼曰:"刘泽以金与田生,以事张卿,言之吕后,而刘泽得王,故曰事发相重也。"师古曰:"重犹累也。言泽得王,本由田生行说,若其事发觉,则相随入罪,事相累误。累,音力瑞反。"

④师古曰:"萌,谓始生也。"

⑤师古曰:"此《逸周书》之言。赞引之者,谓错适当此言耳。"

汉书卷三六
列传第六

楚元王交　刘向 子歆

楚元王交字游,高祖同父少弟也。^①好书,多材艺。少时尝与鲁穆生、白生、申公俱受《诗》于浮丘伯。^②伯者,孙卿门人也。^③及秦焚书,各别去。

①师古曰:"言同父,知其异母。"

②服虔曰:"白生,鲁国奄里人。浮丘伯,秦时儒生。"

③师古曰:"孙卿,姓荀名况,为楚兰陵令,汉以避宣帝讳,改之曰孙。"

高祖兄弟四人,长兄伯,次仲,伯蚤卒。^①高祖既为沛公,景驹自立为楚王。高祖使仲与审食其留侍太上皇,^②交与萧、曹等俱从高祖见景驹,遇项梁,共立楚怀王。因西攻南阳,入武关,与秦战于蓝田。至霸上,封交为文信君,从入蜀汉,还定三秦,诛项籍。即帝位,交与卢绾常侍上,出入卧内,传言语诸内事隐谋。而上从父兄刘贾数别将。

①师古曰:"蚤,古早字也。"

②师古曰:"食,音异。其,音基。"

汉六年,既废楚王信,分其地为二国,立贾为荆王,交为楚王,王薛郡、东海、彭城三十六县,先有功也。后封次兄仲为代王,长子肥为齐王。

初,高祖微时,常避事,时时与宾客过其丘嫂食。^①嫂厌叔与客来,阳为羹尽,辖釜,^②客以故去。已而视釜中有羹,繇是怨嫂。^③及立齐、代王,而伯子独不得侯。太上皇以为言,高祖曰:"某非敢忘封之也,为其母不长者。"七年十月,封其子信为羹颉侯。④

① 应劭曰:"丘,姓也。"孟康曰:"西方谓亡女婿为丘婿。丘,空也,兄亡空
　有嫂也。"张晏曰:"丘,大也,长嫂称也。"晋灼曰:"礼,谓大妇为冢妇。"
　师古曰:"《史记》丘字作巨。丘、巨皆大也。张、晋二说,其义得之。"

② 服虔曰:"音劳。辂,轹也。"师古曰:"以勺轹釜,令为声也。轹,音洛,又
　音历。"

③ 师古曰:"繇,与由同。"

④ 师古曰:"颉,音戛。言其母戛羹釜也。"

　　元王既至楚,以穆生、白生、申公为中大夫。高后时,浮丘伯在
长安,元王遣子郢客与申公俱卒业。①文帝时,闻申公为《诗》最精,
以为博士。元王好《诗》,诸子皆读《诗》,申公始为《诗传》,号《鲁
诗》。②元王亦次之《诗》传,号曰《元王诗》,③世或有之。

① 师古曰:"卒,终也。"

② 师古曰:"凡言传者,谓为之解说,若今《诗毛氏传》也。"

③ 师古曰:"次,谓缀集之。"

　　高后时,以元王子郢客为宗正,封上邳侯。元王立二十三年薨,
太子辟非先卒,①文帝乃以宗正上邳侯郢客嗣,是为夷王。申公为
博士,失官,随郢客归,复以为中大夫。立四年薨,子戊嗣。文帝尊
宠元王,子生,爵比皇子。②景帝即位,以亲亲封元王宠子五人:子
礼为平陆侯,富为休侯,岁为沈犹侯,③执为宛朐侯,④调为棘乐
侯。

① 师古曰:"辟非者,犹辟邪、辟兵之类也。先卒者,元王未薨之时已卒也。
　辟,音壁。"

② 师古曰:"元王生子,封爵皆与皇子同,所以尊宠元王也。"

③ 晋灼曰:"沈,音审。《王子侯表》属千乘高宛。"

④ 师古曰:"执,古艺字。"

　　初,元王敬礼申公等,穆生不耆酒,①元王每置酒,常为穆生设
醴。②及王戊即位,常设,后忘设焉。穆生退曰:"可以逝矣!醴酒不
设,王之意怠,不去,楚人将钳我于市。"③称疾卧。申公、白生强起
之曰:"独不念先王之德与?④今王一旦失小礼,何足至此!"穆生

曰:"《易》称'知几其神乎!⑤几者动之微,吉凶之先见者也。⑥君子见几而作,不俟终日。'先王之所以礼吾三人者,为道之存故也;今而忽之,是忘道也。⑦忘道之人,胡可与久处!岂为区区之礼哉?"⑧遂谢病去。申公、白生独留。

①师古曰:"耆,读曰嗜。"

②师古曰:"醴,甘酒也。少曲多米,一宿而熟,不齐之。"

③师古曰:"钳,以铁束颈也,音其炎反。"

④师古曰:"与,读曰欤。"

⑤师古曰:"《下系》之辞也。"

⑥师古曰:"见,音胡电反。"

⑦师古曰:"忽,怠也。"

⑧师古曰:"区区,谓小也。"

王戊稍淫暴,二十年,为薄太后服私奸,削东海、薛郡,乃与吴通谋。二人谏,不听,胥靡之,①衣之赭衣,使杵白雅春于市。②休侯使人谏王,王曰:"季父不吾与,我起,先取季父矣。"③休侯惧,乃与母太夫人奔京师。④二十一年春,景帝之三年也,削书到,遂应吴王反。其相张尚、太傅赵夷吾谏,不听。遂杀尚、夷吾,起兵会吴西攻梁,破棘壁,至昌邑南,与汉将周亚夫战。汉绝吴楚粮道,士饥,吴王走,戊自杀,军遂降汉。

①应劭曰:"《诗》云'若此无罪,沦胥以铺'。胥靡,刑名也。"晋灼曰:"胥,相也。靡,随也。古者相随坐轻刑之名。"师古曰:"联系使相随而服役之,故谓之胥靡,犹今之役囚徒以锁联缀耳。晋说近之。而云随坐轻刑,非也。"

②晋灼曰:"高肱举杵,正身而春之。"师古曰:"为木杵而手春,即今所谓步白者耳,非碓白也。"

③师古曰:"不吾与,言不与我同心。"

④臣瓒曰:"侯母号太夫人。"

汉已平吴楚,景帝乃立宗正平陆侯礼为楚王,奉元王后,是为文王。四年薨,子安王道嗣。二十二年薨,子襄王注嗣。十四年薨,子节王纯嗣。十六年薨,子延寿嗣。宣帝即位,延寿以为广陵王胥武帝子,天下有变必得立,阴欲附倚辅助之,①故为其后母弟赵何齐取广陵王女为妻。与何齐谋曰:"我与广陵王相结,天下不安,发兵助之,使广陵王立。何齐尚公主,列侯可得也。"因使何齐奉书遗广陵王曰:"愿长耳目,②毋后人有天下。"③何齐父长年上书告之,事下有司,考验辞服,延寿自杀。立三十二年,国除。

①师古曰:"倚,依也,音于绮反。"

②师古曰:"言常伺听,勿失机也。"

③师古曰:"方争天下,勿使在人后。"

初,休侯富既奔京师,而王戊反,富等皆坐免侯,削属籍。后闻其数谏戊,乃更封为红侯。太夫人与窦太后有亲,惩山东之寇,①求留京师,诏许之。富子辟强等四人②共养,仕于朝。③太夫人薨,赐茔,④葬灵户。⑤富传国至曾孙,无子,绝。

①师古曰:"惩,创也。"

②师古曰:"辟,音必亦反。强,音居良反。又辟读曰闢,强读曰疆。解在《文纪》。"

③师古曰:"四子以在京师供养其祖母,故仕于汉朝也。"

④师古曰:"茔,冢地,谓为界域。茔,音营。"

⑤师古曰:"地名也。"

辟强字少卿,亦好读《诗》,能属文。①武帝时,以宗室子随二千石论议,冠诸宗室。②清静少欲,常以书自娱,不肯仕。昭帝即位,或说大将军霍光曰:"将军不见诸吕之事乎?处伊尹、周公之位,摄政擅权,而背宗室,不与共职,是以天下不信,卒至于灭亡。今将军当盛位,帝春秋富,宜纳宗室,又多与大臣共事,③反诸吕道,如是则可以免患。"④光然之,乃择宗室可用者。辟强子德待诏丞相府,⑤年三十余,欲用之。或言父见在,亦先帝之所宠也。遂拜辟强为光禄大夫,守长乐卫尉,时年已八十矣。徙为宗正,数月卒。

①师古曰:"属文,谓会缀文辞也,音之欲反。后皆类此。"

②师古曰:"论议每出宗室之上也。"

③服虔曰:"共议事也。"师古曰:"每事皆与参共知之。"

④师古曰:"言诸吕专权,所以灭亡,今纳宗室,是反其道,乃可免患也。"
⑤师古曰:"于丞相府听诏命也。"

德字路,少修黄老术,有智略。少时数言事,召见甘泉宫,武帝谓之"千里驹"。①昭帝初,为宗正丞,杂治刘泽诏狱。②父为宗正,徙大鸿胪丞,迁太中大夫,后复为宗正,杂案上官氏、盖主事。德常持《老子》知足之计。③妻死,大将军光欲以女妻之,德不敢取,畏盛满也。盖长公主孙谭遮德自言,④德数责以公主起居无状。⑤侍御史以为光望不受女,⑥承指劾德诽谤诏狱,⑦免为庶人,屏居山田。光闻而恨之,⑧复白召德守青州刺史。岁余,复为宗正,与立宣帝,⑨以定策赐爵关内侯。地节中以亲亲行谨厚封为阳城侯,子安民为郎中右曹,宗家以德得官宿卫者二十余人。

①师古曰:"言若骏马,可致千里也。年齿幼少,故谓之驹。"
②师古曰:"杂,谓以他官共治之也。刘泽,齐孝王之孙,谋反欲杀青州刺史者。"
③师古曰:"老子《德经》云'知足不辱'。"
④师古曰:"公主之孙名谭,自言者,申理公主所坐。"
⑤师古曰:"无状,无善状也。数,音所具反。"
⑥师古曰:"望,怨望也。"
⑦师古曰:"承指,谓取霍光之意指。德实责数公主,而御史乃以为受谭冤诉,故云诽谤诏狱。"
⑧师古曰:"以御史不知己意。"
⑨师古曰:"与,读曰豫。豫其谋议也。"

德宽厚,好施生,①每行京兆尹事,多所平反罪人。②家产过百万,则以振昆弟③宾客食饮,④曰:"富,民之怨也。"立十一年,子向坐铸伪黄金,当伏法,⑤德上书讼罪。会薨,大鸿胪奏德讼子罪,失大臣体,不宜赐谥置嗣。制曰:"赐谥缪侯,⑥为置嗣。"传至孙庆忌,复为宗正、太常。薨,子岑嗣,为诸曹中郎将,列校尉,至太常。岑,传子,至王莽败,乃绝。

①师古曰:"言好施恩惠于人,而生全之。"

②苏林曰："反，音幡，幡罪人辞使从轻也。"

③师古曰："振，举救之。"

④师古曰："既以救贫昆弟，又散供食饮之费。"

⑤如淳曰："律，铸伪黄金弃市也。"

⑥师古曰："缪，恶谥也，以其妄讼子。"

　　向字子政，①本名更生。年十二，以父德任为辇郎。②既冠，以行修饬擢为谏大夫。③是时，宣帝循武帝故事，招选名儒俊材置左右。更生以通达能属文辞，与王褒、张子侨等并进对，④献赋颂凡数十篇。上复兴神仙方术之事，而淮南有《枕中鸿宝苑秘书》。⑤书言神仙使鬼物为金之术，及邹衍重道延命方，世人莫见，而更生父德武帝时治淮南狱得其书。更生幼而读诵，以为奇，献之，言黄金可成。上令典尚方铸作事，⑥费甚多，方不验。上乃下更生吏，吏劾更生铸伪黄金，系当死。更生兄阳城侯安民上书，入国户半，赎更生罪。上亦奇其材，得逾冬减死论。⑦会初立《谷梁春秋》，征更生受《谷梁》，讲论五经于石渠。⑧复拜为郎中、给事黄门，迁散骑谏大夫、给事中。

①师古曰："名向，字子政。义则相配，而近代学者读向音饷，既无别释，靡所据凭，当依本字为胜。"

②服虔曰："父保任其子为郎也。辇郎，如今引御辇郎也。"

③师古曰："饬，整也，读与敕同，其字从力。"

④师古曰："子侨官至光禄大夫，见《艺文志》。进对，谓进见而对诏命也。侨字或作㤞，或作乔，皆音巨骄反。"

⑤师古曰："《鸿宝》、《苑秘书》，并道术篇名，臧在枕中，言常存录之，不漏泄也。"

⑥师古曰："尚方，主巧作金银之所。若今之中尚署。"

⑦服虔曰："逾冬，至春行宽大而减死罪。"如淳曰："狱冬尽当决竟，而得逾冬，复至后冬，故或逢赦，或得减死也。"师古曰："服说是也。"

⑧师古曰："《三辅旧事》云：石渠阁在未央大殿北，以藏秘书。"

　　元帝初即位，太傅萧望之为前将军，少傅周堪为诸吏光禄大

夫，①皆领尚书事，甚见尊任。更生年少于望之、堪，然二人重之，荐
更生宗室忠直，明经有行，擢为散骑宗正给事中，与侍中金敞拾遗
于左右。四人同心辅政，患苦外戚许、史在位放纵，而中书宦官弘
恭、石显弄权。望之、堪、更生议，欲白罢退之。未白而语泄，遂为许、
史及恭、显所谮诉，堪、更生下狱，及望之皆免官。语在《望之传》。其
春地震，夏，客星见昴、卷舌间。②上感悟，下诏赐望之爵关内侯，奉
朝请。秋，征堪、向，欲以为谏大夫；恭、显白，皆为中郎。冬，地复震。
时恭、显、许、史子弟侍中诸曹，皆侧目于望之等，更生惧焉，乃使其
外亲上变事，③言：

①师古曰："加官也。《百官公卿表》云：诸吏所加或列侯、将军、卿大夫，得
　举不法也。"
②师古曰："见于昴与卷舌之间也。卷，音俱免反。"
③师古曰："非常之事，故谓之变也。"

　　窃闻故前将军萧望之等，皆忠正无私，欲致大治，忤于贵
戚尚书。①今道路人闻望之等复进，以为且复见毁谗，必曰尝
有过之臣不宜复用，是大不然。②臣闻春秋地震，为在位执政
太盛也，不为三独夫动，亦已明矣。③且往者高皇帝时，季布有
罪，至于夷灭，后赦以为将军，高后、孝文之间卒为名臣。④孝
武帝时，兒宽有重罪系，按道侯韩说谏曰：⑤"前吾丘寿王死，
陛下至今恨之；⑥今杀宽，后将复大恨矣！"上感其言，遂贳
宽，⑦复用之，位至御史大夫，御史大夫未有及宽者也。又董仲
舒坐私为灾异书，主父偃取奏之，下吏，罪至不道，幸蒙不诛，
复为太中大夫，胶西相，以老病免归。汉有所欲兴，常有诏
问。⑧仲舒为世儒宗，定议有益天下。孝宣皇帝时，夏侯胜坐诽
谤系狱三年，免为庶人。宣帝复用胜，至长信少府，太子太傅，
名敢直言，天下美之。若乃群臣，多此比类，难一二记。⑨有过
之臣，无负国家，有益天下，此四臣者，足以观矣。

①师古曰："忤，犹逆也，音五故反。他皆类此。"
②师古曰："言不宜用有过之臣者，此议非也。"

③应劭曰："谓萧望之、周堪及向。"师古曰："独夫，犹言匹夫也。"

④师古曰："卒，终也。"

⑤师古曰："说，读曰悦。"

⑥师古曰："恨，悔也。"

⑦师古曰："贳，谓缓恕其罪也。"

⑧师古曰："兴，谓改作宪章。"

⑨师古曰："比，音必寐反。"

前弘恭奏望之等狱决，三月，地大震。恭移病出，①后复视事，天阴雨雪。②由是言之，地动殆为恭等。③

①师古曰："移病者，移书言病也，一曰：言以病移出，不居官府。"

②师古曰："雨，音于具反。"

③师古曰："殆，近也。"

臣愚以为宜退恭、显以章蔽善之罚，①进望之等以通贤者之路。如此，太平之门开，灾异之原塞矣。

①师古曰："章，明也。"

书奏，恭、显疑其更生所为，白请考奸诈。辞果服，遂逮更生系狱，下太傅韦玄成、谏大夫贡禹与廷尉杂考。劾更生前为九卿，坐与望之、堪谋排车骑将军高、许、史氏侍中者，毁离亲戚，欲退去之，而独专权。为臣不忠，幸不伏诛，复蒙恩征用，不悔前过，而教令人言变事，诬罔不道。更生坐免为庶人。而望之亦坐使子上书自冤前事，恭、显白令诣狱置对。①望之自杀。天子甚悼恨之，乃擢周堪为光禄勋，堪弟子张猛光禄大夫给事中，大见信任。恭、显惮之，数谮毁焉。更生见堪、猛在位，几已得复进，②惧其倾危，乃上封事谏曰：

①师古曰："置对者，立为罪辞。"

②师古曰："几，读曰冀。"

臣前幸得以骨肉备九卿，奉法不谨，乃复蒙恩。窃见灾异并起，天地失常，征表为国。①欲终不言，念忠臣虽在畎亩，犹不忘君，倦倦之义也。②况重以骨肉之亲，③又加以旧恩未报乎！欲竭愚诚，又恐越职，然惟二恩未报，④忠臣之义，一抒愚意，退就农亩，死无所恨。⑤

①师古曰:"征,证也。"
②师古曰:"甽者,田中之沟也。田沟之法,耜广五寸,二耜为耦,一耦之
　伐,广尺深尺,谓之甽,六甽而为一亩。甽,音工犬反,字或作畎,其音
　同耳。惓惓,忠谨之意。惓,读与拳同,音其专反。《礼记》曰'得一善则
　拳拳服膺,弗失之矣'。"
③师古曰:"重,音直用反。"
④师古曰:"惟,思也。"
⑤师古曰:"抒,谓引而泄之也,音食汝反。"

　　臣闻舜命九官,①济济相让,和之至也。众贤和于朝,则万
物和于野。故箫《韶》九成,而凤皇来仪;击石拊石,百兽率
舞。②四海之内,靡不和宁。及至周文,开基西郊,③杂遝众贤,
罔不肃和,④崇推让之风,以销分争之讼。文王既没,周公思
慕,歌咏文王之德,其《诗》曰:"于穆清庙,肃雍显相;济济多
士,秉文之德。"⑤当此之时,武王、周公继政,朝臣和于内,万
国欢于外,故尽得其欢心,以事其先祖。其《诗》曰:"有来雍雍,
至止肃肃,相维辟公,天子穆穆。"⑥言四方皆以和来也。诸侯
和于下,天应报于上,故《周颂》曰:"降福穰穰,"⑦又曰"饴我
厘麰"。⑧厘麰,麦也,始自天降。此皆以和致和,获天助也。

①师古曰:"《尚书》禹作司空,弃后稷,契司徒,咎繇作士,垂共工,益朕
　虞,伯夷秩宗,夔典乐,龙纳言,凡九官也。"
②师古曰:"《韶》,舜乐名。举箫管之属,示其备也。于《韶》乐九奏则凤皇
　见其容仪,击钟鸣磬而百兽相率来舞,言感至和也。"
③师古曰:"言文王始受命作周也。"
④师古曰:"杂遝,聚积之貌。遝,音大合反。"
⑤师古曰:"此《周颂》祀文王《清庙》之诗也。于,叹辞也。穆,美也。肃,敬
　也。雍,和也。显,明也。相,助也。济济,盛也。言文王有清净之化,敬
　而且和,光明著见,故济济之众士皆执行文王之德也。于,读曰乌。"
⑥师古曰:"此《周颂》禘太祖之《雍》诗也。相,助也。辟,百辟也。公,诸侯
　也。言有此宾客以和而来至也而敬者,乃助王祭之人,百辟与诸侯耳。
　于是时,天子则穆穆然。《礼记》曰'天子穆穆,诸侯皇皇'。辟,音璧。"
⑦师古曰:"此《执竞》之篇祀武王之诗也。穰穰,多也,音人羊反。"

⑧师古曰:"此《思文》之篇以后稷配天之诗也。饴,遗也,言天遗此物也。
饴,读与贻同也。厘,音力之反,又读与来同。麰,音牟。"

　下至幽、厉之际,朝廷不和,转相非怨,①诗人疾而忧之
曰:"民之无良,相怨一方。"②众小在位而从邪议,歙歙相是而
背君子,故其《诗》曰:"歙歙訿訿,亦孔之哀!谋之其臧,则具是
违;谋之不臧,则具是依!"③君子独处守正,不桡众枉,④勉强
以从王事则反见憎毒谗诉,故其《诗》曰:"密勿从事,不敢告
劳,无罪无辜,谗口嗷嗷。"⑤当是之时,日月薄蚀而无光,⑥其
《诗》曰:"朔日辛卯,日有蚀之,亦孔之丑!"⑦又曰:"彼月而
微,此日而微,今此下民,亦孔之哀!"⑧又曰:"日月鞠凶,不用
其行;四国无政,不用其良!"⑨天变见于上,地变动于下,水泉
沸腾,山谷易处。其诗曰:"百川沸腾,山冢卒崩,高岸为谷,深
谷为陵。哀今之人,胡憯莫惩!"⑩霜降失节,不以其时,其《诗》
曰:"正月繁霜,我心忧伤,民之讹言,亦孔之将!"言民以是为
非,甚众大也。⑪此皆不和,贤不肖易位之所致也。⑫

①师古曰:"厉王,夷王之子。厉王生宣王,宣王生幽王。"

②师古曰:"此《小雅·角弓》之篇刺幽王之诗也。良,善也。言人各为不
　善,其意乖离,而相怨也。一方,谓自守一方,所向异之。"

③师古曰:"此《小雅·小旻》之篇刺幽王之诗也。言在位卿士,歙歙然患
　其上,訿訿然不供职,各失臣节,甚可哀痛。而谋之善者,则背违之,不
　善之谋,依而施用,所以为刺也。歙,音翕。訿,音紫。"

④师古曰:"桡,屈也,不为众曲而自屈也。桡,音女教反。"

⑤师古曰:"此《小雅·十月之交》篇刺幽王之诗也。密勿,犹黾勉从事也。
　嗷嗷,众声也。言己黾勉行事,不敢自陈劳苦,实无罪辜,而被谗诉嗷嗷
　然也。嗷,音敖。"

⑥师古曰:"薄,迫也。谓被掩迫也。"

⑦师古曰:"自此已下至'百川沸腾',皆《十月之交》诗也。孔,甚也。丑,恶
　也。周之十月,夏之八月,朔日有辛卯,日月交会,而日见蚀,阴侵于阳。
　辛,金日也。卯,木辰也。以卯侵金,则臣侵君,故甚恶之。"

⑧师古曰:"微,亏微也。言彼月者,当有亏耳,而今此日,乃复微也。言君

臣失道，是为灾异，故令人甚哀也。"

⑨师古曰："鞠，告也。言日月不用其常行之道，以告凶灾者，由四方之国无政理，不能用善人也。"

⑩师古曰："沸，涌出也。腾，乘也。冢，山顶也。卒，尽也。胡，何也。憯，曾也。惩，乂也。言百川沸涌而相乘陵，山顶隆高而尽崩坏，陵谷易处，尊卑失序，咎异大矣，诚可畏惧。哀哉今人，何为曾莫创乂也！憯，音千感反。"

⑪张晏曰："正月，夏之四月也，纯阳用事，而反多霜，急恒寒若之灾也。"师古曰："此《小雅·正月》之篇刺幽王之诗也。四月正阳之月，故谓之正月。繁，多也。讹，伪也。孔，甚也。将，大也。此言王政乖舛，阳月多霜，害于生物，故已心为忧伤，而众庶之人，共为伪言，以是为非，排斥贤俊，祸甚大也。"

⑫师古曰："贤人在下，不肖居上，故云易位。"

　　自此之后，天下大乱，篡杀殃祸并作，厉王奔彘，①幽王见杀。②至乎平王末年，鲁隐之始即位也，③周大夫祭伯乖离不和，出奔于鲁，④而《春秋》为讳，不言来奔，伤其祸殃自此始也。是后，尹氏世卿而专恣，⑤诸侯背畔而不朝，周室卑微。二百四十二年之间，⑥日食三十六，⑦地震五，⑧山陵崩阤二，⑨彗星三见，⑩夜常星不见，夜中星陨如雨一，⑪火灾十四。⑫长狄入三国，⑬五石陨坠，六鹢退飞，多麋，有蜮、蜚，鸜鹆来巢者，皆一见。⑭昼冥晦。⑮雨木冰。⑯李梅冬实。七月霜降，草木不死，⑰八月杀菽。⑱大雨雹。⑲雨雪雷霆失序相乘。⑳水、旱、饥、蝝、螽、螟蜂午并起。㉑当是时，祸乱辄应，弑君三十六，㉒亡国五十二，㉓诸侯奔走，不得保其社稷者，不可胜数也。㉔周室多祸，晋败其师于贸戎；㉕伐其郊，㉖郑伤桓王；㉗戎执其使；㉘卫侯朔召不往，齐逆命而助朔；㉙五大夫争权，三君更立，莫能正理。㉚遂至陵夷不能复兴。㉛

①师古曰："厉王无道，下不堪命，乃相与畔袭厉王。厉王出奔彘。彘，晋地，今晋州北永安县是也。"

②师古曰："为犬戎所攻，杀幽王于骊山下，虏褒姒，尽取周赂而去。"

③师古曰:"平王,幽王之子。"

④张晏曰:"隐元年'祭伯来',《谷梁传》曰'奔也'。"师古曰:"祭,音侧介反。"

⑤师古曰:"《春秋公羊经》隐公三年'夏四月,尹氏卒。'传曰:'尹氏者何?天子之大夫也。其称尹氏何?贬。曷为贬?讥继卿。继卿,非礼也。'又《诗·小雅·节南山》云:'尹氏大师,赫赫师尹,不平谓何!'刺之也。"

⑥师古曰:"谓从隐公元年至哀公十四年获麟也。隐公十一年,桓公十八年,庄公三十二年,闵公二年,僖公三十三年,文公十八年,宣公十八年,成公十八年,襄公三十一年,昭公三十二年,定公十五年,哀公十四年,凡二百四十二年也。"

⑦师古曰:"谓隐三年二月己巳,桓三年七月壬辰朔,十七年十月朔;庄十八年三月,二十五年六月辛未朔;二十六年十二月癸亥朔,三十年九月庚午朔;僖五年九月戊申朔,十二年三月庚午,十五年五月;文元年二月癸亥朔,十五年六月辛丑朔;宣八年七月甲子,十年四月丙辰,十七年六月癸卯;成十六年六月丙寅朔,十七年十二月丁巳朔;襄十四年二月乙未朔,十五年秋八月丁巳,二十年冬十月丙辰朔,二十一年九月庚戌朔,冬十月庚辰朔,二十三年二月癸酉朔,二十四年秋七月甲子朔,八月癸巳朔,二十七年冬十二月乙亥朔;昭七年夏四月甲辰朔,十五年六月丁巳朔,十七年夏六月甲戌朔,二十一年秋七月壬午朔,二十二年十二月癸酉朔,二十四年夏五月乙未朔,三十一年十二月辛亥朔;定五年正月辛亥朔,十二年十一月丙寅朔,十五年八月庚辰朔:凡三十六也。"

⑧师古曰:"谓文九年九月癸酉,襄十六年五月甲子,昭十九年五月己卯,二十三年八月乙未,哀三年四月甲午,凡五也。"

⑨师古曰:"谓僖十四年八月辛卯沙鹿崩,成五年夏梁山崩,凡二也。陁,下颓也,音丈尔反。"

⑩师古曰:"谓文十四年秋七月有星孛入于北斗,昭十七年冬有星孛于大辰,哀十三年冬十一月有星孛于东方。"

⑪师古曰:"事在庄七年夏四月辛卯。"

⑫师古曰:"桓十四年秋八月壬申御廪灾,庄二十年夏齐大灾,僖二十年五月乙巳西宫灾,成三年二月甲子新宫灾,襄九年春宋火,三十年五月

甲午宋灾,昭九年夏四月陈火,十八年夏五月壬午宋、卫、陈、郑灾,定
二年夏五月壬辰雉门及两观灾,哀三年五月辛卯桓宫、僖宫灾,四年六
月辛丑亳社灾,凡十四也。”

⑬师古曰:“谓《春秋》文十一年经书'冬十月甲午,叔孙得臣败狄于咸',
《公羊传》曰:'狄者何?长狄也,兄弟三人,一者之齐,一者之鲁,一者之
晋。'之齐荣如,之鲁乔如,之晋焚如。长狄,鄋瞒之种。鄋,音搜。瞒,音
未安反。”

⑭师古曰:“谓僖十六年'正月戊申朔,陨石于宋,五。是月,六鹢退飞过宋
都。'庄十七年'冬,多麋。'十八年'秋,有蜮。'二十九年'秋,有蜚。'昭
二十五年'夏,有鸜鹆来巢。'蜮,短尾狐也。鹢,水鸟也。蜚,负蠜也。鸜,
音五历反。蜮,音域。蜚,音扶味反。鸜,音劬。鹆,音欲。”

⑮师古曰:“僖十五年'九月己卯晦,震夷伯之庙。'《谷梁传》曰:'晦,冥
也。'”

⑯师古曰:“事在成十六年正月。雨木冰者,气著树木结为冰也,今俗呼为
间树。雨,音于具反。”

⑰师古曰:“僖三十三年经书'冬陨霜,不煞草。'李梅实,未知在何月也。
而此言李梅冬实,又云七月霜降,草木不死,与今《春秋》不同,未见义
所出。”

⑱师古曰:“谓定公元年'十月,陨霜杀菽。'周之十月,夏之八月。菽,谓豆
也。”

⑲师古曰:“事在僖二十九年秋,及昭三年冬,四年正月。雨,音于具反。”

⑳师古曰:“隐九年三月癸酉大雨震电,庚辰大雨雪,桓八年冬十月雨雪,
僖十年冬大雨雪,皆是也。靁,古雷字也。霆,雷之急者也,音大丁反。”

㉑如淳曰:“蜂午,犹杂沓也。”师古曰:“谓桓元年秋大水,十三年夏大水,
庄七年大水,十一年秋宋大水,二十四年秋大水,二十五年秋大水,宣
十年秋大水,成五年秋大水,襄二十四年秋七月大水;僖二十一年夏大
旱,宣七年秋大旱;宣十年冬饥,十五年冬蝝生饥,襄二十四年冬大饥;
桓五年秋螽,僖十五年八月螽,文三年秋雨螽于宋,八年冬螽,宣六年
八月螽,十三年秋、十五年秋螽,襄七年八月螽,哀十二年十二月螽,十
三年九月螽,十二月螽;隐五年九月螟,八年九月螟,庄六年秋螟,皆是
也。螽,即蝝也。螟,虫之食苗心者也。螽,音终。螟,音冥。”

㉒师古曰:“谓隐公四年卫州吁弑其君完;十一年羽父使贼弑公于窎氏;

桓二年宋督弑其君与夷；七年曲沃伯诱晋小子侯杀之；十七年郑高渠弥弑昭公；庄八年齐无知弑其君诸儿；十二年宋万弑其君捷；十四年傅瑕弑其君郑子；三十二年共仲使围人荦贼子般；闵二年共仲使卜齮贼公于武闱；僖十年晋里克弑其君卓；二十四年晋弑怀公子于高梁；文元年楚太子商臣弑其君頵；十四年齐公子商人弑其君舍；十六年宋人弑其君杵臼；十八年齐人弑其君商人；鲁襄仲杀子恶，莒弑其君庶其；宣二年晋赵盾弑其君夷皋；四年郑公子归生弑其君夷；十年陈夏徵舒弑其君平国；成十八年晋弑其君州蒲；襄七年郑子驷使贼夜弑僖公；二十五年齐崔杼弑其君光；二十六年卫宁喜弑其君剽；二十九年阍弑吴子余祭；三十年蔡太子般弑其君固；三十一年莒人弑其君密州；昭元年楚公子围问王疾，缢而弑之；十三年楚公子比弑其君虔于乾溪；十九年许太子止弑其君买；二十七年吴弑其君僚；定十三年薛弑其君比；哀四年盗杀蔡侯申；六年齐陈乞弑其君荼；十年齐人弑悼公：凡三十六。"

㉓师古曰："谓桓五年州公如曹；庄四年纪侯大去其国；十年齐师灭谭；十三年齐人灭遂；十四年楚子灭息；十六年楚灭邓；闵元年晋灭耿，灭霍，灭魏；僖五年楚灭弦，晋灭虢，灭虞；十二年楚人灭黄；十七年鲁灭项；十九年秦人取梁；二十五年卫侯燬灭邢；二十六年楚人灭夔；三十三年秦灭滑；文四年楚灭江；五年楚人灭六，灭蓼；十六年楚人、秦人、巴人灭庸；宣八年楚人灭舒蓼，九年取根牟；十二年楚子灭萧；十五年晋师灭赤狄潞氏；成六年取鄟；十七年楚灭舒庸；襄六年莒人灭鄫，齐侯灭莱；十年诸侯灭逼阳；十三年取邿；二十五年楚灭舒鸠；昭四年楚子灭赖；十二年晋灭肥；十六年楚子取戎蛮氏；十七年晋灭陆浑戎；二十二年晋灭鼓；三十年吴灭徐；定四年蔡灭沈；五年楚灭唐；六年郑灭许；十四年楚人灭顿；十五年楚子灭胡；哀八年宋公灭曹；又邾灭须句，楚灭权，晋灭焦、杨，楚灭道、房、申：凡五十二。"

㉔师古曰："谓桓十五年郑伯突出奔蔡，襄十四年卫侯出奔齐，昭三年北燕伯款出奔齐，二十三年莒子庚舆来奔之类是也。"

㉕师古曰："贸戎，地名也。《春秋公羊经》成元年秋，王师败绩于贸戎。传曰'孰败之？盖晋败之'也。贸，音莫侯反。"

㉖师古曰："郊，周邑也。昭二十三年正月，经书'晋人围郊'也。"

㉗应劭曰："王以诸侯伐郑，郑伯御之，射王中肩。"师古曰："事在桓五年秋。"

㉘师古曰:"隐七年冬,经书'天王使凡伯来聘,戎伐凡伯于楚丘以归'。"

㉙师古曰:"《春秋》桓十六年,经书'卫侯朔出奔齐',《谷梁传》曰'天子召而不往也'。

㉚应劭曰:"周景王崩,单穆公、刘文公、巩简公、甘平公、召庄公,此五大夫相与争夺,更立王子猛、子朝及敬王,是为三君也。更,音工衡反。"

㉛师古曰:"陵夷,谓卑替也。解在《成纪》及《异姓诸侯王表》也。"

由此观之,和气致祥,乖气致异;祥多者其国安,异众者其国危,天地之常经,古今之通义也。今陛下开三代之业,招文学之士,优游宽容,使得并进。今贤不肖浑淆,①白黑不分,邪正杂糅,忠谗并进。②章交公车,人满北军。③朝臣舛午,胶戾乖剌,④更相谗诉,转相是非。⑤传授增加,文书纷纠,前后错谬,毁誉浑乱。⑥所以营或耳目,感移心意,不可胜载。⑦分曹为党,往往群朋,⑧将同心以陷正臣。正臣进者,治之表也;正臣陷者,乱之机也。乘治乱之机,未知执任,而灾异数见,此臣所以寒心者也。夫乘权藉势之人,子弟鳞集于朝,⑨羽翼阴附者,众辐凑于前,⑩毁誉将必用,以终乖离之咎。⑪是以日月无光,雪霜夏陨,海水沸出,陵谷易处,列星失行,皆怨气之所致也。夫遵衰周之轨迹,循诗人之所刺,而欲以成太平,致雅颂,犹却行而求及前人也。⑫初元以来六年矣,案《春秋》六年之中,灾异未有稠如今者也。⑬夫有《春秋》之异,无孔子之救,犹不能解纷,⑭况甚于《春秋》乎?

①师古曰:"言杂乱也。浑,音胡本反。其下亦同。"

②师古曰:"糅,和也,音汝救反。"

③如淳曰:"《汉仪注》中垒校尉主北军垒门内,尉一人主上书者狱。上章于公车,有不如法者,以付北军尉,北军尉以法治之。杨恽上书,遂幽北阙。北阙,公车所在。"

④师古曰:"言志意不和,各相违背。午,音五故反。剌,音来曷反。"

⑤师古曰:"更,音工行反。"

⑥师古曰:"言各任私情,不得其实。"

⑦师古曰:"言其诬罔天子也。营,谓回绕之。"

⑧师古曰："曹，辈也。"

⑨师古曰："言其相次如鱼鳞。"

⑩师古曰："辐凑，言如车辐之归于毂也。"

⑪师古曰："言谗佞之人毁誉得进，则忠贤被斥，日以乖离也。"

⑫师古曰："却，音丘略反。"

⑬师古曰："稠，多也，音直流反。"

⑭师古曰："纷，乱也。"

原其所以然者，谗邪并进也。谗邪之所以并进者，由上多疑心，既已用贤人而行善政，如或潜之，则贤人退而善政还。①夫执狐疑之心者，来谗贼之口；持不断之意者，开群枉之门。②谗邪进则众贤退，群枉盛则正士消。故《易》有《否》《泰》。③小人道长，君子道消，君子道消，则政日乱，故为否。否者，闭而乱也。君子道长，小人道消，小人道消，则政日治。故为泰。泰者，通而治也。《诗》又云"雨雪麃麃，见晛聿消"，④与《易》同义。昔者，鲧、共工、驩兜与舜、禹杂处尧朝，⑤周公与管、蔡并居周位，当是时，迭进相毁，⑥流言相谤，岂可胜道哉！帝尧、成王能贤舜、禹、周公而消共工、管、蔡，故以大治，荣华至今。孔子与季、孟偕仕于鲁，⑦李斯与叔孙俱宦于秦，⑧定公、始皇贤季、孟、李斯而消孔子、叔孙，故以大乱，污辱至今。故治乱荣辱之端，在所信任；信任既贤，在于坚固而不移。《诗》云"我心匪石，不可转也"。⑨言守善笃也。《易》曰"涣汗其大号"。⑩言号令如汗，汗出而不反者也。今出善令，未能逾时而反，是反汗也；⑪用贤未能三旬而退，是转石也。《论语》曰："见不善如探汤。"⑫今二府奏佞谄不当在位，历年而不去。⑬故出令则如反汗，用贤则如转石，去佞则如拔山，如此望阴阳之调，不亦难乎！

①师古曰："还，谓收还也。"

②师古曰："枉，曲也。"

③师古曰："否，音皮鄙反。"

④师古曰："此《小雅·角弓》篇刺幽王好谗佞之诗也。麃麃，盛也。见，无云也。晛，日气也。聿，辞也。言雨雪之盛麃麃然，至于无云，日气始出，

而雨雪皆消释矣。喻小人虽多,王若欲兴善政,则贤者升用,而小人诛
灭矣。麃,音彼骄反。晛,音乃见反。"

⑤师古曰:"鲧,崇伯之名,即梼杌也。共工,少皞氏之后,即穷奇也。驩兜,
帝鸿氏之后,即浑敦也。鲧,音工本反。驩,音火官反。梼,音徒高反。杌,
音兀。浑,音胡本反。敦,音徒本反。"

⑥师古曰:"迭,互也,音大结反。"

⑦师古曰:"季、孟,谓季孙、孟孙,皆桓公之后代,执国权而卑公室也。"

⑧师古曰:"叔孙者,叔孙通也。"

⑨师古曰:"此《邶·柏舟》之诗也。言石性虽坚,尚可移转,已贞确,执德
不倾,过于石也。"

⑩师古曰:"此《易·涣卦》九五爻辞也。言王者涣然大发号令,如汗之出
也。"

⑪师古曰:"一时,三月也。"

⑫师古曰:"《论语》载孔子之言。探汤,言其除难无所避也。"

⑬如淳曰:"二府,丞相、御史也。"师古曰:"调,古诣字。"

　　是以群小窥见间隙,缘饰文字,巧言丑诋,①流言飞文,哗
于民间,②故《诗》云:"忧心悄悄,愠于群小。"③小人成群,诚
足愠也。昔孔子与颜渊、子贡更相称誉,不为朋党;④禹、稷与
皋陶传相汲引,不为比周。⑤何则? 忠于为国,无邪心也。故贤
人在上位,则引其类而聚之于朝。《易》曰"飞龙在天,大人聚
也";⑥在下位,则思与其类俱进,《易》曰"拔茅茹以其汇,征
吉。"⑦在上则引其类,在下则推其类,故汤用伊尹,不仁者远,
而众贤至,类相致也。今佞邪与贤臣并交戟之内,⑧合党共谋,
违善依恶,歙歙訾訾,数设危险之言,欲以倾移主上。如忽然用
之,此天地之所以先戒,灾异之所以重至者也。⑨

①师古曰:"诋,毁也,辱也,音丁礼反。"

②师古曰:"哗,谨也。哗,音火瓜反。"

③师古曰:"此《邶·柏舟》言仁而不遇之诗也。悄悄,忧貌。愠,怒也。悄,
音千小反。"

④师古曰:"事具见《论语》。更,音工衡反。"

⑤师古曰:"事见《尚书·舜典》。比,音频寐反。"

⑥师古曰："此《乾卦》九五象辞也。言圣王正位，临驭万方，则贤人君子皆来见也。"

⑦郑氏曰："汇，音谓。汇，类也。茹，牵引也。茅喻君有洁白之德，臣下引其类而仕之。"师古曰："此《泰卦》初九爻辞。征，行也。茹，音汝据反。"

⑧师古曰："交戟，谓宿卫者。"

⑨师古曰："重，音直用反。"

　　自古明圣，未有无诛而治者也。故舜有四放之罚，①而孔子有两观之诛，②然后圣化可得而行也。今以陛下明知，诚深思天地之心，迹察两观之诛，③览《否》《泰》之卦，观雨雪之诗，历周、唐之所进以为法，原秦、鲁之所消以为戒，④考祥应之福，省灾异之祸，以揆当世之变，⑤放远佞邪之党，坏散险诐之聚，⑥杜闭群枉之门，广开众正之路，⑦决断狐疑，分别犹豫，使是非炳然可知，则百异消灭，而众祥并至，太平之基，万世之利也。

①师古曰："谓流共工于幽州，放驩兜于崇山，窜三苗于三危，殛鲧于羽山也。"

②应劭曰："少正卯奸人之雄，故孔子摄司寇七日，诛之于两观之下。"师古曰："两观，谓阙也。"

③师古曰："寻其余迹而察之。"

④师古曰："历，谓历观之。原，谓思其本也。"

⑤师古曰："省，视也。揆，度也。"

⑥师古曰："险言曰诐，音彼义反。"

⑦师古曰："杜，塞也。"

　　臣幸得托肺附，①诚见阴阳不调，不敢不通所闻。窃推《春秋》灾异，以救今事一二，条其所以，②不宜宣泄。臣谨重封昧死上。

①师古曰："旧解云，肺附谓肝肺相附著，犹言心膂也。一说，肺谓斫木之肺札也，自言于帝室犹肺札附于大材木也。"

②师古曰："以，由也。"

恭，显见其书，愈与许、史比而怨更生等。①堪性公方，自见孤立,遂直道而不曲。是岁夏寒,日青无光,恭、显及许、史皆言堪、猛用事之咎。上内重堪,又患众口之浸润,无所取信。时长安令杨兴以材能幸,常称誉堪。上欲以为助,乃见问兴:"朝臣断断不可光禄勋,何邪?"②兴者倾巧士,谓上疑堪,固顺指曰:"堪非独不可于朝廷,自州里亦不可也。臣见众人闻堪前与刘更生等谋毁骨肉,以为当诛,故臣前言堪不可诛伤,为国养恩也。"上曰:"然此何罪而诛?今宜奈何?"兴曰:"臣愚以为可赐爵关内侯,食邑三百户,勿令典事。明主不失师傅之恩,此最策之得者也。"上于是疑。会城门校尉诸葛丰亦言堪、猛短,上因发怒免丰。语在其传。又曰:"丰言堪、猛贞信不立,朕闵而不治,又惜其材能未有所效,其左迁堪为河东太守,猛槐里令。"

①师古曰:"比,音频寐反。"

②师古曰:"断断,忿嫉之意也。断,音牛斤反。"

显等专权日甚。后三岁余,孝宣庙阙灾,其晦,日有蚀之。于是上召诸前言日变在堪、猛者责问,皆稽首谢。乃因下诏曰:"河东太守堪,先帝贤之,命而傅朕。资质淑茂,道术通明,①论议正直,秉心有常,发愤悃愊,②信有忧国之心。以不能阿尊事贵,孤特寡助,抑厌遂退,③卒不克明。④往者众臣见异,⑤不务自修,深惟其故,而反晻昧说,天托咎此人。⑥朕不得已,⑦出而试之,以彰其材。堪出之后,大变仍臻,众亦嘿然。堪治未期年,而三老官属有识之士咏颂其美,使者过郡,靡人不称。⑧此固足以彰先帝之知人,而朕有以自明也。俗人乃造端作基,非议诋欺,⑨或引幽隐,非所宜明,意疑以类,欲以陷之,朕亦不取也。朕迫于俗,不得专心,乃者天著大异,朕甚惧焉。今堪年衰岁暮,恐不得自信,⑩排于异人,将安究之哉?⑪其征堪诣行在所。"拜为光禄大夫,秩中二千石,领尚书事。猛复为太中大夫给事中。显干尚书,⑫尚书五人,皆其党也。堪希得见,常因显白事,事决显口。会堪疾喑,不能言而卒。⑬显诬谮猛,令自杀于公车。更生伤之,乃著《疾谗》、《摘要》、《救危》及《世颂》,凡八篇,⑭依兴古事,悼己及同类也。⑮遂废十余年。

①师古曰："淑,善也。茂,美也。"

②张晏曰："悃,诚也。愊,致密也。"师古曰："悃愊,至诚也。悃,音口本反。愊,音平力反。"

③师古曰："厌,音一甲反,谓不伸也。"

④师古曰："卒,终也。克,能也。"

⑤师古曰："异,灾异也。"

⑥师古曰："晻,不明也,读与暗同,又音乌感反。"

⑦师古曰："已,止也。"

⑧师古曰："靡,无也。"

⑨师古曰："诋,毁也,音丁礼反。"

⑩师古曰："信,读曰伸。"

⑪师古曰："究,竟也,明也。"

⑫师古曰："干,与管同,言管主其事。"

⑬师古曰："喑,音于今反。"

⑭师古曰："擿,谓指发之也,音吐历反。"

⑮师古曰："兴,谓比喻也,音许证反。"

　　成帝即位,显等伏辜,更生乃复进用,更名向。向以故九卿召拜为中郎,使领护三辅都水。①数奏封事,迁光禄大夫。是时,帝元舅阳平侯王凤为大将军秉政,倚太后,专国权,②兄弟七人皆封为列侯。时数有大异,向以为外戚贵盛,凤兄弟用事之咎。而上方精于《诗》《书》,观古文,诏向领校中五经秘书。③向见《尚书·洪范》,箕子为武王陈五行阴阳休咎之应。④向乃集合上古以来历春秋六国至秦汉符瑞灾异之记,推迹行事,连传祸福,著其占验,比类相从,各有条目,凡十一篇,号曰《洪范五行传论》,奏之。天子心知向忠精,故为凤兄弟起此论也,然终不能夺王氏权。

①苏林曰："三辅多溉灌渠,悉主之,故言都水。"

②师古曰："倚,音于绮反。"

③师古曰："言中者,以别于外。"

④师古曰："休,美也,音许求反。它皆类此。"

　　久之,营起昌陵,数年不成,复还归延陵,制度泰奢。向上疏谏曰:

　　臣闻《易》曰:"安不忘危,存不忘亡,是以身安而国家可保也。"①故贤圣之君,博观终始,穷极事情,而是非分明。王者必通三统,②明天命所授者博,非独一姓也。孔子论《诗》,至于"殷士肤敏,裸将于京,"③喟然叹曰:④"大哉天命!善不可不传于子孙,是以富贵无常;不如是,则王公其何以戒慎,民萌何以劝勉?"⑤盖伤微子之事周,而痛殷之亡也。虽有尧舜之圣,不能化丹朱之子;虽有禹汤之德,不能训末孙之桀纣。自古及今,未有不亡之国也。昔高皇帝既灭秦,将都雒阳,感寤刘敬之言,自以德不及周,而贤于秦,遂徙都关中,依周之德,因秦之阻。世之长短,以德为效,⑥故常战栗,不敢讳亡。孔子所谓"富贵无常",盖谓此也。

①师古曰:"《易·下系》之辞。"

②应劭曰:"二王之后,与己为三统也。"孟康曰:"天地人之始也。"张晏曰:"一曰天统,谓周十一月建子为正,天始施之端也。二曰地统,谓殷以十二月建丑为正,地始化之端也。三曰人统,谓夏以十三月建寅为正,人始成之端也。"师古曰:"诸家之说皆不备也。言王者象天地人之三统,故存三代也。"

③师古曰:"此《大雅·文王》之篇。殷士,殷之卿士也。肤,美也。敏,疾也。裸,灌鬯也。将,行也。京,周京也。言殷之臣有美德而敏疾,乃来助祭于周,行裸鬯之事,是天命无常,归于有德。"

④师古曰"喟然,叹息貌,音丘位反。"

⑤师古曰:"萌,与氓同,无知之貌。"

⑥师古曰:"效,谓征验也。"

　　孝文皇帝居霸陵,北临厕,①意凄怆悲怀,顾谓群臣曰:"嗟乎!以北山石为椁,用纻絮斫陈漆其间,②岂可动哉!"张释之进曰:"使其中有可欲,虽锢南山犹有隙;使其中无可欲,虽无石椁,又何戚焉?"③夫死者无终极,而国家有废兴,故释之之言,为无穷计也。孝文寤焉,遂薄葬,不起山坟。

①服虔曰:"厕,侧近水也。"李奇曰:"霸陵山北头厕近霸水,帝登其上以远望也。"

②应劭曰："斫,斩也。陈,施也。"孟康曰："斫絮以漆著其间也。"师古曰：
　"美石出京师北山,今宜州石是也,故云以北山石为椁。纻絮者,可以纻
　衣之絮也。斫而陈其间,又从而漆之也。纻,音张吕反。斫,音侧略反。"

③师古曰："有可欲,谓多臧金玉而厚葬之,人皆欲发取之,是有间隙也。
　无可欲,谓不置器备而薄葬,人无欲攻掘取之,故无忧戚也。锢,谓铸塞
　也。云锢南山者,取其深大,假为喻也。锢,音固。"

　《易》曰："古之葬者,厚衣之以薪,臧之中野,不封不树。①
后世圣人易之以棺椁。"棺椁之作,自黄帝始。黄帝葬于桥
山,②尧葬济阴,丘垅皆小,葬具甚微。③舜葬苍梧,二妃不
从。④禹葬会稽,不改其列。⑤殷汤无葬处。⑥文、武、周公葬于
毕,⑦秦穆公葬于雍橐泉宫祈年馆下,樗里子葬于武库,⑧皆
无丘陇之处,此圣帝明王贤君智士远览独虑无穷之计也。其贤
臣孝子亦承命顺意而薄葬之,此诚奉安君父,忠孝之至也。

①师古曰："厚衣之以薪,言积薪以覆之也。不封,谓不聚土为坟也。不树,
　谓不种树也。衣,音于既反。"

②师古曰："在上郡阳周县。"

③晋灼曰："丘垅,冢坟也。"

④师古曰："二妃,尧之二女。"

⑤郑氏曰："不改树木百物之列也。"如淳曰："列,陇也。墨子曰:'禹葬会
　稽之山,既葬,收余壤其上,陇若参耕之亩,则止矣。'"晋灼曰："列,肆
　也。《淮南子》云'舜葬苍梧,不变其肆',言不烦于民也。"师古曰："郑说
　是也。《淮南》所云'不变其肆',肆者,故也。言山川田亩皆如故耳,非列
　义也。晋氏失之。"

⑥师古曰："谓不见传记也。"

⑦李奇曰："在岐州之间。"臣瓒曰："《汲郡古文》毕西于丰三十里。"师古
　曰："二说皆非也。毕陌在长安西北四十里也。"

⑧文颖曰："秦惠王异母弟也。"师古曰："樗里子且死,曰:'葬我必于渭南
　章台东,后百年当有天子宫夹我墓。'及汉兴,长乐宫在其东,未央宫在
　其西,武库正直其上也。"

　　夫周公,武王弟也,葬兄甚微。孔子葬母于防,①称古墓而

不坟，②曰："丘，东西南北之人也，不可不识也。"③为四尺坟，遇雨而崩。弟子修之，以告孔子。孔子流涕曰："吾闻之，古者不修墓。"盖非之也。④延陵季子适齐而反，其子死于嬴、博之间，⑤穿不及泉，敛以时服，封坟掩坎，其高可隐，⑥而号曰：⑦骨肉归复于土，命也，魂气则无不之也。"夫嬴、博去吴千有余里，季子不归葬。孔子往观曰："延陵季子于礼合矣。"⑧故仲尼孝子，而延陵慈父，舜禹忠臣，周公弟弟，⑨其葬君亲骨肉，皆微薄矣。非苟为俭诚，便于体也。宋桓司马为石椁，仲尼曰："不如速朽。"⑩秦相吕不韦集知略之士而造《春秋》，亦言薄葬之义，皆明于事者也。

①师古曰："防，鲁邑名也，音扶方反。"
②师古曰："墓，谓圹穴也。坟，谓积土也。"
③师古曰："东西南北，言周游以行其道，不得专在本邦，故墓须表识，音式志反。"
④师古曰："事见《礼记》。"
⑤师古曰："二邑并在泰山，其子死于其间。"
⑥孟康曰："隐蔽之，财可见而已。"臣瓒曰："谓人立可隐肘也。"师古曰："瓒说是也。隐，音于靳反。"
⑦师古曰："号，谓哭而且言也。"
⑧师古曰："事亦见《礼记》。"
⑨师古曰："弟弟者，言弟能顺理也。上弟，音徒计反。"
⑩李奇曰："非桓魋为石椁，奢泰，故激以此言。"

逮至吴王阖闾，违礼厚葬，十有余年，越人发之。及秦惠文、武、昭、严襄五王，①皆大作丘陇，多其瘗臧，②咸尽发掘暴露，甚足悲也。秦始皇帝葬于骊山之阿，③下锢三泉，上崇山坟，其高五十余丈，周回五里有余；石椁为游馆，④人膏为灯烛，水银为江海，黄金为凫雁，珍宝之臧，机械之变，⑤棺椁之丽，宫馆之盛，不可胜原。⑥又多杀宫人，生埋工匠，计以万数。天下苦其役而反之，骊山之作未成，而周章百万之师至其下矣。⑦项籍燔其宫室营宇，往者咸见发掘。⑧其后牧儿亡羊，羊入其凿,⑨牧者持火照求羊,失火烧其臧椁。自古至今,葬未有盛如始皇者也,数年之间,外被项籍之灾,内离牧竖之祸,⑩岂不哀哉!

①师古曰:"严襄者,谓庄襄,则始皇父也。"

②师古曰:"瘞,埋也,音于例反。"

③师古曰:"阿,谓山曲也。"

④李奇曰:"圹中为游戏之观也。"师古曰:"多累石作椁于圹中,以为离宫别馆也。"

⑤孟康曰:"作机发木人之属,尽其巧变也。"晋灼曰:"《始皇本纪》令匠作机弩矢,有所穿近,辄射之。又言工匠为机,咸皆知之,已下,闭羡门,皆杀工匠也。"师古曰:"晋说是也。"

⑥师古曰:"言不能尽其本数。"

⑦师古曰:"周章,陈胜之将。"

⑧师古曰:"言至其墓所者发掘之而求财物也。"

⑨师古曰:"凿,谓所穿冢臧者,音在到反。"

⑩师古曰:"离,遭也。"

　　是故德弥厚者葬弥薄,知愈深者葬愈微。无德寡知,其葬愈厚,丘陇弥高,宫庙甚丽,发掘必速。由是观之,明暗之效,葬之吉凶,昭然可见矣。周德既衰而奢侈,宣王贤而中兴,更为俭宫室,小寝庙。诗人美之,《斯干》之诗是也,①上章道宫室之如制,下章言子孙之众多也。②及鲁严公③刻饰宗庙,多筑台囿,④后嗣再绝,⑤《春秋》刺焉。周宣如彼而昌,鲁、秦如此而绝,是则奢俭之得失也。

①师古曰:"《小雅》篇名,美宣王考室。其首章曰'秩秩斯干'。秩秩,流行也。干,涧也。喻宣王之德如涧水源,秩秩流出,无极已也。"

②师古曰:"宫室如制,谓'殖殖其庭,有觉其楹,君子攸宁'也。子孙众多,谓'维熊维罴,男子之祥;维虺维蛇,女子之祥'也。"

③师古曰:"即庄公也。"

④师古曰:"解在《五行志》。"

⑤孟康曰:"谓子般、闵公皆杀死也。"

　　陛下即位,躬亲节俭,始营初陵,其制约小,天下莫不称贤明。及徙昌陵,增埤为高,①积土为山,发民坟墓,积以万数,营起邑居,期日迫卒,②功费大万百余。③死者恨于下,生者愁于上,怨气感动阴阳,因之以饥馑,物故流离以十万数,④臣甚愍焉。⑤以死者为有知,发人之墓,其害多矣;若其无知,又安用大?⑥谋之贤知则不说,以示众庶则苦之;⑦若苟以说愚夫淫侈之人,又何为哉!陛下慈仁笃美甚厚,聪明疏达盖世,宜弘汉家之德,崇刘氏之美,光昭五帝、三王,而顾与暴秦乱君竞为奢侈,比方丘垅,⑧说愚夫之目,隆一时之观,违贤知之心,亡万世之安,臣窃为陛下羞之。唯陛下上览明圣黄帝、尧、舜、禹、汤、文、武、周公、仲尼之制,下观贤知穆公、延陵、樗里、张释之之意。孝文皇帝去坟薄葬,以俭安神,可以为则;秦昭、始皇增山厚臧,以侈生害,足以为戒。初陵之模,宜从公卿大臣之议,⑨以息众庶。

①师古曰:"埤,下也,音婢。"
②师古曰:"卒,读曰猝。"
③应劭曰:"大万,亿也。大,巨也。"
④师古曰:"物故,谓死也。流离,谓亡其居处也。"
⑤师古曰:"愍,谓不了,言惑于此事也。愍,音昏。一曰,愍,古闵字,忧病也。"
⑥师古曰:"安,焉也。"
⑦师古曰:"说,读曰悦。其下亦同。"
⑧师古曰:"顾,犹反也。"
⑨应劭曰:"模,音规摹之摹。"师古曰:"谓规度墓地,应音是也。《韦玄成传》及《萧望之传》规模音义皆同,其字从木。"

书奏,上甚感向言,而不能从其计。

　　向睹俗弥奢淫,而赵、卫之属起微贱,逾礼制,①向以为王教由内及外,自近者始。故采取《诗》《书》所载贤妃贞妇,兴国显家可法则,及孽嬖乱亡者,②序次为《列女传》,凡八篇,以戒天子。及采传记行事,著《新序》、《说苑》凡五十篇奏之。数上疏言得失,陈法戒。书数十上,以助观览,补遗阙。上虽不能尽用,然内嘉其言,常嗟叹之。

①师古曰："赵皇后、昭仪，卫婕妤也。"

②师古曰："孽，庶也。嬖，爱也。嬖，音必计反。"

时上无续嗣，政由王氏出，灾异浸甚。①向雅奇陈汤智谋，与相亲友，独谓汤曰："灾异如此，而外家日盛，其渐必危刘氏。吾幸得同姓末属，累世蒙汉厚恩，②身为宗室遗老，历事三主。上以我先帝旧臣，每进见，常加优礼，吾而不言，孰当言者？"③向遂上封事极谏曰：

①师古曰："浸，渐也。"

②师古曰："絫，古累字。"

③师古曰："孰，谁也。"

臣闻人君莫不欲安，然而常危，莫不欲存，然而常亡，失御臣之术也。夫大臣操权柄，持国政，①未有不为害者也。昔晋有六卿，②齐有田、崔，卫有孙、宁，鲁有季、孟，常掌国事，世执朝柄。终后田氏取齐；六卿分晋；崔杼弑其君光；孙林父、宁殖出其君衎，弑其君剽；③季氏八佾舞于庭，三家者以《雍》彻，④并专国政，卒逐昭公。周大夫尹氏筦朝事，⑤浊乱王室，子朝、子猛更立，连年乃定。⑥故经曰"王室乱"，又曰"尹氏杀王子克"，甚之也。⑦《春秋》举成败，录祸福，如此类甚众，皆阴盛而阳微，下失臣道之所致也。故《书》曰："臣之有作威作福，害于而家，凶于而国。"⑧孔子曰"禄去公室，政逮大夫"，危亡之兆。⑨秦昭王舅穰侯及泾阳、叶阳君⑩专国擅势，上假太后之威，三人者权重于昭王，家富于秦国，国甚危殆，赖寤范睢之言，而秦复存。二世委任赵高，专权自恣，壅蔽大臣，终有阎乐望夷之祸，⑪秦遂以亡。近事不远，即汉所代也。

①师古曰："操，执也，音千高反。"

②应劭曰："智伯、范、中行、韩、魏、赵也。"

③师古曰："衎，音口旦反。剽，音匹照反。解在《五行志》。"

④师古曰："佾，列也，谓舞者之行列也。八人一佾，八佾六十四人也。《雍》，乐诗名，彻馔奏之。皆僭王者之礼。"

⑤师古曰："筦与管同。"

⑥师古曰："更，音工衡反。解并在《五行志》。"

⑦师古曰："言其恶大甚也。"

⑧师古曰："《周书·洪范》也。而，汝也。言唯君得作威作福，臣下为之，则致凶害也。"

⑨李奇曰："卿当为政，而反大夫为政也。"臣瓒曰："政不由君，下及大夫也。上大夫即卿也。"师古曰："瓒说是也。《论语》孔子曰：'禄去公室五君矣，政逮于大夫四君矣，故三桓之子孙微矣。'"

⑩郑氏曰："皆昭王母之弟也。"师古曰："穰侯，魏冉也。泾阳、叶阳，皆其弟也。叶，音式涉反。"

⑪郑氏曰："望夷，秦宫名也。"应劭曰："秦二世斋于望夷之宫，阎乐以兵杀二世也。"师古曰："《博物志》云宫在长陵西北，长平观道东，临泾水，作之以望北夷。此说非也。胡亥葬于宜春苑，死不在渭北也。"

汉兴，诸吕无道，擅相尊王。吕产、吕禄席太后之宠，据将相之位，①兼南北军之众，拥梁、赵王之尊，骄盈无厌，欲危刘氏。赖忠正大臣绛侯、朱虚侯等竭诚尽节以诛灭之，然后刘氏复安。今王氏一姓乘朱轮华毂者二十三人，青紫貂蝉充盈幄内，鱼鳞左右。②大将军秉事用权，五侯骄奢僭盛，并作威福，击断自恣，行污而寄治，身私而托公，③依东宫之尊，假甥舅之亲，以为威重。④尚书九卿州牧郡守皆出其门，⑤管执枢机，朋党比周。称誉者登进，忤恨者诛伤；游谈者助之说，执政者为之言。排摈宗室，孤弱公族，其有智能者，尤非毁而不进。远绝宗室之任，不令得给事朝省，恐其与己分权；数称燕王、盖主以疑上心，⑥避讳吕、霍而弗肯称。⑦内有管、蔡之萌，外假周公之论，兄弟据重，宗族磐互。⑧历上古至秦汉，外戚僭贵未有如王氏者也。虽周皇甫、秦穰侯、汉武安、吕、霍、上官之属，皆不及也。⑨

①师古曰："席犹因也。言若人之坐于席也。"

②师古曰："言在帝之左右，相次若鱼鳞也。"

③师古曰："寄，托也。内为污私之行，而外托治公之道也。"

④师古曰："东宫,太后所居也。"

⑤师古曰："言为其像吏者皆居显要之职。"

⑥师古曰："示宗室亲近而反逆也。"

⑦师古曰："吕后、霍后二家皆坐僭擅诛灭,故为王氏讳而不言也。"

⑧师古曰："磐结而交互也。字或作牙,谓若犬牙相交入之意也。"

⑨师古曰："皇甫,周卿士字也,周后宠之,故处于盛位,权党于朝,诗人刺　之。事见《小雅·十月之交》篇。武安侯,田蚡也。"

　　物盛必有非常之变先见,为其人微象。孝昭帝时,冠石立于泰山,①仆柳起于上林。②而孝宣帝即位,今王氏先祖坟墓在济南者,其梓柱生枝叶,扶疏上出屋,根垂地中,虽立石起柳,无以过此之明也。事势不两大,王氏与刘氏亦且不并立,如下有泰山之安,则上有累卵之危。陛下为人子孙,守持宗庙,而令国柞移于外亲,降为皂隶,③纵不为身,奈宗庙何!妇人内夫家,外父母家,此亦非皇太后之福也。④孝宣皇帝不与舅平昌侯权,所以全安之也。

①晋灼曰："《汉注》冠石山名。"臣瓒曰："冠石山下有石自立,三石为足,　一石在上,故曰冠石也。"师古曰："事具在《眭孟传》。"

②师古曰："其树已死,僵仆于地,而更起生,事亦具在《眭孟传》。"

③师古曰："皂隶,卑贱之人也。《春秋左氏传》曰'大夫臣士,士臣皂,皂臣　舆,舆臣隶'也。"

④如淳曰："内犹亲也,而皇太后反外夫家也。"

　　夫明者起福于无形,销患于未然。宜发明诏,吐德音,援近宗室,亲而纳信,①黜远外戚,毋授以政,②皆罢令就弟,以则效先帝之所行,厚安外戚,全其宗族,诚东宫之意,外家之福也。王氏永存,保其爵禄,刘氏长安,不失社稷,所以褒睦外内之姓,子子孙孙无疆之计也。如不行此策,田氏复见于今,六卿必起于汉,③为后嗣忧,昭昭甚明,不可不深图,不可不蚤虑。④《易》曰:"君不密,则失臣;臣不密,则失身;几事不密,则害成。"⑤唯陛下深留圣思,审固几密,览往事之戒,以折中取信,居万安之实,用保宗庙,久承皇太后,⑥天下幸甚。

①师古曰："援,引也,谓升引而附近之也。援,音爰。"

②师古曰："远,谓疏而离之也,音于万反。"

③师古曰："如,若也。"

④师古曰："蚤,古早字。"

⑤师古曰："《上系》之辞也。"

⑥师古曰："言社稷不安,则帝身亦不得久事皇太后也。"

书奏,天子召见向,叹息悲伤其意,谓曰:"君且休矣,吾将思之。"①
以向为中垒校尉。

①师古曰："且令出外休息。"

　向为人简易无威仪,廉靖乐道,不交接世俗,专积思于经术,昼
诵书传,夜观星宿,或不寐达旦。元延中,星孛东井,蜀郡岷山崩雍
江。①向恶此异,语在《五行志》。怀不能已,复上奏,其辞曰:

①师古曰："雍,读作壅。"

　　臣闻帝舜戒伯禹,毋若丹朱敖;①周公戒成王,毋若殷王
纣。②《诗》曰"殷监不远,在夏后之世",③亦言汤以桀为戒也。
圣帝明王常以败乱自戒,不讳废兴,故臣敢极陈其愚,唯陛下
留神察焉。

①师古曰："事见《虞书·益稷》篇。丹朱,尧子也。敖,读曰傲。"

②师古曰："事见《周书·亡逸》篇。"

③师古曰："《大雅·荡》之诗。"

　　谨案春秋二百四十二年,日蚀三十六,襄公尤数,率三岁
五月有奇而壹食。①汉兴讫竟宁,孝景帝尤数,率三岁一月而
一食。臣向前数言日当食,今连三年比食。②自建始以来,二十
岁间而八食,卒二岁六月而一发,古今罕有。异有小大希稠,占
有舒疾缓急,而圣人所以断疑也。《易》曰:"观乎天文,以察时
变。"③昔孔子对鲁哀公,并言夏桀、殷纣暴虐天下,故历失则
摄提失方,孟陬无纪,④此皆易姓之变也。秦始皇之末至二世
时,日月薄食,山陵沦亡,辰星出于四孟。⑤太白经天而行,⑥
无云而雷,⑦枉矢夜光,⑧荧惑袭月,⑨蘖火烧宫,⑩野禽戏

廷,⑪都门内崩,⑫长人见临洮,石陨于东郡,星孛大角,大角以亡。⑬观孔子之言,考暴秦之异,天命信可畏也。及项籍之败,亦孛大角。汉之入秦,五星聚于东井,得天下之象也。孝惠时,有雨血,日食于冲,灭光星见之异。⑭孝昭时,有泰山卧石自立,上林僵柳复起,大星如月西行,众星随之,此为特异。孝宣兴起之表,天狗夹汉而西,⑮久阴不雨者二十余日,昌邑不终之异也。皆著于《汉纪》。观秦汉之易世,览惠、昭之无后,察昌邑之不终,视孝宣之绍起,天之去就,岂不昭昭然哉!高宗、成王亦有雊雉拔木之变,能思其故,故高宗有百年之福,成王有复风之报。⑯神明之应,应若景乡,⑰世所同闻也。

①师古曰:"奇,谓成数之余不满者也,音居宜反。"

②师古曰:"比,频也。"

③师古曰:"《贲》象辞也。"

④孟康曰:"摄提,星名也。随斗枢建十二月,历不正,则失其所建。首时为孟,正月为陬。"师古曰:"陬,子侯反,又音邹。"

⑤师古曰:"四时之孟月也。当见四仲也。"

⑥孟康曰:"谓出东入西,出西入东也。太白阴星,出东当伏东,出西当伏西,过午为经天也。"

⑦张晏曰:"雷当托云,犹君之托臣也。二世不恤天下,人有畔心,象独号令而无臣也。"

⑧应劭曰:"流星也,其射如矢,蛇行不正,故曰枉矢流,以乱伐乱。"苏林曰:"有声为天狗,无声为枉矢也。"

⑨应劭曰:"荧惑主内乱,月主刑,故赵高杀二世也。"

⑩师古曰:"蘖,灾也。"

⑪张晏曰:"野鸟入处,主人将去。"

⑫师古曰:"内向而坏。"

⑬应劭曰:"天王坐席也。流星蔀大角,大角因伏不见也。"

⑭孟康曰:"日月行交道之冲也。相薄而既也,京房所谓阴气盛,薄夺日光者也。"

⑮李奇曰:"流星也。下堕地为天狗,皆祆星。"

⑯师古曰:"复,反也。事并见《尚书·高宗肜日》及《金縢》篇。解在《五行

志》。"

⑰师古曰："嚮,读曰响。"

　　臣幸得托末属,诚见陛下宽明之德,冀销大异,而兴高宗、成王之声,以崇刘氏,故狠狠数奸死亡之诛。①今日食尤屡,星孛东井,摄提炎及紫宫,②有识长老莫不震动,此变之大者也。其事难一二记,故《易》曰"书不尽言,言不尽意",③是以设卦指爻,而复说义。《书》曰"伻来以图",④天文难以相晓,臣虽图上,犹须口说,然后可知,愿赐清燕之间,⑤指图陈状。

①师古曰："狠狠,款诚之意也。奸,犯也。狠,音恳。奸,音干。"

②师古曰："炎,音弋赡反。"

③师古曰："《上系》之辞。"

④孟康曰："伻,使也。使人以图来示成王,明口说不了,指图乃了也。"师古曰："《周书·洛诰》之辞。"

⑤师古曰："间,读曰闲。"

　　上辄入之,①然终不能用也。向每召见,数言公族者国之枝叶,枝叶落则本根无所庇荫;②方今同姓疏远,母党专政,禄去公室,权在外家,非所以强汉宗,卑私门,保守社稷,安固后嗣也。

①师古曰："谓召入也。"

②师古曰："庇,音必寐反。荫,音于禁反。"

　　向自见得信于上,故常显讼宗室,讥刺王氏及在位大臣,其言多痛切,发于至诚。上数欲用向为九卿,辄不为王氏居位者及丞相御史所持,故终不迁,①居列大夫官前后三十余年,年七十二卒。卒后十三岁而王氏代汉。向三子皆好学:长子伋,②以《易》教授,官至郡守;中子赐,九卿丞,蚤卒;少子歆,最知名。

①师古曰："持,谓扶持佐助也。"

②师古曰："伋,音汲。"

　　歆字子骏,少以通《诗》《书》,能属文召,见成帝,待诏宦者署,为黄门郎。河平中,受诏与父向领校秘书,讲六艺传记、诸子、诗赋、数术、方技,无所不究。向死后,歆复为中垒校尉。

哀帝初即位，大司马王莽举歆宗室有材行，为侍中太中大夫，迁骑都尉、奉车光禄大夫，贵幸。复领五经，卒父前业。歆乃集六艺群书，种别为《七略》。语在《艺文志》。

歆及向始皆治《易》，宣帝时，诏向受《谷梁春秋》，十余年，大明习。及歆校秘书，见古文《春秋左氏传》，歆大好之。时丞相史尹咸以能治《左氏》与歆共校经传。歆略从咸及丞相翟方进受，质问大义。①初《左氏》传多古字古言，学者传训故而已，②及歆治《左氏》，引传文以解经，转相发明，由是章句义理备焉。歆亦湛靖有谋，③父子俱好古，博见强志，④过绝于人。歆以为左丘明好恶与圣人同，⑤亲见夫子，而《公羊》、《谷梁》在七十子后，⑥传闻之与亲见之，其详略不同。歆数以难向，向不能非间也，⑦然犹自持其《谷梁》义。及歆亲近，欲建立《左氏春秋》及《毛诗》、《逸礼》、《古文尚书》皆列于学官。哀帝令歆与五经博士讲论其义，诸博士或不肯置对，⑧歆因移书太常博士，让之曰：

①师古曰："质，正也。"

②师古曰："故，谓指趣也。"

③师古曰："湛，读曰沈。"

④师古曰："志，记也。"

⑤师古曰："《论语》载孔子曰：'巧言令色足恭，左丘明耻之，丘亦耻之；匿怨而友其人，左丘明耻之，丘亦耻之。'"

⑥师古曰："七十子是孔子弟子也，实七十二人，指其言成数也。"

⑦师古曰："间，音居苋反。"

⑧师古曰："并不与歆意同，故不肯立其学也。置对，置辞以对也。"

昔唐虞既衰，而三代迭兴，①圣帝明王，累起相袭，其道甚著。周室既微而礼乐不正，道之难全也如此。是故孔子忧道之不行，历国应聘。自卫反鲁，然后乐正，《雅》《颂》乃得其所；修《易》，序《书》，制作《春秋》，以纪帝王之道。及夫子没而微言绝，七十子终而大义乖。重遭战国，弃笾豆之礼，理军旅之陈，②孔氏之道抑，而孙吴之术兴。陵夷至于暴秦，燔经书，杀

儒士,设挟书之法,行是古之罪,③道术由是遂灭。汉兴,去圣
帝明王遐远,仲尼之道又绝,法度无所因袭。时独有一叔孙通
略定礼仪,天下唯有《易》卜,未有它书。至孝惠之世,乃除挟书
之律,然公卿大臣绛、灌之属咸介胄武夫,莫以为意。至孝文皇
帝,始使掌故朝错④从伏生受《尚书》。《尚书》初出于屋壁,朽
折散绝,今其书见在,时师传读而已。《诗》始萌牙。⑤天下众书
往往颇出,皆诸子传说,犹广立于学官,为置博士。在汉朝之
儒,唯贾生而已。⑥至孝武皇帝,然后邹、鲁、梁、赵颇有《诗》、
《礼》、《春秋》先师,⑦皆起于建元之间。当此之时,一人不能独
尽其经,或为《雅》,或为《颂》,相合而成。《泰誓》后得,博士集
而读之。故诏书称曰:"礼坏乐崩,书缺简脱,朕甚闵焉。"时汉
兴已七八十年,离于全经,固已远矣。⑧

①师古曰:"迭,互也,音大结反。"
②师古曰:"笾豆,礼食之器也,以竹曰笾,以木曰豆。笾,音边。"
③师古曰:"以古事为是者即罪之。"
④李奇曰:"掌故,官名也。"
⑤师古曰:"言若草木之初生"。
⑥师古曰:"谓贾谊。"
⑦师古曰:"前学之师也。"
⑧师古曰:"言废绝以久,不可得其真也。"

　　及鲁恭王坏孔子宅,欲以为宫,而得古文于坏壁之中,《逸
礼》有三十九,《书》十六篇。天汉之后,孔安国献之,遭巫蛊仓
卒之难,未及施行。及《春秋》左氏丘明所修,皆古文旧书,多者
二十余通,臧于秘府,伏而未发。孝成皇帝闵学残文缺,稍离其
真,乃陈发秘臧,校理旧文,得此三事,以考学官所传,经或脱
简,传或间编。①传问民间,则有鲁国柏公、赵国贯公、胶东庸
生之遗学与此同,抑而未施。此乃有识者之所惜闵,士君子之
所嗟痛也。往者缀学之士不思废绝之阙,苟因陋就寡,分文析
字,烦言碎辞,学者罢老且不能究其一艺。②信口说而背传记,
是末师而非往古,至于国家将有大事,若立辟雍封禅巡狩之仪

则幽冥而莫知其原。③犹欲保残守缺，挟恐见破之私意，而无从善服义之公心，或怀妒嫉，不考情实，雷同相从，随声是非，抑此三学，以《尚书》为备，④谓左氏为不传《春秋》，岂不哀哉！

①师古曰："脱简，遗失之。间编，谓旧编烂绝，就更次之，前后错乱也。间，音古苋反。"

②师古曰："罢，读曰疲。究，竟也。"

③师古曰："幽冥，犹暗昧也。"

④苏林曰："备之而已。"臣瓒曰："当时学者，谓《尚书》唯有二十八篇，不知本有百篇也。"师古曰："瓒说是也。"

　　今圣上德通神明，继统扬业，亦闵文学错乱，学士若兹，虽昭其情，犹依违谦让，①乐与士君子同之。故下明诏，试《左氏》可立不，遣近臣奉指衔命，将以辅弱扶微，与二三君子比意同力，冀得废遗。②今则不然，深闭固距，而不肯试，猥以不诵绝之，③欲以杜塞余道，绝灭微学。夫可与乐成，难与虑始，此乃众庶之所为耳，非所望士君子也。且此数家之事，皆先帝所亲论，今上所考视，其古文旧书，皆有征验，外内相应，岂苟而已哉！

①师古曰："依违，言不专决也。"

②师古曰："比，合也。经艺有废遗者，冀得兴立之也。比，音频寐反。"

③师古曰："猥，苟也。苟不诵习之，而欲绝去此学。"

　　夫礼失求之于野，古文不犹愈于野乎？①往者博士《书》有欧阳，《春秋》公羊，《易》则施、孟，然孝宣皇帝犹复广立《谷梁春秋》，《梁丘易》，《大》《小夏侯尚书》，义虽相反，犹并置之。何则？与其过而废之也，宁过而立之。②传曰："文武之道未坠于地，在人；贤者志其大者，不贤者志其小者。"③今此数家之言，所以兼包大小之义，岂可偏绝哉！若必专己守残，④党同门，妒道真，⑤违明诏，失圣意，以陷于文吏之议，甚为二三君子不取也。

①师古曰："愈，胜也。"

②师古曰："过，犹误。"

③师古曰:"《论语》孔子弟子子贡之言。志,识也。一曰记。"

④师古曰:"专执己所偏见,苟守残缺之文也。"

⑤师古曰:"党同师之学,妒道艺之真也。"

其言甚切,诸儒皆怨恨。是时,名儒光禄大夫龚胜以歆移书上疏深自罪责,愿乞骸骨罢。及儒者师丹为大司空,亦大怒,奏歆改乱旧章,非毁先帝所立。上曰:"歆欲广道术,亦何以为非毁哉?"歆由是忤执政大臣,为众儒所讪,①惧诛,求出补吏,为河内太守。以宗室不宜典三河,徙守五原,后复转在涿郡,历三郡守。数年,以病免官,起家复为安定属国都尉。会哀帝崩,王莽持政,莽少与歆俱为黄门郎,重之,白太后。太后留歆为右曹太中大夫,迁中垒校尉,羲和,京兆尹,使治明堂辟雍,封红休侯。典儒林史卜之官,考定律历,著《三统历谱》。

①师古曰:"讪,谤也,音所谏反。"

初,歆以建平元年改名秀,字颖叔云。①及王莽篡位,歆为国师,后事皆在《莽传》。

①应劭曰:"《河图赤伏符》云'刘秀发兵捕不道,四夷云集龙斗野,四七之际火为主',故改名,几以趣也。"

赞曰:仲尼称"材难不其然与!"①自孔子后,缀文之士众矣,唯孟轲、孙况、董仲舒、司马迁、刘向、杨雄。②此数公者,皆博物洽闻,通达古今,其言有补于世。传曰"圣人不出,其间必有命世者焉",岂近是乎?③刘氏《鸿范论》发明《大传》,著天人之应;《七略》剖判艺文,总百家之绪;《三统历谱》考步日月五星之度。有意其推本之也。④呜虖!向言山陵之戒,于今察之,⑤哀哉!指明梓柱以推废兴,昭矣!⑥岂非直谅多闻,古之益友与!⑦

①师古曰:"《论语》载孔子之言也。贤材难得。与,读曰欤。"

②师古曰:"孙况,即荀卿也。"

③师古曰:"近,音其靳反。"

④师古曰:"言其究极根本,深有意也。"

⑤师古曰:"虖,读曰呼。"

⑥师古曰:"昭然明白。"

⑦师古曰:"谅,信也。《论语》称孔子曰:'益者三友,友直,友谅,友多闻,益矣。'赞言向直谅多闻,可谓益矣。与,读曰欤。"

汉书卷三七
列传第七

季布　栾布　田叔

　　季布,楚人也,为任侠有名。①项籍使将兵,数窘汉王。②项籍
灭,高祖购求布千金,敢有舍匿,罪三族。③布匿濮阳周氏,周氏曰:
"汉求将军急,迹且至臣家,④能听臣,臣敢进计;即否,愿先自刭。"
布许之。乃髡钳布,衣褐,⑤置广柳车中,⑥并与其家僮数十人,之
鲁朱家所卖之。⑦朱家心知其季布也,买置田舍。乃之雒阳,见汝阴
侯滕公,⑧说曰:"季布何罪?臣各为其主用,职耳。⑨项氏臣岂可尽
诛邪?今上始得天下,而以私怨求一人,何示不广也!且以季布之
贤,汉求之急如此,此不北走胡,南走越耳。夫忌壮士以资敌国,此
伍子胥所以鞭荆平之墓也。⑩君何不从容为上言之?"⑪滕公心知
朱家大侠,意布匿其所,乃许诺。侍间,果言如朱家指。⑫上乃赦布。
当是时,诸公皆多布能摧刚为柔,⑬朱家亦以此名闻当世。布召见,
谢,拜郎中。

　　①应劭曰:"任,谓有坚完可任托以事也。"如淳曰:"相与信为任,同是非
　　　为侠。"师古曰:"谓任使其气力。侠之言挟也,以权力侠辅人也。任,音
　　　人禁反。侠,音下颊反。"
　　②如淳曰:"窘,困也。"师古曰:"窘,音求闵反。"
　　③师古曰:"舍,止;匿,隐也。"
　　④师古曰:"迹,谓寻其踪迹也。"
　　⑤师古曰:"衣,著之也。褐,毛布之衣也。"
　　⑥服虔曰:"东郡谓广辙车为广柳车。"郑氏曰:"作大柳衣车,若《周礼》丧

车也。"李奇曰:"广柳,大隆穹也。"晋灼曰:"《周礼》说'衣翣柳',柳,聚也,众饰之所聚也。此为载以丧车,欲人不知也。"师古曰:"晋、郑二说是也。隆穹,所谓车笭者耳,非此之谓也。笭音扶晚反。"

⑦师古曰:"朱家,鲁人,见《游侠传》。"

⑧师古曰:"夏侯婴也,本为滕令,遂号为滕公。"

⑨师古曰:"职,常也。言此乃常道也。一曰,职,主掌其事也。"

⑩师古曰:"子胥,伍员也。荆即楚也。子胥之父伍奢为平王所杀,子胥奔吴,教吴伐楚,平王已卒,其后吴师入郢,子胥掘平王之墓,取尸鞭之三百也。"

⑪师古曰:"从,音千容反。"

⑫师古曰:"侍,侍于天子。间,谓事务之隙。"

⑬师古曰:"多,犹重也。"

孝惠时,为中郎将。单于尝为书嫚吕太后,①太后怒,召诸将议之。上将军樊哙曰:"臣愿得十万众,横行匈奴中。"诸将皆阿吕太后,②以哙为然。布曰:"樊哙可斩也。夫以高帝兵三十余万,困于平城,哙时亦在其中。今哙奈何以十万众横行匈奴中,面谩!③且秦以事胡,陈胜等起。今创痍未瘳,④哙又面谀,欲摇动天下。"是时殿上皆恐,太后罢朝,遂不复议击匈奴事。

①师古曰:"嫚,谓辞语亵污也。嫚,读与慢同。"

②师古曰:"阿,曲也,曲从其意。"

③师古曰:"谩,欺诳也,音嫚,又音莫连反。"

④师古曰:"痍,伤也。瘳,差也。痍,音夷。瘳,音丑留反。"

布为河东守。孝文时,人有言其贤,召欲以为御史大夫。人又言其勇,使酒难近。①至,留邸一月,②见罢。③布进曰:"臣待罪河东,陛下无故召臣,此人必有以臣欺陛下者。④今臣至,无所受事,罢去,此人必有毁臣者。夫陛下以一人誉召臣,一人毁去臣,臣恐天下有识者闻之,有以窥陛下。"⑤上默然,惭曰:"河东吾股肱郡,故特召君耳。"布之官。

①应劭曰:"使酒,酗酒也。"师古曰:"言因酒沾洽而使气也。近,谓附近天子为大臣也。"

②师古曰："邸，诸郡朝宿之舍，在京师也。"

③师古曰："既引见而罢，令还郡也。"

④师古曰："谓妄言其贤，故云欺也。"

⑤师古曰："窥，见陛下浅深也。"

辩士曹丘生数招权顾金钱，①事贵人赵同等，②与窦长君善。③布闻，寄书谏长君曰："吾闻曹丘生非长者，勿与通。"及曹丘生归，欲得书请布。④窦长君曰："季将军不说足下，⑤足下无往。"固请书，遂行。使人先发书，⑥布果大怒，待曹丘。曹丘至，则揖布曰："楚人谚曰'得黄金百，不如得季布诺'，⑦足下何以得此声梁、楚之间哉？且仆与足下俱楚人，使仆游扬足下名于天下，顾不美乎？⑧何足下距仆之深也！"布乃大说。⑨引入，留数月，为上客，厚送之。布名所以益闻者，曹丘扬之也。

①孟康曰："招，求也。以金钱事权贵，而求得其形势以自炫耀也。"李奇曰："持权属请人，顾以金钱也。"师古曰："二家之说皆非也。言招求贵人威权，因以请托，故得他人顾金钱也。"

②李奇曰："宦者赵谈也。"

③服虔曰："景帝舅。"

④师古曰："欲得窦长君书与布，为己绍介也。"

⑤师古曰："说，读曰悦。"

⑥师古曰："使人先致书于布。发，视也。"

⑦师古曰："谚，传也。"

⑧师古曰："顾，念也。"

⑨师古曰："说，读曰悦。"

布弟季心，气闻关中，遇人恭谨，为任侠，方数千里，士争为死。尝杀人，亡吴，从爰丝匿，长事爰丝，①弟畜灌夫、籍福之属。尝为中司马，②中尉郅都不敢加。少年多时时窃借其名以行。③当是时，季心以勇，布以诺，闻关中。

①师古曰："丝，爰盎字。言以兄长之礼事也。"

②如淳曰："中尉之司马。"

③师古曰："诈自称为心之宾客徒党也。"

布母弟丁公,①为项羽将,逐窘高祖彭城西。短兵接,汉王急,顾谓丁公曰:"两贤岂相厄哉!"②丁公引兵而还。及项王灭,丁公谒见高祖,以丁公徇军中,③曰:"丁公为项王臣不忠,使项王失天下者也。"遂斩之,曰:"使后为人臣无效丁公也!"

①晋灼曰:"《楚汉春秋》云薛人,名固。"师古曰:"此母弟为同母异父之弟。"

②孟康曰:"丁公及彭城赖崎追上,故曰两贤也。"师古曰:"孟说非也。两贤,高祖自谓并谓固耳,言吾与固俱是贤,岂相厄困也。故固感此言而止也。虽与赖崎俱追,而高祖独与固言耳。"

③师古曰:"徇,行示也,音辞俊反。"

栾布,梁人也。彭越为家人时,尝与布游,①穷困,卖庸于齐,为酒家保。②数岁别去,而布为人所略卖,为奴于燕。为其主家报仇,③燕将臧荼举以为都尉。荼为燕王,布为将。及荼反,汉击燕,虏布。梁王彭越闻,乃言上,请赎布为梁大夫。使于齐,未反,④汉召彭越,责以谋反,夷三族,枭首雒阳,下诏有收视者辄捕之。布还,奏事彭越头下,祠而哭之。吏捕以闻。上召布骂曰:"若与彭越反邪?吾禁人勿收,若独祠而哭之,与反明矣。⑤趣亨之。"⑥方提趋汤,⑦顾曰:"愿一言而死。"上曰:"何言?"布曰:"方上之困彭城,败荥阳、成皋间,项王所以不能遂西,徒以彭王居梁地,⑧与汉合从苦楚也。⑨当是之时,彭王壹顾,与楚则汉破,与汉则楚破。且陔下之会,微彭王,项氏不亡。⑩天下已定,彭王剖符受封,欲传之万世。今帝征兵于梁,彭王病不行,而疑以为反。反形未见,以苛细诛之,臣恐功臣人人自危。今彭王已死,臣生不如死,请就亨。"上乃释布,拜为都尉。

①师古曰:"家人,犹言编户之人也。"

②孟康曰:"酒家作保。保,庸也。可保信,故谓之保。"师古曰:"谓庸作受顾也。为保,谓保可任使。"

③服虔曰:"为买者报仇也。"

④师古曰:"反,还也。"

⑤师古曰:"若,汝也。"

⑥师古曰:"趣,读曰促。促,急也。"

⑦师古曰:"提,举也,举而欲投之于汤也。趋,读曰趣。趋,向也。"

⑧师古曰:"徒,但也。"

⑨师古曰:"从,音子容反。"

⑩师古曰:"微,无也。"

孝文时,为燕相,至将军。布称曰:"穷困不能辱身,非人也;富贵不能快意,非贤也。"于是尝有德,厚报之;有怨,必以法灭之。吴楚反时,以功封为鄃侯,①复为燕相。燕齐之间皆为立社,号曰栾公社。

①苏林曰:"鄃,音输,清河县也。"

布薨,子贲嗣侯,①孝武时坐为太常牺牲不如令,国除。

①师古曰:"贲,音奔。"

田叔,赵陉城人也。①其先,齐田氏也。叔好剑,学黄老术于乐钜公。②为人廉直,喜任侠。③游诸公,④赵人廉之赵相赵午,言之赵王张敖,以为郎中。数岁,赵王贤之,未及迁。

①苏林曰:"陉,音刑。"

②师古曰:"姓乐,名钜也。公者,老人之称也。"

③师古曰:"喜,好也,音许吏反。"

④师古曰:"诸公,皆长者也。"

会赵午、贯高等谋弑上,事发觉,汉下诏捕赵王及群臣反者。赵有敢随王,罪三族。唯田叔、孟舒等十余人赭衣自髡钳,随王至长安。赵王敖事白,得出,①废为宣平侯,乃进言叔等十人。上召见,与语,汉廷臣无能出其右者。②上说,③尽拜为郡守、诸侯相。叔为汉中守十余年。

①师古曰:"白,明也。"

②师古曰:"材不胜。"

③师古曰:"说,读曰悦也。"

孝文帝初立,召叔问曰:"公知天下长者乎?"对曰:"臣何足以知之!"上曰:"公长者,宜知之。"叔顿首曰:"故云中守孟舒,长者也。"是时,孟舒坐虏大入云中免。上曰:"先帝置孟舒云中十余年矣,虏常一入,孟舒不能坚守,无故士卒战死者数百人。长者固杀人乎?"叔叩头曰:"夫贯高等谋反,天子下明诏,赵有敢随张王者罪三族,然孟舒自髡钳,随张王,以身死之,岂自知为云中守哉!汉与楚相距,士卒罢敝,①而匈奴冒顿新服北夷,来为边寇,孟舒知士卒罢敝,不忍出言,士争临城死敌,如子为父,以故死者数百人,孟舒岂驱之哉!②是乃孟舒所以为长者。"于是上曰:"贤哉孟舒!"复召以为云中守。

①师古曰:"罢,读为疲。下亦同。"

②师古曰:"驱,与驱同。言不驱,之令战也。驱,字从攴。攴,音普木反。"

后数岁,叔坐法失官。梁孝王使人杀汉议臣爰盎,景帝召叔案梁,具得其事。还报,上曰:"梁有之乎?"对曰:"有之。""事安在。"①叔曰:"上无以梁事为问也。②今梁王不伏诛,是废汉法也;如其伏诛,太后食不甘味,卧不安席,此忧在陛下。"于是上大贤之,以为鲁相。

①师古曰:"索其状也。"

②师古曰:"言不须更论之也。"

相初至官,民以王取其财物自言者百余人。叔取其渠率二十人笞,怒之①曰:"王非汝主邪?何敢自言主!"鲁王闻之,大惭,发中府钱,使相偿之。②相曰:"王自使人偿之,不尔,是王为恶而相为善也。"③

①师古曰:"渠,大也。"

②师古曰:"中府,王之财物藏也。"

③师古曰:"不尔,是则王为恶。"

鲁王好猎,相常从入苑中,王辄休相就馆。相常暴坐苑外,①终不休,曰:"吾王暴露,独何为舍?"王以故不泰出游。

①师古曰:"于外自暴露而坐。"

数年以官卒,鲁以百金祠,少子仁不受,曰:"义不伤先人名。"

仁以壮勇为卫将军舍人，①数从击匈奴。卫将军进言仁为郎，至二千石丞相长史失官。后使刺三河，还，②奏事称意，拜为京辅都尉。月余，迁司直。数岁，戾太子举兵，仁部闭城门，令太子得亡，坐纵反者族。③

①张晏曰："卫青也。"

②如淳曰："为刺史于三河郡。三河，谓河南、河内、河东也。"

③师古曰："遣仁掌闭城门，乃令太子得出，故云纵反也。"

赞曰：以项羽之气，而季布以勇显名楚，身履军搴旗者数矣，①可谓壮士。及至困厄奴僇，苟活而不变，何也？②彼自负其材，受辱不羞，欲有所用其未足也，故终为汉名将。贤者诚重其死。夫婢妾贱人，感概而自杀，非能勇也，③其画无俚之至耳。④栾布哭彭越，田叔随张敖赴死如归，彼诚知所处，⑤虽古烈士，何以加哉！

①邓展曰："履军，战胜蹋履之。"李奇曰："搴，拔也。"孟康曰："搴，斩也。"师古曰："谓胜敌拔取旗也。邓、李二说皆是。搴，音骞。今流俗书本改履谓屡，而加典字，云身屡典军，非也。"

②师古曰："僇，古戮字也。奴僇，谓髡钳为奴而卖之也。"

③师古曰："感概，谓感念局狭为小节。概，音工代反。"

④张晏曰："言其计画道理无所至，故自杀耳。"苏林曰："俚，赖也。言其计画无所成赖。"晋灼曰："杨雄《方言》曰'俚，聊也'，许慎曰'赖也'。此为其计画无所聊赖，至于自杀耳。"师古曰："晋说是也。"

⑤如淳曰："太史公曰'非死者难，处死者难'也。"